Paul R. Niven

Balanced Scorecard – Schritt für Schritt

Paul R. Niven ist Managementberater für Performancemanagement und Balanced Scorecard. Als Praktiker und Berater hat er erfolgreiche Performance-Managementsysteme für kleinere und große Organisationen entwickelt. Zu seinen Kunden zählen Fortune-1000-Unternehmen, öffentliche Verwaltungen ebenso wie Non-Profit-Organisationen.

Paul R. Niven

Balanced Scorecard – Schritt für Schritt

Einführung, Anpassung
und Aktualisierung

Deutsch von Julia-Christina Gockel, Herbert Allgeier
und Wolfgang Drescher

WILEY-VCH GmbH & Co. KGaA

Die englische Originalausgabe erschien 2002 bei John Wiley & Sons, New York unter dem Titel *Balanced Scorecard Step-By-Step*.

1. Auflage 2003

Bibliografische Information Der Deutschen Bibliothek
Die Deutsche Bibliothek verzeichnet diese Publikation in der Deutschen Nationalbibliografie; detaillierte bibliografische Daten sind im Internet über <http://dnb.ddb.de> abrufbar.

Gedruckt auf säurefreiem Papier.

Satz M-O-P-S, Kirsten Pfaff, Hennef
Druck und Bindung Ebner & Spiegel GmbH, Ulm
Umschlaggestaltung init GmbH, Bielefeld

Printed in the Federal Republic of Germany

ISBN 3-527-50063-4

Für meine Eltern, Bev und Jean Niven.

Inhalt

Vorwort

Zusammen mit Dave Norton hat Robert Kaplan das Konzept der *Balanced Scorecard*[1] bereits vor zehn Jahren entwickelt.[2] Seither wurde es in den unterschiedlichsten Organisationen angewandt, im produzierenden und dienstleistenden Gewerbe, im gewinnorientierten wie auch im Non-Profit-Bereich – und das in fast allen industrialisierten und sich noch entwickelnden Staaten der Welt. Während dieses Jahrzehnts hat sich die Balanced Scorecard von ihrer ursprünglichen Einführung als schlagkräftiges Instrument zum vergleichenden Performance Measurement zu einer entscheidenden Grundlage für ein neues Managementsystem entwickelt. Eines, das in der Lage ist, die gesamte Organisation auf die Implementierung und Verbesserung ihrer Strategie auszurichten und zu fokussieren.

Norton und Kaplan haben diese Entwicklung und den Ausbau des Balanced-Scorecard-Konzeptes in mehreren Aufsätzen in der *Harvard Business Review* sowie in zwei Büchern dokumentiert.[3] Doch wegen der raschen Veränderungen, die es in den letzten zehn Jahren erfuhr, konnten nur wenige Insider – außerhalb unseres eher kleinen Kreises von Unternehmensberatern und Projektleitern – die notwendigen Erfahrungen bei seiner Implementierung sammeln, die dem aktuellen Wissensstand entsprechen. Paul Niven gehört daher – schon allein wegen seiner erfolgreichen Arbeit als Leiter des Projektes bei Nova Scotia Power – zu den Wenigen, die kenntnisreich darüber schreiben können, wie man die Scorecard praktikabel in einem Unternehmen einsetzen kann.

Dieses Buch führt den Leser Schritt für Schritt durch alle Prozesse, die notwendig sind, um das Balanced-Scorecard-System mit Gewinn einzuführen. Zudem zeigt es noch, wie eine strategiefokussierte Organisation erreicht wird, wenn man das Konzept auf problematische Organisationsprozesse ausweitet. Insofern stellt *Balanced Scorecard – Schritt für Schritt* eine sinnvolle Ergänzung zu den beiden Titeln von Kaplan und Norton dar, weil es die Details und Abläufe schildert, denen sich Projektleiter bei der Einführung eines Balanced-Scorecard-Projekts in ihrer Organisation ausgesetzt sehen.

Wir begrüßen daher das Erscheinen dieses neuen Werkes in der Balanced-Scorecard-Literatur außerordentlich. Durch Nivens Arbeit wird es vielen weiteren Unternehmen möglich sein, erfolgreich die Balanced Scorecard in ihrer Organisation einzuführen.

Robert S. Kaplan
Professor für Leadership Development
an der Harvard Business School
und
Marvin Bower
Chairman der »Balanced Scorecard
Collaborative«

Einführung

Unternehmen sind heute ständigen Umbrüchen und einer wettbewerbsorientierten Umwelt ausgesetzt. Einen Löwenanteil ihrer Zeit und Energie sowie der Human- und Finanzressourcen müssen sie deshalb dafür aufwenden, die Performance exakt zu evaluieren, die zur Erreichung ihrer strategischen Ziele führen soll. Die meisten tun genau dies – aber trotz aller Anstrengungen und der damit verbundenen Kosten belegt eine kürzlich durchgeführte Untersuchung, dass nur 35 Prozent der Befragten ihre Messsysteme zur Performancekontrolle als effektiv oder sogar sehr effektiv betrachteten.[1] Das heißt im Umkehrschluss, dass beinahe sieben von zehn Organisationen und Unternehmen damit unzufrieden sind. Zunehmend stellen diese fest, dass messbare Kontrollmechanismen immer nötiger werden, jedoch ihre Systeme zur Registrierung, Überwachung und Bewertung von Daten dieser Notwendigkeit hoffnungslos hinterherhinken. Auch heute noch finden die Methoden vergangener Zeiten Anwendung. Während sich die Modalitäten des modernen Geschäftslebens in den letzten Jahrzehnten drastisch geändert haben, sind die Systeme zum Performance Measurement noch immer jene der Vergangenheit.

Die Wurzel des Übels liegt darin, dass man sich meist ausschließlich mit der finanziellen Seite der Leistungsmessung befasst. Zwar passten derartige Methoden nahezu perfekt auf die früheren maschinenabhängigen und Körperkraft einsetzenden Industrieunternehmen, doch sie erweisen sich bei den heutigen wertschöpfenden Wirtschaftsorganisationen als ungeeignet. Intangible Assets, das heißt immaterielle Vermögenswerte wie etwa der Wissensstand der Arbeitnehmer, die Kundenbindung und die Beziehung zu den Zulieferern, aber auch Innovationsanstöße, sind heutzutage die Schlüsselfaktoren zur Schaffung von Werten. Dazu kommt, dass die Bedeutung der Unternehmensstrategie größer als jemals zuvor geworden ist. Gleichgültig, ob Sie eine High-Tech-Firma gründen oder ein schon lange etabliertes Unternehmen führen, die Notwendigkeit, ihre Geschäftsstrategie effektiv durchzuziehen, ist von entscheidender Bedeutung, wenn Sie in unserem Zeitalter der Globalisierung, der informierten Kunden und der raschen Umbrüche überleben wollen. Doch die ernüchternde Tatsache ist, dass neun von zehn Organisationen versagen, wenn es darum geht, einer Strategie zu folgen. Was daher dringend gebraucht wird, ist ein Messsystem, dass die Genauigkeit und Integrität vergangener Bilanzzahlen mit den heutigen Antriebsfaktoren wirtschaftlichen Erfolges verbindet und es so der Organisation ermöglicht, die Hindernisse auf dem Weg zur Durchführung strategischer Ziele auszuräumen.

Die Balanced Scorecard (BSC) hat sich inzwischen als ein derart bewährtes und wirkungsvolles Instrument erwiesen. Sie erfasst und beschreibt alle Werte und macht auch immaterielle Größen evaluierbar für die Interessegruppen eines Unternehmens, die Stakeholder. Und so erlaubt sie es auch, in Organisationen unterschiedliche Strategieansätze zu implementieren. Diese im Grunde einfach anwendbare Methode, entwickelt von Robert Kaplan und David Norton, übersetzt die Strategie einer Organisation oder eines Unternehmens in konkrete Performanceziele und -kennzahlen, Zielvereinbarungen und Prozesse in vier ausgewogenen Perspektiven: Finanzen, Kunden, interne Prozesse sowie Mitarbeiterförderung und -entwicklung (oft auch kurz als Lernen und Entwicklung bezeichnet).

Zwar haben schon in der Vergangenheit zahlreiche Organisationen von einer Kombination aus finanziellen und nichtfinanziellen Messdaten Gebrauch gemacht, doch was die Balanced Scorecard grundsätzlich davon unterscheidet, ist eine Verknüpfung mit den Ursachen und den Wechselwirkungen. Eine wirklich effektiv eingesetzte Balanced Scorecard wird Ihnen die ganze Geschichte einer Organisation aus allen vier Perspektiven respektive Dimensionen messbar und nachvollziehbar erzählen. Strategie wird so durch das Zusammenspiel und die Interdependenz von finanziellen und nichtfinanziellen Daten zu einem zugleich hypothetischen und lebendigen Ansatz.

Rund um den Globus haben Organisationen sehr schnell dieses Konzept aufgegriffen und dabei wiederholt von seinen allgemein verständlichen Prinzipien profitiert: etwa – um nur einige zu nennen – durch ein Wachstum der Gewinnmargen, eine stärkere Orientierung der Mitarbeiter an übergeordneten Unternehmenszielen, eine bessere Zusammenarbeit und eindeutige Konzentrierung auf die Firmenstrategie. Um diese Früchte genießen zu können, muss die Organisation allerdings die notwendigen Werkzeuge einzusetzen wissen, die man braucht, um eine effektive Balanced Scorecard zu implementieren.

Die Grundlagen dieses Buches

Mitte der 90er Jahre des letzten Jahrhunderts arbeitete ich mit einem Unternehmen zusammen, das wie viele andere zu jener Zeit dramatischen Veränderungen unterworfen war. Die grundlegenden Strukturen der gesamten Branche befanden sich im Umbruch, die Mitbewerber am Markt schienen schneller und bedrohlicher zu reagieren, und dazu kam noch, dass die Kunden bessere Leistungen bei unveränderten Preisen verlangten. Folglich wurde eine neue Strategie entwickelt, die bei einer gelungenen Einführung die Verbesserung der Mitarbeiterqualifikation, die Entwicklung neuer Prozesse, den Aufbau eines loyalen Kundenstammes und eine bessere finanzielle Performance versprach. Doch wie sollte man diese Strategie mit dem nötigen Erfolg implementieren?

Der Finanzchef des Unternehmens befasste sich mit der Balanced Scorecard und kam zu dem Schluss, dies wäre der richtige Ansatz zur richtigen Zeit. Als Verantwortlicher für die Umstrukturierungsmaßnahmen beauftragte er mich, ein Team zu bilden, das auf der Basis der Balanced Scorecard den neuen Managementansatz für das Unternehmen entwickeln sollte. Schon zwei Jahre später zahlte sich seine Initiative deutlich aus. Der Wissensstand der Mitarbeiter zur betrieblichen Strategie war signifikant angestiegen, interne Arbeitsabläufe funktionierten besser denn je, die Kundenbindung nahm stetig zu und schließlich entsprachen auch die Umsätze und Nettogewinne – trotz vieler negativer Außenfaktoren, die nicht durch das Unternehmen zu beeinflussen waren – den Zielvorgaben.

Die Organisation, die ich gerade beschrieben habe, ist die Nova Scotia Power, Inc. (NSPI), ein kanadisches Versorgungsunternehmen, das seinen Abnehmern elektrischen Strom zur Verfügung stellt. Die Einführung der Balanced Scorecard hat sich dort als durchschlagender Erfolg erwiesen und ist durch zahlreiche Fallstudien und weltweite Fachkonferenzen zu einem der Musterbeispiele für dieses Konzept geworden. Die Lektionen, die man bei seiner Einführung lernen konnte, werden auch in diesem Buch beispielhaft herangezogen.

Auch wenn die Implementierung der Balanced Scorecard letztlich zum Erfolg führte, war der Weg dahin doch steinig. Unser Team musste etwa sehr schnell lernen, dass es sich bei diesem Konzept nicht einfach nur um das »Messen« betriebswirtschaftlicher Faktoren handelte, sondern dass es den Kern vieler und sehr unterschiedlicher Prozesse innerhalb der Organisation tangierte. Ein effektives Arbeitsteam aufzubauen, Unterstützung und Begeisterung für ein derartiges Veränderungsprojekt zu wecken, erfolgreich die richtigen Daten zu sammeln und zu vermitteln, die Beteiligten zu coachen und zu trainieren, die notwendigen Mittel bereit zu stellen – das waren nur einige der vielen aufregenden Herausforderungen, denen wir uns stellen mussten. Damals steckten die Literatur zu diesem Thema und die beratenden Institutionen noch in den Kinderschuhen. Und so sahen wir uns auf unsere ureigensten Entscheidungen zurückgeworfen, wenn wir uns mit neuen Problemen auseinander setzen mussten.

Doch obwohl während der letzten Jahre die Zahl der Bücher, Ratgeber und Hilfsmittel zum Thema Balanced Scorecard angestiegen ist, findet sich dabei nur weniges, das sich damit befasst, was getan werden muss, um die ganze Bandbreite an organisatorischen Maßnahmen während einer erfolgreichen Implementierungsphase aufzulisten. Dieses Buch soll daher die Lücke zwischen der Theorie der Balanced Scorecard und ihrer konkreten Anwendung schließen. Organisationen, die sich diesem Unterfangen aussetzen, müssen sich der lauernden Fallstricke bewusst sein – und bereit sein, die entsprechenden Gegenmaßnahmen treffen zu können. Auf der Basis meiner persönlichen Beratertätigkeit und nach grundlegenden Forschungen zu diesem Thema möchte ich Sie, den Leser, Schritt für Schritt durch den gesamten Prozess der Implementierung führen: von der Zielfestlegung zur Evaluierung der Einführung, über die Entwicklung von Kennzahlen und Zielen, der Platzierung der Balanced Scorecard als Mittelpunkt Ihres Managementsystems bis hin zu Tipps zur kontinuierlichen Weiterentwicklung.

Der Aufbau des Buches

Balanced Scorecard – Schritt für Schritt besteht aus fünf Teilen mit insgesamt 14 Kapiteln.

Teil I hat die Überschrift: »Einführung zum Performance Measurement und zur Balanced Scorecard«. Und genau das soll er leisten: Er wird Sie damit vertraut machen, wie man Leistungen und Resultate quantifiziert, und Ihnen zudem die Grundlagen und den Hintergrund des Balanced-Scorecard-Konzeptes erklären. Kapitel 1 setzt das Thema dieser Einführung fort, indem es aufzeigt, wie die Balanced Scorecard zwei grundsätzliche Aspekte der heutigen Unternehmenswelt angeht, nämlich erstens die Überwindung einer Leistungsmessung allein auf Grund finanzieller Daten und zweitens die Einführung einer Geschäftsstrategie. Im 2. Kapitel wird die zunehmende Bedeutung des Humankapitals in unseren Unternehmen gewürdigt und belegt, dass die Balanced Scorecard auch auf diesem Feld sinnvoll eingesetzt werden kann.

Teil II des Buches, »Schritt für Schritt zur Balanced Scorecard«, liefert Ihnen einen detaillierten Überblick und eine exakte Beschreibung, welche Voraussetzungen nötig sind, um dieses schlagkräftige Management-Tool einzuführen. Kapitel 3 schildert Ihnen die Grundlagen für die anstehenden Aufgaben: Welche Bereiche sollen erfasst werden? Wie sichert man sich die Unterstützung durch die Geschäftsführung? Wie baut man ein Balanced-Scorecard-Team auf? Wie bereitet man die Detailplanung vor? Die grundlegenden Elemente jeder effektiven Balanced Scorecard – Zielsetzung, Werte, Vision und Strategie – werden im vierten Kapitel beschrieben. Nachdem die Fundamente für das Konzept der Balanced Scorecard gelegt sind, gibt Ihnen das fünfte Kapitel eine vertiefende Einsicht in die Indikatoren, die Ihnen die tatsächliche Durchsetzung Ihrer Strategie anzeigen, zum Beispiel: Welche Perspektiven sind die Richtigen für Sie? Wie sammele ich das notwendige Informationsmaterial? Wie arbeite ich optimal mit der Firmenleitung zusammen? Wie messe ich den Erfolg auf diesen Gebieten? Wie Sie dieses Performance-Controlling auf wenige zentrale Themen konzentrieren, die Sie nach Ursachen und Folgen hinterfragen, um so die Strategie einer Organisation zu beschreiben, ist das Thema des sechsten Kapitels. Kapitel 7 setzt sich kritisch mit der Festlegung von Unternehmenszielen und der Beschreibung alternierender Zielvorstellungen auseinander. Zugleich soll sicher gestellt werden, dass Planungen und Initiativen der Organisation im Einklang mit dem Balanced-Scorecard-Konzept und der Firmenstrategie stehen.

Teil III dieses Buches trägt den Titel »Die Einbettung der Balanced Scorecard in das vorhandene Managementsystem«. Er beschreibt die Wandlung der Scorecard von einem reinen Messsystem zu einem effektiven Management-Tool. Die Hinführung der Aktivitäten aller Mitarbeiter auf die Unternehmensziele ist das Thema des achten Kapitels. Eine Identifizierung mit diesem Konzept ist entscheidend, wenn Ihre Organisation davon profitieren soll, dass in ihr das Wissen um und die Fokussierung auf die Schlüsselstrategien wachsen soll. Im Kapitel 9 wird die Rolle der Balanced Scorecard beim Prozess der Budgetierung untersucht. Es ermöglicht dem Leser, spezielle Techniken zu entwickeln, um die Ausgabenpolitik des Unternehmens mit seinen strategischen Zielen in Deckung zu bringen. Das häufig sehr umstrittene Thema der Leistungsprämien wird im Kapitel 10 angeschnitten. Der Leser findet hier eingehende Empfehlungen für angemessene Vergütungsstrategien und Elemente ihrer betrieblichen Umsetzung.

»Den Erfolg der Balanced Scorecard dauerhaft sichern« ist das Thema von Teil IV des Buches. Die kontinuierliche Beobachtung der Ergebnisse ist von zentraler Bedeutung, wenn man die Balanced Scorcard als wesentliches Management-Tool begreift. Aber sollten Unternehmen überhaupt auf eine der zahlreichen Lösungen, die als fertige Softwarepakete angeboten werden, zurückgreifen oder ihre eigene Lösung entwickeln? Kapitel 11 geht dieser Frage nach und gibt praktische Tipps an die Hand, um hier die richtige Entscheidung zu treffen. Im zwölften Kapitel geht es um die Aufrechterhaltung der Balanced Scorecard. Geschäftsregeln, Ablaufprozesse und Vorgänge (darunter das Sammeln von Daten) werden unter diesem Gesichtspunkt unter die Lupe genommen. Auch die Platzierung der Scorecard innerhalb der Organisation wird an dieser Stelle abgehandelt.

Ursprünglich wurde die Balanced Scorecard für Unternehmen entwickelt, die Gewinne erzielen wollten. Schnell jedoch haben aber auch Organisationen im öffentlichen Sektor sowie im Non-Profit-Bereich die vielen Vorteile der Balanced Scorecard erkannt und auf sie zurückgegriffen. Davon handelt Teil V dieses Buches. Die Leser von Kapitel 13 werden sehr rasch verstehen, dass die Balanced Scorecard mit geringen Modifikationen auch hier erfolgreich einsetzbar ist.

Im abschließenden 14. Kapitel dieses Buches wird die Bedeutung des organisatorischen Wandels zur Sicherung kontinuierlicher Balanced-Scorecard-Erfolge noch einmal verdeutlicht. Dort finden Sie auch die »Zehn Hindernisse auf dem Weg zur erfolgreichen Implementierung der Balanced Scorecard«. Zugleich werden Ihnen Ratschläge zum sinnvollen Einsatz von Unternehmensberatern gegeben, die eine Balanced Scorecard in ihrer Organisation aufbauen sollen.

Das Buch kann Ihnen auf jeder Stufe dieses Prozesses nützlich sein. Diejenigen, die noch ganz am Anfang stehen, profitieren natürlich vom Schritt-für-Schritt-Charakter. Für Organisationen dagegen, die bereits mit der Balanced Scorecard als Messsystem arbeiten und nun in die Phase eintreten, wo es gilt, dies in ein Managementsystem zu überführen, werden die Teile III und IV besonders hilfreich sein. Aber selbst Unternehmen, die die Balanced Scorecard schon eine ganze Zeit lang einsetzen, werden von der generellen Behandlung des Themas profitieren. Die hier vorgeschlagenen Techniken und Tipps können ihnen helfen, den maximalen Erfolg abzusichern. Wenn Sie darüber hinaus noch mehr zu diesem Thema und meinen gegenwärtigen Arbeiten erfahren möchten, empfehle ich Ihnen den Besuch meiner Website *www.primerusconsulting.com*.

Vor fast zweieinhalbtausend Jahren schrieb der griechische Dichter Euripides: »*Das Beste und Sicherste, was du tun kannst, um dein Leben im Gleichgewicht zu erhalten, ist die Anerkennung der großen Kräfte um uns und in uns. Wenn du es schaffst, danach zu handeln, bist du ein wahrhaft weiser Mensch*«. – Ich glaube ganz fest daran, dass dies auch für Organisationen und Unternehmen gilt.

Teil I
Einführung zum Performance Measurement und zur Balanced Scorecard

Kapitel 1: Eine sinnvolle Messung von Performance braucht eine Balanced Scorecard

»Wenn du das, worüber du sprichst, messen kannst und in Zahlen erfassen, weißt du etwas darüber. Wenn du das aber nicht kannst, ist dein Wissen spärlich und unbefriedigend.«

William Thompson (Lord Kelvin), 1824–1907

Wegweiser durch das erste Kapitel

Das Ziel dieses einführenden Kapitels ist es, Ihnen einen generellen Überblick über den gesamten Themenkomplex zu geben. Auch wenn Sie vermutlich so schnell wie nur möglich ihr ganz persönliches Management-Tool mit Hilfe der Balanced Scorecard entwickeln wollen, möchte ich Sie doch bitten, sich eingehend mit diesem Kapitel zu beschäftigen: Auf seinen Grundlagen basiert der Rest dieses Buches. Wenn Sie beginnen, die Balanced Scorecard aufzubauen, geht es nicht nur um die technischen Dimensionen des neuen Prozesses, sondern ganz wesentlich auch um die viel komplexeren Felder der Messung und des Umgangs mit den Ergebnissen. Ihre Glaubwürdigkeit als Experte auf diesen Gebieten hängt also davon ab, dass Sie so viel wie möglich darüber wissen. Das gilt besonders dann, wenn ihre gegenwärtige Position im Unternehmen normalerweise nicht von derartigen Fragestellungen tangiert wird.

Die Balanced Scorecard hilft Organisationen, zwei Schlüsselprobleme in den Griff zu bekommen: Performance Measurement und die Implementierung strategischer Ansätze. Zu Beginn des Kapitels schildere ich das Messen von finanzieller Performance – obwohl die diesen Messungen innewohnenden Grenzen durchaus bekannt sind. Von da aus wenden wir uns dem Problem einer Unternehmensstrategie zu und beschäftigen uns insbesondere mit den Hindernissen, die sich uns bei deren Einführung in den Weg stellen. Wenn wir uns dieser doppelten

Problematik bewusst sind, führen wir die Scorecard ein und zeigen, wie sie uns helfen kann, alle Schwierigkeiten bei der Quantifizierung der finanziellen Vorgänge und der Durchführung unserer Strategie zu überwinden.

Die eingehende Beschäftigung mit der Balanced Scorecard beginnt mit einem Überblick, wie und wann die Scorecard ursprünglich eingeführt wurde. Danach stellen wir die Frage: »Was ist eine Balanced Scorecard eigentlich genau?« Herausgestellt werden auch ihre spezifischen Eigenschaften als Hilfsmittel für Messsysteme, strategische Managementsysteme und die Kommunikation. Dabei wird auch die grundlegende Theorie dieses Tools deutlich werden, wie auch die vier Perspektiven und Dimensionen, die sich bei einer Anwendung dieses Prozesses bieten. Das Kapitel wird dann mit zwei wesentlichen Einzelfragen beendet: Wie meistere ich die schwierige Aufgabe, Balanced-Scorecard-Maßnahmen unter dem Aspekt von Ursache und Wirkung durchzuführen? Und was bedeutet das Wort *Balance*, also Ausgewogenheit, in dem Begriff Balanced Scorecard eigentlich genau?

Zwei grundlegende Probleme

Herzlich willkommen auf Ihrer Reise in die Welt des Performance Measurements und der Balanced Scorecard! Zusammen werden wir nun die vielen Facetten dieses Themas erforschen. Ich wünsche mir, dass Sie und Ihr Unternehmen sich am Ende unseres Weges verwandelt haben. Als ich dieses Buch schrieb, bestand das Konzept der Balanced Scorecard gerade mal zehn Jahre. Es entstand als Ergebnis einer Forschungsarbeit und ist seither für Tausende von Organisationen weltweit zu einem entscheidenden Managementwerkzeug geworden. Tatsächlich belegen gegenwärtige Untersuchungen, dass etwa die Hälfte aller *Fortune-1000*-Unternehmen ein Managementsystem auf der Basis der Balanced Scorecard praktizieren.[1]

Zwei grundlegende Problemfelder des Geschäftslebens haben sich als Ergebnis der Einführung von Balanced Scorecards wesentlich gebessert: zum einen die Effizienz der Performancemessung und zum anderen die Umsetzung von Strategien. In den folgenden Abschnitten werden wir beide Themenfelder eingehend untersuchen, um danach in einem generellen Überblick zu erörtern, wie die Balanced Scorecard diese beiden Probleme

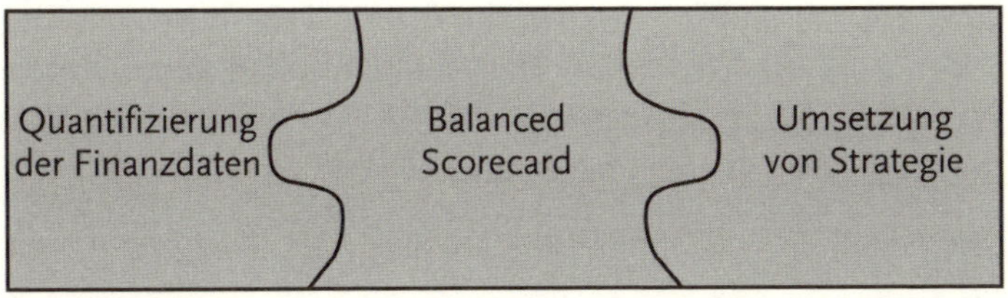

Abb. 1.1 Die Balanced Scorecard löst grundsätzliche Geschäftsprobleme

lösen kann. Wir beginnen mit dem Thema der Messung von Daten – wo wir standen, was sich änderte und wohin der Weg geht.

Die Performancemessung in Organisationen

Denken wir an das Zitat von Lord Kelvin zu Beginn dieses Kapitels zurück: »*Wenn du das, worüber du sprichst, messen kannst und in Zahlen erfassen, weißt du etwas darüber. Wenn du das aber nicht kannst, ist dein Wissen spärlich und unbefriedigend*«. Im Laufe der Jahre bin ich vielen Zitaten über das Messen begegnet, auf Wände gekritzelt und in Büchern gedruckt. Und einige von ihnen sind großartig, wie beispielsweise dieses Bonmot von Albert Einstein: »*Nicht alles, was gezählt werden kann, zählt auch – und nicht alles, was zählt, kann auch gezählt werden*«.

Wenn Sie mit der Arbeit am Balanced-Scorecard-Projekt starten, sollte mindestens ein Mitglied ihres Teams dieses Zitat für alle sichtbar aufhängen – denn es hat Tiefe und es übt eine Wirkung aus. In dem Zitat von Lord Kelvin liebe ich besonders die Begriffe »spärlich« und »unbefriedigend«. Für mich zeigen sie in aller Realität, wie bedeutsam Performance Measurement, also das Messen der betrieblichen Leistung, ist. Ich weiß nicht genau, wann er diesen Satz niedergeschrieben hat, aber wenn es in der Mitte seines Lebens war, war es um 1850, also vor rund 150 Jahren. Er sprach natürlich über die Wichtigkeit der Messungen zu seiner Zeit. Doch auch heute noch sind Messungen von großer Bedeutung – mehr noch: sie sind wichtiger als jemals zuvor.

Fügen wir unseren Aussagen zu diesem Thema noch eine von Peter Drucker hinzu, den viele für den bedeutendsten Management-Denker unserer Zeit halten. Er ist ebenso der Ansicht, dass es nur wenige Faktoren gibt, die ähnlich wichtig für eine Organisation sind, wie die Quantifizierung ihrer Resultate, also die Messung ihrer Performance. Doch gerade hier hapert es heutzutage meist, sagt er. Stimmt das wirklich? Eine 1987 durchgeführte Untersuchung der National Association of Accountants und dem Consortium for Advanced Manufacturing International (CAM-I) behauptet, dass 60 Prozent der befragten 260 Finanzmanager und 64 Vorstandsmitglieder von Unternehmen in den USA unzufrieden mit ihren Ergebnis-Messsystem waren.[2] Die Zeit, die seither vergangen ist, hat an dieser Situation mit Sicherheit nichts geändert. Neuere Forschungen belegen sogar, dass 80 Prozent der großen amerikanischen Unternehmen eine Änderung herbeisehnen. Diese Umfrageergebnisse überraschen einen Autor wie Bill Jensen, der das Buch *Einfachheit. Besser, schneller und effektiver arbeiten* geschrieben hat, sicherlich nicht. Er behauptet, die meisten Firmen würden ihre Mitarbeiter nicht ausreichend mit Informationen in genau dem Umfang und Kontext versorgen, die für die Erfüllung der an sie gestellten Anforderungen notwendig sind. *»Intelligenter arbeiten bedeutet, dass alle für die Arbeit des Einzelnen notwendigen Unternehmensdaten zur Verfügung gestellt werden sollten. Und zwar in derartigen Größenordnungen, dass sie auch bewältigt werden können«.*[3]

Alle diese Untersuchungen belegen, dass viele Organisationen eine Veränderung ihrer bestehenden Performancemessung sowohl nötig haben als auch wünschen. Doch ist es überhaupt möglich, irgendeine der zentralen Fragen in einem insgesamt maroden System zu isolieren? Viele behaupten, das Grundübel liege in der Tatsache begründet, dass wir uns fast ausschließlich mit dem Messen unserer finanziellen Leistung beschäftigen.

Die Erhebung finanzieller Daten und ihre Grenze

Seitdem es Unternehmen gibt, ist die traditionelle Methode der Leistungskontrolle die Erhebung finanzieller Daten gewesen. Buchhalterische Aufzeichnungen, um geschäftliche Transaktionen festzuhalten, können bereits seit Tausenden von Jahren nachgewiesen werden. An der Wende zum 20. Jahrhundert waren es dann innovative Bilanzierungsmethoden, die die Voraussetzung für den Erfolg der frühen Industriegiganten wie etwa General Motors bildeten. Das konnte nicht weiter überraschen, denn die finanziellen Messdaten jener Zeit entsprachen exakt dem Maschinenrhythmus der Unternehmen und der damals gängigen Managementphilosophie. Der Wettbewerb wurde von dem gegebenen Spielraum und den Größenvorteilen der Unternehmen bestimmt, wobei die Erträge der zur Verfügung gestellten Finanzmittel das Maß für den Erfolg war.

Das Performance Measurement hat sich daraus entwickelt. Heute gilt vor allem das Konzept des wirtschaftlichen Zusatznutzens, meist kurz als »economic value added« (EVA) bezeichnet. Es besagt, dass nur dann wirklicher Nutzen für die Shareholder entsteht, wenn der Gewinn eines Unternehmens die Kapitalkosten übersteigt. Unter dem Blickwinkel des EVA kann man also durchaus feststellen, dass trotz einer Umsatzsteigerung der Shareholder-Value vernichtet wird, wenn die Kapitalaufwendungen bei Investitionen unzulässig hoch sind.

Die Arbeit von Finanzstrategen ist daher gefragt. Auf dem Weg ins 21. Jahrhundert bezweifeln viele jedoch das fast ausschließliche Festhalten an der Abhängigkeit von Finanzdaten. Vielleicht sollten diese Erhebungen eher dazu dienen, die Sorgfalt des Managements im Umgang mit den anvertrauten Mitteln zu verifizieren, als dazu, die zukünftige Richtung der Unternehmenspolitik daran festzumachen. Sehen wir uns nun einige der häufigsten Kritikpunkte an einer übermäßigen Abhängigkeit von rein finanziell orientierten Leistungskriterien an:

- *Keine Übereinstimmung mit den Realitäten des gegenwärtigen Geschäftslebens:* Die wertschöpfenden Unternehmungen heutiger Organisationen werden durch fixe und reale Aktiva nicht mehr erfasst. Im Gegenteil: Der Wert besteht in den Vorstellungen der Menschen, die mit dem Unternehmen verbunden sind, in den Beziehungen zu den Kunden und den Zulieferern, in den Datenbänken der Schlüsselinformationen und der Innovations- und Qualitätskultur der Organisation. Herkömmliche Finanzdaten wurden entwickelt, um zurückliegende Geschäftsperioden mit den firmenintern geltenden Leistungsstandards zu vergleichen. Doch diese Messzahlen sind kaum hilfreich, wenn es gilt, frühe Indikatoren über die Kunden, Qualitätsmerkmale, auftauchende Probleme innerhalb der Belegschaft oder die Chancenwahrnehmung zu erfassen.
- *Entscheidungen aus der Rückspiegel-Perspektive:* Finanzdaten liefern uns oft ein ausgezeichnetes Bild zurückliegender Leistungen und Ereignisse innerhalb der Organisation. Sie bieten so schlüssige Zusammenfassungen und Überblicke zu vergangenen Geschäftsaktivitäten. Diese detaillierte und auf Bilanzdaten basierende Übersicht hat jedoch keine Aussagekraft, was die Zukunft des Unternehmens anbelangt. Wir alle haben schon die Erfahrung gemacht, dass überwältigende Gewinne in einem Monat, einem Quartal oder selbst in einem Jahr nicht unbe-

dingt zuverlässige Indikatoren für zukünftige Umsatzerwartungen sein müssen.

- *Die Tendenz zum Schubladen-Denken:* Aussagen zur wirtschaftlichen Situation eines Unternehmens werden normalerweise nach Funktionsbereichen getroffen: Die Aussagen der einzelnen Abteilungen fließen so als einzelne Daten in die gesamtbetrieblichen Kennzahlen ein. Dieser Ansatz kann heutzutage allerdings keine Gültigkeit mehr beanspruchen, denn ein großer Teil der Arbeit wird inzwischen bereichsübergreifend geleistet. Die Teams, die jetzt dringende Probleme zu lösen haben oder Wertschöpfung in bisher nicht gekannter Weise betreiben, bestehen aus Mitgliedern vieler unterschiedlicher Funktionsbereiche. Die traditionellen finanziellen Bewertungssysteme können jedoch den wahren Wert oder auch nur die Kosten derartiger Beziehungen nicht ermitteln.
- *Der Verzicht auf längerfristiges Denken:* Zahlreiche Umstrukturierungsprogramme beinhalten nachhaltige Maßnahmen zur Kostenreduzierung, die sich auch durchaus positiv auf die kurzfristige Finanzsituation des Unternehmens auswirken können. Andererseits bedeuten diese Sparmaßnahmen aber oft die Aufgabe der langfristigen Ziele, die zu einer zusätzlichen Wertschöpfung führen können. Dazu gehören Bereiche wie die Forschung und Entwicklung (F&E) oder das Customer Relationship Management (CRM). Die Fokussierung auf kurzfristig zu erreichende Ziele auf Kosten einer langfristigen Schaffung von Mehrwert kann so leicht zu einer Vergeudung unternehmerischer Ressourcen führen.
- *Wirtschaftliche Kennzahlen sind auf vielen Ebenen des Unternehmens irrelevant:* Finanzdaten sind schon von Natur aus abstrakt. Abstraktion bedeutet in diesem Zusammenhang die Anwendung auf einer anderen Ebene unter Auslassung gewisser Charakteristika. Wenn wir aber etwa spezifische wirtschaftliche Kennzahlen auf das Gesamtunternehmen anwenden, tun wir genau das. Wir übertragen sie auf immer höhere Ebenen, bis sie letztendlich nicht mehr aussagekräftig und für die Entscheidungen, welche Manager und Mitarbeiter zu treffen haben, wertlos geworden sind. Die Mitarbeiter eines Unternehmens – gleichgültig auf welcher Ebene – brauchen Performancedaten, auf die sie sich wirklich stützen können. Diese Informationen müssen daher aussagekräftig für ihre tagtägliche Arbeit sein.

Unter Berücksichtigung dieser Einschränkungen stellt sich nun die Frage, ob für derartige Kennzahlen oder Leitungskriterien in unserem System der Balanced Scorecard überhaupt noch Platz ist. Können sie denn in unserem gegenwärtigen ökonomischen Umfeld noch relevante Daten liefern? Schließlich zentrieren sie sich meist auf kurzfristige Ergebnisse und vernachlässigen so bewusst langfristige, Wert generierende Aktivitäten. Die Antwort ist dennoch »Ja« – aus einer ganzen Reihe von Gründen. Wie wir in Kürze sehen werden, ist die Balanced Scorecard genau das: *balanced*, also ausgewogen. Eine unangemessene Fokussierung auf irgendeinen Teilaspekt der Bewertung führt meist nur zu einem schlechten Gesamtergebnis.

Präzedenzfälle aus der Wirtschaftswelt unterstreichen diese Aussage. In den 80er Jahren lag der Schwerpunkt auf der Steigerung der Produktivität, wohingegen in den 90ern Qualität das Schlagwort wurde, an dem der Erfolg eines Unternehmens festgemacht wurde. Nach dem Prinzip, dass alles, was gemessen werden kann, auch in Zahlen erfasst wird, steigerten Unternehmen in vielen Wirtschaftsbereichen ihre Produktivität und Qualitätskriterien gewaltig. Was sie dabei oft übersahen, war das ebenso starke Anwachsen der dafür notwendigen Finanzaufwendungen. Und so kam es dann, dass einige Unternehmen, die in ihrer Branche eine Spitzenposition im Qualitätsmanagement belegten, dem Konkurrenzdruck erlagen.

Finanzdaten werden immer ein wesentliches Werkzeug für eine Organisation bleiben. Sie entscheiden letztlich, ob eine verbesserte Kundenzufriedenheit, gesteigerte Qualitätskriterien, eine termingerechte Lieferung (on-time delivery, OTD) und die Innovationsbereitschaft zu mehr finanzieller Performance und höherem Shareholder-Value führen. Was wir daher wirklich brauchen, ist eine zuverlässige Methode, um die Genauigkeit und Integrität unserer finanziellen Bewertung mit den Antriebskräften für eine zukünftige finanzielle Performance zu verknüpfen.

Die Unternehmensstrategie

Die Formulierung einer Strategie ist wahrscheinlich das am heftigsten umstrittene und meist diskutierte Thema in der Geschäftswelt. Seit Generationen sehen Wirtschaftsführer die Entwicklung einer Gewinnerstrategie als wesentliches Unterscheidungsmerkmal für den Erfolg von Organisationen an. Manager in Leitungspositionen, Wirtschaftswissenschaftler, aber auch Unternehmensberater suchen nach der Wunderwaffe einer derartigen Strategie und haben dieses Thema gründlichst durchforscht und die Debatte darum entscheidend voran getrieben. Ihre Jahre währende Arbeit war alles andere als unproduktiv und hat tatsächlich auch zur Bildung einer ganzen Reihe von Schulen zum strategischen Denken geführt. In ihrem Buch *Strategy Safari. Eine Reise durch die Wildnis des strategischen Managements* haben Mintzberg, Ahlstrand und Lampel zehn dieser Schulen beschrieben. Sie dokumentieren das Festlegen von Geschäftsstrategien als eine Folge von Prozessen: formal, mental, evolutionär und ausgleichend, um nur einige Varianten zu nennen.[4]

Wie bereits die finanziellen Kennzahlen sind auch strategische Ansätze ins Kreuzfeuer der Kritik gekommen, und zwar von jenen, die im Zeitalter eines sich dynamisch und umbruchartig entwickelnden Geschäftsklimas langfristige Strategieansätze für wenig effektiv und zudem für rasch überholt ansehen. Anhänger dieser Denkrichtung können sich nicht vorstellen, dass Wirtschaftsunternehmen sich den Luxus leisten können, ihre Aktivitäten einzustellen, um dann eine Strategie zu entwickeln und so de facto eine momentane lähmende Unbeweglichkeit entstehen zu lassen.

Das muss aber nicht sein, sagt Michael Porter, der vielleicht weltweit bekannteste Vordenker zum Thema Strategie. Er bezieht einen gegensätzlichen Standpunkt und behauptet, strategisches Denken wäre heute wichtiger denn je. Die Gewinnerwartungen in sehr vielen Branchen seien wegen der Aktivitäten einiger Internet-Pioniere stark unter Druck geraten. Porter meint, diese Organisationen hätten sich am Wettbewerb in einer Art und Weise beteiligt, die den Gesetzen erfolgreicher Strategien direkt widersprächen. Insbesondere hätten diese Marktteilnehmer sich:

- mehr um Einnahmen und Marktanteile gekümmert, die man durch eine aggressive Discountpolitik, Billigangebote und Werbekampagnen zu erzielen hoffte, als um wirkliche Gewinne;
- auf indirekte Einnahmen durch Werbung und Click-Einkünfte, etwa mit Bannerwerbung bei Kooperationspartnern, konzentriert, statt reale Wertschöpfung zu betreiben;
- darin verstrickt, auf allen Märkten mit einer Unzahl von Produkten präsent zu sein, statt in das viel schwierigere Feld des Targetings auf Grund strategischer Zielformulierungen einzusteigen.

Weil sie grundlegende strategische Ansätze ignoriert haben, verzeichnen diese Unternehmen auch ein eher negatives Wachstum und machen es dabei fast unmöglich, Wettbewerbsvorteile zu erringen. Das Ergebnis ist, dass sie sich mehr denn je von ihren Mitbewerbern unterscheiden müssen.

Porter schlägt als Lösung dieses Dilemmas vor, durch operative Effektivität und strategische Positionierung wieder Wettbewerbsvorteile zu erlangen.[5]

So setzt man eine Strategie um

Wenn wir die Tatsache akzeptieren, dass es im Umfeld des schnelllebigen und sich rapide entwickelnden Wirtschaftens mehr denn je notwendig ist, eine Geschäftsstrategie zu formulieren, können wir uns nun dem grundsätzlichen Thema seiner effektiven Implementierung zuwenden. Noch nie war die Entwicklung einer derartigen Gewinnstrategie einfach, doch unter den heutigen Bedingungen ist es fast entmutigend. Ein 1999 im Magazin *Fortune* erschienener Hintergrundbericht behauptet, dass 70 Prozent der CEOs nicht an einer schlechten Strategie, sondern an deren miserablen Durchführung scheitern.[6] Warum ist es aber selbst für Spitzenunternehmen so schwer, eine Geschäftsstrategie erfolgreich zu implementieren? Untersuchungen in diesem Bereich zeigten eine ganze Reihe von Hindernissen, wie sie in Abbildung 1.2 dargestellt sind.

Abb. 1.2 Die Hindernisse bei der Implementierung einer Strategie

Hindernis: Vision

Die überwältigende Mehrheit aller Arbeitnehmer versteht die strategischen Vorgaben ihres Unternehmens nicht. Das war zwar am Ende des 20.

Jahrhunderts vollauf ausreichend, als der Wert einer Sache vor allem durch den maximalen Nutzen des Kapitaleinsatzes bestimmt wurde und die Angestellten im wahrsten Sinne des Wortes als kleine Rädchen im großen industriellen Getriebe verstanden wurden. Doch heute, im Zeitalter der Information und des Wissens, bestimmt sich der Wert einer Sache von den immateriellen Werten, den »intangible assets«, her – also dem Know-how, den Beziehungen und bestehenden Kulturen innerhalb einer Organisation. Die Mehrzahl der Unternehmen sind jedoch immer noch auf das industrielle Zeitalter ausgerichtet, auf Kommandostrukturen und Kontrollsysteme, welche die heutige Wirklichkeit nicht erfassen können. Warum ist dies aber immer noch die Regel, wenn alle Fakten auf die Notwendigkeit zur Veränderung hinweisen?

S. I. Hayakawa führte bereits vor fünfzig Jahren das Konzept des *»cultural lag«*, also eines »kulturellen Hinterherhinkens« in die Diskussion ein und erklärte ausführlich die Gründe für diese organisatorische Trägheit. So behauptet er: *»Wenn Menschen sich an Institutionen gewöhnen, gewinnen sie schließlich das Gefühl, ihre Organisation habe als Einzige den richtigen und vernünftigen Weg entwickelt, Dinge anzugehen ... Konsequenterweise tendieren solche sozialen Institutionen dazu, sich nur sehr langsam zu ändern und – noch wichtiger – existieren meist auch dann noch, wenn die Voraussetzungen für ihre Existenz eigentlich gar nicht mehr gegeben sind. Ja, selbst dann noch, wenn sie zu einem Ärgernis oder zu einer Gefährdung der Gesellschaft geworden sind.«*[7]

Erinnern Sie diese Aussagen an Ihre Firma? Falls Ihre Unternehmensstruktur die Fähigkeit der Mitarbeiter, den Sinn der Firmenstrategie zu begreifen und entsprechend zu handeln, einschränkt – wie können Sie dann von diesen erwarten, dass sie wirkungsvolle Entscheidungen treffen, die zur Erreichung der Unternehmensziele führen?

Hindernis: Leistungsanreiz

Incentives, also Leistungsanreize, und spezielle Bonussysteme gibt es schon eine ganze Weile – doch werden sie wirklich für die richtigen Dinge ausgeschüttet? In den meisten Fällen belohnen sie das Erreichen kurzfristiger Finanzvorgaben, nicht jedoch langfristige strategische Initiativen. Denken Sie an die bereits ausgesprochene Warnung: Was gemessen werden kann, wird auch in Zahlen festgelegt. Wenn der vorgegebene Fokus das Einhalten finanzieller Ziele ist, werden die Mitarbeiter alles dafür tun, um diese Ergebnisse auch um jeden Preis zu erzielen – selbst wenn das oft auf Kosten des langfristigen Wertzuwachses für das Unternehmen geht.

Hindernis: Zeitmangel

Womit verbringen Sie und Ihre Führungskräfte die Zeit während der monatlichen oder vierteljährlichen Besprechungen? In den meisten Organisationen wird diese Zeit dafür genutzt, um die finanziellen Ergebnisse zu analysieren und nach Auswegen dafür zu suchen, wenn die Budgetvorgaben nicht erfüllt sind. Eine Fokussierung auf strategische Probleme verlangt jedoch ein Hinausgehen über diese Mängelliste und ein tieferes Verständnis der dem Ganzen zugrunde liegenden Mechanismen, die zu einem Anwachsen oder zu einer Vernichtung der Werte im Unternehmen führen können.

Hindernis: Fehlende Ressourcen

Sechzig Prozent aller Organisationen sehen keinen Zusammenhang zwischen ihrer Budgetierung und der Entwicklung einer Organisationsstrategie. Diese Tatsache sollte uns allerdings nicht sonderlich überraschen, denn meist werden sie als völlig getrennte Prozesse verstanden. Ein Teil der Mitarbeiter entwirft eine Unternehmensstrategie, welche die Firma in eine glorreiche Zukunft führen soll, während eine ganz andere Gruppe die Zielvorgaben und Finanzbudgets für das kommende Jahr entwickelt.

Das Problem bei diesem Ansatz ist jedoch, dass die Human- und die Finanzressourcen generell den kurzfristigen Umsatzerwartungen und nicht den langfristigen strategischen Zielen zugeordnet werden. Ich erinnere mich beispielsweise noch gut an meine Zeit in der Rechnungsabteilung eines großen Unternehmens. Wir saßen zwar auf der gleichen Ebene wie die Strategieplaner, aber wir tauschten uns praktisch nicht nur nicht aus – wir kannten sie kaum!

Das System der Balanced Scorecard

Wie wir bereits gesehen haben, müssen Organisationen mit zahlreichen Schwierigkeiten fertig werden, um Performance-Measurement-Systeme zu entwickeln, welche die wirklich wesentlichen Dinge messen. Was gebraucht wird, ist ein System, das einen Ausgleich zwischen dem historischen Anspruch auf exakte Finanzdaten mit den Treibern zukünftiger Performance schafft. Zugleich muss es den Organisationen dabei helfen, unterschiedliche Strategieansätze zu implementieren. Die Balanced Scorecard ist das geeignete Werkzeug, beide Herausforderungen anzugehen. Der Rest dieses

Kapitels wird sich daher eingehender mit ihr auseinandersetzen, indem wir ihren Ursprüngen nachgehen, ihren konzeptionellen Ansatz untersuchen und uns überlegen, was die Balanced Scorecard eigentlich grundlegend von anderen Ansätzen dieser Art unterscheidet.

Die Ursprünge der Balanced Scorecard

Die Balanced Scorecard wurde von zwei Management-Denkern entwickelt. Der eine war Robert Kaplan, Professor an der renommierten Harvard University, der andere David Norton, ein Unternehmensberater, der ebenfalls im Großraum Boston arbeitete. Beide zusammen leiteten ein Forschungsteam, das neue Methoden des Performance Measurements für etwa ein Dutzend Unternehmen untersuchte. Ausgangspunkt ihrer Arbeit war die sich immer mehr verstärkende Überzeugung, dass allein die Erfassung von Finanzdaten im modernen Wirtschaftsleben nicht mehr ausreichen würde. Die untersuchten Firmen stimmten mit Kaplan und Norton darin überein, dass die ausschließliche Erfassung der finanziellen Performance ihre Fähigkeit Wertschöpfung aufzubauen einschränken würde. Die Arbeitsgruppe befasste sich mit einer ganzen Reihe alternativer Ansatzmöglichkeiten, einigte sich aber schließlich auf die Idee einer Scorecard. Diese sollte die unterschiedlichsten Aspekte des Performance Measurements innerhalb der Unternehmen erfassen – von den Fragen der Kundenbeziehungen, über interne Geschäftsabläufe, besondere Aktivitäten der Mitarbeiter bis natürlich hin zu den Belangen der Shareholder. Kaplan und Norton nannten das so neu entwickelte Tool »Balanced Scorecard« und fassten danach das Konzept im Ersten von insgesamt drei Aufsätzen für die *Harvard Business Review* zusammen. Er erschien unter dem Titel »The Balanced Scorecard – Measures that Drive Performance«.[8]

In den nächsten vier Jahren übernahm eine Reihe von Organisationen dieses Konzept und erzielte damit unmittelbare Erfolge. Kaplan und Norton entdeckten dabei, dass dort, wo die Balanced Scorecard angewandt wurde, um gegenwärtige Finanzdaten mit den Treibern für die zukünftige Performance zu verknüpfen, mit der gleichen Methode auch ihre Organisationsstrategie vermittelt werden konnte. Als die Balanced Scorecard konsequenterweise weltweit als Management-Tool bekannt wurde, das auch zur Implementierung einer Strategie dient, fassten die Entdecker ihr Konzept und die Erfahrungen, die seitdem gemacht worden waren, in ihrem Buch *Balanced Scorecard* zusammen.[9]

Seither ist das Balanced-Scorecard-Konzept nahezu von der Hälfte aller *Fortune-1000*-Unternehmen übernommen worden – und diese Zahl wächst ständig. Nachdem es zunächst ausschließlich für gewinnorientierte Unternehmen zu gelten schien, haben es inzwischen auch Organisationen im Non-Profit-Bereich und im öffentlichen Sektor übernommen. Sie haben verstanden, dass sie bei nur geringfügigen Anpassungen der Rahmenbedingungen ebenfalls in der Lage sind, ihren Ansprechpartnern den Wertzuwachs und die notwendigen Schritte zur Erfüllung ihrer Aufgaben zu vermitteln. (In Kapitel 13 werden wir uns eingehender mit der erfolgreichen Implementierung der Balanced Scorecard in diesen Bereichen befassen.)

Die weltweite Anerkennung der Balanced Scorecard hat die *Harvard Business Review* kürzlich dazu veranlasst, die Balanced Scorecard als eine der 75 prägendsten Ideen des 20. Jahrhunderts zu bezeichnen. Beschäftigen wir uns also jetzt mit dem Management-Tool selbst und untersuchen, was das ganz Besondere der Balanced Scorecard ist.

Was genau ist die Balanced Scorecard?

Man kann die Balanced Scorecard als einen sorgfältig ausgewählten Baukasten von Bemessungskriterien definieren, die sich aus der Strategie einer Organisation ergeben. Diese Maßstäbe, welche die Balanced Scorecard erst ausmachen, sind ein Werkzeug in den Händen der Geschäftsführung, um sowohl den Mitarbeitern als auch externen Stakeholdern die Ergebnisse, aber auch die Leistungstreiber zu kommunizieren, durch welche die Organisationsziele und die strategischen Vorgaben erreicht werden sollen. Eine schlichte Definition kann uns jedoch nicht alles über die Balanced Scorecard sagen. Durch meine praktische Mitarbeit in zahlreichen Organisationen und meine Forschungstätigkeit auf diesem Feld habe ich die Balanced Scorecard als ein dreifach wirksames Tool erfahren: als System zum Performance Measurement, als strategisches Managementinstrument und als Möglichkeit zur Kommunikation (siehe Abbildung 1.3). Betrachten wir nun diese einzelnen Aspekte der Balanced Scorecard.

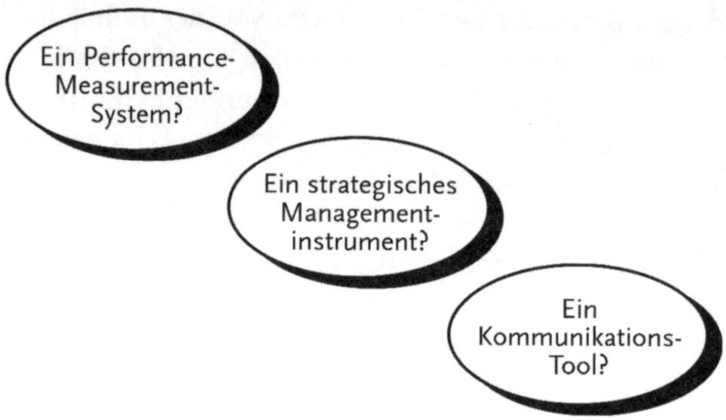

Abb. 1.3 Was ist die Balanced Scorecard?

Die Balanced Scorecard als Performance-Measurement-System

Wir haben bereits an anderer Stelle die Grenzen einer Leistungsmessung allein auf Grund von Finanzdaten angesprochen. Obwohl diese uns optimal zurückliegende Geschehnisse darstellen können, sagen sie nichts über die Wirklichkeit wertschöpfender Mechanismen in unserer heutigen Geschäftswelt aus, also etwa über nur schwer fassbare Aktivposten wie Wissen und Beziehungsnetzwerke. Finanzdaten können uns als Alarmsignale für Mängel »lag indicators« dienen, die das Ergebnis kürzlich durchgeführter Maßnahmen sind. Die Balanced Scorecard verknüpft sie nun mit den Antriebskräften der zukünftig geplanten Performance »lead indicators«. Aber woher stammen eigentlich diese Bewertungskriterien »lag und lead indicators«? Sie leiten sich beide aus unserer Strategie ab. Alle Daten, welche uns die Balanced Scorecard liefert, sind in der Organisationsstrategie verankert (siehe dazu auch Abbildung 1.4). Das wirklich Verblüffende an diesem Diagramm ist die Tatsache, dass Vision und Strategie die Herzstücke der Balanced Scorecard bilden – und nicht etwa ein finanzielles Controlling, wie immer noch in vielen Institutionen.

Zahlreiche Organisationen können durchaus eine mitreißende Vision und zwingende Strategien vorweisen – doch sie sind nicht in der Lage, beides so einzusetzen, dass die Aktivitäten ihrer Mitarbeiter auch in die Richtung der Unternehmensstrategie geht. In seinem Buch *Die fünfte Disziplin*[10] beschreibt Peter Senge dieses Dilemma so: »*Viele Wirtschaftsführer verfügen über eine persönliche Vision, die aber niemals in eine kollektive, das ganze Unternehmen erfassende Vision umgesetzt wird.*«

Die Balanced Scorecard macht diesen Schritt jedoch möglich. Sie stellt der Organisation einen neuen Bezugsrahmen zur Verfügung, der durch die Fakten und Maßnahmen, für die man sich entschieden hat, die dahinterstehende Strategie vermittelt. Statt sich auf eine Kontrolle der eingesetzten Finanzmittel zu fokussieren, die nur wenig zu einer langfristigen Motivation der Mitarbeiter, Entscheidungen zu treffen, beitragen, benutzt die Balanced Scorecard eine Sprache, die die Schlüsselelemente zur Erreichung der strategischen Vorgaben beschreibt. Der Einsatz dieser Elemente ist grundlegende Voraussetzung, um dieses Ziel wirklich zu erreichen. In seinem Buch *Making Strategy Work* stellt Timothy Galpin fest, dass »messbare Ziele und Zielvorgaben« einer der Erfolgsfaktoren für eine funktionierende Strategie sind.[11] Die Scorecard greift also Finanzdaten auf und verknüpft sie mit drei weiteren grundlegenden Perspektiven des Managements: den Kunden, den internen Prozessen sowie dem Lern- und Wachstumsprozess.[12]

Die Perspektiven

In diesem Abschnitt werde ich die vier Perspektiven oder Dimensionen der Balanced Scorecard untersuchen. Der Gebrauch des Begriffes »Perspektive« ist gewollt, denn ich glaube, er beschreibt den bevorzugten methodischen Ansatz, wenn wir über die Balanced Scorecard sprechen. Andere Autoren haben hierfür den Begriff »Quadrant« gewählt. Einschlägige Wörterbücher definieren dieses Wort jedoch als ein Viertel des Kreisumfangs. Damit wird der Schwerpunkt jedoch zu stark auf die Zahl Vier gelegt und engt den flexiblen Ansatz der Scorecard von vorne herein ein. Schließlich ist es durchaus möglich, dass Sie mit fünf oder nur drei Perspektiven arbeiten wollen. Bleiben Sie daher bei dem Begriff »Perspektive« – er ist der Sache angemessener und stellt einen Standpunkt dar, nicht eine feste Größe.

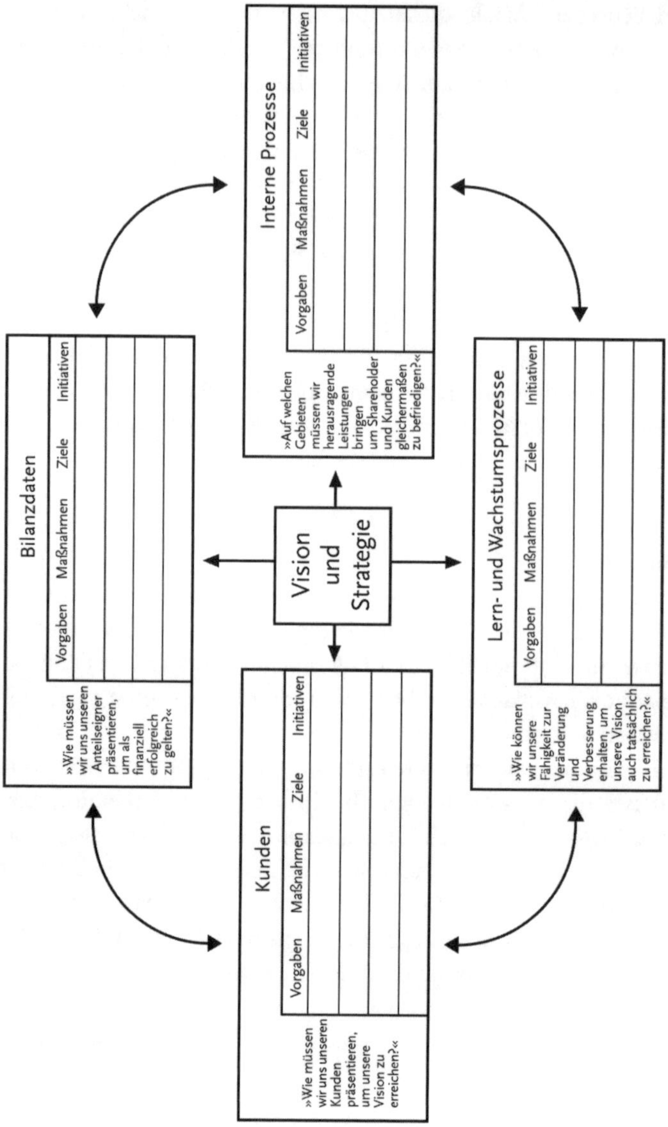

Abb. 1.4 Die Balanced Scorecard

Die Kundenperspektive

Bei der Festlegung von Messdaten beziehungsweise Kennzahlen für die Kundenaspekte auf der Scorecard müssen wir uns als Organisation zwei entscheidenden Fragen stellen: Wie sieht unsere Zielgruppe aus? Und welche für sie wertvollen Angebote machen wir? Das klingt sehr einfach, doch beide Fragen beinhalten eine ganze Reihe von Herausforderungen. Zwar würden die meisten Organisationen spontan behaupten, dass sie durchaus eine fest umrissene Zielgruppe haben, aber in ihrem praktischen Geschäftsgebaren handeln sie eher nach der »Alles-für-alle«-Strategie. Wie wir jedoch schon an früherer Stelle von Michael Porter erfahren haben, bedeutet eine fehlende Fokussierung, dass wir uns nicht wirklich von unseren Mitbewerbern abgrenzen können. Das Definieren eines konkreten Angebotes mit einem besonderen Wert für unsere Zielgruppe bedeutet daher eine nur schwer zu erfüllende Aufgabe für die meisten Unternehmen. Viele versuchen deshalb eine der drei Vorgaben von Treacy und Wieserma aus deren Buch *Marktführerschaft. Wege zur Spitze*[13] zu erfüllen:

- *Betriebliche Spitzenleistungen:* Firmen, die dieses Ziel anstreben, fokussieren sich auf Niedrigpreis-Angebote, Zweckmäßigkeit und meist auch den Verzicht auf zusätzliche Extras. Die Handelskette Wal-Mart repräsentiert beispielhaft eine derartiges betriebliches Spitzenunternehmen.
- *Produktführerschaft:* Schwerpunkt dieser Unternehmen ist die eindeutige Festlegung auf allerhöchste Produktqualität. Um die Nummer eins auf dem Markt zu bleiben, bemüht man sich um eine konstante innovative Verbesserung des Angebotes. Nike ist hierfür ein gutes Beispiel auf dem Gebiet der Sportschuhe.
- *Sehr enge Kundenbindung:* Firmen mit dieser Strategie unternehmen alles, um die ganz speziellen Kundenwünsche zu erfüllen. Ihnen geht es nicht um einmalige Geschäftsabschlüsse, sondern um eine langfristige Kundenbindung auf der Basis genauer Kenntnisse der Kundenbedürfnisse. Im Marktsegment Einzelhandel erfüllt Nordstrom optimal diese Bedingungen.

Unabhängig davon, welcher Vorgabe man folgt, bedeutet diese Kundenperspektive das Anwenden von heutzutage weit verbreiteten Maßnahmen, wie etwa die Befriedigung der Kundenwünsche, Loyalität zum Kunden, aktive Beeinflussung des Marktes sowie ein ständiges Akquirieren neuer Zielgruppen. Genauso wichtig ist jedoch die Entwicklung jener Performancetreiber, welche die Lücken (»lags«) im Kundenbereich schließen können. (Auf diese wie auch die folgenden Perspektiven wird im Kapitel 5 noch weiterführend eingegangen.)

Die interne Prozessperspektive

Hierunter verstehen wir jene Vorgänge, die ein Unternehmen mit äußerster Sorgfalt durchführen muss, um wachsende Wertschöpfungsraten für seine Kunden – und letztlich damit auch für seine Aktionäre – zu erzielen. Jede der bereits beschriebenen Maßnahmen ermöglicht wirksame Schritte zu einer Neuorganisation der internen Ablaufprozesse, die wiederum Voraussetzung für ein gutes Kundenmanagement und die Durchsetzung des Wertschöpfungsprozesses sind. Unsere Aufgabe besteht darin, die notwendigen Abläufe zu erkennen und dann alle Maßnahmen zur Erreichung unserer Ziele zu ergreifen. Um die Erwartungen der Kunden wie auch der Anteilseigner zu erfüllen, kann es nötig sein, völlig neue Ablaufprozesse innerhalb des Unternehmens einzuführen, statt sich nur mit der Reparatur bereits existierender Prozesse abzugeben. Fragen der Produktentwicklung, die eigentlichen Herstellungsprozesse sowie Fragen des Vertriebs und des Kundenservices können hiervon betroffen sein.

Viele Organisationen verlassen sich in erster Linie auf ihre Zuliefererbeziehungen und andere drittrangige Arrangements, um ihren Kundenstamm zu pflegen. In diesen Fällen kann man die Fortentwicklung der internen Ablaufprozesse ins Auge fassen, um wesentlichen Elemente derartiger Beziehungen darin einzubinden.

Die finanzwirtschaftliche Perspektive

Wesentliche Komponenten der Balanced Scorecard sind Kennzahlen, die mit den finanziellen Aspekten einer Organisation – zumindest, wenn sie gewinnorientiert ist – zu tun haben. Sie zeigen uns deutlich, ob unsere Strategie, die durch die anderen Perspektiven festgelegt wurde, auch tatsächlich in solide, greifbare Ergebnisse mündet. Auch wenn wir all unsere Anstrengungen und Ressourcen auf die Verbesserung der Kundenzufriedenheit, der Produktqualität, der OTD oder anderer wesentlicher Dinge fokussieren, sind sie nur von sehr beschränktem Wert, wenn sie sich nicht in bare Münze für das Unternehmen umsetzen lassen. Lücken, die auf Fehler bei den anderen Indikatoren hinweisen, spiegeln sich meist auch in der Ertragslage einer

Organisation wider. Beispiele dafür sind die Gewinn- und Verlustrechnung, die Steigerung der Umsätze und der Wertzuwachs des Unternehmens.

Die Lern- und Entwicklungsperspektive

Falls Sie ehrgeizige Ziele in den Bereichen innerbetriebliche Arbeitsabläufe, Kundenbeziehungen und Erfüllung der Erwartungen ihrer Shareholder anstreben – wo lassen sich diese umsetzen? Die Vorgaben der Lern- und Entwicklungsperspektive (genauer: der Perspektive der Mitarbeiterförderung und -entwicklung) sind die eigentlichen Grundvoraussetzungen für alle anderen Perspektiven. Sie sind das wahre Fundament, auf dem das gesamte Gebäude der Balanced Scorecard erbaut ist.

Wenn Sie beispielsweise Maßnahmen und Initiativen auf dem Feld der Kundenbetreuung oder der betrieblichen Abläufe ergreifen, werden Sie mit hoher Wahrscheinlichkeit entdecken, dass sich einige Lücken zwischen der gegenwärtigen Infrastruktur Ihrer Organisation (den Fähigkeiten Ihrer Mitarbeiter, den Informationsvorgaben) und dem angestrebten Level Ihrer Bemühungen auftun. Die Maßnahmen, die Sie nun auf dem Gebiet dieser vierten Perspektive entwickeln, können diese Lücken schließen und zukünftige Erfolge garantieren.

Wie bei den anderen drei Perspektiven der Balanced Scorecard kann man auch hier einen Mix aus dem Ausbessern von Lücken und den Performancetreibern errechnen. Dazu würden etwa die Fähigkeiten der Mitarbeiter, ihre Identifikation mit der Arbeit, der Zugriff auf notwendige Informationen und eine zielgerichtete Orientierung gehören. Viele Organisationen tun sich schwer bei der Entwicklung dieser Lern- und Wachstumsperspektive. Normalerweise wird sie am Schluss aller Balanced-Scorecard-Maßnahmen entwickelt und die daran beteiligten Teams sind oft schon durch die vorhergehenden Schritte geistig ausgelaugt oder betrachten diesen Schritt als »soft stuff«, den man am Besten den »Weicheiern« überlässt. Wie sehr das im Einzelfall auch stimmen mag, man darf diese Perspektive dennoch nicht aus dem Gesamtprozess ausgliedern. Denn, wie schon gesagt, die Maßstäbe, die unter der Perspektive der Mitarbeiterförderung und -entwicklung entwickelt werden, sind die Voraussetzungen für alle anderen Kriterien, welche die Balanced Scorecard ausmachen. Sie sollten sie deshalb als Wurzelwerk eines Baumes ansehen, das den ganzen Stamm bis in die einzelnen Zweige (Kundenbindung) und Blätter (Gewinnerwartung) hinein versorgt.

Die Balanced Scorecard als strategisches Managementsystem.

Für zahlreiche Organisationen hat sich die Balanced Scorecard von einem Messwerkzeug zu einem strategischen Managementsystem, wie es so auch von Kaplan und Norton beschrieben wurde,[14] weiterentwickelt. Ursprünglich war es die Absicht, mit Hilfe der Scorecard einen Ausgleich zwischen den Finanzdaten und den zukünftigen Werttreibern für das Unternehmen zu finden. Doch je mehr Unternehmen mit der Balanced Scorecard arbeiteten, stellten sie fest, dass sie mit ihr ein entscheidendes Werkzeug gewonnen hatten, um kurzfristige Aktivitäten in ihre Gesamtstrategie einzubinden. Und so federt die Scorecard viele der schon angesprochenen Probleme ab, die mit der Implementierung einer effektiven Organisationsstrategie verbunden sind. Betrachten wir nun diese Hindernisse einmal genauer und sehen, wie die Balanced Scorecard sie aus dem Weg räumen kann.

Hindernisse, die der Vision im Wege stehen, werden durch die Übersetzung der Strategie beseitigt

Die Balanced Scorecard ist im Idealfall gekennzeichnet durch ein von allen geteiltes Verständnis und die Umsetzung der gemeinsames Strategie einer Organisation hinsichtlich ihrer Absichten, Messkriterien, Ziele und Initiativen. Und das bei allen vier Perspektiven, welche die Scorecard eröffnet. Die Verdeutlichung der Vision und Strategie zwingt das Führungsteam zu einer klaren Definition der oft nur undeutlich und nebulös definierten Begriffe, etwa »Marktführer«, »überlegene Dienstleistung«, »angestrebte Zielgruppen«. Während der Entwicklungsphase der Balanced Scorecard kann beispielsweise eine Führungsgruppe herausfinden, dass »überlegener Service« die zu 95 Prozent termingerechte Auslieferung der Ware an die Kunden bedeutet. Alle Mitarbeiter werden nun ihre Energien und Tagesaktivitäten darauf fokussieren, dieses eindeutige Ziel zu erreichen, statt sich weiter in eine Diskussion über die Definition zu verzetteln. Organisationen, die die Balanced Scorecard als Rahmen zur Verdeutlichung ihrer Strategie benutzen, schaffen sich so eine gemeinsame Sprache, die alle Mitarbeiteraktivitäten in die gewünschte Richtung lenkt.

Betriebsinterne Hindernisse werden nach der Durchsetzung der Balanced Scorecard auf allen Ebenen beseitigt.

Um eine Strategie erfolgreich zu implementieren, muss sie auf allen Ebenen eines Unternehmens verstanden und durchgeführt werden. Die Balanced Scorecard vollständig einzuführen bedeutet also, sie bis in den letzten Winkel der Organisation durchzusetzen – zu »kaskadieren« – und den Mitarbeitern die Chance zu geben, den Beweis anzutreten, dass sie die Tagesgeschäfte im Einklang mit der Firmenstrategie ausüben. Auf allen Ebenen Ihrer Organisation werden so unterschiedliche Wertschöpfungsprozesse durch die Entwicklung von Scorecards in Gang gesetzt, die wiederum mit den hochgesteckten Zielen des Unternehmens in Einklang stehen. Diese Durchdringung von oben nach unten schafft andererseits auch einen gemeinsamen Blickwinkel von dem Arbeitsplatz auf unterster Ebene bis hin zum Topmanagement. Einige Unternehmen sind sogar so weit gegangen, dass sie die Entwicklung individueller Scorecards zuließen, die den Beitrag des Einzelnen zu der Erreichung der Gesamtziele innerhalb des Arbeitsteams feststellten. Das achte Kapitel wird sich eingehender mit diesem Thema beschäftigen.

Eine strategische Ressourcenallokation beseitigt mögliche Engpässe.

Wie bereits erwähnt, fällt ins Auge, dass viele Unternehmen die Budgetierung und die strategische Ausrichtung ihrer Organisationen als unterschiedliche Prozesse betrachten. Mit der Entwicklung der Balanced Scorecard erhalten wir jedoch ein großartiges Mittel an die Hand, um diese beiden wichtigen Aspekte miteinander zu verknüpfen. Mit ihrer Hilfe denken wir nicht nur über Ziele, Kennzahlen und unsere Absichten bezüglich der vier Perspektiven nach, sondern auch über die einzelnen Initiativen und geplanten Aktivitäten, um die Vorgaben der Balanced Scorecard zu erfüllen. Wenn wir beispielsweise sehr langfristig angelegte Zielvorgaben ansteuern, können wir so die notwendigen Steigerungsraten auf dem Weg dahin planen.

Personal- und Finanzressourcen, die zur Erreichung unserer Scorecard-Ziele nötig sind, sollten die Basis unserer jährlichen Budgetplanungen sein. Dann werden einzelne Abteilungen und Geschäftseinheiten auch nicht mehr einfach nur Budgetanforderungen in der Höhe des vergangenen Jahres (plus einer obligatorischen fünfprozentigen Steigerungsrate) abliefern. Im Gegenteil – sie werden nun die notwendigen Kosten (und Gewinnerwartungen) deutlicher als bisher in ihren an den Balanced-Scorecard-Zielvorgaben orientierten Budgetwünschen artikulieren. Dies fördert wiederum den Lernprozess des Managements bezüglich der Firmenstrategie, weil sie nun als Team gefordert sind – vorausgesetzt, die Finanzressourcen sind nicht unbegrenzt –, auch unbequeme Entscheidungen darüber zu treffen, welche Initiativen zu unterstützen sind und welche nicht.

Die Installierung der Balanced Scorecard erlaubt es Ihnen auch, die unzähligen Initiativen kritisch zu durchforsten, die gegenwärtig in Ihrer Organisation unternommen werden. Als Unternehmensberater höre ich oft bei meinem ersten Kundenbesuch von den führenden Managern: »Um Himmels Willen nein – bloß nicht noch eine neue Initiative!« Viele von ihnen haben ihre Lieblingsprojekte und Programme, mit denen sie Furore machen wollen – oftmals ohne sich bewusst zu machen, welch strategische Bedeutung diesen eigentlich innewohnt. Doch weit bedrohlicher sind widersprüchliche Initiativen aus den verschiedenen Ecken eines Unternehmens. So kann es zum Beispiel sein, dass die Marketingabteilung aggressiv die Strategie verfolgt, neue Absatzmärkte zu gewinnen, während die Human-Resource-Abteilung gleichzeitig eine Initiative gestartet hat, das Verkaufspersonal mit Leistungsanreizen auf die Pflege des bestehenden Kundenstamms einzuschwören. Welchem dieser beiden Ansätze sollte man nun den Vorrang geben? Initiativen sollten auf allen Ebenen der Organisation und auf jedem Geschäftsfeld allein einer einzigen Vorgabe folgen: den übergeordneten strategischen Zielen der Firma.

Die Balanced Scorecard gibt Ihnen das notwendige Tool in die Hand, um die richtige Entscheidung zu treffen. Wenn Sie erst einmal die Scorecard installiert haben, sollten Sie alle Initiativen, die gegenwärtig in Ihrem Unternehmen durchgeführt werden, unter die Lupe nehmen und dann entscheiden, welche wirklich für die Durchsetzung Ihrer Firmenstrategie wichtig sind. Alle anderen verbrauchen nur wertvolle und anderweitig benötigte Ressourcen. Dieses »Energiesparprogramm« macht sich bezahlt – und darüber hinaus vermittelt es allen Mitarbeitern des Unternehmens das Gefühl für die entscheidenden Erfolgsfaktoren und die Schritte, die dafür nötig sind (vgl. auch Kapitel 9).

Strategisches Lernen überwindet die Managementschranke

In einer sich rasch ändernden Geschäftswelt machen die meisten von uns die Erfahrung, dass wir mehr als nur eine Analyse der aktuell gültigen Budgetzahlen oder ihrer möglichen Varianten brauchen, um strategische

Entscheidungen treffen zu können. Unglücklicherweise verplempern zahlreiche Managementteams jedoch ihre kostbare Zeit damit, diese Varianten hin und her zu diskutieren und mögliche Lücken zu schließen. Die Balanced Scorecard gibt uns hier die Möglichkeit, einen entscheidenden Schritt weiter zu gehen und die Ergebnisse der Scorecard als Ausgangspunkt zu begreifen, um unsere Strategie zu überdenken, zu hinterfragen und neu von ihr zu lernen.

Die Balanced Scorecard übersetzt unsere Visionen und strategischen Ansätze in einen schlüssigen Katalog von Maßnahmen in vier ausgewogenen Perspektiven. Unmittelbarer Erfolg ist, dass uns mehr als nur Finanzdaten zur Entscheidungsfindung zur Verfügung stehen. Das Performance Measurement, das uns die Scorecard liefert, spiegeln schlüssig die Umsetzung unserer Geschäftsstrategie bis zu dem erfassten Zeitpunkt wider und bilden so die Basis für die Beantwortung der Frage, ob wir diese strategischen Vorgaben auch wirklich erreichen können. Wie wir noch im nächsten Abschnitt sehen werden, repräsentiert jede Strategie, die wir einschlagen, eine vorläufige Hypothese oder bestenfalls eine Annäherung an den angestrebten Erfolg. Um wirklich bedeutsam zu sein, müssen die Kennzahlen unserer Scorecard zusammenpassen, damit sie einen Sinn ergeben oder die Strategie vorgeben. Wenn wir beispielsweise daran glauben, dass Investitionen in die Mitarbeiterschulung zu schnelleren Produktentwicklungszyklen führen, dann müssen wir diese Annahme durch die Kennzahlen auf unserer Balanced Scorecard verifizieren können. Wenn das aber nicht der Fall ist, müssen wir unsere vorherige Vermutung korrigieren und uns vielleicht auf einen verbesserten Informationsfluss innerhalb der Mitarbeiter konzentrieren. Es mag eine ganze Weile dauern, bis uns tatsächlich ausreichend Daten zur Verfügung stehen, um solche Zusammenhänge festzustellen. Doch wenn das Management anfängt, sich solche Fragen zu stellen, ist das bereits ein wichtiger Schritt zu einer grundlegenden Verbesserung.

Die Balanced Scorecard als Kommunikations-Tool

Die vorangegangenen Abschnitte haben sich mit dem Nutzen der Balanced Scorecard als reinem Messsystem und seiner Entwicklung hin zu einem strategischen Management-Tool beschäftigt. Der Schwerpunkt lag dabei auf der Umsetzung der Balanced Scorecard in eine Strategie und wie man diesen Prozess der gesamten Belegschaft vermittelt – also das, was wir einen Kommunikationsprozess nennen können. Warum diesem Aspekt aber noch einen eigenen – zugegebenermaßen kurzen – Abschnitt widmen? Schlicht und einfach, weil dies der grundlegende und entscheidende Schritt des ganzen Systems ist. Eine gut ausformulierte Scorecard beschreibt Ihren strategischen Ansatz überzeugend und macht so die oftmals vage und unpräzise Welt der Visionen und Firmenstrategien erst lebendig. Und das mit Hilfe des klaren und zielgerichteten Performance Measurements, das Sie vorgeben.

In den vergangenen Jahren wurde viel über Strategien zum Wissensmanagement innerhalb von Organisationen geschrieben und zahlreiche Denkschulen befassten sich mit diesem Thema. Ihnen allen gemeinsam ist der Wunsch, in den Köpfen der Mitarbeiter das bereits vorhandene Wissen offen zu halten für neue Anregungen und Lernprozesse. Wir leben im Zeitalter des »Wissensarbeiters«, der anders als seine Vorgänger, selbst Herr über die Produktionsmittel ist: sein Wissen. Die größte Herausforderung für Ihre Organisation ist heute, diese Kenntnisse zu kodifizieren und darauf aufzubauen. Peter Drucker hat dies als eine der großen Managementaufgaben des 21. Jahrhunderts bezeichnet.[15]

Das gemeinsame Wissen um die Ergebnisse der Scorecard gibt den Mitarbeitern die Chance, die der Strategie zugrunde liegenden Voraussetzungen zu diskutieren, von unerwartet auftretenden Resultaten zu lernen und notwendige Modifikationen des Systems in der Zukunft zu besprechen. Ein so erreichtes Verständnis der Unternehmensstrategie kann den Angestellten manche bisher verborgenen Zusammenhänge – wie etwa die Zielrichtung der Vorhaben und der Beitrag des Einzelnen zu ihrer Erreichung – erstmalig verdeutlichen. Eine der Organisationen, mit denen ich zusammenarbeitete, befragte etwa ihre Mitarbeiter vor und nach der Einführung der Scorecard. Vor der Implementierung sagten weniger als 50 Prozent der Befragten, dass ihnen die Unternehmensstrategie klar wäre. Ein Jahr nach Einführung der Balanced Scorecard war diese Zahl auf 87 Prozent gestiegen. Wenn Sie also Anhänger einer offenen Informationspolitik gegenüber Ihren Mitarbeiter sind, also das, was manche »Management mit offenem Visier« nennen, dann gibt es kein besseres Werkzeug als die Balanced Scorecard.

Die Bedeutung von Ursache und Wirkung

Wenn dieses hier das erste Buch ist, das Sie über die Balanced Scorecard lesen, sagen Sie sich vielleicht: »In meiner Firma gibt es jede Menge nichtfinanzieller Informationsdaten – die Zufriedenheit unserer Kunden, Qualitätsstatistiken, die Arbeitsmoral der Mitarbeiter. Offensichtlich sind wir auf dem richtigen Weg zur Scorecard«. Doch nicht zu voreilig mit solchen Vermutungen! Was die Balanced Scorecard wirklich von anderen Managementsystemen zur Leistungsbewertung unterscheidet, ist die Kenntnis von Ursache und Wirkung.

Eine Hypothese, die wir entwickelt haben, scheint uns einen optimalen Ansatz zu bieten. Sie beinhaltet den bestmöglichen Ansatz zum Handeln unter Einbeziehung aller Kenntnisse über das Umfeld, die Kompetenzen, die Wettbewerbsbedingungen und ähnlichen Informationen. Gebraucht wird nun eine Methode, um die grundsätzlichen Annahmen der Strategie zu dokumentieren und zu erproben. Genau das erlaubt uns die Balanced Scorecard. Eine gut entworfene Scorecard sollte durch die gewählten Ziele und Kennzahlen eine genaue Beschreibung der strategischen Vorgaben ermöglichen. Diese Daten sollten in einer Ursache-Wirkungs-Kette von den Leistungstreibern in der Lern- und Entwicklungsperspektive bis hin zur finanziellen Performance der Finanzperspektive aufeinander abgestimmt sein. Wir gehen davon aus, unsere strategischen Ansätze durch Kennzahlen zu dokumentieren und so die Beziehung zwischen ihnen deutlich werden zu lassen, damit sie überprüft, gewichtet und bewertet werden können.

Hier nun ein typisches Beispiel für das Prinzip von Ursache und Wirkung: Gehen wir einmal davon aus, unsere Organisation habe sich für eine Wachstumsstrategie entschieden. Deshalb soll nun die Einnahmen auf dem Finanzsektor der Scorecard erfasst werden. Sie gehen dabei davon aus, dass eine treue Kundschaft wiederholt bei ihnen kauft und so für steigende Einnahmen sorgt. Also geben Sie eine höhere Kundenloyalität in dieser Perspektive der Balanced Scorecard vor. Wie aber erreichen Sie diese Steigerung? Sie müssen sich jetzt also fragen, welche internen Prozesse innerhalb Ihres Unternehmens angekurbelt werden müssen, damit Sie einen Anstieg der Kundenloyalität – und damit letztlich auch des Umsatzes – erreichen. Sie glauben, dass dies durch Ihre Fähigkeit zur kontinuierlichen Innovation erzielbar ist, also durch die Entwicklung neuer Produkte am Markt. Also messen Sie in der Perspektive Innere Prozesse die Zeit, die ihr Unternehmen braucht, um zyklisch neue Produkte herauszubringen. Die Investitionen, die zur Erreichung dieses Zieles in die Mitarbeiterschulung gesteckt werden müssen, wird wiederum im Sektor Lernen und Entwicklung der Balanced Scorecard erfasst.

Diese Verknüpfung von Kennzahlen im System der Balanced Scorecard ist also durch eine ganze Reihe von »Wenn-dann«-Aussagen gekennzeichnet (»Wenn wir dies machen, dann geschieht jenes, usw.«). Betrachten wir nun eingehender die Zusammenhänge zwischen den Kennzahlen, dann sollten wir auch die Faktoren Zeit und Ausmaß der Abhängigkeit von einander betrachten. Zum Beispiel: Erwarten wir eine Verdoppelung der Kundenloyalität im ersten Jahr als Folge der Beschleunigung der Entwicklungszyklen neuer Produkte? Indem wir derartige Annahmen fest in unser Gerüst der Kennzahlen einbauen, erhalten wir mit der Balanced Scorecard ein optimales Werkzeug, um strategische Lernprozesse einzuleiten.

Die Einbeziehung des Ursache-Wirkungs-Prinzips in das Performance Measurement kann zur größten Herausforderung bei der Implementierung der Balanced Scorecard werden. Doch die ungeheuerliche Mühe wird belohnt werden! Statt einer eher zufälligen Sammlung finanzieller und nichtfinanzieller Daten steht Ihnen nun ein entwickeltes System zur Verfügung, das in der Lage ist, sowohl Ihre Strategie zu formulieren und Ihren Mitarbeitern zu kommunizieren, als auch in einem kontinuierlichen Lernprozess Ihre Ansätze zu verbessern. Wir werden im sechsten Kapitel zu diesem wichtigen Thema zurück kehren.

Die Balance innerhalb der Balanced Scorecard

Wenn Sie die Balanced Scorecard innerhalb Ihrer Organisation aufbauen wollen, kann es sein, dass Ihnen gegen den Begriff selbst Widerstand begegnet. Manch einer glaubt, er repräsentiere nur den allerneuesten »Management-Gag«, um die Chefsessel der Nation in Bewegung zu setzen, und allein seine Erwähnung würde die Mitarbeiter in eine »Ohne mich«-Haltung treiben. Diese Besorgnis mag durchaus legitim erscheinen, wenn man an das Schicksal vorangegangener Management-Initiativen in Ihrer Organisation denkt. So schlagen einige die Begriffe »Performancemanagement-System« oder »Scoreboard« vor, doch wir sollten ruhig bei dem Begriff Balanced Scorecard bleiben, wenn wir von diesem Tool reden. Denn gerade das Konzept der Balance ist ein wesentliches Element für dieses System. Und das gilt ganz besonders für die folgenden drei Sektoren:

1. *Die Balance zwischen finanziellen und nichtfinanziellen Erfolgsindikatoren:* Ursprünglich wurde die Balanced Scorecard eingeführt, um die Fragwürdigkeit bei der einseitigen Performancemessung durch finanzielle Indikatoren abzustellen, indem man ihnen als gleichwertiges Moment die Treiber für die zukünftigen Erfolgsfaktoren an die Seite

stellte. Dies ist auch heute noch eine der zentralen Säulen des ganzen Systems.

2. *Die Balance zwischen den internen und externen Komponenten der Organisation:* Shareholder und Kunden repräsentieren die externen, Mitarbeiter und Ablaufprozesse die internen Komponenten der Balanced Scorecard. Sie allein ist in der Lage, die manchmal widersprüchlichen Wünsche beider Seiten in Einklang zu bringen, um so zur Implementierung einer erfolgreichen Strategie zu gelangen.
3. *Die Balance zwischen »lag«- und »lead«-Indikatoren bei der Messung der Performance:* Lag-Indikatoren repräsentieren überwiegend die Performance in der Vergangenheit, wie etwa die Zufriedenheit der Kunden oder die Einnahmenseite. Obwohl solche Daten oft genug objektiv und in sich logisch sind, fehlt ihnen normalerweise jede Aussagekraft für die zukünftige Entwicklung der Organisation. Lead-Indikatoren hingegen zeigen jene Kräfte an, die zu dem Erreichen der Lag-Indikatoren führten, oft Kennzahlen über interne Prozesse und Aktivitäten. Eine termingerechte Auslieferung kann eines der Beispiele für die Wechselbeziehung dieser beiden Indikatoren sein. Dies kann sich als subjektiv und für eine exakten Erfassung der Daten als schwierig erweisen. Eine Scorecard sollte daher immer einen Mix beider Faktoren enthalten, sonst wird man das angestrebte Ziel niemals erreichen.

Zusammenfassung

Die Balanced Scorecard hilft Organisationen bei der Überwindung von zwei grundsätzlichen Problemen: die effektive Ermittlung der notwendigen Daten über die Performance des Unternehmens und die erfolgreiche Implementierung einer Organisationsstrategie.

In der Vergangenheit wurde der Erfolg meist anhand der finanziellen Kennzahlen festgemacht. Die Abhängigkeit von derartigen Kennzahlen ist jedoch in den letzten Jahren stark unter Beschuss gekommen. Die Kritiker bemängeln, dass Bilanzdaten nicht mehr die ganze Wirklichkeit des heutigen Geschäftslebens widerspiegeln, weil sie zukünftige Entwicklungen nicht berücksichtigen, uns zu einem Schubladen-Denken zwingen, langfristige Perspektiven unberücksichtigt lassen und auf vielen Ebenen unserer Organisation überhaupt nicht anwendbar sind.

Die erfolgversprechende Implementierung einer Betriebsstrategie ist ein weiterer Schlüsselfaktor, dem wir uns stellen müssen. Vier Hindernisse stellen sich meist dieser Aufgabe in den Weg: Barrieren bei Vision, Mitarbeitern, Ressourcen und dem Management.

Die Balanced Scorecard verbindet nun die historische Exaktheit und Integrität finanzieller Kennzahlen mit den Antriebskräften zukünftiger Erfolge. Innerhalb dieses Rahmens müssen die mit ihrem Aufbau befassten Manager ihre strategischen Vorgaben sorgfältig in Absichten, Kennzahlen, Unternehmensziele und zu ergreifende Initiativen umsetzen. Das geschieht innerhalb von vier ausbalancierten Perspektiven: den Kunden, internen Prozessen, Lern- und Entwicklungsprozessen und Budgetierungsmaßnahmen.

Ursprünglich wurde die Balanced Scorecard 1990 als Kennzahlen-Messsystem entwickelt; sie hat sich aber seitdem zu einem strategischen Managementsystem und überzeugenden Kommunikations-Tool für alle Organisationen entwickelt, welche von diesen vielseitigen Möglichkeiten Gebrauch machen. Verbindet man die Balanced Scorecard mit den Kernprozessen des Managens wie der Budgeterstellung, Vergütung und Zielvorgabe kann sie Hindernisse auf dem Weg zur Erstellung einer Betriebsstrategie aus dem Weg räumen.

Eine effektive Balanced Scorecard ist weit mehr als nur eine zufällige Aneinanderreihung finanzieller und nichtfinanzieller Kennzahlen. Eine wirklich gut durchdachte Balanced Scorecard erzählt uns vielmehr die Geschichte der Organisationsstrategie in der Folge von Ursache-Wirkungs-Abläufen. Diese Beziehungen werden durch eine Reihe von »Wenn-dann«-Aussagen gekennzeichnet: Wenn wir beispielsweise die Kundenzufriedenheit erhöhen, dann erwarten wir auch einen Anstieg der Umsätze. Wenn wir dieses Netzwerk von Ursache und Wirkung in unser System der Kennzahlen einbauen, vergrößern wir die Chancen, strategische Lernprozesse auf der Managementebene einzuführen.

Schließlich sollte noch einmal auf die Bedeutung des Begriffes »Balance« in der Balanced Scorecard hingewiesen werden. Er repräsentiert die Ausgewogenheit zwischen:

- finanziellen und nichtfinanziellen Indikatoren,
- internen und externen Komponenten der Organisation und
- Lag- und Lead-Indikatoren.

Kapitel 2: Die Balanced Scorecard als bewährtes Management-Tool

Wegweiser zum zweiten Kapitel

Während Sie gerade das Buch in der Hand halten, mag Ihnen der Gedanke kommen, ob sich die Investition in seinen Erwerb – und wichtiger noch: der Zeitaufwand, den seine Lektüre kostet – wirklich lohnt. Sie sagen sich sicherlich, dass Sie schon von dem Konzept der Balanced Scorecard gehört hätten, schließlich gibt es das ja schon eine ganze Weile, und wer weiß, vielleicht ist es längst überholt? Könnte es nicht auch das Schicksal so vieler Management-»Allheilmittel« vor ihm geteilt haben?

Nun, wie ich sehe, haben Sie jede Menge berechtigter Fragen – und ich will mich ihnen stellen. Dieses Kapitel befasst sich mit diversen Aspekten, die den langfristigen Wert und die eher noch zunehmende Bedeutung der Scorecard-Methode belegen sollen.

Wertzuwachs bedeutet in den meisten Organisationen heute nicht mehr die reibungslose Steigerung materieller Vermögenswerte, sondern ist vielmehr abhängig von der Abrufung, der Beeinflussung und der cleveren Anwendung des Wissens ihrer Mitarbeiter. Das Kapitel beginnt daher mit einer Untersuchung des *Humankapitals* und seiner Bedeutung für die Performancemessung. Wir werden dabei fest stellen, dass die Balanced Scorecard optimal geeignet ist, die Intangible Assets innerhalb einer Organisation zu messen.

Obwohl die Balanced Scorecard ursprünglich für gewinnorientierte Unternehmen entwickelt wurde, zeitigt sie inzwischen auch große Erfolge im öffentlichen Sektor und in Non-Profit-Bereichen. Dieser Abschnitt des Kapitels wird zeigen, dass die Balanced Scorecard sowohl das Managen als auch das Leistungscontrolling wesentlich einfacher macht. Gleichgültig, ob Sie daher im öffentlichen Sektor, in einer Non-Profit-Organisation oder in einem kommerziell orientierten Unternehmen arbeiten – die Auseinandersetzung um die Anwendung der Balanced Scorecard wird in jedem Fall nützlich und gewinnbringend für Sie sein.

Während der Phase der Akzeptanz und Implementierung der Balanced Scorecard durch zahlreiche Firmen in den 90er Jahren des letzten Jahrhunderts suchte man nach Möglichkeiten, die Resultate dieses Prozesses den Mitarbeitern zu kommunizieren. Sie sollten so motiviert werden, die Balanced Scorecard als Basis ihres Managementsystems zu begreifen. Doch die »Low-Tech«-Anwendungen jener Zeit erwiesen sich als hinderlich für dieses Vorhaben. Glücklicherweise erlaubte dann die Durchsetzung von Softwarelösungen in den Arbeitsabläufen die Entwicklung einiger herausragender Produkte, die überzeugend die Vorteile des Balanced-Scorecard-Systems deutlich machten. In diesem Abschnitt des Kapitels werden wir die Entwicklung jener Produkte nachvollziehen und belegen, wie wichtig sie immer noch für das fortgesetzte Wachstum dieses Konzeptes sind.

Das Kapitel schließt mit einer knappen, aber wichtigen Auseinandersetzung über die Resultate, welche die Organisationen erzielten, die mit dem Konzept der Balanced Scorecard arbeiten. Ihre signifikanten und übereinstimmenden Erfolge sind der stärkste Beleg für den fortdauernden Erfolg dieses Konzepts.

Die zunehmende Bedeutung des Humankapitals

Was für einen Unterschied können 46 Jahre machen! So schrieb der Harvard-Professor Malcolm P. McNair 1957 über Organisationen, die ihren Mitarbeitern eine seiner Ansicht nach zu hohen Aufmerksamkeit widmeten: *»Eine übergroße Betonung der zwischenmenschlichen Beziehungen verleitet die Menschen nur, sich in Selbstmitleid zu ergehen, Verantwortung abzuwälzen und Entschuldigungsgründe für das eigene Versagen zu finden. So werden sie sich wie Kinder verhalten«.*[1] Können Sie sich den Aufschrei vorstellen, wenn Wirtschaftsführer sich heute so äußern würden? Was haben Sie selbst empfunden? Die meisten Menschen würden auf jeden Fall diesem sehr pessimistischen Weltbild McNairns widersprechen und der heute vorherrschenden Ansicht zustimmen, dass die Mitarbeiter einer Organisation, also das »Humankapital«, deren entscheidende Ressource darstellen.

Im ersten Kapitel haben wir einige der Grenzen von Finanzdaten kennen gelernt. Diese Einschränkungen bringen es zusammen mit der wachsenden Bedeutung des Humankapitals mit sich, dass man sich in der Geschäftswelt wie auch im Investitionssektor zunehmend auf immaterielle Indikatoren zur Erfassung der tatsächlich erbrachten Performance stützt. Wirtschaftsführer stellen immer häufiger ihre bisher hauptsächlich auf Bilanzdaten stützende Erkenntnisse in Frage und beginnen nach den wahren Treibern zukünftiger Gewinne Ausschau zu halten: die Zufriedenheit und Loyalität ihrer Kundschaft, kontinuierliche Innovationsschübe, Lernprozesse innerhalb der Organisation – um nur einige dieser Faktoren zu nennen.

Das gilt auch für die Investoren: Die Börsen haben deutlich gemacht, dass auch nichtfinanzielle Daten zur Bewertung von Wachstumschancen herangezogen werden. Eine entsprechende Untersuchung von Ernst & Young aus dem Jahre 1999 ergab, dass »selbst für die großen Mitspieler an der Börse die nichtfinanzielle Performance zählt.«[2] Danach beeinflussen nichtfinanzielle Kriterien etwa zu 35 Prozent die Kaufentscheidung der Anleger. Ernst & Young fanden sogar heraus, dass »je mehr diese Kriterien von den Analysten berücksichtigt werden, desto genauer werden die Gewinnvoraussagen.«[3]

Was genau aber ist nun dieses »Humankapital« und warum ist es für die Zukunft der Balanced Scorecard so wichtig?

Bevor Begriffe wie »Humankapital«, »intellektuelles Kapital« und »intangible assets« in die Wirtschaftssprache eingingen, gab es noch eine andere Metapher, die in Gebrauch war: der »Mitarbeiter als Betriebskapital«. Jährliche Firmenberichte, Pressemitteilungen und die Wirtschaftsliteratur überschlugen sich darin, den Wert, welchen Unternehmen ihren Mitarbeitern zumaßen, herauszustellen. Die Wertsteigerung, die der Einzelne in der Organisation beitrug, bedeutete einen gewaltigen Fortschritt gegenüber der Einstellung, der Mitarbeiter symbolisiere nur eine »Kostenstelle«, wie sie die Downsizing-Philosophie der frühen 1990er Jahre vertrat. Doch betrachten wir die Definition vom Mitarbeiter als Vermögenswert einmal vom buchhalterischen Gesichtspunkt: Entspricht der Angestellte wirklich dieser Aussage? Eine andere Denkschule, die sich in den letzten Jahren entwickelt hat, sieht den Mitarbeiter eher als Investor, der sein eigenes Humankapital einbringt, denn als Vermögenswert, der von der Organisation kontrolliert werden muss. Thomas Davenport beschreibt dieses neue Paradigma sehr zutreffend: *»Die Menschen verfügen über ihnen persönlich zuzuordnende Eigenschaften, Verhaltensmuster, Kraftreserven und Arbeitszeiten. Das alles macht ihr Humankapital aus – die Anteile, die sie in ihre Arbeit investieren. Die Mitarbeiter – nicht irgendwelche Organisationen – sind die Herren über dieses Humankapital. Und sie allein entscheiden, wann, wie und wo sie es einsetzen wollen.«*[4] Der Management-Papst Peter Drucker hat diese Angestellten als »Wissensarbeiter« bezeichnet und meint, sie seien der Schlüsselfaktor zur Schaffung von

Werten in der New Economy. Zum ersten Mal in der Wirtschaftsgeschichte halten also die Mitarbeiter die Produktionsmittel in ihren Händen: nämlich ihre Kenntnisse und ihre Fähigkeiten. Und sie – nur sie! – entscheiden, wie und wo sie sie einsetzen wollen.

Die Wertschöpfung in der New Economy

Eine Unternehmensberatung stellt ein ausgezeichnetes Beispiel zur Wertschaffung aus immateriellen statt physischem Vermögensbestände dar. Denn sie schafft innovative Problemlösungsvorschläge durch die Verknüpfung von Expertenwissen innerhalb der ganzen Organisation und durch die Einbeziehung vergangener Kundenerfahrungen.

Kürzlich konfrontierte mich etwa ein Kunde mit folgendem Problem: Es gab Schwierigkeiten bei dem Abspeichern von Daten einer neuen Performance-Measurement-Software. Eine automatische Interface-Schaltung der Daten direkt dorthin, wo sie entstanden, hätte einen sehr großen Installationsaufwand an Arbeitszeit wie auch Finanzressourcen erfordert und wurde daher als nicht durchführbar zurückgewiesen. Die manuelle Dateneingabe kam aus ähnlichen Gründen auch nicht als Alternative in Betracht. Unser Team hatte also die Aufgabe, nach einer sowohl innovativen als auch kostengünstigen Lösung zu suchen. Das Team bestand aus Experten aus den unterschiedlichsten Bereichen: dem BSC-Softwareprogramm, der Balanced-Scorecard-Methode, der Desktop-Anwendungen und Kunden-Datenbänken. Wir durchdachten die verschiedensten Ansätze, die den Anforderungen (geringe Kosten und geringer Einsatz von Manpower beim Eingeben der Daten) genügen konnten. Schließlich kamen wir überein, ein völlig neues Dateneingabegerät auf der Basis eines Spreadsheet-Package zu entwickeln. Die einzelnen Datenlieferanten würden also individuell ihre Eingaben machen und sie per E-Mail an den Systemverwalter senden, der dann automatisch diese Informationen in die Software übernehmen würde. Die entsprechenden Spreadsheets waren individuell auf die einzelnen Kunden zugeschnitten und enthielten nur jene Kennzahlen, die für den Einzelnen relevant waren. Die so gefundene Lösung erfüllte alle vorgegebenen Kriterien. Das neue System verursachte nur geringe Kosten in der Entwicklungs- und Implementierungsphase und würde den Systemverwalter von der mühsamen Arbeit der Dateneingabe befreien. Es waren nicht die äußeren Gegebenheiten, die zu dieser Entscheidung führten, sondern vielmehr die sorgfältige Kombination einer ganzen Palette von Kenntnissen, über die die einzelnen Teammitglieder verfügten.

Derartiges geschieht täglich weltweit in einer Wirtschaft, die sich von einer auf materiellen Vermögenswerten (»tangible assets«) basierenden zu einer von immateriellen Vermögenswerten (»intangible assets«) und intellektuellem Kapital abhängigen Ökonomie wandelt. Jedem, der damit zu tun hat, ist das schon lange deutlich geworden. Diese Erkenntnis wird auch durch Untersuchungen des angesehenen Brooking Institutes untermauert, die auch die Schnelligkeit, mit der sich dieser Prozess vollzieht, verdeutlichen (siehe Abbildung 2.1).

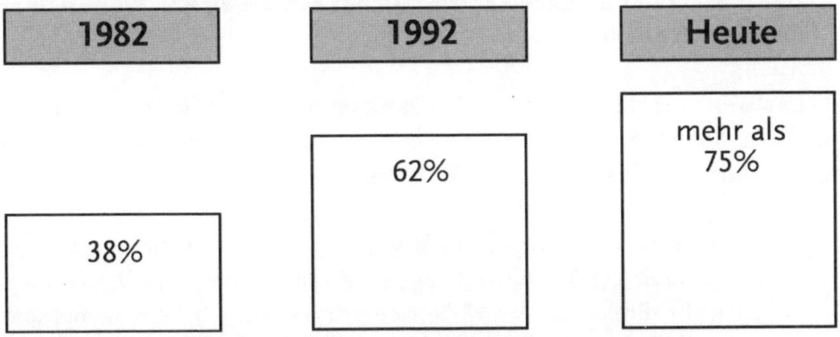

Abb. 2.1 Die zunehmende Bedeutung der Intangible Assets in Organisationen

Margaret Blair erklärte diese Resultate der Brookings-Studie in einem Interview so: »*Wenn man sich die materiellen Grundlagen der Unternehmen ansieht, also der messbaren Daten, stellt man fest, dass sie heute für kaum noch ein Viertel des verifizierbaren Wertes stehen. Das heißt dann im Umkehrschluss, dass gut 75 Prozent nicht durch Bilanzdaten und betriebswirtschaftliche Kennzahlen erfasst werden.*«[5] Diese Aussage gilt für den privatwirtschaftlichen Sektor genauso wie für den öffentlichen Dienst.

Im Februar 2001 stellte der Leiter des Bundesrechnungshofes der Vereinigten Staaten in einer Anhörung des US-Senats dann auch folgerichtig fest, dass »*das richtige Management des Humankapitals eine der zentralen Herausforderungen der Regierung ist. In Abteilungen, in denen hier versagt wurde, ist es zu gravierenden Problemen und Risiken gekommen.*«[6] Und auch Richard Boulton, Mitarbeiter des zusammen von der Sloan School of Management am MIT und Arthur Andersen neu formiertem Think-Tanks, den New Economy ValueResearch Laboratories, stellt lakonisch fest: »*Selbst Coca Cola und Dis-*

ney und ihre Epigonen weltweit verdanken ihren Reichtum im Grunde immateriellen Werten, die in keiner Bilanz ausgewiesen sind.«[7]

Diese zunehmende Wertschöpfung durch immaterielle Faktoren hat weitreichende Folgen für die Messsysteme. In ihrer klassischen Form ließen sich Daten wie Reichtum, Grundbesitz oder Produktionsmaschinen leicht erfassen. Die New Economy verlangt jedoch völlig neue Maßstäbe. Sie müssen die Fähigkeit besitzen, die immateriellen Werte, die heute den Erfolg eines Unternehmens ausmachen, zu erkennen, zu beschreiben, zu überwachen und das notwendige Feedback zu liefern.

Der Einsatz der Balanced Scorecard zur Erfassung von Werten in der New Economy

Der Wertzuwachs aus Intangible Assets unterscheidet sich grundsätzlich von dem aus materiellen Vermögensbeständen. Kaplan und Norton haben schon frühzeitig die wesentlichen Differenzen beschrieben:[8]

- *Intangible Assets, d.h. immaterielle Werte, müssen keinen direkten Einfluss auf finanzielle Ergebnisse haben:* Die Investition in derartige Werte muss sich nicht direkt auf der Habenseite des Unternehmens bemerkbar machen. Denken wir beispielsweise einmal an die Mitarbeiterschulung im Kundendienst. Es dürfte sehr schwer sein, einen direkten, nachweisbaren Zusammenhang mit den operativen Ergebnissen der Firma herzustellen. Wahrscheinlich ist, dass diese Investition sich zunächst in der erhöhten Loyalität der Kundschaft auswirkt, die dann erst zu höheren Umsätze führt. Die Mitarbeiterschulung führt also erst in zweiter oder gar dritter Folge zu den gewünschten finanziellen Ergebnissen.
- *Intangible Assets stellen ein Potenzial dar, das erst umgesetzt werden muss:* In der Welt des konventionellen Produzierens können wir sehr leicht die Bedeutung einer Investition – etwa in den Maschinenpark eines Unternehmens – messen. Das Resultat kann beispielsweise eine Steigerungsrate von 20 Prozent bei der Produktion sein. Schwieriger gestaltet sich diese Festlegung bei immateriellen Werten, denn technologische Ansätze, die Fähigkeiten der Mitarbeiter und motivierende Unternehmenskulturen müssen erst noch in wertschaffende Chancen umgesetzt werden.

- *Um erfolgreich zu sein, müsse Intangible Assets sich wechselseitig beeinflussen:* Der isoliert vorgenommene Einsatz dieser Werte bringt dem Unternehmen nicht viel. Erst, wenn sie gebündelt werden, zeigen sie ihre – gerade auch individuelle – Stärke. Der Führungsstil einer Firma, die Unternehmenskultur, der organisatorische Aufbau, das Potenzial der Fähigkeiten, die vorhandenen Netzwerke und technologischen Möglichkeiten erzwingen zusammengenommen erst die volle Wertschöpfung des Einzelnen in der Organisation.

Wenn wir uns diese Charakteristika der immateriellen Werte anschauen, fällt eine Gemeinsamkeit auf: Um wirklich von ihnen profitieren zu können, müssen sie gemeinsam um- und eingesetzt werden. Nur so schafft man eine starke und schlüssige Festschreibung der Firmenstrategie. Wie kann man dieses Ziel nun konkret erreichen? Die wechselseitigen Verknüpfungen des Performance Measurements durch die Balanced Scorecard erlaubt es, einen theoretischen Ansatz zu finden, wie die immateriellen Werte zur Durchsetzung unserer Strategie – und damit letztlich zu verbesserten finanziellen Ergebnissen – führen können. Der Entwicklungsprozess der Balanced Scorecard zwingt uns immer wieder zur kritischen Hinterfragung unserer strategischen Ansätze und zeigt uns zugleich, wie eine Investition in das Mitarbeiterpotenzial (den Lern- und Entwicklungsprozess) den Geschäftserfolg, das Verhältnis zu den Kunden und schließlich die finanzielle Performance beeinflusst. Allein das Balanced-Scorecard-System kann die Voraussetzungen für diese Umsetzung einer Strategie in wertschaffende Komponenten bereit stellen.

Kein Wunder also, dass man diese Methode immer häufiger anwendet. Das vielleicht bekannteste Beispiel ist das der schwedischen Firma Skandia. Ihren Jahresberichten fügen sie seit 1994 einen Anhang namens »Business Navigator« bei. Dieser spiegelt die unternehmensinterne Entwicklung der Balanced Scorecard wider, aber neben den schon bekannten vier Perspektiven (Finanzen, Kunden, Prozesse, Humankapital) beinhaltet er auch eine fünfte Perspektive »Weiterentwicklung und Erneuerung«. Ursprünglich wurde der »Navigator« von dem damaligen Finanzdirektor Leif Edvinson entwickelt, indem er den eher akademischen Ansatz der Konrad-Theorie zur Präsentation von immaterieller Werten mit der Methode der Balanced Scorecard verband.

Neue Anwendungen bewirken eine kontinuierliche Ausbreitung der Balanced Scorecard

Als die Balanced Scorecard 1992 eingeführt wurde, bedeutete das eine radikale Abkehr von den bisher üblichen, allein auf Bilanzdaten basierenden Messsystemen. Ihre Ergänzung durch die Erfassung zukünftiger finanzieller Performance und die Einbeziehung einer Kennzahlen-Hierarchie bedeutete ein völlig neues Konzept. Die Ersten, die es aufgriffen, waren gewinnorientierte Unternehmen, die so ihre Geschäftsstrategie durchsetzen und den Shareholdern einen Anstieg ihrer Gewinne einbringen wollten. Dafür erwies sich die Balanced Scorecard als geradezu ideales Management-Tool.

Als die Scorecard dann immer weitere Aufmerksamkeit fand, überlegte man sich, wie dieses Konzept auch auf andere Bereiche angewandt werden könnte. Die Notwendigkeit dafür existierte ohne Zweifel. So ergab eine an der Harvard University durchgeführte Untersuchung, dass insbesondere Führungskräfte im sozialen Bereich eine exakte Messung der erbrachten Performance zu den drei wichtigsten Herausforderungen ihres Jobs zählten.[9] Auch auf dem staatlichen Sektor musste man sich zunehmend diesen Fragen stellen. Doch war die Balanced Scorecard wirklich dafür geeignet? Kaplan und Norton waren davon überzeugt: *»Obwohl die Anwendung der Scorecard sich bisher vor allem auf die Erzielung von Gewinnen in der Wirtschaft fokussiert hat, scheint der Anwendungsbereich im öffentlichen wie auch im Non-Profit-Bereich sogar noch größer zu sein.«*[10] Obwohl viele dieser Institutionen bereits vor der Einführung der Scorecard eine Strategie und klare Zielvorgaben entwickelt hatten, verfügten doch nur wenige von ihnen über die Mittel oder Performance-Measurement-Systeme, das Erreichen dieser Ziele zu verifizieren.

Durch eine Anpassung an ihre Bedürfnisse – zum Beispiel durch eine Definition, was der Begriff »Kunde« hier bedeutet – gelang es ihnen, überzeugende Erfolge zu erzielen. Dafür mussten zum Teil wesentliche Umstrukturierungen des Balanced-Scorecard-Systems vorgenommen werden. Die Stadt Charlotte in North Carolina liefert ein beeindruckendes Beispiel hierfür, indem sie die Balanced Scorecard in ihrer Administration umsetzte.[11] Im Kapitel 13 werden wir die Einzelheiten dieses Prozesses betrachten, etwa welche Herausforderungen sich im Detail stellen und wie man ganz gezielt darauf reagieren kann.

Die Entwicklung einer schlagkräftigen Balanced-Scorecard-Software

Mitte der 90er Jahre gehörte ich, wie an anderer Stelle bereits erwähnt, einem Team an, dass die Implementierung der Balanced Scorecard in der Nova Scotia Power Inc. (Kanada) durchführen sollte. Das Energieunternehmen gehörte verschiedenen Aktionären. Unsere Anstrengungen waren äußerst erfolgreich und bezogen alle Geschäftseinheiten und Ebenen mit ein. Die Scorecard wurde zum Eckpunkt für das Management und verband Schlüsselprozesse wie die Budgetierung und das Vergütungssystem. (Ich werde deshalb noch in diesem Buch auf viele Fallbeispiel aus diesem Unternehmen zurückkommen.)

In der Anfangsphase unserer Tätigkeit – nach der Entwicklung einer Corporate Scorecard – diskutierten wir im Team, wie die strategischen Informationen an die Mitarbeiter vor Ort weitergegeben werden konnten. Unsere Optionen waren allerdings sehr eingeschränkt. Sie in eine Software zu packen, hätte die Entwicklung eines eigenen Tools bedeutet. Wir einigten uns schließlich auf eine Kombination aus gedruckten Reports und Intranet-Informationen.

Diese Situation scheint mir für die Anfangsphase der Balanced-Scorecard-Implementierung typisch zu sein, wenn es eben darum geht, die notwendigen Informationen innerhalb der Organisation weiterzugeben. Im ersten Kapitel haben wir uns schon mit der Balanced Scorecard als Kommunikations-Tool befasst. Informationen aus dem Gesamtunternehmen mit minimalem Technologieeinsatz zu verbreiten, ist eine schwierige Aufgabe. Das gemeinsame Teilen von Wissen und eine darauf beruhende effektivere Entscheidungsfindung sind das Ergebnis des richtigen Umgangs mit Daten, die im richtigen Zusammenhang den relevanten Mitarbeiten zum richtigen Zeitpunkt übermittelt werden.

Ausgedruckte Reports allein reichen dafür nicht aus. Also mussten neue Lösungen – beispielsweise im Softwarebereich – gefunden werden. Glücklicherweise gibt es inzwischen eine ganze Reihe derartiger Produkte, die für viele Probleme, die bei der Implementierung der Balanced Scorecard auftreten, passende Lösungen anbieten. In brillanten Farben und mit verblüffenden Grafiken erfüllen diese Tools nicht nur die Kommunikationsbedürfnisse, sondern liefern auch Hilfen zur Ausarbeitung strategischer Vorgaben, zur Erläuterung der Prinzipien von Ursache und Wirkung und der Planung von »Wenn-dann«-Szenarien.

Eine kürzlich durchgeführte Untersuchung der Balanced Scorecard Collaborative belegt, dass »*nahezu die Hälfte aller Befragten davon ausgeht, bereits vorhandene Balanced-Scorecard-Programme einzusetzen, um ihre Ergebnisse zu vermitteln.*«[12] Der Umstand, dass die Menschen die Resultate bevorzugt unmittelbar am Bildschirm abrufen, mag dabei eine wesentliche Rolle spielen.

Diese Trends – gerade auch in der Phase, in der über die generelle Einführung einer Balanced Scorecard diskutiert wird – werden sich mit Sicherheit eher noch verstärken. Näheres dazu und was das ganz konkret für Ihr Unternehmen bedeutet, finden Sie im elften Kapitel.

Die Balanced Scorecard ist ergebnisorientiert!

Keiner möchte gern all seine Energie in ein Konzept stecken, dass auf Dauer keinen Erfolg bringt. Deshalb wurde dieses Kapitel geschrieben. Es soll Ihnen die Gründe nennen, warum die Balanced Scorecard auch heute noch sinnvoll ist. Ich hoffe, die angeschnittenen Themen konnten Sie überzeugen, denn die Implementierung der Scorecard bringt wirklich nachvollziehbare Ergebnisse.

Seit ihrer Einführung wurde die Balanced Scorecard in Tausende von Unternehmen, Institutionen und Organisationen auf der ganzen Welt eingeführt. Natürlich gibt es immer Zeitgenossen, die eine neue Idee sofort aufgreifen, die meisten Mitmenschen machen sich jedoch erst damit vertraut, wenn sie sich als effektiv erwiesen hat. Genau das aber ist das Erfolgsgeheimnis der Balanced Scorecard. In ihrem jüngsten Buch *Die strategiefokussierte Organisation* beschreiben die Autoren Kaplan und Norton einige der Musterbeispiele für eine gelungene Einführung des Balanced-Scorecard-Prinzips. Darunter sind weltweit bekannte Unternehmen wie Mobil, CIGNA und Chase, aber auch kleinere oder Non-Profit-Organisationen wie ein in Florida ansässiger Plantagenbesitzer von Zitrusfrüchten, die Universität von San Diego in Kalifornien und ein Kinderkrankenhaus.[13] Eine empirische Zusammenfassung zu den Ergebnissen der Balanced-Scorecard-Methode finden Sie in der Abbildung 2.2. Sie ist eine eindrucksvolle Illustration wie damit nahezu jeder Aspekt einer Organisation verändert werden kann.

Performance ***Erfolgsmessung***	***Organisationen mit Measurement-System***	***Organisationen ohne Measurement-System***
Marktführer in den vergangenen drei Jahre	74 %	44 %
Ranking im oberen Drittel ihrer Branche	83 %	52 %
Erfolgreich bei der letzten durchgeführten Veränderung	97 %	55 %

Organisationskultur ***Erfolgsmessung***	***Organisationen mit Measurement-System***	***Organisationen ohne Measurement-System***
Einigkeit über gemeinsame Strategie	93 %	37 %
Kommunikation der Strategie	60 %	8 %
Vertrauensvoller Austausch von Informationen	71 %	30 %

Übernommen aus: John H. Ingle/William Schiemann, »Is Measurement Worth It?«, in: *Management Review,* März 1996; und aus: Morgan und William Schiemann, »Measuring People and Performance: Closing the Gap«, in: *Quality Progress,* Januar 1999.

Abb. 2.2 Ergebnisorientiertes Performancemanagement

Besonders beeindruckend scheint mir der hohe Prozentsatz von 97 Prozent bei der erfolgreichen Veränderung in Unternehmen mit Performance-Measurement-Systemen zu sein. Dieses Resultat stützt eine der herausragenden Vorteile der Balanced Scorecard: die Schaffung einer neuen, allen Mitarbeitern verständlichen Sprache, die zum gemeinsamen Erfolg der gesamten Organisation beiträgt.

Ein letzter statistischer Hinweis: In einer Untersuchung, die vom Institute of Management Accountants durchgeführt wurde, sagten 90 Prozent der Teilnehmer aus, dass es sich gelohnt habe, die Balanced Scorecard in ihrem Unternehmen zu implementieren.[14]

Die ersten beiden Kapitel dieses Buches sollten Ihnen einige grundlegende Fragen, wie etwa die nach der Herkunft der Balanced Scorecard, den wesentlichen Merkmalen des Konzepts und die kontinuierliche Nutzung als Management-Tool beantworten. Nun ist es an der Zeit, eine Balanced Scorecard für Ihr Unternehmen zu entwickeln!

Zusammenfassung

Kürzlich durchgeführte Untersuchungen haben ergeben, dass etwa 75 Prozent der Wertschöpfung eines Unternehmens auf den immateriellen Werten basiert, den Intangible Assets. Dies steht im krassen Gegensatz zu herkömmlichen Sichtweisen: Sie haben keinen direkten Einfluss auf die Gewinnmargen, sie stellen ein erst noch zu realisierendes Potenzial dar und sie beruhen auf einer wechselseitigen Abhängigkeit. Diese Neuausrichtung der Wertschöpfung hat folgenreiche Auswirkungen auf die Bemessungsgrundlagen. Hier bietet nun die Balanced Scorecard mit ihrem Fokus auf Ursache-Wirkungs-Effekte ein ideales Tool, um die Erfolgsgeschichte einer Organisation für den Einsatz und die Umsetzung der immateriellen Werte zu schildern.

Ursprünglich wurde die Balanced Scorecard als ein Instrument für an Gewinn orientierte Unternehmen entwickelt. Inzwischen ist sie jedoch auch von vielen Organisationen im öffentlichen Sektor und von Non-Profit-Institutionen übernommen worden. Die Kennzahlen, die die Balanced Scorecard liefert, können hier für die Erreichung der Organisationsziele eingesetzt werden.

Um die ganze Bandbreite der Scorecard als Managementinstrument erfassen zu können, bedarf es oft mehr als irgendwelcher gedruckter Reports auf geringem technischen Niveau. Die Software-Industrie hat daher zahlreiche Balanced-Scorecard-Anwendungen entwickelt, die über die eigentlichen Informationen hinaus auch eingehende Analysen, strategisches Mapping und interne Kommunikationswege eröffnen. Umfragen haben ergeben, dass etwa die Hälfte aller Unternehmen, die mit der Balanced Scorecard arbeiten, inzwischen auf derartige Softwarelösungen zurückgreifen.

Die Balanced Scorecard ist bis heute in Tausenden von Organisationen erfolgreich implementiert worden. Eine Studie der Cost Management Group ergab, dass die überwältigende Mehrheit der Befragten der Ansicht ist, dass sich dieser Schritt gelohnt hat. Die kontinuierlichen und nachvollziehbaren Erfolge sind daher der beste Indikator für die erfolgreiche Fortentwicklung dieses Konzepts auch in der Zukunft.

Teil II: Schritt für Schritt zur Balanced Scorecard

Kapitel 3: Packen wir's an

Wegweiser zum dritten Kapitel

Victor Hugo hat einmal gesagt: »*Derjenige, der jeden Morgen seinen Tagesablauf plant und sich an diesen Plan hält, hat einen Leitfaden, der ihn durch die Höhen und Tiefen des Lebens führen wird. Wo aber kein Plan vorliegt, wo die Zeiteinteilung lediglich dem Zufall unterliegt, wird bald das Chaos regieren.*« Ist Ihnen das ein bisschen zu lang, versuchen Sie es mit dem folgenden Slogan, den sich ein früherer Kollege von mir an die Wand geheftet hatte: »*Plane deine Arbeit, setze den Plan um, dein Plan wird funktionieren.*«

Die Sache ist nämlich die: Bevor wir eine Balanced Scorecard entwickeln und implementieren, müssen wir umsichtig vorausplanen. Zahlreiche Elemente dieses Projekts wollen überlegt sein, lange bevor irgendwelche Kennzahlen zur Diskussion stehen. Dieses Kapitel wird jeden einzelnen Baustein einer konstruktiven Balanced Scorecard sorgfältig ausleuchten, insbesondere die folgenden Aspekte: die Entwicklung von Zielen für Ihr Balanced-Scorecard-Projekt, die Entscheidung, wo Sie Ihre Bestrebungen ansetzen, die Bedeutung des Executive Sponsoring (respektive des Executive Sponsors) und wie man es gewährleistet, der Aufbau eines effizienten Teams, das die anstehenden Aufgaben erfüllt, die Konzeption eines Entwicklungsplans für die Balanced Scorecard und schließlich Strategien, um das Scorecard-Projekt zu kommunizieren. Fallstricke, die es zu vermeiden gilt, sowie Strategien für Ihren Erfolg werden ebenfalls beschrieben, um sicherzustellen, dass Ihr Projekt einen optimalen Start hat.

Die dicksten Brocken zuerst – Entwickeln Sie transparente Ziele

Ich bin ein begeisterter Leser von Steven Covey. Seine Bücher haben meine Beratertätigkeit und meine persönliche Mission stark beeinflusst. In *First Things First* diskutieren er und seine Koautoren das Konzept, die dicksten Brocken zuerst anzugehen. Diese Methode dient dazu, die Schlüsselprioritäten in Ihrem Leben zu determinieren und zu garantieren, dass Sie diese berücksichtigen, bevor Sie sich anderen drängenden Problemen zuwenden.

Wenn Sie mit der Implementation der Balanced Scorecard beginnen, müssen Sie genau das tun – die dicksten Brocken zuerst angehen. Betrachten Sie dieses Kapitel als einen Steinbruch für Ihre Balanced Scorecard. Vielleicht ist der dickste Felsbrocken genau der, der die Entwicklung einer Balanced Scorecard in Ihrem Unternehmen ins Rollen bringt.

Ihre Entscheidung für eine Scorecard ist folgendermaßen zustandegekommen: Sie haben über das Konzept gelesen, seine Umsetzung in Ihnen bekannten Unternehmen verfolgt und daraus geschlossen, dass das Gleichgewicht von finanziellen und nichtfinanziellen Kennzahlen einen gute Geschäftsgrundlage repräsentiert. Das ist zwar sicherlich richtig, reicht aber für sich allein nicht aus, um eine Balanced Scorecard zu implementieren.

Auch die beste und prägnanteste Balanced Scorecard wird Ihre Organisation nicht auf Anhieb transformieren. Um positive Veränderungen herbeizuführen, muss die Scorecard in Ihre Managementsysteme eingepasst sein und Eckpfeiler für die Analyse, Unterstützung und Entscheidungsfindung des Managements werden. Um den Übergang vom Messinstrument zu einem Managementsystem zu gewährleisten, müssen Sie exakt determinieren, warum Sie sich für ein solches Projekt entschieden haben.

Abbildung 3.1 skizziert eine Reihe von möglichen Gründen für das Lancieren einer Balanced Scorecard. Obwohl diese Aufstellung wertvolle Informationen bietet, darf man sie nicht als einen Supermarkt für Scorecard-Ziele ansehen. Ihre Organisation fährt weitaus besser damit, wenn sie eine präzise Begründung für den Einsatz dieses Tools selbst anhand ihrer spezifischen Situation determiniert.

Soll die Scorecard erfolgreich sein, so darf sie nicht als einmaliges »Jetzt-haben-wir-eine-Balanced-Scorecard«-Event betrachtet werden. Die Bestimmung Ihrer Ziele im Zuge der Balanced-Scorecard-Konzeption wird eine Weile in Anspruch nehmen, ehe das Tool in Ihrer Organisation etabliert ist. Andererseits minimiert das Fehlen eines transparenten Ziels letztlich dessen Effektivität.

Manche Firmen greifen vornehmlich in Krisenzeiten auf die Balanced Scorecard zurück, wenn ein akuter Turnaround substanziell für den Fortbestand ist. Einige Kernziele und Kennzahlen in der Scorecard mögen einen punktgenauen Fokus während dieses Überlebenskampfes bieten, aber wie

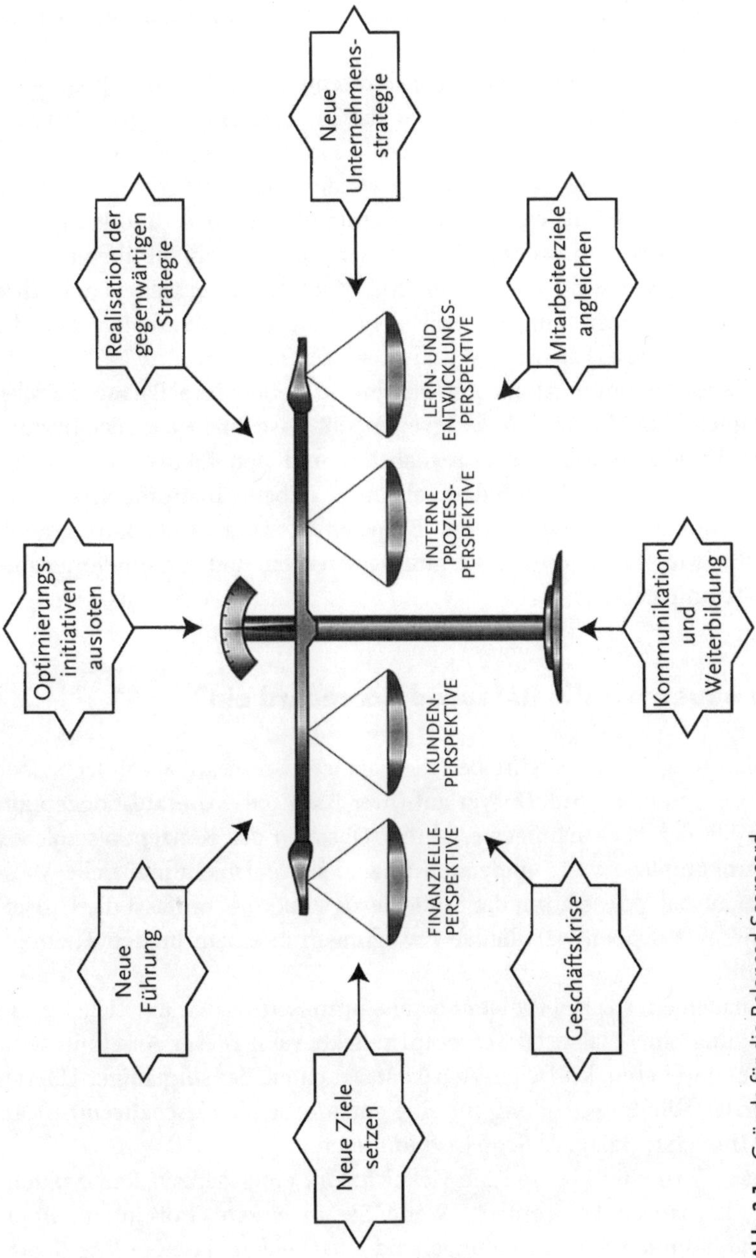

Abb. 3.1 Gründe für die Balanced Scorecard

wird die Scorecard überdauern, sobald das Unternehmen aus der existenzbedrohenden Gefahrenzone heraus ist?

Wenn Sie eine unmissverständliche, akzeptierte und weithin kommunizierte Argumentation für das Projekt haben, besitzen Sie ein wertvolles Instrument, um die Rolle der Balanced Scorecard auszuweiten. Management und Beschäftigte gleichermaßen werden die Entwicklung des BSC-Maßnahmenkatalogs als einen ersten Ansatz für ein neues und kompetentes Managementsystem werten. Der Konsens, der aus einem übergeordneten Balanced-Scorecard-Ziel resultiert, unterstützt entscheidend Ihre Kommunikationsbestrebungen, mit denen Sie alle Mitarbeiter auf die Implementationsziele ausrichten und einstimmen.

Während der unumgänglichen Phasen, in denen Ihre Balanced-Scorecard-Implementation auf Schwierigkeiten stößt, ist Ihr Leitziel der Impuls, der die Aktivitäten des Teams revitalisiert und neu fokussiert. Letztlich erweisen sich klare Ziele auch dann als unschätzbares Instrument, wenn es um die künftige Verknüpfung der Balanced Scorecard mit Managementprozessen wie Budgetierung, Vergütungssystemen und Unternehmensberichterstattung geht.

Wo bauen wir die Balanced Scorecard ein?

Kaplan und Norton beschreiben die Balanced Scorecard als einfach, aber nicht stark vereinfachend. Im Verlauf Ihrer Balanced-Scorecard-Konzeption werden Sie das noch häufiger erfahren. Obschon das Konzept als solches relativ unkompliziert ist – indem es finanzielle und nichtfinanzielle Maßnahmen ausbalancieren, um die Strategie zu steuern –, umfasst die Umsetzung dieser Aufgaben viele heikle Erwägungen in einem breiten Themenspektrum.

Wir haben ein solches Problem bereits umrissen, als wir die Ziele für die Entwicklung einer Balanced Scorecard reflektierten. Dieser Abschnitt wird noch einen weiteren, kritischen Aspekt ausleuchten, der sorgfältiger Überlegung bedarf: die Entscheidung für eine entsprechende Geschäftseinheit, in der Sie Ihre erste Balanced Scorecard initiieren.

Je nach Firmengröße sind Sie vielleicht mit einer ganzen Reihe potenzieller Alternativen konfrontiert. Wenn Sie in einem Großunternehmen tätig sind, könnten Sie sich dahingehend entscheiden, dass Sie Ihre Scorecard an der Spitze ansiedeln, indem Sie ein Kennzahlensystem auf höchster Ebene entwickeln. In den strategischen Geschäftseinheiten (SGE) oder den

Funktionsabteilungen (wie Human Resources, Informationstechnologie usw.) zu beginnen, wäre ebenfalls möglich. Kleinere Firmen mögen weniger Alternativen haben, dennoch müssen sie die optimale Entscheidung treffen, damit ihr Balanced-Scorecard-Programm Erfolge verzeichnet.

Viele Organisationen glauben, dass der Ansatz auf dem Top-Level die logischste Option ist, was auch häufig wirklich der Fall ist. Eine Corporate Scorecard bietet die Voraussetzungen, die strategischen Ziele und Maßnahmen in der Gesamtorganisation zu kommunizieren. Fokus und Aufmerksamkeit, abgeleitet von diesen übergeordneten Kennzahlen, helfen, unvereinbare Elemente auf ein gemeinsames Ziel hin zusammenzuführen – die Strategieimplementierung. Die Kennzahlen in der Corporate Scorecard werden dann Basis für die nachgeschalteten Scorecards auf allen Firmenebenen mit den entsprechenden Messsystemen, die sämtlichen Beschäftigten die Möglichkeit geben, zu beweisen, wie ihr tägliches Handeln zu den langfristigen Zielen beiträgt.

Auswahlkriterien für eine geeignete Unternehmenseinheit

Bevor Sie nun vorschnell zu dem Schluss kommen, dass eine Balanced Scorecard auf allerhöchster Ebene das Beste für Sie sei, sollten wir uns im Rahmen dieser grundlegenden Entscheidung eine Reihe von Kriterien ansehen.

Mehrere Elemente geben den Ausschlag, wenn sie eine geeignete Geschäftseinheit für Ihre Initial-Balanced-Scorecard suchen. Diese Kriterien werden in Abbildung 3.2 gezeigt. Wir wollen uns diese einmal anschauen und im Weiteren diskutieren, wie wir sie für diese elementare Entscheidung nutzen.

- *Strategie.* Das wichtigste Kriterium bei Ihrer Entscheidungsfindung ist die Überlegung, ob die anvisierte Geschäftseinheit über eine kohärente Strategie verfügt. Schließlich ist die Balanced Scorecard eine Methode, die es Ihnen erlaubt, Ihre Strategie in Ziele und Zielgrößen zu übersetzen, die wiederum Ihre Effektivität bei der Strategieumsetzung messen. Ohne eine stringente strategische Basis werden Sie vermutlich zu willkürlich gewählten, finanziellen und nichtfinanziellen Kennzahlen greifen, die nicht im Kausalzusammenhang mit Ihrer Strategie stehen. Ohne diese Ursache-Wirkungs-Kette, die Ihre Strategie beschreibt, wird es schwierig herauszufinden, ob Verbesserungen in einem

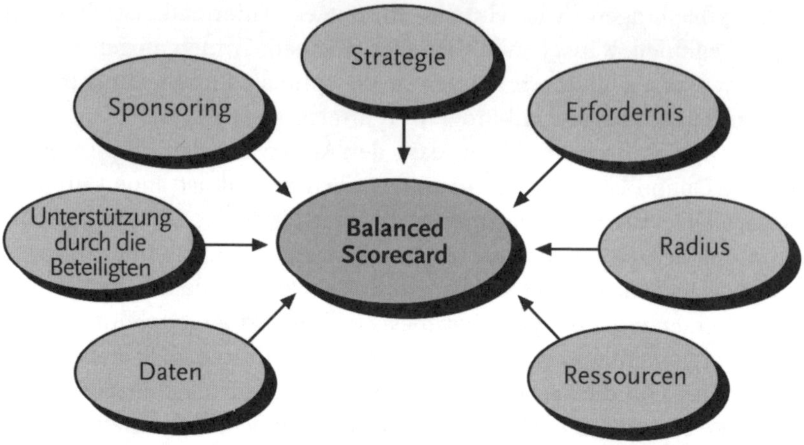

Abb. 3.2 Sieben Kriterien für die Entscheidung, wo Ihre Balanced Scorecard beginnen sollte

Bereich der Scorecard die angestrebten Effekte auf andere Schlüsselindikatoren haben. In der Tat können negative Effekte auftreten, sollten Sie Initiativen verfolgen, die nicht an eine klar definierte Strategie anknüpfen. Das heißt natürlich nicht, dass das Fehlen einer solchen Strategie Sie davon abhalten muss, eine Balanced Scorecard zu konzipieren. Es bedeutet lediglich, dass Sie einen anderen Typus von Scorecard konstruieren, der vermutlich eher die Schlüsselindikatoren der Performance oder die entscheidenden Stakeholder fokussiert. Die Bedeutung der Strategie für die Balanced Scorecard wird in Kapitel 4 vertieft.

- *Sponsoring.* Im weiteren Verlauf dieses Kapitels wird die Relevanz des Executive Sponsoring für Ihre Balanced-Scorecard-Aktivitäten detailliert untersucht. Von daher ist es an dieser Stelle völlig ausreichend, zu betonen, dass Ihre Aktionen ernsthaft in Gefahr sind, wenn der Entscheider nicht mit den Zielen und Zielgrößen in der Balanced Scorecard übereinstimmt und er den Nutzen dieses Instruments anzweifelt. Der Executive Sponsor muss das Programm mit Wort und Tat unterstützen.
- *Die Erfordernis einer Balanced Scorecard.* Die Bedeutung transparenter Ziele für das Balanced-Scorecard-Programm wurde im ersten Teil dieses Kapitels diskutiert. Stellen Sie sich auf der Grundlage dessen folgende Fragen: Hat die von Ihnen ins Auge gefasste Einheit ein übergreifendes Ziel für ihre Implementation? Liegt eine zwingende Not-

wendigkeit vor, dass das Performance-Measurement-System aufpoliert wird?

In einem hervorragenden Artikel aus dem Jahre 1995 haben Vitale und Mavrinac sieben Warnindikatoren herausgestellt, die auf die Erfordernis eines neuen Systems hindeuten.[2] Deren Signale, die auf Notwendigkeit einer bevorstehenden Kennzahlenänderung weisen, werden in Abbildung 3.3 umrissen. Sendet die von Ihnen in Betracht gezogene Organisationseinheit eines dieser Signale aus?

- *Unterstützung durch Schlüsselmanager und Abteilungsleiter.* Zweifellos ist die Unterstützung durch das Topmanagement kritisch für den Erfolg einer Balanced-Scorecard-Implementation. Während Geschäftsführer die Scorecard-Informationen für strategische Entscheidungen nutzen, setzen Manager und Abteilungsleiter sie in ihren jeweiligen Aufgabengebieten um. Wenn die Scorecard aufgrund eines nachgeschalteten Prozesses alle Organisationsebenen durchdringt, führen Anpassung und Neuausrichtung zu sichtbaren Durchbrüchen bei der Performancesteigerung. Manager und Vorgesetzte generieren dies mit ihrem Know-how, ihrer Akzeptanz, der Unterstützung und Anwendung der Balanced Scorecard. Allerdings werden sich nicht alle Gruppenmitglieder als überzeugte Teilnehmer entpuppen. Während offene Kritik an neuen Initiativen des Topmanagements eher die Ausnahme ist, werden solche Manager und Abteilungsleiter häufig Zurückhaltung üben oder wenig Enthusiasmus zeigen, was die Mitarbeiter schnell an der Unterstützung für die Balanced Scorecard zweifeln lässt.[3] Wenn Sie den entsprechenden Bereich für die Balanced Scorecard bestimmen, evaluieren Sie sorgfältig das Managementteam und die Vorgesetzten, auf deren Teilnahme und Unterstützung Sie angewiesen sein werden.
- *Organisatorischer Radius.* Ihre anvisierte Geschäftseinheit sollte eine Reihe von Aktivitäten in der klassischen Wertschöpfungskette ausführen, mit anderen Worten, sie verfügt über eine Strategie, über definierte Kunden, spezifische Prozesse, Operationen und Verwaltung. Eine Einheit mit einem begrenzten funktionalen Fokus führt zu einer Scorecard mit begrenzten funktionalen Messdaten.
- *Daten.* Dieses Kriterium umfasst zwei Elemente. Erstens: unterstützt diese Einheit eine kennzahlengestützte Kultur (d.h. würde sie ein Management mit einem ausgleichenden Katalog von Performancekennzahlen befürworten)? Obschon in einer modernen Organisation letztlich alle Einheiten auf Performance Measurement vertrauen sollten, möchten Sie Ihren ersten Versuch vielleicht eher in einer Abtei-

Zeit für ein neues Performance-Kennzahlensystem?

Performance ist in sämtlichen Dimensionen vertreten, mit Ausnahme der Gewinnsituation: Ein Fokus auf Qualität und andere Kennzahlen hat zu Verbesserungen in isolierten Bereichen geführt, aber nicht im Gewinnsektor.

Kunden kaufen nicht, selbst bei konkurrenzfähigen Preisen: Das Problem kann in Ihrer entsprechenden Kunden-Performance liegen.

Es bleibt unbemerkt, wenn keine Performance-Kennzahlenberichte erstellt werden: Die Berichtsdaten enthalten keine essenziellen Informationen mehr für die Entscheidungsfinder.

Manager bringen viel Zeit damit zu, Kennzahlenkatalog zu diskutieren: Kennzahlen müssen explizit an Strategieziele geknüpft sein.

Aktienpreise fallen trotz solider finanzieller Performance: Die Börse muss lernen, dass Sie in langfristig wertschöpfende Aktivitäten investieren.

Sie haben Ihre Kennzahlen schon lange nicht mehr überprüft: Performancekennzahlen sollten dynamisch an den strategischen Unternehmenskurs angepasst werden.

Sie haben kürzlich Ihre Unternehmensstrategie geändert: Alle Kennzahlen sollten an Ihre Strategie anknüpfen.

Entnommen aus: von Michael R. Vitale und Sarah C. Mavrinac, »How Effective Is Your Performance Measurement System?«, in: *Management Accounting*, August 1995.

Abb. 3.3 Potenzielle Warnsignale für ein neues Performance-Kennzahlensystem

lung starten, die bereits Erfahrung damit hat? Zweitens: Ist die Geschäftseinheit in der Lage, Datenmaterial für das geplanten Performance Measurement zu stellen? Das mag anfangs schwierig sein, da zumindest einige der Kennzahlen in Ihrer Scorecard neu sein könnten und die Herkunft der Daten noch nicht näher entschlüsselt ist. Wenn die Einheit allerdings Probleme damit hat, Daten für aktuelle Kennzahlen zusammenzustellen, ist sie vielleicht auch wenig geneigt oder unfähig, den Ursprung der Daten zu ermitteln, die Sie letztlich für Ihre Balanced Scorecard benötigen.

- *Ressourcen.* Sie können dieses neue Managementsystem nicht allein konstruieren. Die besten Scorecards wurden von Teams konzipiert, die sich ein gemeinsames Ziel, nämlich erfolgsorientiertes Handeln, gesteckt hatten. Stellen Sie sicher, dass die gewählte Einheit willens und in der Lage ist, entsprechende Ressourcen für die Implementation bereitzustellen. Wenn Ihre Erfahrungen ähnlich gelagert sind wie meine, dann wissen Sie, dass Zeit ein Gut ist, das die Leute vehement verteidigen – und das ist auch gut so.

Balanced Scorecard Projekt
Bereichs-Assessment
Geschäftseinheit ›A‹

Kriterien	*Bewertungsskala (1–10)*	*Gewichtung*	*Gesamtpunktzahl*	*Begründung*
Strategie	10	30 %	3	Die Zieleinheit hat kürzlich einen neuen Strategieplan für die nächsten fünf Jahre fertig gestellt.
Sponsoring	9	30 %	2,7	Neuer Bereichsleiter hat die Balanced Scorecard vor seinem Eintreten in unser Unternehmen erfolgreich in zwei anderen Organisationen eingesetzt.
Erfordernis	5	15 %	0,75	Die Ergebnisse dieser Gruppe waren hervorragend, und man sieht möglicherweise keinen Handlungsbedarf, um künftigen Erfolg zu sichern.
Unterstützung durch Beteiligte	7	10 %	0,7	Junges, ambitioniertes Managementteam signalisiert Bereitschaft, mit neuen Ansätzen zu experimentieren.
Organisationsradius	8	5 %	0,4	Die Einheit produziert, vermarktet und verkauft eine charakteristische Produktpalette.
Daten	4	5 %	0,2	Trotz ihres Erfolgs hat man in der Vergangenheit kein prägnantes Performance Measurement eingesetzt.
Ressourcen	4	5 %	0,2	Die Zieleinheit ist personell unterbesetzt und wird Probleme haben, Ressourcen für dieses Projekt zu generieren.
Summe		**100 %**	**7,95**	

Gesamteinschätzung: Die Einheit erzielt eine sehr hohe Bewertung (7.95 von 10 Punkten) und ist ein idealer Kandidat für die Balanced Scorecard. Die Daten- und die Ressourcen-Problematik ist zwar nicht unbedeutend, lässt sich aber durch stringente Führung des neuen Vorgesetzten und Konzeption eines neuen Strategieplans beheben. Frühzeitige Weiterbildungs- und Entwicklungsmaßnahmen in diesem Bereich könnten die Bedeutung der Scorecard als ein Instrument zur langfristigen Ergebnissicherung untermauern. Das mindert die Skepsis gegenüber der Implementation, basierend auf vergangenem Erfolg der Einheit.

Abb. 3.4 Musterarbeitsbogen für die Auswahl Ihrer Organisationseinheit

Abbildung 3.4 zeigt ein Beispiel für einen Arbeitsbogen, mit dem Sie die richtige Organisationseinheit für Ihre erste Balanced-Scorecard-Konzeption determinieren. In dem folgenden Beispiel ist Firmeneinheit »A« für die Einführung einer Balanced Scorecard vorgesehen.

Linkerhand sind die sieben bereits diskutierten Kriterien aufgelistet. In der nächsten Spalte ist eine Bewertungsskala von 1 bis 10 hinsichtlich dieser Kriterien fixiert. Die dritte Spalte repräsentiert die Gewichtung der sieben Dimensionen, auf der Grundlage meiner Beurteilung und Erfahrung. Sie würden sich vielleicht wohler fühlen, wenn Sie jedem der sieben Punkte die gleiche Bedeutung beimessen könnten, aber Bereiche wie Sponsoring und Strategie sind weitaus kritischer für den Erfolg und müssen entsprechend gewichtet werden. Spalte 4 enthält das Ergebnis für jedes Kriterium. »Strategie« wurde mit zehn bewertet, was multipliziert mit der Gewichtung für diese Kategorie drei Endpunkte ergibt.

In der letzten Spalte findet sich eine Begründung, denn die Skala basiert auf einem Assessment des Bereichs, bezogen auf dieses spezifische Kriterium. Wichtig ist, dass Sie den Entscheidungsfindungsprozess schriftlich dokumentieren, damit auch alle anderen für den besagten Balanced-Scorecard-Bereich Verantwortlichen diesen bestätigen. Abschließend wird ein Endergebnis ermittelt und eine Gesamteinschätzung präsentiert. Diese gibt den Teilnehmern die Gelegenheit, potenzielle Stärken und Schwächen der Einheit zu diskutieren, schwerwiegende Risiken abzufedern und sich dahingehend zu äußern, ob der anvisierte Bereich für das Balanced-Scorecard-Projekt geeignet ist.

Executive Sponsoring – Ein kritisches Element in jedem Balanced-Scorecard-Programm

Als Berater und Balanced-Scorecard-Praktiker hatte ich Gelegenheit, auf zahlreichen Performancemanagement-Konferenzen zu referieren. Einige dieser Veranstaltungen bezogen sich auf Produktionsbetriebe, einige auf den öffentlichen Sektor, andere auf Profite und Renditen, viele indes behandelten schlicht das Thema Performancemanagement in allen Branchen. Die Sprecher auf solchen Veranstaltungen repräsentieren stolz die Leistungen ihrer Unternehmen im Performancemanagement, sie enthüllen ihre positiven Erfahrungen und verteilen beiläufig gute Ratschläge.

Ein gemeinsames Thema bei der Präsentation von erfolgreich implementierenden Unternehmen ist die Bedeutung des Executive Sponsoring für das

Projekt. Jeder Vortragsredner wird die kritische Bedeutung einer Führungspersönlichkeit hervorheben, die ihre Zeit und ihr Engagement dieser Initiative widmet. Kaplan und Norton glauben, dass die Unterstützung des Topmanagements aus folgenden Gründen erforderlich ist:

- *Strategieverständnis.* Den meisten mittleren Managern fehlt ein fundiertes Wissen hinsichtlich der Unternehmensstrategie. Nur das Team aus dem Topmanagement ist in der Lage, eine aktuelle Strategie effektiv zu artikulieren.
- *Entscheidungsbefugnisse.* Strategie umfasst alternative Vorgehensvarianten und bestimmt, welche Aktivitäten verfolgt und – noch entscheidender – welche nicht verfolgt werden. Das mittlere Management verfügt nicht über die Entscheidungsbefugnis, um strategische Prioritäten festzulegen, wie etwa Kundenbindungsprogramme und diesbezügliche Operationsprozesse, die kritisch für die Entwicklung jeder Balanced Scorecard sind.
- *Commitment.* Das Wissen um die Unternehmensstrategie ist zwar verzichtbar, dennoch ist die emotionale Verpflichtung der Führungscrew für das Scorecard-Programm der entscheidende Faktor für eine erfolgreiche Umsetzung. Kaplan und Norton bringen das hervorragend auf den Punkt: *»Wichtiger ist die Zeit, die in Meetings verbracht wird, wo die Führungsverantwortlichen miteinander diskutieren und argumentieren ... Diese Meetings generieren emotionales Commitment für die Strategie, für die Scorecard als Kommunikationsinstrument und für die Managementprozesse, die eine strategiefokussierte Organisation herausbilden.«*

In der heutigen Businesswelt, wo CEOs teilweise Ikonenstatus erreicht haben und Berühmtheiten wie Rockstars sind, achten die Beschäftigten noch intensiver auf Signale ihrer Entscheidungsfinder. Wenn das Topmanagement die Balanced Scorecard nur halbherzig und sporadisch unterstützt, werden sämtliche Mitarbeiter dies umgehend als Hinweis werten, dass das Projekt Zeit und Einsatz nicht wert ist.

Beschäftigte *»beobachten, was der Boss beobachtet«*[5] und wissen, welche Projekte vorrangig ihre Aufmerksamkeit verdient haben. Ein mir bekanntes Unternehmen leidet an der fehlenden Unterstützung durch die Führungscrew. Das Projektteam wies zu Beginn des Projekts explizit auf die Bedeutung des Executive Sponsor hin, dennoch zeigte sich keiner der Entscheider bereit, den Implementationsprozess zu steuern. Seither hat man im gesamten Unternehmen Scorecards entwickelt und kräftig in eine Softwarelösung investiert, aber Manager und Beschäftigte geben sich gleichermaßen zögerlich, was den Einsatz des Tools angeht, solange das Topmanagement nicht das Heft in die Hand nimmt. Die Implementation mag sich letztlich sogar als großer Erfolg erweisen, wäre das Commitment der Führungscrew indes von Anfang an gegeben gewesen, hätte sich dieser Erfolg bereits schon eingestellt.

Die Gewährleistung des Executive Sponsoring

Wie wir in den vorangegangenen Abschnitten erfahren haben, ist die Unterstützung und Führungsinitiative durch das Topmanagement ein »Muss« für ein erfolgreiches Balanced-Scorecard-System.

Manche Unternehmen haben das Glück, dass die Balanced-Scorecard-Programme aus der unmittelbaren Intervention der Geschäftsführung resultieren. Scripps Health in San Diego, Kalifornien, ist eine solche Organisation. Dr. Henry Johnson, Direktor der klinischen Verwaltung, führt die Balanced-Scorecard-Entwicklung bei Scripps auf ein Meeting mit dem neuen CEO, Dr. Stan Pappelbaum, im Januar 1998 zurück. *»Dr. Pappelbaum sagte, er habe über die Balanced Scorecard gelesen, und dies sei etwas, was wir einführen müssten.«*

Bedauerlicherweise ist es nicht immer so einfach, die Zustimmung und Unterstützung der Geschäftsführung zu gewährleisten. Die Entscheider auf oberster Ebene sehen sich mit unzähligen Anregungen und Anforderungen konfrontiert und filtern, genau wie wir alle, rasch die Ideen aus, in die sie ihre wertvollen Ressourcen nicht investieren wollen. Clevere Leute nutzen viele Techniken, um sich die Unterstützung eines Entscheiders für die Balanced Scorecard zu sichern. Nachfolgend einige der überzeugendsten Methoden:

- *Suchen Sie sich ein gutes Pendant.* Wenn Ihr Führungsteam sich fast ausschließlich auf Finanzcontrolling-Systeme im Unternehmensprozess stützt, dann findet die Balanced Scorecard dort vermutlich kaum Zuspruch. Also müssen Sie einen Geschäftsführer finden, der an den Erfolg und die Erfordernis von ausgewogenem Performance Measurement und Managementsystem glaubt. Führungskräfte, die einen Strategieplanungsprozess durchlaufen haben, um Vorgaben zu eruieren und Ziele zu definieren, stehen dem Balanced-Scorecard-Ansatz vermutlich positiver gegenüber. Finden Sie den Topmanager, der dieses

Profil hat, und machen Sie sein/ihr Büro zur ersten Anlaufstelle auf Ihrer Sponsoring-Tour.

- *Ergebnisse demonstrieren.* Seniormanagern obliegt primär die Aufgabe, Ergebnisse für das Unternehmen zu erzielen. Appellieren Sie an diesen Führungsaspekt, indem Sie die zahlreichen Erfolge anderer Organisationen herausstellen, die einen Balanced-Scorecard-Ansatz verfolgen. Erfolgsstorys zur Implementierung der Balanced Scorecard finden sich reichlich in der Wirtschaftsliteratur und in den Konferenzsälen rund um die Welt. Die Bestätigungen von Topmanagern sind durchweg überzeugend, wie beispielsweise: *»Wir finden das Konzept der Balanced Scorecard extrem sinnvoll, zum einen als Entscheidungsraster für die Dinge, die wir wirklich angehen und umsetzen sollten, zum anderen als Tool, um den Leuten zu zeigen, wohin der Weg geht.«*[6] Letztlich stehen die Chancen recht gut, dass wenigstens einer Ihrer Konkurrenten diese Methode anwendet oder vielleicht sogar eine Ihrer eigenen Filialen. Dokumentieren Sie deren Erfolg mit der Balanced Scorecard und überzeugen Sie Ihre Führungscrew, dass Sie mit diesem Instrument sogar noch bessere Resultate erzielen können.
- *Studien vorlegen.* Wir alle möchten das Gefühl haben, dass man uns braucht, und Sie suggerieren Ihrem Topmanagement, dass es im Balanced-Scorecard-Prozess dringend gebraucht wird, indem Sie ihm eine Reihe von Schlüsselstatistiken von den Implementationen in anderen Unternehmen unterbreiten. Eine Best-Practices-LLC-Studie fand heraus, dass 50 Prozent der CEOs von den Benchmarking-Organisationen an dem Prozess teilhatten, und dass Geschäftsführer und Direktoren 80 Prozent ihrer Zeit investierten.[7] Eine Recherche für den Balanced Scorecard Report ergab, dass CEOs häufiger als alle anderen die Sponsoren der Balanced Scorecard waren: 31 Prozent der Unternehmen betonten, dass der CEO ihr Sponsor sei.[8]
- *Lauert Gefahr?* Unternehmen Sie aktiv Schritte, um Ihre Organisation mit Hilfe der bereits aufgeführten sieben Warnsignale für Probleme beim Performance Measurement einzuschätzen. Auffälligkeiten in mehreren Kategorien sollten einen kompetenten Entscheider stutzig machen.
- *Vermitteln.* Wenn wir eine Sache oder Idee unterstützen sollen, müssen wir sie zunächst als bedeutend oder wertvoll ansehen. Bedeutung und Wert leiten sich von dem Verständnis einer Sache ab. Entscheider verhalten sich nicht anders, wenn sie neue Initiativen des Wandels akzeptieren. Das heißt für Sie, dass Sie Ihrem Topmanagement eine kon-

struktive und prägnante Präsentation zu Performancemanagement und Balanced Scorecard bieten müssen, wenn Sie auf dessen Unterstützung hoffen. Im Folgenden werden wir diskutieren, wie dergleichen funktioniert: Zur Einstimmung auf das Meeting sollten Sie Ihr Spitzenteam vorzugsweise mit Balanced-Scorecard-Literatur versorgen. Fotokopien von Büchern wie diesem (ich konnte dem Wink mit dem Zaunpfahl einfach nicht widerstehen) oder guten Artikeln zum Thema unterstützen Ihr Publikum bei der Vorbereitung auf die angesetzte Präsentation. Wählen Sie für das Meeting möglichst Räumlichkeiten außerhalb des Unternehmens. Es ist für alle Beteiligten das Beste, wenn Ablenkungen auf ein Minimum beschränkt werden. Stellen Sie sich vor, im entscheidenden Augenblick platzt ein Direktionsassistent herein und schleift einen engagierten CEO aus dem Raum – das könnte Ihnen sämtlichen Wind aus den Segeln nehmen. Ziehen Sie einen Berater von außen in Erwägung, der aktuelle Fakten beiträgt oder wenigstens an dem Workshop teilnimmt. Dafür spricht eine ganze Reihe von Gründen. Erstens hat ein erfahrener Consultant zahllose Präsentationen dieser Art gemacht, und er benutzt zeitnahe Materialien. Zweitens und leider Gottes besitzt eine externe Stimme häufig mehr Gewicht und mehr Glaubwürdigkeit bei den Entscheidern als ein Interner. Das ist eine traurige Realität im modernen Organisationsleben. Abschließend, und vielleicht am wichtigsten: Sie halten dieses Meeting ab, weil Sie die Unterstützung Ihres Top-Teams gewinnen wollen. Ein erfahrener Berater wird vielfach ähnliche Gruppen konfrontiert haben und darauf vorbereitet sein, auf alle Fragen und Argumente der Teilnehmer kompetent zu reagieren. Konstruktive und prägnante Antworten generieren dauerhafte Unterstützung für Ihr Projekt. Die eigentliche Tagesordnung sollte ein zwei- bis dreistündiges Meeting vorsehen, strukturiert wie folgt: 30 Minuten für Ihre Organisation und warum ein Wandel erforderlich ist (um Schritt zu halten mit der Konkurrenz, um an die Spitze zu gelangen usw.), und 90 Minuten für das Performancemanagement und die Balanced Scorecard. Abzudeckende Themenkreise sollten Hintergrundinformationen beinhalten, detaillierte Ausführungen zur Methodik sowie Fallstudien und Erfolgsbeispiele. Verwenden Sie die restlichen 30 bis 60 Minuten darauf, Fragen zu beantworten und Unterstützung für die Implementation zu generieren. Noch eine letzte Sache: Denken Sie an das leibliche Wohl. Dies ist kein Scherz. Wenn Ihre Kultur auf Meetings eine Bewirtung vorsieht, dann verzichten Sie auch diesmal nicht auf die obligatorischen Häppchen und Kekse!

Das Commitment des Topmanagements für Ihre Implementation zu gewinnen, ist harte Arbeit, aber sie zahlt sich aus. Bei Nova Scotia Power kam die Balanced Scorecard so gut an, dass sie auf Anhieb die volle und begeisterte Unterstützung von CEO David Mann und CFO Jay Forbes hatte. Während der Implementationsphase begann so gut wie jedes Memo aus der Chefetage mit den Worten: »Wie Sie wissen, ist die Balanced Scorecard ein Schlüsselinstrument bei der Implementation unseres Strategieplans.«

Diese überzeugte Haltung wurden von konsistentem Handeln gestützt, wie Diskussionen zu Scorecard-Fortschritten auf allen Meetings und die Verknüpfung des Tools mit den Managementprozessen im gesamten Unternehmen. »Worten Taten folgen lassen«, in dieser Weise wurde es von den Beschäftigten als echtes Commitment für die Balanced Scorecard gesehen und lieferte die Impulse für alle Mitarbeitergruppen von Nova Scotia Power, dieses effiziente neue Tool zu verstehen, zu akzeptieren und einzusetzen.

Die Professorin und Beraterin Rosabeth Moss Kanter hat es so formuliert: *»Die wichtigsten Dinge, die eine Führungspersönlichkeit im Zuge von Organisationsveränderungen mitbringen kann, sind Passion, Überzeugung und Vertrauen in andere.«*[9] Wie wir wissen, ist die Balanced Scorecard ein Veränderungsprojekt, und als solches benötigt sie die Unterstützung und das Commitment vom Management vielleicht noch mehr als jede andere Initiative des Wandels.

Ihr Balanced-Scorecard-Team

Im 20. Jahrhundert hielt sich in der Unternehmenswelt über Jahrzehnte hinweg hartnäckig ein Mythos – nämlich der von einem kompetenten Mann oder einer Frau, der/die bis zur Selbstaufgabe arbeitete, um jedes und alle Probleme zu lösen, die zwischen ihm oder ihr und dem Erfolg der Organisation standen. Wie in vielen Dingen, so fehlte auch diesem Mythos jeglicher Bezug zur Unternehmensrealität. Haben wir in unserem Leben nicht schon häufiger Phrasen gehört wie »zwei Köpfe sind besser als einer« oder »ein Einzelner ist bei weitem nicht so clever wie wir alle zusammen«?

Das appelliert an die Bedeutung von Teams, die Aufgaben effizient umsetzen, aufgrund eines breiten Spektrums von Kenntnissen und Erfahrungen, die der Einzelne mitbringt. Im Grunde genommen finden derartige

Gruppen schon seit Jahrhunderten zusammen, um komplexe Problemstellungen zu lösen. Michelangelo beispielsweise arbeitete bei der Gestaltung der Sixtinischen Kapelle mit 16 Leuten zusammen – eine durchaus komplexe Situation!

Vielleicht enttarnt das komplexe, wettbewerbs- und wandlungsorientierte Umfeld der heutigen Unternehmung die Verletzbarkeit vom Mythos des »einsamen Cowboys«. Zunehmend entwickeln Organisationen eigenverantwortliche Problemlösungsteams, und viele Gründe sprechen dafür. Teams stärken die Leistungfähigkeit des Einzelnen, von Hierarchien und Managementprozessen. Und sie sind praktikabel – die meisten Menschen und Organisationen können funktionierende Teams generieren. Letztlich erzielen Teams Ergebnisse. Ihre Balanced-Scorecard-Implementierung eignet sich bestens für den Teamansatz.

Keiner innerhalb Ihrer Organisation, der CEO eingeschlossen, verfügt über all das erforderliche Wissen hinsichtlich Strategien, Märkten, Wettbewerbern, Prozessen und Kompetenzen, um eine detaillierte Balanced Scorecard zu entwickeln.

Was ist ein ›Team‹?

Team ist einer der vielen Begriffe im modernen betriebswirtschaftlichen Sprachduktus, der für unterschiedliche Adressaten unterschiedliche Bedeutung hat. »Das war eine hervorragende Teamleistung.« »Wir haben ein wirkliches Team in der Rechnungsabteilung.« Repräsentiert der Begriff Team vorzugsweise die kurzfristigen Bestrebungen einer Gruppe, die mit der Umsetzung eines spezifischen Projekts betraut ist, oder umschreibt er die längerfristige Arbeitsbeziehungen von Menschen, die gemeinsam allgemeine Aufgabenstellungen lösen?

In ihrem Buch *Teams. Der Schlüssel zur Hochleistungorganisation* bieten Katzenbach und Smith folgende konstruktive Definition an: »Ein Team ist eine kleine Anzahl von Leuten mit komplementären Kompetenzen, die sich für eine gemeinsame Aufgabe, Performanceziele und einen Ansatz engagieren, wofür sie gemeinsam verantwortlich zeichnen.«[10]

Lassen Sie uns diese Definition im Zusammenhang mit der Balanced Scorecard betrachten, beginnend mit dem Terminus »kleine Anzahl«. Was genau ist eine kleine Anzahl? Die einschlägige Literatur zu diesem Thema verweist häufig darauf, dass Teams größenmäßig zwischen 3 und 30 Mitgliedern variieren können. Studien zu Einführung einer Balanced Scorecard haben ergeben, dass die meisten Unternehmen zehn und mehr Leute am Entwicklungsprozess beteiligen.[11]

Die Entscheidung, wie viele Leute Ihr Team umfasst, ist letztlich abhängig von der Überlegung, welche Bereiche Ihrer Organisation die Scorecard anwenden sollen und von daher repräsentiert werden müssen. Wenn Sie beispielsweise eine umfassende Corporate Scorecard planen, sollten Sie dafür Sorge tragen, dass jede Geschäftseinheit vertreten wird. Wenn Ihre Scorecard-Ansätze in den einzelnen Einheiten beginnen, dann sollten die Funktionsbereiche in Schlüsselstellungen im Team präsent sind.

Bedenken Sie meine frühere Warnung: Keiner kennt alle Strategien, sämtliche Markt- und Wettbewerbssituationen und ist als Einzelner in der Lage, eine effiziente Scorecard zu entwickeln. Das erforderliche Know-how zum Aufbau einer effektiven Balanced Scorecard befindet sich in den Köpfen Ihrer Kollegen, und zwar in der gesamten Organisation.

Übrigens, indem Sie mehrere Leute an dem Prozess beteiligen, erhöhen Sie die Wahrscheinlichkeit, dass diese in ihrem Geschäftsbereich als Botschafter der Scorecard agieren, womit das Tool mehr Resonanz und Akzeptanz findet. Also ist die Gruppe der klare Favorit bei der Entwicklung Ihrer Balanced Scorecard, allerdings sollten Sie, sofern irgend möglich, die Zahl der Teammitglieder auf sieben oder weniger eingrenzen. Alles, was diesen Teilnehmerkreis überschreitet, fördert die logistische Probleme und erschwert die Konsensfindung.

Ihr Team muss sich durch eine Mischung komplementärer Kompetenzen auszeichnen. Zusätzlich zu den unterschiedlichen Funktions- und Geschäftsverantwortlichkeiten sollten diese komplementären Kompetenzen verschiedene Ansätze der Problemlösung und Entscheidungsfindung abdecken. Empathie im Team ist ebenfalls empfehlenswert.

Hervorragende Teams zeichnen sich durch Persönlichkeit und Sachverstand aus. Kurz gesagt, Sie suchen Leute, die Engagement zeigen und die ihre Positionen vehement verteidigen. Das wird gelegentlich in dem resultieren, was ein früherer Kollege von mir als »kreative Abrasion« bezeichnet: die überaus positive Situation, wenn hoch motivierte Menschen durch den passionierten und manchmal hitzigen Austausch von Ideen und Visionen bahnbrechende Ergebnisse zu erzielen suchen.

Teams kommen zusammen, um sich einer gemeinsamen Aufgabe und Performancezielen zu stellen. Aufgabe und Ziele gehen über die Stellenbeschreibung des einzelnen Teammitglieds hinaus. Sie entwickeln etwas völlig Neues und Leistungsfähiges innerhalb der Unternehmung – in diesem Fall ein BSC-Managementsystem. Um dieses Ziel zu erreichen, müssen alle Teammitglieder äquivalente Beiträge leisten.

Erfolgreiche Teamarbeit basiert auf einem gemeinsamen Ansatz – ein entscheidender Punkt bei der Konstruktion einer Balanced Scorecard. Um eine effektive Scorecard zu gewährleisten, müssen alle Teammitglieder bei ihrer Arbeit grundsätzlich denselben Ansatz verfolgen. Stellen Sie sich das Ergebnis Ihrer Scorecard vor, wenn einer Ihrer Teambeteiligten aufgrund seines Controlling-Backgrounds ausschließlich finanztechnische Kennzahlen ins Feld führen sollte, ein anderer Sie dagegen mit zahllosen Vorschlägen bombardiert, weil das zur Kultur des früheren Arbeitgebers gehörte.

Wie zuvor dargestellt sind unterschiedliche Meinungen und Erfahrungen konstruktiv für ein funktionierendes Team; trotzdem müssen sich alle Teilnehmer auf einen gemeinsamen Ansatz einigen, Strategien in Performance Measurement umzusetzen. Das muss Ihr oberstes Prinzip bei der Balanced-Scorecard-Konzeption sein.

Commitment und Vertrauen im Teamumfeld werden durch die gemeinsame Verantwortung gefördert. Geschäftseinheit und Funktionsträger müssen die Balanced Scorecard in erster Linie nach ihren Prioritäten ausrichten und nicht nur als Kampagne in eigener Sache. Alle Teilnehmer müssen sich gleichermaßen einbringen und gemeinsam die Verantwortung für die Entwicklung einer Scorecard tragen, welche die Organisationsstrategie exakt definiert. Wenn Ihr Team einen gemeinsamen Ansatz und eine gemeinsame Aufgabe verfolgt, dann ist die wechselseitige Ergebnisverantwortung eine natürliche Begleiterscheinung.

Teammitglieder – Rollen und Verantwortlichkeiten

Im Idealfall übernimmt Ihr Führungsteam die Gesamtverantwortung für die Konzeptionierung der Balanced Scorecard und investiert die nötige Zeit und Energie, um ein Produkt zur Steuerung der gesamten Organisation zu entwickeln. Sollten Sie das Glück haben, sich in dieser Ausnahmesituation zu befinden, sind Sie zu beneiden – Ihre Scorecard-Aktivitäten haben einen Superstart.

Wahrscheinlicher ist jedoch ein Szenario, in dem Sie ein positives Feedback von einem oder auch von zwei Entscheidungsträgern bekommen (vielleicht sind Sie selbst Vorgesetzter), aber sie brauchen weitere Manager, die Ihren Balanced-Scorecard-Planungsprozess befürworten und mit tragen. Verzweifeln Sie nicht, Sie können eine effektive Balanced Scorecard entwickeln, ohne dass Ihr gesamtes Führungsteam ausschließlich mit dem Projekt befasst ist. Unverzichtbar für Sie ist wenigstens ein Entscheider aus dem Topmanagement, der mit dem Projektteam zusammenarbeitet und direkt mit den anderen Managern kommuniziert. Der- oder diejenige muss hohe Akzeptanz finden, über explizites strategisches Wissen verfügen, einen glaubwürdigen Vertreter des Wandels repräsentieren und idealerweise ein offenes Ohr beim CEO finden.

Die anderen Mitarbeiter des Teams, nicht zwangsläufig selbst Entscheider, müssen »Spitzenvertreter« der Geschäfts- oder Funktionseinheit sein, die sie repräsentieren. Im Sitzungssaal werden Sie die volle Resonanz der gesamten Führungsmannschaft benötigen. Ihre Teamkollegen müssen diese Zustimmung von ihren direkten Vorgesetzten erringen, indem sie den Stand des Entwicklungsprozesses der Balanced Scorecard kommunizieren und deren Effizienz innerhalb ihres eigenen Bereiches hervorheben. Mit diesen Repräsentanten und dem Executive Sponsor im Team sollte Ihr Topmanagement immer auf dem Laufenden sein in Sachen Balanced-Scorecard-Projekt.

Wir wollen uns die idealtypischen Rollen und Verantwortlichkeiten, die Ihr Balanced-Scorecard-Team auszeichnet, einmal explizit anschauen. Wie Sie sicherlich vermuten, ist der Executive Sponsor ein unverzichtbares Teammitglied. Dieser wird die Scorecard fördern und auf der Basis von Interaktionen mit der Unternehmensführung den erforderlichen strategischen und methodischen Background stellen, um die Teamarbeit zu steuern. Eine kritische Verantwortung ist die Aufrechterhaltung der fortdauernden Kommunikation mit dem Topmanagement, damit Commitment und Projektakzeptanz auf Dauer gewährleistet sind.

Dem Sponsor obliegt überdies die Verantwortung, Ressourcen für das Projekt zu generieren, und er hat andere Entscheider zu motivieren, genauso zu verfahren. Das Team benötigt Human- und finanzielle Ressourcen, und es wird sehr wahrscheinlich in Konkurrenzdruck mit anderen Initiativen geraten. Hier muss der Executive Sponsor in der Lage sein, die strategische Bedeutung der Balanced Scorecard explizit herauszustellen.

Abschließend – und von essenzieller Bedeutung – muss der Sponsor die Balanced Scorecard voll und ganz befürworten. Während der Implementationsphase wird Ihre gesamte Organisation sich an dem Sponsor ausrichten – ist der Sponsor absolut überzeugt von seinem Tool, steht seine Argumentation im Einklang mit den Aktionen und der Politik, die sie stützt.

Sicher rufen den Executive Sponsor während des Prozesses auch andere Pflichten (vielleicht schreien sie sogar nach ihm – das ist abhängig von der

Organisation), dennoch muss die regelmäßige Teilnahme an den Teammeetings gewährleistet sein, damit er als wirklich engagierter und glaubwürdiger Sponsor überzeugt.

Die Entwicklung eines BSC-Managementsystems impliziert eine ganze Reihe von Problemstellungen. In dieser nächsten Rolle wird Ihr Balanced-Scorecard-Teamführer oder »Champion« die unvermeidlichen kritischen Punkte konfrontieren und Lösungen vorschlagen, damit das Team vorankommt. Der Champion lenkt den Prozess logistisch und reflektiert, indem er Meetings festsetzt, Fortschritte dokumentiert, den Teammitgliedern relevante Hintergrundinformationen liefert und seine Sachkenntnis hinsichtlich des Konzepts anbietet.

Er sollte die Moderatorenrolle in der Balanced Scorecard und die Performancemanagement-Konzeption übernehmen, die gewährleisten, dass das Team optimal profitiert. Ein potenziell schwieriger Aspekt dieser Rolle ist es, die analytischen Anforderungen der Scorecard-Entwicklung mit den interpersonellen Kompetenzen von Teamaufbau und Konfliktlösung in Einklang zu bringen. Die Mitglieder des Teams erwarten von dem Teamführer emotionales und kognitives Sponsoring, was die Rolle noch heikler macht. Demzufolge muss der Champion ein begnadeter Kommunikator sein, der sich völlig problemlos sowohl mit Entscheidern als auch leitenden Angestellten austauscht.

Ihr Champion sollte das Ganze als Vollzeitprojekt sehen und, wie in Kapitel 12 diskutiert, in der Lage sein, die Balanced-Scorecard-Entwicklung und ihre Verknüpfung mit den Managementprozessen dauerhaft zu unterstützen.

In vieler Hinsicht legen Sponsor und Teamführer den Grundstein für die Balanced Scorecard, indem sie Background-, Kontext- und Konzeptwissen stellen. Die ultimative Verantwortung, diese »Rohmaterialien« in eine aktuelle Scorecard zu übertragen, liegt auf den Schultern Ihres Kernteams. Diese Gruppe wird das Insiderwissen ihrer Unternehmenseinheit oder Funktionsabteilung mitbringen und einen kritischen Input bei den Scorecard-Kennzahlen leisten, die ihren jeweiligen Bereich betreffen.

Wie bereits angeführt, muss sie überdies auf den Manager Einfluss nehmen können, dem sie berichtet. Die Teammitglieder tragen Probleme und Fragen an ihre Entscheidungsträger heran und sie versuchen auch, individuelle Schwachpunkte aufzudecken und zu eliminieren, die den übergeordneten Balanced-Scorecard-Aktivitäten schaden könnten. Sie wägen den heiklen Punkt der vorrangigen Interessenvertretung ihres eigenen Bereichs gegen das übergeordnete Ziel ab, eine Balanced Scorecard zu entwickeln, die die gesamte Organisation oder Unternehmung einschließt.

Alle Projektteilnehmer agieren letztlich als überzeugte Botschafter der Balanced Scorecard. Gehen Sie davon aus, dass Ihre Teamteilnehmer während der Implementationsphase des Projekts mindestens 50 Prozent ihrer Arbeitszeit darauf verwenden. Potenzielle Teammitstreiter, die nur 10 oder 20 Prozent ihrer Zeit investieren, sind mit Vorsicht zu genießen. Wenn sie auch wertvolles Insiderwissen aus ihrem jeweiligen Bereich beisteuern, so steht dieses doch gegen die ausgesprochen negative Komponente fehlenden Engagements.

Zum guten Schluss: Um die Leistung der Teamteilnehmer zu maximieren, sollte das Team in derselben Niederlassung beschäftigt sein. Das Commitment im Team steigt, wenn alle Beteiligten an einem Standort arbeiten.[12] Teams, die »Schulter an Schulter« arbeiten, bauen stärkere berufliche und persönliche Beziehungen auf, was die Ergebnisse der Teamarbeit tendenziell positiv beeinflusst.

Die Balanced Scorecard repräsentiert ein ideales Instrument im Performancemanagement vieler Organisationen. Strategie und nicht Controlling diktiert die Unternehmensleitlinien, und die Scorecard schafft eine konstruktive neue Ausdrucksform für organisatorische Veränderungen. Allerdings hat sie, wie jede andere Transformation auch, ihre Stolperfallen und Fallstricke.

Die Einbeziehung eines Experten für Change Management in das Scorecard-Team mildert unter Umständen viele der veränderungsrelevanten Problemstellungen, die während der Implementationsphase auftreten. Jede größere Initiative des Wandels wird eine ganze Reihe von Bedenken bei den Betroffenen auslösen. Zum Beispiel: Wie wirkt sich diese Veränderung auf meine Routinen und Prozesse aus? Was erwartet das Unternehmen von mir als Resultat dieser Veränderung? Ist diese Veränderung überhaupt notwendig?

Ihr Organisationsexperte arbeitet mit Ihrem Team und den anvisierten Anwendern der Balanced Scorecard zusammen, um grundsätzliche Bedenken aufzudecken und Lösungen anzubieten, die potenzielle Gefahren für den Erfolg der Scorecard reduzieren, bestenfalls sogar eliminieren. Die Rolle ist extrem wichtig, erfordert aber keine Vollzeit-Ressource im Team. Ziehen Sie den Veränderungsexperten in regelmäßigen Abständen hinzu, um Fortschritte und Fragen zu reflektieren. Messen Sie diesem Punkt während Ihrer Implementation entscheidende Bedeutung bei. Sie mögen dies für »Kinderkram« halten, aber bedenken Sie, es ist nicht die Technologie oder die Methodik, die diese Initiativen zum Scheitern verurteilen – es sind immer die Menschen!

Abbildung 3.5. fasst die Rollen und Verantwortlichkeiten in Ihrem Balanced-Scorecard-Team zusammen.

Rolle	*Verantwortlichkeiten*
Executive Sponsor	• Übernimmt Leitung für das Balanced-Scorecard-Projekt • Liefert dem Team Hintergrundinformationen hinsichtlich Strategie und Methodik • Kommuniziert mit dem Topmanagement • Verantwortlich für Human- und Finanzresscourcen im Team • Generiert Unterstützung und Engagement für die Balanced Scorecard innerhalb der Organisation
Balanced-Scorecard-Champion	• Koordiniert Meetings; plant, dokumentiert und kommuniziert Team-Ergebnisse an alle Beteiligten • Übernimmt Moderatorenrolle für die Balanced-Scorecard-Methodik gegenüber dem Team • Gewährleistet, dass das Team alle relevanten Materialien erhält • Liefert Executive Sponsor und Geschäftsführung Feedback • Erleichtert die Bildung eines effizienten Teams durch Coaching und Unterstützung
Teammitglieder	• Bieten Sachkenntnis aus Geschäftseinheit oder Funktionsabteilungen • Informieren und beeinflussen ihre jeweiligen Vorgesetzten • Agieren als Balanced-Scorecard-Botschafter in ihrer Einheit oder Abteilung • Handeln im Interesse der gesamten Unternehmung
Experte für Organisationsveränderungen	• Schärft Bewusstsein für die Problematik organisatorischer Veränderungen • Erkennt durch den Wandel bedingte Gefahren, die das Balanced-Scorecard-Projekt berühren könnten • Arbeitet mit dem Team, um Lösungen zu generieren, die veränderungsbedingte Risiken ausschalten

Abb. 3.5 Das Balanced-Scorecard-Team – Rollen und Verantwortlichkeiten

Das Training Ihres Teams

Für die meisten Beschäftigten in Ihrer Organisation wird das von Ihnen zusammengestellte Team mit der Balanced Scorecard identifiziert werden. Schätzt man die Mitglieder nicht als kompetente und glaubwürdige Informationsträger ein, so können Sie sicher sein, dass die Skepsis für die Initiative steigt. Einige Teamkollegen haben vielleicht schon Erfahrung im Performancemanagement oder mit Balanced Scorecards gesammelt, andere dagegen betreten absolutes Neuland.

Wie dem auch sei, um gleiche Voraussetzungen für das gesamte Team zu schaffen, müssen Sie erheblich in Vorab-Trainings investieren. Viele schwören auf derartige Kennzahlen zur Verbesserung der Geschäftsergebnisse. Der frühere US-Arbeitsminister Robert Reich hat einmal gesagt, dass gut ausgebildete und engagierte Mitarbeiter der einzig dauerhafte Faktor für die Wettbewerbsfähigkeit sind. Nicht weniger eloquent, aber entschieden prägnanter lässt Tom Peters sich über das Thema Mitarbeiterentwicklung aus: »*Unternehmen, die den Lernprozess von Beschäftigten nicht auf allen Gebieten fördern, sind dumm!*«

Beginnen Sie mit Ihren Bestrebungen, indem Sie ein leicht verständliches Dossier zu Performancemanagement und Balanced Scorecard vorbereiten und verteilen. Diese Themen sind inzwischen reiflich diskutiert, sodass ein breites Literaturspektrum verfügbar ist. Stellen Sie sicher, dass die drei zukunftsweisenden Beiträge von Kaplan und Norton nicht fehlen, die zwischen 1992 und 1996 im *Harvard Business Review* erschienen sind.

Diesbezüglich gibt es wirklich Hunderte von Artikeln und Abhandlungen, also beschränken Sie sich auf die Dokumentationen, die sich speziell mit Ihrer Branche oder Ihrem Implementationsfokus befassen (wie beispielsweise Gesamtorganisation oder Geschäftseinheit). Zu diesen Managementsystemen existieren darüber hinaus einige empfehlenswerte Buchpublikationen, und Sie sollten überlegen, ob Sie nicht jedem Ihrer Teammitglieder wenigstens eins davon zur Verfügung stellen.

Ihr Team profitiert ebenfalls von der Teilnahme an einem der vielen hervorragenden Seminare über Performancemanagement und Balanced Scorecard. Auch hier haben Sie wiederum die Möglichkeit, die Maßnahmen mit Blick auf Ihre Branche oder Ihren Implementationsplan zuzuschneiden. Diese bieten einen wertvollen Austausch an Ideen, Problemstellungen und Lösungen.

Eine weniger konventionelle, aber nicht minder erfolgversprechende Trainingsmethode sind die Performancemanagement-Games. Viele Beratungsunternehmen und Trainingsinstitute konfrontieren ihre Kunden mit Rollenspielen, anhand derer sie Performancemanagement-Techniken erlernen, während sie versuchen, eine reales Organisationsproblem zu lösen. CSC Consulting hat eine Simulation zur Einführung in dieses Thema entwickelt, die ihre Klienten vor die Herausforderung stellt, ein Produkt in einer Qualität auf den Markt zu bringen, die sämtliche Kundenwünsche erfüllt. Die zweistündige Simulation gibt den Mitspielern die Chance zu erkennen, wie Performance-Indikatoren den Geschäftserfolg beeinflussen. Die Teilnehmer schätzen die Methode und sind überzeugt, dass sie etliches an Lernerfahrung vermitteln.

Die Bezirksverwaltung von San Diego, Kalifornien, entwickelt derzeit ein Balanced-Scorecard-System, und Projektdirektor Steve Mann hat vor Beginn an einer solchen Simulation teilgenommen. Er glaubt, dass derartige Lernspiele Menschen aus den verschiedenen Organisationsbereichen zusammenbringen und dass sie im Zuge des eigentlichen Projekts häufig ein starkes Teamumfeld aufbauen. *»Die Simulation führt Kollegen aus unterschiedlichen Organisationsstufen zusammen, die als Projektteam zusammenarbeiten werden. In dem Spiel ist jeder Anfänger, und man erkennt den Lernprozess, den die Leute durchmachen.«*

Apropos »Learning by doing« – Ihr Team sollte eine Balanced Scorecard speziell für die Implementation entwickeln. Der Sinn dieser Übung ist folgender: Zum einen bereitet ein projektbezogenes Performance Measurement das Team auf die kritische, aktuelle Aufgabe vor. Ihr Team wird die Implementationsfortschritte prüfen wollen, und die Balanced Scorecard ist dafür ein hervorragendes Messinstrument. Zum anderen gibt die Entwicklung der Ziele und Zielgrößen für ihre Scorecard den Beteiligten eine einzigartige Gelegenheit, sich mental für die Umsetzung einer effektiven Scorecard zu engagieren. Wer sind unsere Kunden? Wie sehen ihre Anforderungen aus? Wo müssen wir uns auszeichnen? Welche Kompetenzen sind hierfür notwendig? Dies alles sind Fragen, die Ihr Team anderen in Ihrer Organisation schon bald stellen wird, von daher ist es absolut angeraten, dass diese den Prozess selbst erfahren.

Abbildung 3.6 ist ein Muster für eine Projektteam-Balanced-Scorecard. Beachten Sie, dass in diesem Beispiel die finanzwirtschaftliche Perspektive einen kritischen Aspekt darstellt (mit anderen Worten: das Projektbudget) und nicht ein übergeordnetes Ziel wie in den meisten gewinnorientierten Unternehmen. Dies ist eine gute Demonstration der Flexibilität der Balanced Scorecard für das Team.

Abb. 3.6 Beispiel einer Balanced Scorecard für Ihr Implementations-Team

Ihr Balanced-Scorecard-Entwicklungsplan

Wie bei jeder anderen umfassenden Initiative benötigen Sie einen sorgfältig strukturierten Entwicklungsplan, um die Arbeit Ihres Teams zu lenken. Jede Organisation reagiert anders auf solche Projektpläne. Die einen halten eine detailgenaue Planung, die Tausende von Zeilen in Microsoft Project umfasst, für die einzige Möglichkeit, alle erforderlichen Arbeitsschritte zu erfassen. Andere wiederum arbeiten mit weniger formalen Mitteln, skizzieren lediglich die kritischsten Aufgaben und dokumentieren diese in MS-Excel oder Word.

Im Folgenden werden die Hauptschritte bei der Entwicklung Ihrer Balanced Scorecard erklärt, basierend auf Erfahrungswerten und Forschungsergebnissen. Sie sollten Ihre eigene Planung auf der Basis Ihrer derzeitigen Unternehmenskultur entwickeln, sodass sie bei Team und Sponsor Akzeptanz findet. Der Knackpunkt ist, alle wesentlichen Elemente des Projekts mit einzubeziehen. Ob Sie diese als dicke Brocken darstellen oder in etliche Einzelaspekte zerlegen, bleibt Ihnen überlassen.

Eins ist sicher – während der Entwicklung Ihrer Balanced Scorecard werden Sie viel Zeit in Meetings verbringen. Einige Vorschläge, diese Zeit zu optimieren, finden Sie in dem Kasten mit der Überschrift »Meetings, Meetings, Meetings« auf Seite 93.

Dieses Buch widmet sich explizit der Balanced-Scorecard-Entwicklungs- und Implementationsplanung. Sein Titel lautet schließlich *Balanced Scorecard – Schritt für Schritt*. Deshalb bieten die nachfolgend skizzierten Schritte Kurzinformationen zu der vor Ihnen liegenden Aufgabe, um die Vorbereitung Ihrer Kampagne zu vereinfachen. In den weiteren Kapiteln fließen diese Schritte in die vielen Aktivitäten mit ein, die für Ihren Erfolg unabdingbar sind.

Die Planungsphase

Bevor Sie mit der Entwicklung einer Balanced Scorecard beginnen, muss das Fundament für das Projekt gelegt sein. Dieses Kapitel hilft Ihnen, genau das zu tun. Zusammengefasst beinhaltet die Planungsphase folgenden Schritte:

- Schritt 1: Entwickeln Sie Ziele für die Balanced Scorecard.
- Schritt 2: Bestimmen Sie die entsprechende Organisationseinheit.
- Schritt 3: Versichern Sie sich der Akzeptanz durch das Topmanagement.
- Schritt 4: Stellen Sie das Balanced-Scorecard-Team zusammen.
- Schritt 5: Formulieren Sie den Projektplan.
- Schritt 6: Erstellen Sie einen Kommunikationsplan für das Balanced-Scorecard-Projekt.

Klienten ziehen uns Berater gelegentlich damit auf, dass wir dazu neigen, viele Fragen mit »Das hängt davon ab« zu beantworten. Diese Reaktion ist häufig unumgänglich, da ein Großteil unserer Arbeit einer Funktion mit vielen Variablen gleicht und oft außerhalb unserer Kontrolle liegt. So besagt diese vorsichtige Einschränkung, dass das Timing für alle Phasen der Projektplanung entscheidend ist.

Wenn Sie mit einem Vollzeit-BSC-Champion arbeiten, der die zuvor skizzierten Maßnahmen durchführt, dann haben Sie diese vermutlich innerhalb von vier bis sechs Wochen bewältigt. Lassen Sie sich genügend Zeit, um diese Aktionen erfolgreich umzusetzen. Nichts und niemand hält Sie davon ab, eine Balanced Scorecard ohne einen Kommunikationsplan zu entwickeln oder ohne eindeutige Ziele für die Implementation, aber seien Sie versichert, dass Ihre Aktivitäten ohne dieses »Fundament« stark gefährdet sind.

Wenn wir die Lern- und Entwicklungsperspektive in der Scorecard diskutieren, wird diese als »Motor« für die drei anderen Perspektiven gewertet. Die Planungsphase des Projekts ist ähnlich gelagert, indem sie die Entwicklungsarbeit vorantreibt und klar definiert, welche Ziele Sie anstreben und mit wem, warum und wie.

Meetings, Meetings, Meetings

Gut möglich, dass wir mehr Zeit als früher in Meetings verbringen, aber wird diese Zeit auch sinnvoll genutzt? Es gibt eine Anekdote über Will Rogers, den man zu einer Ausschusssitzung einer Organisation einlud, obwohl die Präsenz von Außenstehenden eigentlich nicht geduldet wurde. Nach dem Meeting bemerkte Will: *»Ich stehe zu meinem Wort und werde nichts an Dritte weitergeben. Aber offen gestanden habe ich auch nichts Lohnenswertes gehört.«*

Sie können es sich nicht leisten, dass Ihre Teammitglieder so etwas denken oder, schlimmer noch, Vergleichbares nach Ihren Meetings äußern. Und Sie werden Meetings haben. Neuere Studien zeigen, dass über 65 Prozent der Organisationen, die eine Balanced Scorecard einführen, Arbeitsbesprechungen bei der Aufgabenumsetzung nutzten. Im Folgenden einige Tipps, wie Sie die Effektivität Ihrer Balanced-Scorecard-Meetings maximieren:

- *Bestimmen Sie Ihre Intention.* Beraumen Sie das Meeting zur Informationsverbreitung ein, um Ideen zu generieren und dergleichen?
- *Determinieren Sie angestrebte Ergebnisse.* Was wollen Sie während der Sitzung erreichen? Stellen Sie sicher, dass die Teilnehmer schon zu Beginn des Meetings von den angepeilten Resultaten unterrichtet sind.
- *Entscheiden Sie über die Teilnehmer.* Keiner nimmt gern an einem Meeting teil, zu dem er wenig beizusteuern hat. Bestimmen Sie, wen sie unbedingt dabei haben wollen, und räumen Sie denjenigen, die nicht wesentlich an der Erreichung Ihrer Ergebnisse beteiligt sind, höchstens ein paar Minuten ein.

- *Weisen Sie Rollen zu.* Bestimmen Sie vorab den Vorsitz über das Meeting, wer das Protokoll schreibt und wer die wichtige Aufgabe übernimmt, die Zeit im Auge zu behalten.
- *Leisten Sie strukturierte Vorarbeit.* Versorgen Sie die Teilnehmer früh genug vor dem Meeting mit relevanten Materialien und betonen Sie, wie wichtig die vorherige Auseinandersetzung mit besagten Informationen ist.
- *Halten Sie Ihren Zeitrahmen ein.* Gewöhnen Sie sich an, alle Meetings pünktlich zu beginnen und zu beenden. Belohnen Sie Nachzügler nicht, indem Sie Verpasstes wiederholen.

Zu dem Thema effizientes Meeting-Management sind einige hervorragende Artikel und Bücher erschienen. Der Titel von Thomas Kayser *Mining Group Gold* (Serif Publishing, 1990) gibt schnelle und prägnante Einblicke in die Thematik.

Die Entwicklungsphase

Betrachten Sie die nachfolgenden Schritte als ein Rahmenkonzept für die Entwicklung Ihrer Balanced Scorecard. Wie zu Beginn dieses Kapitels angemerkt, ist jede Organisation anders und wird von daher auch andere Aspekte im Balanced-Scorecard-Prozess hervorheben. Einer der vielen Vorteile der Scorecard – die auch entscheidend zu ihrer Langlebigkeit und Verbreitung beigetragen haben – ist ihre hohe Flexibilität, sich auf die Bedürfnisse jeder Organisation adaptieren zu lassen. Nutzen Sie diese Flexibilität bei Ihrer Planung.

Der Leser wird feststellen, dass eine Reihe von Executive Workshops in den Prozess eingebaut sind. Die Bedeutung des Führungskonsenses kann gar nicht oft genug betont werden, von daher auch die aufgelisteten Orientierungshilfen. Allerdings ist es nahezu unmöglich, Ihr Topmanagement ständig zusammenzutrommeln. Wenn Gruppenmeetings nicht möglich sind, stellen Sie sicher, dass Ihre Teammitglieder den jeweiligen Entscheidungsträgern regelmäßig von ihren Fortschritten berichten und deren Feedback einholen. Das kann unter Umständen richtungweisend für die zukünftige Teamarbeit sein.

- *Schritt 1: Sammeln und verteilen Sie Hintergrundmaterialien.* Die Balanced Scorecard ist ein Führungsinstrument, das Strategien reflektiert. Um diesem Anspruch gerecht zu werden, muss Ihr Team umfassenden Zugang zu Hintergrundinformationen haben, die Mission, Vision, Werte, Strategie, Wettbewerbsposition der Organisation sowie die Kernkompetenzen der Mitarbeiter betreffen. Interne Ressourcen wie Ihre Strategie- und Marketinggruppen unterstützen Sie bei diesem Vorhaben. Wenn Sie an der Börse gehandelt werden, stehen Ihnen zahlreiche Informationsquellen hinsichtlich vergangener Leistungsentwicklung zur Verfügung. Presseveröffentlichungen, Artikel in den Branchenmedien und Analystenberichte liefern wertvolle Informationen.
- *Schritt 2: Entwickeln oder bestätigen Sie Mission, Werte, Vision und Strategie.* Auf der Basis der in Schritt 1 zusammengestellten Informationen sollte es Ihnen gelingen, einen Konsens zu generieren, wo Ihre Organisation im Hinblick auf diese kritischen Punkte steht. Wenn Ihnen eine oder auch mehrere von diesen Scorecard-»Rohmaterialien« fehlen, werden sie diese mit Ihrer Führungscrew entwickeln müssen. Kapitel 4 bietet eine detaillierte Übersicht der Elemente in einer effektiven Scorecard.
- *Schritt 3: Führen Sie Gespräche mit den Entscheidungsträgern.* Wie schon erwähnt, ist die Beteiligung der Führungscrew am Scorecard-Prozess von grundlegender Bedeutung. Während dieser Vorabgespräche mit dem Topmanagement wird das Team ein Feedback auf die Wettbewerbsposition der Organisation erfahren, Schlüsselfaktoren für zukünftigen Erfolg und mögliche Scorecard-Maßnahmen. Kapitel 5 stellt einen Leitfaden für diesen Interview-Prozess.
- *Schritt 4: Entwickeln Sie Ziele und Kennzahlen für jede Balanced-Scorecard-Perspektive.* In diesem Schritt wird Ihr Team entscheiden, welche Perspektiven der Scorecard wesentlich für Ihre Organisation sind und daraufhin Ziele und Kennzahlen für jede Perspektive entwickeln, basierend auf der Reflexion Ihrer Strategien. Kapitel 5 erläutert die einzelnen Aufgaben, die dieser Schritt umfasst, darunter auch die Entscheidung über Ihre Perspektiven, die Zielidentifikation, die Entwicklung von Kennzahlen und deren Definition nach Schlüsselkriterien, die Zuweisung der Erfolgskontrolle und die Festlegung von Datenerfordernissen.

- *Schritt 4 (a): Executive Workshop.* Holen Sie den Konsens des Topmanagements für die Ziele und Kennzahlen ein, die das Team entwickelt hat. Übernehmen und integrieren Sie Impulse der Führungscrew.
- *Schritt 4 (b): Holen Sie Mitarbeiter-Feedback ein.* Letztlich erwarten Sie, dass Ihre Balanced Scorecard Informationen liefert, die es allen Beschäftigten ermöglicht zu determinieren, wie ihre jeweiligen Tagesaktivitäten mit der Strategieplanung der Organisation verknüpft sind. Deshalb müssen Sie sich bei Ihren Managern und Mitarbeitern rückversichern, dass Sie die kritischen Elemente der Unternehmenswerte erfasst haben. Kapitel 6 beschreibt Methoden, wie Sie Mitarbeiter-Feedback erzielen.
- *Schritt 5: Entwickeln Sie Ursache-Wirkungs-Zusammenhänge.* Eine gute Balanced Scorecard muss die Strategie anhand von Korrelationen zwischen den von Ihnen definierten Kennzahlen verdeutlichen. Kapitel 6 enthält Musterbeispiele für diesen grundlegenden und substanziellen Aspekt Ihrer Scorecard.
- *Schritt 5 (a): Executive Workshop.* Plausible und stichhaltige Ursache-Wirkungs-Beziehungen sind selbst für versierte Kennzahlen-Teams eine Herausforderung. Das Wichtigste hier ist jedoch die Debatte, die sich im Topmanagement-Team anschließen wird, im Hinblick auf Umfang und Timing von Kausalitäten. Im Verlauf dieser Diskussion zeigt sich, ob die Führungsspitze – vielleicht zum ersten Mal – realisiert, dass ihre Funktionseinheiten eine kritische Triebkraft für den Erfolg der Gesamtorganisation darstellen.
- *Schritt 6: Etablieren Sie Zielvorgaben für Ihre Kennzahlen.* Ohne festgelegte Zielgrößen für die jeweilige Kennzahl können Sie unmöglich erkennen, ob Optimierungsbestrebungen akzeptable Ergebnisse hervorbringen. Ihre Messdaten vermitteln Ihnen nur das halbe Bild. Eine Zielvereinbarung verleiht den Ergebnissen insofern Bedeutung, dass sie Vergleiche ermöglicht. Allerdings zählt die Zielsetzung häufig zu den heikelsten Aspekten in Ihrer gesamten Implementation. Viele Organisationen verfügen über zu wenig aktuelle Praxis oder Techniken, aussagekräftige Performanceziele zu etablieren. Kapitel 7 vertieft diese Thematik und unterstützt Sie bei der Entwicklung Ihrer Zielgrößen.
- *Schritt 6 (a): Executive Workshop.* Ziel dieser Zusammenkunft der Entscheider ist es, einen endgültigen Konsens über die Balanced-Scorecard-Konzeption zu erreichen, die das Team entwickelt hat. An diesem

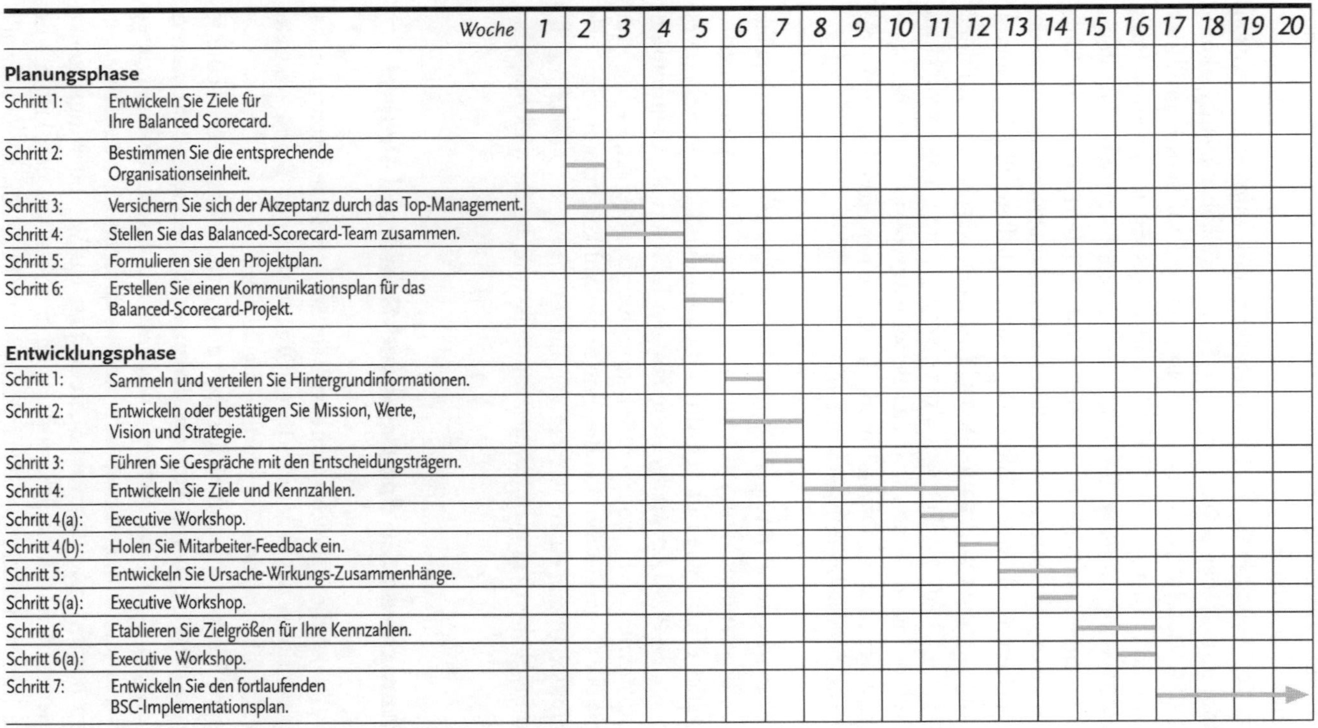

Abb. 3.7 Projekt-Zeitplan für die Balanced Scorecard

Punkt sollte die Dokumentation in die Operationen der Organisation aufgenommen werden.

- *Schritt 7: Entwickeln Sie einen permanenten BSC-Implementationsplan.* Die hier umrissenen Schritte bringen Sie von Null bis zur Entwicklung eines BSC-Messinstruments. Die Betonung liegt auf dem Begriff Messinstrument. Im weiteren Verlauf stellt dieses Buch die Entstehung dieses Messinstruments bis hin zum organisatorischen Eckpfeiler Ihres Managementsystems vor. Teil 3 und 4 liefern Ihnen die Tools, um die Balanced Scorecard mit allen Schlüsselprozessen innerhalb des Unternehmens zu verknüpfen. Die nachgeschaltete Ergebnisverantwortung der unteren Organisationsebenen, die Korrelation von Budgetierung und Planung mit den strategischen Zielen, die Entwicklung von Vergütungssystemen und das Berichtswesen sind entscheidende Operationen in ihrer Organisation, die von einer effektiven Balanced Scorecard positiv beeinflusst werden.

Von Schritt 1 in der Planungsphase bis hin zu Schritt 7 in der Entwicklungsphase zu gelangen, kann zwischen vier und zwölf Monaten dauern – ich habe beides erlebt. Wie viel Zeit Ihre Organisation in das Projekt investiert, hängt (da ist es schon wieder!) von einigen Faktoren ab: Commitment des Topmanagements; Ressourcenallokation für das Projekt; Größe und Komplexität der Organisation, für die eine Scorecard konstruiert wird; und interne Bereitschaft für einen Wandel von dieser Tragweite. Abbildung 3.7 stellt einen möglichen Zeitplan für die Planungs- und die Entwicklungsphase dar.

Kommunizieren Sie das Balanced-Scorecard-Projekt

Kapitel 1 weist die Balanced Scorecard als ein effizientes Kommunikationsinstrument aus, das jedem in Ihrer Organisation die Schlüsselstrategien für den Erfolg und den Weg dorthin signalisiert.

An diesem Punkt darf man sicher davon ausgehen, dass viele Leute in Ihrer Organisation noch nie von der Balanced Scorecard gehört haben. Selbst diejenigen, denen die Methode nicht ganz unbekannt ist, reagieren möglicherweise ausnehmend skeptisch auf die Tatsache, dass sie echte Veränderungen bewirkt. Die Balanced Scorecard ist ein Veränderungsprojekt, doch die meisten Veränderungsbestrebungen kämpfen um den Erfolg, und mangelnde Kommunikation ist einer der Hauptgründe für das potenzielle

Scheitern. Professor und Autor John Kotter hat einmal gesagt: »*Ohne glaubwürdige Kommunikation, und davon eine ganze Menge, lassen sich Herz und Verstand der Mitarbeiter niemals überzeugen.*«[13]

Leider beherzigen die meisten Unternehmen diesen wertvollen Rat nicht und ihre Veränderungsbemühungen bleiben auf der Strecke. Diesen Herausforderungen müssen Sie sich im Zuge Ihres Implementationsvorhabens zwangsläufig stellen, wenn Sie Mitarbeiter motivieren wollen, dieses Tool einzusetzen und effiziente Geschäftsentscheidungen zu treffen. Eine sorgfältig ausgearbeitete Kommunikationsstrategie und -planung erweisen sich als hervorragende Elemente, wenn es gilt, sämtliche Mitarbeiter zu überzeugen und Unterstützung während des gesamten BSC-Entwicklungsprozesses zu finden. Sie stehen kurz davor, enorm viel in ein neues Führungsinstrument zu investieren, dessen Konzept und Nutzen erklärungsbedürftig sind – lassen Sie nicht zu, dass dieses Vorhaben an Kommunikationsdefiziten scheitert.

Ziele für Ihren Kommunikationsplan

Vision und Ziele sind die Anfangsüberlegungen für Ihre Kommunikationsplanung. Stellen Sie sich selbst die Frage, warum Sie einen Kommunikationsplan lancieren und was sie als Ergebnis erwarten. Zielt Ihr Fokus in erster Linie darauf ab, die für Sie wichtigen Stakeholder zu informieren oder wollen Sie sich die Unterstützung der unteren Leitungsebenen sichern? Bei Nova Scotia Power hat das Balanced-Scorecard-Team folgende Vision für die Kommunikationsbestrebungen formuliert: »*Die Balanced-Scorecard-Konzepte sollen allen Schlüsselbeteiligten, die das Projekt fördern und stützen, präsentiert werden und anhand der Teamfortschritte während der Implementation regelmäßig aktualisiert werden.*« Dieses schlichte Statement bildete die Basis für alle zukünftigen Kommunikationsbestrebungen während des Projekts. Ihre Ziele sollten die einzigartigen Attribute Ihres Projekts sowie Ihre Unternehmenskultur repräsentieren, im Allgemeinen berücksichtigen die meisten Organisationen wenigstens einen der folgenden Punkte:

- Erhöhen Sie den Bekanntheitsgrad der Balanced Scorecard auf sämtlichen Organisationsebenen.
- Bieten Sie allen Beteiligten Weiterentwicklungsmöglichkeiten hinsichtlich der BSC-Kernkonzepte.

- Gewinnen Sie das Engagement und Commitment der Schlüsselverantwortlichen für das Projekt.
- Motivieren Sie zur Teilnahme an dem Prozess.
- Generieren Sie Zuspruch für die Balanced Scorecard.
- Gewährleisten Sie, dass Teamergebnisse schnell und effizient zugänglich gemacht werden.

Zu Beginn Ihres Prozesses der Kommunikationsplanung stützen Sie sich auf die zuverlässigste Informationsquelle – den Firmenklatsch. Ihr Projektteam wurde nach den Kriterien funktionales Wissen, Einfluss in der Gruppe und Unterstützung für die Balance Scorecard zusammengestellt. Zweifellos haben Sie die Teamteilnehmer nicht danach ausgesucht, wie tief sie im Gerüchtesumpf Ihres Unternehmens stecken, gleichwohl sind Interna gelegentlich eine passable Informationsquelle, um zu erfahren, was Mitarbeiter wirklich von dem Wandel halten. Im Zuge Ihrer Kommunikationskampagne sollten Sie diesen kritischen Zeitgenossen auf den Zahn fühlen und – wenn Sie Meinungen beeinflussen wollen – eine offene und ehrliche Beziehung mit ihnen aufbauen.[14]

Die Elemente des Kommunikationsplans

Am einfachsten ist es, wenn Sie Ihren Plan nach dem »Fünf-W«-Ansatz strukturieren – wer, was, wann, wo und warum. Nachfolgend werden die einzelnen Elemente im Kontext mit der Kommunikationsplanung diskutiert.

- *Ziel/Botschaft (was/warum):* Beschreibt den im Plan definierten Informationsinhalt. Alle Kommunikationspläne enthalten informationsbegleitende »Schlüsselbotschaften«. Ihr Balanced-Scorecard-Projekt umfasst vermutlich eine ganze Reihe solcher Botschaften; dazu zählt, wie die Scorecard mit der Strategieimplementation übereinstimmt, die Rolle der Balanced Scorecard in Relation zu anderen Initiativen des Wandels oder die neue Managementphilosophie, die in der Scorecard repräsentiert wird. Andere im Kommunikationsplan definierte Inhalte betreffen beispielsweise Zeitvorgaben, Projektstatus, Entwicklungsproblematik und Weiterbildungsmaßnahmen. Da die Rollen und Verantwortlichkeiten der Adressaten variieren, sollten die Informationsinhalte auf die jeweilige Zielgruppe zugeschnitten werden.

- *Adressaten (wer):* Die spezifischen Personen oder Zielgruppen, die während des Projekts informiert werden müssen. Abhängig von Projektumfang und -reichweite variieren diese Adressaten. Planen Sie jedoch, Topmanagement, Leitungsausschuss (sofern vorhanden), mittleres Management, alle Mitarbeiter und Ihr Projektteam mit einzubeziehen.
- *Häufigkeit (wann):* Das Timing der Kommunikation hängt von den Erfordernissen der Adressaten ab. Mit den stärker in das Projekt eingebundenen Beteiligten muss häufiger kommuniziert werden. Bedenken Sie John Kotters Warnung im Hinblick auf das Fehlen fortdauernder Kommunikation im Zuge von Veränderungsbestrebungen. Riskieren Sie unter gar keinen Umständen, die Unterstützung und die Akzeptanz von Beteiligten zu verlieren, indem Sie ihnen Informationen vorenthalten.
- *Kommunikationskanäle (wo/wie):* Diese determiniert die Methode, mit der die Botschaft verbreitet wird, und ist abhängig von den Erfordernissen der Adressaten. Mit den heutigen Technologien sind Ihrer Fantasie keine Grenzen gesetzt. Die folgenden Möglichkeiten können einzeln oder auch in ihrer Gesamtheit Anwendung finden: Face-to-Face-Meetings, Gruppenpräsentationen, Projektpläne, Newsletter, Intranet, Workshops, Mittagssnacks, Videopräsentationen, Memos, E-Mails, Dossiers, Preisausschreiben und Wettbewerbe, Gehaltsabrechnungen, Demonstrationen, Messen und Ausstellungen.
- *Kommunikator (wer):* Die Person oder Gruppe, die für den Inhalt und die Verbreitung der Botschaft verantwortlich ist. Auch hier wird der Kommunikator variieren, abhängig von der Message und den Erfordernissen der Zielgruppe. Der Executive Sponsor beispielsweise wird sich meist für eine formalere Kommunikation entscheiden, wohingegen ein Mitglied des Projektteams vielleicht einen Newsletter verfassen würde.

Was Sie kommunizieren, liegt letztendlich bei Ihnen, bis auf eins, was in ihrem Kommunikationsplan definitiv nicht fehlen sollte – ein Glossar. Nahezu alle Organisationen verwenden gering voneinander abweichende Terminologien im Performancemanagement. Was in einem Unternehmen mit Initiative definiert wird, ist für ein anderes vielleicht ein Ziel. Kritische Erfolgsfaktoren in Ihrer Organisation gehen woanders vielleicht als Key-Performance-Indikatoren durch. Die Semantik ist wichtig, denn in dem modernen Organisationsumfeld von heute haben viele der so genannten Wissensarbeiter vielleicht schon eine Performancemanagement-Initiative in einem anderen Unternehmen erlebt und dabei ein völlig anderes Vokabular benutzt.

Sie wollen, dass Ihre Balanced Scorecard Teamarbeit, Kooperation und Informationsaustausch fördert. Das erweist sich als extrem schwierig, wenn Ihre Beschäftigten eine andere Sprache sprechen als Ihr Projektteam. Eine mir bekannte Organisation näherte sich dem Ende eines Balanced-Scorecard-Projekts, als in einer wichtigen Managerbesprechung klar wurde, dass das Projektteam Begriffe benutzte, die für die Manager eine ganz andere Bedeutung hatten. Sozusagen auf den letzten Metern musste das Team die aufwändige Unternehmung starten, dem gesamten Management das Projektvokabular präzise darzulegen.

Ein abschließender Hinweis: Setzen Sie den Erfolg Ihrer Kommunikationsaktivitäten nicht als selbstverständlich voraus. Um zu gewährleisten, dass die Kommunikation die Zielgruppen erreicht, ist eine Kennzahl zur Messung ihrer Effektivität dringend angeraten. Überprüfen Sie die Zielgruppen während des Prozesses in regelmäßigen Abständen und bewerten Sie Ihre Bestrebungen anhand der folgenden abgestuften Kriterien:

- *Kein Kontakt:* Hat nicht von dem Balanced-Scorecard-Projekt gehört.
- *Kenntnis:* Hat von dem Projekt gehört, weiß aber nicht, was es ist.
- *Konzeptionelles Verständnis:* Versteht die Balanced Scorecard und die einzelnen Effekte.
- *Taktisches Verständnis:* Versteht die individuellen und organisatorischen Balanced-Scorecard-Effekte.
- *Akzeptanz:* Unterstützt die Balanced Scorecard und die damit verbundenen Veränderungen.

Ein vereinfachter Kommunikationsplan ist in Abbildung 3.8 dargestellt.

Zusammenfassung

In dem vorliegenden Kapitel wurde eine Menge wertvolles Wissen abgedeckt, das in der Praxis eine solide Grundlage für Ihre künftigen Entwicklungsbestrebungen bildet. Zu Beginn stand die Anforderung, spezifische Ziele für die Konstruktion einer Balanced Scorecard zu formulieren. Fakt ist, dass klare Ziele einen gemeinsamen Fokus während der Implementierung der Balanced Scorecard gewährleisten, dass sie die Kommunikationsbestre-

Zielgruppe	*Ziele*	*Häufigkeit*	*Kommunikationsträger*	*Kommunikator*
Topmanagement	• Commitment generieren • Hemmschwellen abbauen • Fortschritte berichten • Negativen Überraschungen vorbeugen	Zweiwöchentlich	Direkter Kontakt	Executive Sponsor
Management	• Ziel vermitteln • Konzepte erklären • Fortschritte berichten • Commitment generieren	Zweiwöchentlich	• E-Mail • Management-Meetings • Aufsätze	Champion/Teammitglieder
Alle Beschäftigten	• Ziel vermitteln • Konzepte vorstellen • Missverständnisse ausräumen • Fortschritte berichten	Monatlich	• E-Mail • Newsletters • Großveranstaltungen	Projektteam-Beteiligte
Projektteam	• Fortschritte vorantreiben • Aufgaben zuweisen • Erwartungen kontrollieren	wöchentlich	• Team-Meetings • Status-Memos	Champion

Abb. 3.8 Ein vereinfachter BSC-Kommunikationsplan

bungen ankurbeln und richtungweisend für die zukünftige Aufgabe sind, Synergien zu bilden zwischen Scorecard und Managementprozessen in der Gesamtorganisation.

Organisationen, die ein Balance-Scorecard-Projekt initiieren, nehmen häufig an, der logische Ausgangspunkt für ihre Überlegungen sei eine Corporate Scorecard auf höchster Ebene. Das kann, muss aber nicht der Fall sein. Wir haben sieben Kriterien für die Entscheidungsfindung untersucht, wo Sie mit den Scorecard-Aktivitäten beginnen können: Strategie, Sponsoring, Bedürfnisse, Unterstützung durch Entscheidungsträger, Umfang, Informationsmaterial und Ressourcen.

Wenn es eine unumstößliche Tatsache im Spektrum der Organisation gibt, dann die, dass kein Projekt ohne Executive Sponsoring prosperieren beziehungsweise überleben kann. Die Balanced Scorecard bildet da keine Ausnahme. Entscheidend ist, dass sich ein informierter Topmanager bereit findet, als Botschafter für Ihr Projekt zu agieren. Um Executive Sponsoring zu gewährleisten, müssen Sie einen Entscheidungsträger finden, dessen Werte mit denen der Balanced-Scorecard-Methode übereinstimmen, sie müssen die Ergebnisse demonstrieren, die dieses Tool bietet, und Ihrem Führungsteam die Effektivität des Systems nahe bringen.

Der Einzelne in Ihrer Organisation verfügt nicht über die nötigen Informationen, um eine effektive Balanced Scorecard zu entwickeln. Dieser Prozess erfordert Teamarbeit. Wir haben ein Team als eine kleine Anzahl von Leuten mit komplementären Kompetenzen definiert, die sich für eine gemeinsame Aufgabe, Performanceziele und für einen Ansatz engagieren, wofür sie gemeinsam verantwortlich zeichnen. Diese Definition wurde im Zusammenhang mit der Balanced Scorecard in ihre Komponenten zerlegt. Ihr Team sollte sich durch einen Executive Sponsor, einen Champion oder Teamführer, Arbeitsgruppen und gegebenenfalls durch einen Experten für Organisationsveränderungen auszeichnen. Damit Ihr Team eine effektive Scorecard konstruieren kann, muss es mit diesem Tool vertraut sein. Die Weiterentwicklung des Teams umfasst Fachpublikationen, Konferenzen und Rollenspiele.

Dieses Buch will Ihnen die einzelnen Schritte vermitteln, die mit der Entwicklung verbunden sind. Dabei ist es wichtig, dass Sie einen Plan skizzieren, der Wesen und Umfang Ihrer Initiative reflektiert. Zwei Schlüsselphasen – Planung und Entwicklung – wurden untersucht, aber auch die begleitenden Schritte bei der Konstruktion Ihrer Scorecard.

Abschließend wurde die kritische Bedeutung eines Kommunikationsplans herausgestellt. Seine Ziele umfassen eine Erhöhung der Bekanntheit der Balanced Scorecard, Weiterentwicklungsmöglichkeiten hinsichtlich der BSC-Kernkonzepte, Förderung von Engagement und Commitment, Motivation zur Teilnahme und die effiziente Ergebnisdokumentation an interessierte Gruppen.

Wir haben den »Fünf-W«-Ansatz verwendet (wer, was, wann, wo, warum), um die Elemente unseres Plans darzulegen, und im Anschluss daran herausgestellt, wie wichtig es ist, die Effektivität der Kommunikationsbestrebungen an den Zielgruppen zu messen.

Kapitel 4: Mission, Werte, Vision und Strategie

Wegweiser zum vierten Kapitel

Jeder, der schon einmal ein Haus gebaut hat, weiß, dass man eine Vielzahl von Dingen berücksichtigen muss, lange bevor man zu Säge und Hammer greift. Als Erstes machen Sie sich eine Vorstellung von Ihrem Wunschhaus, die Sie gemeinsam mit einem Architekten besprechen. Daraufhin entwickelt dieser die entsprechenden Baupläne. Sobald Ihnen diese Entwürfe vorliegen, beginnen Sie mit der Beschaffung der erforderlichen Materialien: Holz, Nägel, Ziegel, Rohre und Kabel, um nur einige zu nennen. Erst dann können Sie ein solides Haus errichten, das den Elementen trotzt und das Ihnen viele Jahre lang Behaglichkeit und Freude schenkt.

Bei der Entwicklung einer Balanced Scorecard ist es kaum anders. Im vorigen Kapitel wurde beschrieben, wie wichtig es ist, dass Sie Ihr Vorhaben planen, Ziele setzen, die Unterstützung des Topmanagements generieren, den Umfang bestimmen, Ihr Team zusammenstellen und Ihr Projekt kommunizieren. Sobald das geschehen ist, haben Sie einen Entwurf für Ihre Scorecard. Wie bei Ihrem hypothetischen Haus sind Sie jetzt in der Lage, Materialien zusammenzustellen und Ihre Balanced Scorecard zu konstruieren. Dieses Kapitel beschreibt die Basismaterialien für eine solide und komplexe Balanced Scorecard, die sich im unbeständigen Klima des unternehmerischen Umfeldes behauptet.

Die Komponenten einer effektiven Balanced Scorecard sind Mission, Grundwerte, Vision und Strategie Ihrer Organisation. Das vorliegende Kapitel wird jeden dieser Bausteine genauestens untersuchen und herausstellen, was sie sind, wie man ihre Effektivität bestimmt, Tipps zu ihrer Entwicklung geben und wie sie mit der Balanced Scorecard verknüpft sind. Bei der praktischen Umsetzung werden Sie entscheiden müssen, ob die von Ihnen konzipierte Balanced Scorecard wirklich mit Mission, Werten, Vision und Strategie übereinstimmt (siehe Abbildung 4.1). Dieses Kapitel vermittelt Ihnen die entsprechenden Tools, um diese kritische Entscheidung zu treffen.

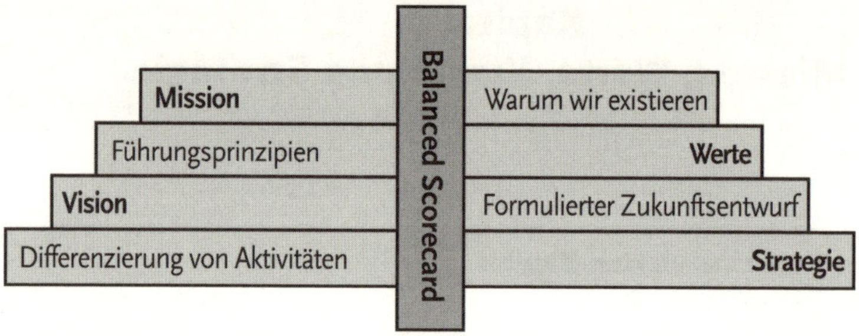

Abb. 4.1 Die Balanced Scorecard stellt Mission, Werte, Vision und Strategie dar

Die Mission

Ich habe dieses Buch geschrieben, um meine Erfahrungen mit der Balanced Scorecard weiterzugeben. Und wie es im Leben immer der Fall ist – je mehr man gibt, umso mehr bekommt man zurück. Die Arbeit an diesem Manuskript hat mir unzählige Lernerfahrungen vermittelt, wofür das vorliegende Kapitel ein hervorragendes Beispiel ist. Begriffe wie Mission, Werte, Vision und Strategie sind betriebliche Standards, vielfach akzeptiert und (wie ich dachte) weithin transparent.

Als ich meine Recherchen zu diesem Kapitel aufnahm, musste ich zu meiner Verblüffung feststellen, wie viele unterschiedliche Definitionen für diese Begriffe, vor allem für Mission und Vision, kursieren. Offenbar bin ich nicht der Einzige, der das etwas chaotisch findet. Im *Dilbert Prinzip* schreibt der viel zitierte Autor Scott Adams Folgendes über Mission und Vision: »*Der erste Schritt bei der Entwicklung einer Vision ist, die Manager in einen Raum einzusperren und sie debattieren zu lassen, was mit einer Vision gemeint ist und wie sie sich exakt von einer Mission unterscheidet. Dies sind substanzielle Fragen, denn Missverständnisse führen dazu, dass die Beschäftigten ›Visions‹-Aktivitäten in Angriff nehmen, wo die ›Mission‹ gemeint ist, und über kurz oder lang werden klare Unterscheidungen unmöglich.*«[1]

Also, beherzigen wir seinen Rat und differenzieren, bevor das Chaos regiert. Nachfolgend meine Ausführungen zu Mission, Werten, Vision und Strategie auf der Basis meiner Erfahrungen und der Ausführungen vieler Autoren, Theoretiker und Praktiker.

Was ist eine erklärte Mission?

Ein Mission definiert die Bestimmung der Organisation – warum sie existiert. Die Mission hinterfragt die Daseinsberechtigung der Unternehmung über die schlichte Erhöhung des Aktionärsvermögens hinaus, und sie reflektiert Arbeitsmotivation und Engagement der dort Beschäftigten.

David Packard hat die Bedeutung der Mission schon 1960 in einer Rede vor den Mitarbeitern von Hewlett-Packard auf den Punkt gebracht: »*Eine Gruppe von Leuten kommt zusammen und existiert als eine Institution, die wir Unternehmen nennen, was sie in die Lage versetzt, gemeinsam etwas zustande zu bringen, was ihnen einzeln nicht gelungen wäre – sie leisten einen Beitrag für die Gesellschaft ... tun etwas, was Werte schafft.*«[2] Die erklärte Mission versucht den Beitrag und die Werte einzufangen, die Mr. Packard so eloquent umschreibt.

Anders als Strategien und Ziele, deren Umsetzung nur eine Frage der Zeit sein mag, werden Sie die Mission nie völlig erfüllen. Sie ist der Leitstern für Ihre Arbeit, konstant verfolgt, aber nie ganz erreicht. Sehen Sie die Mission als einen Kompass, mit dem Sie die Organisation steuern. In der heutigen Hektik der Unternehmenswelt (sehr beschönigend formuliert) brauchen Sie einen Stern, der Sie lenkt, und Ihre Mission sollte genau das tun.

Die effektive Erklärung Ihrer Mission

Wir sollten uns einige Charakteristika effektiver Missionserklärungen einmal genauer ansehen. Diese Attribute werden Ihnen helfen, falls Ihre Organisation gegenwärtig noch keine erklärte Mission hat. Haben Sie eine Mission, dann überprüfen Sie diese anhand der nachfolgenden Punkte und beurteilen Sie die Effektivität.

- *Veränderungen auslösen.* Obwohl sich Ihre Mission nicht ändert, sollte sie einen bedeutenden Wandel innerhalb der Organisation anregen. Da die Mission nie völlig realisiert wird, sollte sie Ihre Organisation vorantreiben, Veränderungen und positives Wachstum stimulieren. Nehmen Sie beispielsweise die Mission von 3M, welche lautet: »Ungelöste Probleme innovativ lösen«. Eine so knappe wie prägnante Mission wird 3M sicherlich viele neue und interessante Bereiche auf dem Sektor Produktinnovationen erschließen. Wal-Mart formuliert seine

Mission so: »Den kleinen Leuten die Chance geben, das Gleiche zu kaufen wie die Reichen.« Der Einzelhandel mag zwar in 100 Jahren entschieden anders aussehen als heute, aber ich wette mit Ihnen, die kleinen Leute werden weiterhin darauf aus sein, das Gleiche zu erwerben wie die Reichen!

- *Langfristig angelegt.* Grundsatzerklärungen zur Mission sollten so fixiert sein, dass sie auch 100 Jahre und mehr überdauern. Während Strategien und Pläne sich in diesem Zeitraum sicherlich ändern, bleibt die Mission das Fundament der Organisation und die Conditio sine qua non für alle zukünftigen Entscheidungen.
- *Leicht verständlich und kommunizierbar.* Niemand würde vermuten, dass die moderne Organisationswelt von einem Businessjargon überflutet wird. Wir erfinden neue und abstruse Begriffe und Phrasen, um unser Aktionsumfeld zu beschreiben. Obschon viele negativ auf diesen Slang reagieren, meinen andere, dies dokumentiere schlicht »eine lebendige Sprache und eine progressive Kultur.«[3] Unabhängig davon, was Sie von der Rolle solcher Schlagwörter im modernen Unternehmensgeschehen halten, haben sie in einer erklärten Mission rein gar nichts verloren. Ihre Mission muss in einer einfachen Sprache formuliert sein, die allen Lesern leicht verständlich ist. Eine überzeugende und einprägsame Mission erreicht die Beschäftigten auf einer tieferen Bewusstseinsebene, spricht sie an und motiviert sie, für das Unternehmensziel einzutreten. Überdies ist die Mission eine wertvolle Unterstützung bei der Personalrekrutierung, überzeugt sie doch Gleichdenkende, Ihre Sache zu forcieren.

Die Entwicklung Ihrer erklärten Mission

Erste Frage, wenn Sie Ihr »mission statement« schriftlich fixieren: Wer sollte an dem Prozess beteiligt sein? An diesem Punkt gehen die Meinungen auseinander. Die einen behaupten, dass die Mission vom CEO oder einem anderen Führungsmitglied entwickelt, zur Kommentierung und Revision an die entsprechenden Manager weitergeleitet und ohne Konferenzen oder Gremien verabschiedet werden sollte. Andere wiederum glauben, dass die Mission unmöglich ohne Mitarbeiterbeteiligung, deren Herzen und Köpfe sie ja erreichen soll, formuliert werden kann. Als guter, neutraler Berater werde ich mich ungefähr in der Mitte dieser Debatte einbringen. Kapitel 3 hat die Bedeutung einer Beteiligung der Entscheider an der Balanced Scorecard herausgestellt. Es wurde angemerkt, dass diese ein unverzichtbarer Faktor im BSC-Entwicklungsprozess sind, da den meisten mittleren Managern die Gesamtperspektive für ein solches Konzept fehlt. Bei der Erklärung einer Mission verhält es sich insoweit ähnlich, als dass sie weitreichendes Denken auf höchster Ebene erfordern, also einen Entscheider, der die vielen Komponenten für die Organisation abwägt. Charismatische Führer besitzen des Öfteren die beneidenswerte Gabe, den Stellenwert der Organisation und zukünftige Ziele herauszukristallisieren und diese allen Beschäftigten überzeugend zu vermitteln. Versagen Sie sich nicht die Chance, die Klugheit und Voraussicht Ihrer Führungscrew zu nutzen. Gleichzeitig sollten Sie so viele Leute wie möglich an einer Revision des Missionsentwurfs teilhaben lassen. Bieten Sie den Beschäftigten auf allen Unternehmensebenen Gelegenheit, diesem kritischsten aller Dokumente Starthilfe zu geben. Die Mission muss jeden auf eine inspirierende Zukunft einstimmen und ohne eine Beteiligung an dem Prozess wird es schwierig, wenn nicht sogar unmöglich, Commitment zu generieren.

Eine ausnehmend effektive Methode, um Ihre Mission zu entwickeln, basiert auf dem Konzept der »Fünf Warums« von Collins und Porras.[4] Beginnen Sie mit einem erläuternden Statement, wie beispielsweise: »Wir erzeugen X Produkte oder bieten Y Serviceleistungen.« Dann stellen Sie sich fünf Mal die Frage: »Warum ist das wichtig?« Ein paar »Warums« in dieser Übung und allmählich zeichnet sich Ihre wahre Mission ab. Dieser Prozess funktioniert in fast jeder Produkt- oder Serviceorganisation. Ein Entsorgungsunternehmen würde von »Wir sammeln Müll ein« nach nur wenigen Fragerunden zu »Wir tragen zu einer besseren Umwelt bei, indem wir aktiv Entsorgungsprobleme lösen« gelangen. Ein Marktforschungsunternehmen gelangt vielleicht von »Erstellung der aussagekräftigsten Marktforschungsdaten« zu »Beitrag zum Kundenerfolg, durch Unterstützung beim Verständnis der Märkte«. Sie werden feststellen, dass Sie mit jeder »Warum«-Runde dem eigentlichen Unternehmenszweck, dem Wert oder Beitrag näher kommen, den Sie schaffen oder leisten wollen.

Dieser Prozess ist überaus konstruktiv, da er die Fähigkeit zur Abstraktion schult – den Übergang auf eine andere Ebene – ohne zu spezifizieren. Wir Menschen sind Weltmeister im Abstrahieren, fragen Sie jemanden danach, was er beruflich macht und das Erste, was Sie vermutlich zu hören bekommen, ist: »Ich bin im Rechnungswesen tätig« oder »Ich arbeite in einem High-Tech-Unternehmen«. Wir neigen dazu, uns über solche Beschreibungen oder Abstraktionen zu definieren, und wir nehmen die Welt um uns herum durch diesen speziellen Blickwinkel wahr. Warum steigen Sie also nicht noch ein paar Sprossen der Abstraktionsleiter hinunter und sehen sich selbst als Ehemann oder -frau, als Nachbar, Kirchgänger, Filmliebhaber und so fort. Genau das eröffnet Ihnen ungezählte Möglichkeiten im Leben.

Entsprechend stürzen sich etliche Organisationen intensiv auf die Mikrodetails ihrer Operationen und übersehen dabei die kritischen Fragen, die ihrem Unternehmenszweck zugrunde liegen. Die »Fünf Warums« zwingen uns, auf unterschiedlichen Ebenen zu abstrahieren, dabei die unzähligen spezifischen Charakteristika der Unternehmung auszublenden und deren wahre Bedeutung zu erkennen. Abbildung 4.2 reflektiert die erklärte Mission einer Reihe von Organisationen.

Merck: Das menschliche Leben schützen und verbessern.

American Institute of Certified Public Accountants (AICPA): Mitglieder mit Ressourcen, Informationen und Führungskräften ausstatten, die es ihnen ermöglichen, wertvolle Dienste auf professionellster Ebene zu leisten, um der Öffentlichkeit sowie Angestellten und Klienten Nutzen zu stiften.

3M: Ungelöste Probleme innovativ lösen.

Wal-Mart: Den kleinen Leuten die Chance geben, das Gleiche zu kaufen wie die Reichen.

Walt Disney: Menschen glücklich machen.

Hewlett-Packard: Auf dem Sektor Technik einen Betrag für den Fortschritt und die Annehmlichkeiten der Menschheit leisten.

Marriott: Gästen das Gefühl geben, dass sie unter Freunden und wirklich willkommen sind.

Sony: Die Freude daran, Technologien zum Nutzen der Öffentlichkeit zu entwickeln und zu optimieren.

Mary Kay: Frauen unbegrenzte Möglichkeiten bieten.

Cargill: Den Standard verbessern, überall in der Welt leben zu können.

Abb. 4.2 Beispiele für Missionen von Unternehmen

Warum eine Missionserklärung ›missions-kritisch‹ für die Balanced Scorecard ist

Die Balanced Scorecard sollte nicht als isoliertes Management-Tool betrachtet werden, denn sie ist Teil eines integrierten Ansatzes zur Überprüfung unseres Unternehmens und ein Instrument, um unseren Gesamterfolg zu evaluieren. Vor allem aber wurde die Scorecard entwickelt, um eine zuverlässige Übersetzung zu gewährleisten. Was übersetzt sie? Sie dekodiert unsere Mission, Werte, Vision und Strategie in die Performanceziele und Kennzahlen der vier Scorecard-Perspektiven. Diese Unternehmens-»DNA« mit der Scorecard zu übersetzen stellt sicher, dass alle Beschäftigten sich an der Mission orientieren und entsprechend agieren.

Dies ist einer der großen Verdienste des Balanced-Scorecard-Systems. Die Mission setzt ein, wo unsere Übersetzungsbestrebungen beginnen. Eine gut entwickelte Balanced Scorecard gewährleistet, dass die ermittelten Kennzahlen mit unseren ultimativen Erwartungen übereinstimmen, und sie leitet die Mitarbeiter intuitiv und mental dazu an, die richtigen Entscheidungen zu treffen.

Wenn Sie Ziele und Kennzahlen entwickeln, müssen Sie diese kritisch prüfen im Zusammenhang mit der Mission, die Sie für die Organisation formuliert haben, um sicherzugehen, dass sie damit konsistent sind. Macht eine Kennzahl für den »Marktanteil des reichsten Prozents unter den Amerikanern« Sinn für die Mission von Wal-Mart? Vermutlich nicht – in der Tat würde sie eine grundlegende Zielverschiebung reflektieren. Während Wal-Mart alle Kunden willkommen heißt – und bestimmt kaufen dort auch viele preisbewusste, betuchte Leute –, vertraut diese Kette auf eine Niedrigpreis-Strategie, um diejenigen anzuziehen, die nicht »reich« sind. 3M möchte »ungelöste Probleme innovativ lösen«. Wenn dieses Unternehmen Kennzahl und Zielgröße für seine Scorecard entwickeln würde, um Forschung, Entwicklung und Weiterbildung zu kürzen, wäre das konsistent mit dem Kernziel?

Sie können eine Balanced Scorecard ohne eine Missionsstatement für Ihre Organisation konstruieren und implementieren. Sie würde immer noch einen Mix aus finanziellen und anderen Kennzahlen enthalten, verknüpft durch eine Reihe von Kausalitäten, aber vergessen Sie nicht den unschätzbaren Wert und das Alignment, welche Sie mit der Entwicklung einer Scorecard schaffen, die Ihre Mission richtig projiziert.

Wenn Sie eine Mission haben, dann vergewissern Sie sich, dass die von Ihnen konzipierte Balanced Scorecard in allen Kernpunkten korrekt ist. Sollten Sie keine erklärte Mission haben, so rate ich Ihnen dringend, eine zu entwickeln. Dann werden Sie selbst sehen, welchen Fokus und welche Leitlinien Sie erzeugen, wenn Sie Ihre Mission in ein Balanced-Scorecard-System übertragen.

Die Werte

Was bedeuten Werte?

Wettbewerbsvorteile gründen sich in den heutigen Organisationen auf zahlreichen Faktoren. Überlegene Strategien, innovative Produkte und ein beispielhafter Kundenservice sind nur einige von den vielen Bereichen, in denen Organisationen konkurrieren. Für manche Unternehmen ist es jedoch ihr Verhaltenskodex, der den Unterschied und damit ihre Stärke ausmacht.

Wir alle haben Situationen erlebt, die dies dokumentieren – zum Beispiel der Hotelpage, der uns ein wichtiges Reiseutensil besorgt hat, das in unserem Gepäck fehlte, oder der Angestellte im Vergnügungspark, der exakt in dem Augenblick hilfsbereit auftauchte, als die Kombination von Stress und Freude (die nur ein Vergnügungspark bietet) zu viel für uns wurde. Wetten, dass diese Reaktionen nicht aus der Lektüre der aktuellsten Management-Guru-Bibel resultierten oder dem Bestreben, einen höheren Bonus zu bekommen? Nein, sie repräsentieren schlicht die Art und Weise, wie etwas in dieser Organisation gehandhabt wird – mit anderen Worten: ihre Werte.

Werte sind die dauerhaften Prinzipien, die eine Organisation lenken. Sie repräsentieren das tief verankerte Kredo innerhalb der Unternehmung und werden durch das Verhalten aller Beschäftigten permanent demonstriert. Die Unternehmenswerte stellen den Verhaltenskodex deutlich heraus, der von dem Einzelnen erwartet wird.

In ihrem Buch *Built to Last* regen Collins und Porras an, dass visionäre Organisationen für sich selbst entscheiden, welche Werte für sie Bestand haben, unabhängig von dem momentanen Umfeld, von Wettbewerbserfordernissen oder Management-Kapriolen. Sie zitieren den CEO von Johnson & Johnson, Ralph Larsen, zum Thema Werte: *»Die Schlüsselwerte, die unser Kredo auszeichnen, mögen ein Wettbewerbsvorteil sein, aber das ist nicht der Grund, warum wir sie haben. Wir haben sie, weil sie für uns definieren, wofür wir stehen, und wir würden selbst dann daran festhalten, wenn sie sich situationsbedingt nachteilig auswirkten.«*[5]

»Wofür wir stehen« ist ein entscheidender Aspekt in dem oben aufgeführten Zitat. Es gibt keine allgemein gültige Anschauung für richtige oder falsche Werte; stattdessen muss jede Organisation die Schlüsselwerte herausarbeiten oder entdecken, die ihre Substanz ausmachen und die für alle Mitarbeiter Gültigkeit haben. Für gewöhnlich haben Unternehmen nur einige wenige Schlüsselwerte, die dies tun. Vieles andere deutet auf Missinterpretationen zwischen Werten und Praktiken. Während Praktiken, Prozesse und Strategien sich im Lauf der Zeit ändern sollten, um auf die vielen Herausforderungen reagieren zu können, sollen die Werte unverändert bleiben, eine beständige Quelle von Kraft und Weisheit.

In vielen Unternehmen repräsentieren die Schlüsselwerte das starke persönliche Kredo des Gründers oder des CEOs, wie beispielsweise bei Walt Disney dessen Glauben an die Fantasie und den Humor. Genau wie Eltern, die die Werte ihrer Kinder maßgeblich beeinflussen, sind die Unternehmensführer tonangebend für die Werteströmungen in einer Organisation. Von daher müssen Führungspersönlichkeiten dauerhaft bestrebt sein, angemessene Werte zu entwickeln und – noch wesentlicher – diese in Wort und Tat permanent zu spiegeln. Der Schweizer Philosoph Henri Amiel hat es einmal so formuliert: *»Das Verhalten jedes Menschen ist eine stumme Predigt, die ständig an andere appelliert.«*[6]

Ein CEO, der die Unternehmenswerte hervorragend lebt, ist Herb Kelleher von Southwest Airlines, die von *Fortune* zu der Gesellschaft mit dem besten Arbeitsklima in Amerika erklärt worden ist. Sinn für Humor und Spaß an der Arbeit sind die beiden Werte, die Kelleher als wichtig hervorhebt, und er versichert, dass sie von allen Mitarbeitern getragen werden, dank sorgfältiger Personalrekrutierung.

Wertorientierte Organisationen

In der Regel vertreten alle Organisationen gewisse Werte. Der Autor Richard Barrett realisiert diese Tatsache, betont jedoch, dass die Erklärung der grundlegenden Werte entscheidend ist: *»Das Problem ist, ob diese Werte bewusst sind, ob sie geteilt und gelebt werden, oder ob sie unbewusst und unreflektiert bleiben. Wenn Werte nicht definiert sind, steht und fällt die Unternehmenskultur mit der Führungspersönlichkeit.«*[7] Barrett führt im Weiteren aus, dass, wenn Chefs im eigenen Interesse handeln, die Organisation genauso verfahren wird. Ist die Persönlichkeit des Unternehmensführers allerdings auf eine höhere Bewusstseinsebene gerichtet, so wird die Organisation zum Nutzen aller operieren.

Wir assoziieren positive Werte häufig mit Gemeinwohl, vertreten gewisse Überzeugungen und handeln danach in der Hoffnung, dass unsere Aktionen nicht nur wirtschaftlichen Gewinn, sondern auch soziale Verbesserungen hervorbringen. Bietet unsere moderne Wirtschaftswelt, die oft ziemlich brutal anmutet, Raum für eine Organisation, die prosperiert, indem sie

Gutes tut und ihre Werte lebt? Verschiedene Unternehmen beweisen, dass dies in der Tat der Fall ist.

J. W. Marriott merkt an: »*Das Konzept, Mitarbeitern ein wirklich gutes Feeling zu vermitteln, scheint in vielen Unternehmensphilosophien zu fehlen.*«[8] Er geht davon aus, dass, wenn Mitarbeiter selbstbewusst und zufrieden, glücklich mit sich und ihrem Job sind, sich dieses positive Verhalten in besserem Service für die Gäste niederschlagen wird. Marriott hat entschieden, dass der positive Umgang mit Menschen der richtige Ansatz für das Marriott-Personal ist – und damit ein gutes Gespür für sein Business bewiesen. Fazit: »Wenn wir uns um die Marriott-Leute kümmern, kümmern sie sich um die Marriott-Gäste« lautet einer ihrer Schlüsselwerte.

Ein weiteres herausragendes Beispiel für eine Unternehmensführung, die sich Werte auf die Fahne geschrieben hat, kommt von der Ostküste der USA – Tom's of Maine. Mit geliehenen 5 000 Dollar von einem Freund fingen Tom und Kate Chappell an, Haushaltsprodukte zu entwickeln, die die Umwelt nicht belasten. Beginnend mit dem ersten phosphatfreien Flüssigwaschmittel bauten sie schon bald ein millionenschweres Unternehmen auf, das umweltfreundliche Pflege- und Wellnessprodukte herstellt.

Gründer Tom Chappell sagt: »*Ihre persönlichen Werte lassen sich in die traditionellen Unternehmensziele – Umsatz- und Gewinnsteigerung, Rücklagenbildung, Erhöhung von Marktanteil und Verkaufszahlen – integrieren. Ihre persönliche Überzeugung fließt nicht nur in die Arbeit ein, sie arbeitet für Sie.*«[9] Das Commitment, natürliche Bestandteile für ihre Produkte zu verwenden, Kunden wie Mitarbeitern Nutzen zu stiften, bestimmt jede Unternehmensentscheidung. Toms Glaubensbekenntnis, das ihre Schlüsselwerte dokumentiert, ist in Abbildung 4.3 zitiert.

Ein abschließendes Beispiel für eine wertorientierte Organisation liefert The Body Shop, eine internationale Kosmetikkette. Anita Roddick, die Firmengründerin, fing 1976 an, selbst gefertigte Körperpflegeprodukte aus natürlichen Rohstoffen mit geringstem Verpackungsaufwand zu vertreiben. Die Organisation entwickelte sich rasch von einem kleinen Geschäft in Brighton an der englischen Südküste zu einem weltweiten Geschäftsnetz, das inzwischen weltweit alle 0,4 Sekunden einen Verkauf tätigt.

The Body Shop hat immer die Überzeugung vertreten, dass es im Business vor allem um die innerbetrieblichen Beziehungen mit den Stakeholdern geht – Mitarbeitern, Franchisenehmern, Kunden, Vermittlern, Lieferanten und Aktionären. Das Unternehmen engagiert sich vorbildlich für den Umweltschutz und für das Gemeinwohl. Es stellt sich gegen Tierversuche und die Zerstörung natürlicher Ressourcen. Darüber hinaus unterstützt

WIR GLAUBEN, dass Mensch und Natur inhärente Werte haben und unseren Respekt verdienen.

WIR GLAUBEN an sichere, effektive Produkte, die aus natürlichen Rohstoffen hergestellt sind.

WIR GLAUBEN, dass unser Unternehmen und unsere Produkte einzigartig und wertbeständig sind, und dass wir diese herausragende Qualität mit fortdauernder Verpflichtung zu Innovation und Kreativität beibehalten.

WIR GLAUBEN, dass wir eine Verantwortung haben, bestmögliche Beziehungen mit unseren Mitarbeitern, Kunden, Anteilseignern, Agenten, Lieferanten und unserem Umfeld zu pflegen.

WIR GLAUBEN, dass unsere Beschäftigten ein sicheres und kreatives Arbeitsumfeld sowie die Chance zu Weiterbildung und Entwicklung brauchen.

WIR GLAUBEN, dass unser Unternehmen finanziell erfolgreich sein kann, bei gleichzeitiger sozialer Verantwortungsübernahme und umweltbewusstem Handeln.

Abb. 4.3 Tom's of Maines Glaubensbekenntnis

The Body Shop Entwicklungsländer durch nachhaltige und faire Handelsbeziehungen.

Nicht damit zufrieden, die Unternehmenswerte schlicht darzulegen, hat The Body Shop diese stattdessen in einem Value Report publiziert, der die Performance hinsichtlich sozialer Fragen, Umwelt- und Tierschutz detailliert wiedergibt. Der Value Report von 1997 erhielt den höchsten Rang von SustainAbility, die The Body Shop aus ungefähr 100 Berichten von Unternehmen hervorhoben, die sich für das Umweltprogramm der Vereinten Nationen (United Nations Environmental Program) stark gemacht hatten. SustainAbility bezeichnet den Value Report von 1997 als »... *ungewöhnlich in seinem Bestreben, Gemeinwohl und Umwelt in beachtliches Stakeholder-Engagement zu integrieren.*« The Body Shop erntet weiterhin den Lohn dafür, dass es seine Werte lebt – im Jahr 1999 belegte es in England den zweiten Platz in punkto Markenvertrauen, und wächst weiterhin weltweit.

Werte etablieren

Dieser Abschnitt ist mit »Werte etablieren« überschrieben, obwohl die Frage »Können wir Werte etablieren?« grundsätzlich angemessener wäre. Letztlich hat jede Organisation einen Wertekanon, der tagtäglich demonstriert wird, aber reflektiert er auch das eigentliche Wesen der Unternehmung oder nur die Meinung der derzeitigen Führungscrew? Wie bereits angemerkt, sollten sich die Schlüsselwerte nicht ändern, sondern der Organisation als Leitprinzipien dazu dienen, wie sie nach außen reagiert. Dabei ist zu bedenken, dass – wie so vieles andere – auch die Werte innerhalb einer Organisation manchmal noch fortdauern, obschon sie längst keinen Nutzen mehr stiften und sie für künftigen Unternehmenserfolg in der Tat eher ein Hemmnis sind.

Manche Werte entpuppen sich vielleicht sogar als unethisch oder unannehmbar in dem übergeordneten gesellschaftlichen Kontext. Das besagt aber nicht, dass man alle paar Jahre einen kompletten Wertewandel vornehmen muss, um sich der aktuellen Wettbewerbslandschaft anzupassen. Es impliziert lediglich eine ehrliche Einschätzung Ihrer Organisation und die Realisation, welche Werte tatsächlich das Wesen Ihrer Unternehmung repräsentieren und die Kernfaktoren für dauerhaften Erfolg sind.

Der Schlüssel zu einem Wandel der Werte und der damit eng verbundenen Unternehmenskultur liegt in der objektiven Beurteilung der aktuellen Wertesysteme, die in der Organisation existieren und hoch gehalten werden. Ein Tool, das Sie bei diesem Procedere unterstützt, ist das von Richard Barrett entwickelte *Corporate Value Audit Instrument.*[10]

Firmenbeschäftigte bedienen sich drei unterschiedlicher Werte- oder Verhaltenskataloge, aus denen sie auswählen können: die zehn Werte, die am besten repräsentieren, wer sie sind (individuelle Werte); die zehn Werte, die am besten definieren, wie ihre Organisation/ihr Team operiert (Unternehmenswerte) und die zehn Werte, die sie für die kritischsten in einem High-Performance-Unternehmen/-Team halten (Idealwerte der Organisation). Diese aufschlussreiche Übung wird als diagnostisches Tool verwendet, um die Stärken und Schwächen vorhandener Werte und Kultur zu evaluieren. Organisationen werden in die Lage versetzt, den Grad der Übereinstimmung zwischen individuellen Werten sowie existierenden und idealtypischen Werten zu ermitteln und die Veränderungen zu erkennen, die nötig sind, um ein erfolgreiches, dauerhaftes Wertesystem zu entwickeln. Sollten Sie weitere Unterstützung benötigen, so hat der Autor und Berater Jim Collins eine Reihe von Fragen konzipiert,[11] die Ihnen helfen, die Grundwerte in Ihrer Organisation zu identifizieren:

- Welche Grundwerte bringen Sie mit an Ihren Arbeitsplatz – Werte, die so grundlegend sind, dass Sie daran festhalten würden, unabhängig davon, ob sie sich auszahlen oder nicht?
- Wie würden Sie Ihren Lieben die Grundwerte beschreiben, für die Sie bei Ihrer Arbeit eintreten und von denen Sie hoffen, dass sie in ihrem Arbeitsleben daran festhalten?

- Stellen Sie sich vor, Sie wachen morgen früh auf und haben genügend Geld, um sich für den Rest des Lebens zur Ruhe zu setzen, würden Sie weiterhin an diesen Schlüsselwerten festhalten?
- Am wichtigsten vielleicht: Können Sie sich vorstellen, dass diese Werte auch in 100 Jahren noch Gültigkeit haben?
- Würden Sie dafür plädieren, dass die Organisation an diesen Werten festhält, auch wenn einer oder mehrere sich irgendwann als nachteilig im Wettbewerbsgeschehen entpuppten?
- Wenn Sie morgen ein neues Unternehmen in einer anderen Branche gründen würden, welche Grundwerte würden Sie dieser Organisation zugrunde legen, unabhängig von ihren Aktivitäten?

Sind die aktuellen Werte erst einmal »auf dem Tisch«, wird die Organisation mit Hilfe sorgfältiger Planung und Auslotung anfangen, die Werte zu substituieren, die ihren authentischen Charakter repräsentieren. Werte sind die kollektiven Prinzipien derjenigen, die Ihr Unternehmen ausmachen, wenn Sie also Veränderungen vornehmen wollen, müssen sie bei dem Einzelnen ansetzen und sich dann in die Gruppe »vorarbeiten«. Dies geschieht vorzugsweise durch Personaleinstellung und Auswahl von Bewerbern, welche die Werte vertreten, die Sie für die Organisation erstreben. Konstruktive Gespräche und aussagekräftige Bewerbungsunterlagen helfen Ihnen, diese Leute zu finden.

Unternehmenswerte und Balanced Scorecard

Im vorigen Absatz wurde die Möglichkeit diskutiert, die Unternehmenswerte zu ändern, und die Mechanismen, um dieses Resultat zu erzielen. Die Balanced Scorecard repräsentiert die beste Lösung, wie Sie die Werte kommunizieren, diese turnusmäßig überprüfen und sämtliche Organisationsebenen in Einklang bringen. Der Schlüsselbegriff lautet Übereinstimmung – jeder Mitarbeiter sollte realisieren, wie vereinbar sein tagtägliches Handeln mit den Firmenwerten ist und wie diese zum Gesamterfolg beitragen.

In Kapitel 8 wird das stufenförmige Konzept der Balanced Scorecard diskutiert – sie auf die unteren Organisationsebenen zu übertragen, wobei ständiges Alignment gewährleistet ist. Diese Mehrstufigkeit ermöglicht es den Beschäftigten auf allen Ebenen, Ziele und Kennzahlen zu entwickeln, die ihre Einflussnahme auf die Unternehmens- oder Abteilungsziele spiegeln. Die ausgewählten Kennzahlen müssen mit den Unternehmenswerten konsistent sein, um sicherzustellen, das alle an einem Strang ziehen. Eine Revision oder ein »Audit« der Kennzahlen auf den Scorecards der unteren Ebenen bietet hervorragend Gelegenheit zu entscheiden, ob die von Ihnen vertretenen Werte auch wirklich die sind, die Ihre Mitarbeiter in allen Bereichen der Unternehmenshierarchie hochhalten. Wenn beispielsweise Innovation ein Wert für Sie ist, Ihre Firmeneinheiten aber keine Performancemessung für Innovation oder Entwicklung vorsehen, dann bewerten diese Innovation vielleicht gar nicht als ein Leitprinzip für ihre Operationen. Und im umgekehrten Fall, wenn alle untergeordneten Scorecards Kennzahlen enthalten, die sich auf Kundenservice beziehen, dieser Wert jedoch nicht in der übergeordneten Corporate Scorecard verzeichnet ist, dann haben Sie womöglich einen Schlüsselwert übersehen, der für die Beschäftigten maßgeblich ist.

Pragmatisch betrachtet kann die Balanced Scorecard auch zur Beurteilung eingesetzt werden, in welchem Umfang Ihr Unternehmen tatsächlich seine Werte lebt. Für Organisationen, die einem Wertewandel oder einem Umschwung unterliegen, sind Messzahlen, die eine Anhänglichkeit an fixierte Werte dokumentieren, von großem Nutzen. Allerdings erweist sich die Entwicklung von schlüssigen, wertbasierenden Parametern selbst für die kreativsten Balanced-Scorecard-Konstrukteure gelegentlich als große Herausforderung.

Sie könnten den »verdeckten Einkäufer« oder die Zufallsbeobachtung einsetzen, um herauszufinden, ob die Mitarbeiter in Einklang mit den Werten stehen. Oder Sie kalkulieren, wie hoch der Prozentsatz von Beschäftigten ist, der die Schlüsselwerte ad hoc zitiert, aber das gestaltet sich schwierig, da es die fraglichen Beteiligten gegen Sie aufbringen könnte. Eine weitere Möglichkeit ist die Identifikation von Verhaltensmustern, die mit Ihren Werten konsistent sind und die zu einem Teil auf der jährlichen Leistungseinschätzung im Hinblick auf Mitarbeiterverhalten basieren.

Eine abschließende Überlegung in punkto Unternehmenswerte kommt von Tom Morris. In seinem Buch *Aristoteles auf dem Chefsessel* merkt Morris Folgendes über die Bedeutung eines diesbezüglichen Wertekanons an: *»Menschen, die ihr Leben an konsequenten Werten ausrichten, werden nur dann mit einem Arbeitsumfeld zufrieden sein, wenn es diese Werte respektiert und stützt. Sie werden sich mit Sicherheit nicht entfalten und optimale Ergebnisse erbringen können in einem Status quo, der nicht kompetent und mit einer Sensibilität entwickelt wurde, die an den Menschen und seine grundlegenden Emotionen appelliert.«*[12] Abbildung 4.4 skizziert die Werte einiger großer Organisationen, die vermutlich allen ein Begriff sind.

General Electric

- Erfolgsorientiert handeln und Bürokratie verabscheuen
- Offen für jede Idee sein und sich mit der Arbeit identifizieren
- Qualität leben und Kosten und Effizienz steuern für den Wettbewerbsvorteil
- Das Selbstvertrauen haben, jeden zu involvieren, und großzügiges Denken pflegen
- Eine klare, eingängige, realistische Vision schaffen und diese an alle Beteiligten kommunizieren
- Enorme Energie haben und die Fähigkeit, andere mitzureißen
- Aggressive Ziele setzen und Fortschritt belohnen, dabei Verantwortungsbewusstsein und Commitment zeigen
- Veränderungen als Chance sehen, nicht als Bedrohung
- Global denken und diskussionsfreudige, globale Teams bilden

Nordstom

- Der Kundenservice steht über allem
- Harte Arbeit und individuelle Produktivität
- Niemals zufrieden sein
- Hervorragender Ruf; Teil von etwas Besonderem sein

Walt Disney

- Kein Zynismus
- Pflege und Verbreitung der »positiven amerikanischen Werte«
- Kreativität, Träume und Fantasie
- Extremes Augenmerk auf Details und Stimmigkeit
- Erhalt und Kontrolle der Disney-Magie

Abb. 4.4 Ausgewählte Werte-Statements

Die Vision

Was bedeutete eine erklärte Vision?

Bisher hat dieses Kapitel die Bedeutung einer effizienten Mission hervorgehoben, damit Sie die Kernziele Ihrer Organisation bestimmen können und die Werte, die Sie bei deren Umsetzung als wesentlich ansehen. Basierend auf Mission und Werten, brauchen wir jetzt ein Statement, das den Zukunftskurs definiert. Die erklärte Vision tut genau das. Die Vision kennzeichnet den kritischen Übergang von der unverrückbaren Mission und den Schlüsselwerten hin zu der vitalen und dynamischen Welt der Strategie.

Ein Visionsstatement legt anschaulich dar, was die Organisation letztlich werden will – das kann in 5, 10 oder 15 Jahren sein. Dieses Statement sollte nicht abstrakt sein – es sollte ein möglichst konkretes Bild des angestrebten Zustands entwerfen und auch die Basis für Strategie- und Zielformulierung liefern. Eine effiziente Vision vermittelt jedem innerhalb der Organisation gleichermaßen ein mentales Raster, das der häufig abstrakten, vor uns liegenden Zukunft Kontur gibt. Die Vision folgt immer der Mission (dem Daseinszweck) und den Werten. Eine Vision ohne eine Mission ist schlicht Wunschdenken, da sie nicht an Beständiges anknüpft. Charakteristische Elemente einer erklärten Vision sind das angepeilte Geschäftsvolumen, die künftige Beurteilung durch Ihre Stakeholder (Kunden, Mitarbeiter, Lieferanten, Aktionäre usw.), Führungsbereiche oder Kompetenzabgrenzung und starke Werte.

Brauchen Sie eine erklärte Vision?

Eigentlich hat jede Organisation, egal in welcher Branche, eine erklärte Vision. Trotzdem der Terminus weit verbreitet ist, ist vermutlich jedem klar, dass Vision zu den abgedroschensten und möglicherweise am wenigsten verstandenen Begriffen im Organisationsgeschehen gehört. Eines der größten Probleme ist, dass eine erklärte Vision unterschiedlich aufgefasst werden kann. Tief verankerte Werte, herausragende Leistungen, gesellschaftliche Verpflichtungen, progressive Ziele, motivierte Mitarbeiter und der Daseinszweck sind einige der vielen Bilder, die von Statements zu Visionen heraufbeschworen werden.

In ihrem Buch *Wettlauf um die Zukunft* merken Hamel und Prahalad an, dass eine Vielzahl von Topmanagern aus den unterschiedlichsten Bereichen sich schwer tun mit dem Visionskonzept. Sie warnen vor Grundsatzerklärungen zu Visionen, die mehr oder weniger das Ego des CEOs reflektieren, und vor den inhärenten Gefahren eines solchen Ansatzes. Allerdings räumen sie ein, dass jede Unternehmung konturierte Vorstellungen von den künftigen Chancen und Herausforderungen benötigt. Sie ziehen den Begriff Weitblick der Vision vor. »*Vision klingt nach einem Traum oder einer Erscheinung, aber unternehmerischer Weitblick ist mehr als nur eine spontane Eingebung. Unternehmerischer Weitblick basiert auf tiefen Einsichten in Technologie-Trends, demographische Strukturen, Restriktionen und Lebensstile, die unter Umständen dazu zwingen, die Routinen zu ändern und neuen Wettbewerbsraum zu schaffen.*«[14]

Andere wiederum warnen vor dem Potenzial einer »dysfunktionalen« Vision. So könnte eine erklärte Vision beispielsweise schlichtweg falsch sein. Auf die falschen Chancen oder Kunden abzuzielen, lenkt substanzielle Unternehmensimpulse in die falsche Zukunft. Diese Impulse lassen sich im Nachhinein nur schwer korrigieren. Ein Übermaß an Visionen erhöht die Gefahr des Realitätsverlusts, und ein Zuviel an Abstraktion kann echte Probleme für die Organisation schaffen. Darüber hinaus spiegeln sehr viele Erklärungen zu Visionen das schlichte Aufgreifen der neuesten Modebegriffe – mithin leere Worthülsen. Die Beschäftigten werden solche Statements mit Zynismus quittieren und die Kompetenz der Führungskraft anzweifeln, die das Dokument formuliert hat.

Trotz der hier reflektierten Anschauungen realisiert die Mehrheit der Unternehmen den Nutzen einer kompetenten Verlautbarung der Vision. Eine effiziente, gemeinsame Vision, die alle Beschäftigten leben, ist eine bedeutende Motivationskraft. John Kotter nennt drei wichtige Dinge, die eine Vision während eines Veränderungsprozesses leistet:[15]

1. Indem sie die generelle Richtung des Wandels vorgibt, vereinfacht die Vision vielfach komplizierte Entscheidungen.
2. Die Vision motiviert Menschen zu handeln und den Schritt in die richtige Richtung zu wagen, auch wenn sie sich anfangs schwer tun.
3. Die Aktivitäten der Mitarbeiter innerhalb der Gesamtorganisation lassen sich auf der Basis einer erklärten Vision schnell und effizient koordinieren.

Unabhängig von der Größe Ihres Unternehmens formuliert eine umsichtig konzipierte Erklärung zur Vision nicht nur, was Sie erreichen wollen, sie soll auch alle Beschäftigten inspirieren, künftige Herausforderungen anzunehmen. Ralph Norris, CEO der ASB Bank, dazu: *»Es ist wesentlich leichter, in einem wechselhaften und unsicheren Markt auf Kurs zu bleiben, wenn das Unternehmen eine definierte Vision hat. Ich meine, jede Organisation sollte eine Vision haben, wohin sie strebt – sonst hat sie doch keine erklärten Ziele.«*[16]

Effektive Visionsverlautbarungen

Alles hier Diskutierte ist kritisch für Ihre Organisation und Ihr Balanced-Scorecard-Projekt. Trotzdem ist die Vision vielleicht die kritischste Komponente, weil sie Ihre Daseinsberechtigung wie in der Mission reflektiert. Sie kanalisiert die für Ihre Kultur stehenden Werte und die Strategien, die Sie einsetzen, um den zukünftigen Idealzustand zu erreichen. Ohne eine klare und überzeugende Vision, welche die Aktionen sämtlicher Mitarbeiter lenkt, quälen Sie sich mit Personal, das orientierungslos und folglich nicht in der

Lage ist, von Ihren Strategien zu profitieren, und seien sie auch noch so effizient. Nachfolgend einige Charakteristika effektiver Visionen:

- *Prägnant.* Die optimalen Statements zur Vision sind packend und fesseln Sie auf Anhieb, statt Sie seitenlang mit rhetorischem Bombast zu langweilen. Häufig sind die einfachsten Visionen die effektivsten und bestechendsten, wie Starbucks' Slogan »2000 Läden im Jahr 2000«. Wenn alle Mitarbeiter auf der Grundlage der Vision handeln und entscheiden sollen, muss diese vor allem einfach und eingängig formuliert sein. Beachten Sie das künftig.
- *Wendet sich an alle Stakeholder.* Ein Visionsstatement, das sich nur an eine Gruppe wendet und andere ausblendet, wird nicht auf dauerhafte Resonanz stoßen. Die Vision muss sich an jeden richten, der am Unternehmenserfolg beteiligt ist: Beschäftigte, Aktionäre, Kunden, die Öffentlichkeit, um nur einige zu nennen.
- *Eng zusammenhängend mit Mission und Werten:* Ihre Vision ist eine weitere Übersetzung der Mission (warum Sie existieren) und der für Ihre Organisation substanziellen Werte. Sieht Ihre Mission die Lösung von Problemen vor und einer Ihrer Schlüsselwerte lautet permanente Innovation, dann setzt Ihre erklärte Vision einen Bezug zu Innovation voraus. In der Vision beschreiben Sie die angestrebte Zukunftsperspektive, was zur Umsetzung Ihrer Mission führen und gewährleisten wird, dass die beiden übereinstimmen.
- *Verifizierbar.* Der aktuelle Businessjargon oder Schlagwörter lassen Ihr Visionsverlautbarung selbst für das geschulteste Auge nebulös wirken. Wer in Ihrem Unternehmen ist denn in der Lage, exakt zu bestimmen, seit wann Sie zur »Weltklasse, Spitzenorganisation oder Topqualität« aufgestiegen sind? Formulieren Sie Ihre Vision so, dass Sie genau wissen, wann Sie sie erreicht haben. Während Mission und Werte sich nicht ändern, wird dies von der Vision erwartet, da sie für eine befristeten Zeitraum niedergeschrieben wurde.
- *Machbar.* Die Vision sollte nicht der kollektive Traum der Führungsmannschaft, sondern solide und realitätsnah sein. Um dies zu gewährleisten, müssen Sie Ihr Geschäft grundlegend kennen – seine Märkte, Konkurrenten und neue Trends.
- *Inspirierend.* Ihre Vision repräsentiert eine anschauliche Darstellung des künftigen Idealzustands der Organisation. Nutzen Sie die Gelegenheit und motivieren Sie Ihr Team, die nötigen emotionalen Zugeständnisse zu machen, um dieses Ziel zu erreichen. Das Statement sollte

nicht nur Leitlinie sein, sondern an das Kollektivempfinden aller Beschäftigten appellieren. Um zu inspirieren, muss die Vision zunächst einmal für alle Beteiligten – von der Vorstandsetage bis in die Lagerhalle – verständlich sein. Verzichten Sie auf jeglichen sprachlichen Bombast, konzentrieren Sie sich stattdessen auf Ihr fundiertes Unternehmenswissen und formulieren Sie ein für alle Beteiligten mitreißendes Statement.

Eine inspirierende Vision ist ein Pfund, mit dem Sie wuchern können. Denken Sie an die Erfolgsgeschichte von Albert Lai, einem 19-jährigen Entrepreneur, der das mit seinen beiden jungen Geschäftspartnern neu gegründete Unternehmen mydesktop.com nach nur zwei Jahren für über eine Million Dollar weiter verkaufte. Lai hebt hervor, dass eine klare Vision und Mission ausschlaggebend für Existenzgründer sind. »*Wenn Vision und Mission Ihrer Organisation übereinstimmen, haben Sie eine Bezugsgröße und einen Indikator für zukünftige Entscheidungen. Dies ist hilfreich, wenn eindeutige Antworten fehlen oder bei kritischen Entscheidungen, die Ihre Produkte und Dienstleistungen grundlegend beeinflussen.*«[17]

Die Entwicklung Ihrer Unternehmensvision

Der Abschnitt über die Entwicklung Ihrer Mission begann mit der Anregung, zunächst zu bestimmen, wer überhaupt an dem Prozess beteiligt werden sollte. Soll die Mission einen brillanten Geistesblitz von einem allwissenden CEO widerspiegeln oder ist es besser, wenn sich das gesamte Führungsteam diese mühevolle Aufgabe teilt? Ob Sie Ihre Unternehmensvision eingrenzen, ist ähnlich heikel und nicht einfach zu beantworten. Zwei Methoden zur Konzeption einer Erklärung der Vision werden im Folgenden diskutiert, beide sind (genau wie bei der Missionserklärung) ein Kompromiss zu dem »Entweder-oder«-Denken, ob nur Beteiligung der CEOs oder der gesamten Führungsmannschaft.

1. *Die Interview-Methode.* Wie Sie sich sicher denken können, sind Interviews auf Führungsebene die Schlüsselkomponente dieser Technik bei der Konzeption einer Vision. Die Topmanager werden einzeln interviewt, um ihr Feedback im Hinblick auf den künftigen Kurs der Organisation zu bekommen. Nehmen Sie dafür einen externen Berater oder Moderator. Ein erfahrener Berater wird viele solcher Interviews geführt haben und für einen

regen Informationsfluss in einem integeren, objektiven Umfeld sorgen. Das Gespräch dauert ungefähr eine Stunde, deckt allgemeine wie spezifische Fragen (über Branche und Unternehmen) ab, aber auch eine Reihe von vergangenheits-, gegenwarts- und zukunftsorientierten Problemstellungen. Charakteristische Fragen sind beispielsweise:

- Wo und warum sind wir in der Vergangenheit erfolgreich gewesen?
- Wo haben wir in der Vergangenheit versagt?
- Warum sollten wir stolz sein auf unser Unternehmen?
- Welche Dynamik, welche Trends und Innovationen verändern derzeit unseren Markt?
- Was erwarten die Kunden von uns? Die Aktionäre? Die Beschäftigten?
- Was sind unsere herausragenden Attribute und Kompetenzen als Organisation?
- Wo sehen wir das Unternehmen in drei Jahren? Fünf Jahren? Zehn Jahren?
- Wie wird sich die Organisation in dieser Zeitspanne verändert haben?
- Wie erhalten wir uns den Erfolg?

Der Interviewer fasst die Gesprächsergebnisse zusammen und präsentiert sie dem CEO. An diesem Punkt hat der CEO die Chance, die Vision zu skizzieren, auf der Basis der gesammelten Erfahrungen aus dem Topmanagement. Sobald der Entwurf steht, kommt das gesamte Team zusammen, diskutiert die Vision des CEOs und vergewissert sich, dass die wesentlichen Elemente aus ihren Interviews eingeflossen sind.

Sie würden ohnehin nie davon ausgehen, dass der erste Entwurf von allen akzeptiert wird, und das ist auch die Grundidee – das ganze Team in den Entwicklungsprozess mit einzubeziehen. Übertragen Sie dem CEO allerdings die Initialverantwortung für die Erklärung der Vision, versichern Sie sich seines Commitments, und sie bekommen ein Konzept zum Ausfeilen. Hat das Team die Vision einmal festgeklopft, muss diese überprüft und von sämtlichen, logistisch möglichen Organisationsebenen akzeptiert werden – und mit Hilfe der heutigen Technologie sollte das fast alle einschließen!

2. *Zurück zu der Zukunftsvision.* Ich schätze es, diese Technik mit meinen Klienten anzuwenden. Die Übung kann einzeln oder in der Gruppe durchgeführt werden. Ich persönlich ziehe zur Konzeptionierung einer Visionsverlautbarung die Gruppenarbeit vor, aber sie funktioniert auch sehr gut bei Einzelpersonen. Im Folgenden beschreibe ich die Methode am Beispiel

einer Gruppe. Verteilen Sie mehrere kleine Karteikarten an die einzelnen Teilnehmer. Dann bitten Sie die Gruppe, sich vorzustellen, dass sie am nächsten Morgen aufwacht und 5, 10 oder 15 Jahre in die Zukunft versetzt ist (Sie geben die Zeitspanne vor). Um ihre Eindrücke von der Zukunft festzuhalten, haben alle Teilnehmer eine »Einmalkamera« bekommen, um bedeutende Szenarien und Veränderungen abzulichten, von denen sie hoffen, dass sie in ihrer Organisation stattgefunden haben. Am Ende jedes Abenteuertages müssen sie Bildunterschriften für die Fotos erfinden, die sie tagsüber geschossen haben. Weisen Sie die Gruppe an, dafür die Karteikarten zu verwenden. Am Schluss der Reise haben sie die Zukunft detailliert katalogisiert. Geben Sie den Teilnehmern ungefähr 15 Minuten für diese Zeitreise und motivieren Sie sie, so viel wie möglich vor ihrem geistigen Auge vorüberziehen zu lassen. Fragen Sie die Gruppe: »Was ist mit Ihrer Organisation los – sind Sie erfolgreich? Welche Märkte bedienen Sie? Welche Kernkompetenzen unterscheiden Sie von Ihren Konkurrenten? Welche Ziele haben Sie erreicht?« Ist die Viertelstunde vorbei, sagen Sie: »Leider war der erneute Eintritt in die Erdatmosphäre mit Turbulenzen verbunden und die Fotos wurden zerstört (fantasiebegabte und witzige Moderatoren machen daraus eine Wahnsinnssache), aber zum Glück bleiben uns noch die Bildunterschriften.« Übertragen Sie diese auf eine Flipchart oder ein Laptop und konzipieren Sie anhand dieser Materialien den Vorentwurf einer Vision. Mir gefällt dieser Ansatz, da die Beteiligten mit allen Sinnen an dem Prozess engagiert sind, und nicht allein mit ihren kognitiven Fähigkeiten. Und nicht nur das, es macht außerdem noch Spaß!

Dies sind nur zwei Methoden, die die Entwicklung und Erklärung einer Vision konstruktiv unterstützen. Zum Glück gibt es reichlich Literatur und Praxiswissen zu diesem Thema. Haben Sie Ihre Vision erst einmal entwickelt, werden Sie fasziniert sein von ihrer Effizienz, völlig unabhängig von der Branche, in der Sie tätig sind. Michael Kaiser ist Präsident des Kennedy Center for the Performing Arts in Washington, D.C. Die Kraft der Vision ist genauso wichtig für diesen renommierten Kunstbetrieb wie für ein Herstellungsunternehmen oder ein High-Tech-Labor. Mr. Kaiser erklärt: *»Ich denke, Führungspersönlichkeiten müssen eine Vision für die Zukunft bieten. Und das Bemerkenswerte für mich ... ist die Effizienz einer solchen Vision. Wenn Sie [diese Vision] Leuten präsentieren, ob nun Leuten im Unternehmen, die demotiviert sind, oder Externen, die das Vertrauen in die Organisation verloren haben, ist die Resonanz bemerkenswert.«*[18]

Visionerklärungen und Balanced Scorecard

Die Ausführungen zu den Visionsstatements haben ergeben, dass diese normalerweise den geplanten Rahmen der Geschäftsaktivitäten beinhalten, wie die Unternehmung von den Stakeholdern (Kunden, Beschäftigten, Lieferanten, Aktionären usw.) gesehen wird und den Leitungsebenen individuelle Kompetenzen und Schlüsselwerte vermittelt werden.

Wenn wir eine Unternehmensvision niederschreiben, versuchen wir einen Paradigmenwechsel – vom »Entweder-oder-Denken« zum »und«. Es ist längst nicht mehr angesagt, eine Gruppe mit gewissen Kompetenzen auf Kosten einer anderen zufriedenzustellen. Die Vision muss die Interessen aller Gruppen abwägen und eine Zukunft skizzieren, die Vorteile für sämtliche Beteiligten bringt. Die Balanced Scorecard ist der Mechanismus, mit dem wir dieses entscheidende Ziel dokumentieren. Das Grundprinzip ist die Balance und der fundierte Einsatz von Kennzahlen, um die korrekte Ausgewogenheit von Fertigkeiten, Prozessen und Kundenwünschen zu fixieren, die zu der avisierten finanziellen Zukunft führen, wie sie in der Vision reflektiert ist. Dies funktioniert, egal ob Sie im öffentlichen oder im gemeinnützigen Sektor tätig sind. Die Herausforderung, Ihre Vision in die Realität umzusetzen, bleibt kritisch, gleichwohl lässt sich die Konstruktion der Balanced Scorecard so anpassen, dass Sie Ihnen genau dabei unter die Arme greift.

Die Balanced Scorecard bietet einen neuen, scharfen Fokus auf das Unternehmen, und insofern sind die potenziellen Probleme, die eine fehlgeleitete Vision repräsentiert, von Bedeutung. Wir kennen alle Statements wie »Was sich messen lässt, lässt sich umsetzen« oder »Messen, was zählt« und andere mehr. Die Scorecard ist im Wesentlichen ein Instrument, das die Vision in die Realität übersetzt, indem es sie (und die Strategie) artikuliert. Von einer kompetent konzipierten Balanced Scorecard ist zu erwarten, dass sie Verhaltensänderungen in Ihrer Organisation stimuliert. Die Frage ist nur: Handelt es sich um Veränderungen, die Sie auch wollen?

Vergewissern Sie sich, dass Ihre Unternehmensvision auch wirklich Ihre Mission und Werte spiegelt, denn die Scorecard versetzt Sie in die glückliche Lage, erster Klasse in diese visionäre Zukunft zu reisen!

Die Strategie

Während ich dieses Kapitel schreibe, bereiten meine Frau und ich uns auf den Umzug in ein neues Haus vor. Zum Glück ziehen wir nur ungefähr 12 Meilen weit weg, trotzdem muss man das ganze Haus, Zimmer für Zimmer, zusammenpacken. Jeden Tag bekomme ich wenigstens einmal zu hören: »Wann packst du endlich dein Büro zusammen?« Wissen Sie, ich bin eine Sammlernatur und habe es geschafft, praktisch jeden Artikel, jedes Buch und jeden (zumindest für mich) relevanten Schnipsel Papier aufzuheben, der mir im Laufe meines Lebens untergekommen ist. Einmal abgesehen von einer angenehmen Ablenkung wundern Sie sich vielleicht, was das mit dem aktuellen Thema – Strategie – zu tun hat. Nun, bei den Recherchen zu diesem Titel habe ich die meisten meiner Archive katalogisiert und dabei festgestellt, dass sich ungefähr 90 Prozent der Unterlagen in irgendeiner Weise auf Strategiekonzepte beziehen. Wo soll ich anfangen und, noch wesentlicher, werde ich das jemals alles zusammenpacken können? Diese Flut von Materialien sollte eigentlich nicht überraschen, denn das Strategiethema ist zweifellos das am häufigsten beackerte Feld in der Geschäftswelt. Das Faszinierende daran ist, dass man sich erst seit wenigen Jahrzehnten konsequent mit Unternehmensstrategien beschäftigt, dass in diesem Zeitraum aber trotzdem Tausende von entsprechenden Publikationen erschienen sind. Eine weiterer Aspekt für die Strategiediskussion ist die Tatsache, dass sie Korrelationen mit zahllosen anderen Fachgebieten aufweist. Wer von uns kennt nicht wenigstens eine Person, die stolz ein Exemplar von *Die Kunst des Krieges* von Sun Tsu in ihrem Büro präsentiert? Militärstrategien gibt es seit Jahrtausenden. Historiker, Physiker, Biologen, Psychologen und Anthropologen, um nur einige zu nennen, tragen ebenfalls zum Strategieforum bei.

Aus den gewaltigen Informationsmassen müssen wir das herausfiltern, was für die vorliegende Diskussion entscheidend ist. Eine überzeugende Strategie für Ihr Unternehmen zu entwickeln, würde den Rahmen dieses Buches sprengen. Viele gut geschriebene und sachdienliche Publikationen sind zu diesem Thema verfügbar, wovon einige in diesem Kapitel genannt werden. Dieser Abschnitt wird sich auf die allgemeinen Strategieelemente konzentrieren und, mithin das Wichtigste, darlegen, warum Strategie und Balanced Scorecard miteinander verknüpft sein müssen, um den Maximalnutzen aus beiden zu ziehen.

Was ist Strategie?

Henry Mintzberg, ein exzellenter Autor im Bereich der Strategie, bietet als Auftakt unserer Diskussion folgende, prägnante Synopsis zum Thema: *»Meine Forschungsarbeit sowie die vieler Kollegen beweist, dass Strategiefindung ein ungeheuer komplexer Prozess ist, der kompliziertestes, subtiles und manchmal unterbewusstes Denken erfordert.«*[19]

Das Problem der Strategiedefinition sind die unterschiedlichen Interpretationen. Manche glauben, die Strategie repräsentiere die Planung auf der Ebene der Entscheider, mit der das Management die Organisation in die Zukunft führen will. Andere argumentieren, dass Strategie auf den spezifischen und detaillierten Aktionen fußt, die zur Umsetzung des Zukunftsideals unternommen werden. Für einige wiederum ist Strategie gleichbedeutend mit Spitzenleistungen. Und zu guter Letzt gibt es noch diejenigen, die Strategie als ein Raster für dauerhaft konsequentes Handeln werten. Statt verzweifelt nach Definitionshilfen zu suchen, im Folgenden einige der Schlüsselprinzipien von Strategien:

- *Verständlich.* Ob Tausende von Menschen in einem Großunternehmen oder fünf Vertreter einer gemeinnützigen Organisation, um diese auf Kurs zu bringen, müssen alle die Strategie verstehen. Wie kann die Strategie implementiert werden, wenn die Ausführenden diese nicht verinnerlichen? Führer müssen als Lehrer und Prediger agieren.
- *Unterschiedliche Aktivitäten.* Strategie bedeutet, dass Sie sich für andere Aktivitäten entscheiden als Ihre Konkurrenz, deren Umsetzung zu einer einzigartigen und wertvollen Marktposition führt.[20] Wenn alle die gleichen Aktivitäten verfolgten, würde die Differenzierung ausschließlich auf betrieblicher Effektivität basieren.
- *Kompromisse.* Effiziente Strategien setzen Kompromisse im Wettbewerbsgeschehen voraus. Strategie bezieht sich eher auf das, was man nicht tun sollte als auf das, was zu tun ist. Unternehmen können nicht effizient konkurrieren, wenn sie es jedem recht machen wollen. Die Gesamtorganisation muss nach Ihrem Vorhaben ausgerichtet sein und aus dieser Strategieposition Wert schöpfen.[21]
- *Stimmigkeit.* Die beschlossenen Aktivitäten müssen stimmig sein für einen permanenten Erfolg. Unsere Markteinschätzungen müssen übereinstimmend sein, um eine gültige Branchentheorie aufzustellen. Bei den Aktivitäten verhält es sich nicht anders – sie müssen ein integriertes Ganzes erzeugen.[22]

- *Kontinuität.* Auch wenn ein kritischer struktureller Wandel in der Branche zu Strategieveränderungen führen kann, sollte sie generell nicht neu konzipiert werden. Die Strategie kristallisiert Ihre Einstellung zu grundsätzlichen Problemstellungen heraus, zum Beispiel: Wie schaffen wir Werte für die Kunden und inwieweit sie selbst? Diese Richtlinie muss sowohl den internen (Beschäftigte) als auch den externen (Kunden) Beteiligten klar sein.[23] Veränderungen generieren unter Umständen neue Chancen, die sich mit der geltenden Strategie assimilieren lassen, wie beispielsweise zukunftsweisende Technologien.
- *Multiple Denkprozesse.* Strategie umfasst konzeptionelle wie analytische Überlegungen.[24] Wie bei Mintzberg zu Beginn dieses Abschnitts zitiert, fußt Strategie nicht nur auf der detaillierten Analyse komplexer Daten, sondern auch auf einer breiten konzeptionellen Kenntnis von Organisation, Branche, Markt und so fort.

Nimmt man die zuvor diskutierten Elemente als Zutaten, so könnten Unternehmen – bildlich gesprochen – zahllose Strategiesüppchen kochen, und das haben sie über die Jahre auch getan. In ihrem Buch *Strategy Safari* nennen Ahlstrand, Lampel und Mintzberg die zehn Denkschulen strategischer Planung, die sich in der Managementpraxis herausgebildet haben.[25] Diese zehn Kategorien werden in Abbildung 4.5 präsentiert.

Strategie und Balanced Scorecard – Eine kritische Verknüpfung

Ein neuerer Artikel zum Thema Strategieimplementation in Unternehmen begann folgendermaßen: »Machen Sie dieses kleine Quiz. Frage 1: Drei Frösche sitzen auf einem Baumstamm. Einer beschließt hinunterzuspringen. Wie viele bleiben sitzen? Sie denken jetzt vermutlich zwei, aber die Antwort lautet drei. Einer *beschließt* hinunterzuspringen. Frage 2: Drei Firmen haben miserable Umsätze. Eine beschließt, ihre Hauptproduktlinien neu zu lancieren, die Distributionskanäle zu verbessern und kundenfreundlicher zu werden. Wie viele Firmen haben miserable Umsätze? Sie verstehen die Grundüberlegung: Beschließen und handeln sind unterschiedliche Dinge.«[26]

Auch wenn manche Organisationen die Bedeutung von Strategien anzweifeln, so sieht die entscheidende Mehrheit darin durchaus eine substanzielle Erfolgskomponente. Das Problem ist nicht, eine Strategie zu entwickeln – für diese Aufgabe bieten sich genügend Optionen an, wie wir im

Gestaltende Schule (Design School): Dokumentiert ein Modell der Strategiefindung, das Kongruenz zwischen internen Voraussetzungen und externen Möglichkeiten sucht. Vermutlich die einflussreichste Denkschule und Basis der SWOT (Stärken, Schwächen, Chancen und Risiken)-Analyse.

Planende Schule (Planning School): Formales Prozedere, formales Lernen, formale Analyse und ein Haufen Zahlen sind die Charakteristika für diesen Ansatz. Die einfachen, informellen Schritte der Gestaltenden Schule entwickeln sich zu einem komplizierten Stufenprozess. Generieren Sie jede Komponente wie spezifiziert, verbinden Sie diese entsprechend des Entwurfs, und daraus resultiert die Strategie.

Positionierende Schule (Positioning School): Geht davon aus, dass nur wenige Schlüsselstrategien (Positionen im ökonomischen Marktgeschehen) wünschenswert sind. Michael Porters Arbeit lässt sich in weiten Teilen dieser Lehre zuordnen.

Unternehmerische Schule (Entrepreneurial School): Strategieplanung resultiert aus den Überlegungen eines einzigen Entscheiders und stützt sich auf Intuition, Beurteilung, Kenntnisse, Erfahrung und Einsichten. Die »Vision« der Führungskraft formuliert die Leitprinzipien der Strategie.

Kognitive Schule (Cognitive School): Strategieplanung ist ein kognitiver Prozess, der mental abläuft. Strategien entstehen, sobald der Stratege die Entwürfe, Konzepte und Schemata filtert, die ihre Konzeption betreffen.

Lernende Schule (Learning School): Strategien entstehen, sobald Menschen (einzeln oder in der Gruppe) eine Situation ausloten und die Fähigkeit ihrer Organisation, diese zu bewältigen.

Machtschule (Power School): Diese Schule unterstreicht den offenkundigen Prozess der Einflussnahme bei der Strategieformulierung, wobei sie das Zusammenspiel von Macht und Politik bei Strategieverhandlungen hervorhebt, die bestimmten Interessen dienen.

Kulturelle Schule (Cultural School): Soziale Interaktion, basierend auf Überzeugung und Empathie der Beschäftigten, führt zur Strategieentwicklung.

Milieuschule (Environmental School): Als Spektrum genereller Impulse ist das Organisationsumfeld zentraler Faktor im Strategieplanungsprozess. Die Organisation muss auf die Faktoren reagieren, oder sie wird „abberufen".

Konfigurationsschule (Configuration School): Strategien resultieren aus den Phasen, in denen die Organisation eine Struktur annimmt, um sich einem speziellen Kontext anzupassen, der ein spezifisches Verhalten generiert.

Übernommen aus: Henry Mintzberg, Bruce Ahlstrand und Joseph Lampel, *Strategy Safari. Eine Reise durch die Wildnis des strategischen Managements.* Carl Überreuter Verlag, Wien 2002.

Abb. 4.5 Die zehn Denkschulen strategischer Planung

vorigen Abschnitt gesehen haben. Das Kernproblem liegt in der Umsetzung, nämlich die Strategie so zu übersetzen, dass sie alle begreifen, und damit den Fokus auf ihre täglichen Routinen zu richten. Vergessen Sie nicht: In Kapitel 1 wurde bereits erwähnt, dass 70 Prozent der CEOs nicht an schlechten Strategien scheitern, sondern an der miserablen Umsetzung.

Die Balanced Scorecard bildet die Rahmenstruktur für eine Organisation, mit der diese von der Entscheidung, eine Strategie zu leben, zu deren konkreten Umsetzung gelangt. Die Scorecard beschreibt die Strategie, indem sie sie in ihre Komponenten zerlegt, anhand der Ziele und Kennzahlen aus jeder der vier Perspektiven. Die Balanced Scorecard ist ideal konzipiert durch ein gemeinsames Verständnis und die Übersetzung der Unternehmensstrategie in Ziele und Kennzahlen, Zielvorgaben und Initiativen in jeder der vier Scorecard-Perspektiven. Die Übersetzung von Vision und Strategie zwingt das Topmanagement zu spezifizieren, was mit den gelegentlich unpräzisen Begriffen in der Strategieformulierung gemeint ist, wie beispielsweise: Weltklasse, Spitzenservice oder Zielkunden. Im Zuge der Entwicklung der Balanced Scorecard findet die Führungscrew vielleicht heraus, dass Weltklasse jedwede Störanfälligkeit bei der Produktion verbietet. Jetzt können alle Beschäftigten ihre Energien und Tagesroutinen auf das transparente Ziel der Null-Fehler-Produktion richten, statt zu rätseln und die Definition von Weltklasse zu diskutieren. Unternehmen, die das Balanced-Scorecard-System zur Strategieübersetzung verwenden, schaffen ein neues Messinstrument beziehungsweise eine neue Sprache, die dazu dient, die Aktivitäten sämtlicher Mitarbeiter in die vorgegebene Richtung zu lenken.

Ein Schlüsselattribut des Strategiekonzepts ist, andere Aktivitäten zu fahren als Ihre Konkurrenz. Die Entscheidung für differenzierte Maßnahmen bei ähnlichen Aktivitäten bietet Ihnen die Chance, Ihren Kunden einzigartige Leistungsangebote zu machen und sich von Ihren Rivalen abzugrenzen. Diese Aktivitäten müssen in der Balanced Scorecard reflektiert werden, die der Strategie angepasst sein sollte. Mit anderen Worten, wenn Sie sich unterscheiden wollen, indem Sie sich in Aktivitäten stürzen, die auf Kundennähe abzielen, dann sollte Ihre Balanced Scorecard diese strategische Ausrichtung reflektieren. Wir würden solche Maßnahmen mit Hilfe der vier Perspektiven konkretisieren, die zusammengenommen diese Strategie stützen. Kennzahlen, die sich auf den Service für die Zielgruppe beziehen, werden in der Kundenperspektive hervorgehoben, Kennzahlen, die mit Geschäftsprozessen verbunden sind, in der Prozessperspektive, und Kundenkenntnis in der Lern- und Entwicklungsperspektive. Diese Ursache-Wirkungs-Kette, die Ihre determinierten Aktivitäten spiegelt, wird vermutlich Kapitalzuwächse in der finanzwirtschaftlichen Perspektive ausweisen. Wieder ist die Balanced Scorecard das Tool, das die Aktivitäten darstellt und artikuliert, die Sie von Ihrer Konkurrenz unterscheiden.

Es ist möglich, ein ähnliches System wie die Scorecard ohne eine klare und konsequente Strategie zu entwickeln, und viele Organisationen tun genau das. Allerdings wird dieser Mix aus finanziellen und nichtfinanziellen Kennzahlen besser als Key-Performance-Indikator- oder als Key-Stakeholder-Scorecard bezeichnet und nicht als Balanced Scorecard. Das Problem bei diesen Ansätzen ist, dass Sie die Effektivität der Balanced Scorecard ohne eine Strategie, die deren Entwicklung begünstigt, einfach nicht richtig nutzen können. Den Key-Performance-Indikator- oder Komponenten-Scorecards fehlt die Fähigkeit, eine Gesamtorganisation an einem Spektrum komplementärer Themen auszurichten, die auf Unternehmensvision und -mission abzielen. Stattdessen reflektieren sie häufig eine Reihe guter Ideen, allerdings ohne Kontext und Ziel. Die Balanced Scorecard und die Strategie gehen in der Tat Hand in Hand. Kaplan und Norton bringen das hervorragend auf den Punkt: »*Die Strategieformulierung ist eine Kunst. Die Beschreibung der Strategie sollte jedoch keine Kunst sein. Wenn wir eine Strategie disziplinierter beschreiben, erhöhen wir die Wahrscheinlichkeit der erfolgreichen Umsetzung. Mit einer Balanced Scorecard, die die Geschichte der Strategie erzählt, haben wir jetzt eine zuverlässige Grundlage.*«[27]

Zusammenfassung

Wir sind uns alle der Macht der Semantik (d.h. der Bedeutungsinhalte) in der heutigen Geschäftswelt bewusst. Die explosionsartige Verbreitung neuer Technologien hat zu einem rasanten Informationsaustausch rund um den Globus geführt. Obgleich diese Wissensverbreitung phänomenal und letztlich für alle vorteilhaft ist, stiftet sie häufig Verwirrung, sobald Menschen anfangen, gebräuchliche Begriffe mit universell akzeptierten Definitionen und Phrasen zu substituieren. Nirgends ist das offenkundiger als in der Domäne, die in diesem Kapitel ausgeleuchtet wurde, also der häufig nebulösen Welt von Missionen, Werten, Vision und Strategie. Dieses Kapitel hat versucht, Licht in das Dunkel zu bringen und Ihnen Tools an die Hand zu geben, mit denen Sie Ihr aktuelles Verständnis hinsichtlich der einzelnen Begriffe entwickeln oder überprüfen können.

Eine Mission definiert die Bestimmung der Unternehmung – warum diese existiert. Die Mission umfasst Beitrag und Nutzen, den eine Organisation der Menschheit leisten will, und sie bietet einen Leitstern in unserer turbulenten Welt.

Eine effiziente Mission lässt sich anhand der »Fünf-Warums«-Technik konzipieren, sie sollte einen Wandel inspirieren, leicht verständlich und kommunizierbar sowie langfristig ausgerichtet sein. Die Balanced Scorecard erlaubt einer Organisation, ihre Mission in konkrete Ziele zu übersetzen, was die Teamarbeit aller Beschäftigten fördert. Die Balanced-Scorecard-Kennzahlen müssen die in einer Verlautbarung der Mission fixierten Erwartungen reflektieren, um exakte Richtlinien vorgeben zu können.

Werte repräsentieren die hochgehaltenen Überzeugungen in der Organisation und ihre dauerhaften Prinzipien, die den Entscheidungsfindungsprozess lenken. Werte reflektieren häufig die persönlichen Überzeugungen eines starken CEOs oder einer Führungspersönlichkeit. Wir assoziieren positive Werte oft mit dem Gemeinwohl – Gutes tun für andere und gleichzeitig die Unternehmensziele erreichen.

Zahlreiche Unternehmen wie Disney, Marriott und Tom's of Maine haben bewiesen, dass Gewinn und Gemeinnützigkeit nicht miteinander in Konflikt stehen, und sie sehen ihre Werte als Wettbewerbsvorteil an. Das Wertesystem einer Organisation zu verändern, ist eine kritische Herausforderung, es lässt sich indes bewerkstelligen, indem man zuvor offen und objektiv die gegenwärtigen Werte identifiziert und die Mechanismen herausbildet, die einen Übergang zu angemesseneren Werten erleichtern. Die Balanced Scorecard bietet Unternehmen ein Instrument, anhand dessen sich das Wertekonzept in der Gesamtorganisation abgleichen lässt. Sie wird ebenfalls eingesetzt, um festzustellen, inwieweit eine Organisation ihre spezifizierten Werte lebt.

Die Vision dokumentiert unseren Übergang von permanenter Mission und Werten in die dynamische und häufig chaotische Welt der Strategie. Die Vision veranschaulicht, was die Organisation letztlich werden will. Obschon die Erfordernis einer Unternehmensvision umstritten ist, stimmen die meisten Organisationen darin überein, dass sie einen wichtigen Faktor darstellt, indem sie eine klare Richtung vorgibt, zum Handeln motiviert und Koordinationsbestrebungen stützt. Effiziente Visionen appellieren an alle Stakeholder, richten sich an Mission und Werten aus, und sie sind prägnant, verifizierbar, umsetzbar und inspirierend.

Visionserklärungen resultieren aus Interviews mit der Geschäftsführung oder aus »visionären« Gruppenübungen, an denen Ihr Team beteiligt wird. Indem es beschreibt, wie die Organisation Zukunftswerte schafft, gleicht das Statement zur Vision die Interessen unterschiedlicher Stakeholder aus. Die Rolle der Scorecard ist es, den richtigen Mix aus Kompetenzen, Prozessen und Wertversprechen in sich zu vereinen, der zu der anvisierten finanziellen Zukunft führt.

Die Auseinandersetzung mit Unternehmensstrategien hat sich in den letzten vier Jahrzehnten rapide entwickelt, mit zahlreichen Denkschulen, welche die Kompetenz ihrer Einsichten proklamieren. Effektive Strategieplanung bringt es mit sich, andere Aktivitäten zu kombinieren als Ihre Rivalen, um Kundenwerte zu schaffen. Strategiefindung erfordert von den Strategen analytische und fundierte konzeptionelle Kenntnis. Eine Strategie zu entwickeln ist eine Sache, die erfolgreiche Umsetzung eine andere. Mit dem Einsatz der Balanced Scorecard haben Unternehmen die große Chance, Missverständnisse auszuräumen, indem sie die Strategie mit Hilfe der vier Perspektiven in ihre Komponenten zerlegen. So wird die Strategie entmystifiziert und die Beschäftigten sind in der Lage, sich auf die strategischen Elemente zu konzentrieren, die sie beeinflussen.

Kapitel 5: Die Entwicklung von Performancezielen und -kennzahlen

Wegweiser zum fünften Kapitel

Kürzlich veröffentlichte das Unternehmen Bain and Company die Ergebnisse der achten jährlichen Untersuchung zu Management-Tools. Diese Untersuchung befasste sich mit dem Gebrauch, dem Nutzen und der Effektivität von 25 Führungsinstrumenten in mehr als 30 verschiedenen Branchen, die besonders häufig von leitenden Angestellten verwendet werden. Als führendes Erfolgsinstrument wurde dabei die Balanced Scorecard bezeichnet. Unternehmen auf der ganzen Welt bedienen sich mehr und mehr der Balanced Scorecard als effektivem Mittel zur Umsetzung ihrer Strategien. In diesem Kapitel werden die Konzepte im Kern des Scorecard-Systems erforscht: die Entwicklung von Performancezielen und -kennzahlen.

Das Kapitel beginnt damit, Sie zur Bestimmung der richtigen Perspektiven ihres Unternehmens aufzufordern, da die traditionellen vier Perspektiven möglicherweise für sie nicht sinnvoll sind. Sobald Sie den Rahmen festgelegt haben, werden Sie bereit sein, Hintergrundinformationen für Ihre Scorecard-Kriterien zu sammeln. Wir werden erforschen, wo diese Informationen zu finden sind, wonach gesucht werden muss und wie Sie entsprechendes Input von Ihren Führungskräften erhalten.

Die Entwicklung der Ziele und Kennzahlen jeder einzelnen Scorecard-Perspektive wird detailliert in diesem Kapitel behandelt. Wir werden die Definitionen von Zielen und Kennzahlen eingehend prüfen, den Unterschied zwischen verlaufsorientierten und ergebnisorientierten Leistungsindikatoren betrachten, Techniken zur Durchführung von Gruppensitzungen vorstellen und sorgfältig erarbeiten, wie Sie dabei effektive Ziele und Kennzahlen entwickeln können, die genau Ihrer Strategie entsprechen.

Die Bestimmung der Perspektiven

Sind die vier Perspektiven die richtigen für Sie?

In diesem Kapitel werden Methoden beschrieben, mit deren Hilfe Sie Ihre Strategie in Ziele und Kennzahlen für jede der Balanced-Scorecard-Perspektiven umwandeln können. Die Frage hierbei ist: Wie viele Perspektiven werden Sie für Ihre Scorecard auswählen? Bisher und auch im Folgenden spreche ich ausschließlich von den vier bereits beschriebenen Perspektiven: der finanzwirtschaftlichen und der Kundenperspektive, der internen Prozessperspektive sowie der Lern und -Entwicklungsperspektive. Doch Norton und Kaplan selbst weisen darauf hin, dass diese vier Perspektiven als Schablone und nicht als Zwangsjacke betrachtet werden sollten.[1] Viele Unternehmen sind diesem Rat gefolgt und haben zusätzlich Perspektiven für Innovation, Forschung und Entwicklung, Umwelt, Zulieferer, Unternehmensführung und Öffentlichkeit entwickelt.

Die Auswahl der Perspektiven für Ihre Balanced Scorecard sollte auf dem basieren, was Ihre Strategie ausmacht und darauf ausgerichtet sein, einen Wettbewerbsvorteil für Ihr Unternehmen zu schaffen. Wenn Sie Ihre Strategie untersuchen und versuchen, sie zu übertragen, wer oder was sind dann die Schlüsselkomponenten, die zur Beschreibung notwendig sind? Die vier Perspektiven sind umfassend genug, um die meisten Komponenten zu erfassen; wenn Sie jedoch das Gefühl haben, Ihr Unternehmen besitzt einen Wettbewerbsvorteil, dessen Beziehungen oder Prozesse auf einer anderen Komponente basieren, dann könnten Sie erwägen, eine separate Perspektive für diese Gruppe hinzuzufügen. Denn die Produktionseffektivität einer Herstellerfirma könnte beispielsweise extrem von den Zulieferern abhängig sein. Das Hinzunehmen einer Perspektive, die sich den Beziehungen zu Zulieferern widmet, könnte für dieses Unternehmen daher von enormem Vorteil sein.

Die Erfassung der wichtigsten Interessengruppen, die zu Ihrem Unternehmenserfolg beitragen, ist entscheidend für Ihre Balanced Scorecard. Sie sollten jedoch vermeiden, einfach jeden möglichen Mitarbeiter einzuschließen und eine »Stakeholder-Balanced-Scorecard« zu entwickeln. Scorecards dieser Art bestimmen die Hauptkomponenten des Unternehmens und definieren Ziele für jede einzelne. Sears erste Scorecard, die um drei verwandte Themenbereiche herum entwickelt wurde, war eine solche Stakeholder-Balanced-Scorecard. Die drei Themenbereiche waren: »ein unwiderstehlicher Ort zum Einkaufen«, »ein unwiderstehlicher Arbeitsplatz« und »ein unwiderstehlicher Ort zum Investieren«. Auch Citicorp verwendete diesen Aufbau für ihre Scorecard – »ein guter Ort zum Arbeiten, zum Ausführen von Bankgeschäften und zum Investieren«.[2] Das Prinzip dieser Scorecard richtete ihr Hauptaugenmerk auf drei Gruppen – die Arbeitnehmer, die Aktionäre und die Konsumenten – doch was fehlt, ist das »Wie« der Wertsteigerung, das eine »echte« Balanced Scorecard bereitstellen kann. Wie wird garantiert, dass die Kunden zufrieden und loyal sind? Welche Prozesse müssen wir aktivieren, um der Wertvorstellung der Kunden zu entsprechen, und welche Kompetenzen müssen unsere Arbeitnehmer besitzen? Diese Fragen müssen beantwortet werden, wenn Sie eine Balanced Scorecard entwickeln wollen, die Ihrer Strategie entspricht und die zeigt, wie Sie die Umsetzung Ihrer Strategie planen. Es sollte an dieser Stelle erwähnt werden, dass sowohl Sears als auch Citicorp später dazu übergegangen sind, strategische Balanced Scorecards zu entwickeln, die zur vollständigen Beschreibung ihrer Strategien interne Prozesse mit einbezogen.

Lassen Sie uns jedoch nicht einen der zahlreichen Vorteile der ursprünglichen Balanced Scorecard vergessen – ihre Kürze. Eine gut konstruierte Balanced Scorecard sollte die Unternehmensstrategie mittels einer relativ kleinen Menge von Kennzahlen widerspiegeln, die durch die Perspektiven miteinander verwoben sind. Die Fähigkeit der Scorecard, die Leistungstreiber des Unternehmens schnell und präzise einem breiten Publikum mitzuteilen, stellt den fundamentalen Nutzen des Konzeptes als Kommunikationsinstrument dar. Wählen Sie daher die Anzahl der Perspektiven aus, die es Ihnen ermöglicht, die Haupt-Stakeholder ihres Unternehmens abzudecken und die beschreibt, wie Sie jedem einzelnen von Nutzen ist und zugleich Ihre Strategie erfolgreich umsetzt. Sie können das testen, indem Sie versuchen, Ihre Perspektiven zusammenzuführen und eine kohärente Geschichte zu erhalten. Denn für sich allein stehende Perspektiven, die zwar eine Teilgruppe beschreiben, jedoch mit den anderen Perspektiven nicht zu verknüpfen sind, gehören nicht in eine Balanced Scorecard.

Machen Sie Ihre Hausaufgaben – Überprüfen Sie die Hintergrundinformationen zu Ihrer Balanced Scorecard

Das Sammeln und Überprüfen von Hintergrundmaterial

Jedes Mitglied Ihres Balanced-Scorecard-Teams wird das Projekt mit bestimmten Vorstellungen bezüglich der Art Ihres Unternehmens, der

Wettbewerbsposition, der zukünftigen Kunden, der geeigneten Strategie und der Maßnahmen angehen. Erleichtern Sie Ihrem Team den Einstieg, indem Sie soviel Hintergrundmaterial wie möglich sammeln und überprüfen. Sie wählen Ihre Teammitglieder nach ihrem speziellen Background und ihrer Erfahrung aus, doch um eine effektive Balanced Scorecard zu konstruieren, muss jeder einzelne Zugang zu dem vollständigen Informationspool Ihres Unternehmens haben. Es folgen nun einige der Informationsquellen, die Sie in Erwägung ziehen sollten:

- *Jahresberichte.* Als unschätzbare Informationsquelle stellen Ihre Jahresberichte nicht nur detaillierte Informationen bezüglich der Finanzen bereit, sondern sie sagen außerdem viel über Ihre Marktposition, über Kernprodukte, Zukunftsaussichten und vielleicht sogar über nichtfinanzielle Erfolgsindikatoren aus.
- *Grundsatzerklärung.* Sie könnte sich als sehr informativ und möglicherweise unterhaltsam erweisen. Bitten Sie jedes Teammitglied, die Grundsatzerklärung des Unternehmens zu rezitieren. Die meisten Unternehmen besitzen eine solche Grundsatzerklärung, und nachdem Sie das vierte Kapitel gelesen haben, werden Sie definitiv auch eine besitzen.
- *Werte.* Hat Ihr Unternehmen seine Leitprinzipien etabliert?
- *Vision.* Ähnlich wie es mit der Grundsatzerklärung war – Sie werden sicherlich eine Art Visionsstatement Ihres Unternehmens finden, wenn Sie nur lange genug suchen, oder vielleicht haben Sie auch gerade eine solche entwickelt? Spiegelt sie die aktuelle Unternehmensrealität wider?
- *Strategischer Plan.* Der strategische Plan ist die Hauptquelle der Informationen zur Konstruktion einer Scorecard. Wenn Sie das Glück haben, einen schlüssigen strategischen Plan zu besitzen, der auf Ihren Grundsätzen, Ihren Werten und Ihrer Vision basiert, sind Sie bereit, den Prozess zu starten. Die meisten Unternehmen sind jedoch nicht in dieser glücklichen Lage, sondern haben das Balanced-Scorecard-Projekt auf der Suche nach einer gültigen Strategie verschoben oder sogar abgebrochen.
- *Projektpläne.* Wenn Ihr Unternehmen den meisten anderen ähnelt, dann gibt es auch bei Ihnen zu jeder Zeit Dutzende von Projekten, von denen jedes einzelne um Aufmerksamkeit und Ressourcen buhlt. Es ist daher sehr wichtig, dass Sie genau abwägen, welche Projekte mit der Unternehmensstrategie harmonieren und somit die Unterstüt-

zung der einflussreichsten Führungskräfte haben sollten. Diese Projekte könnten als wichtige Aktionspläne ein oder mehrere Scorecard-Kennzahlen erfüllen.

- *Consulting-Studien.* Unternehmensberater lieben es, mit Unmengen von Papier zu arbeiten und hinterlassen dann oft eine Fundgrube für wertvolle Informationen. Ungeachtet dessen, was diese Consultants in Ihrem Unternehmen untersucht haben, so werden sie doch höchstwahrscheinlich Hintergrundinformationen zur Verfügung haben, die sich für Ihren Prozess als sehr hilfreich erweisen können.
- *Performanceberichte.* Sie haben vielleicht noch keine Balanced Scorecard, doch jedes Unternehmen besitzt ein System zur Unternehmensberichterstattung. Finden und überprüfen Sie diese Berichte mindestens für den Zeitraum des vergangenen Jahres, um die Leistungsindikatoren zu bestimmen, die zur Zeit als kritisch bezüglich des Unternehmenserfolgs gelten.
- *Konkurrenzdaten.* Zu Wissen, was die Konkurrenz tut und – wenn möglich – was sie plant, könnte Ihnen bei der Bestimmung der eigenen Ziele und Maßnahmen behilflich sein. Doch vergegenwärtigen Sie sich: Das Wesentliche einer Strategie ist, dass man sich von seinen Konkurrenten unterscheidet, um den eigenen Wert zu steigern. Kopieren Sie nicht einfach die Vorgehensweise Ihrer Wettbewerber. Diese haben möglicherweise ausgereifte Prozesse, die sich auf andere Wertaspekte beziehen als Ihr eigenes Unternehmen, sodass deren Vorgehensweisen sich sogar als kontraproduktiv für Ihre Bestrebungen erweisen könnten.
- *Unternehmensgeschichte.* Existieren vielleicht Aufzeichnungen über die Geschichte Ihres Unternehmens? Sollte dies der Fall sein, so verfügen Sie damit über einen Reichtum an Informationen darüber, warum das Unternehmen gegründet wurde (die Mission), was die Gründer für Wertvorstellungen besaßen, welche wichtigen Erfahrungen in all den Jahren gemacht wurden und wie die Zukunft gesehen wird.
- *Analysen.* Wenn Sie öffentlich gehandelt werden, bieten entsprechende Analysen einen exzellenten Einblick in die Art, wie Ihr Unternehmen am Markt beurteilt wird. Diese Dokumente liefern außerdem häufig statistische Daten im Überfluss.
- *Wirtschaftsmagazine und Zeitungsartikel.* Was wird in der Presse über Ihr Unternehmen geschrieben? Was Sie hier finden, könnte einen starken Einfluss auf die Maßnahmen haben, die Sie zur Beeinflussung der öffentlichen Meinung auswählen.

- *Benchmarking-Reports.* Vergleichsstudien sind immer noch sehr populär, und es sind viele ausgezeichnete Studien über eine Vielzahl von Branchen und funktionale Spezialitäten erhältlich. Während diese Dokumente gutes Hintergrundwissen liefern und möglicherweise die Diskussion um potenzielle Kennzahlen anfachen können, ist es keine gute Idee, sich ausschließlich auf sie zu verlassen. Ihre Balanced Scorecard sollte *Ihre* Strategie darstellen. Die Kennzahlen, die Sie aufgrund dieser Quelle gewählt haben, könnten in einigen Fällen die Strategien anderer Unternehmen widerspiegeln. Die Bestimmung der Leistungstreiber Ihres eigenen Unternehmens ist jedoch entscheidend, um sich von Ihren Konkurrenten abzugrenzen.

Die oben dargestellten Quellen bilden keine vollständige Liste, und in der Tat werden Sie wahrscheinlich noch einige weitere entdecken. Auf der Suche nach Informationen und zur Bekräftigung der Scorecard-Grundsätze in Ihrem Team sollten Sie die Elemente der Balanced Scorecard zur Identifizierung von Materialquellen nutzen. Bezüglich der finanziellen Perspektive könnten Sie sich beispielsweise fragen: »Wo können wir Informationen über die Finanzleistung des Unternehmens finden?« Ausgehend von dieser Frage werden Ihnen wahrscheinlich einige Möglichkeiten einfallen: Jahresberichte, Analysen, Vorstandsberichte, und so weiter. Abbildung 5.1 stellt einige der Quellen dar, die Sie für die einzelnen Elemente der Balanced Scorecard nutzen können.

Wonach Sie suchen müssen

Die Aufgabe, nach Hintergrundmaterial zu suchen, wird Ihnen zunächst ziemlich entmutigend vorkommen, doch Sie werden schließlich mehr finden, als Sie erwartet haben. Sind die Informationen, die Sie sammeln, aufschlussreich, dann sollten Sie einen genauen Plan dessen entwickeln, was Sie sich von der Untersuchung erhoffen. Sie werden außerdem einen Platz für die Menge an Material benötigen, die jetzt und während der restlichen Projektzeit anfällt. Beachten Sie den folgenden Kasten, in dem dargestellt wird, wie diese wichtigen Informationen in ein elektronisches Datensystem eingebracht werden können.

Abb. 5.1 Die Balanced Scorecard zur Suche nach Hintergrundmaterial nutzen

Die elektronische Datenerfassung für Ihr Balanced-Scorecard-Projekt

Ganz gleich wie groß oder klein Ihr Unternehmen ist, jedes Projekt dieser Größenordnung erzeugt eine erhebliche Menge an Informationen. Erleichtern Sie sich Ihre Arbeit, indem Sie Ihre gewonnenen Erkenntnisse sowohl in Papierform als auch elektronisch im Computer erfassen. Erstellen Sie Ordner und Dateiverzeichnisse, die die einzelnen Schritte Ihres Projektplans darstellen. Sie könnten zum Beispiel einen Ordner oder ein Verzeichnis mit dem Titel »Hintergrundinformationen« anlegen. Unterverzeichnisse in Ihrem Ordner oder Ihrer Datei könnten dann Namen tragen wie »Mitarbeitergespräche« oder »Strategische Informationen« und so weiter.

Die elektronische Datenerfassung ist vor allem deshalb so wichtig, weil jedes Ihrer Teammitglieder wahrscheinlich eine bevorzugte Methode bei der Bezeichnung und Speicherung von Dateien hat. Entwickeln Sie daher einen Prozess, dem jeder zustimmen kann und bestehen Sie darauf, dass alle relevanten Projektdateien für das gesamte Team zugänglich sind, etwa auf dem Surfer des Unternehmens. Eventuell sollten Sie jede neue Datei auch mit dem aktuellen Datum versehen oder auch eine andere Form der Übersicht über die verschiedenen Versionen wählen, sodass gewährleistet ist, dass Sie immer mit der aktuellsten Version des Dokumentes arbeiten.

Dieser Schritt mag Ihnen als geringfügig und nachvollziehbar erscheinen, er wird jedoch häufig übergangen. So kommt es dann oft dazu, dass eine Unmenge an Dokumenten entsteht und irgendwann niemand mehr weiß, wo sich was befindet. Das Entwickeln einer Balanced Scorecard ist schwierig genug; erschweren Sie sich die Arbeit daher nicht noch zusätzlich, indem Sie Ihre Daten schlecht verwalten.

Ein entscheidendes Element, das bedacht werden muss, ist die Konsistenz oder Übereinstimmung der Informationen. Liefern die Dokumente eine einheitliche Sichtweise der Unternehmensmission, der zentralen Werte, der Vision und der Strategien? Die Entwicklung einer Balanced Scorecard hängt schließlich von einem harmonischen Verständnis der grundlegenden Elemente eines Unternehmens ab. Wenn Sie auf unstimmige Informationen stoßen, notieren Sie dies sorgfältig und machen die Beseitigung dieser Diskrepanzen zu einem erklärten Ziel Ihrer Mitarbeitergespräche und Workshops. Ebenso werden Sie sicherlich alle Fundstücke, die ein starkes und einheitliches Bild der Mission, der Werte, der Vision und der Strategie vermitteln, aufzeichnen wollen. Während der Phase der Mitarbeitergespräche können Sie dann deren Gültigkeit untermauern.

Ihre Überprüfung sollte außerdem mehrere mögliche Ziele und Kennzahlen für jede der vier Perspektiven ergeben. Spezifische Hinweise sind sicherlich in den Dokumenten enthalten, die Sie prüfen, und falls Sie nicht immer genaue Auskünfte über eventuelle Kennzahlen erhalten, so werden die Dokumente Sie doch in die richtige Richtung lenken. Ihre betrieblichen Pläne werden beispielsweise Einzelheiten zu den Hauptprozessen Ihres

Unternehmens enthalten. Diese wiederum werden Ihnen dabei behilflich sein, Ziele und Kennzahlen für die Perspektive der internen Prozesse zu bestimmen. Des Weiteren könnte Ihre Untersuchung Informationen bezüglich der Hauptkompetenzen liefern, die Ihr Unternehmen zukünftig einrichten möchte. Diese Kompetenzen könnten den Rahmen für Diskussionen zur Lern- und Entwicklungsperspektive vorgeben.

Im ersten Kapitel wurde der Einsatz der Balanced Scorecard als strategisches Managementsystem vorgestellt. Ziel dieser Entwicklung von einem Kennzahlensystem zu einem strategischen Managementsystem ist es, die Balanced Scorecard zum Grundpfeiler des betrieblichen Managementprozesses zu machen. In den folgenden Kapiteln werden die einzelnen Schritte genauer beschrieben, die Sie für diese Entwicklung vollziehen müssen. Zunächst sollten Sie Hintergrundmaterial über die wichtigsten Managementprozesse Ihres Unternehmens sammeln, wie etwa der Finanzplanung, der Geschäftsführung, der Vergütungsregelung und den Vertrieb sowie der Unternehmensberichterstattung. Ein eingehendes Verständnis dieser Prozesse wird Ihnen sehr von Nutzen sein, wenn Sie sie schließlich mit Ihrer Balanced Scorecard in Verbindung bringen.

Input durch Interviews mit Führungskräften

Wenn Sie erst einmal genügend Informationsmaterial gesammelt haben, sind Sie in der Lage, Ihre Erkenntnisse miteinander zu verknüpfen und sie in Einzelinterviews mit jedem Teammitglied der Führungsetage zu untermauern. Darauf, wie wichtig das Commitment der Führungsetage für die Balanced Scorecard ist, soll an dieser Stelle noch einmal hingewiesen werden. Es ist dies Ihre erste Gelegenheit, mit den Führungskräften am Balanced-Scorecard-Projekt zu arbeiten. Und wir alle wissen, wie wichtig der erste Eindruck ist – in der Wirtschaft wie auch im Leben überhaupt. Vergewissern Sie sich, dass Sie ausreichend darauf vorbereitet sind, Ihrem Führungsteam den Wert des Konzeptes und dessen Fähigkeit, gute Ergebnisse zu liefern, zu vermitteln. Halten Sie sich bei Ihren Gesprächen daher an das folgende Format:

- *Das Projektziel.* Ihre Führungskräfte sollten bereits mit dem Balanced-Scorecard-Projekt vertraut sein; Sie sollten sich jedoch trotzdem die nötige Zeit nehmen, die Bedeutung ihres Feedbacks für die Konstruktion einer effektiven Scorecard zu unterstreichen. Besprechen Sie mit ihnen kurz, was Sie in dem Meeting erarbeiten wollen und wie lange es voraussichtlich dauern wird.

- *Grundsätze, Vision, Werte und Strategie.* Beginnen Sie die Gespräche, indem Sie Stellungnahmen zu diesen vier entscheidenden Elementen der Balanced Scorecard sammeln. Geben Sie nur bei genauer Nachfrage preis, was Ihre Untersuchungen ergeben haben. Sie müssen versuchen zu bestimmen, wie Ihre Führungskräfte zu den einzelnen Dingen stehen und ob Einigkeit unter ihnen herrscht. Die folgenden Fragen könnten etwa gestellt werden:
  - Gibt es eine Grundsatzerklärung für das Unternehmen? Wenn ja, wie lauten die Grundsätze?
  - Welche Werte sind für die Verfolgung der Grundsätze ausschlaggebend?
  - Besitzt das Unternehmen eine Vision? Wenn ja, welches ist die Vision?
  - Welche Schlüsselstrategien helfen uns bei der Umsetzung unserer Vision?

  Sollte der Mitarbeiter, den Sie interviewen, wenig Details zu den einzelnen Elementen vorbringen oder das Gefühl haben, dass das Unternehmen keine dieser Elemente wirklich besitzt, dann sollten Sie die Fragen umgestalten. Nutzen Sie die Gelegenheit, seine Vorstellungen bezüglich der Elemente zu erfahren, indem Sie etwa fragen: »Wieso glauben Sie, dass wir als ein Unternehmen bestehen (Mission)?« »Welche zentralen Grundprinzipien haben wir (Werte)?« »Wo sehen Sie uns in 5, 10 oder 15 Jahren (Vision)?« »Was müssen wir unternehmen, um dies zu erreichen (Strategie)?«
- *Performance Measurement.* Nutzen Sie diesen Teil des Interviews, um Zugang zu den Gedanken des Mitarbeiters über die für den Unternehmenserfolg entscheidenden Ziele und Kennzahlen zu bekommen.
  - Wie werden Sie die Strategien, die wir gerade besprochen haben, umsetzen?
  - Welche Kennzahlen nutzen Sie derzeit, um den Unternehmenserfolg zu messen?
  - Haben Sie Zielvorgaben für Ihre Kennzahlen? Welche?
  - Welche Daten und Berichte sind am nützlichsten, und warum?

  Von diesen vier Fragen ist die letzte besonders interessant. Die meisten Unternehmen sammeln nämlich eine Fülle an Daten, von denen einiges als wertvoll betrachtet wird und einiges völlig außer Acht gelassen wird. Zukünftig sollte die Balanced Scorecard die zentrale Stelle der

Unternehmensberichterstattung darstellen. Finden Sie also heraus, was Ihre Führungskräfte favorisieren und was nicht.

- *Aspekte der Implementierung.* In der letzten Phase des Interviews sollten Sie versuchen herauszufinden, wie gut die Kenntnisse der entsprechenden Führungskraft über die Balanced Scorecard sind und was hier unternommen werden muss, falls das Projekt ein Erfolg sein soll.
  - Wie würden Sie das Wissen Ihrer engsten Mitarbeiter bezüglich der Balanced Scorecard einschätzen?
  - Was könnte dabei helfen, das Verständnis Ihres Teams bezüglich des Konzeptes zu verbessern?
  - Welche Hindernisse könnten bei der Realisierung der Balanced Scorecard entstehen, und wie könnten wir sie bewältigen?

  Bei der ersten Frage werden Sie gemerkt haben, dass ich es nicht befürworte, Ihre Führungskräfte direkt zu bitten, Ihr eigenes Wissen einzuschätzen. Denn welche Führungskraft mit Selbstachtung würde heutzutage zugeben, niemals von diesem Konzept gehört zu haben? Fragen Sie ihn stattdessen nach seinem Team. Im Verlauf des Gesprächs werden Sie schon heraus hören, ob derjenige selbst über ausreichendes Fachwissen verfügt. Wenn er sagt »Das ehemaliges Unternehmen von Joe besaß ein Scorecard-Konzept auf höchster Ebene, ordnete es stufenweise von der Unternehmensspitze bis ganz unten an und verwendete es, um während der Überprüfung des Managements den strategischen Lernprozess voranzutreiben«, dann wissen Sie, dass dieser Mitarbeiter sicherlich ein solides Wissen über das Konzept besitzt. Nun könnten Sie Folgendes hinzufügen: »Es hört sich an, als seien Sie bereits äußerst vertraut mit dem Konzept der Scorecard. Haben Sie bereits Ihre Erfahrungen damit gesammelt?«. Auf diese Frage hin wird das Vorstandsmitglied Sie nun über tatsächliche Erfahrungen mit dem Konzept unterrichten. Denn es ist Gold wert zu wissen, welche Mitglieder des Führungsteams besondere Kenntnisse bezüglich des Scorecard-Konzeptes besitzen. Diese Führungskräfte könnten als »Resonanzkörper« für die Bemühungen Ihres Teams dienen und sollten die ersten sein, die den nötigen Führungsgeist und die Unterstützung für das Projekt mitbringen.

Kalkulieren Sie für die Interviews ungefähr eine Stunde, und stellen Sie höchstens zehn bis fünfzehn Fragen. Denn Sie wollen es Ihren Mitarbeitern ja ermöglichen, Ihnen ihre Gedanken über diese Themen vollständig mitzuteilen, und sie nicht nach der Hälfte eines Gedankens unterbrechen, um zur nächsten Frage überzugehen. Einige solcher Interviews bestehen jedoch manchmal aus lediglich zwei oder drei Fragen und manche sogar aus über vierzig (kein Scherz!).

Zusätzlich zu den Gesprächen mit Ihrem Führungsteam sollten Sie darüber nachdenken, sich mit anderen einflussreichen Personen Ihres Unternehmens zusammenzusetzen, die möglicherweise in der Lage sind, die Erfolgschancen des Projektes zu erhöhen. Zu einem bestimmten Zeitpunkt werden Sie nämlich ziemlich abhängig von Ihrer IT-Abteilung sein, was etwa das Sammeln und die Aufbereiten von Daten angeht. Sichern Sie sich also ab, indem Sie diese Abteilung direkt von Anfang an in den Prozess mit einbinden. Auch Finanz-, Personal-, Marketing- und Produktionsabteilung müssen am Projekt beteiligt werden. Verwenden Sie bei den Mitarbeitern dieser Abteilungen jedoch nicht dieselben Interviewfragen wie in der Führungsetage. Das Ziel dieser Interviews ist, die Zuhörer über Ihre Projektpläne zu informieren und Ihre Mithilfe und Unterstützung zu gewinnen.

Die Entwicklung Ihrer Unternehmensziele und -kennzahlen

Eine effektive Übersetzung ist der Schlüssel zur Konstruktion Ihrer Balanced Scorecard

Es mag völlig offensichtlich erscheinen – aber warum benötigen wir eigentlich einen Übersetzer, der uns mitteilt, was jemand, den wir nicht verstehen, sagt? Übersetzungen sind notwendig, da wir häufig nicht die entsprechende Sprache sprechen und aufgrund mangelnden Verständnisses nicht in der Lage sind, auf das zu reagieren, was die Person sagt. Denken Sie an ein Lexikon der modernen Business-Organisation. Für die Mitarbeiter in der Produktion beispielsweise müssen sich unsere Ausdrücke anhören wie eine völlig andere Sprache. Stellen Sie sich vor, Sie würden Folgendes bei der nächsten Sitzung sagen: »Wenn wir die Schlüsselkompetenzen auf der Werteskala verschieben und die synergetischen Möglichkeiten der strategischen Alternativen maximieren, könnten wir in der Lage sein, den EVA-Zielvorgaben zu entsprechen«. Wie kann jemand, der die Versammlung verlässt und eine Stunde später auf einen Kunden trifft, nach diesem Statement handeln? Er kann es nicht. Es ist daher wenig verwunderlich, dass in den Vereinigten Staaten ein mangelhafte Umsetzung der Strategien als die Hauptursache für das Scheitern von CEOs verantwortlich gemacht wird. Denn

Mitarbeiter brauchen Worte, die eine Bedeutung für sie haben und sie zum Handeln animieren und sie nicht in konfuse Untätigkeit stürzen.

In den folgenden Teilen dieses Kapitels untersuchen wir die Übersetzung Ihrer Grundsätze, Werte, Vision und Strategie in eine Sprache, die zu mehr Leistung motiviert und ein Verständnis der Unternehmensziele gewährleistet. Übersetzung meint hier, etwas in anderen Worten auszudrücken, und die Hilfsmittel, die wir dazu verwenden, sind Zielvorgaben und Kennzahlen.

Werfen Sie einen Blick auf die Abbildung 5.2. Die Grafik ist eine Darstellung unserer Balanced-Scorecard-Entwicklung. Im vierten Kapitel wurden die Grundsätze, die Werte, die Vision und die Strategie eingehend behandelt, und in diesem Kapitel wird untersucht, wie die Balanced Scorecard diese Konzepte mit Hilfe der Auswahl von Zielen und Kennzahlen realisiert. Die Pfeile im Diagramm sollen zeigen, dass der Scorecard-Prozess sowohl ein »Top-down«- als auch ein »Bottom-up«-Prozess ist. In der Regel konstruieren wir die Balanced Scorecard, indem wir an der Spitze beginnen und Grundsätze, Werte, Vision und Strategie übersetzen. Ebenso bedeutsam ist jedoch der strategische Lernprozess von unten nach oben, der aus dem Einsatz der Balanced Scorecard resultiert. Die Ziele und Kennzahlen, die wir auswählen, spiegeln unsere Strategie wider, und nach und nach liefert uns die Ergebnisanalyse den vollen Umfang der Effektivität unserer Implementierung.

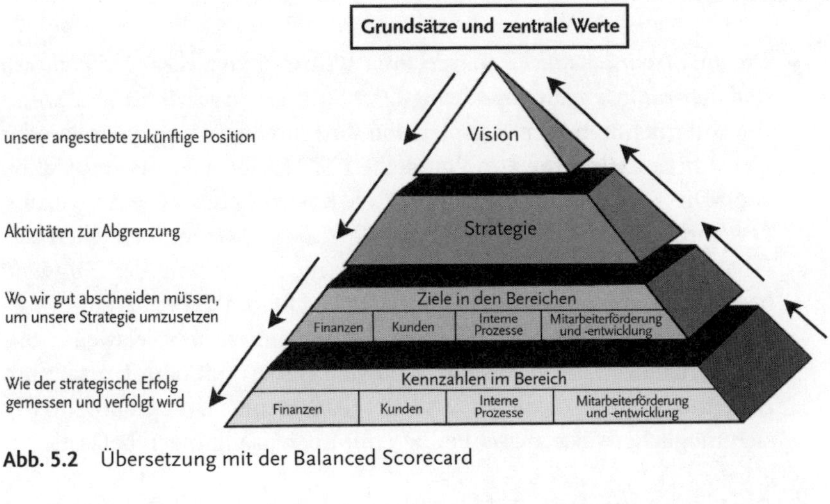

Abb. 5.2 Übersetzung mit der Balanced Scorecard

Die Zielsetzung für die Balanced Scorecard

Was sind Performanceziele?

Zwischen Ihrer Strategie, die die Aktivitäten und Entscheidungen bestimmt, die Sie treffen, um sich als Unternehmen abzugrenzen, und dem Performance Measurement, das Sie auswählen, um Ihre Effektivität zu beurteilen, benötigen Sie eine Reihe von Leistungszielen. Diese legen fest, wo Sie gut abschneiden müssen, um Ihrer Strategie gemäß zu handeln. Solche Zielstatements sind ganz einfach präzise Erklärungen, die die entsprechenden Dinge beschreiben, die Sie leisten müssen, wenn Sie Ihre Strategie erfolgreich umsetzen wollen. Die Ziele agieren als eine Art Brücke zwischen Ihrer Strategie auf höchster Ebene und den spezifischen Leistungsmaßstäben, die Sie verwenden, um den Fortschritt auf dem Weg zu der allgemeinen Zielerfüllung zu kontrollieren.

Die Entwicklung der Ziele

Die beste Möglichkeit, Performanceziele festzulegen ist, jede Perspektive der Balanced Scorecard in Form einer Frage zu untersuchen. Fordern Sie Ihr Team dazu auf, sich mit diesen Fragen auseinander zu setzen, und gründen Sie Ihre Ziele auf dem Feedback, das Sie bekommen:

- *Die finanzwirtschaftliche Perspektive: Welche finanziellen Maßnahmen sind notwendig, um die Umsetzung Ihrer Strategie zu gewährleisten?* Wenn Ihr Unternehmen zum Beispiel eine Kostenreduzierung anstrebt oder eine Effizienzstrategie verfolgt, sollten Sie Ziele in Erwägung ziehen wie »Die Senkung unserer indirekten Kosten« oder »Die Steigerung des Umsatzes pro Arbeitnehmer«. Die Ziele, die Sie bezüglich der Finanzperspektive auswählen, werden nicht nur von der Strategie beeinflusst, die Sie verfolgen, sondern auch vom Lebenszyklus Ihres Unternehmens. Ein aufstrebendes Unternehmen beispielsweise, das eine Effizienzstrategie verfolgt, wird sich stärker mit dem Umsatz pro Arbeitnehmer beschäftigen als ein gestandenes Unternehmen, das sich möglicherweise ausschließlich mit Kostensenkungen befasst.

- *Die Kundenperspektive: Welche Kunden gehören zu unserer Zielgruppe, und welche Werte wollen wir ihnen vermitteln?* Die Wertstrukturen, die Sie auswählen, bestimmen letztendlich die Zielsetzung und Kennzahlen für diese Perspektive. Ein Unternehmen, das die Nähe zum Kunden anstrebt, könnte Ziele verfolgen wie »Ein verbessertes Verhältnis der einbehaltenen Gewinne zu den Gewinnen nach Steuern« und »Eine verbesserte Kenntnis des Kaufverhaltens der Kunden«. Ziele wie die Steigerung der Kundenzufriedenheit und -loyalität werden häufig bei einer kundenbezogenen Perspektive angetroffen. Solange diese Ziele auch Ihren Wertstrukturen entsprechen, sind sie bestens geeignet. Einer Sache sollten Sie jedoch ausreichend Beachtung schenken: Beschränken Sie sich nicht ausschließlich auf solche »Erfolgsziele«, denn das sind diese Ziele eigentlich. Verlaufsorientierte (»leading«) und ergebnisorientierte (»lagging«) Kennzahlen werden etwas später in diesem Kapitel behandelt; doch im Augenblick denken Sie einfach daran, dass ein Ziel wie »Die Steigerung der Kundenzufriedenheit« nicht eine isolierte Aktion bezeichnet. Um die Zufriedenheit der Kunden zu steigern, müssen Sie in verschiedene Prozesse und Verhaltensweisen eingreifen, um dieses Ziel schließlich zu erreichen. Anders gefragt, was sind überhaupt die Treiber der Kundenloyalität?

- *Die interne Prozessperspektive: In welchen Prozessen müssen wir uns auszeichnen, um unsere Kunden und Aktionäre zufrieden zu stellen?* In dieser Perspektive wird einer der zahlreichen Nutzen der Balanced Scorecard für Ihre Arbeit deutlich. Die meisten Performancesysteme spezialisieren sich nur auf die Verbesserung der derzeitigen Unternehmensprozesse, wohingegen die Balanced Scorecard – mit ihrer Fokussierung auf die Strategie und das Zusammenspiel zwischen Zielsetzung und Kennzahlen – auch zu der Entwicklung völlig neuer Prozesse bezüglich der Wertsteigerung für Kunden und Aktionäre führen kann. Stellen Sie sich zum Beispiel vor, ein Unternehmen verfolgt das Kundenziel, die Anzahl der Beschwerden zu vermindern. Wenn dieses Unternehmen dann nach entsprechender Prüfung keinen geeigneten Prozess für die Lösung des Problems findet, dann sollte es entweder sehr schnell einen entwickeln oder es könnte zu Schwierigkeiten bei der Erfüllung des Ziels kommen. Die Ziele, die für diese Perspektive ausgewählt werden, ergeben sich häufig direkt aus denen der Kundenperspektive. Das kundenbezogene Ziel eines Einzelhandelsgeschäftes etwa, die Zahl der Reklamationen zu vermindern, könnte das Ziel für die interne Prozessperspektive ergeben, nur noch mit den besten Zulieferern zusammen zu arbeiten.

- *Die Perspektive für Mitarbeiterförderung und -entwicklung: Welche Fähigkeiten und Mittel benötigen unsere Mitarbeiter, um uns bei der Verfolgung unserer Strategie zu unterstützen?* Die meisten Unternehmen verwenden diese Perspektive, um die Aufgaben zu dokumentieren, die mit der Ausbildung ihrer Arbeitnehmer zusammenhängen. Ziele wie »Das Schließen von Kenntnislücken« und »Vermehrte Mitarbeiter-Trainings« erscheinen häufig auf der Balanced Scorecard. Obgleich dies wichtige Ziele sind, sollten Sie dennoch nicht vergessen, auch die Mittel ihrer Arbeitnehmer zu überprüfen, die sie zur Erledigung ihrer Arbeit zur Verfügung haben. Haben sie mit ihrem Computer Zutritt zu den neuesten Kundeninformationen? Gibt es Prozesse, die den Kenntnisstand der Arbeitnehmer erfassen? Diese Fragen müssen in den Zielen, die Sie für diese Perspektive auswählen, berücksichtigt und repräsentiert werden.

Wenn Sie Ihre Performanceziele entwickeln, ist es sehr hilfreich, jedes einzelne mit einem Verb wie den folgenden zu beginnen: steigern, reduzieren, initiieren, entwickeln, verringern, verbessern, werden, erreichen, und so weiter. Der Gebrauch dieser Verben unterscheidet die handlungsorientierte Natur der Ziele von der manchmal recht statischen Welt der Strategien, indem die entscheidende Frage nach der Ausführung der Strategie beantwortet wird. Sie könnten zum Beispiel eine Strategie der effizienten Produktion verfolgen, die dann in folgende Ziele übersetzt wird: Wir führen unsere Strategie aus, indem wir die Kosten senken, die Loyalität steigern, die Anzahl der doppelten Arbeitsschritte verringern und Kenntnislücken schließen.

Ihre Ziele sollten zum Handeln ermutigen, sie müssen jedoch nicht unbedingt quantitativer Natur sein. Spezifische numerische Erfolgskriterien zu liefern, ist Aufgabe der Kennzahlen, nicht der Ziele. Erinnern Sie sich daran, dass die Balanced Scorecard sich mit der Übersetzung befasst: der Übersetzung der Strategie in Ziele und dann die Bestimmung der besten Maßnahmen zur Erreichung dieser Ziele.

Da Ihr Balanced-Scorecard-Team aus Personen der unterschiedlichsten Unternehmensbereiche besteht, müssen Sie sicherstellen, dass jeder die Ziele, die Sie ausgewählt haben, genau versteht. Entwickeln Sie Erklärungen, die die spezielle Bedeutung jedes Ziels herausstellen und beschreiben. Diese Statements sollten ein oder zwei Sätze umfassen, also gerade lang genug sein, um die Absicht des Ziels verständlich zu machen, aber niemals so lang, dass man entmutigt wird, sie überhaupt zu lesen. Vielleicht verfolgen Sie bezüglich der Perspektive für Mitarbeiterförderung und -entwicklung das Ziel, die Kenntnislücken zu schließen. Wie bereits erwähnt wurde, ist dieses Ziel etwas vage, und kann vom Leser unterschiedlich interpretiert werden. Ein begleitendes Statement könnte etwa lauten: »Wir wollen unsere Kenntnislücken schließen, indem wir die strategischen Fähigkeiten durch Stellenausschreibungen, Weiterbildung und Erhalt eines qualifizierten Stammpersonals verbessern«. Basierend auf dieser Artikulation der Ziele sind Sie nun in der Lage, Leistungskennzahlen bezüglich der strategischen Fähigkeiten, der Einstellungsbemühungen, der Weiterbildungsmaßnahmen oder der Arbeitsplatzerhaltung zu entwickeln. Das Statement beschreibt also, wie das Ziel erreicht werden kann, ohne die spezifischen Schritte detailliert darzustellen.

Entwickeln Sie erst Zielsetzung und Kennzahlen – schaffen Sie dann Ursache-Wirkungs-Beziehungen

Viele Artikel und Bücher über Performance Measurement, ebenso wie etliche Unternehmensberater, befürworten die Entwicklung von miteinander verknüpften Zielen und Kennzahlen mittels der vier Perspektiven der Scorecard. Mit anderen Worten: Sie schlagen vor, dass Sie während der Entwicklung der Ziele und Kennzahlen Verbindungen von Ursache und Wirkung herstellen. Theoretisch erscheint dies sowohl logisch als auch förderlich, doch praktisch gibt es da Grenzen. Obwohl die Literatur eine Fülle von Ratschlägen bereit hält, gibt es interessanterweise wenig Techniken für die erfolgreiche Umsetzung dieses Prozesses. Der Grund ist, dass es extrem schwierig ist, um einen Konferenztisch herum zu sitzen und anhand einer Reihe von miteinander verknüpften Zielen und Kennzahlen eine zusammenhängende und logische Umsetzung Ihrer Strategie zu erreichen. Mein Hauptkritikpunkt an diesem Ansatz ist, dass die Kreativität der Gruppe darauf beschränkt ist, die neuen Leistungskennzahlen zu entwickeln, die den Unterschied in der Umsetzung Ihrer Strategie ausmachen. Häufig wird der erste Performancetreiber für ein einzelnes Ziel ausgewählt, ohne Rücksicht auf die vielen möglichen Alternativen zu nehmen. Die Arbeit wird vereinfacht und außerdem befriedigender für alle Beteiligten, wenn Sie sie in zwei Funktionsbereiche beziehungsweise Schritte aufteilen.

1. Entwickeln Sie Ziele und Kennzahlen für jede der vier Perspektiven.
2. Erstellen Sie eine Beschreibung Ihrer Strategie ausgehend von den entwickelten oder auch völlig neuen Zielen und Kennzahlen.

Beginnen Sie den Entwicklungsprozess mit einer Brainstormingsitzung, und sammeln Sie so viele Ziele und Kennzahlen, wie Ihre Gruppe bezüglich jeder der vier Perspektiven äußert. Sie haben Ihr Team aufgrund der verschiedenen Backgrounds, Spezialgebiete und Problemlösungsfähigkeiten ausgewählt. Halten Sie daher ein Brainstorming ab, das es der Gruppe ermöglicht, die volle Bandbreite ihrer kreativen Fähigkeiten auszuschöpfen, indem Sie die Teilnehmer dazu ermutigen, ihren gesamten Erfahrungsschatz einfließen zu lassen. Sie werden zweifellos in kürzester Zeit Dutzende potenzieller Ziele und Kennzahlen erhalten. Wenn Sie dann bereit dazu sind, Ihren Strategieplan aus den miteinander verknüpften Zielen und Kennzahlen zu erstellen, werden Sie bereits ein virtuelles Menü von Möglichkeiten geschaffen haben, das die Erfahrungen Ihres gesamten Teams widerspiegelt und aus dem Sie auswählen können. Ihre erste Brainstormingsitzung wird vielleicht nicht jedes wichtige Ziel und jede Kennzahl erfassen, aber sie wird viele mögliche Alternativen erzeugen. Im Verlauf des Entstehungsprozesses werden Sie genügend Zeit haben, weitere Ziele und Kennzahlen hinzuzufügen, die von Teammitgliedern, Führungskräften und Angestellten oder in Literaturbesprechungen und Untersuchungsberichten geäußert werden.

Sie werden sehr bald erkennen, dass die Entwicklung der Balanced Scorecard ein iterativer Prozess ist. Zweifellos wird Ihre endgültige Scorecard dem ersten Entwurf kaum ähneln und so sollte es auch sein. Denn jede Folgeversion wird Ihren Strategieplan noch akkurater als die vorherige darstellen. Dies ist ein weiterer Grund, warum erst die Entwicklung der Ziele und Kennzahlen und daran anschließenden die Herstellung von Verknüpfungen der Alternative vorzuziehen ist, alle Schritte in einem einzigen Prozess zu vollziehen. Falls Sie versuchen, einen Strategieplan zu entwerfen, später aber feststellen, dass die Ziele und Kennzahlen nicht zu Ihren übergeordneten Zielen passen, oder falls Ihr Team der Ansicht ist, dass Sie nicht die geeigneten Elemente erarbeitet haben, dann müssen Sie ganz einfach noch einmal von vorne anfangen. Mit Hilfe des Brainstormingansatzes erzeugen Sie eine Fülle an möglicher Zielen und Kennzahlen, die Sie in Ihren Strategieplan einfügen oder wieder entfernen können, bis die richtige Balance erreicht ist. Lassen Sie uns nun mit dem Aufbau solcher effektiven Sitzungen beschäftigen, in denen die angesprochenen Ziele und Kennzahlen entwickelt werden.

Die Durchführung von Sitzungen zur Entwicklung von Zielen und Kennzahlen

Der Begriff Brainstorming wurde absichtlich nicht im Titel dieses Abschnittes verwendet. Obgleich der Brainstorminganssatz sehr effektiv ist, fühlen sich manche Leute unwohl in solchen Sitzungen und sind bei dem Gedanken, Ideen auf Wunsch zu erzeugen, einem gewissen Stress ausgesetzt. Hat man diese Möglichkeit im Hinterkopf, so ist es vielleicht besser, solche Sitzungen als »Ideenfindungsgruppe« oder als »Hypothesen-Meeting« zu bezeichnen – hauptsache, Sie haben das Gefühl, dass die Bezeichnung Interesse und Kreativität in Ihrer Gruppe erzeugt. Egal, welchen Namen Sie der Zusammenkunft nun geben, das Ergebnis wird für die Umsetzung Ihrer Strategie notwendig sein. Sitzungen dieser Art sind aus mehreren Gründen nützlich, denn sie

- *ermutigen dazu, kreativ zu sein.* Keine Idee wird während des Meetings abgewiesen, die offene Atmosphäre des gegenseitigen Respekts führt oft zu gedanklichen Durchbrüchen.
- *vermitteln Besitzdenken.* Das Team, das Sie versammelt haben, ist solange (und vielleicht noch länger) Eigentümer des Prozesses, bis er in die Produktion Ihres Unternehmens eingeflossen ist. Indem alle Teammitglieder an dieser Sitzung teilnehmen und ihre persönlichen Denkweisen offenbaren, wird ein Gefühl der Verpflichtung und des Besitzens erzeugt.
- *stellen alle auf dieselbe Stufe.* Zweifelsohne wird Ihr Team Mitglieder aus allen Ebenen des Unternehmens enthalten. Während dieser Meetings befindet sich jeder auf derselben Stufe, und das Mitteilen von Ideen hilft dabei, Teamzusammenhalt zu erzeugen.
- *helfen, eine große Anzahl an Ideen zu erzeugen.* Lassen Sie uns nicht vergessen, warum wir diese Sitzungen abhalten. In solchen Meetings wird meist eine große Anzahl an Zielen und Kennzahlen in recht kurzer Zeit produziert. Einige davon besitzen natürlich mehr Potenzial als andere, doch allein die Tatsache, dass Sie aus einer so großen Anzahl auswählen können, hilft Ihnen bei der Erstellung eines Strategieplans.

Wie bei jedem anderen Meeting ist eine sorgfältige Planung erforderlich, um die notwendigen Erfolge zu erzielen. Lassen Sie uns einen Blick auf das werfen, was im Vorfeld, was während und was nach dem Meeting geschehen muss, um zu gewährleisten, dass Ihre Teammitglieder Berge potenzieller Ziele und Kennzahlen für Ihre Balanced Scorecard erzeugen.

Vor dem Meeting: Vorbereitung ist bei jedem Meeting der Schlüssel zum Erfolg. Sie müssen beispielsweise darüber nachdenken, wer die Sitzung leiten soll. Erfahrungsgemäß wird vorgeschlagen, einen Berater oder einen ausgebildeten Moderator von außerhalb zu engagieren. Ein solcher ist in der Lage, das Denken in der Gruppe zu fördern und erprobte Techniken anzuwenden, die gewährleisten, dass Sie Ihre Ziele auch erreichen. Setzen Sie die Sitzungen für maximal eine Länge von drei Stunden an. Es folgen nun einige weitere Dinge, die Sie vor Ihrer Sitzung berücksichtigen sollten:

- *Verteilen Sie im Vorfeld entsprechendes Material.* Die Balanced Scorecard übersetzt Ihre Grundsätze, Ihre Werte, Ihre Vision und Ihre Strategie – gehen Sie daher sicher, dass alle Teammitglieder die aktuellen Versionen jedes dieser Dokumente haben. Geben Sie zusätzlich die Informationen in Umlauf, die Sie bei Ihren Interviews mit den Führungskräften gesammelt haben.
- *Logistik.* Wenn möglich, sollte die Veranstaltung abseits von dem betrieblichen Geschehen abgehalten werden, um zu gewährleisten, dass Ihr Team nicht von anderen scheinbar wichtigen Aktivitäten abgelenkt wird, die in unmittelbarer Nähe stattfinden.
- *Bereiten Sie den Sitzungsraum vor.* Unabhängig davon, wo Sie das Meeting abhalten wollen, ist die Vorbereitung des Raumes äußerst wichtig. Plazieren Sie die Grundsätze, die Werte, die Vision und die Strategie auf großen Bannern oder Plakaten an exponierten Stellen des Raumes. Jeder Teilnehmer sollte diese Dokumente deutlich sehen können. Auch besonders interessante oder relevante Zitate aus den Interviews können an den Wänden angebracht werden. Die Geschäftsführung muss schließlich mit dem Ergebnis der Sitzung arbeiten, daher müssen Sie unbedingt gewährleisten, dass die Denkweise der Führungskräfte in allem, was Sie erarbeiten, enthalten ist. Des Weiteren sollten Sie Flipcharts vorbereiten, auf denen jeder Input der Gruppe festgehalten werden kann. Bereiten Sie außerdem Notizblätter für jede der Scorecard-Perspektiven vor. Wir kennen schließlich alle das Sprichwort »Der Teufel sitzt im Detail«. Stellen Sie daher sicher, dass Sie ausreichend

Flipchartpapier, Post-it-Notes, Stifte und Klebeband zur Verfügung haben.

Während des Meetings: Woody Allen ist bekannt für seinen Spruch, dass man »nur 90 Prozent seines Lebens anwesend ist«. Ich selbst habe viele von Woodys Filmen sehr genossen, aber in diesem Punkt bin ich nicht seiner Meinung – zumindest was Ihre Balanced-Scorecard-Meetings betrifft. Wenn Ihre Teilnehmer erst einmal erschienen sind, liegt es an Ihnen, sicher zu stellen, dass jeder soviel wie möglich aus dieser Sitzung mitnimmt. Sie haben sich vorbereitet, Sie haben Material verteilt, und Sie haben die Versicherung, dass alle ordnungsgemäß erscheinen werden. Lassen Sie uns nun einen Blick auf das werfen, was während der Sitzung geschehen muss, um ein erfolgreiches Ergebnis zu garantieren.

- *Eröffnung der Sitzung*. Zunächst sollte der Leiter jedem der Teilnehmer für sein Erscheinen und die Mühen, die er dafür auf sich genommen hat, danken und genau darlegen, welche herausfordernde und aufregende Arbeit vor ihm liegt. Er sollte außerdem seine Aufgabe in der Sitzung erklären – die des objektiven Leiters. Die Ziele des Meetings sollten besprochen werden, ebenso organisatorische Dinge wie Zeitplan und Pausenregelung. Zuletzt sollten die Grundregeln des Meetings vorgestellt werden. Obwohl die Sitzung zwanglos ist, sollten doch gewisse Regeln eingehalten werden – wie etwa die aktive Teilnahme der Anwesenden, keine Zurückweisung von Ideen und das Einhalten des Zeitplans.
- *Das Sammeln von Ideen*. Der Leiter gibt den ersten Anstoß, indem er die Grundsätze, die Werte, die Vision und die Strategie sowie alles sonstige, was an der Wand zu sehen ist, laut vorliest. Dann eröffnet er das Feld für potenzielle Ziele und Kennzahlen in allen vier Perspektiven. Sobald die Teilnehmer Ideen äußern, werden diese auf dem Flipchart festgehalten, immer entsprechend der zugehörigen Perspektive auf der Scorecard. In unserer ersten Sitzung dieser Art bei Nova Scotia Power wurden in den ersten 45 Minuten über 100 mögliche Ziele und Kennzahlen gesammelt. Auch Sie werden diesbezüglich erfolgreich sein, aber jedes Brainstorming gelangt irgendwann unweigerlich an einen toten Punkt. Es gibt jedoch einige Tipps, wie der Kreativität dann wieder auf die Sprünge geholfen werden kann. Versuchen Sie zunächst, physische Aktivitäten in Ihre Sitzung mit einzubeziehen. Eine solche Technik ist etwa bekannt als *Brainwalking*.[3] Ihre Teammitglieder soll-

ten sich dazu von ihren Stühlen erheben und durch den Raum gehen. Wenn sie dann an den Flipcharts mit den Zielen und Kennzahlen vorbeikommen, wird jeder dazu angehalten, zu jeder Liste zumindest etwas hinzuzufügen, bevor er sich wieder setzt. Die bloße physische Aktivität während dieser einfachen Übung können zu erneuter Kreativität führen. Eine andere Methode, die dabei hilft, den Gedankenfluss anzuregen, ist die »Papierflieger-Methode«.[4] Wenn die Gruppe etwas müde erscheint, können Sie einen Papierflieger falten und ihn mitten in die Gruppe werfen. Wer dann am nächsten am »Landeplatz« des Papierfliegers sitzt, muss eine neue Idee liefern. Dann wird das Ganze wiederholt, und derjenige, bei dem der Flieger jetzt landet, muss sich nun etwas überlegen. Wenn diese kleinen Tricks jedoch auch nicht helfen und Ihre Gruppe immer noch teilnahmslos dasitzt, können Sie immer noch ein bisschen mogeln. Geben Sie dem Leiter eine Liste mit möglichen Zielen und Kennzahlen, die Sie in Benchmarking-Studien, Wirtschaftsmagazinen oder Ähnlichem gefunden haben. Er kann den Anwesenden dann ein paar Punkte dieser Liste mitteilen und auf diesem Wege versuchen, sie wieder auf den richtigen Weg zu bringen. Während des Meetings könnte Ihr Team vorschlagen, doch einige Ziele und Kennzahlen in eine Ursache-Wirkungs-Beziehung zu bringen. Obgleich die strategische Verknüpfung nicht Thema dieser Sitzung ist, sollten Sie schon jetzt alle möglichen Verbindungen zwischen den Kennzahlen aufzeichnen. Dabei ist es sicher hilfreich, die Verknüpfungen mittels verschiedenfarbiger Post-it-Notes sichtbar zu machen. Beschließen Sie die Sitzung, indem Sie die Liste der Ziele und Kennzahlen noch einmal zusammenfassen, die Sie für jede der Scorecard-Perspektiven gesammelt haben. Dies gibt den Teilnehmern die Gelegenheit, sich über die genauen Bedeutungen klar zu werden und Wiederholungen zu streichen.

Nach dem Meeting: Der Teamleiter ist nun dafür verantwortlich, dass die Flipcharts eingesammelt werden, alles getippt und anschließend an die gesamte Gruppe verteilt wird. Dabei sollten auch eventuelle Ursache-Wirkungs-Beziehungen dokumentiert werden, die während des Meetings vorgeschlagen worden sind.

Diese Meetings bieten eine gute Gelegenheit, einen Sinn für Teamarbeit und gegenseitige Verantwortlichkeit innerhalb Ihres Balanced-Scorecard-Teams zu entwickeln. Obwohl nicht jedes Ziel und jede Kennzahl, die auf Ihren Flipcharts dokumentiert ist, letztendlich auf Ihrer Balanced Scorecard erscheint, so sorgen sie doch für einen guten Start und bringen Ihr Team dazu, sich mit der Balanced Scorecard und ihren Perspektiven auseinanderzusetzen und zu erkennen, was es bedarf, um eine Strategie effektiv zu übersetzen.

Die Verfeinerung der Ziele

Das oben beschriebene Meeting wird zweifelsohne in Dutzende von möglichen Zielen münden. Doch wie viele Ziele brauchen Sie überhaupt, und wie bestimmen Sie, welche Sie nun behalten wollen? Die Balanced Scorecard ist ein mächtiges Kommunikationsinstrument, aber es ist schwierig, die kommunikativen Möglichkeiten der Scorecard nutzbar zu machen, wenn man eine solche Fülle von Zielen hat. Denken Sie daran, dass jedes Ziel auf der Scorecard zwei Leistungskennzahlen ergibt, denn sonst ist die exakte Erfassung der Zielintention nicht gewährleistet. Wenn Sie also Ihre Scorecard auf maximal 20 Kennzahlen begrenzen wollen, dann sollten Sie auch nicht mehr als zehn Ziele haben. Versuchen Sie also, die Anzahl der Ziele auf ein Maximum von drei für jede Perspektive zu minimieren.

Sobald das Team die Gelegenheit hatte, über die Ziele, die Sie entwickelt haben, nachzudenken, sollten Sie eine Folgesitzung einberufen. Je nachdem wie viele Ziele es sind, könnte auch mehr als eine Sitzung notwendig sein. Während dieser Sitzung sollten Sie Ihr Team dazu auffordern, diejenigen Ziele auszuwählen, von denen sie glauben, dass sie in Ihrer Balanced Scorecard enthalten sein sollten. Jedes Ziel sollte mit Ihren Grundsätzen, Ihren Werten und Ihrer Vision vereinbar sein. Außerdem muss untersucht werden, ob diese Ziele eine genaue Umsetzung der Strategie bedeuten. Stellen Sie sich selbst die Frage: Führt die Erreichung dieses Ziels zu einer erfolgreichen Umsetzung unserer Strategie?

Performance Measurement – Das Herz der Balanced Scorecard

Was ist Performance Measurement?

Zu Beginn des Kapitels wurden die Performanceziele eingeführt. Sie wurden als präzise Statements definiert, die spezifische Dinge beschreiben, die Sie zur erfolgreichen Umsetzung Ihrer Strategie ausführen müssen.

Doch wie erkennen wir tatsächlich, dass wir unsere Ziele erfüllen? Leistungskennzahlen sind die Werkzeuge, die wir brauchen, um zu bestimmen, ob wir unsere Zielvorgaben einhalten und uns in Richtung einer exakten Umsetzung unserer Strategie bewegen. Genauer könnten wir die Kennzahlen als quantifizierbare Vorgaben bezeichnen (normalerweise ist das so, aber nicht immer), die zur Beurteilung und Kommunikation der Performance im Verhältnis zu den erwarteten Ergebnissen dienen. Keine einfache Definition kann jedoch tatsächlich die Macht erfassen, die fachmännische und hervorragend kommunizierte Leistungskennzahlen auf ein Unternehmen ausüben. Kennzahlen kommunizieren Werte auf einen Art und Weise, wie es selbst die Reden des charismatischten Vorstandsvorsitzenden nicht vermögen. Sie haben die Funktion eines Werkzeugs, das zu der gewünschten Handlung motiviert, allen Mitarbeitern eine Richtlinie vermittelt, wie sie ihren Beitrag zu den allgemeinen Unternehmenszielen leisten können, und sie liefern dem Management eine Hilfe, den allgemeinen Fortschritt hin zu den strategischen Zielen zu bestimmen. Kennzahlen sind also besonders entscheidend für Ihre Balanced Scorecard, die Erzeugung dieser Kennzahlen ist jedoch nicht so einfach, wie es vielleicht erscheint. In eine aktuellen Studie des American Institute of Certified Public Accountants bezeichneten 27 Prozent der Befragten *»die Fähigkeit, Kennzahlen zu definieren und sich auf die geeigneten zu einigen«* als häufigstes Hindernis bei der Umsetzung und Überprüfung eines Performance-Measurement-Systems.[5]

Dieser Teil des Kapitels untersucht die Rolle der Performance- oder Leistungskennzahlen in der Balanced Scorecard. Die Unterscheidung zwischen ergebnis- und verlaufsorientierten Kennzahlen ist der Punkt, an dem wir beginnen wollen, da sie sich als essentiell für Ihre Entwicklung der Kennzahlen erweisen wird. Im Anschluss daran werden wir die vier Perspektiven der Balanced Scorecard analysieren und untersuchen, wie wir spezifische Kennzahlen für jede einzelne entwickeln können und wie wir die verschiedenen Arten von Kennzahlen klassifizieren können, auf die wir stoßen. Hoffentlich wird Ihr Unternehmen nach der Lektüre der folgenden Teile nicht zu dem Schluss kommen, dass die Fähigkeit, Kennzahlen zu definieren und sich darauf zu einigen, das größte Hindernis bei der Entwicklung Ihres Performance-Measurement-Systems darstellt.

Der Blick zurück und voraus: ergebnis- und verlaufsorientierte Kennzahlen

Erst kürzlich führte ich eine Präsentation auf einer Softwarekonferenz durch und dachte ungefähr nach der Hälfte der Sitzung: »Mir werden heute sehr viele Fragen gestellt, und jeder ist sehr aufmerksam – kaum ein Gähnen ist zu sehen! Ich wette, ich werde von dieser Gruppe gute Kritiken bekommen«. Ich dachte dies, weil ich mir gute Kritiken von dieser Gruppe erhoffte. Um dieses positive Feedback zu bekommen, musste ich die Aufmerksamkeit der Gruppe die ganze Präsentation über aufrecht erhalten und sie zu aktiver Teilnahme ermutigen. Ich nahm also an, dass wenig Gähnen und viele Fragen zwangsläufig zu positiven Kritiken auf meinem Beurteilungsbogen führen würden. Mit anderen Worten, »Gähnen« bzw. »Fragen« waren die Leistungstreiber (verlaufsorientierten oder Leading-Indikatoren) für meine Endbeurteilung (ergebnisorientierte oder Lagging-Indikatoren). Das ist der Hauptunterschied zwischen den beiden Indikatortypen: Die ergebnisorientierten Indikatoren repräsentieren die Konsequenzen von bereits erfolgten Handlungen, während verlaufsorientierte Indikatoren die Kennzahlen sind, die zu den Ergebnissen führen, die mit den ergebnisorientierten Indikatoren gemessen werden. Verkaufszahlen, Marktanteil und Arbeitsausfälle etwa können allesamt als ergebnisorientierte Indikatoren bezeichnet werden. Doch wodurch werden diese Lagging-Indikatoren beeinflusst? Verkaufszahlen könnten beispielsweise von der Zahl der Stunden, die mit den Kunden verbracht wurden, beeinflusst werden, der Marktanteil durch das Markenbewusstsein und die Anzahl der Arbeitsausfälle durch die Sicherheitsüberprüfung. Verlaufsorientierte Indikatoren sollten die Leistung der ergebnisorientierten Kennzahlen voraussagen können.

Ihre Balanced Scorecard sollte eine Mischung beider Indikatoren enthalten. Denn ergebnisorientierte Indikatoren allein informieren nicht darüber, wie wir unsere Ergebnisse zu erreichen gedenken. Und verlaufsorientierte Indikatoren auf der anderen Seite weisen zwar auf die wichtigsten Verbesserungen innerhalb des Unternehmens hin, doch sie allein geben keinen Aufschluss darüber, ob diese Verbesserungen auch zu besseren Ergebnissen im Finanz- und im Kundenbereich führen. Die Suche nach ergebnisorientierten Kennzahlen wird wahrscheinlich keine allzu große Herausforderung darstellen, da unsere Sprache überflutet ist von solchen Indikatoren: Verkaufszahlen, Gewinne, Nutzen und viele andere sind heutzutage gebräuchliche Kennzahlen. Es ist hilfreich, eine Reihe dieser ergebnisorientierten Indikatoren auf Ihrer Scorecard unterzubringen. Auch wenn Sie anderen

Unternehmen bezüglich dieser Kennzahlen gleichen werden, so heben die verlaufsorientierten Indikatoren Sie doch von den anderen ab, indem sie die spezifischen Aktivitäten und Prozesse herausstellen, die entscheidend für die ergebnisorientierten Erfolgsindikatoren sind.

Der Diskussion bezüglich der Leading- und Lagging-Kennzahlen wird in Trainingsseminaren zum Performancemanagement und in der Literatur zur Balanced Scorecard viel Aufmerksamkeit gewidmet. Wenn es aber tatsächlich zur Entwicklung einer guten Balanced Scorecard kommen soll, versäumen viele Unternehmen leider, die Mischung dieser wichtigen Variablen genau unter die Lupe zu nehmen. Während die meisten Leute das Konzept verstehen, haben sie Schwierigkeiten dabei, die verlaufsorientierten Indikatoren zu entwickeln, und verlassen sich stattdessen eher auf die ergebnisorientierten Leistungskennzahlen. Um dieses Problem zu bewältigen, sollten Sie die Diskussion um verlaufsorientierte Kennzahlen in all Ihre Gespräche einfließen lassen. Während der bereits besprochenen Sitzungen zur Entwicklung von Kennzahlen sollte der Leiter beispielsweise immer, wenn jemand einen ergebnisorientierten Performance-Indikator vorschlägt, sagen: »Gut, und was macht die Performance für diese Kennzahl aus?«. Beim Sammeln der Kennzahlen auf Ihren Flipcharts sollten Sie zwei Spalten einrichten: eine für ergebnisorientierte und eine zweite für verlaufsorientierte Indikatoren, die zu den Ergebniskennzahlen führen. In Abbildung 5.3 werden verlaufs- und ergebnisorientierte Kennzahlen einander gegenübergestellt.

Kennzahlen für die finanzwirtschaftliche Perspektive

Im ersten Kapitel wurde die Balanced Scorecard als Methode vorgestellt, die Unternehmen dazu nutzen können, ihrer Abhängigkeit von finanzwirtschaftlichen Leistungskennzahlen entgegenzuwirken. Eine Reihe von Problemen im Zusammenhang mit finanziellen Kennzahlen wurden diskutiert:

- Sie stimmen nicht mit dem heutigen Unternehmensumfeld überein, in dem in den allermeisten Fällen immaterielle Werte beziehungsweise Intangible Assets Gewinn erbringen.
- Finanzielle Kennzahlen liefern häufig ein gutes Bild der Vergangenheit, es mangelt ihnen oft jedoch an prognostischen Möglichkeiten.
- Die Konsolidierung von Finanzinformationen fördert das Entstehen von Überkapazitäten.

	ergebnisorientiert	*verlaufsorientiert*
Definition	Diese Kennzahlen konzentrieren sich auf die Ergebnisse am Ende der Periode und befassen sich normalerweise mit bereits erbrachter Leistung	Kennzahlen, die zur Leistung und den damit verbundenen ergebnisorientierten Kennzahlen führen; sie befassen sich normalerweise mit den dazwischen liegenden Prozessen und Aktivitäten.
Beispiele	• Marktanteil • Verkaufszahlen • Mitarbeiterzufriedenheit	• Die mit den Kunden verbrachte Stundenzahl • Anzahl der Angebote • Abwesenheitsrate am Arbeitsplatz
Vorteile	Normalerweise leicht zu bestimmen und zu erfassen	Sie sind prognostischer Natur; sie ermöglichen es dem Unternehmen, auf Ergebnissen basierende Änderungen vorzunehmen
Problembereiche	Sie beziehen sich auf die Vergangenheit; sie sagen nichts über derzeitige Aktivitäten aus; sie sind nicht prognostischer Natur	Schwer definierbar und schwer zu erfassen; es sind häufig neue Kennzahlen, die mit der Vergangenheit des Unternehmens nichts zu tun haben.

Die Balanced Scorecard sollte eine Mischung aus verlaufs- und ergebnisorientierten Performancekennzahlen enthalten.

Abb. 5.3 Ergebnis- und verlaufsorientierte Kennzahlen

- Langfristige wertschaffende Aktivitäten könnten durch kurzfristige Finanzzahlen etwa aus Maßnahmen wie Mitarbeiterentlassungen gefährdet werden.
- Die meisten finanziellen Kennzahlen auf den höheren Unternehmensebene liefern wenig Hilfestellung für den Arbeitsalltag der Angestellten auf den unteren Ebenen.

Trotz ihrer offensichtlichen Mängel kommt eine gut konstruierte Balanced Scorecard nicht völlig ohne finanzwirtschaftliche Leistungskennzahlen aus. Die Anwender der Scorecard-Methode erkennen diese Tatsache und sehen finanziellen Kennzahlen folglich als wichtige Komponente der Scorecard an. Eine aktuelle Studie zeigte, dass 49 Prozent aller Unternehmen finanziellen Kennzahlen sogar eine größere Bedeutung beimessen als allen anderen Indikatoren.[6]

Indem es eine Balanced Scorecard benutzt, hat ein Unternehmen die Möglichkeit, viele der Probleme im Zusammenhang mit finanziellen Kennzahlen abzuschwächen oder sogar vollständig zu lösen. Wenn Sie beispielsweise diese Kennzahlen auch den unteren Ebenen Ihres Unternehmen zugänglich machen, ermöglicht das allen Mitarbeitern zu zeigen, wie sie tagtäglich ihren Beitrag zur Unternehmensstrategie und zu den Unternehmenszielen leisten und letztendlich selbst den Ertrag beeinflussen. Finanzielle Kennzahlen sollten Teil jeder Balanced Scorecard sein, ob es sich nun um ein privates, öffentliches oder um ein Non-Profit-Unternehmen handelt. Dieses Kapitel beschäftigt sich jedoch ausschließlich mit finanziellen Kennzahlen für den privaten Sektor. In Kapitel 13 wird der Einsatz dieser Perspektive im öffentlichen und im Non-Profit-Sektor diskutiert.

Alle Kennzahlen, die Sie für Ihre Balanced Scorecard ausgewählt haben, sollten in einer Kette von Ursache-Wirkungs-Beziehungen, die Ihrer Strategie entsprechen, miteinander verknüpft sein. Kaplan und Norton formulierten es so: »*Wir beginnen mit dem Ziel. Was wollen wir erreichen? ... Wenn wir die Scorecard genau betrachten, dann münden die einzelnen Bereiche alle im Finanzsektor.*«[7] Die Kennzahlen in der Finanzperspektive legen den Grundstein für die Auswahl der Kennzahlen in jeder der drei anderen Perspektiven. Bei der Entwicklung von verknüpften Kennzahlen für die Kundenperspektive, die interne Prozessperspektive und der Lern- und Entwicklungsperspektive müssen wir sicherstellen, dass sie zu verbesserten finanziellen Ergebnissen und zur Umsetzung unserer Strategie führen. Wir könnten all unsere Energie und Fähigkeiten für die Verbesserung der Kundenzufriedenheit, der Qualität, der pünktlichen Lieferung und vieler anderer Dingen einsetzen, doch ohne Hinweise auf die Auswirkungen hinsichtlich der Ertragslage des Unternehmens ist dies von begrenztem Wert.

Die Auswahl der finanziellen Kennzahlen

Wie alle anderen Kennzahlen auf der Balanced Scorecard sollten auch die finanziellen Kennzahlen direkt von der Unternehmensstrategie abgeleitet werden. Da sich Strategien mit der Abgrenzung gegenüber anderen Unternehmen befassen, welche schließlich zum Erfolg führt, ist eine große Vielfalt an Kennzahlen für jede der Perspektiven einschließlich der finanzwirtschaftlichen zu erwarten. In der Praxis wählen die meisten Unternehmen finanzielle Kennzahlen zu den Bereichen Wachstum, Rentabilität und Wertsteigerung aus.

Die meisten Unternehmen streben ein *Wachstum* der Märkte, die sie beliefern, oder wachsende Umsätze an. Kennzahlen wie der Umsatz im Bereich neuer Produkte und der Marktanteil sind sehr nützlich, um den Grad der Zielerfüllung zu bestimmen. Während Wachstum ein häufiges Ziel ist, ist *Rentabilität* immer eines der Hauptkriterien für Erfolg. Über die Jahrzehnte hat unser traditionelles Rechnungswesen zahlreiche Methoden zur Kalkulation der Unternehmensrentabilität entwickelt, wie etwa die Bruttogewinnspanne, das Nettoeinkommen und die Gewinnberechnung.

Obgleich Kennzahlen für Wachstum und Rentabilität nützlich sind, kann man sich bezüglich des finanzwirtschaftlichen Bereichs eines Unternehmens nicht ausschließlich auf sie stützen. Nehmen wir beispielsweise an, ein Unternehmen möchte seine Gewinne steigern. Expandierung und Investitionen werden dieses Ziel mit Sicherheit erfüllen, aber zu welchen Kosten? Der *Wert* wird nur dann gesteigert, wenn die Expandierung profitabel ist und Umsätze erzielt werden, die höher als die Kapitalkosten sind. Es ist möglich, dass ein Unternehmen seine Umsätze steigert und der Wert der Aktien trotzdem sinkt, wenn die Kapitalkosten im Zusammenhang mit den neuen Investitionen entsprechend hoch sind.[8] Um zu bestimmen, ob Investitionen tatsächlich einen Wertzuwachs bedeuten, sind viele Unternehmen zur Berechnung des »economic value added« (EVA) übergegangen. Durch EVA haben viele Unternehmen nun ein Werkzeug zur Kalkulation der Kosten verschiedener Investitionsalternativen. Das Unternehmen Diageo PLC, das seinen Sitz in London hat und zu dem das Unternehmen United Distillers & Vintners Limited gehört, setzte EVA ein, um herauszufinden, welche seiner Likörmarken die besten Erträge erbringen würde. Die Analyse ergab, dass alter Scotch aufgrund der Lagerungszeit nicht so profitabel war wie Wodka, der bereits innerhalb weniger Wochen nach der Destillierung verkauft werden konnte. Die Folge dieser EVA-Analyse war, dass das Management von United Distillers damit begann, die Wodkaproduktion und den Verkauf zu steigern.[9]

Nicht jedes Unternehmen wählt finanzielle Kennzahlen zu den Bereichen Wachstum, Rentabilität und Wertzuwachs. Einige Unternehmen, insbesondere die in der Finanz- und Versicherungsbranche wählen beispielsweise Indikatoren aus dem Bereich Risikomanagement, um die finanziellen Kennzahlen zu komplettieren. Die Westdeutsche Landesbank zum Beispiel gibt es in mehr als 35 Staaten weltweit. Bei der Entwicklung finanzieller Kennzahlen in ihrer Filiale in New York City entschloss sich die West LB, ihre traditionellen Kennzahlen der Gewinnsteigerung und der Kostenreduzierung um eine Kennzahl des risikobereinigten Kapitalertrags zu erweitern. Dieser Zusatz verdeutlichte die Bedeutung des Risikomanagements für ihr Portfolio.

Einige Unternehmen bedienen sich nicht allein der Daten ihres Rechnungswesen, sondern werfen auch einen Blick auf die Börse, um ihre finanzwirtschaftliche Perspektive zu erweitern. Kennzahlen des Aktienpreises und des Marktwertes werden dann häufig für die Balanced Scorecard verwendet. Diejenigen, die bei Unternehmen beschäftigt sind, die sehr abhängig von Innovationen und Humankapital sind (wer ist das nicht?), könnten finanziellen Kennzahlen anstreben, die den Wert ihres »geistigen« Kapitals erfassen. Wie jedoch bei allen Kennzahlen der Balanced Scorecard ist das Entscheidende die Übereinstimmung mit der eigenen Strategie. Die Kennzahlen, die Sie für Ihre finanzwirtschaftliche Perspektive ausgewählt haben, sind richtungsweisend für die Bestimmung der restlichen Kennzahlen für Ihre Balanced Scorecard. Vergewissern Sie sich daher, dass sie den Zielen Ihres strategischen Plans entsprechen. Ihre Kennzahlen sollten zu Ihrem individuellen Unternehmen passen, doch als Starthilfe folgt nun eine Liste der am häufigsten gebrauchten Kennzahlen.

- Gesamtkapital
- Kapital pro Mitarbeiter
- Gewinne im Verhältnis zum Gesamtkapital
- Eigenkapitalrendite
- Gesamtkapitalrendite
- Einnahmen im Verhältnis zum Gesamtkapital
- Bruttogewinnspanne
- Jahresüberschuss
- Gewinne im Verhältnis zu den Absatzzahlen
- Gewinn pro Mitarbeiter
- Einnahmen
- Einnahmen aus neuen Produkten
- Einnahmen pro Mitarbeiter
- Return on Equity (ROE)
- Return on Capital Employed (ROCE)
- Return on Investment (ROI)
- Economic value added (EVA)
- Market value added (MVA)
- Wertzuwachs pro Mitarbeiter
- Wachstumsrate
- Dividenden
- Marktwert
- Aktienpreis
- Zusammensetzung der Aktionäre
- Loyalität der Aktionäre
- Cashflow
- Gesamtkosten
- Kreditwürdigkeit
- Verbindlichkeiten
- Verschuldungsgrad
- Zinseinnahmen
- Tagesabsätze in Form von Forderungen
- Umschlagsgeschwindigkeit der Forderungen
- Zahlungstermine der Forderungen
- Warenbestand
- Lagerumschlagsquote

Abb. 5.4 Die am häufigsten gebrauchten finanziellen Kennzahlen

Kennzahlen für die Kundenperspektive

Den meisten Unternehmen fällt es sehr leicht, eine Vielzahl von Kundenkennzahlen zu erzeugen. Kundenzufriedenheit, Marktanteil und Rentabilität werden mit Sicherheit bei der Auswahl Ihrer Kennzahlen auftreten. Wenn Sie sich jedoch näher mit diesen Kennzahlen befassen, erkennen Sie, dass sie sich alle mit Handlungen befassen, die bereits erfolgt sind, und daher ergebnisorientierte Indikatoren darstellen. Während jeder dieser Indikatoren nützlich ist, offenbaren ihre Ergebnisse wenig, solange wir nicht wissen, was ihre Performance bedingt. Mit anderen Worten was sind die entsprechenden verlaufsorientierten Indikatoren? Wenn die Kundenzufriedenheit zu wünschen übrig lässt, müssen wir wissen, warum – was ist die Ursache dieses Verfalls? Wenn die Rentabilität steigt, ist es wichtig zu wissen, was zu diesen erfreulichen Entwicklungen geführt hat und wie wir diesen Zustand erhalten können. Die richtige Mischung aus verlaufs- und ergebnisorientierten Indikatoren ist für die Kundenperspektive entscheidender als für alles andere auf der Balanced Scorecard. Lassen Sie uns daher nun damit beschäftigen, wie wir unsere Mischung aus verlaufs- und ergebnisorientierten Kundenkennzahlen entwickeln können.

Die Bestimmung der verlaufsorientierten Indikatoren

In der Diskussion um Strategien im vierten Kapitel wurde erwähnt, wie enorm wichtig die einzigartige Mischung der Aktionen ist, die den Verbrauchernutzen ausmachen. Das Nutzenangebot für Ihre Kunden bestimmt, wie Sie sich von anderen Unternehmen abheben werden und folglich, welche Märkte Sie beliefern werden. Um einen Nutzen für den Kunden zu entwickeln, wählen viele Unternehmen eine der drei Disziplinen, die von Treacy und Wiersema in *Marktführerschaft. Wege zur Spitze*[10] beschrieben wurden.

- *Betriebliche Spitzenleistung.* Unternehmen, die die Disziplin betrieblicher Spitzenleistung verfolgen, konzentrieren sich auf niedrige Preise, Bequemlichkeit und verzichten meistens auf Extras. Jeder, der bei Costco einkauft, erkennt, dass dies ein Unternehmen ist, das betriebliche Spitzenleistung erbringt. Die niedrigen Preise und die große Auswahl lassen uns wiederkommen.
- *Produktführerschaft.* Produktführer investieren in die Gestaltung ihrer Produkte. Mit Hilfe von ständig neuen Innovationen versuchen sie,

ganz einfach das beste Produkt auf dem Markt anzubieten. Die Sony Corporation könnte als solcher Produktführer angesehen werden.

- *Kundennähe.* Unternehmen, die besonderen Wert auf Kundennähe legen, unternehmen alles, um Lösungen für die einzigartigen Bedürfnisse der Kunden zu finden. Sie beschäftigen sich nicht mit einmaligen Aktionen, sondern konzentrieren sich auf den Aufbau langfristiger Beziehungen, wobei ihnen ihre Kenntnis der Kundenbedürfnisse behilflich ist. In der Einzelhandelsindustrie ist beispielsweise Home Depot ein solches kundenorientiertes Unternehmen.

Das Leistungsangebot, das Sie anbieten, wird großen Einfluss auf das Performance Measurement haben, die Sie auswählen, da jede einzelne einen anderen Schwerpunkt hat.

Kennzahlen für betriebliche Spitzenleistung

Treacy und Wiersema fassen die Essenz eines Unternehmens, das betriebliche Spitzenleistung erbringt, in einem Wort zusammen: die richtige Formel. Diese Unternehmen treffen harte Entscheidungen, um der Konkurrenz voraus zu sein: *»weniger Produktvariation, den Mut, nicht die Bedürfnisse jedes Kunden zu befriedigen, die Verschmelzung des gesamten Unternehmens, nicht nur Herstellung und Vertrieb, zu einem einzigen Instrument.«*[11] Nun untersuchen wir die Leistungskennzahlen, die diese Unternehmen verwenden, um ihre spezielle Kombination ausfindig zu machen.

- *Der Preis.* Das Wesentliche eines Unternehmens, das betriebliche Spitzenleistung erbringt, ist die schonungslose Verfolgung der Niedrigpreisstrategie. Wal-Mart, Costco und Southwest Airlines bieten ihre Produkte zu konsequent niedrigeren Preisen als ihre Konkurrenten an. Die Kalkulation der richtigen Produktpreise ist entscheidend für diese Unternehmen, da sie ergebnisorientierte Indikatoren wie den Marktanteil und die Kundenzufriedenheit bedingt.
- *Die Auswahl.* Diese Unternehmen erkennen, dass ihre Kunden nicht erwarten, dass sie jedes Produkt auf diesem Erdball anbieten – denn das wäre ein direkter Widerspruch zu ihrer Erfolgsformel. Es ist jedoch entscheidend für Unternehmen, die betriebliche Spitzenleistung erbringen, zu gewährleisten, dass alle Produkte für die Kunden erhält-

lich sind. »Produktverfügbarkeit«, »Lagerumschlag« und »Fehlbestände« müssen daher genau beobachtet werden.

- *Bequemlichkeit.* Unternehmen, die betriebliche Spitzenleistung erbringen, reduzieren alle Kosten, von denen sie annehmen, dass sie dem Kunden keinen Nutzen stiften. Diese Kosten können materieller und immaterieller Natur sein. Saturn liefert ein solches Beispiel eines Unternehmens, das »intangible costs« reduziert hat – es gibt dort keine unvermeidliche Konfrontation mit dem Verkäufer. Ihre Preispolitik, die ein Handeln ausschließt, ermöglicht es dem Kunden, schnell die Gesamtkosten etwa eines Autos zu überblicken.
- *Null-Fehler-Programm.* Wenn ein Kunde Geschäfte mit einem Unternehmen macht, das betriebliche Spitzenleistung erbringt, dann erwartet er ein Null-Fehler-Programm, ob er nun einen Big Mac bei einem der McDonald's-Restaurants kauft oder ein Paket von FedEx erwartet. Rationalisierte Produktion und enge Zusammenarbeit mit den Zulieferern ebnet den Weg für dieses Ziel. Die »Produktionsfehlerrate« und »Fehler im Servicebereich« werden daher sorgfältig beobachtet.
- *Wachstum.* Die Führerschaft in der Stiftung von Nutzen innezuhaben, ist das Mantra eines Unternehmens, das betriebliche Spitzenleistung erbringt. Preissteigerungen für innovative Produkte oder ein besonderer Kundenservice würde ihren Bemühungen entgegen laufen, einen nahtlosen Service und eine höchst effiziente Produktion zu gewährleisten. Was ein solches Unternehmen anstrebt, ist das Wachstum in den ausgewählten Märkten. Diese Unternehmen haben eine Gewinnformel entwickelt und sehen das »Wachstum in den Zielsegmenten« als Erfolgsindikator an.

Kennzahlen für Produktführung

Produktführer geben sich nicht mit einer neuen und verbesserten Strategie zufrieden; stattdessen konzentrieren sie sich darauf, immer mehr innovative Produkte zu entwickeln, die dem Kunden unübertroffene Funktionalität bieten. Die Herstellung von Produkten, die die Kunden als hervorragend bezeichnen, ist der Antriebsmoment dieser Unternehmen. Wenn Sie ein solcher Produktführer sind, sollten Sie Bereiche wie die folgenden berücksichtigen:

- *Marketing ist ein Muss.* Produktführer werben für ein starkes Markenimage, indem sie den Kunden Produkte liefern, die eine besondere Funktionalität bieten. Sie versuchen ständig, die Konkurrenz zu übertreffen. Da sie permanent an Innovationen arbeiten, kann es gelegentlich dazu kommen, dass Produktführer Produkte entwickeln, für die der Markt noch nicht bereit ist. Treacy und Wiersema erzählen diesbezüglich die Geschichte des Unternehmens Remington, das im Jahre 1874 Schreibmaschinen entwickelte. Mark Twain kaufte sofort eine solche Maschine und investierte sogar in das Unternehmen, doch es dauerte ganze zwölf Jahre, bis sich das Produkt tatsächlich etabliert hatte. »Markenbewusstsein« könnte hilfreich sein, um sicherzustellen, dass der Markt die vielen neuen Produkte anerkennt. Produktführer könnten aber auch beispielsweise die Anzahl der »telefonischen Hilfsgesuche pro Produkt« festhalten, um das allgemeine Interesse und die mögliche Verwirrung im letzten Entwicklungsstadium des Produktes zu bestimmen.
- *Funktionalität.* Wir wenden uns Produktführern wie Sony zu, wenn wir eine besondere Funktionalität bei Produkten suchen. Schließlich ist es nicht ihr Preis – der wahrscheinlich deutlich höher ist – oder ihr besonderer Kundenservice, der uns dazu veranlasst wiederzukommen. »Die Anzahl der Kundenbedürfnisse, die befriedigt wurden« könnte überprüft werden, um sicherzustellen, dass die Erwartungen auch erfüllt werden.

Kennzahlen für Kundennähe

Unternehmen, die viel Wert auf Kundennähe legen, erkennen, dass ihre Kunden Bedürfnisse haben, die das Produkt allein nicht befriedigen kann. Sie bieten dem Kunden daher eine Lösung an, die eine einzigartige Auswahl an Serviceleistungen umfasst, damit der Kunde den größtmöglichen Nutzen erhält. Die Merkmale, die ein solches kundenorientiertes Unternehmen aufweisen sollte, und die Kennzahlen, die zur Erfolgskontrolle verwendet werden können, stellt der nun folgende kundennahe Ansatz dar:

- *Kenntnis des Kunden.* Um erfolgreich zu sein, benötigt jedes kundennahe Unternehmen eine detaillierte Kenntnis des eigenen Kunden. Um den Kenntnisstand der Mitarbeiter zu überprüfen, könnten solche Unternehmen die »Anzahl der Stunden, in denen sich jeder Mitarbeiter mit den Produkten für Kunden beschäftigt« erfassen. Es ist wichtig für ein derartiges Unternehmen, dass alle Mitarbeiter diesbezüglich über gewisse Kenntnisse verfügen.

- *Das Angebot von Rundumlösungen.* Kundennahe Unternehmen gelangen außerdem zu der Erkenntnis, dass die Kunden sich nicht wegen niedriger Preise oder wegen des neuesten Produktes an sie wenden – es ist die unübertroffene Rundumlösung, die ihnen angeboten wird. Um die Existenz dieses Attributs zu überprüfen, muss das Unternehmen etwa »die absolute Anzahl der Lösungen, die einem Kunden angeboten werden« festhalten.
- *Durchdringung der Zielgruppe.* Das Unternehmen IBM hat seinen unglaublichen Erfolg nicht zuletzt der Kundennähe zu verdanken. Das entscheidende Ziel, das IBM-Legende Thomas Watson seinen Mitarbeiter vorstellte, war die Penetration der Zielgruppe. Geprüft werden kann dies etwa anhand »des Anteils der Ausgaben für die Zielgruppe«. Das kundennahe Unternehmen zielt darauf ab, komplette Lösungsansätze für die Bedürfnisse zu liefern, um zu gewährleisten, dass die Bemühungen erfolgreich sind.
- *Kundendaten.* Um Rundumlösungen für den Kunden anbieten zu können, müssen Unternehmen, die viel Wert auf Kundennähe legen, extrem viel Datenmaterial bezüglich ihrer Kunden erlangen. Die Erfassung »des Prozentsatzes der Mitarbeiter, die Zugang zu Kundeninformationen haben« könnte hier sehr nützlich sein.
- *Auszeichnungen durch Kunden.* Die Mitarbeiter eines kundennahen Unternehmens sind dann der Meinung, erfolgreich zu sein, wenn der Kunde das Gewünschte erhalten hat – dies ist tief verwurzelt. Die Auszeichnung durch eine Kunden als Beweis für ihren Beitrag ist jedoch die höchste Auszeichnung, die ein kundennahes Unternehmen bekommen kann. »Die Anzahl der Auszeichnungen durch Kunden« könnte daher erfasst werden, um zu erkennen, ob und inwieweit dieses Ziel erreicht wurde.
- *Langfristige Kundenbeziehungen.* Kundennahe Unternehmen vernachlässigen keine Kundenbeziehung. Ihr Ziel ist es, langfristige Bindungen zu bilden, in denen das Unternehmen seinen Anteil an den Geschäften mit diesen Kunden steigern kann und das erforderliche Wissen und die erwünschten Lösungsansätze bereit hält. Die Beziehung endet nicht mit dem Kaufzeitpunkt, sondern sie beginnt vielmehr erst richtig. In dem Unternehmen Roadway Logistics werden die Kunden beispielsweise als »Leiter der logistischen Entwicklungen«

bezeichnet, die dem Prozess nahe bleiben. »Die Anzahl der Mitarbeiter, die sich an Orten aufhält, an denen sich Kunden befinden« könnte als Kennzahl für die tiefe Beziehung dieses Unternehmens zu ihren Kunden verwendet werden.

Wenn Sie sich für eine Strategie der Kundennähe entscheiden, dann wird der Schwerpunkt Ihrer Kundenperspektive auf Kennzahlen liegen, die ihren Kundenservice einschätzen und die Beziehung, die Sie mit den Kunden zu knüpfen versuchen. Zusätzlich zu den oben genannten Kennzahlen könnte als Indikator für den Service die »Anzahl der Stunden, die mit dem Kunden verbracht werden« und als Indikator für etwaige Kundenbeziehungen die »Anzahl der Empfehlungen, die man von Kunden erhält« erfasst werden.

Die Zufriedenheit der Kunden und andere ergebnisorientierte Indikatoren des Erfolgs im Kundenbereich

Die Bestimmung des Produktnutzens ist äußerst hilfreich für die Eingrenzung der einzelnen Kundensegmente. Kunden, die auf der Suche nach den neuesten Produkten sind, werden bei Ihnen sicherlich nicht das finden, was sie suchen, wenn Sie betriebliche Spitzenleistung anstreben. Ebenso gefällt jemandem, der gewöhnlich bei Wal-Mart einkauft, sicherlich der Service bei Nordstrom, doch er wird ein wenig von den Preisen geschockt sein. Die Idee verschiedener Kundengruppen mag vielen von uns, die der Meinung sind, »ein Kunde sei ein Kunde«, abwegig erscheinen. Die Festlegung des Produktnutzens ist eine schwere Entscheidung. Wenn Sie diese Entscheidung getroffen haben und einige der verlaufsorientierten Indikatoren Ihres Erfolgs berücksichtigt haben, werden Sie in der Lage sein, einige zentrale Erfolgskennzahlen für die Kundenperspektive zu entwickeln.

Die meisten Unternehmen konzentrieren sich bezüglich dieser Perspektive auf eine Kombination der folgenden Kennzahlen: Marktanteil, Rentabilität, Akquisition, Loyalität und die altbekannte Kundenzufriedenheit. Obwohl Zufriedenheit die wahrscheinlich populärste Kennzahl ist, die für diese Perspektive vorgeschlagen wird (in einer aktuellen Studie erwähnten 70 Prozent der Befragten, dass sie auf ihrer Balanced Scorecard erscheinen würde[12]), ist sie bei vielen in die Kritik geraten und sollte mit größter Sorgfalt definiert werden, bevor sie auf Ihrer Balanced Scorecard erscheint.

Einige Experten streiten sich darüber, ob die Kennzahl bezüglich der Zufriedenheit in einer Ära minderwertiger Qualität entstanden sei, als so viele Kunden unzufrieden waren, dass jegliche Verbesserung der Qualität ein Plus im Jahresüberschuss bedeutete. Als jedoch die Qualität verbessert wurde, wurde die Verbindung zwischen Zufriedenheit und Jahresüberschuss immer unklarer.[13] In der heutigen Zeit könnte die Wertvorstellung des Kunden, die Einschätzung der gesamten Kosten und der Nutzen, den der Gebrauch eines bestimmten Produktes im Vergleich zu seinen Alternativen stiftet, bessere Indikatoren darstellen. Der Service-Guru Ron Zemke, Autor von mehr als zwei Dutzend Büchern über Service und verwandte Themenbereiche, bezeichnet sie als Pulsschläge des Kunden. Das zu Ford gehörende Unternehmen Kwikfit exemplifiziert diesen Ansatz – ihre Callcenter-Agenten rufen spontan jeden Abend Tausende von Kunden an und sagen »Sie hatten Ihr Auto heute bei uns zur Inspektion. Haben Sie eine Minute Zeit, um mir zu sagen, welche Erfahrungen Sie gemacht haben? Gab es etwas, was wir hätten besser machen können?«[14]

Trotz der Rückschläge ist die Zufriedenheit der Kunden jedoch immer noch eine wichtige und wertvolle Komponente jeder Kundenperspektive. Unternehmen müssen nun einmal genau wissen, ob die Nutzenstruktur, an deren Perfektion sie so hart gearbeitet haben und die sie mit verlaufsorientierten Indikatoren beurteilen, auch tatsächlich zu zufriedeneren Kunden führt, die wiederkommen und noch einmal Geschäfte mit ihnen machen wollen. Wichtig ist, diese Kennzahl genau zu definieren, sodass jeder, der den Wert ermitteln möchte, schnell die Determinanten erkennt und auf Ergebnissen resultierende Entscheidungen treffen kann. Die Embassy Suites Hotels, die erste Luxushotelkette, die ausschließlich Suiten anbietet, bewertet in jedem der mehr als 150 Hotels sorgfältig die Zufriedenheit der Kunden. Jedes Haus wird nach dem Grad der Kundenzufriedenheit beurteilt. Dies geschieht mit Hilfe von Umfragen, die von einem ausgelagerten Umfrageinstitut an die Kunden versandt werden. Zufällig ausgewählte ehemalige Gäste werden gebeten, verschiedene Aspekte ihrer Erfahrung nach zu beurteilen, einschließlich der Reservierungen, des Auscheckens, des Zimmerservices, der Qualität des Essens und des allgemeinen Services. Diese Punkte sind eine wichtige Komponente der Balanced Scorecard des Unternehmens, und die Häuser, welche die beste Beurteilung bezüglich der Kundenzufriedenheit bekommen haben, werden öffentlich gewürdigt.

Andere Quellen für Kundenkennzahlen

Die Auswahl Ihres Leistungsangebots und die Identifizierung Ihrer Kundensegmente unterstützt Ihre Bemühungen, Kennzahlen für die Kundenperspektive zu entwickeln, ungemein. Dies sind jedoch nicht Ihre einzigen Möglichkeiten. Andere Quellen, die Sie auf Kennzahlen stoßen lassen, die Sie vielleicht integrieren möchten, sind beispielsweise:

- *Finanzwirtschaftliche Ziele und Kennzahlen.* Vergessen Sie nicht, dass die Balanced Scorecard Ihrer Strategie entsprechen muss, um erfolgreich zu sein – und zwar bezüglich der finanziellen Kennzahlen, der Kunden, der Prozesse und des Kenntnisstands der Mitarbeiter. Wenn Sie erst einmal finanziellen Ziele und Kennzahlen entwickelt haben, müssen Sie sich fragen, wie sie umzusetzen sind. Wenn Sie zum Beispiel das Ziel eines zweistelligen Einkommenswachstums haben, benötigen Sie möglicherweise eine größere Kundenloyalität oder eine ambitionierte Kundenakquisition, um dieses Ziel zu erreichen.
- *Die Stimme des Kunden.* Das Internet ist ein unglaublich mächtiges Medium für die Verbreitung von Kundenmeinungen bezüglich Ihrer Produkte und Serviceleistungen, ob nun gut oder schlecht. Informationstafeln und -seiten in den Weiten des World Wide Webs enthalten wahrscheinlich viele Referenzen zu Ihrem Unternehmen und Ihren Angeboten. Nutzen Sie diese Möglichkeit und lauschen Sie dem, was Ihre Kunden über Sie zu sagen haben und definieren Sie sich selbst neu.
- *Momente der Wahrheit.* Immer wenn ein Kunde in Kontakt zu einem Unternehmen tritt, stellt dies einen Moment der Wahrheit dar. Die Interaktion kann sowohl vorteilhaft als auch unvorteilhaft sein und große Auswirkungen auf die Zukunft haben. Die Analyse dieser Momente der Wahrheit verhilft Ihnen dazu, die differenzierenden Merkmale Ihres Unternehmens zu isolieren und Kennzahlen für die Erfolgskontrolle zu entwickeln.[15]
- *Befassen Sie sich mit Ihren Vertriebskanälen.* Heutige Unternehmen sind häufig in der Lage, Kunden auf unterschiedlichen Arten ihre Serviceleistungen zukommen zu lassen, jedes Mal mittels einzigartiger Prozesse. Nehmen Sie das Beispiel eines Einzelhändlers. Dieser könnte Shopping im Internet, in Einzelhandelsläden oder auch im Katalog anbieten. Jeder dieser Vertriebswege erfordert jedoch bestimmte Prozesse und bringt verschiedene Leistungkennzahlen mit sich. Wenn

beispielsweise die Effizienz des Verkaufsvorgangs und die Schnelligkeit in Einzelhandelsläden beurteilt werden soll, dann könnte die Fehlerquote bei der Registrierung der Preise und Artikel oder die Durchschnittslänge von Transaktionen untersucht werden. Bezüglich des Onlineshoppings könnte das gleiche Unternehmen die Leichtigkeit einer Transaktion überprüfen, indem die Anzahl der Felder ermittelt wird, in die der Kunden Informationen eingeben muss, oder aber auch die Anzahl fehlgeschlagener Transaktionen. Bei einer Katalogtransaktion würde etwa untersucht werden, wie lange es dauert, bis der Kundenservice einen Anruf entgegennimmt und wie lange es dauert, eine Bestellung auszufüllen bzw. aufzugeben.[16]

- *Die Erfahrung der Kunden.* In *Erlebniskauf* vertreten Joe Pine und Jim Gilmore die Meinung, dass die Ökonomie sich dahingehend verändern muss, dass jedes Unternehmen eine Art Bühne darstellen sollte, auf der eindrucksvolle Events für den Kunden stattfinden.[17] Wenn Sie ein ähnlicher Mensch wie ich sind, dann haben Sie Ihren Tag vielleicht auch mit einem Besuch bei Starbucks oder Ihrem Lieblingscafé begonnen und mussten so um die zwei bis fünf Dollar für den Spaß bezahlen. Das Unternehmen, das die Kaffeebohnen für den Kaffee angebaut hat, hat wahrscheinlich nur ein oder zwei Cents dafür bekommen, doch Sie haben ungefähr zweihundert Mal soviel gezahlt. Warum? Wegen der positiven Erfahrung, die Sie in der schönen gemütlichen Atmosphäre des Restaurants oder Cafés gemacht haben. Befassen Sie sich also mit der Erfahrung, die Ihre Kunden bei Ihnen machen sollen, und Sie werden mit Sicherheit auf eine Reihe von entscheidenden Erfolgsindikatoren für die Kunden- sowie alle anderen Perspektiven der Scorecard stoßen.
- *Customer Relationship Management (CRM).* Der die Kunden betreffende Informationsmarkt wächst ständig. Es wird zum Beispiel geschätzt, dass in der Finanzdienstleistungsbranche die jeweiligen Unternehmen 6,8 Milliarden Dollar in diesem Jahr für CRM ausgeben werden. Tom Richards, Autor der Studie »Measuring ROI: Yardsticks for Managing Successful CRM Strategies«, vertritt die Meinung, dass die Industrie bessere Wege finden muss, um zu bestimmen, wie CRM die Rentabilität steigern kann. Kathleen Khirallah, eine der leitendenden Forscherinnen bei dem TowerGroup-Forschungsunternehmen in Needham, Massachusetts, hat folgende Idee.[18] Sie sagt, dass Unternehmen CRM mit Hilfe der Balanced Scorecard messen sollten. Ihre Kundenperspek-

tive sollte daher Kennzahlen enthalten, die die Effektivität Ihrer Investitionen in die CRM-Programme beurteilen.

Es ist sehr wichtig, dass Sie sowohl verlaufs- als auch ergebnisorientierte Indikatoren in Ihre Kundenperspektive und die gesamte Scorecard einbeziehen. Viele Balanced-Scorecard-Teams kommen jedoch vom Thema ab, weil sie endlos darüber diskutieren, was eine ergebnisorientierte Kennzahl ist und was »leading performance« ausmacht. Einige Mitglieder Ihres Teams werden zweifellos der Meinung sein, dass im Grunde jede Kennzahl ergebnisorientiert ist, da sie sich auch in gewissem Maße auf die Vergangenheit bezieht. Wir können uns über die Bedeutung dieser Begriffe bis in alle Ewigkeit streiten, doch letztendlich läuft es darauf hinaus, dass wir Kennzahlen auswählen und uns dann die Frage stellen »Was bedingt diese Kennzahl?«. Jedes Mal, wenn Sie sich für eine Kennzahl entschieden haben und vermuten, dass die Verknüpfung zu einer verwandten Kennzahl die Performance

- Zufriedenheit der Kunden
- Kundenloyalität
- Marktanteil
- Kundenbeschwerden
- Beschwerden, die beim ersten Versuch beseitigt werden konnten
- Rückgaberate
- Bearbeitungszeit einer Kundenanfrage
- Preis
- Preis im Verhältnis zur Konkurrenz
- Gesamtkosten für den Kunden
- Durchschnittliche Dauer des Kundenkontaktes
- Anzahl der verlorenen Kunden
- nicht geleistete Kundenzahlungen
- Rate der Kundenakquisitionen
- Höhe der Einnahmen bei neuen Kunden in Prozent
- Anzahl der Kunden
- Anzahl der jährlichen Verkäufe pro Kunde
- Abschlussrate (abgeschlossene Kaufverträge/Verkaufskontakte)
- Anzahl der Kundenbesuche im Unternehmen
- Anzahl der mit dem Kunden verbrachten Stunden
- Marketingkosten im Verhältnis zum Umsatz
- Anzahl der Werbeanzeigen, die geschaltet wurden
- Anzahl der Angebote, die gemacht wurden
- Wiedererkennungswert der Marke
- Rate der Reaktionen auf die Werbung
- Anzahl der Fachmessen, die besucht wurden
- Umsatzvolumen
- Höhe der Ausgaben für die Zielgruppe
- Umsatz pro Vertriebskanal
- Durchschnittliche Größe des Kaufvolumens je Kunde
- Kundenanzahl je Mitarbeiter
- Höhe der Ausgaben für Kundenservice je Kunde
- Rentabilität
- Frequentierung (Anzahl der Verkaufsaktionen)

Abb. 5.5 Eine Auswahl an Kundenkennzahlen

der ersten bedingt, haben Sie bereits eine Beziehung zwischen einer verlaufs- und einer ergebnisorientierten Kennzahl festgestellt.

Verwenden Sie die oben genannten Techniken bei der Entwicklung von Kennzahlen für Ihre eigene Kundenperspektive. Um der Kreativität ein wenig nachzuhelfen, ist eine Auswahl solcher Kennzahlen in Abbildung 5.5 zusammengestellt worden.

Kennzahlen für die interne Prozessperspektive

Im Zuge der Entwicklung des Performance Measurement für die Balanced Scorecard haben wir unsere finanzwirtschaftlichen Ziele definiert und sie in Kennzahlen umgesetzt. Im Anschluss daran haben wir unsere Zielgruppe und den Nutzen bestimmt, den wir mit unseren Produkten stiften wollen. Das daraus resultierende Leistungsangebot unterstützte uns bei der Entwicklung von verlaufsorientierten Indikatoren des Kundenerfolgs, die wir dann durch traditionellere Kennzahlen (ergebnisorientierte Indikatoren) wie etwa die Zufriedenheit der Kunden ergänzt haben. Um unsere Ziele bezüglich der Kunden und schließlich unsere finanziellen Ziele zu erreichen, müssen wir nun Performancekennzahlen entwickeln, um die zentralen internen Prozesse und Aktivitäten zu überprüfen, die uns bei der Zufriedenstellung der Kunden unterstützen. Ein Unternehmen wird sich immer auf die internen Prozesse konzentrieren, die den eigenen Zielen genau entsprechen, es kann die übrigen unterstützenden Prozesse jedoch nicht einfach ignorieren. Das Unternehmen Home Depot hat beispielsweise einen exzellenten Kundenservice und beschäftigt sich vor allem mit der umfassenden Befriedigung der Verbraucherbedürfnisse. Die logistischen Prozesse oder die Beschaffungsprozesse, die das Unternehmen mit betrieblicher Spitzenleistung von anderen abhebt, können jedoch nicht einfach ignoriert werden. Wie bei allen anderen Dingen ist es auch hier besonders wichtig, die richtige Balance zu finden. Lassen Sie uns nun die einzelnen Leistungsangebote untersuchen und bestimmen, welche internen Prozesse genau unter die Lupe genommen werden müssen, um den Erfolg zu gewährleisten.

Die Nähe zum Kunden – Die Konzentration auf den Kundenservice

Ein kundennahes Unternehmen ist in der Lage, nicht nur einfach ein Produkt oder eine Serviceleistung anzubieten, sondern eine dauerhafte Kundenbeziehung zu pflegen, indem es eine unvergleichliche Mischung von Serviceleistungen bietet, die für den Kunden eine Rundumlösung darstellt. Der Zugang zu Kundeninformationen ist hier die antreibende Kraft. Je mehr Informationen das kundennahe Unternehmen über seine Kunden besitzt, umso eher ist es ihm möglich, die Kundenmuster zu personalisieren, zu antizipieren und sogar zu prognostizieren. Eine starke Informationsgrundlage ebnet den Weg dafür. Die Informationen müssen dem jeweiligen Mitarbeiter ein genaues Bild des Kunden vermitteln. Sie müssen aus allen Quellen zusammengestellt, sinnvoll, umsetzbar und bedienerfreundlich sein.[19]

Unternehmen, die ihren Kunden mit Hilfe von hervorragenden Kenntnissen Rundumlösungen anbieten können, müssen einen ganzheitlichen Blick bezüglich der involvierten Prozesse entwickeln – Marketing, Vertrieb, Lieferung und Service. Jeder Berührungspunkt mit dem Kunden sollte unterstützende Performancekennzahlen aufweisen, die den Gesamtprozess vervollständigen. Eine ausschließliche Konzentration auf das Marketing und eine gleichzeitige Vernachlässigung des Services nach dem Kauf könnten zwar zu steigenden Kundenzahlen führen, die Vernachlässigung des Services könnte jedoch auch frustrierte Kunden und steigende Käuferflucht zur Folge haben.

Mit einer soliden Grundlage an Kundeninformationen ist es für Unternehmen, die viel Wert auf Kundennähe legen, nun also möglich, die entscheidenden unterstützenden Aktivitäten einzuschätzen, wie etwa die Entwicklung von Rundumlösungen und das Angebot von Beratungs-Serviceleistungen.

Betriebliche Spitzenleistung – Die Untersuchung der Lieferkette

Ganz gleichgültig, in welcher Art von Unternehmen Sie beschäftigt sind, Sie haben mit Sicherheit viel über Praktiken zur Verbesserung Ihres Lieferprozesses gehört. Dieser schnell wachsende Bereich hat sich vom Hinterstübchen der meisten Unternehmen in die Vorstandsetage verlagert, wo Führungskräfte die neuesten Techniken verwenden, um Kosten-, Qualitäts- und Servicevorteile gegenüber ihrer Konkurrenz zu erlangen. Da höchsteffiziente Supply-Chain-Prozesse das A und O eines Unternehmens mit betrieblicher Spitzenleistung sind, kann jedes Unternehmen von der Überprüfung und der Verbesserung dieses wichtigen Prozesses profitieren. Um etwas über eine interessante Verwendung der Balanced Scorecard im Supply-Chain-Bereich zu erfahren, sollten Sie einen Blick auf die Abbildung 5.6

Die Commercial Airplanes Group von Boeing verwendet ihre Balanced Scorecard zur Unterstützung eines einzigartigen Programms, das entwickelt wurde, um den Bezug von Gütern und Serviceleistungen von Unternehmen zu steigern, die von Minderheiten oder von weiblichen Führungskräften geleitetet werden. Bezüglich der Perspektive der Unternehmensführung gibt es auf der Scorecard zwei Kennzahlen. Die erste misst den Prozentsatz der Zulieferungsverträge, die mit kleineren, von ethnischen Minderheiten oder weiblich geführten Unternehmen abgeschlossen werden. Der zweite überprüft das Wachstum der Anzahl solcher Zulieferer des Unternehmens. Nun werden die einzelnen Einträge farbig gekennzeichnet. Grün bedeutet, dass der Leiter der Beschaffungsabteilung den Plan einhält, gelb bedeutet, dass erhöhte Vorsicht geboten ist, und rot signalisiert, dass der Plan nicht erfüllt wurde. Wenn die Ergebnisse vor allem gelb und rot sind, dann berät der Leiter der Beschaffungsabteilung sich mit dem Management darüber, was geschehen ist und wie wieder mehr grüne Ergebnisse erzielt werden könnten bzw. wie das Ziel erreicht werden kann.

Boeing zahlt jährlich ca. 15 Milliarden Dollar an die mehr als 3 000 Zulieferer. In diesem Jahr ist das Ziel der Commercial Airplane Group, 2 Prozent dieser Summe für Zulieferer auszugeben, die von ethnischen Minderheiten geleitet werden, 2 Prozent für Zulieferer, die weiblich geleitet werden, und 2 Prozent für kleine Zuliefererunternehmen. Vor dieser Maßnahme, die Befürworter als „cutting edge" bezeichnen, gab es keine gebräuchlichen Performancekennzahlen, die der Leiter der Beschaffungsabteilung für die Kontrolle des Fortschritts hätte verwenden können.

Übernommen aus: Naomi R. Kooker, »Boing Takes the Initative«, *Purchasing*, Februar 2001

Abb. 5.6 Boeing verwendet die Balanced Scorecard, um kleinere, von ethischen Minderheiten oder weiblichen Führungskräften geleitetet Zulieferer zu unterstützen.

werfen, in der die Bemühungen von Boeing geschildert werden, die Transaktionen mit kleineren sowie von weiblichen Führungskräften oder ethnischen Minderheiten geleiteten Unternehmen zu steigern.[20]

Die Supply Chain oder Lieferkette könnte definiert werden als »eine Reihe von drei oder mehr Unternehmen, die durch einen oder mehrere Güter-, Finanz- oder Informationsströme von der Quelle bis zum Kunden direkt miteinander verbunden sind.«[21] Die meisten von uns glauben, dass die Lieferkette aus drei Teilprozessen besteht: aus der eigentlichen Lieferung, der Auftragsabwicklung und der Terminplanung. In einer Branche nach der anderen werden die Supply-Chain-Praktiken mehr und mehr zur Wettbewerbsgrundlage, und das ist auch verständlich, da der Einsatz sehr hoch ist. In der amerikanischen Automobilindustrie betragen die Kosten der zugekauften Komponenten inklusive der Logistik beispielsweise 45 Prozent der gesamten Herstellungs- und Vertriebskosten.[22] Vergegenwärtigen Sie sich daher die Auswirkung, die eine Kostensenkung um nur ein Prozent in dieser 600-Milliarden-Dollar-Branche hätte.

Leider hat die Leistungskontrolle im Supply-Chain-Sektor nicht mit den heutigen eng ineinandergreifenden Unternehmensbeziehungen Schritt halten können. Denn viele Unternehmen konzentrieren sich auf die Optimierung einzelner Teile des Prozesses, häufig jedoch zum Nachteil des Gesamtprozesses. Nehmen wir einmal an, ein Unternehmen strebt die Senkung der Transportkosten an, einem Schlüsselelement der Logistik. Das Herunterfahren dieser Kosten bewirkt zwar lokale Einsparungen, könnte aber negative Auswirkungen auf die Dauer und die Kontinuität der Auftragsabwicklung haben, Schaden verursachen oder erhöhte Lagerbestände zur Folge haben. Während auf der einen Seite die Transportkosten sinken, könnte auf der anderen Seite die Zufriedenheit der Kunden und die allgemeine Leistung leiden.[23] Eine weitere Gefahr der Supply-Chain-Messung sind fehlerhafte Daten. In einer Studie von 35 führenden Einzelhandelsunternehmen fand man heraus, dass die zentralen Daten des Supply Chain Managements höchst ungenau waren.[24]

Wie können wir also den Lieferkettenprozess überprüfen, um tatsächlich einen Wettbewerbsvorteil zu erreichen? In *Keeping Score: Measuring the Business Value of Logistics in the Supply Chain* stellen die Autoren eine Reihe von Methoden für eine effektive Kontrolle des Prozesses vor:[25]

- *Stellen Sie sicher, dass keine Widersprüche mit der Strategie bestehen.* Vergewissern Sie sich, dass die Kennzahlen, die Sie verwenden, sowohl Ihrer Strategie entsprechen als auch Ihr Leistungsangebot repräsentieren, da jede Strategie unterschiedliche Schwerpunkte im Lieferkettenprozess setzt. Während dieser Abschnitt sich auf die Unternehmen konzentriert, die – wie bereits erwähnt – betriebliche Spitzenleistung vollbringen, müssen die Unternehmen, die eine Strategie der Kundennähe oder der Produktführerschaft verfolgen, andere Standards der Supply-Chain-Performance erfüllen. Wenn es beispielsweise um die Kontrolle des Produktionsprozesses geht, werden Unternehmen, die betriebliche Spitzenleistung erbringen, ein besonderes Augenmerk auf die Höhe der gesamten Lieferkosten legen, auf die Abweichung von der regulären Auftragsbearbeitungszeit, auf die sorgfältige Produktauswahl, die akkurate Rechnungsstellung und die pünktliche und genaue Verfügbarkeit von Informationen. Auch die Beziehungen zu Zulieferern sind für betrieblich exzellent arbeitende Unternehmen von entscheidender Wichtigkeit und müssen mit Hilfe von Performancekennzahlen erfasst werden. Produktführer verlassen sich dagegen nicht ausschließlich auf Kennzahlen des Lieferkettenprozesses. Sie sollten vielmehr Dinge wie die generelle Auftragsbearbeitungszeit und die Fehlerfreiheit der Produkte überprüfen. Auch die Erfassung der gesamten Lieferkosten ist für einen Produktführer nicht so entscheidend, da die Kunden meistens bereit sind, für die Funktionalität der Produkte etwas mehr zu bezahlen. Ein kundennahes Unternehmen wird außerdem Wert darauf legen, die Pünktlichkeit der Lieferungen, die Veränderlichkeit der Auftragsbearbeitungszeit, die Transportkosten, die Auftragsanzahl, Sonderregelungen und die Verfügbarkeit von Informationen zu kontrollieren. Termingerechte Lieferung ist für kundennahe Unternehmen von zentraler Bedeutung, da die Kunden sich auf einen außerordentlich zuverlässigen Service verlassen.

- *Versuchen Sie, die Bedürfnisse Ihrer Kunden nachzuvollziehen.* Sie sollten nicht einfach davon ausgehen, dass Sie eine genaue Vorstellung von dem haben, was die Kunden von Ihnen erwarten. Außerdem müssen Sie erkennen, dass sich ihre Bedürfnisse zweifelsohne mit der Zeit verändern werden.
- *Sie sollten eine Vorstellung Ihrer Kosten haben.* Um eine Entscheidung darüber zu treffen, in welchem Ausmaß Sie Kundenservice anbieten wollen, benötigen Sie detaillierte Kosteninformationen. Verwenden Sie die verfügbaren Materialien, um Kosten-Nutzen-Analysen durchzuführen.
- *Setzen Sie eine Art »Prozessblick« auf.* Entwickeln Sie Ihre Kennzahlen auf der Prozessebene (Beschaffung, Fertigung, Terminplanung) und nicht auf der funktionalen Ebene.
- *Konzentrieren Sie sich auf die zentralen Kennzahlen.* Sie könnten Hunderte von Kennzahlen für die verschiedenen Bereiche des Supply Chain Managements entwickeln. Konzentrieren Sie sich jedoch auf die zentralen Prozesskennzahlen.

Die Unternehmen, die in der Lage sind, ihre Leistungen im Beschaffungssektor genau zu erfassen, können verschiedenen Nutzen daraus ziehen. Zunächst ermöglichen Kennzahlen im Supply-Chain-Sektor Managern, ineffiziente Vorgänge zu erkennen und Kosten zu reduzieren. Das Ergebnis effizienterer Lieferkettenprozesse ist dann, dass die Unternehmen einen verbesserten Kundenservice anbieten können. Dem Unternehmen 3M war es zum Beispiel möglich, innerhalb von drei Jahren die Pünktlichkeit ihrer Lieferungen mit Hilfe eines Kontrollsystems um 32 Prozent zu steigern. Einblicke in die Kosten liefern Führungskräften außerdem Informationen, die sie für wichtige Entscheidungen bezüglich des Kundenservices benötigen. Activity-based costing (ABC), eine Methode, die Kostentreiber auszumachen und die einzelnen Kosten bestimmten Aktivitäten zuzuordnen und nicht nur die typische Hauptbuchhaltung einzusetzen, kann in Kombination mit Supply-Chain-Kennzahlen verwendet werden, um Einblicke in die Komponenten des Lieferkettenprozesses zu erhalten, die die Rentabilität tatsächlich steigern. Abbildung 5.7 stellt eine Reihe solcher Kennzahlen vor.

Zeit
- Pünktlichkeit der Lieferungen
- Auftragsbearbeitungszeit
- Veränderlichkeit der Auftragsbearbeitungszeit
- Anlaufzeit
- Prognostizierte Bearbeitungszeit
- Abweichung von der prognostizierten Bearbeitungszeit

Qualität
- Allgemeine Zufriedenheit der Kunden
- Prozessgenauigkeit
- Einwandfreie Auftragsbearbeitung
  - Termingerechte Lieferung
  - Vollständigkeit der Lieferung
  - sorgfältige Produktauswahl
  - Einwandfreier Zustand der Ware
  - Akkurate Abrechnung
- Genauigkeit der Prognosen
- Genauigkeit der Planung
- Einhaltung des Terminplans

Kosten
- Lagerbestände fertiger Güter
- Ausstehende Tagesumsätze
- Ausstehende Kosten
- Bargeldbestände im Verhältnis zur Verweildauer der Bargeldbestände
- Gesamtlieferkosten
  - Kosten der Güter
  - Transportkosten
  - Lagerhaltungskosten
  - Bearbeitungskosten
  - Sonstige Kosten
    - Kosten der Informationssysteme
    - Verwaltungskosten
- Kosten der Überkapazitäten
- Kosten der fehlenden Kapazitäten

Sonstiges
- Ausnahmeregelungen
  - Mindestanzahl an Aufträgen
  - Abweichung von der Auftragsterminplanung
- Verfügbarkeit von Informationen

Quelle: James Keebler, Karl Manrodt, David Durtsche und Michael Ledyard, *Keeping Score. Measureing the Business Value of Logistics in the Supply Chain,* Council of Logistics, Oakbrook (IL). Abgedruckt mit freundlicher Erlaubnis.

Abb. 5.7 Kennzahlen für den Supply-Chain-Prozess

Produktführerschaft – Mit Hilfe von Innovationen an der Spitze bleiben

Produktführer sind erfolgreich, weil sie ihren Kunden immer neue und innovative Produkte mit einzigartiger Funktionalität liefern, die bei Konkurrenzangeboten nicht zu finden ist. Der zentrale interne Prozess eines Produktführers ist somit die Innovation.

Jedes Unternehmen strebt höchstwahrscheinlich nach vermehrten Innovationen und mehr bahnbrechenden Ideen, doch eine Unternehmen, das tatsächlich sehr innovativ ist, ist das Unternehmen IDEO. IDEO hat über

4 000 Produkte, Dienstleistungen und Umfelder für Hunderte von Kunden geschaffen. Wenn Sie sich zum Beispiel dazu entschlossen haben, Ihre Zähne mit Hilfe von BriteSmile weißer zu machen, dann sind Sie ein Nutznießer einer der IDEO-Innovationen. Oder auch wenn Sie »Workspheres« besucht haben, eine Sammlung von neun Konzepten, die das Thema der Individualität im Zusammenhang mit Unternehmenskultur im Museum of Modern Art in New York untersucht, haben Sie eine Innovation von IDEO genutzt. Der Gründer und Vorsitzende David Kelley bringt die IDEO-Kultur auf den Punkt, indem er sagt: *»Design ist kein Substantiv; es ist ein Verb.«*[26] Der IDEO-Ansatz basiert auf fünf miteinander verbundenen Innovationsphasen: Verständnis, Beobachtung, Visualisierung, Beurteilung und Verfeinerung, und Durchführung.

Auch wenn Sie weit entfernt davon sind, Ihr viertausendstes Produkt zu entwickeln, ist Innovation doch für jedes produkt- oder serviceorientierte Unternehmen von enormer Wichtigkeit. Tipps für die Überprüfung des Innovationsprozesses sind etwa die Folgenden:

- *Erfassen Sie Ihre Erfolge* ... Ein offensichtlicher Performance-Indikator der Innovationstätigkeit ist die Anzahl neuer Produkte und Dienstleistungen, die innerhalb einer bestimmten Zeitspanne auf den Markt gebracht wurden.
- *... und Fehlleistungen.* Nicht ganz so offensichtlich hilfreich ist die Untersuchung der Fehler, doch auch sie ist entscheidend für Unternehmen, die tatsächlich innovativ sind. Tom Kelley (der Bruder des IDEO-Gründers David Kelley) hat die Erfolgsstory von IDEO aufgezeichnet und ist der Ansicht, dass viele Durchbrüche von IDEO gerade dadurch entstanden sind, dass etwas falsch gemacht wurde. Man kann aber nicht nur aus seinen Fehlern lernen und von ihnen profitieren. Auch zu wissen, wann der Zeitpunkt gekommen ist, an dem man »Genug ist genug« sagen und sich einen Fehler eingestehen muss, ist essentiell für das Konzept von Peter Drucker, das er *Abandonment* (Preisgabe) nennt. Dieses Konzept wird von solchen Unternehmen praktiziert, die Innovation verinnerlicht haben.
- *Lernen Sie von den Konsumenten.* Forscher haben herausgefunden, dass viele Produkte und Dienstleistungen nicht von den Herstellern, sondern von den Konsumenten erfunden und erprobt werden. Solche neuen Produkte sind häufig die Erfindungen führender Verbraucher, einer Gruppe von Konsumenten, die über alle Markttrends informiert sind und Bedürfnisse haben, die über die durchschnittlicher Verbrau-

cher hinausgehen. Die Identifizierung Ihrer führenden Verbraucher und das Arbeiten mit ihnen ermöglicht es Ihnen also, neue Produkte und Dienstleistungen zu entwerfen, von denen Ihre Kunden möglicherweise bereits träumen. Die Medical Surgical Markets Division bei 3M hat diesen Prozess eingeführt und setzt ihn seit 1996 ein. Seit dieser Zeit wurde der Prozess dann erfolgreich in sieben weiteren Unternehmensbereichen erprobt.[27]

- *Arbeiten Sie in Teams.* Vier Augen sehen mehr als zwei, zehn Augen sehen mehr als vier, und so weiter. Ermitteln Sie die Anzahl interdisziplinärer Teams, die in Ihrem Unternehmen an der Erzeugung bahnbrechender Ideen arbeiten. Die Teams bei IDEO bestehen aus Spezialisten der unterschiedlichsten Bereiche: kognitive Psychologie, Unternehmensstrategie, Designplanung, Industriedesign, Interaktionsdesign, Grafikdesign, Architektur, Maschinenbau und Elektroingenieurswesen, Software und Fertigung.
- *Erzeugen Sie einen Ideenstrom.* Produktführer sollten darauf achten, dass sie bei der Perfektionierung ihrer Innovationspraktiken einen ständigen Strom neuer Ideen erkennen können.

Kennzahlen für gute Zusammenarbeit

Bisher hat unsere Diskussion über die Perspektive der internen Prozesse sich vor allem mit dem beschäftigt, was innerhalb der vier Wände des Unternehmens vorgeht. Um unsere Beschäftigung mit dieser Perspektive abzuschließen, müssen wir jedoch erkennen, dass alle Unternehmen wichtige Stakeholder und Komponenten außerhalb dieser vier Wände besitzen. Die Energie- oder Telekommunikationsbranche muss zum Beispiel positive Beziehungen zu Aufsichtsbehörden und anderen Staatsbeamten pflegen und sich an eine Reihe von umweltpolitischen Bestimmungen halten. Zusätzlich müssen alle Unternehmen sich in die Gesellschaft integrieren, in der sie tätig sind. Unternehmen erkennen zwar immer mehr, dass dies nicht das einzig ist, was getan werden muss, aber es schafft immerhin ein gutes Geschäftsklima. Eine Studie des Conference Board of Canada ergab, dass 80 Prozent der kanadischen Manager das Gefühl haben, dass der gute Ruf ihres Unternehmens eine Menge zum Anwerben und Halten guter Mitarbeiter beiträgt.

Für die Unternehmen, die Richtlinien bezüglich der Umwelt, der Gesundheit und der Sicherheit einhalten müssen, ist die Balanced Scorecard ein wunderbares Mittel, um sich von Unternehmen, die lediglich strikt die Regeln einhalten, hin zu führenden Unternehmen zu entwickeln. Betrachten wir beispielsweise das Unternehmen Nova Scotia Power (NSPI). Als Energieversorgungsunternehmen muss NSPI viele Umwelt-, Gesundheits- und Sicherheitsrichtlinien befolgen, die von verschiedenen Regierungsbehörden kontrolliert werden. Bei der Entwicklung ihrer internen Prozessperspektive verwendeten sie die Scorecard nicht einfach nur dazu, um die Einhaltung der Umweltrichtlinien zu kontrollieren, sondern sie entwickelten eine Kontrollmöglichkeit und ein entsprechendes Ziel, das sie in der kanadischen Energiebranche zu einem der führenden Unternehmen in den Bereichen Umwelt und Sicherheit machte. Es wurde ein Index für die Leistung im Umweltbereich konstruiert, der eine Reihe wichtiger Umweltindikatoren umfasste und der die unternehmenspolitischen Entscheidungen von NSPI bezüglich dieses diffizilen Bereiches lenken sollte. Dadurch, dass dieser Index in die Scorecard integriert wurde, signalisierte die Geschäftsführung von NSPI dem gesamten Unternehmen die Bedeutsamkeit des Faktors Umwelt und schaffte damit eine Herausforderung für alle Mitarbeiter, ihre Arbeit so auszuführen, dass sie einen positiven Effekt auf diesen wichtigen Indikator hat.

Um Erfolg zu haben, muss ein Unternehmen nicht nur zum Wohlstand der Gesellschaft beitragen, sondern es ist auch abhängig davon. Obgleich das Unternehmen nicht allein verantwortlich für die Prosperität der umgebenden Gesellschaft ist, so obliegt es ihm doch in eigenem Interesse, den Erfolg der Gemeinde zu überprüfen und zu gewährleisten, dass es zum Wohlstand des gesamten Sektors beiträgt. In seinem Buch *1001 Ways to Energize Employment* schreibt Bob Nelson: »*In der heutigen Zeit sind die besten Unternehmen in die Gesellschaft integriert und tragen zu ihrem Wohlstand bei. ... Das alles führt dazu, dass die betreffende Gesellschaft ein attraktiverer Ort zum Leben, Arbeiten und zum Tätigen von Geschäften wird, und zwar durch die gemeinsame Nutzung der Ressourcen, die verbesserten Arbeitsbedingungen für die Mitarbeiter oder ganz einfach durch verbesserte Bezüge.*«[28] In dem Buch berichtet er von einigen führenden Unternehmen, die die Eingliederung in die Gesellschaft auf ein neues Level gebracht haben. Ein solches Unternehmen ist zum Beispiel der Gewürzhersteller McCormick and Company in Maryland. An jeweils einem Samstag im Jahr veranstaltet das Unternehmen einen so genannten »Charity Day«. Die Mitarbeiter arbeiten an diesem Tag in ihren normalen Schichten, doch alle Gehälter sind für eine Wohltätigkeitsorganisation bestimmt, die die Mitarbeiter selbst gewählt haben. McCormick spendet sogar jeweils das Doppelte der Tageseinkünfte der Mitarbeiter an diese Wohltätigkeitsorganisation. Sie selbst können ihr Engagement in der Gesellschaft messen, indem Sie Ihre Spenden an verschiedene Wohltätigkeitsorganisationen erfassen oder die Anzahl der Stunden, die Ihre Mitarbeiter freiwillig übernehmen oder die Anzahl der gesellschaftsbezogenen Partnerschaften, die Sie eingehen, überprüfen.

In Abbildung 5.8 finden Sie zusätzliche Kennzahlen für interne Prozesse. Die dort aufgeführten Indikatoren sind zwar sehr allgemein gehalten, doch stellen sie eine Art Leitfaden für Sie dar. Ihre Herausforderung ist es nun, die einzigartigen Prozesse Ihres Unternehmens zu erkennen und die spezifischen Kennzahlen zu entwickeln, die zu Ihrem Unternehmen passen. Obgleich alle Perspektiven der Scorecard einige sehr individuelle Kennzahlen enthalten, je nachdem natürlich, um was für ein Unternehmen es sich handelt, ist es die Perspektive der internen Prozesse, die normalerweise die speziellsten Indikatoren enthält. Sie werden außerdem erkennen, dass die Balanced Scorecard und die entsprechenden Kennzahlen für Ihre Finanz- und Kundenperspektive, anders als die traditionellen Systeme des Performancemanagements, die sich mit der Verbesserung bereits existierender Prozesse beschäftigen, zu völlig neuen Prozessen führen, die für die Erfüllung der strategischen Ziele notwendig sind. Die Entdeckung dieser »fehlenden Kennzahlen«, wie Kaplan und Norton sie bezeichnen, ist häufig einer der erfreulichsten Aspekte des Entwicklungsprozesses der Balanced Scorecard.

- Durchschnittskosten je Transaktion
- Pünktlichkeit der Lieferungen
- Durchschnittliche Beschaffungszeit
- Lagerumschlag
- Höhe der Emissionen
- Ausgaben für Forschung und Entwicklung
- Gesellschaftsengagement
- Patente in Aussicht
- Durchschnittsalter der Patente
- Verhältnis neuer Produkte zur Gesamtzahl der Angebote
- Fehlbestände
- Kapazitätsauslastungsgrad
- Reaktionszeit auf Kundenanfragen
- Fehlerquote
- Anzahl der Produktüberarbeitungen
- Verfügbarkeit der Kundendaten
- Break-even-Time (Deckungszeitpunkt)
- Verbesserung der Bearbeitungszeit
- fortlaufende Verbesserungen
- Gewährleistungsansprüche
- Identifizierung der führenden Verbraucher
- Produkte und Dienstleistungen im Ideenstrom
- Interne Umsatzrate neuer Projekte
- Abfallvermeidung
- Flächennutzung
- Rückgabehäufigkeit gekaufter Produkte
- betriebsbedingte Verlustzeit
- Planungsgenauigkeit
- Markteinführungszeit neuer Produkte und Dienstleistungen
- neu eingeführte Produkte
- Anzahl positiver Medienartikel

Abb. 5.8 Kennzahlen für interne Prozesse

Kennzahlen für die Lern- und Entwicklungsperspektive

Neulich habe ich ein Gespräch mit einem Unternehmensberater (von einem Unternehmen, das anonym bleiben soll) über eines seiner aktuellen Projekte geführt. Er beschrieb, dass bei diesem Projekt Performancekennzahlen auf höchster Ebene entwickelt würden, die dann auch auf die niedrigeren Ebenen des Unternehmens angewendet werden sollten. »Was überprüfen Sie denn?«, fragte ich begeistert. Er antwortete, dass sie sich dazu entschlossen hatten, sich auf finanzielle und betriebswirtschaftliche Kennzahlen zu konzentrieren, Kennzahlen zur Mitarbeiterförderung jedoch nicht entwickelt würden, da »die Belegschaft schon von ganz allein funktionieren würde«. Falsch! Sie funktioniert nicht einfach so von sich aus, Sie müssen sich schon darum bemühen, dass es so ist. Wenn Sie das nicht tun, werden Sie niemals eine echte Balanced Scorecard besitzen und den Nutzen aus dem Scorecard-System nicht ziehen können. Wie bereits im zweiten Kapitel erwähnt wurde, wird die Wertschöpfung in heutigen Unternehmen extrem stark von dem Einfluss des Humankapitals dominiert. Menschen – ihre Kenntnisse und ihr Wille, diese zu teilen – sind die Treiber der Wertschöpfung in der modernen Wirtschaft. Die Beschreibung der Aktivitäten, die dies vorantreiben, bestimmt den Rahmen der Perspektive für Mitarbeiterförderung und -entwicklung.

Die Kennzahlen für die Mitarbeiterförderungs und -entwicklungsperspektive sind im Grunde genommen die Kennzahlen, die die anderen Perspektiven überhaupt erst ermöglichen. Motivierte Mitarbeiter mit der richtigen Mischung aus Kenntnissen und Tools, die in einem Betriebsklima tätig sind, das eigens für die Herbeiführung von Verbesserungen konzipiert wurde, sind die Komponenten, die hauptsächlich zu Prozessverbesserungen beitragen, den Kundenerwartungen entsprechen und schließlich die Höhe der Gewinne bestimmen. Kaplan und Norton fanden heraus, dass es häufig Einwände gegen die Platzierung dieser Perspektive in Scorecard-Diagrammen gibt. Wenn man diese Perspektive an das Ende der Scorecard setzt, büßt sie dann nicht etwas von ihrer Bedeutsamkeit ein? Ganz im Gegenteil, sagen die Balanced-Scorecard-Konstrukteure. Sie befindet sich am Ende, weil sie als Grundlage für all das dient, das sich darüber befindet. Bei einer Konferenz, bei der ich vor einiger Zeit war, beschrieb Bob Kaplan den strategischen Planungsprozess. Als er zur Perspektive der Mitarbeiterförderung und -entwicklung kam, verglich er sie mit den Wurzeln eines mächtigen Baumes, welche die Blätter bzw. die Erlöse wachsen lassen. Seine Ausführungen waren außerordentlich enthusiastisch, und man konnte die spezielle

Betonung dieses Punktes nicht überhören, so als ob er die Wichtigkeit dieser Perspektive oft einem ungläubigen Publikum verdeutlichen müsste.

Für den Fall, dass Sie immer noch nicht von der Bedeutsamkeit der »weichen« Kennzahlen überzeugt sind, folgt nun eine Reihe von Beispielen aus dem wirklichen Leben, die Ihre Ansicht bezüglich dieses Themas beeinflussen könnten.

- *Die Methode der Umsatzsteigerung bei Sears.* Mit Hilfe von ökonometrischen Planungstechniken hat Sears den Zusammenhang zwischen Mitarbeiterzufriedenheit und Finanzleistung gemessen. Das Unternehmen ist nun in der Lage vorherzusagen, dass jede Steigerung der Mitarbeiterzufriedenheit um fünf Prozent drei Monate später eine entsprechende Steigerung der Kundenloyalität um 1,3 Prozent zur Folge hat. Diese vermehrte Loyalität wiederum erhöht dann drei Monate später die Umsätze um 0,5 Prozent. Im Jahre 1997 prognostizierte und erreichte Sears auf diese Weise einen Umsatzzuwachs von 200 Millionen Dollar, der auf eine vierprozentige Verbesserung der Mitarbeiterzufriedenheit zurückzuführen war.
- *Die Argumente von Maister.* David Maister hat in seinem Buch *Practice What You Preach*[29] den Zusammenhang zwischen zufriedenen Mitarbeitern und der Höhe der Umsätze erläutert. Er war davon überzeugt, dass glückliche Mitarbeiter den finanziellen Erfolg erhöhen würden und bemühte sich darum, seine Vermutungen zu belegen. Im Jahre 1999 befragte er 5 500 Mitarbeiter eines großen Werbe- und Medienkonzerns, die in 15 verschiedenen Ländern auf 139 Zweigstellen verstreut waren. In seiner Studie fand er heraus, dass ein Unternehmen seine Finanzleistung um bis zu 42 Prozent steigern kann, indem es die Mitarbeiterzufriedenheit um 20 Prozent erhöht.

Die obigen Beispiele illustrieren den nicht zu leugnenden Zusammenhang zwischen der Mitarbeiterleistung und der Höhe der Umsätze. Denn nicht nur die Kennzahlen der Lern- und Entwicklungsperspektive führen zu verbesserten Umsätzen, sondern der Weg zur Erhaltung des Erfolges über einen längeren Zeitraum wird vielmehr durch diese Indikatoren geebnet. Da das Unternehmensumfeld unvermeidlich Veränderungen ausgesetzt ist, ermöglichen Ihnen die beschriebenen Faktoren zukünftigen Erfolges, die Flexibilität Ihres Unternehmens zu bewahren und sich an veränderte Bedingungen anzupassen.

Es gibt eine Reihe von Grundvoraussetzungen, die gegeben sein müssen, damit Ihre Mitarbeiter auch einen positiven Beitrag zu Ihrer Unternehmensstrategie leisten können. Zunächst müssen sie bestimmte Fähigkeiten besitzen, die für den Unternehmenserfolg entscheidend sind. Außerdem müssen die Mitarbeiter in der Lage sein, ihre Kenntnisse durch die Verwendung bestimmter Hilfsmittel zu erweitern. Und schließlich müssen alle Mitarbeiter motiviert sein und entsprechend der allgemeinen Unternehmensziele handeln. Lassen Sie uns nun einen Blick auf diese Bereiche werfen und die potenziellen Performance-Indikatoren für jeden einzelnen besprechen.

Die Überprüfung der Fähigkeiten

Peter Drucker war der Ansicht, dass jedes Unternehmen so gut wie jedes andere sein könne. Der einzige Unterschied bestünde darin, wie ein Unternehmen die eigenen Leute fördere. Vorschläge für die Entwicklung Ihrer wertvollsten Ressource beinhalten daher folgendes:

- *Die Verwendung von Schlüsselkompetenzen für die Überprüfung des Kenntnisstands.* Der Begriff Schlüsselkompetenz wurde von Gary Hamel und C.K. Prahalad in ihrem erfolgreichen Buch *Wettlauf um die Zukunft*[30] geprägt. Der Ausdruck entstand mit der Zeit und wird nun beschrieben als *»eine Eigenschaft oder ein Verhalten, das Manager und Angestellte an den Tag legen müssen, um in ihrem jeweiligen Unternehmen erfolgreich zu sein.«*[31] Der erste Schritt im Prozess der Entwicklung von Schlüsselkompetenz ist die Festlegung der speziellen Kompetenzen, die Sie für die Umsetzung Ihrer Strategie benötigen. Experten sind sich darüber einig, dass dies am besten funktioniert, wenn so viele Personen wie möglich aus allen Ebenen des Unternehmens einbezogen werden. Außerdem können Fokussierungsgruppen und Interviews zur Identifizierung der Unternehmensbedürfnisse und der Kompetenzlücken eingesetzt werden. Die Festlegung dieser erforderlichen Kompetenzen ist außerordentlich wichtig, denn Sie können die Fähigkeiten Ihrer Mitarbeiter nicht einschätzen, bevor Sie nicht die Fähigkeiten bestimmt haben, von denen Sie glauben, dass sie notwendig für die Entstehung eines Wettbewerbsvorteils sind.
- *Die Verwendung von Personal Development Planning (PDP) zur Förderung kompetenter Mitarbeiter.* Viele Unternehmen haben die Methode

der PDP eingeführt, um ihre Mitarbeiter bei der Festlegung von individuellen Zielen zu unterstützen. Es müssen jedoch bestimmte Kriterien beachtet werden, damit die PDP sich auch als nützlich für den Mitarbeiter und das Unternehmen erweist. Die Grundvoraussetzung ist zum Beispiel die Ausrichtung auf die strategischen Ziele des Unternehmens. Die Mehrzahl der personengebundenen Ziele des Plans sollte also dem Mitarbeiter bei der Unterstützung der Unternehmensstrategie behilflich sein. Die Ziele der PDP sollten außerdem messbar sein und spezifische Handlungsschritte beinhalten. Bei Nova Scotia Power wurden die Mitarbeiter beispielsweise dazu ermutigt, PDP-Workshops zu besuchen, die von externen Beratern und Führungskräften des Unternehmens gemeinsam gestaltet wurden. Den Teilnehmern wurden dabei die Elemente eines effektiven Plans näher gebracht, und sie erhielten außerdem Ordner, die eine Vielfalt nützlicher Informationen enthielten: die Unternehmensvision und -strategie, Definitionen der benötigten Fähigkeiten, Planungsrichtlinien und Arbeitsblätter. Wenn Sie es geschafft haben, die Schlüsselkompetenzen festzulegen, die Sie brauchen, um in Ihrer Branche führend zu werden, und Ihre Mitarbeiter Pläne entwickelt haben, die ihren Beitrag zu Ihren Zielen signalisieren, dann sind Sie in der Lage, mit der Überprüfung zu beginnen. Erfassen Sie den Prozentsatz Ihrer Mitarbeiter, die ihre PDP-Ziele auch tatsächlich erreichen. Und überprüfen Sie dies nicht nur einmal im Jahr. Um bezüglich dieser entscheidenden Aufgabe zu entsprechendem Handeln zu motivieren, sollten Sie Ihre Mitarbeiter darum bitten, monatlich oder vierteljährlich den aktuellen Stand des Fortschritts zu melden. Sie können auch die »Quote der Kompetenzenabdeckung« messen, die den Prozentsatz der benötigten Fähigkeiten erfasst, der im Moment in Ihrer Belegschaft vorhanden ist. Mit anderen Worten, wie viele qualifizierte Mitarbeiter haben Sie, um das zu erreichen, was Sie anstreben?

- *Ermutigen Sie zu einem gesunden Lebensstil.* Experten sind der Ansicht, dass mehr als 50 Prozent aller Todesfälle mit dem Lebensstil der Betroffenen zusammenhängt. Viele Unternehmen beziehen daher Gesundheits- und Sicherheitsindikatoren mit in die Perspektive der Mitarbeiterförderung und -entwicklung ein, wie etwa die Anzahl der Unfälle mit Arbeitsausfall, die Summe der Schadensersatzansprüche seitens der Arbeitnehmer und die Rate der Unfallhäufigkeit. Aufgeklärte Unternehmen gehen sogar über diese ergebnisorientierten Indikatoren hinaus und versuchen, den Mitarbeitern ein Umfeld anzubieten, das sie dazu ermutigt und es ihnen erleichtert, sich einen besseren Lebensstil anzueignen. Unternehmen, die diese Philosophie der Gesundheitsförderung verfolgen, versuchen ein Umfeld zu schaffen, in dem die Arbeitnehmer Verantwortung für ihr eigenes Wohlbefinden übernehmen und die Arbeitgeber gleichzeitig von den damit verbundenen niedrigeren Kosten profitieren können. Einfache und kostengünstige Lösungen wie mittägliche Lauftreffs, Programme zur Gewichtskontrolle und Messen zu Gesundheitsfragen ermöglichten es einem Unternehmen in südlichen Ontario, das Autoteile produzierte, ein Gesundheitsprogramm für mehr als 450 Mitarbeiter auf die Beine zu stellen, das pro Mitarbeiter nur 30 Dollar im Jahr kostete.[32] Sie können Ihre Initiative zur Gesundheitsförderung überprüfen, indem Sie die Anzahl der Mitarbeiter ermitteln, die ein solches Programm nutzen, oder indem Sie die Einstellung Ihrer Mitarbeiter zu Lebensstilfragen ermitteln. Diese Indikatoren könnten ebenso als verlaufsorientierte Indikatoren anderer bekannter Kennzahlen der Mitarbeiterförderung und -entwicklung angesehen werden, wie zum Beispiel der Abwesenheitsrate, der Moral und der Produktivität pro Mitarbeiter.

- *Die Kontrolle des Mitarbeitertrainings.* In der Praxis besitzt jedes Unternehmen zumindest eine Performancekennzahl bezüglich der Trainingsinitiativen für Mitarbeiter. Und wieso sollte dies auch anders sein, wo doch ein Unternehmen mit Hilfe solcher Trainingsprogramme besser ausgebildete und flexiblere Arbeitskräfte erhält, während die übrigen Mitarbeiter sich neue Fähigkeiten aneignen, ihre Arbeit aus einem anderen Blickwinkel sehen und auch erfahren, wie sich ihre Arbeit auf den Gesamterfolg des Unternehmens auswirkt. Den Fehler, den die meisten Unternehmen jedoch im Zusammenhang mit der Überprüfung der Weiterbildungsmaßnahmen machen, ist folgender: Sie erfassen lediglich die Trainingsmenge bzw. die Stunden, die ein einzelner Mitarbeiter bei einem solchen Training verbringt. Damit ein solches Training sich aber als effektiv erweisen kann, muss es mit den Unternehmenszielen verknüpft werden. Außerdem sollten die Unternehmen die Ergebnisse der Weiterbildungsmaßnahmen kontrollieren (zum Beispiel den Einsatz der neu erworbenen Fähigkeiten und nicht nur die bloße Anwesenheit bei einem Trainingsseminar). Sie sollten darüber hinaus die Mitarbeiter dazu ermutigen, ihre neu erworbenen Kenntnisse mit ihren Kollegen zu teilen. Experten bezeichnen dies als »Weiterbildung Dritter« und sind der Ansicht, dass dies sowohl dem Lehrenden wie auch dem Lernenden von großem Nutzen ist. Denn zu wissen, dass man das, was man lernt, anderen mitteilen soll, motiviert die meisten Menschen dazu, sich besser zu konzentrieren und mehr Informationen zu behalten, als das sonst der Fall wäre.

- *Produktivitätssteigerung durch die Mitarbeiter.* Die Entwicklung von Kompetenzen und PDP sollte zu höherer Produktivität führen und viele Unternehmen werden dies auch überprüfen. Das Problem dabei ist jedoch, zumindest bei der traditionellen Form, dass die Umsätze durch die Anzahl der Mitarbeiter geteilt werden. Es ist dann sehr leicht, diese Zahl zu manipulieren, indem man die Anzahl der Mitarbeiter reduziert, Funktionen ausgliedert oder die Umsätze in nichtprofitablen Segmenten steigert. Sie sollten daher versuchen, den realen Wertzuwachs pro Mitarbeiter zu ermitteln.

Die Tools der Mitarbeiter

Ein hohes Leistungsvermögen ist in der modernen Wirtschaft ein Muss, um erfolgreich zu sein. Doch damit Sie Ihre Ziele auch erreichen, müssen Ihre Mitarbeiter Zugang zu bestimmten Hilfsmitteln haben, die sie bei der Erledigung ihrer Arbeit unterstützen. Einige dieser Werkzeuge und ihre Auswirkung auf die Ergebnisse werden im Folgenden vorgestellt:

- *Die nötigen technischen Hilfsmittel.* Ein Klient, mit dem ich vor kurzer Zeit gearbeitet habe, war gerade dabei, eine Technologielösung für die betriebseigene Balanced Scorecard umzusetzen. Alles lief gut, bis wir herausfanden, dass eine Reihe von Mitarbeitern im Außendienst gar keine Computer besaßen; einige hatten nicht einmal eine Mailbox an ihren Telefonen. Wir konnten für diese Mitarbeiter nun zwar Scorecards entwickeln, doch viele Vorteile dieses Programms wie die Berichterstattung in Echtzeit und die Entscheidungshilfen konnten aufgrund der technischen Benachteiligung nur sehr eingeschränkt genutzt werden. Dies mag sich wie ein extrem simpler Performance-Indikator anhören, doch Sie müssen sicher stellen, dass Ihre Mitarbeiter mit der modernsten Technik ausgerüstet sind, wenn Sie im Wettbewerb der heutigen Zeit mithalten wollen.
- *Der Zugang zu Informationen.* Bei denjenigen Mitarbeitern, die mit der nötigen Technik ausgestattet sind, müssen Sie nun sicher stellen, dass diese auch Zugang zu den richtigen Informationen haben. Welcher Prozentsatz Ihrer Belegschaft, der sich mit Kunden befasst, hat zum

Beispiel innerhalb der ersten 30 Sekunden eines Kundenkontaktes Zugang zu detaillierten Kundeninformationen? Sie sollten bestimmen, welche Informationen wichtig für die Entscheidungsfindung der Mitarbeiter ist, und Sie sollten außerdem eine Performancekennzahl entwickeln, die den Prozentsatz der Mitarbeiter erfasst, dem diese Informationen auch zur Verfügung stehen.

Motivation und Ausrichtung

Alle Trainingsseminare und jegliches Weiterleiten von Informationen wird wenig Erfolg zeigen, wenn die Mitarbeiter nicht motiviert sind, ihr Bestes zu geben, und nicht ihre gesamte Tätigkeit auf die Erfüllung der Unternehmensziele ausrichten. Überlegungen bezüglich der Motivation und der Ausrichtung der eigenen Tätigkeit auf die Unternehmensziele könnten folgende Punkte beinhalten:

- *Mitarbeiterzufriedenheit.* Die vielleicht bekannteste Kennzahl für Mitarbeiterförderung und -entwicklung ist die Beurteilung der Mitarbeiterzufriedenheit. Die Mehrheit der Unternehmen versucht, mit Hilfe von jährlichen Umfragen die Stimmung im Unternehmen zu erforschen und verwendet die Ergebnisse dazu, noch bessere Möglichkeiten zu entwickeln, wie gewisse Dinge erledigt werden können. So soll es zumindest funktionieren. Leider glauben viele Mitarbeiter, dass solche Umfragen Geldverschwendung seien, dass die Ergebnisse nur in den Aktenschränken verstauben und dass doch nicht danach gehandelt würde. Zufriedenheit ist jedoch ein äußerst wertvoller Indikator, deshalb sollten Sie sicher stellen, dass Sie die gewonnenen Daten richtig verwenden, indem Sie verbesserungswürdige Bereiche erkennen und Pläne für die tatsächliche Optimierung dieser Bereiche entwickeln. Sie sollten außerdem erwägen, mit Hilfe der vielen technischen Hilfsmittel, die Ihnen zur Verfügung stehen, die Stimmung Ihrer Mitarbeiter in regelmäßigen Abständen zu überprüfen. Intranet- und E-Mail-Systeme könnten hier eingesetzt werden, um halb- oder vierteljährlich ein Feedback von Ihren Mitarbeitern zu bekommen. Denn bei der heutigen Schnelligkeit der Veränderungen brauchen Sie die aktuellsten Informationen aus erster Hand, wenn Sie in der Lage sein wollen, schnell zu reagieren.

- *Ausrichtung der eigenen Tätigkeit auf die Unternehmensziele.* Ihre Scorecard sollte Ihre Strategie in den Zielen und Kennzahlen wiedergeben. Im achten Kapitel wird beschrieben, wie Sie Ihre Performancekennzahlen bezüglich des gesamten Unternehmens ermitteln können, indem Sie den Prozess der stufenweisen Anordnung anwenden. In den ersten Stadien der Umsetzung der Balanced Scorecard ist die Kennzahl für die strategische Ausrichtung der Tätigkeiten ganz einfach die Anzahl der Scorecards, die innerhalb des Unternehmens erstellt werden. Wenn das Performancemanagement dann ausgereift ist, können Sie die Kennzahl verfeinern, indem Sie die einzelnen Scorecards analysieren und ihren Grad der strategischen Ausrichtung messen (zum Beispiel der Prozentsatz der Kennzahlen, der direkt in Verbindung mit Ihren strategischen Zielen steht). Selbstverständlich sollte das Ziel bei 100 Prozent liegen.

In der Abbildung 5.9 werden einige zusätzliche Kennzahlen der Mitarbeiterförderung und -entwicklung vorgestellt, die Sie für Ihre Balanced Scorecard verwenden können.

- Mitgliedschaft der Mitarbeiter in Berufs- und Handelsverbänden
- Investitionen in die Weiterbildung der Mitarbeiter
- Durchschnittliche Dauer des Kundendienstes in Jahren
- Prozentsatz weitergebildeter Mitarbeiter
- genaue Anzahl der weitergebildeten Mitarbeiter
- Abwesenheitsrate
- Umsatzquote
- Mitarbeiteranregungen
- Mitarbeiterzufriedenheit
- Teilnahme an Diskussionen über Aktienverteilung
- Unfälle mit Arbeitsausfall
- Wertzuwachs pro Mitarbeiter
- Motivationsindex
- Bewerberanzahl
- Grad der Vielfältigkeit
- Bevollmächtigungsindex (Anzahl an Führungskräften)
- Qualität des Arbeitsumfeldes
- Beurteilung der internen Kommunikation
- Produktivität der Mitarbeiter
- Anzahl der erstellten Scorecards
- Gesundheitsförderung
- Stundenzahl in Trainingsseminaren
- Deckungsquote der Kompetenz
- Erfüllung der individuellen Ziele
- Termingerechte Fertigstellung der Performancebewertung
- Weiterbildung der Führungskräfte
- Kommunikationsplanung
- meldepflichtige Unfälle
- Prozentsatz der Mitarbeiter mit Computern
- Strategische Informationsquote
- Abteilungsübergreifende Aufgaben
- Fähigkeitsmanagement
- Moralverstöße

Abb. 5.9 Kennzahlen der Mitarbeiterförderung und -entwicklung

Zusammenfassung

Dieses Kapitel stellte eine Abkehr von der wichtigen Basis, die in den vorherigen Kapiteln dargestellt wurde, hin zur eigentlichen Entwicklung der Ziele und Kennzahlen dar, die den Kern Ihrer Balanced Scorecard ausmachen. Das bisher gesammelte Material bereitet uns auf die vor uns liegenden Aufgaben vor – das Verfeinern der Scorecard und ihr Einsatz als Managementsystem.

Viele Leute beschreiben die Balanced Scorecard als Gerüst für das Management. Die Perspektiven, die Sie auswählen, legen die Grenzen dieses Gerüstes fest und sollten so ausgewählt werden, dass sie Ihre spezielle Situation widerspiegeln. Mit anderen Worten: Sie sollten Perspektiven wählen, die die zentralen Pfeiler Ihres Unternehmens repräsentieren, jeden einzelnen davon berücksichtigen und gleichzeitig erfolgreich Ihre Strategie umsetzen.

Bevor Sie jedoch Ihre Ziele und Kennzahlen festlegen, müssen Sie sich vergewissern, dass Sie genügend Hintergrundmaterial gesammelt haben, das Ihnen als Entscheidungshilfe dient. Sie können die Perspektiven Ihrer Balanced Scorecard zum Aufspüren dieser Informations- und Materialquellen verwenden. Mit Hilfe Ihrer finanzwirtschaftlichen Perspektive werden Sie beispielsweise auf Jahres-, Analyse- und Managementberichte stoßen. Bei der Durchsicht Ihrer Dokumente sollten Sie jedoch die Widerspruchsfreiheit hinsichtlich der Beschreibung der Unternehmensleitsätze, -werte, -vision und -strategie beachten. Ihr Führungsteam wird wertvolle Inputs für diesen Prozess liefern, und für den Erhalt dieser Informationen eignen sich am besten Interviews mit den Führungskräften. Führen Sie daher einstündige Interviews durch, um die Gedanken Ihres Führungsteams bezüglich der Unternehmensmission, -werte, -vision und -strategie zu ermitteln sowie bezüglich der Leistungskennzahlen und der Probleme bei der Erstellung der Scorecard.

Performanceziele sind präzise Statements, die die Punkte detailliert beschreiben, in denen Sie sich profilieren müssen, wenn Sie Ihre Strategie erfolgreich umsetzen wollen. Die Überprüfung der Scorecard-Perspektiven mit Hilfe einer Frage ist die beste Möglichkeit zur Entwicklung von Performancezielen. Für eine maximale Wirksamkeit sollte jedes der Ziele mit einem Verb beginnen und nicht mehr als zwei oder drei Sätze umfassen. Da jedes Ziel normalerweise zwei Leistungskennzahlen enthält, sollten Sie versuchen, die Zahl Ihrer Ziele bezüglich der vier Perspektiven auf höchstens zwölf zu beschränken.

Führen Sie »Sitzungen zur Entwicklung von Zielen und Kennzahlen« durch, um potenzielle Ziele und Kennzahlen für Ihre Balanced Scorecard festzulegen. Diese Treffen helfen dabei, die Verantwortlichen des Prozesses zu definieren, Zusammenhalt im Team zu erzeugen, die Teilnehmer auf die gleiche Stufe zu stellen und eine große Anzahl potenzieller Komponenten Ihrer Scorecard zu ermitteln. Auch Ursache-Wirkungs-Beziehungen unter den Zielen und Kennzahlen sollten während der Sitzungen erfasst, jedoch nicht betont werden. Zu diesem Zeitpunkt ist es wichtiger, eine große Bandbreite möglicher Scorecard-Komponenten zu sammeln und die Definition von Ursache-Wirkungs-Beziehungen als nächstes Stadium des Entstehungsprozesses der Scorecard zu verstehen.

Leistungskennzahlen dienen zur Beurteilung und Kommunikation der tatsächlichen Performance im Vergleich zu den erwarteten Resultaten. Sie können sowohl verlaufs- als auch ergebnisorientiert sein. Ergebnisorientierte Indikatoren beziehen sich normalerweise auf die Ergebnisse von bereits durchgeführten Handlungen. Verlaufsorientierte Indikatoren prognostizieren dagegen die Leistung der ergebnisorientierten Indikatoren. Eine gute Balanced Scorecard sollte eine Mischung aus verlaufs- und ergebnisorientierten Kennzahlen enthalten.

Finanzielle Kennzahlen sind eine wichtige Komponente jeder Balanced Scorecard. Diese Indikatoren zeigen uns an, ob die Umsetzung und Ausführung unserer Strategie zu verbesserten Resultaten führt. Die meisten Unternehmen konzentrieren sich in der finanzwirtschaftlichen Perspektive auf die Überprüfung des Wachstums, der Rentabilität und der Wertschöpfung.

Verlaufsorientierte Kennzahlen der Leistung im Kundenbereich werden am bequemsten durch die Übertragung der Bedürfnisstruktur Ihrer Kunden entwickelt. Unternehmen können sich diesbezüglich auf eine der drei folgenden Disziplinen spezialisieren: Kundennähe, betriebliche Spitzenleistung oder Produktführerschaft. Jede der Disziplinen impliziert unterschiedliche Bemessungsschwerpunkte. Der Effekt, den die verlaufsorientierten Indikatoren auf Ihre Leistung im Kundenbereich haben, wird mit Hilfe von zentralen Erfolgsindikatoren im Kundensektor überprüft. Typische Elemente wären etwa die Zufriedenheit der Kunden, der Marktanteil und die Ertragslage.

Die interne Prozessperspektive der Balanced Scorecard beschreibt die Prozesse und Aktivitäten, die die Performance im kundenbezogenen und finanzwirtschaftlichen Sektor ausmachen. Der Gebrauch der Scorecard als Management-Tool versetzt Unternehmen in die Lage, völlig neue Prozesse bezüglich der Verfolgung der finanzwirtschaftlichen und der kundenbezogenen Ziele zu entwickeln. Die gewählte Disziplin im Kundenbereich bestimmt die Wahl der Kennzahlen der internen Prozesse. Unternehmen etwa, die viel Wert auf Kundennähe legen, konzentrieren sich auf die genaue Kenntnis des Kunden und das Potenzial der Informationstechnologie. Ein effizienter Supply-Chain-Prozess ist dagegen der entscheidende Treiber in Unternehmen, die betriebliche Höchstleistungen vollbringen wollen. Und Produktführer verlassen sich auf den Innovationsprozess als antreibenden Punkt im Kundensektor.

Wenn Sie sich erhebliche Erfolge im Kunden- und Aktionärssektor erhoffen und Ihre internen Prozesse verbessern wollen, woraus sollen diese Erfolge dann hervorgehen? Sie sollten sich vor Augen halten, dass die Kennzahlen bezüglich der Lern- und Entwicklungsperspektive die drei anderen Perspektiven überhaupt erst ermöglichen. Diese Indikatoren stellen sicher, dass Sie Mitarbeiter mit den richtigen Fähigkeiten beschäftigen und dass diese Zugang zu den geeigneten Informationen haben, motiviert sind und sich entsprechend der Unternehmensziele verhalten. Effektive Kennzahlen der Mitarbeiterförderung und -entwicklung helfen Ihnen daher dabei, trotz eines veränderlichen Unternehmensumfelds das notwendige Wachstum und die nötigen Verbesserungen beizubehalten.

Kapitel 6: Die endgültige Festlegung der Kennzahlen und die Entwicklung von Ursache-Wirkungs-Beziehungen

Wegweiser zum sechsten Kapitel

Performancekennzahlen bilden das Zentrum des Balanced-Scorecard-Systems. Im fünften Kapitel wurden Methoden zur Entwicklung Ihrer Kennzahlen diskutiert. In diesem Kapitel wird nun untersucht, wie Sie die Zahl dieser Indikatoren auf wenige Ausgewählte reduzieren können, die die eigentliche Essenz Ihrer Strategie erfassen. Auch das entscheidende Thema der Ursache-Wirkungs-Beziehungen – die Präsentation Ihrer Unternehmensstrategie anhand von Kennzahlen – wird detailliert behandelt.

Es stehen Ihnen eine Reihe von Kriterien zur Verfügung, die Ihnen bei der Bestimmung der Kennzahlen helfen, die Ihre Scorecard enthalten soll. Jedes einzelne Kriterium wird untersucht, damit gewährleistet ist, dass Sie die richtigen für Ihr Unternehmen auswählen. Wenn Sie dann Ihre Performancekennzahlen vorliegen haben, werden wir überprüfen, ob Sie die passende Anzahl haben, um die richtige Ausführung Ihrer Strategie zu gewährleisten. Das Sammeln der Daten für Ihre Kennzahlen ist ein entscheidender und häufig herausfordernder Aspekt jeder Scorecard-Erstellung. Eine Datenauflistung für Leistungskennzahlen wird Sie dabei unterstützen, alle essentiellen Komponenten Ihrer Performance-Indikatoren zu erfassen. Der Teil der Leistungskontrolle endet dann mit der Überlegung, wie Sie effektiv Feedback bezüglich der Balanced Scorecard sowohl von Ihrem Führungsteam als auch von Ihrem Mitarbeiterstab sammeln können.

Ralph Waldo Emerson sagte einmal: »*Schwache Menschen glauben an das Glück. Starke Menschen dagegen glauben an Ursache und Wirkung*«. Ich kann mir kein passenderes Zitat für unsere Abenteuer in der Welt der Ursachen und Wirkungen der Balanced Scorecard vorstellen. Dass man mit Hilfe einer Reihe verknüpfter Kennzahlen Ihre Strategie darstellen kann, ist der Punkt, der die Balanced Scorecard wirklich von anderen Performancemanagement-Systemen unterscheidet. In diesem wichtigen Abschnitt wird genau untersucht, warum diese Verknüpfungen entscheidend für Ihre Bemühungen im Bereich der Scorecard sind und wie Sie ein Gerüst von Kennzahlen konstruieren können, das genau auf Ihr Unternehmen zugeschnitten ist. Wir werden außerdem erforschen, wie die Verknüpfungen, die Sie geschaffen haben, ergänzt werden können.

Das Kapitel endet mit der Frage, wie Ihre Performancekennzahlen in Zukunft aussehen werden. Können wir damit rechnen, dass sie gleich bleiben, oder ist eine Veränderung unvermeidlich?

Die endgültige Festlegung der Kennzahlen

Zu diesem Zeitpunkt in Ihrer Balanced-Scorecard-Entwicklung werden Sie eine Vielzahl potenzieller Kennzahlen für jede der Scorecard-Perspektiven entwickelt haben. Jede dieser Kennzahlen wird zumindest einen Fan in Ihrem Team haben. Ihr Herausforderung besteht nun darin, aus der großen Menge möglicher Kennzahlen die wenigen auszuwählen, die den Kern Ihrer Strategie exakt erfassen. Wenn Sie eine Reihe solcher Kennzahlen erwählt haben, sind Sie in der Lage, sie zur Konstruktion von Ursache-Wirkungs-Beziehungen zu verwenden, die den Plan Ihrer Strategie widerspiegeln. Lassen Sie uns nun mit der Untersuchung einer Reihe von Kriterien beginnen, die Sie für die Auswahl der geeignetsten Kennzahlen für Ihr Unternehmen verwenden können. Wir werden dann diskutieren, wie viele Kennzahlen auf Ihrer Scorecard erscheinen sollten und Methoden vorstellen, wie Sie Feedback sowohl von den Führungskräften als auch von den übrigen Mitarbeitern erhalten können.

Kriterien für die Auswahl von Performancekennzahlen

Einer der vielen Vorteile der Balanced Scorecard besteht darin, dass Unternehmen dazu gezwungen werden, aus einer Vielfalt von Alternativen die richtige auszuwählen. Die richtige Auswahl von Maßnahmen zur Erreichung unserer Ziele ist eine bedeutende Komponente im Entstehungsprozess einer Balanced Scorecard, die als Eckpfeiler des Managementsystems fungieren soll. Der Prozess schwieriger Entscheidungen ist nirgendwo offensichtlicher als in der Auswahl der Leistungskennzahlen. Diese Kennzahlen sind das eigentliche Herzstück des Scorecard-Systems und liefern einen Bezugspunkt für das gesamte Unternehmen. Es folgen nun verschiedene Kriterien, die sich Forschungs- und Erfahrungswerten zufolge als effektiv bei der Beurteilung und Selektion Ihrer Kennzahlen erwiesen haben.

- *Verknüpfung mit der Strategie.* Dieses Kriterium erscheint sehr offensichtlich, seine Bedeutsamkeit kann jedoch nicht häufig genug betont werden. Die Scorecard ist ein Hilfsmittel für die Umsetzung der Strategie in Projekte, die wiederum Ihre Strategie repräsentieren. Die Auswahl von Leistungskennzahlen, die keine Auswirkung auf Ihre Strategie haben, kann somit zu Verwirrung und fehlender Klarheit führen, da Ihre Mitarbeiter wertvolle Ressourcen für die Umsetzung von Maßnahmen einsetzen, die die übergeordneten Ziele des Unternehmens scheinbar nicht beeinflussen. Nun kann es jedoch sein, dass Sie Schwierigkeiten haben, zwischen jeder Kennzahl tatsächlich eine direkte Verbindung zu Ihrer Strategie zu erkennen. Die meisten Unternehmen haben eine Reihe so genannter »diagnostischer« Leistungskennzahlen, die entscheidend für das tagtägliche effiziente Funktionieren des Unternehmensablaufs sind, die jedoch nicht direkt mit der Strategie in Verbindung zu stehen scheinen. Diese Faktoren müssen überprüft werden, um zu gewährleisten, dass das Unternehmen unter Kontrolle gehalten wird und in der Lage ist, augenblicklich auf Probleme zu reagieren, die dringende Aufmerksamkeit erfordern. Obwohl diese Indikatoren wichtig sind, sind sie nicht notwendigerweise strategisch. Erinnern Sie sich an die Diskussion um die unterschiedlichen Bedürfnisstrukturen der Verbraucher im fünften Kapitel. Ein Unternehmen, das eine Strategie der Kundennähe verfolgt, wird sich hauptsächlich darum bemühen, mit Hilfe von genauer Kundenkenntnis den Verbrauchern Rundumlösungen zu liefern. Darauf konzentrieren sie sich, doch sie können trotzdem nicht die logistischen Anforderungen (betriebliche Spitzenleistung) oder die Produktfunktionalität (Produktführerschaft) ignorieren. Um auch in diesen Bereichen bestimmte Leistungsstandards einzuhalten, ist die Integration entsprechender Leistungskennzahlen auf der Scorecard erforderlich.
- *Quantifizierbarkeit.* Die Anwender von Balanced Scorecards erliegen häufig der Versuchung, Kennzahlen zu integrieren, die sich auf eine subjektive Leistungsbewertung stützen, wie etwa die Beurteilung der Zulieferer-Performance als »gut«, »angemessen« oder »durchschnittlich«. Das Hauptproblem dieses Ansatzes besteht natürlich darin, dass

sich bei der Einschätzung desselben Zulieferers durch zehn verschiedene Personen völlig unterschiedliche Ansätze und Reaktionen ergeben. Werden eben diese Zulieferer jedoch nach ihrem Prozentsatz der pünktlichen Lieferungen bewertet, ergeben sich objektive Resultate, die für alle Beteiligten dasselbe aussagen. Jeder weiß, was 10 Prozent bedeutet, aber Ihre und meine Definition von »durchschnittlich« kann stark variieren. Wenn Sie kreativ sind, können Sie nahezu alle Leistungskennzahlen mathematisch kalkulieren. Eine zentrale Leistungskennzahl einer Krankenversicherung, mit der ich bei einer Regierungsbehörde zusammenarbeitete, war die frühzeitige Versendung ihrer Krankenberichte. Ihre ursprüngliche Kennzahl war die bloße Anzahl der »erstellten Berichte«. Mit anderen Worten reichte ein einfaches Ja oder Nein als Performance-Indikator aus. Schließlich verfeinerten wir die Kennzahl noch zu »dem Prozentsatz der Empfänger, die ihre Krankenberichte pünktlich erhielten«.

- *Zugangsmöglichkeit.* Kaplan und Norton diskutierten häufig die Vorzüge von »fehlenden Kennzahlen«. Dies sind diejenigen Leistungskennzahlen, die in der Vergangenheit nicht erfasst wurden, was durch den Entstehungsprozess der Balanced Scorecard ans Tageslicht kam. Zweifelsohne sind neue und innovative Kennzahlen von wunderbarem Nutzen für die Scorecard; fehlende Kennzahlen können hingegen signalisieren, dass der gesamte Wertschöpfungsprozess nicht richtig gehandhabt wird. Sie sollten jedoch vermeiden, solche Kennzahlen der Performance auszuwählen, deren Erhebung erhebliche Investitionen in die Informationstechnologie erfordert. Sie werden sehr schnell lernen, dass Sie bei der Auswahl der Leistungskennzahlen pragmatisch vorgehen müssen. Erst kürzlich arbeitete ich mit einer Gruppe, die eine Scorecard für ihr Unternehmen entwickelt hatte und diese als den Stolz des gesamten Unternehmens bezeichnete. Als es jedoch schließlich daran ging, Informationen zu sammeln, stellte sich heraus, dass die Daten ohne erhebliche technologische Investitionen gar nicht erhoben werden konnten. Die Erwähnung dieses Beispiels soll nicht dazu führen, dass Sie neue und innovative Kennzahlen in Zukunft völlig vermeiden – Sie sollten nur Kosten und Nutzen genau kalkulieren. In einem der folgenden Abschnitte wird der Bedarf an bestimmten Daten diskutiert, wobei auch Kennzahlenverzeichnisse zur Sprache kommen.
- *Verständlichkeit.* Es sollte Ihr Ziel sein, eine Scorecard zu entwickeln, die zum Handeln motiviert. Dies ist jedoch schwierig durchzuführen, wenn Ihre Zuhörer nicht die Bedeutsamkeit der von Ihnen ausgewähl-

ten Kennzahlen erkennen. Die Leser einer Scorecard sollten auf einen Blick sehen können, welches die betriebliche und welches die strategische Bedeutung jeder einzelnen Kennzahl ist. Zudem sollte offensichtlich sein, welches die erwünschte Richtung ist, in die sich die Kennzahl entwickeln soll. Wenn Ihre Mitarbeiter nicht wissen, ob ein hoher Wert bei einer bestimmten Kennzahl positiv oder negativ ist, dann sollten Sie diese Kennzahl noch einmal überdenken.

- *Ausgeglichenheit.* Nehmen wir einmal an, Sie besäßen ein Fastfood-Restaurant und wären daran interessiert, die Zufriedenheit Ihrer Kunden zu steigern. Wie wir alle wissen, können diese Restaurants zu Spitzenzeiten ziemlich überfüllt sein, sodass Sie sich vielleicht dazu entschließen, die Mitarbeiterzahl zu erhöhen und die Preise zu senken. Die erweiterte Belegschaft sollte nun in der Lage sein, den aktuellen und zukünftigen Anforderungen zu genügen und die Zufriedenheit der Kunden zu erhöhen. Doch welchen Effekt wird die Kostensenkung und die erhöhte Mitarbeiterzahl auf Ihre Rentabilität haben? Es könnte doch sein, dass die Rentabilität sinkt, denn schließlich haben Sie Ihre Kosten erhöht und Ihre Umsätze gesenkt. Dieser Effekt wird oft als »Sub-Optimierung« bezeichnet (gemeint ist zum Beispiel die Verbesserung einer oder mehrerer Kennzahlen auf Kosten von anderen). Da Ihre Scorecard es erfordert, dass Sie Entscheidungen bezüglich der Verteilung der Ressourcen treffen, möchten Sie keine Situation schaffen, in der die Konzentration auf bestimmte Kennzahlen Sie daran hindert, wettbewerbsfähig zu sein. Im Falle unseres Fastfood-Restaurants möchten wir die Kennzahl der Kundenzufriedenheit mit der Kennzahl des Umsatzes pro Mitarbeiter ausgleichen. Wir müssen jedoch gewährleisten, dass das Verkaufsvolumen und die Effektivität es uns trotz unserer niedrigeren Preisstruktur ermöglichen, weiterhin unsere Umsatzziele zu erreichen.
- *Relevanz.* Die Kennzahlen auf Ihrer Scorecard sollten das, was Sie bewerten möchten, präzise schildern. Ob dies auch der Fall ist, kann man testen, indem man überprüft, ob die Ergebnisse der Kennzahlen auch realistisch sind. Wenn es dazu kommen sollte, dass einige Leistungsaspekte Ihrer Scorecard nicht erfüllt wurden, sollten Sie in der Lage sein, die Bedeutsamkeit des Problems zu erkennen und es zu lösen. Denn ein solches Problem entsteht meist durch die Verwendung von Leistungsindices, die viele Unternehmen auf ihrer Scorecard benutzen. Ein Index ist eine Kombination verschiedener individueller Kennzahlen, die auf irgendeine Weise miteinander verknüpft sind,

damit sie in einem einzigen übergeordneten Performance-Indikator münden. Mitarbeiterzufriedenheit könnte auf Ihrer Scorecard beispielsweise als Index der gewichteten durchschnittlichen Umsatzleistung, der Abwesenheitsrate, der Beschwerden und der Umfrageergebnisse erscheinen. Solche Indices stellen eine großartige Möglichkeit dar, schnell eine Reihe von Leistungsvariablen in einem einzigen Indikator zu vereinen, doch sie weisen auch einige Schwachstellen auf. Zunächst einmal verschleiern sie Ergebnisse und begrenzen die Handlungsmöglichkeiten. Wenn die Umsätze Ihres Unternehmens beispielsweise auf Rekordhöhe waren, sie aber in Ihrem Index der Mitarbeiterzufriedenheit eher schwach gewichtet wurden, würden Sie vielleicht niemals erfahren, wenn es Probleme gibt, da der übergeordnete Index zielgerecht zu sein scheint. Oder wenn unter denjenigen, die Ihr Unternehmen verlassen, auch wichtige Mitarbeiter sind und Sie sich nicht um ausreichendes Feedback gekümmert haben, könnte es sein, dass Sie einen hohen Preis in anderen Leistungsbereichen Ihrer Scorecard zahlen müssen. Indices entsprechen des Weiteren manchmal nicht dem Kriterium der Verständlichkeit, das oben aufgeführt ist. Ein Logistikindex etwa, der in der Perspektive der internen Prozesse erscheint, könnte einerseits zwar wertvolle Informationen enthalten, andererseits aber für diejenigen außerhalb des Beschaffungsbereichs des Unternehmens sehr rätselhaft sein. Indices können jedoch auch nützliche Informationen liefern, besonders wenn es um eine Reihe von Kennzahlen geht, die Sie integrieren, Ihre gesamte Scorecard jedoch nicht erweitern möchten. Aufgrund der obigen Argumente sollte der Gebrauch solcher Indices aber auf höchstens eine Handvoll beschränkt werden.

- *Allgemeine Definition.* Ihre Scorecard enthält wahrscheinlich eine Reihe esoterischer Leistungskennzahlen, und das ist auch vollkommen angemessen, zumal es um die Repräsentation Ihrer Strategie geht. Es entstehen jedoch Probleme, wenn Sie Kennzahlen in Ihrer Scorecard integrieren, die sehr vage oder gar nicht definiert sind. Pünktliche Lieferung etwa kann eine entscheidende Kennzahl sein, doch was genau bedeutet pünktlich? Sie müssen die Bedeutung Ihrer Leistungskennzahlen präzisieren und sicherstellen, dass Sie die Unterstützung Ihres gesamten Teams haben. Die Zufriedenheit des Kunden kann beispielsweise für einen Mitarbeiter der Marketingabteilung eine völlig andere Bedeutung haben als für einen Mitarbeiter der Finanzabteilung. Der Prozess der Kennzahlendefinition ist somit ein weiteres Beispiel dafür, wie der Entstehungsprozess der Balanced Scorecard grundverschiedene Abteilungen zusammenbringen kann. Denn alle Mitarbeiter wirken gemeinsam dabei mit, den Kennzahlen eine Bedeutung zu verleihen, die es jedem einzelnen von ihnen ermöglicht, einen Beitrag zum Unternehmenserfolg zu leisten.

Die Abbildung 6.1 ist ein Arbeitsblatt, dass Sie dazu verwenden können, aus den Leistungskennzahlen, die Sie gesammelt haben, die geeignetsten auszuwählen. Listen Sie die Kennzahlen unter der jeweils entsprechenden Perspektive auf und bewerten Sie jede anhand der vorgestellten Kriterien. Vergeben Sie bezüglich jedes einzelnen Kriteriums eine Punktzahl zwischen 1 und 10. Wenn Sie beispielsweise die Kennzahl Economic Value Added (EVA) Ihrer finanzwirtschaftlichen Perspektive bewerten wollen, dann könnte diese aufgrund des finanziellen Wesens der Information in punkto Zugangsmöglichkeit auf eine Punktzahl von 10 kommen. Hinsichtlich der Verständlichkeit könnte dieselbe Kennzahl jedoch mit einer Punktzahl von 5 oder weniger abschneiden, da die meisten Mitarbeiter nicht mit ihr vertraut sind.

Wie viele Kennzahlen sollte Ihre Balanced Scorecard enthalten?

Dies ist eine Frage, die von Klienten häufig dann gestellt wird, wenn wir mit der Entwicklung einer Scorecard für ihr Unternehmen beginnen. Das Interessante ist, dass viele Unternehmen sich zwar Sorgen machen, zu viele Kennzahlen zu entwickeln, dass sie dann aber genau dies tun. Solange ich im Bereich des Performancemanagements tätig bin, habe ich eine ständige Zunahme der durchschnittlichen Anzahl der Kennzahlen auf den Balanced Scorecards von Unternehmen feststellen können. Die moderne Technologie leistet den größten Beitrag zu dieser großen Menge an Leistungskennzahlen. Denn vor einigen Jahren, als die Informationstechnologie noch nicht sehr weit entwickelt war, waren die Unternehmen mehr oder weniger gezwungen, die Zahl der Kennzahlen zu minimieren. Bei der vielfältigen BSC-Software dagegen, die uns heute zur Verfügung steht, sind die Unternehmen in der Lage, Hunderte wenn nicht sogar Tausende von Kennzahlen zu ermitteln und zu verfolgen. Es stellt sich nur die Frage: Wie viel ist denn zu viel? Da es keine optimale oder magische Anzahl von Kennzahlen gibt, sollten Sie bestimmte Richtlinien befolgen, um zu gewährleisten, dass Sie die für Ihr Unternehmen geeignete Menge an Kennzahlen haben.

Das Balanced Scorecard-Projekt – Arbeitsblatt zur Auswahl der Kennzahlen

Kennzahlen	Verknüpfung mit der Strategie	Quantifizierbarkeit	Zugangsmöglichkeit	Verständlichkeit	Ausgeglichenheit	Relevanz	Allgemeine Definition	Gesamtpunktanzahl	Bemerkungen
Finanzen Kennzahl 1									
Kennzahl 2									
Kennzahl 3									
Kunden Kennzahl 1									
Kennzahl 2									
Kennzahl 3									
Interne Prozesse Kennzahl 1									
Kennzahl 2									
Kennzahl 3									
Mitarbeiterförderung und -entwicklung Kennzahl 1									
Kennzahl 2									
Kennzahl 3									

Gesamtbeurteilung der aktuellen Kennzahlen

Abb. 6.1 Arbeitsblatt für die Auswahl der Kennzahlen für die Balanced Scorecard

Um die richtige Anzahl an Leistungskennzahlen zu bestimmen, sollten Sie sicherstellen, dass die vier Perspektiven Ihrer Scorecard Ihre Strategie auch optimal repräsentieren. Denn die Übertragung Ihrer Strategie erfordert eine bestimmte Mischung aus Erfolgskennzahlen (ergebnisorientierten Indikatoren) und Leistungskennzahlen (verlaufsorientierten Indikatoren), die auf der Scorecard verteilt sind. Meistens besteht eine Eins-zu-eins-Beziehung zwischen beiden Indikatortypen, doch es kommt auch vor, dass zwei Leistungskennzahlen zu einer einzigen Erfolgskennzahl gehören. Wenn wir aber davon ausgehen, dass eine Eins-zu-eins-Beziehung vorliegt, dann benötigen Sie acht Kennzahlen für Ihre Balanced Scorecard. Eine Eins-zu-zwei-Beziehung setzt dagegen zwölf Kennzahlen voraus. Und aufgrund der Tatsache, dass einige Performanceziele mehr als eine Kennzahl benötigen, werden Sie sehr schnell bei bis zu 20 oder mehr Indikatoren sein. Die meisten Scorecard-Anwender und ihre Berater empfehlen eine Zahl von 20 bis 25 Kennzahlen für Ihre Balanced Scorecard. Benchmarking-Studien bezüglich des Einsatzes von Scorecards, die in verschiedenen Branchen durchgeführt wurden, kamen zu ähnlichen Ergebnissen. Lassen Sie sich von diesen Zahlen jedoch nicht unter Druck setzen. Wenn Sie 30 Kennzahlen brauchen, um Ihre Strategie adäquat zu beschreiben, dann ist das auch in Ordnung. Ebenso sollten Sie keine zusätzlichen Kennzahlen einfügen, wenn Sie für Ihre Strategie nur 15 benötigen.

Eine weitere häufig gestellte Frage ist, ob die Kennzahlen gleichmäßig auf die vier Perspektiven verteilt sein müssen. Noch einmal: Am wichtigsten ist, dass die Kennzahlen Ihre Strategie so darstellen, dass sie für jeden Leser der Scorecard transparent ist. Die folgende Verteilung der Kennzahlen trifft jedoch auf die meisten Scorecards auf höchster Ebene zu:

- *Finanzwirtschaftliche Perspektive.* Drei oder vier Kennzahlen bezüglich antizipierter Finanzergebnisse. Das Unternehmen sollte sich genauestens über seine finanziellen Ziele im Klaren sein und keine große Menge an Kennzahlen benötigen.
- *Kundenperspektive.* Fünf bis acht Kennzahlen. Die Art und Weise, wie Sie die Bedürfnisse Ihrer Kunden befriedigen, bestimmt die Zusammenstellung Ihrer Kennzahlen. Die kundenbezogene Perspektive weist normalerweise eine große Menge an verlaufsorientierten Indikatoren auf.
- *Interne Prozessperspektive.* Fünf bis zehn Kennzahlen. In dieser Perspektive werden die zentralen Prozesse bestimmt, in denen Sie gute Ergebnisse erzielen müssen, um den Mehrwert für den Kunden und

die Aktionäre zu steigern. Solche Prozesse können sich auf das gesamte Unternehmen ausdehnen, was zu einer größeren Kennzahlenmenge führt.

- *Perspektive der Mitarbeiterförderung und -entwicklung.* Drei bis sechs Kennzahlen. Diese Kennzahlen ermöglichen die anderen drei Perspektiven überhaupt erst. Meistens sind es die, die am schwersten zu isolieren sind und auf die sich am schwersten geeinigt wird.

Das Erstellen eines Verzeichnisses für Leistungskennzahlen

Nun haben Sie all Ihre Kennzahlen bewertet und einige ausgesucht, die Sie nun zunächst Ihrem Führungsteam und dann den übrigen Mitarbeitern mitteilen wollen. Doch bevor Sie dies tun, müssen Sie Ihre Kennzahlen in einem Verzeichnis katalogisieren. Die Definition des Begriffes *Verzeichnis* lautet: »ein Dokument, das bestimmte Themen auflistet«. Und das ist genau das, was Sie nun tun sollen – ein Dokument erstellen, das allen Anwendern eine detaillierte Übersicht über Ihre Balanced-Scorecard-Kennzahlen bietet und das eine genaue Liste der Merkmale Ihrer Kennzahlen enthält. Das Erstellen eines solchen Kennzahlenverzeichnisses ist keine sehr glanzvolle Aufgabe, doch sie ist sehr wichtig. Denn wenn Sie Ihre Scorecard dem Führungsteam und Ihren Mitarbeitern präsentieren, werden Sie zweifellos mit Fragen über den Hintergrund jeder einzelnen Kennzahl überhäuft. »Warum haben Sie diese Kennzahl ausgewählt?« »Ist sie strategisch bedeutsam?« »Wie berechnen Sie die Kennzahl?« »Wer ist verantwortlich für die Ergebnisse?« Diese und zahlreiche andere Fragen werden auf Sie einstürmen, wenn Sie Ihren Kollegen die Scorecard vorstellen. Das genannte Verzeichnis liefert nun die Hintergrundinformationen, die Sie benötigen, um Ihre Entscheidungen schnell zu belegen und jede Frage, die Ihnen gestellt wird, beantworten zu können. Zusätzlich gibt die Auflistung Ihrer Kennzahlen Ihrem Team eine letzte Gelegenheit, die Details der Kennzahlen vollständig zu verstehen.

Die Abbildung 6.2 ist eine Art Schablone, die Sie benutzen können, um Ihr eigenes Kennzahlenverzeichnis zu erstellen. Es gibt vier Grundbereiche dieser Schablone, die Sie ausfüllen müssen. Im ersten Bereich, der sich ganz oben befindet, werden die wichtigen Hintergrundinformationen der Kennzahl eingetragen. Im zweiten Bereich werden bestimmte Kennzahlenmerkmale aufgelistet; die Berechnung und Spezifizierung der Daten befindet sich dann im dritten Bereich des Verzeichnisses. Und im unteren Bereich

Perspektive: Kundenbezogen	***Nummer der Kennzahl/Name:*** C01/Bewertung der Kundenloyalität		***Verantwortlicher:*** D. Ferguson, Marketingleiter
Strategie: Gewinnsteigerung		***Ziel:*** Steigerung der Kundenloyalität	
Beschreibung: Bei der Bewertung der Kundenloyalität wird der Prozentsatz der befragten Kunden ermittelt, die ausgesagt haben, dass sie unsere Produkte denen unserer Wettbewerber vorziehen und sie noch einmal kaufen werden. Unsere Studie zeigt, dass loyale Kunden regelmäßiger kaufen und dazu neigen, unsere Marken an Dritte weiterzuempfehlen. Aus diesem Grund sind wir der Meinung, dass die Steigerung der Kundenloyalität uns dabei helfen wird, unsere Strategie der Gewinnsteigerung umzusetzen.			
Verlaufs-/ergebnisorientiert: Ergebnisorientiert	***Häufigkeit:*** Vierteljährlich	***Berechnungseinheit:*** Prozentangaben	***Polarität:*** Hohe Werte sind positiv
Formel: Die Anzahl der Befragten, die auf die Frage Nummer 5 („Ziehen Sie unsere Produkte denen der Konkurrenz vor?") und 6 („Werden Sie unser Produkt noch einmal kaufen?") mit ja geantwortet haben, werden geteilt durch die Gesamtzahl der Befragten.			
Datenquelle: Die Daten für diese Kennzahl werden von dem Umfrageinstitut SST erhoben. Es wird vierteljährlich eine stochastische Umfrage unter unseren Kunden durchgeführt, und die Ergebnisse werden dann auf elektronischem Wege an unsere Marketingabteilung weitergleitet. Die Daten werden dabei in Exceltabellen verwaltet (MKT SURVEY.xls, Reihe 14 und 15) und sind jeweils am zehnten Werktag nach Ende des Quartals verfügbar.			
Datenqualität: Hoch – automatisch überwacht durch Dritte		***Verantwortlich für das Sammeln der Daten:*** I. Hashem, Marketinganalyst	
Vergleichsbasis: Die aktuellsten Daten, die wir von SST erhalten haben, ergaben eine Kundenloyalität von 59%.		***Zielvorgaben:*** Q1 2001: 65% Q2 2001: 68% Q3 2001: 72% Q4 2001: 75%	
Zielgedanke: Die Steigerung der Kundenloyalität ist entscheidend für unsere Strategie der Gewinnsteigerung. Unsere vierteljährlichen Steigerungen sind höher als in den vergangenen Jahren und reflektieren unsere erhöhte Konzentration auf die Loyalität.			
Maßnahmen:	1. Saisonale Promotionen		
	2. Managementprojekt bezüglich der Kundenbeziehungen		
	3. Weiterbildungen im Bereich Kundenservice		

Abb. 6.2 Kennzahlenverzeichnis der Balanced Scorecard

schließlich werden Performanceinformationen zu der entsprechenden Kennzahl notiert. Lassen Sie uns die einzelnen Bereiche nun etwas genauer betrachten und dabei das Beispiel aus der Abbildung 6.2 verwenden.

Die Aufbereitung der Kennzahlen

Die Leser sollten auf einen Blick erkennen können, worum es bei dieser Kennzahl geht und warum es wichtig für das Unternehmen ist, sie zu ermitteln und zu verfolgen.

- *Perspektive.* Hier wird die Perspektive genannt, zu der die Kennzahl gehört.
- *Nummer/Name der Kennzahl.* Allen Leistungskennzahlen sollte ein Name und eine Nummer zugeordnet werden. Die Nummer ist wichtig, falls Sie sich später zu einem automatischen Reporting-System entschließen sollten. Häufig wird auch verlangt, jeder Kennzahl einen völlig einzigartigen Namen zu geben – das hat auch seinen Sinn, da Sie dieselben Kennzahlen möglicherweise in verschiedenen Unternehmensbereichen ermitteln wollen und daher eine spezifische Identifikation gewährleistet sein sollte. Der Name der Kennzahl sollte außerdem kurz und deskriptiv sein. Und falls Sie vorhaben, sich entsprechende Software zu kaufen, sollten Sie daran denken, dass Sie nur eine begrenzte Anzahl von Buchstaben in das Namensfeld einfügen können.
- *Der Verantwortliche.* Die Balanced Scorecard vermittelt Ihrem gesamten Unternehmen nicht nur, welches Ihre zentralen Erfolgsstrategien sind, sondern sie schafft außerdem eine Atmosphäre der Verantwortlichkeit für die Ergebnisse. Das Zentrale dieser Idee der Verantwortlichkeit ist die Ernennung von Verantwortlichen für jede einzelne Kennzahl. Einfach gesagt ist diese Person allein verantwortlich für die Ergebnisse. Sollte die Leistung des Indikators zu sinken beginnen, dann wenden wir uns an den Verantwortlichen, um Antworten zu finden und einen Plan zu erstellen, wie die Ergebnisse wieder den Erwartungen gerecht werden können. Im obigen Beispiel ist eine spezifische Person als Verantwortlicher für die Kennzahl aufgeführt. Einige Unternehmen fühlen sich jedoch wohler, wenn sie die Verantwortung einer Abteilung und nicht einer einzelnen Person übertragen. Sie begründen das damit, dass Personen kommen und gehen können, wohingegen die Abteilungen eher die Tendenz haben, gleich zu bleiben. Die Verant-

wortung einer Abteilung zu übertragen, garantiert in ihren Augen, dass die Verantwortung gegenüber der Kennzahl nicht verloren gehen kann, wenn eine neue Person eingestellt wird. An dieser Argumentation ist etwas Wahres dran, doch ich empfehle Ihnen dennoch, eher Personen als Abteilungen die Verantwortung zu übertragen. Es motiviert einfach eher zum Handeln und zu mehr Verantwortung, wenn man seinen eigenen Namen mit der Performance einer zentralen betriebswirtschaftlichen Kennzahl assoziiert und nicht eine gesamte Abteilung.

- *Strategie.* Hier wird die spezifische Strategie genannt, von der Sie glauben, dass die Kennzahl sie positiv beeinflussen wird.
- *Ziel.* Jede Kennzahl ist die Übersetzung eines spezifischen Ziels. Nutzen Sie dieses Feld zur Bestimmung des relevanten Ziels.
- *Beschreibung.* Nachdem sie den Namen der Kennzahl gelesen haben, werden die meisten Leute sich sofort der Beschreibung der Kennzahl zuwenden. Möglicherweise ist die Beschreibung somit die wichtigste Information des gesamten Eintrags. Ihre Herausforderung besteht nun darin, eine Beschreibung zu formulieren, die das Wesen der Kennzahl so präzise und genau darstellt, dass jeder, der sie liest, sofort in der Lage ist zu verstehen, warum diese Kennzahl entscheidend für das Unternehmen ist. In unserem Beispiel erfahren wir sehr schnell, dass Kundenloyalität als Prozentzahl angegeben wird, worauf sich diese Angaben beziehen (Umfrageergebnisse) und warum wir glauben, dass diese Kennzahl uns dabei behilflich sein kann, unsere Strategie der Gewinnsteigerung zu verfolgen (loyale Kunden kaufen mehr und empfehlen unsere Produkte).

Die Merkmale der Kennzahlen

Dieser Abschnitt erfasst die Aspekte der Kennzahl, die sie benötigen, wenn Sie damit beginnen, über die Ergebnisse zu berichten.

- *Verlaufs-/ergebnisorientiert.* Bestimmen Sie, ob die Kennzahl ein Erfolgs- oder ein Leistungsindikator ist. Vergegenwärtigen Sie sich dabei, dass Ihre Scorecard die hypothetisch beste Umsetzung Ihrer Strategie darstellt. Denn wenn Sie mit der Ergebnisanalyse beginnen, werden Sie die Beziehungen zwischen den ergebnis- und verlaufsorientierten Kennzahlen, von denen Sie glauben, dass sie existieren, überprüfen wollen.

- *Häufigkeit der Erhebung.* Wie häufig wollen Sie die Werte Ihrer Kennzahlen überprüfen? Die meisten Unternehmen haben Kennzahlen, die täglich, wöchentlich, monatlich, vierteljährlich, halbjährlich oder jährlich überprüft werden. Ich habe jedoch auch einzigartige Zeitrahmen wie etwa ein »Schuljahr« bei einer Regierungsbehörde beobachten können. Versuchen Sie die Zahl der halbjährlichen und jährlichen Kennzahlen auf Ihrer Scorecard zu beschränken. Denn eine Kennzahl, die nur einmal pro Jahr auf den neuesten Stand gebracht wird, ist von begrenztem Nutzen, wenn Sie Ihre Scorecard als Management-Tool einsetzen und auf Leistungsergebnissen basierende Veränderungen vornehmen wollen.
- *Berechnungseinheit.* Dieses Charakteristikum bestimmt, wie die Kennzahl ausgedrückt wird. Allgemein gebräuchliche Berechnungseinheiten sind etwa Zahlen, Währungen und Prozentzahlen.
- *Polarität.* Bei der Beurteilung der Performance einer Kennzahl ist es für Sie wichtig zu wissen, ob hohe Werte eine gute oder eine schlechte Leistung bedeuten. In den meisten Fällen ist dies sehr unkompliziert. Wir alle wissen, dass höhere Gewinne und gesteigerte Kundenloyalität positiv sind, wohingegen ein hoher Wert in Sachen Beschwerden und Arbeitsnehmerfluktuation auf einen Zustand schließen lässt, der unbedingt verbessert werden muss. In einigen Fällen kann die Polaritätsfrage jedoch auch eine Herausforderung darstellen. Nehmen wir einmal das Beispiel einer gesetzlichen Krankenversicherung. Wenn diese versucht, die Arbeitsbelastung ihrer Mitarbeiter zu bemessen, ist dann ein hoher Wert gut oder schlecht? Eine hohe Anzahl an Vorgängen pro Mitarbeiter kann für eine große Effizienz und Effektivität des einzelnen Mitarbeiters sprechen. Auf der anderen Seite kann dies aber auch bedeuten, dass die Mitarbeiter mit viel zu vielen Kunden gleichzeitig umgehen, nur um die Zahl ihrer Vorgänge zu erhöhen, was wiederum zu einem nur mittelmäßigen Kundenservice führt. In Fällen wie diesem wäre es vielleicht ratsam, eine »duale Polarität« einzuführen. Bis zu 25 Vorgänge pro Mitarbeiter würden dann beispielsweise als gut angesehen, alles über 25 hingegen würde Anlass zur Veränderung geben.

Kalkulation und Datenaufstellung

Die Informationen, die in diesem Bereich des Verzeichnisses enthalten sind, zählen zu den wichtigsten und gleichzeitig zu denen, die am schwersten zu sammeln sind. Um die Werte der Kennzahlen zu ermitteln, sind präzise Formeln notwendig, und die Quellen der Daten müssen eindeutig identifiziert sein.

- *Formel.* In dem Kästchen, das für die Formel vorgesehen ist, sollten die spezifischen Elemente für die Kalkulation der Leistungskennzahl stehen.
- *Datenquelle.* Jede Kennzahl ist irgendwoher abgeleitet – von einem Managementbericht, den Aussagen eines Verkäufers, von Kundendatenbanken, dem Hauptgeschäftsbuch und so weiter. In diesem Abschnitt sollten Sie rigoros versuchen, so viele detaillierte Informationen wie möglich zu den Kennzahlen zu liefern. Wenn die Informationen einem aktuellen Bericht entnommen wurden, wie ist der Titel dieses Berichtes und in welcher Zeile ist die betreffende Information zu finden? Und wann kann auf die Daten zugegriffen werden? Wenn die Informationen auf Ihren Finanzdaten basieren, an welchem Tag des Monats sind die endgültigen Zahlen zu erwarten? Diese Informationen sind wichtig für Ihre Scorecard, da Sie bei der Erstellung Ihrer Balanced Scorecard abhängig von den Terminplänen anderer sind. Je mehr Informationen Sie an dieser Stelle liefern, umso leichter wird es sein, die Scorecard mit Hilfe von tatsächlichen Daten zu erstellen. Denn wenn Sie vage Datenquellen oder gar keine angeben, wird es Ihnen sehr schwer fallen, Kennzahlen später zu verfolgen. Daher eine Warnung: Nehmen Sie sich die Zeit, die Sie für die Fertigstellung dieses Abschnittes wirklich brauchen. Einige Scorecards durchlaufen das Entwicklungsstadium nämlich einwandfrei, nur um dann im Moment der Datenbekanntgabe zu scheitern, weil die Daten nicht identifiziert oder nicht leicht erhoben werden können.
- *Datenqualität.* Nutzen Sie diesen Bereich der Tabelle, um einige Bemerkungen über den Zustand der Daten zu machen, die Sie für Ihre Scorecard verwenden wollen. Wenn die Daten automatisch aus einer Quelle eingespeist werden und sehr leicht auf sie zugegriffen werden kann, kann die Datenqualität als hoch bezeichnet werden. Wenn Sie sich jedoch auf das Word-Dokument eines Analysten stützen müssen, das wiederum auf den Datenbanken eines anderen Kollegen basiert, die schließlich aus einem anderen alten System hervorgehen, dann ist die Qualität der Daten eher als schlecht zu bezeichnen. Die Beurteilung der Datenqualität ist aus verschiedenen Gründen wichtig. Wenn Sie bereits im Vorfeld wissen, was Sie zu erwarten haben, wird Ihnen

das helfen, Strategien zu entwickeln, um zu gewährleisten, dass die Daten, die Sie benötigen, pünktlich und akkurat erhoben werden können. Die Beschäftigung mit der Datenqualität kann Ihnen außerdem helfen, Fragen bezüglich der Ressourcen an Ihr Unternehmen zu formulieren. Wie bereits erwähnt wurde, besteht einer der Vorzüge der Balanced Scorecard in den »fehlenden« Kennzahlen, da auf diese Weise Defizite aufgedeckt werden können. Wenn eine Kennzahl tatsächlich entscheidend für den strategischen Erfolg des Unternehmens ist, dann sollte vielleicht in ein System investiert werden, das die Daten effektiver erhebt.

- *Der Verantwortliche für das Sammeln der Daten.* Im ersten Abschnitt der Tabelle wurde der Verantwortliche der Kennzahl festgelegt; er ist derjenige, der verantwortlich für die Ergebnisse ist. Häufig ist dies nicht die Person, von der wir erwarten, dass sie die aktuellen Leistungsdaten liefert. In unserem Beispiel ist D. Ferguson, der Leiter der Marketingabteilung, verantwortlich für die Leistung der Kennzahl, aber der Marketinganalytiker I. Hashem fungiert als Kontaktperson für aktuelle Daten.

Informationen zur Performance

Im letzten Teil der Tabelle notieren wir unseren aktuellen Leistungsstand, schlagen Zielvorgaben für die Zukunft vor und umreißen spezifische Maßnahmen, die wir für die Erreichung der Ziele durchführen wollen.

- *Vergleichsbasis.* Benutzer der Balanced Scorecard sind besonders interessiert an dem aktuellen Leistungsstand aller Kennzahlen. Für diejenigen, die zuständig für die Entwicklung von Zielvorgaben sind, ist daher die Vergleichsbasis entscheidend.
- *Zielvorgaben.* Einige von Ihnen werden jetzt sagen: »Bis zu diesem Punkt im Prozess haben wir noch keine Zielvorgaben festgelegt; das ist nun unsere nächste Aufgabe, was sollen wir also machen?« Das ist wahr; die Zielvorgaben werden erst im siebten Kapitel behandelt. Einige Ihrer Kennzahlen haben jedoch bereits bestimmte Zielvorgaben erreicht. Möglicherweise wurde laut Ihrem jüngsten Analysebericht zum Beispiel das Ziel von 15 Prozent Eigenkapitalrendite erreicht. Wo auch immer Ziele erreicht wurden, sollten Sie diese jetzt festhalten. Bei den Kennzahlen, die bisher keine Zielvorgaben erfüllt haben, können Sie diesen Abschnitt frei lassen und ihn dann ausfüllen, wenn

Ihnen Entsprechendes vorliegt. Liegen Ihnen aber zumindest einige Resultate vor, so sollten Sie diese entsprechend der Erhebungsfrequenz der Kennzahl auflisten. In diesem Beispiel sind die vierteljährlichen Werte der Kundenloyalität dargestellt. Einige Unternehmen werden es jedoch schwierig finden, monatliche oder vierteljährliche Zielvorgaben festzulegen und stattdessen ein jährliches Ziel favorisieren, die Leistung jedoch monatlich oder vierteljährlich überprüfen.

- *Zielgedanke.* Dieser Zielgedanke betrifft nur die Kennzahlen, für die bereits Performanceziele vorliegen. Der Zielgedanke liefert Anwendern die nötigen Hintergrundinformationen darüber, wie Sie die einzelnen Zielvorgaben erreicht haben. War die Führungsetage mit ihren Plänen maßgeblich beteiligt? Basiert die Verbesserung auf historischen Ergebnissen? War ein Regierungserlass der Auslöser? Um Leute von der Erfüllung der Zielvorgaben zu begeistern, müssen Sie wissen, wie Sie erreicht werden und dass es sich dabei nicht nur um Wunschdenken seitens der Führungskräfte handelt.
- *Projekte.* In den meisten Unternehmen gibt es ständig Dutzende von potenziellen Projekten. Häufig wissen jedoch nur diejenigen darüber Bescheid, die direkt mit dem Projekt zu tun haben, und mögliche Synergieeffekte zwischen den Projekten werden niemals wahrgenommen. Die Scorecard liefert Ihnen jedoch die wunderbare Möglichkeit, diese Projekte im Kontext ihrer strategischen Bedeutung zu beurteilen. Wenn ein Projekt nicht mit der erfolgreichen Umsetzung Ihrer Strategie im Einklang steht, sollten Sie sich selbst die Frage stellen, warum es überhaupt entstand und warum es verfolgt wird. Verwenden Sie diesen Teil der Tabelle also, um aktuelle oder antizipierte Projekte für die spezifischen Leistungskennzahlen festzuhalten. Im siebten Kapitel werden wir dann auf das Thema der Projekte zurückkommen.

Die Durchführung eines Workshops für Führungskräfte zur Bekanntgabe der Balanced-Scorecard-Kennzahlen

Ein solcher Workshop für Führungskräfte ist ein aufregendes Ereignis, bei dem Sie der Geschäftsführung die neu erarbeiteten Balanced-Scorecard-Kennzahlen vorstellen. Auch wenn dies das erste Mal sein wird, an dem die gesamte Gruppe zusammengekommen ist, um Ihre Leistungskennzahlen zu überprüfen und zu besprechen, sollte es keinesfalls die erste Konfrontation mit Ihren vorgeschlagenen Kennzahlen sein. Wie bereits im dritten

Kapitel erwähnt wurde, ist der Schirmherr des Projektes verantwortlich dafür, dass permanent mit der Führungsetage kommuniziert wird und somit deren fortlaufende Unterstützung für und ihr Einverständnis mit dem Projekt gewährleistet ist. Zur Ergänzung der Bemühungen Ihres Förderers sollte zusätzlich jedes Mitglied des Scorecard-Teams in ständigem Dialog mit der für die eigene Abteilung zuständigen Führungskraft stehen, um deren Feedback zu bekommen und deren Unterstützung zu garantieren.

Die Vorbereitung des Workshops

Bei einem Workshop für Führungskräfte ist die richtige Vorbereitung der Schlüssel zum Erfolg. Lange bevor die Tür des Konferenzraumes geschlossen wird und Sie vor einer Gruppe von Führungskräften stehen, die darauf warten, sich auf jedes einzelne Ihrer Worte zu stürzen, sollten Sie diese mit den nötigen Informationen versorgt haben, damit die Sitzung produktiv und erfolgreich verläuft. In den folgenden Paragraphen werden die spezifischen Komponenten der Scorecard vorgestellt, die jedes Teammitglied der entsprechenden Führungskraft eine Woche vor der Sitzung überreicht haben sollte. Eine Woche sollte selbst für eine sehr beschäftigte Führungsperson lang genug sein, um das entsprechende Material zu sichten und zu beurteilen.

Beginnen Sie das Dokument mit einem Teilbereich, in dem die *Methodik* beschrieben wird, nach der Ihr Team die Scorecard entwickelt hat. Die Methodik stellt die Schritte dar, die Sie bis zu diesem Punkt unternommen haben, sowie den übergeordneten Prozess. Sie könnten etwa zu Beginn bekannt geben, dass Sie den Ansatz von Kaplan und Norton, den modifizierten Ansatz von Baldrige oder Ähnliches verfolgen. Im Anschluss daran können Sie erläutern, wie Sie das Hintergrundmaterial für Ihre Scorecard gesammelt haben, wie viele Interviews Sie geführt haben und wie viele potenziellen Ziele und Kennzahlen entstanden sind, bevor man sich auf diese ganz bestimmte Gruppe geeinigt hat. Auch eventuelle Herausforderungen, denen Sie sich gestellt haben, sollten in diesem Teil erwähnt werden. Des Weiteren könnten Probleme, mit denen Sie bis zu diesem Zeitpunkt konfrontiert wurden, Vorboten für zukünftige Komplikationen sein. Ihre Führungskräfte sollten daher auf diese Probleme aufmerksam gemacht werden und in der Lage sein, mögliche Lösungsansätze zu liefern, die ähnliche Vorkommnisse in der Zukunft verhindern können.

Der nächste Teilbereich des Dokumentes sollte eine Art *grafische Darstellung* der Scorecard beinhalten – auf nur einer Seite sollten alle Leistungskennzahlen in ihrer Beziehung zu jeder der vier Scorecard-Perspektiven vorgestellt werden. Diese Darstellung wird dann während des Workshops einen wertvollen Bezugspunkt bilden. Die Gruppe sollte dadurch in der Lage sein, die Inhalte Ihres *Kennzahlenverzeichnisses* zu verstehen. Um bezüglich der Kennzahlen sinnvoll entscheiden und geeignetes Feedback liefern zu können, benötigen Ihre Führungskräfte spezifische Details zu jeder einzelnen Kennzahl. Die letzte Seite dieses Teilbereiches sollte daher auch eine Liste der Performanceziele und Projekte enthalten, die Sie entwickelt haben, später jedoch mit Hilfe Ihrer Beurteilungstechniken eliminiert haben. Es könnte nämlich Ziele und Kennzahlen geben, die Ihre Führungskräfte als entscheidend für den Unternehmenserfolg bezeichnen – trotz der Probleme, die Sie während der Bewertung dieser Kennzahlen festgestellt haben.

Als Auftakt zur Beschäftigung mit den Ursache-Wirkungs-Beziehungen, die Ihnen nun bevorsteht, sollten Sie nun eine Zusammenfassung erstellen, die auf einer Seite beschreibt, wie die Kennzahlen, die Sie ausgewählt haben, zusammenwirken und die Umsetzung der strategischen Ziele unterstützen. Bei Nova Scotia Power wurde diese Zusammenfassung zum Beispiel als »Wertschöpfung durch die Strategie« bezeichnet. Sie liefert dem Führungsteam Einblicke, wie die Verwendung der Scorecard zu gesteigerter Wertschöpfung im Unternehmen führt. Die Zusammenfassung betont außerdem die Bedeutsamkeit von Ursache und Wirkung für den Erfolg der Balanced Scorecard. In der Abbildung 6.3 ist die Zusammenfassung von Nova Scotia Power zu sehen.

Ihr Dokument für die Führungskräfte sollte außerdem eine Art *Projektzeitplan* enthalten, der die Arbeit, die bereits erledigt wurde, und die Arbeit, die noch zu erledigen ist, darlegt. Es ist nämlich immer wichtig, auch Teilerfolge zu feiern, und Ihre bereits erledigten Arbeiten ermöglichen es Ihnen, Ihre bisher erbrachten Leistungen zu erwähnen. Auf der Basis der bereits erzielten Erfolge befinden Sie sich daher in einer besseren Position, um für die weitere Unterstützung des Projektes seitens der Führungskräfte zu werben.

Am Ende des Dokumentes sollte schließlich eine Auflistung der Hilfsquellen folgen, die Ihr Team bei seiner Arbeit in Anspruch genommen hat. Nennen Sie hier Bücher, Artikel, Videos, Unternehmensinformationen, Websites und ähnliches. Dies beweist nicht nur Ihre Beharrlichkeit bei der Herstellung eines großartigen Produktes, sondern könnte auch unbeteiligte Führungskräfte dazu inspirieren, selbst zusätzliche Forschungen anzustellen. Dabei erhöht sich sowohl der Kenntnisstand der betreffenden Person als auch die Akzeptanz der Balanced Scorecard.

Die Balanced Scorecard ist ein strategisches Managementsystem, das die Leistung von Nova Scotia Power Inc. (NSPI) mittels vier zentraler ausgeglichener Perspektiven ermittelt. Die Scorecard kombiniert die historische Genauigkeit finanzieller Informationen mit den Treibern für zukünftigen Erfolg. Für jede der Scorecard-Perspektiven haben wir zentrale Strategien entwickelt. Erfolg kann sich jedoch nicht in einem isolierten Bereich einstellen. Unsere Strategien sind daher miteinander verbunden und bilden eine Wertekette, die sich von unseren Mitarbeitern über die internen Prozesse, zu den Kunden und schließlich bis zu den Aktionären ausdehnt. Diese »Wertekette« wird etwas weiter unten im Kontext jeder einzelnen Scorecard-Perspektive und der entsprechenden Strategie diskutiert. Der Kontinuität halber sollte der Leser mit dem Bereich Lern- und Entwicklungsperspektive beginnen und sich nach oben durch die Kette vorarbeiten.

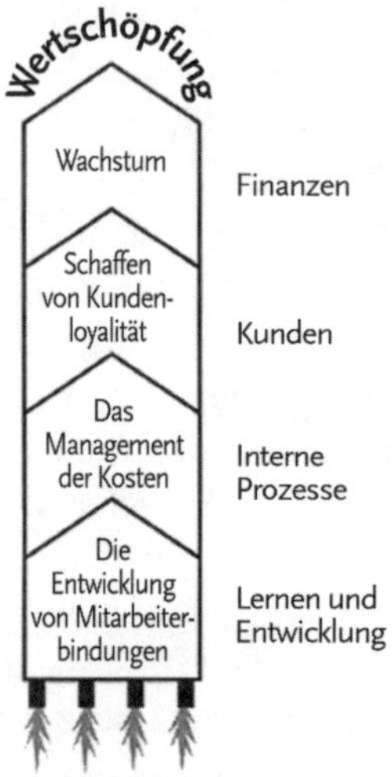

Finanzen: Die Kennzahlen dieser Perspektive offenbaren, ob die Umsetzung unserer Strategie zu steigenden Jahresüberschüssen führt. Alle Kennzahlen, die für die Balanced Scorecard ausgewählt wurden, sollten in Form von Ursache-Wirkungs-Beziehungen miteinander in Verbindung stehen und so zu einer verbesserten Finanzleistung führen. Unsere Strategien und Kennzahlen signalisieren unsere Verpflichtung, das Vertrauen in die Kapitalgesellschaft zu bewahren und gleichzeitig unserem Wunsch zu entsprechen, unser Unternehmen auf neue und anregende Weise wachsen zu lassen.

Kunden: Indem wir uns auf die Schlüsselprozesse konzentrieren, die die Wertsteigerung für alle Komponenten ausmachen, sind wir in der Lage, unser Ziel zu erreichen, nämlich zufriedene Kunden zu loyalen Kunden zu machen. Bei der Entwicklung von Kennzahlen für die kundenbezogene Perspektive ist es wichtig, nicht nur die zentralen Erfolgskennzahlen wie die Bewertung der Kundenloyalität einzubeziehen, sondern auch solche Kennzahlen zu berücksichtigen, die Nutzen- oder Wertschaffung für den Kunden durch das Unternehmen beurteilen. Die Kennzahlen, die wir für dieses Perspektive ausgewählt haben, repräsentieren eine solide Kombination dieser Schlüsselelemente. Unter anderem schätzen unsere Kunden Verlässlichkeit und die Preisgestaltung. Diese verlaufsorientierten Indikatoren erscheinen auf unserer Scorecard als Antriebsmomente der Kundenloyalität.

Interne Prozesse: Welches sind die Schlüsselprozesse, in denen wir ausgezeichnete Leistung erbringen müssen, um weiterhin Nutzen für unsere Anteilseigner zu stiften? Das ist die Frage, die sich bezüglich der Perspektive der internen Prozesse stellt. Sobald die Mitarbeiter das nötige Engagement zeigen, über die nötige Infrastruktur verfügen und auf dem nötigen Kenntnisstand sind, sind sie in der Lage, einen Beitrag zu den Verbesserungen zu leisten, die notwendig sind, um den Wettbewerbsvorteil am modernen Markt zu erhalten. Unser Fokus wird dabei auf der kontinuierlichen Verbesserung der Produktivität unseres Personals, der Entwicklung innovativer Kundenangebote und der Gewährleistung liegen, unser Kapitalvermögen optimal einzusetzen. All dies geschieht unter Berücksichtigung unserer Verpflichtung zu ökonomischer Entwicklung. Außerdem werden wir unsere Bemühungen erweitern und ausfeilen, was die Verbesserung der umweltpolitischen Leistung angeht.

Lernen und Entwicklung: Wenn wir hochgesteckte Ziele für unsere Kunden, Aktionäre und internen Prozesse erreichen wollen, wie können wir diese Herausforderungen meistern? Die Kennzahlen dieser Perspektive ermöglichen die anderen drei Perspektiven überhaupt erst. Unser Ziel ist es daher, ein Umfeld zu schaffen, das unsere Mitarbeiter zu mehr Engagement ermutigt. Denn nur mit Hilfe eines hohen Engagements unseres Personals sind wir überhaupt in der Lage, unsere Ziele zu erreichen. Doch wie können wir dies zustande bringen? Indem wir uns auf den Erfolg in zentralen Bereichen wie der Sicherheit, der Entwicklung von Kompetenzen und der effektiven Kommunikation konzentrieren und diesen Erfolg auch messen. Wir stellen unseren Mitarbeitern somit nicht nur die physischen Mittel zur Verfügung, um bessere Entscheidungen treffen zu können, sondern wir ermöglichen unserem Personal ebenso die notwendige Weiterbildung, um zu gewährleisten, dass alle Mitarbeiter die nötigen Kenntnisse besitzen, um zur Wertsteigerung des Unternehmens beizutragen.

Abb. 6.3 »Wertschöpfung durch Strategie« bei Nova Scotia Power Inc.

Die Durchführung des Workshops

Wie bei jedem Meeting ist auch bei diesem Workshop für Führungskräfte die Struktur äußerst wichtig für den Erfolg. Sie benötigen daher klar definierte Rollen, eine genaue Tagesordnung und eine exakte Beschreibung der erwünschten Ergebnisse, wenn die Sitzung erfolgreich sein soll.

Laden Sie Ihr gesamtes Projektteam zur Teilnahme an dem Meeting ein. Es wird sich als äußerst nützlich bei der Beantwortung spezifischer Fragen erweisen, die sich auf Kennzahlen beziehen, die sie selbst vorgeschlagen haben oder für die sie detaillierte Hintergrundinformationen geliefert haben. Das Meeting sollte außerdem von Ihrem Schirmherrn und dem Leiter des Balanced-Scorecard-Teams unterstützt werden. Der Schirmherr eröffnet das Meeting, bespricht die Tagesordnung und legt die erwünschten Ergebnisse fest. Er sollte außerdem eine sehr kurze Präsentation (mit zwei oder drei Dias) abhalten, in der die Vorzüge des Balanced-Scorecard-Systems geschildert werden. Einige von Ihnen werden das jetzt als Wiederholung empfinden, doch ich bin ein starker Verfechter des Effektes der Vorführung. Je mehr eine Gruppe sich mit einer Idee beschäftigt, umso größer ist die Wahrscheinlichkeit, dass sie diese zu verstehen beginnt und folglich auch unterstützt. Im Anschluss an das kurze Scorecard-Briefing wird der Teamleiter dann das Meeting durchführen und sich auf den Schirmherren und die Teammitglieder stützen, was zusätzliche Unterstützung und klärende Informationen angeht.

Die Tagesordnung des Meetings sollte sich direkt aus dem Informationspaket ergeben, das Sie Ihren Führungskräften haben zukommen lassen. Zunächst wird der Teamleiter kurz die Methodik darlegen, nach der die Balanced Scorecard entwickelt wurde. Zu diesem Zeitpunkt werden Sie in der Lage sein, einen genauen Blick auf Ihre Leistungskennzahlen zu werfen. Gehen Sie die vier Perspektiven durch, wobei Sie mit der finanzwirtschaftlichen beginnen und mit der Perspektive der Mitarbeiterförderung und -entwicklung schließen. Bemerkungen der Führungspersonen zu jeder der Kennzahlen können auf Flipcharts notiert werden oder von den Mitgliedern Ihres Teams festgehalten werden. Ihr Führungsteam wird möglicherweise Änderungsvorschläge jeglicher Art bereithalten – für jedes einzelne Element der Kennzahlen, der Beschreibungen, der Kalkulationsformeln, der Häufigkeit der Erhebung und so weiter. Es könnten sogar Vorschläge zu den Zielvorgaben gemacht werden. Wenn schließlich alle Kennzahlen einer Perspektive diskutiert worden sind, sollte das Führungsteam wählen, welche Kennzahlen auf der Balanced Scorecard bleiben sollen. Wie bereits erwähnt kann es sein, dass die Führungskräfte Kennzahlen einbeziehen möchten, die Ihr Team zwar entwickelt, später aber wieder eliminiert hat; oder aber es werden völlig neue Kennzahlen vorgeschlagen.

Nach dem Meeting sollte Ihr Team noch einmal zusammenkommen, um die notwendigen Angleichungen vorzunehmen, die sich aus den Änderungsvorschlägen des Führungsteams ergeben haben. Nun haben Sie eine solide Grundlage, um Ihre Ursache-Wirkungs-Beziehungen darzustellen. Die letzte Hürde, die Sie nun noch überwinden müssen, ist, die Scorecard Ihren Kollegen vorzustellen und deren Anerkennung und Unterstützung zu gewinnen.

Das Mitarbeiterfeedback bezüglich der Balanced Scorecard

Im Grunde erwarten Sie doch von Ihrer Balanced Scorecard, dass sie Informationen liefert, die es allen Mitarbeitern ermöglicht, frei zu bestimmen, inwiefern ihre tagtäglichen Handlungen dem strategischen Unternehmensplan entsprechen. Die meisten Experten werden Ihnen sagen, dass die Balanced Scorecard nur effektiv sein kann, wenn der Geschäftsführer Ihres Unternehmens dafür verantwortlich ist. Das ist richtig, doch auch wenn die Führungskräfte verantwortlich für die Scorecard sind, so sind es doch die Mitarbeiter, die dieses Tool akzeptieren und anwenden müssen. Denn nur so können Sie einige der Durchbrüche erzielen, die dieses Konzept bringen kann. Es hängt von den tagtäglichen kleinen Entscheidungen im Handel ab, ob Ihre Scorecard sich als Erfolg oder als Flop erweist. Die Erhöhung des Humankapitals wurde diverse Mal in diesem Buch erwähnt. Wenn Sie also wirklich der Meinung sind, dass der Kenntnisstand der Mitarbeiter den Unternehmenserfolg maßgeblich bestimmt, dann tun Sie sich selbst einen großen Gefallen, wenn Sie die Meinung Ihrer Mitarbeiter zu der Balanced Scorecard herausfinden, bevor Sie sie darum bitten, sie als Management-Tool einzusetzen.

Es folgen nun drei Methoden, nach denen Sie vorgehen können, um herauszufinden, was Ihre Mitarbeiter über Ihre Balanced Scorecard denken:

1. *Organisieren Sie einen »Tag der offenen Tür« für Ihre Scorecard.* Im County von San Diego, Kalifornien, wurde ein umfassendes Programm zum Performancemanagement eingeführt, um den Bürgern dieser Region, die zu den sechs dichtbevölkertsten der Vereinigten Staaten zählt, bessere Leistungen bieten zu können. Es wurde damit begonnen, Balanced Scorecards für

die Health and Human Services Agency (HHSA) zu entwickeln. Mit einem Budget von mehr als einer Milliarde Dollar und 5 000 Mitarbeitern ist HHSA größer als die meisten anderen Unternehmen. Aufgrund der unterschiedlichen Dienstleistungen, die die Agentur anbietet, beauftragte HHSA jeden einzelnen Programmbereich damit, eine Balanced Scorecard zu entwickeln, die demonstrieren sollte, wie erfolgreich sie ihre Kunden bedienten. Ein Balanced-Scorecard-Team, das sich aus Beratern und Personal zusammensetzte, arbeitete mit jedem Bereich, um innerhalb von vier Monaten Scorecards zu entwickeln. Nachdem vorläufige Scorecards erstellt worden waren, bemühte sich das Team darum, diese allen Mitarbeitern vorzustellen und deren Feedback zu bekommen. Sie entschlossen sich dazu, so genannte »Bestätigungssitzungen« abzuhalten. Vier solcher Sitzungen fanden statt – zwei morgens und zwei nachmittags.

Beim Betreten des Konferenzraumes wurden die Teilnehmer von den Projektmitgliedern begrüßt und bekamen einen Folder, in dem alle wissenswerten Informationen enthalten waren, die während der Sitzung zur Sprache kommen sollten. Zu Beginn jeder Sitzung führte der Teamleiter des Projekts eine kurze Präsentation durch. Er lieferte einen Überblick über die Projekte, erklärte die Vorzüge des Performancemanagements und wies auf die noch bevorstehende Arbeit hin. Im Anschluss an die Präsentation wurde es den Teilnehmern dann freigestellt, in dem großen Raum umherzugehen und die verschiedenen Stände zu besuchen, die von Projektteam-Mitgliedern errichtet worden waren. Jeder Stand hielt eine Reihe verschiedener Scorecards bereit, die die Teilnehmer beurteilen konnten und über die sie mit dem Team diskutieren konnten. Außerdem wurde ein Pavillon eingerichtet, in dem die Mitarbeiter die Möglichkeit hatten, die Scorecard-Software zu testen, die für die Ergebnisberichterstattung verwendet werden sollte. Formulare, auf denen die Teilnehmer ihr Feedback eintragen konnten, wurden verteilt, und die Teilnehmer wurden dazu ermutigt, dem Team ihre Anregungen mitzuteilen. Die Sitzungen waren sehr erfolgreich, da Mitarbeiter aus allen Unternehmensbereichen die Möglichkeit hatten, an der Entstehung des Performance Measurements mitzuwirken und sie außerdem sehen konnten, wie andere Gruppen innerhalb der HHSA ihre Ergebnisse beurteilten.

2. *Benutzen Sie Ihr Intranet.* Nutzen Sie die technischen Möglichkeiten, die Ihr Unternehmen bietet und versenden Sie die neuesten Entwicklungen bezüglich der Scorecard via Intranet. Mit Hilfe des Intranets sollten Ihre Mitarbeiter in der Lage sein, aktuelle Informationen über die Fortschritte

der Scorecard-Entwicklung zu erhalten, sowie Performancemanagement-Präsentationen, Bemerkungen des Führungspersonals bezüglich der Balanced Scorecard und häufig gestellte Fragen einsehen zu können. Wenn Sie eine vorläufige Scorecard entwickelt haben, so stellen Sie sie ins Intranet und bitten Ihre Mitarbeiter, ihre Kommentare via E-Mail an das Projektteam zu senden. Oder aber Sie richten einen Chatroom ein und sammeln alle Bemerkungen bezüglich des Balanced-Scorecard-Projektes. Es ist immer wichtig, so viel Konversation wie nur möglich zu betreiben, da dieser informelle Austausch möglicherweise zu neuen Durchbrüchen führen kann. Der Einsatz des Intranets stellt somit eine effiziente Methode dar, Feedback von einer großen Anzahl Menschen in sehr kurzer Zeit zu sammeln.

3. *Halten Sie Managementmeetings oder Mitarbeiterversammlungen ab.* Wenn in Ihrem Unternehmen regelmäßige Treffen stattfinden, bei denen das gesamte Managementteam versammelt ist, dann sollten Sie diese Anlässe nutzen, um Ihre vorläufige Scorecard vorzustellen. Nehmen Sie sich genug Zeit, um die Hintergrundinformationen Ihrer Scorecard zu vermitteln und die Methodik, nach der Sie bei der Entwicklung der Scorecard vorgehen, sowie die bisherigen Entwicklungen vorzustellen. Sie sollten die Zuhörer außerdem auf die Herausforderungen vorbereiten, die sie erwarten – wie zum Beispiel die Entwicklung ihrer eigenen Scorecard und der Einsatz dieses Systems in Ihrem Unternehmen. Solche Sitzungen sind eine gute Möglichkeit, Manager dazu zu bringen, über die Vorzüge der Balanced Scorecard nachzudenken. Die verschiedenen Abteilungen des Unternehmens sind dann in der Lage zu beurteilen, wie mit Hilfe der Scorecard der Wettbewerbsvorteil erhalten werden kann und Ziele erreicht werden. Auch Mitarbeiterversammlungen bieten eine gute Gelegenheit, Ihre Entwicklungen einem großen Teil des Personals vorzustellen. Um die individuellen Terminpläne zu berücksichtigen, werden Sie sicherlich eine ganze Reihe solcher Versammlungen einberufen müssen, um jedem einzelnen die Chance einzuräumen, auch daran teilzunehmen. Das zentrale Element dieser Sitzungen ist die Weitergabe von Informationen und das Sammeln von Feedback, um zu garantieren, dass der Prozess nicht einseitig stattfindet, sondern die Kommunikation zwischen den Mitarbeitern und dem Projektteam gefördert wird. Ganz gleich, ob Sie nun Managementmeetings oder Mitarbeiterversammlungen abhalten, sollten Sie aber immer darauf drängen, dass die Sitzung von einer Führungsperson eröffnet wird. Dies zeigt den Teilnehmern, dass das Konzept Unterstützung durch das Seniormanage-

ment bekommt und hilft auf diese Weise vielleicht dabei, Zweifler von den Vorzügen der Scorecard zu überzeugen.

Ursache-Wirkungs-Beziehungen

Wie bereits im ersten Kapitel erwähnt wurde, ist selbst die beste Strategie, die jemals konzipiert wurde, eine einfache Hypothese. Sie enthält bloße Vermutungen im Hinblick auf die geeigneten Maßnahmen, wobei die besten Kenntnisse bezüglich des Umfeldes, der Kompetenzen, der Wettbewerbspositionen und so weiter zugrunde liegen. Was benötigt wird, ist eine Methode, um die betreffenden Annahmen zu dokumentieren und zu überprüfen. Die Balanced Scorecard ermöglicht uns genau das. Eine gut entworfene Scorecard sollte Ihre Strategie mittels der Ziele und Kennzahlen beschreiben, die Sie ausgewählt haben. Diese Kennzahlen sollten miteinander durch Ursache-Wirkungs-Ketten verknüpft sein – von den Kennzahlen der Perspektive für Mitarbeiterförderung und -entwicklung bis zu den Kennzahlen der Finanzperspektive. Wir versuchen, unsere Strategie anhand von Kennzahlen zu dokumentieren, wobei wir die Beziehungen zwischen diesen herausstellen, damit sie überprüft und gehandhabt werden können.

Warum Ursache-Wirkungs-Beziehungen entscheidend für die Balanced Scorecard sind

Wenn Sie meinen Ratschlägen bis zu diesem Punkt gefolgt sind, dann werden Sie jetzt wohl eine ganze Reihe von Zielen und Kennzahlen für jede einzelne Perspektive haben. Was Sie allerdings noch nicht haben, ist eine Balanced Scorecard. Es gibt nun jedoch eine letzte Hürde, die überwunden werden muss, bevor Sie sich dieser Aufgabe widmen können, und für manche Unternehmen ist es schwierig, diese Hürde zu überwinden – nämlich den Prozess, Ihre Kennzahlen durch eine Reihe von Ursache-Wirkungs-Beziehungen zu verknüpfen, die in ihrer Gesamtheit die Unternehmensstrategie beschreiben.

Dieses ermöglicht Ihrem Unternehmen nicht nur, die Umsetzung der Strategie zu überprüfen, sondern auch das immens wichtige »Wie« der Wertschöpfung zu beschreiben. Die Ursache-Wirkungs-Beziehungen oder »Strategiepläne« bilden somit das eigentliche Erfolgsrezept. Kaplan und Norton erklären dies folgendermaßen: *»Strategie impliziert die Bewegung* *eines Unternehmens von seiner augenblicklichen Position hin zu einer erwünschten aber unsicheren zukünftigen Position. Da sich das Unternehmen noch nie in dieser zukünftigen Position befunden hat, besteht der Weg dorthin aus einer Reihe miteinander verbundener Hypothesen. Ein Strategieplan spezifiziert diese Ursache-Wirkungs-Beziehungen, was sie konkret und überprüfbar macht.*«[1] Ursache-Wirkungs-Beziehungen umreißen den genauen Weg, dem Sie folgen müssen, um Ihre Strategie umzusetzen. Ohne diese Verknüpfungen haben Sie nicht mehr als eine Sammlung finanzieller und anderer Kennzahlen. Einige Leute sind zwar der Ansicht, dass es immer noch besser ist, eine Reihe solcher Kennzahlen zu besitzen, als sich nur auf ein Erfolgselement wie beispielsweise die Qualität oder die Gewinne zu konzentrieren. Das mag sein, doch ohne die Definition von Verknüpfungen zwischen den Kennzahlen haben Sie noch nicht das *Wie* Ihrer strategischen Ausführung artikuliert. Dies kann nur durch eine Kette von Ursache-Wirkungs-Beziehungen erreicht werden, die eindeutig Ihrem Strategieplan zu entnehmen sind.

Ursache-Wirkungs-Beziehungen dienen außerdem als höchst effektives Diagnoseinstrument zur Überprüfung Ihrer neu entwickelten Balanced Scorecard. Gehen wir einmal von folgendem Szenario aus: Sie haben sich dazu entschlossen, eine Strategie der Gewinnsteigerung zu verfolgen und befinden sich im Prozess, die Kennzahlen zu überprüfen, die Ihre Balanced Scorecard enthält. Um die Gewinnsteigerung auch wirklich zu realisieren, wie sie in der finanzwirtschaftlichen Perspektive der Scorecard festgeschrieben ist, entschließen sich Sie dazu, die Kundenloyalität in der Kundenperspektive zu überprüfen. Sie nehmen an, dass Loyalität durch die Entwicklung neuer Produkte und Dienstleistungen für Ihre Kunden erreicht werden kann; aus diesem Grund messen Sie die Innovationstätigkeit in der internen Prozessperspektive auf Ihrer Scorecard. Bei der Überprüfung der Perspektive für Mitarbeiterförderung und -entwicklung fällt Ihnen dann auf, dass die Mitarbeiterzufriedenheit die einzige ist, die ermittelt wurde. Da zufriedene Mitarbeiter wahrscheinlich eine größere Neigung zu Kreativität und somit zur Entwicklung neuer Produkte haben, haben Sie keine Kennzahlen miteinbezogen, die die Mittel bewerten, die Ihre Mitarbeiter für ihre kreativen Durchbrüche benötigen. Zufriedenheit kann jedoch aufgrund der unterschiedlichsten Dinge entstehen. Vielleicht haben Sie eine Vier-Tage-Woche eingeführt oder eine Kindertagesstätte eingerichtet, oder aber Sie bezuschussen die tägliche Mahlzeit Ihrer Mitarbeiter. Jede dieser Aktionen kann zu größerer Zufriedenheit führen. Doch führen sie auch zu erhöhter Produktivität und mehr Innovationen? Um die Reihe Ihrer Kennzahlen zu vervollständigen, hätten Sie vielleicht eine Leistungskennzahl einbeziehen sollen, die den Prozentsatz der Mitarbeiter ermittelt, die die Schlüsselkompetenzen besitzen, die Sie zur Entwicklung neuer Produkte für Ihre Märkte benötigen, oder die den Zugang Ihrer Mitarbeiter zu der neuesten Technologie überprüft, mit der bahnbrechende Lösungen überhaupt erst entworfen und umgesetzt werden können. Nur indem Sie die Ursache-Wirkungs-Kette analysieren, können Sie mögliche Lücken oder fehlende Komponenten in Ihrem Erfolgsrezept erkennen.

Ursache und Wirkung implizieren einen logischen Zusammenhang zwischen scheinbar grundverschiedenen Elementen Ihrer Unternehmensstrategie. Bezogen auf US-Unternehmen vertrat der Psychologe Abraham Maslow die Ansicht, dass Unternehmen in ihre Gesellschaft eingebettet seien; diese Gesellschaft wiederum eingebettet in eine größere Gesellschaft sei, die eingebettet in das Land sei, das wiederum eingebettet in die westliche Welt sei, und so weiter. Er äußert, dass all dies funktionale Beziehungen sind, in dem Sinne, dass belegbare Ursachen und Wirkungen aufgelistet werden können. Interessanterweise reicht die Idee derartiger Verbindungen weit über unsere Unternehmenswelt hinaus. Im Grunde liefert uns die Natur die besten Beispiele individueller Elemente, die zusammen wirken und dadurch ein stärkeres vollständigeres Ganzes ergeben. In ihrem zum Nachdenken anregenden Buch *Leadership and the New Science* beschreibt Margaret J. Wheatley das elegante Ineinandergreifen der Natur und die neue Wissenschaft, in der Systeme als ganze Systeme angesehen werden, wobei den Beziehungen innerhalb dieser Netzwerke besondere Beachtung geschenkt wird. Ihre Arbeit hat deutlichen Bezug zu unserem derzeitiges Thema. Denken Sie etwa über folgende Aussagen der Autorin nach. »*Wir können ein System nicht verstehen, wenn wir uns nur mit seinen Teilen auseinander setzen. Wir müssen uns mit dem Ganzen beschäftigen, selbst wenn wir an bestimmten Elementen oder isolierten Problemen arbeiten.*«[2] »*Wenn wir uns bei der Beschäftigung mit einem Teil auch des Ganzen bewusst sind und das Teil in seiner Beziehung zum Ganzen sehen, dann bekommen wir vollkommen neue tiefe Einblicke.*«[3] Und schließlich: »*Um ein System zu verstärken, müssen wir stärkere Beziehungen schaffen.*«[4] Kommt Ihnen das bekannt vor? Die Autorin hätte ebenso gut die Idee von Ursache und Wirkung bezüglich der Balanced Scorecard beschreiben können. Wir können unser Unternehmen nicht wirklich verstehen, wenn wir bloß jedes Element für sich überprüfen. Indem wir mit den einzelnen Teilen arbeiten, müssen wir das Unternehmen als zusammenhängendes Ganzes sehen. Die Verknüpfungen, die wir in unserem Strategieplan beschreiben, repräsentieren die verbindende Kraft, die das gesamte System verstärkt und uns zur Umsetzung unserer Strategie führt.

Die Entwicklung von Ursache-Wirkungs-Beziehungen

Die Ursache-Wirkungs-Beziehungen unserer Scorecard erzählen die Geschichte unserer Strategie. »Geschichte« ist das zentrale Wort in diesem Satz. Um die Kommunikationskraft Ihrer Ursache-Wirkungs-Beziehungen effektiv zu nutzen, benötigen Sie sowohl eine grafische Darstellung als auch eine kurze begleitende Geschichte. Lassen Sie uns zunächst mit der grafischen Darstellung beginnen. Im Anschluss daran werden wir uns den Begriffen zuwenden, die Ihr gesamtes Unternehmen in Ihre BSC-Bemühungen einbeziehen.

Erinnern Sie sich an den Vorschlag aus dem fünften Kapitel, zuerst Leistungskennzahlen zu entwickeln und dann eine Grafik der Ursache-Wirkungs-Beziehungen zu erstellen? Vorausgesetzt, Sie haben dies auch in die Tat umgesetzt, dann stehen Ihnen jetzt eine Menge an Performancekennzahlen für jede der vier Perspektiven zur Verfügung, aus der Sie bei der Konstruktion Ihrer Grafik auswählen können. Die folgenden Abschnitte werden zeigen, wie Sie Ihre Strategie anhand dieser Kennzahlen darstellen können. Bei der Entwicklung Ihres strategischen Plans werden Sie feststellen, dass einige der Kennzahlen, die Sie erstellt haben, nicht in Ihr Konstrukt passen. Sie sollten nun jedoch nicht glauben, dass die Mühe, die Sie in die Erstellung dieser Kennzahlen gesteckt haben, reine Zeitverschwendung gewesen ist. Tatsächlich besteht die Möglichkeit, dass diese Kennzahlen für die niedriger angesiedelten Scorecards geeignet sind, die Sie erstellen, wenn Sie mit der stufenweisen Anordnung beginnen (siehe Kapitel 8). Alternativ könnten Sie auch als operationale oder diagnostische Kennzahlen bezeichnet werden und außerhalb der Balanced Scorecard überprüft werden. Eine weitere Möglichkeit bei der Erstellung Ihres Plans ist das Hinzufügen völlig neuer Kennzahlen, um Ihre strategische Darstellung schlüssiger zu machen. Hier erkennen wir nun also den wahren Nutzen dieses Prozesses, denn er zwingt Sie dazu, die Kennzahlen sorgfältig zu überprüfen, die Ihre Strategie realitätsgetreu umsetzen sollen.

Eine gute Balanced Scorecard sollte eine Mischung zentraler Erfolgskennzahlen (ergebnisorientierte Indikatoren) und Leistungstreibern (verlaufsorientierte Indikatoren) enthalten, die zu der verbesserten Performance geführt haben. Bei der Konstruktion Ihrer Ursache-Wirkungs-Beziehungen sollten Ihre ergebnisorientierten Performance-Indikatoren den Ausgangspunkt jeder der vier Perspektiven darstellen. Da diese Kennzahlen ergebnisorientiert sind, lassen sie sich sehr gut in logischer Reihenfolge kombinieren, indem mit der finanzwirtschaftlichen Perspektive begonnen wird und dann die Kundenperspektive, die interne Prozessperspektive und schließlich die Lern- und Entwicklungsperspektive folgen. Wenn Sie dann ein logisches Gebilde der ergebnisorientierten Indikatoren konstruiert haben, das die vier Perspektiven umfasst, dann können Sie die verlaufsorientierten Leistungsindikatoren in Betracht ziehen. Machen Sie sich keine Sorgen, wenn sich die verlaufsorientierten Leistungsindikatoren innerhalb der vier Perspektiven nicht ganz so einfach miteinander verknüpfen lassen. Diese Kennzahlen geben nun einmal die Möglichkeit, Ihre Unternehmensleistung bei der Erreichung der Resultate zu differenzieren, und aus diesem Grund müssen sie »esoterisch« sein. Wie Margaret Wheatley sagte, müssen wir die individuellen Bestandteile in Beziehung zum ganzen System betrachten. Während die verlaufsorientierten Indikatoren nicht verbunden zu sein scheinen und auch nicht dem gleichen Themenbereich angehörig scheinen, so erkennen wir doch, dass sie im Gesamtkontext ein kräftiges Antriebsmoment für die gesamte Scorecard darstellen.

In der Abbildung 6.4 ist die Entwicklung von Ursache-Wirkungs-Beziehungen dargestellt. Stellen Sie sich für einen Moment vor, dass Sie eine preisgekrönte Scorecard für Ihr Unternehmen entwickelt haben und den Prozess so sehr genossen haben, dass Sie sich dazu entschlossen haben, selbst andere Unternehmen bei der Entwicklung von Performancemanagement-Lösungen zu beraten. »Die Verwendung detaillierter Kundenkenntnisse, um Unternehmen im mittleren Marktsegment zu unterstützen« ist die Strategie, die Sie dabei verfolgen wollen. Ihre Wettbewerbsgrundlage ist kein führendes Produkt oder ein supereffizienter betriebswirtschaftlicher Stil. Nein, Sie bieten den Kunden Ihr Wissen, Ihre Erfahrung und die Gesamtlösungen, die aus der Kombination von beidem entstehen. Der strategische Plan, der in Abbildung 6.4 gezeigt wird, könnte eine komprimierte Balanced Scorecard für Ihr Unternehmen repräsentieren. Arbeiten Sie sich von oben nach unten vor und untersuchen Sie, wie dieser Plan konstruiert wurde.

Die finanzwirtschaftliche Perspektive liefert das Ziel, das wir erreichen wollen, indem wir unsere Performance überprüfen. Da Ihr Beratungsunternehmen neu ist, sind Sie in diesem Fall der Ansicht, dass es notwendig ist, Ihren Geschäftsbetrieb auszubauen. Aus diesem Grund ist es richtig, die Umsatzzuwächse zu überprüfen. Sie nehmen an, dass Ihre Umsätze gestei-

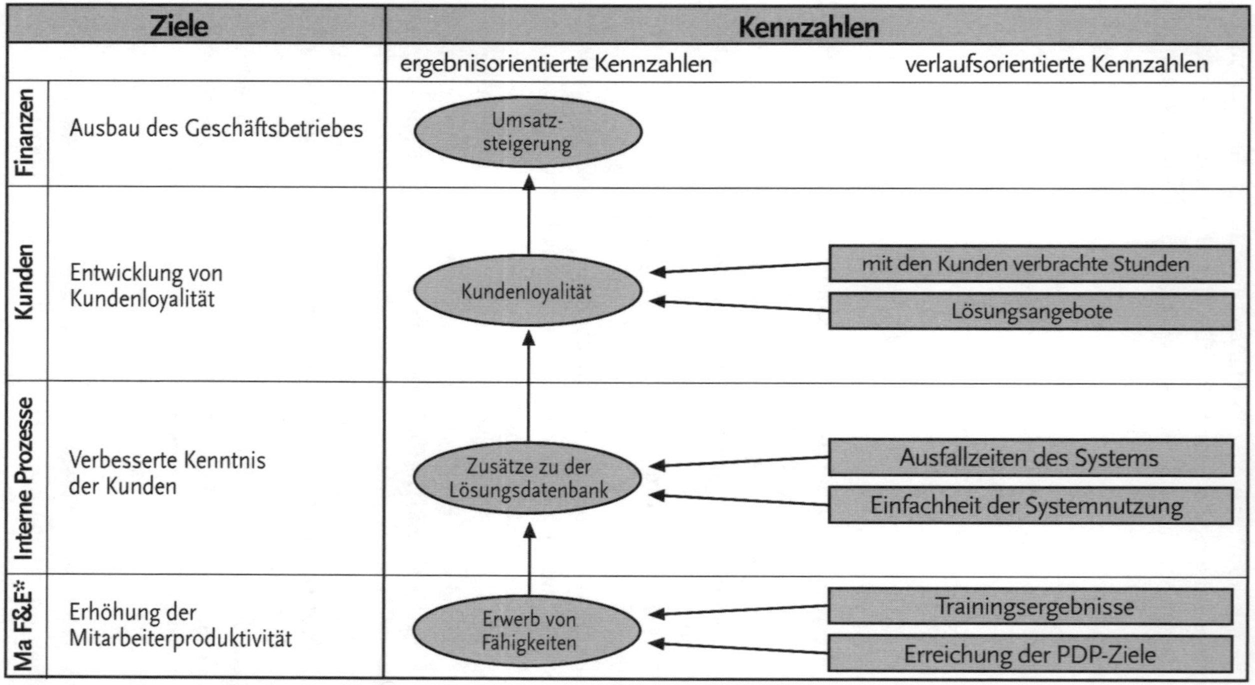

* Mitarbeiterförderung und -entwicklung

Abb. 6.4 Ursache-Wirkungs-Beziehungen in der Balanced Scorecard gert werden können, wenn Sie eine solide Basis an loyalen Kunden besitzen, die wegen zusätzlicher Serviceleistungen zu Ihnen zurückkehren. Kundenloyalität ist daher eine logische Wahl für eine ergebnisorientierte Leistungskennzahl. Nun stellen Sie sich selbst die Frage: »Was führt in meinem Unternehmen zu Loyalität?« Sie haben sich auf Kundennähe konzentriert, und daher ist das Angebot von Rundumlösungen für Kunden entscheidend für Ihren Erfolg. Bei der Gewinnung loyaler Kunden wird sicherlich auch hilfreich sein, wenn Sie als ein Unternehmen bekannt sind, das umfassende Lösungen anbietet. Um solche Lösungen entwickeln zu können, sollten Sie so viel wie möglich über Ihre Kunden wissen – ihre Herausforderungen, ihre Möglichkeiten, ihr Wettbewerbsumfeld und so weiter. Um diese Aufgabe zu erfüllen, müssen Sie viel Zeit bei dem Kunden verbringen und von ihm lernen. Aus diesem Grund sollten Sie die »mit den Kunden verbrachten Stunden« ermitteln.

Nachdem nun die finanziellen und kundenbezogenen Kennzahlen ausgewählt worden sind, sollten Sie Ihre Aufmerksamkeit nun den entscheidenden internen Prozessen zuwenden, in denen Sie bestimmten Anforderungen entsprechen müssen. Entsprechend der von Ihnen angestrebten Kundennähe erkennen Sie nun die Wichtigkeit strategischer Informationen bezüglich der Kundenbedürfnisse, die als Antriebsmoment der Kundenloyalität fungieren. Sie entwickeln eine Lösungsdatenbank und ermitteln die Zusätze zu dem System als ergebnisorientierte Indikatoren für interne Prozesse. Sie werden jedoch erkennen, dass das System sich nicht von selbst erweitert. Wenn die Datenbank das Schlüsselwerkzeug für die Kundenloyalität darstellt, dann müssen die Mitarbeiter dazu angehalten werden, sie ständig zu benutzen. Sie nehmen außerdem an, dass eine einfache Handhabung und die Ausfallzeiten des Systems die Anzahl der Systemergänzungen bestimmen. Die Mitarbeiter müssen auf jeden Fall das Gefühl haben, dass das System verlässlich ist. Schließlich müssen Sie darüber nachdenken, welche Kennzahl der Mitarbeiterförderung und -entwicklung zu einer vermehrten Zuwachsrate zur Lösungsdatenbank führen kann. Sie merken, dass *die* Mitarbeiter am besten etwas zu der Datenbank beitragen können, die die richtigen Kenntnisse für die Entwicklung von Rundumlösungen für Kundenbedürfnisse besitzen. Daher sollten Sie den »Erwerb von Fähigkeiten« als ergebnisorientierten Indikator der erfolgreichen Mitarbeiterförderung und -entwicklung überprüfen. Wie die meisten Unternehmen investieren Sie sicherlich Unmengen in die Weiterbildung, um bei Ihren Mitarbeitern entscheidende Kenntnisse zu entwickeln. Anders als andere Unternehmen erfassen Sie jedoch nicht einfach die Anzahl der Stunden oder Kurse, die besucht wurden. Sie suchen nach spezifischen Verhaltensbeispielen, die das Training hervorruft. »Trainingsergebnisse« ist somit ein verlaufsorientierter Indikator des Erwerbs von Fähigkeiten. Zusätzlich zum Training haben alle Mitarbeiter Personal Development Plans (PDPs) entwickelt. Denn Sie sind der Ansicht, dass das Erreichen von Zielen dieses Plans auch den Erwerb von Fähigkeiten steigert.

Sie haben nun einen strategischen Plan entwickelt, der aus miteinander verknüpften Leistungskennzahlen in den vier Perspektiven der Balanced Scorecard besteht. Dieser Plan repräsentiert das, was Ihrer Ansicht nach zur Umsetzung Ihrer Strategie nötig ist. Er dient außerdem als effektives Werkzeug, um die Aktionen Ihrer Mitarbeiter mit den übergeordneten Unternehmenszielen in Einklang zu bringen und die Ausführung der Strategie zu testen. Die Abbildung 6.5 zeigt eine Reihe von Fragen, die Sie sich selbst stellen sollten und die Ihnen bei der Entwicklung Ihrer Ursache-Wirkungs-Beziehungen behilflich sind.

Finanzen
Beschreiben die finanziellen Ziele und Kennzahlen, wie wir den Erwartungen unserer Aktionäre entsprechen können?

Kunden
Reflektieren die kundenbezogenen Ziele und Kennzahlen die Werte, die wir verfolgen, um unsere finanzwirtschaftlichen Ziele zu erreichen?

Interne Prozesse
- Haben wir die zentralen internen Prozesse erkannt, in denen wir uns auszeichnen müssen, um den finanziellen Erwartungen und denen der Kunden zu entsprechen?
- Wird die Erfüllung dieser Kennzahlen zu verbesserten finanziellen Ergebnissen und verbesserten Ergebnissen im Kundenbereich führen?

Mitarbeiterförderung und -entwicklung
Beschreiben die Ziele und Kennzahlen der Mitarbeiterförderung und -entwicklung die Fähigkeiten, die Informationsvernetzung und die Anpassung, die es uns ermöglichen, uns in unseren internen Prozessen zu bewähren?

Allgemeine Fragen
- Haben wir eine geeignete Mischung aus ergebnis- und verlaufsorientierten Kennzahlen auf unserer Scorecard?
- Um die Verbesserungen auch zu erhalten, sollte die Scorecard Kennzahlen enthalten, die kurz-, mittel- und langfristig zu Wertsteigerung führen. Haben wir das Timing der Verknüpfungen berücksichtigt?
- Umfasst die Balanced Scorecard die gesamte Unternehmensstrategie?

Abb. 6.5 Fragen, die bei der Entwicklung von Ursache-Wirkungs-Beziehungen gestellt werden sollten

Um die Kommunikationsfähigkeit des strategischen Plans zu maximieren, müssen Sie eine begleitende Geschichte entwickeln, die den Plan in den Köpfen Ihrer Mitarbeiter mit Leben füllt. Der nächste Abschnitt des Kapitels erforscht die außerordentliche Kraft des Geschichtenerzählens bei der Kommunikation Ihrer Strategie und bei der Gewährleistung des harmonischen Einklangs innerhalb des Unternehmens.

Wie Geschichtenerzählen Ihre Verknüpfungen mit Leben füllt

»Ein Bild sagt mehr als tausend Worte« ist ein Satz, den wir alle schon mehrere Male in unserem Leben gehört haben. Ihr vollständiger strategischer Plan ist sicherlich auch in der Lage, mehr als tausend Worte zu sagen. Das Problem besteht jedoch darin, dass jeder, der den Plan betrachtet, das Bild, das Sie präsentiert haben, auf eine ganz bestimmte individuelle Weise interpretiert. Die Entwicklung einer begleitenden Geschichte zu Ihrem strategischen Plan unterdrückt dagegen jegliche Raterei seitens Ihrer Mitarbeiter. Die Geschichte zwingt Sie, den Verfasser, dazu, die Annahmen in Ihrem Plan klar zu artikulieren und wertvolle Details preiszugeben, wie etwa das Timing und die Stärke der Beziehungen, die Sie erkannt haben. Ihr Plan könnte beispielsweise Markenbewusstsein in der Kundenperspektive als Ergebnis gezielter Marketingbemühungen darstellen, die in der internen Prozessperspektive ermittelt werden. Doch welcher Natur ist diese Beziehung? (Wie lange dauert es zum Beispiel, bis Investitionen in gezielte Marketingmaßnahmen zu verbessertem Markenbewusstsein führen?) Und des Weiteren, wie stark ist die Beziehung? Führt eine zehnprozentige Erhöhung der Marketinginvestitionen zu einer entsprechenden fünfprozentigen Steigerung des Markenbewusstseins? Die Geschichte Ihres strategischen Plans zwingt Sie dazu, alle Ursache-Wirkungs-Beziehungen so verständlich zu machen, dass der Leser erkennt, in welche Richtung Ihre Bestrebungen führen.

Warum sind Geschichten so effektiv? Weil sie dazu neigen, uns gefangen zu nehmen und uns in das Geschehen hineinzuziehen. Sozialhistoriker vertreten die Meinung, dass Geschichten die entscheidende Kraft darstellen, die Gesellschaften, Familien und Kulturen zusammenhält. Die menschliche Intelligenz und das Erinnerungsvermögen werden ebenfalls stark durch Geschichten beeinflusst. Aus Geschichten lernt ein Kind, *»sich Handlungsverläufe und die Wirkung bestimmter Dinge auf andere vorzustellen und zu entscheiden, ob man etwas bestimmtes tun oder lassen sollte.«*[5] Forscher haben bestätigt, dass ein auf Geschichten basierender Lernstil zu verbesserter Lernfähigkeit und verbessertem Erinnerungsvermögen führt. In einer interessanten Studie wurden amerikanische Geschichtsbücher in ein Erzählformat übertragen. Studenten behielten daraufhin dreimal soviel von diesem auf Geschichten basierenden Buch als sie von den ursprünglichen Büchern behalten hatten. Einige Unternehmen haben bereits die Macht des Geschichtenerzählens bei der strategischen Planung und anderen Unternehmensfunktionen erkannt. 3M ist ein solches Unternehmen. »*Geschichten sind bereits eine Gewohnheitssache bei 3M, und sie helfen uns – durch die Art, wie sie uns dazu veranlassen, uns selbst und unsere Unternehmenstätigkeiten zu sehen –, sodass wir in der Lage sind, Möglichkeiten für strategische Veränderungen zu erkennen. Geschichten eröffnen uns Wege, Ideen über den Erfolg zu formulieren.*«[6]

Ob es sich nun um eine gespenstische Geschichte über Geister und Kobolde handelt, die man sich bei einem prasselnden Lagerfeuer erzählt, oder um den neuesten Hollywoodstreifen, den Sie unbedingt sehen wollen, jede Geschichte hält sich an ein bestimmtes Grundformat – *Konflikt, Übergangsphase, Höhepunkt, Abschluss.*[7] Ihre strategische Geschichte sollte diese Elemente ebenfalls enthalten. Der *Konflikt* impliziert die Definition der aktuellen Situation, die Analyse Ihres Marktes und die Diskussion der augenblicklichen Spannungen, die eine Veränderung unvermeidlich machen. Dies ist der Teil der Geschichte, der erläutert, weshalb es nur durch eine Veränderung möglich ist, den Vorsprung gegenüber der Konkurrenz zu erhalten und auszubauen. In der *Übergangsphase* Ihrer Geschichte wird das System der Balanced Scorecard vorgestellt, es wird ein Überblick über die Methodik geliefert und es werden Beweise für den Erfolg der Methodik vorgelegt. Auch die Ziele, die Sie mit der Balanced Scorecard verfolgen, sind in der Übergangsphase zu finden. Der *Höhepunkt* der Geschichte beschreibt dann die Leistungskennzahlen, die Sie ausgewählt haben und stellt die Ursache-Wirkungs-Beziehungen, die Ihre Performance ausmachen, anschaulich dar. An dieser Stelle werden dem Leser ausreichend Hintergrundinformationen bezüglich der Annahmen geliefert, die Sie beim Entwurf des Plans aufgestellt haben. *Schließen* Sie Ihre Geschichte dann mit einer Diskussion darüber, wie die Balanced Scorecard zu einer erfolgreichen Umsetzung Ihrer Strategie führen kann und wie sie Sie Ihrer Unternehmensmission und Ihrer Vision näher bringt.

Die größte Herausforderung bei dem Verfassen Ihrer Geschichte besteht darin, sie klar zu formulieren und trotzdem kurz zu halten. Die Geschichte sollte den strategischen Plan ergänzen und nicht überlagern. Die beiden Elemente zusammen müssen den Leser in eine Sphäre des strategischen Denkens versetzen, das notwendig für den Erfolg in Ihrem Marktsegment ist. Jedes Unternehmen hat jedoch unterschiedliche Vorstellungen davon, was die Länge wichtiger Dokumente angeht. Sie müssen daher die optimale Länge Ihrer Geschichte festlegen. In einigen Unternehmen kann sie sich auf eine einzige Seite beschränken, während andere Unternehmen der Ansicht sind, dass die Mitarbeiter durchaus dazu bereit sein müssen, ein fünfseitiges Dokument konzentriert zu lesen. Ein Dokument von drei Seiten ist optimal – eine Seite für die grafische Darstellung und zwei Seiten für die begleitende Geschichte.

Eine strategische Geschichte kann eine motivierende Kraft innerhalb Ihres Unternehmens darstellen. Das Engagement und die Begeisterung jedes einzelnen Mitarbeiters von der Chefetage bis zur Betriebsebene wird noch dadurch verstärkt, dass Sie Ihre einzigartige Geschichte erzählen. Sie haben beschrieben, was notwendig ist, um erfolgreich zu sein, und Sie haben es durch Ihre Geschichte (be)greifbar gemacht. Und zusätzlich haben Sie den einzelnen Personen die Gelegenheit gegeben, sich selbst in dem Geschehen einen Platz zuzuordnen und sich zu vergewissern, dass sie selbst in die erfolgreiche Lösung miteinbezogen werden. Sie werden erstaunt darüber sein, was eine gute Geschichte so alles ausmachen kann.

Strategische Pläne in der Umsetzung – Das McCord Travel Management

Das Unternehmen McCord Travel Management ist einer der größten Reiseveranstalter mit umfassendem Dienstleistungsangebot in den Vereinigten Staaten. Es hat seinen Sitz in Chicago, schreibt Verkaufszahlen von mehr als 725 Millionen Dollar und hat eine Belegschaft von mehr als 950 Reiseexperten. Im Jahre 1998 entschloss sich McCord zur Einführung einer Balanced Scorecard und erkannte schnell die Bedeutsamkeit eines strategischen Plans bei der Darstellung der eigenen Strategie. Ed Berkman, der stellvertretende Aufsichtsratsvorsitzende der Business Process Group, erinnert sich an ein Treffen zu Beginn des Prozesses, das ihm die Notwendigkeit vor Augen führte, die Strategie mit der alltäglichen Tätigkeit der Mitarbeiter zu verknüpfen. *»Ich hielt ein Meeting mit über 250 Reisebürokaufmännern und fragte sie ›Was ist unsere Vision?‹. Sie erwiderten enthusiastisch ›Jeder Reisende zu seiner Zeit, dann machen wir alles richtig‹. Dann fragte ich, welche Aufgaben sie hätten. ›Ich kümmere mich um die Reservierungen‹ und andere Funktionen wur-*

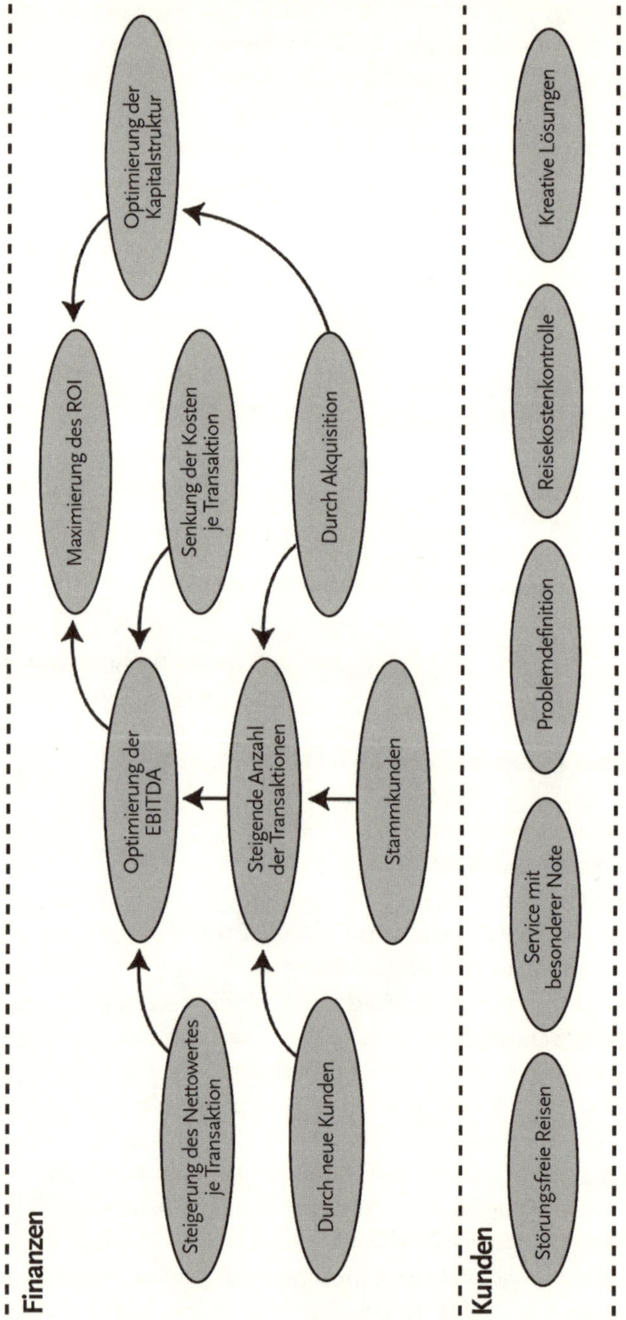

Finanzen
Optimierung der Kapitalstruktur
Maximierung des ROI
Senkung der Kosten je Transaktion
Durch Akquisition
Optimierung der EBITDA
Steigende Anzahl der Transaktionen
Stammkunden
Steigerung des Nettowertes je Transaktion
Durch neue Kunden
Kunden
Kreative Lösungen
Reisekostenkontrolle
Problemdefinition
Service mit besonderer Note
Störungsfreie Reisen

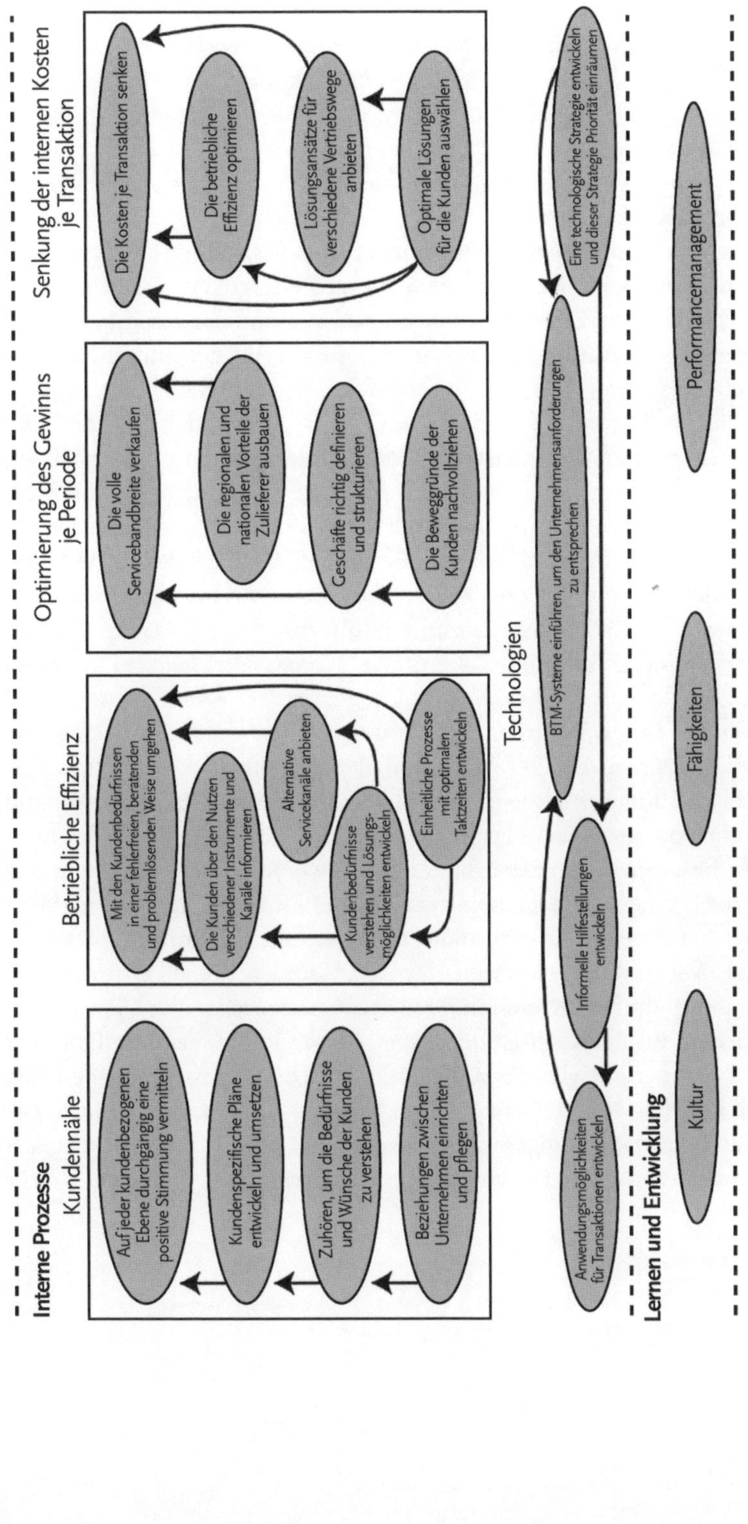

Abb. 6.6 Der strategische Plan für McCord Travel Management

den genannt. Daraufhin stellte ich die Frage ›Warum tun Sie dies?‹. Sie hätten eine Stecknadel fallen hören. Es klaffte also eine deutliche Lücke zwischen unserer Visionserklärung und dem, was die Leute alltäglich taten. Die Strategie wurde nicht ausreichend kommuniziert.«[8] Basierend auf diesem Meeting wusste Ed nun, dass es an der Zeit war, ein System einzuführen, das es allen Mitarbeitern ermöglichen würde zu zeigen, wie sie zu den strategischen Zielen von McCord beitragen konnten.

Nachdem in der östlichen Region der Business Travel Management Group ein Pilotprojekt der Balanced Scorecard erfolgreich eingeführt worden war, war es an der Zeit, die Scorecard nun auch auf der gesamten Unternehmensebene einzuführen. Die Abbildung 6.6 zeigt den unternehmensstrategischen Plan von McCord einschließlich der zentralen Ziele in jeder der vier Balanced-Scorecard-Perspektiven. Da die Anzahl der Ziele auf dem Plan im Vergleich zu den meisten anderen Unternehmen relativ hoch ist, wollte McCord sicher stellen, dass die Geschichte in prägnanter und schlüssiger Weise erzählt wurde. Die Vorstandsmitglieder glaubten, dass jedes der Ziele auf dem Plan ein entscheidender Bestandteil ihres Erfolgs sei. Der Vorstandsvorsitzende von McCord, Bruce Black, erkannte vor allem den Wert der Scorecard bezüglich der Zusammenführung von Mitarbeitertätigkeit und Unternehmensstrategie. *»Ein zentrales Merkmal der Balanced Scorecard ... ist ihre Fähigkeit, die Kluft zu überwinden, die zwischen den strategischen Zielen, die von der Geschäftsführung festgelegt wurden, und der Belegschaft besteht, deren tägliche Leistung absolut entscheidend für das Erreichen dieser Ziele ist.«*[9]

Die Verwendung des strategischen Plans als Kontroll-, Management- und Kommunikationsinstrument ermöglichte es McCord, die Strategie der Kundennähe immer mehr umzusetzen und die Gewinne zu steigern. Die Ergebnisse waren beeindruckend; eine Steigerung der Einkünfte vor Zinsen, Steuern, Abschreibung und Amortisation (EBITDA) um 186 Prozent, eine Senkung der Vermittlungsgebühren für die Kunden, eine 17-prozentige Senkung der indirekten Kosten und eine reduzierte Taktzeit in allen zentralen Bereichen. Ed Berkman ist der festen Überzeugung, dass die Balanced Scorecard und der begleitende strategische Plan einen entscheidenden Beitrag zu dem Erfolg von McCord geleistet haben. *»Wenn Mitarbeiter herausgefunden haben, dass ihre Tätigkeit in Verbindung mit einer Vision steht und dass sie Teil der strategischen Ausrichtung des Unternehmens ist, dann sind die Vorteile immens.«*[10]

Strategische Konversation

In dem bahnbrechenden Buch *Das Cluetrain Manifest* vertreten die Autoren die Ansicht, dass alle Märkte Konversationsplattformen sind und dass alle Menschen auf der Welt deshalb vom Internet so angezogen werden, weil es ihnen die Möglichkeit eröffnet, ihre Leidenschaft und ihre Sprache in Konversationen zum Ausdruck zu bringen.[11] Das World Wide Web ermöglicht jedem, zu jeder Zeit und an jedem Ort eine Konversation zu starten und einen virtuellen globalen Dialog über jedes nur erdenkliche Thema ins Leben zu rufen. Wenn Leute beginnen, auf der persönlichen Ebene Kontakt zueinander aufzunehmen, dann finden wundervolle, tiefgehende Dinge statt, und das Lernen wird auf eine Art und Weise vereinfacht, wie es kein Trainingsseminar jemals kopieren könnte. Die Entwicklung eines strategischen Plans, der die Ursache-Wirkungs-Beziehungen auf Ihrer Scorecard detailliert erläutert, stellt Ihre eigene Gelegenheit dar, strategische Konversation innerhalb Ihres Unternehmens zu entfachen.

Die Balanced Scorecard stellt Ihre Strategie dar und reflektiert die Annahmen, die Sie für die Verfolgung Ihrer Ziele aufgestellt haben. Wenn dann bei Ihrem Bericht bezüglich der Scorecard-Kennzahlen die ersten Ergebnisse zusammenkommen, können Sie die Annahmen in Ihrem Plan in Frage stellen. Vielleicht waren Sie der Meinung, dass Mitarbeitertraining zu vermehrten Innovationen führen würde. Ist das auch eingetroffen? Und auch in der Größenordnung, in der Sie es angenommen haben? Oder die Kundenloyalität nahm um zehn Punkte zu. Konnten Sie eine entsprechende Zunahme der Kapitalrendite verzeichnen, wie Sie vermutet hatten? Doch bevor Sie die Abweichungen von erwarteten Resultaten als Defekte ansehen, die dringend korrigiert werden müssen, sollten Sie vielmehr Ihre Aufmerksamkeit und Ihre Managementfähigkeiten der Frage zuwenden, ob die Annahmen, die Ihren Ursache-Wirkungs-Beziehungen auf der Scorecard zugrunde liegen, auch gültig sind. Was, wenn die Kundenloyalität zwar zugenommen hat, die Kapitalrendite aber gleich geblieben ist? Würden Sie jegliche Investitionen in Loyalitätsprogramme von nun an unterlassen? Wie bereits vorher diskutiert wurde, sollte das Hauptaugenmerk nun auf die Beziehungen innerhalb des Balanced-Scorecard-Systems gelegt werden. Im Falle der Kundenloyalität werden Sie, nachdem Sie das Umfeld überprüft haben und herausgefunden haben, was Ihre Konkurrenz tut und Ihre Mitarbeiter befragt haben, vielleicht zu dem Schluss kommen, dass es tatsächlich einen Zusammenhang zwischen der Loyalität und der Kapitalrendite gibt, dieser jedoch nicht in der Größenordnung zu finden ist, wie Sie ursprünglich angenommen hatten.

Vielen Ihrer Ursache-Wirkungs-Beziehungen mangelt es möglicherweise an statistischer Bedeutsamkeit, insbesondere kurzfristig gesehen. Lassen Sie sich dadurch nicht abhalten, den wahren Nutzen des Systems zu erkennen. Oft genug sind es die Diskussionen um in Frage gestellte Annahmen, die zu wahren Durchbrüchen führen. Die Balanced Scorecard sollte ebenso viele Fragen stellen wie auch beantworten. In der heutigen Zeit, in der Humankapital den Wert eines Unternehmens ausmacht, sollten Ihre Mitarbeiter permanent strategische Fragen stellen. Lassen Sie Ihre Mitarbeiter Gehör finden, indem Sie einen aktiven Dialog entfachen, der die Annahmen Ihrer Scorecard in Frage stellt.

Bleiben Performancekennzahlen stehts gleich?

Bevor wir unsere Diskussion über Leistungskennzahlen beenden, müssen wir uns mit der Frage ihrer Lebensdauer auf der Scorecard befassen. Fragen wie »Werden wir die Gelegenheit haben, unsere Kennzahlen zu verändern?« und »Sollten Kennzahlen überhaupt verändert werden?« werden am häufigsten gestellt, wenn ein Unternehmen ein Balanced-Scorecard-Programm eingeführt hat. Einige Leute glauben nämlich, dass Sie verpflichtet sind, eine Kennzahl die gesamte Existenz der Scorecard über beizubehalten, wenn Sie sich einmal dazu entschlossen haben, ein bestimmtes Leistungselement zu überprüfen. Das ist definitiv nicht der Fall.

Die Balanced Scorecard ist ein dynamisches Instrument, das flexibel ist und das verändert werden kann, wenn es die Umstände erfordern. Mit der Zeit werden eine Reihe von Veränderungen bezüglich Ihrer Kennzahlen stattfinden. Im extremsten Fall könnte es sein, dass Sie eine ganze Strategie nicht länger verfolgen, weil die Ergebnisse Ihrer Scorecard zeigen, dass Ihre Annahmen ungültig waren. In diesem Fall werden Sie wahrscheinlich eine neue Strategie für Ihr Unternehmen entwickeln und entsprechend neue Kennzahlen auswählen, die die neue Strategie umsetzen. Selbst wenn Sie auf eine aktuelle Strategie nicht vollständig verzichten, sollten Sie Ihre Leistungskennzahlen mindestens einmal jährlich in Verbindung mit Ihrer Planung überprüfen (strategische Planung, Unternehmensplanung, Finanzplanung, etc.). Die Kennzahlen sollten überprüft werden, um zu gewährleisten, dass sie in der aktuellen und zukünftigen Unternehmenssituation weiterhin ihre Gültigkeit behalten und zentrale Punkte Ihrer Strategie bleiben.

Viele Unternehmen neigen dazu, kleine Veränderungen an den Kennzahlen vorzunehmen, sobald sie einige Erfahrung mit dem Balanced-Scorecard-System gesammelt haben. Die Kalkulationsmethode könnte etwa verändert werden, um den Kern des zu überprüfenden Tatbestandes besser zu erfassen. Oder die Beschreibung einer Kennzahl könnte ergänzt werden, um den Mitarbeitern die betriebliche und strategische Bedeutsamkeit zu veranschaulichen. Sie könnten ebenfalls die Häufigkeit der Datenerhebung verändern. Vielleicht haben Sie ja versucht, die Zufriedenheit Ihrer Mitarbeiter monatlich zu überprüfen, doch die Logistik der Datenerhebung hat sich einfach als zu schwierig erwiesen. In diesem Fall sollten Sie den wichtigen Indikator nicht einfach vernachlässigen – Sie sollten vielmehr die Häufigkeit der Berichterstattung reduzieren. Die Veränderung Ihrer Leistungskennzahlen ist einfach eine weitere Möglichkeit, die allgemeine Kenntnis über Ihr Unternehmen zu erweitern. Kündigen Sie an, dass Sie sich dazu entschlossen haben, einige Kennzahlen für das kommende Geschäftsjahr zu verändern, und geben Sie so der gesamten Belegschaft die Gelegenheit, ihr Feedback bezüglich sinnvoller Anpassungen abzugeben.

Eine Warnung hinsichtlich solcher Veränderung: Verändern Sie Ihre Kennzahlen nicht nur, weil die Ergebnisse nicht Ihren Erwartungen entsprechen. Es ist ein zentraler Bestandteil der Balanced Scorecard, zu lernen – etwas über die eigene Strategie zu lernen, etwas über die eigenen Annahmen zu lernen, um auf dem Markt auch Erfolge zu erzielen, und etwas über die eigenen Wertvorstellungen zu lernen. Manchmal werden Sie es nicht unbedingt gutheißen, was Ihre Kennzahlen Ihnen mitzuteilen haben. Doch wie bereits besprochen sollten Sie die Abweichungen vom Plan nicht einfach als Defekte ansehen, sondern sie stattdessen nutzen, um Dinge zu hinterfragen und etwas über Ihr Unternehmen zu lernen.

Zusammenfassung

Dieses Kapitel erforschte Techniken, wie Sie die häufig schwierigen Aufgaben erfüllen können, Ihre Performancekennzahlen richtig zu formulieren und eine Reihe von Ursache-Wirkungs-Beziehungen zu entwerfen, die Ihre Strategie darstellen.

Das Erstellen einer Balanced Scorecard mit Hilfe von Leistungskennzahlen erfordert, dass aus einer großen Anzahl von potenziellen Kennzahlen die geeigneten für die Umsetzung der Strategie ausgewählt werden. Glücklicherweise gibt es eine Reihe von Kriterien, mit deren Hilfe Sie Ihre Entscheidung treffen können. Die Kennzahlen der Scorecard sollten mit Ihrer Strategie verknüpft sein; außerdem sollten sie quantitativ, leicht zugänglich, gut verständlich, ausgeglichen und relevant sein sowie auf einer Definition basieren. Jede potenzielle Kennzahl sollte im Kontext aller Kriterien bewertet werden, um zu bestimmen, aus welchen letztendlich die Scorecard zusammengesetzt wird.

Seit die Methodik der Balanced Scorecard einen immer größeren Bekanntheitsgrad erlangt hat, hat die Zahl der Kennzahlen, die von den meisten Unternehmen verfolgt werden, ständig zugenommen. Das Aufkommen der entsprechenden Software, die die Überprüfung von Tausenden von Kennzahlen erleichtert, hat entscheidend zu der steigenden Zahl von Kennzahlen beigetragen. Das Hauptkriterium bei der Bestimmung der geeigneten Anzahl von Kennzahlen für Ihre Scorecard ist die Fähigkeit der entsprechenden Kennzahlen, die Strategie schlüssig und vollständig darzustellen. Einige Unternehmen benötigen vielleicht nur ein Dutzend Kennzahlen, während andere 25 und mehr benötigen. Eine Befragung der Unternehmen, die eine Scorecard verwenden, ergab, dass in den meisten Unternehmen die Balanced Scorecards zwischen 20 und 25 Kennzahlen enthalten.

In Verzeichnissen der Leistungskennzahlen werden alle relevanten Aspekte Ihrer Indikatoren vermerkt, sodass jeder die Möglichkeit hat, auf einen Blick alles über Ihre Kennzahlen zu erfahren. Sie sollten ein Verzeichnis erstellen, das folgende Bereiche für jede Kennzahl abdeckt: den Hintergrund, die Charakteristika, die Berechnung, die Datenelemente und die Informationen zur Performance.

Bevor die letztendliche Auswahl Ihrer Kennzahlen feststeht, muss sie sowohl von der Führungsetage als auch von Ihren Mitarbeitern überprüft und für gut befunden werden. Führen Sie einen Workshop durch, um das Feedback des Vorstands einzuholen. Um sicherzugehen, dass Sie Ihre Ziele auch erreichen, sollten Sie im Vorfeld des Meetings Informationsbroschüren an die Führungskräfte verteilen. Das Dokument sollte Informationen bezüglich Ihrer Scorecard-Methodik, eine grafische Präsentation Ihrer Kennzahlen, ein Kennzahlenverzeichnis, einen Projektzeitplan und einen Überblick über die Hilfsmittel enthalten, die Sie zum Erstellen Ihrer Scorecard verwendet haben. Wenn dann der Zeitpunkt des Meetings gekommen ist, sollten alle Mitglieder Ihres Teams daran teilnehmen. Das Meeting wird dann unterstützt von dem Schirmherren und dem Teamleiter.

Während Ihr Führungsteam die Scorecard verinnerlichen muss, damit sie Ihrem Unternehmen auch von Nutzen sein kann, muss Ihre Belegschaft das Instrument verstehen und in die Entwicklung miteinbezogen werden, wenn sie es als Management-Tool verwenden soll. Methoden, um von den Mitarbeitern Anregungen zur Balanced Scorecard zu bekommen, wären etwa die Veranstaltung eines »Tages der offenen Tür«, die Nutzung Ihres Intranets und das Abhalten von Versammlungen.

Die Ursache-Wirkungs-Beziehungen zwischen den Kennzahlen auf Ihrer Scorecard stellen in Ihrer Ganzheit die Strategie Ihres Unternehmen dar. Sie veranschaulichen den spezifischen Weg, den Sie verfolgen müssen, um mit Ihrer Strategie erfolgreich zu sein und beschreiben das »Wie« der Wertschöpfung, das von der Kombination der Kennzahlen abgeleitet wird. Die Verknüpfungen dienen auch als diagnostisches Instrument, denn sie ermöglichen es sicherzustellen, dass die für die Scorecard ausgewählten Kennzahlen derart kombiniert sind, dass sie Ihre Strategie schlüssig und vollständig beschreiben.

Die Ursache-Wirkungs-Beziehungen werden am besten entwickelt, wenn man sich von oben nach unten vorarbeitet, sprich von der finanzwirtschaftlichen Perspektive über die Kundenperspektive, über die interne Prozessperspektive bis hin zur Lern- und Entwicklungsperspektive. Innerhalb jeder der Perspektiven identifizieren wir die ergebnisorientierten Erfolgsindikatoren und die entsprechenden Leistungstreiber (verlaufsorientierte Indikatoren), die zu den erfolgreichen Ergebnissen führen.

Geschichten haben uns schon immer gefesselt und haben einen starken Beitrag zu unserem Lernen geleistet. Das Verwenden von Geschichten ermöglicht es Ihnen, die spezifischen Annahmen mittels einer Reihe von miteinander verknüpften Leistungskennzahlen zu artikulieren. Alle essentiellen Elemente einer guten Geschichte sollten in Ihrem strategischen Plan enthalten sein – der Konflikt, die Übergangsphase, der Höhepunkt und der Abschluss.

Wenn wir mit der Analyse der Ergebnisse unserer Balanced Scorecard beginnen, dann sollten wir eher die Verknüpfungen untersuchen, die unsere Strategie darstellen, als uns auf einzelne Elemente der Performance zu konzentrieren. Unter Berücksichtigung der Ergebnisse, die wir im Kontext dieser Verknüpfungen erhalten, ist es dann möglich, strategische Konversation innerhalb des Unternehmens zu beginnen. Abweichungen vom Plan werden nicht länger als Defekte angesehen, sondern stattdessen im Kontext der Beziehungen zwischen den Kennzahlen und den Annahmen, die wir hinsichtlich dieser Beziehungen treffen, untersucht.

Die Kennzahlen auf der Balanced Scorecard entstehen und verändern sich dann mit der Zeit. Solche Veränderungen können in Form von völlig neuen strategischen Ausrichtungen auftreten, die dann entsprechende neue Kennzahlen erfordern, oder aber es kann etwas sachter ablaufen. Unternehmen korrigieren häufig die Beschreibungen von Kennzahlen, die Berechnungsmethoden oder die Häufigkeit der Erhebung, wenn das Performancemanagement-System ausgereifter ist.

Kapitel 7: Konkrete Zielvorgaben entwickeln und Prioritäten setzen

Wegweiser zum siebten Kapitel

Zu Beginn des Buches beschrieb ich die Balanced Scorecard als Messinstrument, als strategisches Management-Tool und Kommunikationsinstrument. Dieses Kapitel beschreibt nun die letzten Dinge, die Sie zur Konstruktion dieses Instruments noch ausführen müssen – nämlich konkrete Zielvorgaben entwickeln und Projekten die oberste Priorität einräumen. Außerdem wird das Kapitel den Grundstein für unsere nächste Herausforderung legen – die Einführung der Balanced Scorecard als Eckpfeiler Ihrer Managementprozesse.

Das ausgeprägte menschliche Verlangen, ein einmal festgelegtes Ziel auch zu erreichen, ist so alt wie die Menschheit selbst. Vor vielen hundert Jahren sagte Seneca: »*Wenn ein Mann nicht weiß, welchen Hafen er ansteuert, dann ist jeder Wind der richtige.*«. Oliver Wendell Holmes formuliert den Sachverhalt wie folgt: »*Das Wichtigste ist nicht unbedingt, wo wir uns befinden, sondern in welche Richtung wir uns bewegen.*«. Sicherlich, Seneca und Holmes sind gebildete Herren, doch ihre Aussagen können es bei weitem nicht aufnehmen mit dieser Perle an Weisheit von Yogi Berra: »*Wenn du nicht weißt, wohin du gehst, wirst du vielleicht an einem anderen Ort enden.*« Obgleich diese Zitate für völlig unterschiedliche Zeiten, Orte und Perspektiven stehen, haben sie doch eines gemeinsam – die Fokussierung auf die zukünftige Bestimmung, mit anderen Worten, ein Ziel. Auch Balanced Scorecards brauchen konkrete Zielvorgaben, um Ihre Strategie vollständig zu erfassen. Ohne ein entsprechendes Ziel fehlt Ihren Leistungsdaten das Feedback, das notwendig für die Analyse und die Entscheidungsfindung ist.

In diesem Kapitel wird die entscheidende Rolle von konkreten Zielvorgaben für die Balanced Scorecard untersucht. Unternehmen können unterschiedliche Typen solcher Zielvorgaben verfolgen, die mit bestimmten Zeitrahmen verbunden sind. Wir werden uns mit drei potenziellen Zielzeitrahmen befassen, die Sie für Ihre Balanced Scorecard verwenden können, sowie mit unterstützenden organisatorischen Elemente, um sicherzustellen, dass sie zur richtigen Leistung anspornen. Das Entwickeln von Zielvorgaben ist niemals eine einfache Sache, doch in diesem Kapitel wird ein Prozess geschildert, wie Sie Ihre Ursache-Wirkungs-Beziehungen einsetzen können, um diesen Zielsetzungsprozess zu vereinfachen und verschiedene Informationsquellen für die Ziele bereitzustellen. Wie die Leistungskennzahlen sollten auch Ihre Zielvorgaben einem formellen Kontrollprozess unterzogen werden. Wir werden einige Techniken erläutern, die Sie verwenden können, um sicherzustellen, dass Ihre Zielvorgaben auch das geeignete Feedback bekommen.

Projekte beschreiben präzise, wie ein Performanceziel erfüllt werden kann – die einzelnen Handlungsschritte, die Prozesse und Pläne. Die meisten Unternehmen verfolgen ständig eine Vielzahl verschiedener Projekte. Die entscheidende Überlegung besteht darin, ob die Projekte Ihnen bei der Erfüllung Ihrer strategischen Ziele helfen. Wir werden im Kontext der Balanced Scorecard organisatorische Projekte untersuchen sowie einen vierstufigen Prozess, damit Sie sich vergewissern können, dass Sie die richtigen Projekte haben, die Ihre Strategie unterstützen.

Jede Balanced Scorecard braucht Zielvorgaben

Wie viele Menschen liebe auch ich Golf. Mit 16 Jahren geriet ich in den Bann dieses Spiels und bin seitdem ein hoffnungslos optimistischer Spieler. Mark Twain nannte Golf einmal »einen verdorbenen Spaziergang«, doch ich kann davon nicht genug bekommen. Als ich darüber nachdachte, wie ich dieses Kapitel beginnen könnte, wanderten meine Gedanken zum Golfsport. Stellen Sie sich vor, Sie würden eine Runde Golf ohne Fahnen und Löcher spielen. Worauf würden Sie zielen? Wie weit würden Sie versuchen, den Ball zu schlagen, und in welche Richtung? Ich nehme an, Sie würden zur ersten Abschlagstelle gehen, Ihren Ball darauf platzieren und dann zu einem ordentlichen Schlag ausholen. Wo auch immer der Ball landete, würde es gut genug sein, und Sie könnten einfach weitergehen – vielleicht sogar mit einem Lächeln auf Ihrem Gesicht. Doch wie könnten Sie überprüfen, ob Sie Ihr Spiel verbessern? Woran könnten Sie sich orientieren? Fahnen und Löcher geben uns die Möglichkeit, auf etwas zu zielen, sie sind etwas, worauf wir unsere Aufmerksamkeit richten können. Indem wir auf die Fahne zielen und die Schläge zählen, die wir brauchen, um den Ball im

Loch zu versenken, haben wir ein Mittel, um unsere Leistung an einem vorgegebenen Standard zu messen. Dieser Standard wird *Par* genannt. Deshalb lieben wir auch die Herausforderung zu versuchen, ein Par zu spielen. Und so haben Menschen schon immer das Verlangen gehabt, ihre Ziele zu erfüllen und erfolgreich zu sein. Kulturen auf der ganzen Welt, einschließlich alter peruanischer und ägyptischer Kulturen, glaubten daher schon vor unendlich vielen Jahren, dass es enorm hilft, ein positives Ergebnis zu erzielen, wenn man im Vorfeld ein Ziel definiert. Mit Hilfe einfacher Farben fertigten schon Steinzeitmenschen Zeichnungen an den Wänden ihrer Höhlen an, die ihre Ziele darstellten.

Wir sind von unserer Entwicklung her zwar nicht mehr mit unseren Vorfahren zu vergleichen, doch das Verlangen, Erfolg zu haben, indem man eine Herausforderung meistert, ist gleich geblieben. So wie ein Golfplatz ohne Fahnen und Löcher unvollständig ist, so ist auch die Balanced Scorecard unvollständig ohne konkrete Zielvorgaben, die einen motivieren und einen zu bahnbrechender Leistung inspirieren. Konkrete Ziele füllen die Ergebnisse der Messungen mit Bedeutung und sagen uns, ob wir unsere Arbeit gut machen. Pünktliche Lieferungen von 65 Prozent sagen nicht viel aus, solange wir diese Leistung nicht im Hinblick auf unsere erwarteten Ergebnisse betrachten. Nur indem wir unsere derzeitige Leistung mit einem Ziel verknüpfen, wird das Feedback bedeutsam. Unsere 65-Prozent-Rate bezüglich der Pünktlichkeit der Lieferungen gewinnt sehr viel mehr an Bedeutung, wenn wir erfahren, dass der industrielle Standard bei 80 Prozent liegt und unsere Konkurrenten alle Prozentzahlen von 70 und mehr vorweisen können. Mit diesem Wissen erkennen wir schnell, dass unsere Prozentrate Verbesserung bedarf, wenn wir weiterhin dem Wettbewerb standhalten wollen. Wir könnten nun ein hochgestecktes Ziel von 85 Prozent für das kommende Jahr festsetzen. Wenn dann die ersten Performancedaten gesammelt worden sind, haben diese nun im Kontext des Ziels eine Bedeutung, und wir können Trends bewerten und Entscheidungen fällen, wie wir sicherstellen können, dass wir das Ziel erreichen oder sogar übertreffen. Auch die Prognose von zukünftigen Ergebnissen wird durch den Vergleich unserer Ergebnisse mit dem Ziel erleichtert. Und schließlich entsteht darüber hinaus eine Verpflichtung für gute Ergebnisse bei demjenigen, der für das Erreichen der Ziele verantwortlich ist.

Die Verwendung von Performancezielen ist akzeptierter Standard bei denjenigen, die eine Balanced Scorecard verwenden. In einer Studie wurde herausgefunden, dass 93 Prozent der Befragten *»quantitative Ziele verwendeten, die an die Kennzahlen der Scorecard angepasst waren.«*[1] Falls Sie sich wundern, dass es nicht 100 Prozent waren: Einige Unternehmen gebrauchen subjektive Ziele wie zum Beispiel »gut« oder »durchschnittlich«. Wie wir im sechsten Kapitel besprochen haben, sollten solche Praktiken jedoch wann immer möglich vermieden werden, da ein quantitativer Standard aufgrund der Objektivität immer vorzuziehen ist.

Die verschiedenen Zieltypen

Ein Ziel kann definiert werden als quantitative Repräsentation der Leistungskennzahl zu einem zukünftigen Zeitpunkt (zum Beispiel unser erwünschtes zukünftiges Leistungsniveau). Der Begriff *Zukunft* ist zentral bezüglich der Ziele. Bei der Entwicklung der Zielvorgaben können wir festlegen, ob wir die Leistung monatlich, vierteljährlich oder jährlich mit der Zielvorgabe vergleichen, oder wir können auch ein längerfristiges Ziel entwickeln, das zusätzlicher Mühe und Leistung bedarf. Im folgenden Abschnitt werden drei Zieltypen untersucht, die Sie verwenden können, wobei jeder sich auf einen anderen Zeitrahmen bezieht.

Langfristige Ziele: Big Hairy Audacious Goals (BHAGs)

Am 25. Mai 1961 ließ Präsident Kennedy folgende Bekanntmachung verlautbaren: *»Bevor die Dekade vorüber ist, sollte diese Nation das Ziel erreicht haben, einen Mann auf dem Mond landen zu lassen und ihn sicher zur Erde zurückzubringen.«*[2] Diese Aussage entspricht genau dem Wesen eines »Big Hairy Audacious Goal« oder »BHAG«. Jim Collins und Jerry Porras, die Autoren des Buches *Built to Last*, prägten diesen Begriff bezüglich scheinbar unerreichbarer Ziele, die Unternehmen als Stimulans für den Fortschritt festsetzten.[3]

Die Idee hinter solchen BHAGs ist die Folgende: Das Unternehmen wird durch eine solch monumentale Herausforderung quasi umgekrempelt, da diese durch die üblichen Unternehmensabläufe gar nicht gemeistert werden kann und stattdessen gewaltige Anstrengungen erforderlich sind. BHAGs sind aufgrund ihrer extremen Herausforderungen selbstverständlich langfristige Ziele mit einer klar festgelegten zwingenden Ziellinie, auf die alle Energie konzentriert werden sollte. Die meisten dieser Ziele müssen erst nach 10 bis 30 Jahren erreicht werden. Dieser Zeitrahmen ist aus zwei Gründen so weit gesteckt: Erstens ist es unwahrscheinlich, dass ein BHAG nach einem oder zwei Jahren erreicht wird. Diese extreme Herausforderung benötigt einfach mehr Zeit, um gemeistert zu werden. Die Erfüllung des BHAGs der Citibank beispielsweise, eine Milliarde Kunden weltweit zu haben, wird sicherlich viele Jahre dauern, wenn man bedenkt, dass sie zur Zeit lediglich 100 Millionen Kunden vorweisen können. Zweitens gewährleistet ein erweiterter Zeithorizont, dass Führungskräfte langfristige Ergebnisse nicht zugunsten von kurzfristigen Zielen gefährden.

Als Jack Welch die Geschäftsführung von General Electric (GE) übernahm, äußerte er folgenden berühmten Satz: »*Um die Nummer eins oder zwei in unseren Marktsegment zu werden, müssen wir das Unternehmen so umkrempeln, dass wir die Schnelligkeit und Agilität eines kleinen Unternehmens haben.*«[4] Diese Aussage lässt keinen Raum für Zweifel. Jeder, der sie liest, wird zu demselben Schluss kommen und motiviert sein, dies in die Tat umzusetzen und mögliche Risiken einzugehen. Das ist der Kern eines BHAG – es ist klar und zwingend, besteht häufig nur aus ein oder zwei Sätzen, doch es macht die antizipierten Ergebnisse unmissverständlich klar.

Mittelfristige Ziele

Während BHAGs das gesamte Unternehmen für sich einnehmen, beziehen mittelfristige Ziele sich eher auf eine größere Bandbreite von Aktivitäten. Tatsächlich nehmen wir das BHAG und teilen es in seine Komponenten. Um Nummer eins oder zwei in jedem Markt zu werden, den es bedient, muss das Unternehmen GE in jeder Phase bestimmte Ziele erreichen. Das ist der Zeitpunkt, wann mittelfristige Ziele ins Spiel kommen. Solche mittelfristigen Ziele sollten innerhalb von drei bis fünf Jahren erfüllt werden und da sie nicht so hochgesteckt wie BHAGs sind, handelt es sich um diskontinuierliche Aktivitäten. Innerhalb einer Drei-Jahres-Periode die Kundenloyalität von 40 auf 75 Prozent zu steigern, wäre etwa ein solches mittelfristiges Ziel, wie auch die Erhöhung des Aktienkurses oder der Lagerumschlagsrate.

Vergegenwärtigen Sie sich diesbezüglich die Geschichte von Honeywell. Im Februar 1995 sah sich Michael Bosignore, der zu dem Zeitpunkt das Amt des Vorstandsvorsitzenden übernommen hatte, einer sehr schwierigen Situation gegenüber. Das Magazin *Business Week* warnte davor, dass Investoren ungeduldig werden könnten und der Vorstand verstärkte den Druck, langsam Ergebnisse zu zeigen. Die bescheidenen finanziellen Zahlen aus dem Jahre 1994 stellten extrem hohe Anforderungen an den neuen Vorstandsvorsitzenden, der das Schiff wieder in die richtige Richtung lenken sollte. Eine der ersten Amtshandlungen von Bonsignore war die Formulierung des mittelfristigen Ziels, bis zum Jahre 2000 einen Jahresumsatz von 10 Milliarden Dollar zu erreichen. Dies war ein ziemlich bemerkenswertes Ziel für ein Unternehmen, das innerhalb einer Dekade nicht mehr als sechs Milliarden erwirtschaftet hatte. Bonsignore erinnert sich später: »*Ich wollte dem Unternehmen ein deutliches Signal senden. Entweder würden wir etwas völlig Neues versuchen oder aber scheitern.*«[5] Trotz anfänglicher Widerstände seitens der Führungspersonen von Honeywell einigte man sich schließlich auf das Ziel und setzte alles daran, es zu erreichen. Im Jahre 1999 hatte Honeywell bereits einen Umsatz von 9,9 Milliarden Dollar erwirtschaftet. Die Formulierung dieses mittelfristigen Ziels half also, diese beeindruckende Kehrtwende herbeizuführen.

Kurzfristige Ziele: Wachstumsziele

Wir alle wissen, dass auch eine Reise von tausend Meilen mit einem einzelnen Schritt beginnt. Ebenso verhält es sich mit kurzfristigen Performancezielen. Diese Ziele werden normalerweise für alle Kennzahlen auf der Scorecard für den Zeitraum von einem Jahr formuliert. Sie sind quantitative Ziele, die es uns ermöglichen, unsere Fortschritte in Richtung mittelfristiger Ziele und schließlich BHAGs einzuschätzen. Kurzfristige Ziele dienen als frühes Warnsystem, da sie regelmäßiges Feedback in Bezug auf unseren zukünftigen Wunschzustand liefern, der in den mittelfristigen Zielen und BHAGs repräsentiert wird. Die meisten Unternehmen verwenden Ziele, die sich auf den Zeitraum von einem Jahr beziehen; es kann jedoch sinnvoller sein, die Ziele an die Erhebungshäufigkeit der Kennzahlen anzugleichen. Vielleicht wollen Sie beispielsweise Ihren Marktanteil vierteljährlich ermitteln. Ihr Jahresziel ist das Erreichen der 50-Prozent-Marke, doch Sie könnten sich für das erste Quartal das Ziel von 40 Prozent, für das zweite Quartal von 44 Prozent und für das dritte von 48 Prozent setzen, um am Jahresende die 50-Prozent-Marke erreicht zu haben. Solche Ziele für die einzelnen Quartale verleihen aktuellen Ergebnissen mehr Bedeutung hinsichtlich der Entscheidungsfindung, da Sie nun in der Lage sind, Vergleiche zwischen aktuellen und angestrebten Ergebnissen zu ziehen.

Sind alle drei Zieltypen notwendig?

Basierend auf der Diskussion im vorangegangenen Abschnitt erkennen wir, dass die drei Zielarten bei der Gestaltung der Unternehmenszukunft zusammen wirksam sein können. BHAGs drücken die gewünschte langfristige Zukunftsvision aus, die dann aufgegliedert wird in eine Reihe von mittelfristigen Zielen. Das Feedback bezüglich der Erfüllung der mittelfristigen Ziele wird geliefert durch die kurzfristige Analyse der Performanceergebnisse. Idealerweise sollten Zielvorgaben im Bezug auf jeden einzelnen Zeitraum formuliert werden. In der Praxis wird dies jedoch eher unregelmäßig realisiert, zumindest während der ersten Stadien der Scorecard-Einführung. Die Formulierung kurzfristiger Ziele kann sich häufig als große Herausforderung erweisen, besonders wenn man berücksichtigt, dass eine ganze Reihe der Leistungskennzahlen nagelneu ist und kaum Basisdaten zur Verfügung stehen, um ein logisches Ziel zu konstruieren. Folgendes sollte bei der Formulierung jeder der Zieltypen beachtet werden:

- *BHAGs benötigen betriebliche Support-Systeme.* Das Erreichen eines BHAG dauert viele, viele Jahre, wenn nicht sogar Jahrzehnte. Eine sichere Methode, ein BHAG zum Scheitern zu bringen ist der Einsatz von Managementsystemen, die die Erfüllung des BHAG nicht nur nicht unterstützen, sondern aktiv dagegen vorgehen. Die Konzentration auf kurzfristige Erfolge seitens der Führungskräfte und die gleichzeitige Verfolgung eines BHAG hinsichtlich revolutionären Wachstums ist ein Widerspruch, der garantiert, dass das BHAG niemals erreicht werden kann. Um Unternehmen bei der Erfüllung Ihrer BHAGs behilflich zu sein, beschreibt der Autor Jim Collins »katalytische Mechanismen« als Verbindungsglied zwischen Leistung und Zielen. Katalytische Mechanismen *»übertragen hochtrabende Ziele in konkrete Realität. Sie machen ein ›Big Hairy Audacious Goal‹ erreichbar.«*[6] Collins verwendete das Beispiel von 3M, die Ihre Wissenschaftler dazu anhielten, 15 Prozent ihrer Zeit in einem Bereich ihrer Wahl zu experimentieren. Dieser Mechanismus wurde entwickelt, um Innovation und Kreativität als Markenzeichen von 3M zu sichern.
- *Machen Sie Ihre mittelfristigen Ziele realistisch.* Während scheinbar exotische Forderungen und Ziele, die das Unternehmen motivieren sollen, das Wesen des BHAG ausmachen, müssen mittelfristige Ziele festen Bezug zur Realität haben, um akzeptiert zu werden. Stellen Sie sich zum Beispiel vor, Sie engagieren einen Fitnesstrainer, der Ihnen beim Erreichen Ihrer Fitnessziele helfen soll. Nach einem gemeinsamen Workout sagt Ihr Trainer: »Eines Tages können Sie bei den Olympischen Zielen erfolgreich sein.« Das hören Sie gern, werden nur von der nächsten Äußerung direkt wieder auf den Boden der Tatsachen zurückgeholt: »Deshalb nehmen wir uns für morgen vor, zehnmal 400

Pfund zu stemmen«. Obwohl Sie ein trainierter Gewichtheber sind, ist dieses Ziel nicht realisierbar. Es demotiviert Sie nicht nur, sondern bringt Sie möglicherweise dazu, beim nächsten Mal nicht mehr zu erscheinen. Leider scheinen die mittelfristigen Ziele in vielen Unternehmen so ausgewählt zu werden wie in unserem hypothetischen Beispiel. Ein ebenso unsinniges Ziel wie das Stemmen der Gewichte ist die Eliminierung von Produktionsfehlern innerhalb eines Monats oder die Verdopplung der Nettolöhne in sechs Monaten. Selbst wenn die Mitarbeiter motiviert sind und das Ziel erreichen wollen, sind sie häufig nicht mit den Dingen ausgerüstet, die sie dafür benötigen – es mangelt ihnen an Wissen, Werkzeugen und Mitteln, die für die Produktion wichtig sind. Damit mittelfristige Ziele also effektiv sein können, müssen sie den schmalen Grad zwischen Motivation und Realität treffen. Zusätzlich müssen Sie wie bei den BHAGs Managementsysteme einsetzen, die zu dem Erreichen Ihrer mittelfristigen Ziele beitragen.

- *Lassen Sie das Spiel beginnen – mit kurzfristigen Performancezielen.* Beim Entwickeln von Zielen dieser Art addieren (oder subtrahieren) Unternehmen häufig einen kleinen Betrag zu (oder von) der Zahl des vorangegangenen Jahres. Die Steigerung der Verkaufszahlen beispielsweise um fünf Prozent, die Senkung der Beschaffungskosten um zehn Prozent und so weiter. Die Frage ist: Was ist die geeignete Zahl, die hinzugefügt oder abgezogen werden sollte? Einige Manager entwickeln immer mehr Ziele, die sie als mittelfristig tarnen, obwohl sie genau wissen, dass sie mit einem Minimum an Anstrengung erreicht werden können. Dies kann sehr gefährlich sein, da es innerhalb des Unternehmens so aussieht, als ob das Unternehmen sich ständig verbessern würde, obwohl es eigentlich nur Schein ist. Es fällt dabei nicht auf, dass die Konkurrenz sich tatsächlich und viel schneller verbessert. Alle Ziele auf der Balanced Scorecard sollten daher einer strengen Prüfung unterzogen werden, um sicherzustellen, dass die vorgeschlagenen Zahlen auch sinnvolle Ziele darstellen, die besondere Anstrengung für Ihre Erfüllung erfordern. Anstatt die Ziele auf den ersten Blick zu akzeptieren, sollten Manager und Führungskräfte denjenigen, der die Ziele entwickelt hat, befragen, seine Annahmen hinterfragen, nach Alternativen suchen und allgemein überprüfen, ob das Ziel das Ergebnis sorgfältiger Analyse ist.

Nicht jede Kennzahl auf Ihrer Scorecard wird ein angegliedertes BHAG haben. Es würde sich als nahezu unmöglich erweisen, dies umzusetzen und könnte zu einer Verwirrung hinsichtlich der Prioritäten im Unternehmen führen. Sie sollten jedoch versuchen, mittelfristige Ziele für jede Ihrer Kennzahlen zu entwickeln. Diese mittelfristigen Ziele werden eine wichtige Rolle spielen, wenn Sie Ihre Balanced Scorecard mit dem Budgetierungsprozess Ihres Unternehmens verknüpfen (siehe Kapitel 9). Selbstverständlich sollten auch kurzfristige Ziele Teil Ihrer Scorecard sein. Für jede Kennzahl müssen Sie sich ein Bild davon machen, wo Sie in drei bis fünf Jahren sein wollen und welche Schritte Sie unternehmen müssen, um dorthin zu gelangen.

Ursache-Wirkungs-Beziehungen machen das Unmögliche möglich

Im sechsten Kapitel wurden die Vorzüge des Geschichtenerzählens erläutert, um die Annahmen zu vermitteln, die in Ihrem strategischen Plan enthalten sind. Die Verwendung eines auf Geschichten basierenden Ansatzes zwingt den Verfasser, die im Plan enthaltenen Annahmen klar zu artikulieren und Details wie den Zeitplan und die Stärke von Beziehungen zwischen den Kennzahlen zu liefern. Ihre »strategische Geschichte« hält Sie dazu an, alle Ursache-Wirkungs-Beziehungen jedem zu erläutern, der sich den Plan ansieht. Indem Sie die Verknüpfungen, die Sie innerhalb des Planes erkannt haben, einsetzen und sich auf die von Ihnen erwartete Stärke der Korrelation stützen, sind Sie nun in der Lage, Ziele zu entwickeln, die Sie dabei unterstützen, die bahnbrechende Performance zu erreichen, die Sie sich erträumt haben.

Sagen wir mal, Sie haben sich das mittelfristige Ziel gesetzt, innerhalb der nächsten drei Jahre die Eigenkapitelrendite (return on equity, ROE) um 20 Prozent zu steigern. Anfänglich wird das in den Ohren der Manager, die mit der Umsetzung betraut werden, recht unwahrscheinlich klingen. Indem Sie eine einzigartige starke Kombination von verlaufs- und ergebnisorientierten Indikatoren in allen vier Perspektiven verwenden, werden Sie jedoch in der Lage sein, das Ziel erfolgreich umzusetzen. Ihre Herausforderung besteht nun darin, den richtigen Mix aus Zielen zu bestimmen, die diesen Traum Wirklichkeit werden lassen. Bestimmen Sie verschiedene Ziele für jeden Ihrer Indikatoren, und es wird Ihnen auf diese Weise möglich sein, die optimale Kombination von Ereignissen zu formulieren, die zur Erfüllung Ihres übergeordneten finanziellen Ziels führen. Sie haben vielleicht angenommen, dass eine Erhöhung der Mitarbeiterzufriedenheit um fünf Prozent eine entsprechende Verbesserung der Fehlerquote um zehn Prozent zur Folge haben würde, die wiederum eine Verbesserung der Kundenzufriedenheit um sechs Prozent verursachen würde, die schließlich zu einer Erhöhung der ROE um fünf Prozent führen würde. Nach der Überprüfung einer Reihe von verschiedenen Szenarien wird sich die richtige Zielmischung schon ergeben. In ihrem ersten Buch beschreiben Kaplan und Norton den Fall von Kenyon Stores. Sie setzten diesen Szenarienplanungs-Prozess ein, um ein hohes mittelfristiges Finanzziel in eine Reihe kleinerer Ziele aufzugliedern, die sie – zusammengenommen – in die Lage versetzten, ihr Ziel der Umsatzverdopplung zu erreichen.[7]

Dies in die Tat umzusetzen, wird sicherlich einige Zeit in Anspruch nehmen. Die bloße Entwicklung eine Reihe von Ursache-Wirkungs-Beziehungen kann schwierig genug sein, und das ohne die zusätzliche Belastung, Vorstellungen bezüglich der Stärke von Korrelationen entwickeln zu müssen. Betrachten Sie dies als mögliche Bereicherung Ihres Balanced-Scorecard-Modells, wenn Ihr Performancemanagement entsteht und stabiler und ausgereifter wird.

Quellen von Zielinformationen

Viele Unternehmen haben ernsthafte Schwierigkeiten damit, Zielvorgaben für Ihre Kennzahlen zu entwickeln. In einigen Fällen erscheinen Manager sehr zögerlich, wenn sie sich eines aktuellen Ziels annehmen sollen, das sie erfüllen müssen und an dem sie gemessen werden. Häufig ist es jedoch nur die Neuheit der Kennzahl und die damit verbundene fehlende Arbeitsbasis beziehungsweise der Mangel an potenziellen Informationsquellen, welche die Leute zurückhält. Bezüglich des ersten Punktes kann ich Ihnen nur bedingt helfen, doch bezüglich des zweiten Punktes kann ich Ihnen unter die Arme greifen. Es folgt nun eine Reihe von Informationsquellen, die Sie bei der Zielformulierung für Ihre Kennzahlen unterstützen kann.

- *Mitarbeiter.* Sie sollten niemals vergessen, dass diejenigen, die dem Geschehen am nächsten sind, die besten Informationen liefern können, was die Erfüllung der Stakeholder-Erwartungen angeht. Ganz gleich um welchen Geschäftsbereich es geht – Ihre Mitarbeiter haben einen einzigartigen Einblick in die Erfahrungen der Kunden und die internen Prozesse, die die Wertsteigerung im Unternehmen ausmachen. Die Einbeziehung der Mitarbeiter in die Entwicklung von Zielen wird Ihnen außerdem helfen, die Unterstützung der Balanced Scorecard als Management-Tool auszubauen.

- *Trendanalyse und Vergleichsbasis.* Eine Trendanalyse oder andere statistische Techniken werden Ihnen bei der Erstellung einer Vergleichsbasis behilflich sein, wenn entsprechende Daten aus der Vergangenheit vorliegen. Diese Daten können Sie bei der Prognose zukünftiger Leistungsniveaus unterstützen – realisiert werden können diese Prognosen jedoch nur unter den gleichen Bedingungen wie in der Vergangenheit. Das ist der zentrale Punkt. Wenn Ihr Unternehmen starken Schwankungen ausgesetzt ist, dann kann es sein, dass kurzfristige Verbesserungen gegenüber der Vergleichsbasis nicht ausreichen, um eine rentable Performance zu erhalten. Trendanalysen haben daher den besten Effekt, wenn Sie sich in einer Periode relativer Stabilität befinden.
- *Interviews mit Führungskräften.* Als Sie sich mit Ihren Führungspersonen in früheren Stadien des Prozesses zusammengesetzt haben, haben diese Ihnen vielleicht mitgeteilt, welches ihrer Meinung nach das erforderliche Leistungsniveau sei, das für den Erfolg notwendig ist. Ebenso werden auch die Workshops, die Sie während des Entwicklungsprozesses der Scorecard abgehalten haben, potenzielle Balanced-Scorecard-Ziele liefern können.
- *Interne/Externe Beurteilungen.* Wenn Sie in letzter Zeit irgendeine Art strategischen Planungsprozesses durchlaufen haben, haben Sie zweifelsohne eine Bewertung der Stärken, Schwächen, Möglichkeiten und Probleme (auch SWOT) unternommen. Informationen aus diesen Bewertungen werden Ihnen helfen, geeignete Ziele zu bestimmen, die die Möglichkeiten maximieren und die Probleme minimieren.
- *Feedback von Kunden und Aktionären.* Die Erwartungen dieser wichtigen Personengruppen können Informationen liefern, die Sie zur Entwicklung von Performancezielen benötigen. Kunden haben häufig explizite oder implizite Standards, von denen sie erwarten, dass alle Verkäufer sie befolgen. Die Einbeziehung von Aktionären in den Zielsetzungsprozess zeigt Ihre Bereitschaft, mit jedem zusammenzuarbeiten, der etwas mit dem Unternehmen zu tun hat und so gute Ergebnisse zu erzielen. Erinnern Sie sich an unsere frühere Diskussion um die Bewertung Ihrer Leistung durch Kunden im Internet. Lassen Sie diese Gelegenheit nicht aus, Ihre Kunden in den Dialog einzubeziehen, was ihrer Ansicht nach großartige Leistung ausmacht.

- *Branchendurchschnitt.* Es gibt eine ganze Reihe vertrauenswürdiger Agenturen, die die Leistungen nahezu aller Unternehmen verfolgen. Wenn man an die Automobilindustrie denkt, fällt einem spontan J.D. Power and Associates ein. Auch Ihr Unternehmen ist sicherlich an einen Handelsverband angegliedert, der möglicherweise wertvolle Informationen bezüglich der Performance in Ihrer Branche bereithält. Achten Sie jedoch darauf, dass alle Daten, die Sie verwenden, auch mit Ihrer Berechnungsmethodik übereinstimmen. Unternehmen verwenden nämlich oft die unterschiedlichsten Methoden für die Berechnung der gebräuchlichsten Leistungskennzahlen.
- *Benchmarking.* Die Untersuchung von Spitzenunternehmen und der Versuch, ihre Ergebnisse nachzuahmen, ist bis zu einem gewissen Punkt effektiv. Es ist sehr wichtig zu versuchen, das gleiche Erfolgsniveau wie die Stars Ihrer Branche zu erreichen, doch Benchmarking hat auch eine Kehrseite. Zunächst einmal konzentrieren sich die meisten Unternehmen nur auf ein Betriebselement, wenn sie eine Benchmarking-Studie vornehmen. – etwa die Innovationsprozesse, die Abschlussbuchungen zum Monatsende oder den Callcenter-Betrieb. Das Problem an diesem Ansatz ist, dass das Spitzenunternehmen, das Sie untersuchen, wahrscheinlich eine Reihe anderer Aktivitäten als Sie hat, die miteinander verbunden eine einzigartige Wertekombination für die Kunden darstellen (der Kern der Strategie, wie Michael Porter dies nennt). Das Kopieren eines einzelnen Elementes dieser Formel könnte zu isolierten Verbesserungen in dem bestimmten Bereich führen, es würde jedoch zu keiner bahnbrechenden finanziellen Performance kommen. Zusätzlich könnte es sein, dass die Unternehmen, die Sie überprüfen, ganz einfach andere Kunden, Prozesse und Hilfsmittel haben. Vielleicht sind in den Prozess auch bestimmte Fachleute oder Ähnliches eingebunden, und das macht den Erfolg des Unternehmens aus.

Wie Sie die Zustimmung für Ihre Zielvorgaben erhalten

Ihr Führungsteam sollte dafür verantwortlich sein, dass die Zielvorgaben auf Ihrer Balanced Scorecard auch Zustimmung erhalten. Schließlich sind es die Führungskräfte, die mit diesem Instrument arbeiten müssen und daher sollten sie auch davon überzeugt sein, dass die Scorecard außergewöhnliche Performance erbringen kann, was große Mühe und gute

Zusammenarbeit erfordert. Ihr Einverständnis mit den Zielvorgaben zu erklären, ist für Ihr Führungsteam außerdem eine weitere Gelegenheit, aus ihren üblichen Funktionen auszubrechen und zu zeigen, wie ihre individuelle Rolle im Unternehmen zum allgemeinen Unternehmenserfolg beiträgt. Das Team muss sicherstellen, dass die Zielvorgaben auf der Scorecard in ihrer einzigartigen Kombination zu den angenommenen, bahnbrechenden Finanzerfolgen führen. Wenn der Vorstandsdirektor der Produktionsabteilung sich bereit erklärt, für deutliche Zuwächse bei den Beschaffungsaktivitäten zu sorgen, und der Vorstandsdirektor der Verkaufsabteilung die Verkaufszahlen in nie da gewesene Höhen treiben will, werden Sie eine entsprechend hohe Zielvorgabe vom Finanzvorstand erwarten. Noch einmal, jeder Bereich der Balanced Scorecard und jedes Mitglied des Führungsteams ist Teil eines größeren Systems, das ganz besonders durch die Kraft der Beziehungen die gewünschte Stärke erreicht hat.

Im sechsten Kapitel wurde erwähnt, wie wichtig es ist, von den Mitarbeitern Feedback zu erhalten. Wenn auch die Mitarbeiter nicht ihr Einverständnis zu den Balanced-Scorecard-Zielen geben müssen, sollten sie doch die Gelegenheit haben, sie zu überprüfen und ihr Feedback abzugeben. Denn das letzte, was Sie wollen, ist, dass Ihre Mitarbeiter die Zielvorgaben als Erlass von oben betrachten, bei dem man sich nicht um diejenigen kümmert, die die tatsächliche Arbeit verrichten. Die Bedenken der Mitarbeiter bezüglich der Ziele, ihrer Praktikabilität und ihrer Erfolgswahrscheinlichkeit sollten in Erfahrung gebracht und dem Führungsteam mitgeteilt werden. Auch wenn das Führungsteam sich dazu entschließt, ein kontroverses Ziel auf der Scorecard zu belassen, um die gewünschten Resultate zu erlangen, könnte es die Gelegenheit nutzen, den Mitarbeitern die Entscheidung mitzuteilen und zu erklären, warum die Einbeziehung dieses speziellen Ziels entscheidend für die erfolgreiche Umsetzung der Strategie ist. Denn um mit der Balanced Scorecard erfolgreich zu sein, müssen Sie jede noch so kleine Gelegenheit nutzen, Ihre Mitarbeiter weiterzubilden, mit ihnen zu kommunizieren und sie zu motivieren.

Betriebliche Projekte haben oberste Priorität

Bis zu diesem Punkt haben Sie eine Balanced Scorecard mit verknüpften Zielen und Kennzahlen entwickelt, die Ihre Strategie darstellt, und die Sie zu unvergleichlichem Erfolg führen soll. Doch Sie sind noch nicht fertig. Das letzte, was Sie nun noch erledigen müssen, damit die Balanced Scorecard als Kontrollsystem eingesetzt werden kann, ist die Entwicklung und die Gewichtung von Projekten, die Ihnen bei dem Erreichen Ihrer Ziele behilflich sind. Projekte sind spezifische Programme, Aktivitäten oder Aktionen, die Sie zum Einsatz bringen müssen, um Ihre Performanceziele zu erreichen oder sogar zu übertreffen. Das Ziel ist das, was Sie hinsichtlich der Leistungskennzahlen im Hinterkopf haben, und um dorthin zu gelangen, müssen Sie die Projekte entwickeln, die ein positives Ergebnis garantieren.

Wenn Ihr Unternehmen so wie die meisten anderen ist, dann wird es Ihnen zu keiner Zeit an Projekten mangeln. Stärkung der Mitarbeiterverantwortung, ISO 9001, Modernisierung von Anlagen, Modernisierung der LANs und CRM sind alles Beispiele der vielen Projekte, die sicherlich im Augenblick in Ihrem Unternehmen kursieren. Das Interessante an den meisten betrieblichen Projekten ist das breite Spektrum von Disziplinen und Prozessen, die sie beeinflussen wollen. Zusätzlich zu der breiten Vielfalt der Themenbereiche werden die Projekte meistens jeweils von einer bestimmten Führungskraft unterstützt und mit Hilfe unabhängiger Hilfsmittel ausgeführt. Was uns interessiert, ist Folgendes: Sind sie strategischer Natur? Jedes Projekt in Ihrem Unternehmen wird zweifelsohne zu lokalen Verbesserungen in den betreffenden Bereichen führen. Ansonsten hätte es wohl auch keine Unterstützung gefunden. Doch führen die Verbesserungen auch tatsächlich zur Erfüllung der Balanced-Scorecard-Ziele und zur Umsetzung Ihrer Strategie? Eine kritische Überprüfung Ihrer aktuellen Projekte könnte interessante Einblicke liefern. Sie werden vielleicht erkennen, dass Sie gleichzeitig zu viele und doch zu wenige Projekte haben.[8] Eine große Zahl der Projekte, die Unterstützung finden, befassen sich möglicherweise mit keinem einzigen Element Ihrer Strategie, während gleichzeitig die Aktionen, die Sie unternehmen müssen, um die Scorecard-Ziele zu erfüllen, nicht in einem einzigen Projekt Erwähnung finden.

Bei der Entwicklung Ihrer Balanced Scorecard werden Sie sicherlich viele Leistungskennzahlen entwickelt haben, die Sie niemals zuvor in Ihrem Unternehmen überprüft haben. Dies ist speziell der Fall bei den verlaufsorientierten Erfolgsindikatoren, die zur zukünftigen finanziellen Performance führen sollen. Diese leistungserzeugenden Indikatoren sind die einzigartigen Zutaten zu Ihrem Erfolgsrezept und können von Ihrer Konkurrenz nicht so einfach kopiert werden. Wenn die Kennzahlen selbst neu sind, dann existieren sicherlich derzeit keine Projekte, die den Erfolg dieser Kennzahlen sicherstellen. Jede Kennzahl, die Sie neu entdecken, kann also darauf hinweisen, dass es derzeit einen entsprechenden strategischen Prozess gibt, der gar nicht oder nicht effektiv umgesetzt wird. Das Ziel der Kundennähe erfordert beispielsweise Prozesse, die exaktes Wissen im Bezug auf die Kunden garantieren, und die befinden sich in der internen Prozessperspektive auf Ihrer Scorecard. Wenn Sie innovative neue Kennzahlen entwickelt haben, um Ihr Wissen hinsichtlich der Kunden zu erweitern, jedoch nicht die entsprechenden Aktivitäten und Prozesse zur Unterstützung der Kennzahlen, dann haben Sie nicht die geringste Chance, Ihre Zielerwartungen zu erfüllen. Um die Erwartungen zu erfüllen, benötigen Sie konkrete Projekte, die die neuen Managementprozesse und die Datenerhebung unterstützen. Lassen Sie uns nun mit einer Methode beschäftigen, mit deren Hilfe Sie überprüfen können, ob Sie die richtigen Projekte zur Unterstützung Ihrer Balanced-Scorecard-Kennzahlen haben.

Stellen Sie sicher, dass Sie die richtigen Projekte haben

Für den Fall, dass Sie einen kleinen Ansporn für den Abschluss der Priorisierung Ihrer Projekte brauchen, sollten Sie Folgendes aufmerksam lesen. Die Entwicklung von Projekten, die die Verfolgung Ihrer Strategie unterstützen, ist einer der besten und einfachsten Wege, um eine schnelle Rendite aus dem Balanced-Scorecard-Projekt zu erhalten. Denken Sie darüber nach: Wahrscheinlich haben Sie Dutzende von Projekten, die um die wenigen Hilfsmittel, die Zeit und die Aufmerksamkeit der Führungsetage buhlen. Projekte, die Ihnen nicht bei der Umsetzung Ihrer Strategie behilflich sind, sind jedoch nicht nur kontraproduktiv, sondern die damit verbundene Verschwendung von Human- und Finanzkapital kann zur Folge haben, dass Sie mit Ihrer Konkurrenz nicht mehr Schritt halten können. Die Eliminierung nichtstrategischer Projekte mittels der Balanced Scorecard wird daher schnell zur Freisetzung wertvoller Ressourcen führen, die für Projekte eingesetzt werden können, die tatsächlich zur Wertschöpfung beitragen und zu einem Wettbewerbsvorteil führen.

Es folgen nun die vier Schritte, die uns zu den gewünschten strategischen Projekten führen:

1. Führen Sie eine Bestandsaufnahme aller aktuellen Projekte durch, die zur Zeit in Ihrem Unternehmen existieren.
2. Ordnen Sie diese Projekte den Zielen auf Ihrer Scorecard zu.
3. Denken Sie darüber nach, nichtstrategische Projekte zu eliminieren und fehlende Projekte zu entwickeln.
4. Räumen Sie den verbleibenden Projekten oberste Priorität ein.

Lassen Sie uns nun jedoch jeden der vier Schritte genauer betrachten.

- *Die Bestandsaufnahme der aktuellen Projekte.* Um die richtige Entscheidung bezüglich der Frage zu treffen, welche Projekte strategisch sind und welche nicht, müssen Sie zunächst Informationen zu allen aktuellen Projekten Ihres Unternehmens sammeln. Dies bedeutet, dass Sie auch in entlegeneren Winkeln Ihres Unternehmens suchen müssen, da es sein könnte, dass Sie gerade dort auf Projekte stoßen. Ihr Führungsteam wird sicherlich in der Lage sein, exzellentes Material über aktuelle Projekte zu liefern, da jedes Projekt höchstwahrscheinlich einen Sponsor in der Chefetage besitzt. Manager und Abteilungsleiter werden sich ebenfalls bestimmter Projekte bewusst sein, die sie etwas angehen. Auch Ihre Abteilung für strategische Planung wird möglicherweise über eine detaillierte Liste bezüglich aller derzeitigen Projekte verfügen, und ein solches Dokument wird sich für Sie als äußerst wertvoll erweisen. Schließlich könnte auch die Abteilung Rechnungswesen über geeignetes Material verfügen, wie etwa über projektbezogene Kostenaufstellungen, und somit einen Überblick über die aktuellen Projekte liefern. Für den nun folgenden Entscheidungsprozess sollten Sie sicher stellen, dass Sie die Namen aller Projekte haben, über das Ziel der jeweiligen Projekte informiert sind und außerdem Informationen bezüglich der Projektkosten, bezüglich einer eventuell durchgeführten Cashflow-Analyse, bezüglich des antizipierten Zeitrahmens und bezüglich der Namen der Beteiligten haben.
- *Die Zuordnung der Projekte zu Ihren strategischen Zielen.* Nachdem Sie nun mit genügend Material zu aktuellen Projekten ausgerüstet sind, sind Sie nun in der Lage, diese Projekte den Zielen jeder der vier Perspektiven auf Ihrer Scorecard zuzuordnen. Das hört sich zunächst sehr leicht an – man nimmt ein Projekt und schaut, zu welchem Ziel es passen könnte. Wenn es zu der Erfüllung eines Ziels beiträgt, dann tragen Sie dies ein. Wenn es dies nicht tut, dann lassen Sie das Feld frei. Es ist jedoch problematisch, ein Projekt nur seinem Namen nach zu beurteilen. Denn vielleicht sagt der Titel nichts über die wahre Natur der Aktivitäten aus, die unternommen werden, oder es gibt zusätzliche Aktivitäten, die die strategischen Ziele sehr wohl unterstützen. Sie sollten bei diesem Schritt also äußerst sorgfältig vorgehen. Zunächst sollten Sie genau bestimmen, was Sie unter »strategisch« verstehen. Jedes Unternehmen hat eine eigene Definition für diesen Begriff. Überprüfen Sie dann genau die Informationen, die Sie während des ersten Schrittes gesammelt haben, um sicherzustellen, dass Sie ein exaktes

Verständnis der wirklichen Ziele jedes einzelnen Projektes haben. Sprechen Sie auch mit den Sponsoren, den Projektteam-Mitgliedern und denjenigen, die etwas mit dem Projekt zu tun haben, um zu garantieren, dass Sie alle Aktivitäten und potenziellen Resultate bestimmt haben. Jedes Projekt sollte außerdem eine unterstützende Dokumentation enthalten, um Sie bei Ihrer Entscheidungsfindung zu unterstützen. Die Projekte, die weder entscheidende Informationen bezüglich der Verknüpfung mit der Strategie noch bezüglich benötigter Ressourcen oder eine aktuelle Wertanalyse vorweisen können, sind die ersten Kandidaten für die Eliminierung in unserem nächsten Schritt. Es wird sehr schwierig sein, eine gewisse Subjektivität in Ihrer Analyse zu vermeiden, doch wie bereits erwähnt wurde, ist alles, was mit der Strategie zusammen hängt, ein chaotisches Geschäft, und wird daher genauso häufig als Kunst wie als Wissenschaft bezeichnet. In Abbildung 7.1 wird eine Tabelle gezeigt, die Sie dabei unterstützen wird zu erkennen, welche Projekte zu welchen Zielen passen. Auf der linken Seite des Dokuments sind die strategischen Ziele so aufgelistet, wie sie auch auf der Balanced Scorecard auftauchen. Im oberen Teil der Tabelle ist ausreichend Platz für Ihre Projekte. In unserem Beispiel kann nur ein einziges Projekt nicht direkt mit einem strategischen Ziel auf der Balanced Scorecard in Verbindung gebracht werden – die Verschönerung der Anlagen.

- *Die Eliminierung nichtstrategischer und die Entwicklung fehlender Projekte.* Nach der eingehenden Prüfung des strategischen Wertes jedes Projekts sollten Sie darüber nachdenken, die Projekte zu eliminieren oder zu reduzieren, die keinen Beitrag zur Umsetzung Ihrer Strategie leisten. Dies ist jedoch wieder leichter gesagt als getan. Denn jedes Projekt wird eine Reihe engagierter Befürworter in Ihrem Unternehmen haben, die sich dagegen wehren werden, dass das zerstört wird, was sie geschaffen haben. Dabei geht es nicht nur um die begehrten Ressourcen, sondern ebenso um Beziehungen und Machtverhältnisse. Bei diesem schwierigen Schritt werden also ganz besonders die diplomatischen Fähigkeiten des Balanced-Scorecard-Schirmherren gefragt sein. Bevor Sie die Projekte, die scheinbar keinen strategischen Wert haben, also einfach beseitigen, sollten Sie einen Schritt weitergehen. Und zwar sollten Sie die Möglichkeit in Betracht ziehen, Projekte zusammenzufassen, die für sich genommen nicht zur Umsetzung der Strategie führen, in kombinierter Form jedoch synergetische Möglichkeiten ergeben, die zu strategischen Durchbrüchen führen könnten.

Perspektive	Ziele \ Projekte	Benchmarking	Generalüberholung	ISO 9002	regelmäßiges Verkaufsprogramm	IT-Tools und Training	360 Feedback	Globale Kommunikation	Partnerprogramm	Just-in-Time-Produktion	Entscheidungstraining	Verschönerung der Anlagen	Neue Preisgestaltungsprogramme
Finanzen	Umsatzwachstum												●
	Steigerung der Anlagennutzung	●								●			
Kunden	Steigerung der partnerschaftlichen Beziehungen								●				
	Erhöhung der Loyalität				●								
	Vergrößerung des Marktanteils				●								
Interne Prozesse	Entwicklung von Kundeninformationen					●							
	Reduzierung von Stillstandszeiten		●	●									
Mitarbeiterförderung u. -entwicklung	Entwicklung von Kernkompetenzen							●					
	Stärkung der Mitarbeiterverantwortung						●				●		

Abb. 7.1 Die Zuordnung von Projekten zu strategischen Zielen

Sollten Sie neue Projekte benötigen, um die Lücke zu füllen, die durch neue Leistungskennzahlen entstanden ist, dann sollten Sie diese auf einer soliden Grundlage entwickeln. Vergewissern Sie sich, dass es eine Führungsperson gibt, die bereit ist, als Förderer für dieses neue Projekt aufzutreten. Und vergewissern Sie sich außerdem, ob es klar definierte Projektpläne, ein zulässiges Budget und die Zusage für notwendige Ressourcen gibt.

- *Oberste Priorität für strategische Projekte.* Nachdem Sie nun die definitive Anzahl der Projekte ermittelt haben, die in Ihren Augen strategisch sind, müssen Sie nun eine Rangfolge erstellen, um Entscheidungen bezüglich der Verteilung der Ressourcen treffen zu können (wir gehen davon aus, dass Sie nicht über unbegrenzte Ressourcen verfügen). Im neunten Kapitel wird die Rolle der Projekte im Budgetierungsprozess detaillierter besprochen, doch fürs erste sollten Sie nun überlegen, wie Sie rationale Entscheidungen zwischen konkurrierenden Alternativen treffen können. Das Wichtigste ist, dass die Entscheidung auf der allgemeinen Grundlage von Kriterien getroffen wird, die die geeignetsten Projekte mit den obersten Prioritäten bestimmen. Die Umsetzung der Strategie ist das offensichtliche Hauptkriterium, doch fundamentale Dinge wie die Kosten des Projektes, den Nettowert und der prognostizierte Zeitrahmen dürfen deshalb nicht ignoriert werden. Jedes Projekt sollte sich auf jeden Fall mit einem aktuell wichtigen Unternehmensbereich befassen, um die Notwendigkeit für die Strategie rechtfertigen zu können. Wenn Sie jedem Projekt einen solchen Unternehmensbereich zuordnen konnten, können Sie eine Tabelle wie in der Abbildung 7.2 verwenden, um die Prioritätenentscheidung leichter fällen zu können. Jedes Kriterium hat eine bestimmte Gewichtung entsprechend der Wichtigkeit für Ihr Unternehmen. Die Zuteilungen sind subjektiv; die strategische Bedeutsamkeit sollte allerdings immer die stärkste Gewichtung haben. Im Anschluss daran muss jedes Projekt anhand der spezifischen Kriterien bewertet werden. Sie können Werte zwischen Null und Zehn verwenden oder, wenn Sie eine breitere Skala bevorzugen, Werte zwischen Null und Einhundert. In meinem Beispiel wurde eine Skala von Null bis Zehn benutzt. Doch bevor Sie mit der Vergabe der Punkte beginnen, müssen Sie Ihre aktuellen Werte den Skalenwerten zuordnen. Ein Kapitalwert von mehr als 2 Millionen Dollar für ein Projekt könnte etwa einen Skalenwert von Zehn betragen. Ein Kapitalwert von 1,75 Millionen Dollar entspräche dann neun Punkten und so weiter. Des Weiteren könnte die Beschäftigung von mehr als einer Führungskraft auf Vollzeitbasis einer Punktzahl von 2 im Bereich der erforderlichen Ressourcen entsprechen, da ihre Beschäftigung eine starke Belastung für das Unternehmen sein könnte. Entwickeln Sie auf diese Weise Skalen, die für Sie arbeiten. Um die mathematische Integrität jedoch zu wahren, sollte ein hoher Wert jeweils für die bevorzugte Leistung stehen. Den Projekten, die die höchsten Punktzahlen erreichen, sollte zugestimmt und ein entsprechendes Budget bereitgestellt werden, damit es im vorgegebenen Zeitrahmen durchgeführt werden kann. Achten Sie in unserem Beispiel darauf, dass Projekt 1 eine höhere Gesamtpunktzahl erreicht als Projekt 2 trotz der eindrücklichen Punktzahlen, die Projekt 2 bei fünf der sechs Kriterien erzielt hat. Der Grund für die Diskrepanz ist auf die entscheidende Variable der strategischen Verbindung zurückzuführen. Projekt 1 weist eine starke Bindung an die Strategie auf, wohingegen Projekt 2 bei diesem Kriterium schlecht abschneidet. Wir werden zu dem Thema der Projekte und entsprechenden Budgets im neunten Kapitel zurückkehren.

Die Ergebnisse rechtfertigen die Mühe!

Die Entwicklung und Prioritätensetzung bei Projekten, die Ihre Balanced Scorecard unterstützen sollen, kann zu einem der schwierigsten Aspekte der Balanced-Scorecard-Implementierung werden. Wie bereits zuvor angesprochen kann das Treffen dieser Entscheidungen lange bestehende Beziehungen zwischen verschiedenen Funktionsbereichen beeinträchtigen und zu einer negativen Wahrnehmung der betrieblichen Machtverhältnisse führen. Diese wichtige Aufgabe kann für Sie jedoch auch die erste von vielen Gelegenheiten eröffnen, den ökonomischen Wert der Balanced Scorecard zu demonstrieren. Dies kann geschehen, indem Sie die Projekte herausstellen, die zur Umsetzung Ihrer Strategie führen und ebenso diejenigen, die nur wertvollen Ressourcen verbrauchen. Die Verknüpfung der Projekte mit der Strategie erleichtert außerdem den Gebrauch der Balanced Scorecard als strategisches Managementsystem, indem eine Methode vorgestellt wird, wie die Finanzplanung beziehungsweise der Budgetierungsprozess mit der Strategie und der strategischen Planung verbunden werden kann. Schließlich ist auch die Aufklärung und das Setzen von Prioritäten eine weitere Möglichkeit, die Scorecard als Mittel zunehmender Verantwortung zu verwenden. Jedes Projekt hat sicherlich einen Schirmherren, der leidenschaftlich hinter

Kriterien	Gewichtung	Beschreibung	Projekt #1		#2		#3		#4	
			Punkte	Wert	Punkte	Wert	Punkte	Wert	Punkte	Wert
Verbindung zur Strategie	45%	Möglichkeiten des Projektes, positiven Einfluss auf strategische Ziele zu nehmen	7	3.2	1	.45				
Kapitalwert	15%	Kapitalwert des Projektgewinns innerhalb von fünf Jahren	5	.75	10	1.5				
Gesamtkosten	10%	Gesamtkosten in Dollar inklusive Labor- und Materialkosten	5	.50	10	1.0				
Erforderliche Ressourcen (Hauptpersonal)	10%	Hauptpersonal, das für das Projekt benötigt wird einschließlich des erforderlichen Zeitaufwands	8	.80	10	1.0				
Dauer	10%	antizipierte Gesamtdauer des Projektes	8	.80	10	1.0				
Interdependenzen	10%	Einfluss anderer Projekte auf den prognostizierten Erfolg dieses Projektes	3	.30	10	1.0				
			6.4		6.0					

Abb. 7.2 Prioritäten bei Balanced-Scorecard-Projekte setzen

dem Projekt steht und fest daran glaubt, dass es hervorragende Ergebnisse hervorbringen wird. Der Einsatz der Balanced Scorecard zur Legitimation Ihrer Investitionen ermöglicht es Ihnen, die Ansichten Ihres Vorstands zu bestätigen oder abzulehnen.

Viele Unternehmen haben bereits damit begonnen, mit Hilfe der Balanced Scorecard die Vorteile der Verknüpfung von Projekten und Strategie zu nutzen. Wachovia Corporation ist eine Finanzholding Gesellschaft mit 76 Milliarden Dollar. Sie wurde im Jahre 1879 gegründet und bedient ihre Kunden mittels eines Netzwerks von 754 Bankgeschäftsstellen in fünf amerikanischen Staaten. Lawrence Baxter ist der Vorstandsvorsitzende von Wachovia und Kopf der E-Business-Abteilung von Winston-Salem. Zu seinen Verantwortlichkeiten zählen die Entwicklung einer Online-Strategie, die Inszenierung des unternehmenseigenen E-Commerce-Support, die Leitung der Website von Wachovia und die Entwicklung neuer Technologien. Baxter erläutert Wachovias Methodik für das Treffen schwieriger Entscheidungen bezüglich konkurrierender Online-Alternativen auf diese Weise: »*Wir haben eine Reihe von Punkten entwickelt, denen die Philosophie der Balanced Scorecard zugrunde liegt ... Wir haben Kriterien entwickelt, oder ›Filter‹, anhand derer jedes Online-Projekt bewertet wird. Es werden Fragen geklärt wie: Wird dieses Projekt den Umsatz steigern? Wird es die Kosten senken? Wird es die bisherigen Kunden an uns binden und neue hinzu gewinnen? Steht es im Einklang mit der allgemeinen Strategie des Unternehmens und der relevanten Branche?*«[9] Wachovia verwendet auch ein nachträgliches Kontrollsystem, um die Wirtschaftlichkeit des Projektes und die Aussagekraft der Ergebnisse zu überprüfen.

Im fünften Kapitel wurde erklärt, dass eine gute Balanced Scorecard eine Mischung von verlaufs- und ergebnisorientierten Performancekennzahlen beinhalten sollte. Denn ergebnisorientierte Indikatoren ohne die dazugehörigen Leistungstreiber können uns nicht darüber informieren, wie wir die gewünschten Ergebnisse erreichen können. Auf der anderen Seite können verlaufsorientierte Indikatoren zwar zentrale Verbesserungen innerhalb des Unternehmens aufzeigen, doch sie allein lassen nicht erkennen, ob diese Verbesserungen auch wirklich zu besseren Kunden- und Finanzergebnissen führen. Bei Zielen und Projekten ist es das gleiche: Das eine kann uns ohne das andere nicht die erwünschten Resultate erbringen. Einem Ziel ohne unterstützende Projekte fehlt das »Wie« der Erfüllung unserer Performanceziele. Und Projekte ohne Ziele signalisieren nicht, ob die Ergebnisse unseren Erwartungen oder bestimmten Standards entsprechen. Die Entwicklung von Zielen und Projekten kann sich als Herausforderung herausstellen, doch mit den Tools und Techniken, die in diesem Kapitel vorgestellt wurden, sind Sie auf dem richtigen Weg, Zielvorgaben und unterstützende Projekte zu entwickeln, die garantieren, dass Ihre Balanced Scorecard Ihre Strategie vollständig umsetzt und gute Resultate hervorbringt!

Zusammenfassung

Die Entwicklung von Performancezielen und unterstützenden Projekten vervollständigt die Konstruktion einer Balanced Scorecard, die die Geschichte Ihrer Strategie erzählt und als einflussreiches Kontrollsystem und Kommunikationsinstrument agiert. In diesem Kapitel wurde die Rolle der Ziele und Projekte untersucht und Methoden vorgestellt, die sicherstellen sollten, dass unsere Strategie von unserer Auswahl wichtiger Balanced-Scorecard-Elemente erfolgreich umgesetzt wird.

Ziele füllen die ermittelten Ergebnisse überhaupt erst mit Bedeutung und sagen uns, ob wir unsere Arbeit gut gemacht haben. Performancedaten ohne entsprechende Ziele haben keine Bedeutung und keinen Kontext, mit dessen Hilfe die Leistung bewertet werden kann und Entscheidungen getroffen werden können. Viele Unternehmen verwenden eine Kombination von drei verschiedenen, aber dennoch verbunden Zieltypen, wobei jedem ein entsprechender Zeitrahmen zugeordnet ist. BHAGs sind langfristige Ziele, die Unternehmen zu unglaublichen Durchbrüchen bringen sollen. Aufgrund der oft scheinbar unerreichbaren Zielvorstellung dauert die Erfüllung eines BHAG 10 bis 30 Jahre. Um Mitarbeiter jedoch richtig für die Verfolgung eines BHAG zu motivieren, benötigen Unternehmen unterstützende betriebliche Systeme. Katalytische Mechanismen wären ein solches System. Dies sind spezifische Prozesse, die zur Erfüllung des BHAG anregen sollen. Auch mittelfristige Ziele können hier hilfreich sein, denn sie beziehen sich auf einen kürzeren Zeitraum von drei bis fünf Jahren. Viele Unternehmen entwickeln für jede Leistungskennzahl auf der Balanced Scorecard ein mittelfristiges Ziel. Um sich als effektiv zu erweisen, muss das mittelfristige Ziel eine große Herausforderung darstellen, doch gleichzeitig muss es auch realisierbar sein. Und kurzfristige Ziele sind schließlich die normalen Jahresziele, die, wenn sie erreicht wurden, zur Erfüllung der mittelfristigen Ziele führen. Sie dienen also quasi als Wegweiser hin zu den mittelfristigen Zielen. Manager sind jedoch manchmal versucht, das System auszutricksen, indem sie Ziele entwickeln, die eine scheinbar große Herausforderung darstellen, in Wirklichkeit aber leicht umsetzbar sind.

Die Ursache-Wirkungs-Beziehungen auf Ihrer Balanced Scorecard stellen in ihrer Gesamtheit die Geschichte Ihrer Strategie dar. Wenn man die Menge an Beziehungen betrachtet, die zwischen den Kennzahlen besteht, dann ergibt sich die Möglichkeit, diese Pläne für die Entwicklung von Zielen zu verwenden. Die optimalen Ziele, die für außergewöhnliche Resultate für Aktionäre und Kunden sorgen, können somit entwickelt werden, indem man verschiedene Optionen bewertet und ihren Effekt auf das Beziehungsgeflecht im strategischen Plan bestimmt.

Es gibt eine Reihe von verfügbaren Informationsquellen für die Entwicklung von Performancezielen. Mitarbeiter, Trendanalysen, Interviews der Geschäftsführung, Bewertungen, Feedback der Stakeholder, Branchendurchschnitte und Benchmarking sind alles mögliche Ursprünge potenzieller Ziele. Wenn die Ziele erst einmal gesetzt sind, sollten sie von den Mitarbeitern überprüft und vom Vorstand befürwortet werden.

Die Ziele allein werden wahrscheinlich schon Motivation erzeugen, doch die Erfüllung der Ziele erfordert die Aktivierung spezifischer Projekte. Projekte repräsentieren die Prozesse, Aktionsschritte und Aktivitäten, die Sie durchführen müssen, um erfolgreiche Resultate zu garantieren. Die meisten Unternehmen leiden unter einem Überfluss an Projekten, die wenig Verbindung zur Unternehmensstrategie haben. Paradoxerweise führt die Balanced Scorecard meistens zur Entwicklung zusätzlicher Projekte. Diese neuen Projekte erweisen sich jedoch normalerweise als notwendig für die Erfüllung der strategischen Unternehmensziele.

Vier Schritte sind notwendig, um zu garantieren, dass die richtigen Projekte in Ihrem Unternehmen existieren. Erstellen Sie zunächst eine Liste aller aktuellen Projekte. Sammeln Sie Informationen zu Projektkosten, erwarteten Vorteilen, Verbindungen zur Strategie und dem Zeitrahmen. Als nächsten Schritt sollten Sie diese Projekte den Zielen auf Ihrer Scorecard zuordnen. Achten Sie darauf, dass Sie eng mit den Befürwortern des Projektes zusammenarbeiten, um sicher zu sein, dass Sie die Besonderheiten jedes Projektes kennen, bevor Sie eine Entscheidung hinsichtlich der strategischen Relevanz treffen. Drittens sollten Sie die Projekte, die keinen Beitrag zu Ihrer Strategie leisten, eliminieren, zusammenfassen oder reduzieren. Entwickeln Sie Projekte, die die neue Balanced Scorecard unterstützen. Und schließlich sollten Sie den strategischen Projekten oberste Priorität einräumen. Jedes sollte einem bestimmten Unternehmensbereich zugeordnet werden, damit eine objektive Basis für das Treffen von Entscheidungen möglich wird.

Die Festlegung von Prioritäten bei den Balanced-Scorecard-Projekte ist eine schwierige, aber wichtige Aufgabe. Einer der Hauptvorteile dieses Prozesses ist die Identifikation derjenigen Projekte, die wirklich etwas zu den strategischen Resultaten beitragen, und derjenigen, die einfach nur Ressourcen verbrauchen. Die Betonung dieses Unterschiedes durch das Objektiv der Scorecard demonstriert den ökonomischen Wert der Balanced Scorecard.

Teil III
Die Einbettung der Balanced Scorecard in das vorhandene Managementsystem

Kapitel 8: »Kaskadierung« der Balanced Scorecard zur Ausrichtung der Organisation

Wegweiser zum achten Kapitel

Nachdem die strategiekonforme Corporate Scorecard entwickelt ist, muss nun die weitere Umsetzung folgen. Die nächste Aufgabe lautet also, die oberste Scorecard gleichsam unter die Leute zu bringen, indem man sie als Vorlage für die systematische, von oben nach unten verlaufende Entwicklung abgestimmter Scorecards benutzt. Wie dies über alle Ebenen der Organisation hinweg funktioniert, werden wir im Folgenden ausführlich erörtern. Auf diese Weise stellen Sie sicher, dass alle Mitarbeiter Ziele verfolgen, die mit den im Rahmen der Unternehmensstrategie festgesetzten Zielen nicht nur vereinbar sind, sondern zu deren Realisierung aktiv beitragen.

Bei vielen Mitarbeitern handelt es sich heute, in Zeiten der Informationsgesellschaft, um so genannte »knowledge workers« oder Wissensarbeiter. Deren berufliche Ansprüche sind meist hoch. Sie suchen in ihrer Arbeit Lebenssinn, wollen Verantwortung übernehmen und einen aktiven Beitrag leisten. Genau diesem kreativen Aspekt will die »Kaskadierung« der Scorecard Rechnung tragen, indem sie jedem Mitarbeiter die Chance gibt, Ziele und Kennzahlen zu entwickeln, die einen expliziten Zusammenhang zum großen Ganzen – dem definierten Zweck und Auftrag des Unternehmens – herstellen. Erfolgreiches Kaskadieren setzt freilich voraus, dass *jeder* Mitarbeiter zunächst voll versteht, worum es bei der »zentralen« strategischen Scorecard geht und woran der Gesamterfolg zu messen ist. Wir werden noch im Detail sehen, was es braucht, um dieses umfassende und durchgreifende Verständnis herzustellen. Ab da ist dann alles nur eine Frage der systematischen Umsetzung, orientiert am Konzept der »Einflussnahme« von unten. Konkret formuliert: Wie können die verschiedenen Bereiche und Mitarbeiter die Scorecard-Indikatoren auf oberster Ebene positiv beeinflussen? Mit dieser Frage werden wir uns im Rahmen der vertikalen Entwicklung abgestimmter Scorecards Schritt für Schritt und Ebene für Ebene beschäftigen. Beispiele von Unternehmen, die dies bereits erfolgreich praktizieren, erleichtern dabei das Verständnis.

Von einer gut kaskadierten Scorecard profitiert das gesamte Unternehmen. Wir werden daher auch untersuchen, wie Stabsstellen oder Funktionsabteilungen beziehungsweise interne Dienstleister in die Scorecard-Entwicklung einbezogen werden können. Den logischen Schlusspunkt bildet natürlich die Umsetzung der Scorecard bis hinunter auf die Ebene des einzelnen Mitarbeiters.

Doch wie schon betont, funktioniert das Ganze nur, wenn alle Scorecards der unteren Ebenen gut an die zentralen Ziele angebunden werden. Wir beschließen das Kapitel daher mit der Erörterung der Frage, wie die auf den unteren Ebenen entwickelten Scorecards am besten überprüft und bewertet werden können, damit Kohärenz sichergestellt ist.

›Kaskadieren‹ – Was heißt das eigentlich?

Bevor wir uns mit den Methoden und Verfahren der Kaskadierung konkret auseinander setzen, wollen wir zunächst den Begriff als solchen näher betrachten. »Kaskadieren« meint die systematische Entwicklung von Balanced Scorecards auf allen unteren Ebenen. Bildhaft gesprochen pflanzt sich die Scorecard wasserfallartig von Ebene zu Ebene fort, das heißt, sie wird von der Balanced Scorecard an der Spitze der Organisation auf alle nachrangigen Abteilungen »heruntergebrochen«. Die Abstimmung der einzelnen Scorecards mit der obersten Top- oder Leit-Scorecard erfolgt durch Ermittlung geeigneter strategischer Ziele und Kennzahlen, die es der jeweiligen Gruppe ermöglichen, zur Erreichung der Unternehmensziele beizutragen und ihren diesbezüglichen Erfolg zu messen und zu verfolgen. Es gibt zweifellos Kennzahlen, die für die gesamte Organisation, also auf allen Ebenen gelten. Der Regelfall ist dies aber nicht, denn bei den nachgeordneten Scorecards sind stets die ebenenspezifischen Möglichkeiten und Aufgaben zu berücksichtigen, was logischerweise spezifische Leistungskriterien erfordert. Für eine erfolgreiche Praxis ist daher typisch, dass die oberste Scorecard lediglich das erste Glied einer Kette darstellt, die alle Beschäftigten, vom Fertigungsteam bis zur Chefetage, miteinander verbindet – eben anhand einer Reihe von kaskadierenden, ineinandergreifenden Scorecards.

Die Kaskadierung der Scorecard schafft ein strategisches Band

In seinem Buch *Einfachheit* diagnostiziert Bill Jensen unklare Ziele als Hauptursache für den fehlenden Durchblick und die Verzettelung vieler Arbeitnehmer.[1] Wohl wahr, mögen Sie sich denken, aber dieses Problem haben wir Gott sei Dank im Griff – denn genau deswegen haben wir ja unsere Scorecard entwickelt, mit klaren Zielen und strategieorientierten Kennzahlen. Doch stopp! Jensen führt noch einen zweiten Verzettelungsfaktor an, nämlich die mangelhafte Abstimmung der Ziele![2] Nun, wie ist es damit in Ihrem Unternehmen bestellt? Sind bei Ihnen die Ziele tatsächlich sauber und schlüssig aufeinander abgestimmt – und zwar durchgängig, von ganz oben bis ganz unten? Konkret gefragt: Sind sich Ihre Kundenservice-Mitarbeiter darüber im Klaren, wie sie mit ihrer täglichen Arbeit zur Erreichung der Unternehmensziele beitragen (oder beitragen sollten)? Wie verhält es sich beim Vertriebsleiter aus dem mittleren Management – und wie unterhalb der obersten Führungsebene generell? Besitzt auf den unteren Ebenen überhaupt jemand eine Vorstellung von seinem Beitrag zum großen Ganzen? In sehr vielen Organisationen lautet die ehrliche Antwort auf diese Fragen leider allzu häufig nein. Die Mitarbeiter gehen eben ihren Geschäften nach, tun, was in ihrer Stellenbeschreibung steht und was sie im Übrigen schon immer taten, ungeachtet aller Veränderungen. Wie sie mit ihrer Arbeit zur Erreichung der Unternehmensziele beitragen können, ist eine Frage, die bislang eher wenig oder gar nicht interessierte.

Auch die Einführung von Balanced Scorecards vermag derlei Probleme per se leider nicht zu lösen. Wenn die systematische Abstimmung fehlt, wird es mangels Produktivität trotzdem nicht gelingen, im gewünschten Maße erfolgreich zu sein und der Konkurrenz das Wasser abzugraben. Es ist mit Sicherheit ein (wenngleich häufig begangener) Fehler, die Scorecard auf das Topmanagement zu beschränken. Da hilft es auch nicht, dass man alle Mitarbeiter der unteren Ebenen freundlich auffordert, die Top-Scorecard und ihre Erfolgskriterien zur Kenntnis zu nehmen und sich möglichst an ihnen zu orientieren, solange man die Leistungskontrolle anderen Systemen überlässt (etwa dem bestehenden Performance-Beurteilungsverfahren). Der Denkfehler dabei ist, dass man glaubt, bloßes Wissen genüge, eine systematische Abstimmung sei daher unnötig – allein schon die *Kenntnis* der Unternehmensziele und zentralen Kennzahlen garantiere auf den unteren Ebenen bessere operative Entscheidungen im Tagesgeschäft. Leider aber nützt dem Kundenservicemitarbeiter auch die beste Kundenbeziehungsstrategie herzlich wenig, wenn er beispielsweise nicht weiß, wie man einen aufgebrachten Kunden zu behandeln hat.

Alle Mitarbeiter sollten die Chance haben, konkret nachzuweisen, was sie leisten und wie sie damit zur Erreichung der strategischen Ziele beitragen. Kaum etwas ist hierfür besser geeignet als eine systematische Kaskadierung der Scorecard bis ganz hinunter. Diese Auffächerung gibt jedem einzelnen Mitarbeiter den roten Faden an die Hand, mit dem er jederzeit den Zusammenhang zwischen seiner individuellen Arbeit und den hohen Zielen des strategischen Plans herzustellen vermag. Anders formuliert: Die Strategie übersetzt sich für den Mitarbeiter in konkrete Ziele und Kennzahlen, die es zu erfüllen gilt, wenn die Organisation gemeinsam erfolgreich sein will. Genau dies ist es übrigens, wonach jeder einzelne Mitarbeiter im Grunde seines Herzens strebt: einen sinnvollen und anerkannten Beitrag zu leisten. Wie schon erwähnt, leben wir im Informationszeitalter. Der entscheidende Unterschied zu früheren Epochen der Wirtschaftsgeschichte liegt darin, dass die hoch qualifizierten Beschäftigten von heute die entscheidenden Produktionsmittel – Wissen und Kompetenz – selbst besitzen, während früher der Kapitaleigner für die Mittelbereitstellung (etwa in Form von Maschinen) zuständig war. Nicht zu Unrecht charakterisiert Peter Drucker den modernen Beschäftigten als »volunteer« – als jemanden, der seine wertvollen Kenntnisse, Fähigkeiten und Erfahrungen nicht nur des Geldes und der Karriere wegen einbringt, sondern weil er aus innerem Bedürfnis einen sinnvollen Beitrag leisten möchte. Diese Anspruchsvollen interessiert kein Dienst nach Vorschrift zwischen morgens neun und nachmittags um vier, und mit ihrem Sinnstreben unvereinbar ist es logischerweise auch, wenn die Abstimmung zwischen den persönlichen Zielen und der Unternehmensstrategie fehlt. Genau hier setzt die schlüssige Kaskadierung der Scorecard an. Sie eröffnet jedem Mitarbeiter, unabhängig von seiner Funktion oder hierarchischen Position, die Chance, sich und anderen aufzuzeigen, wie sehr die persönliche Leistung zum Gesamterfolg beiträgt.

Die Kaskadierung ist allerdings mehr als nur ein Instrument zur Anbindung der individuellen Aktivitäten aller Beschäftigten an die Strategie – sie ist nach allgemeiner Einschätzung ein Schlüsselfaktor für den Erfolg des Balanced-Scorecard-Projekts überhaupt! Meine Beratererfahrungen etwa bei Nova Scotia Power belegen dies. Wir stellten unsere neu entwickelte Balanced Scorecard damals im Rahmen eines allgemeinen Managementmeetings vor. Da es uns neben der Erläuterung des Konzepts auch auf Feedback ankam, fragten wir die Teilnehmer, was aus ihrer Sicht für eine erfolgreiche unternehmensweite Implementierung besonders wichtig sei. Viele Reaktionen ließen sich auf diesen Punkt bringen: Systematische Umsetzung des Projekts bis ganz nach unten. Die Teilnehmer begriffen instinktiv, dass die Top-Scorecard vor allem für den Entscheidungsprozess auf oberster Ebene von großer Bedeutung ist und zudem ein exzellentes Kommunikationswerkzeug darstellt, dass daneben aber auch jeder einzelne Mitarbeiter ein ähnliches Instrument benötigt, um die eigenen Aktivitäten klar und nachvollziehbar auf die Gesamtstrategie abstimmen zu können. Dieser wichtige Punkt hat sich bei späteren Balanced-Scorecard-Projekten voll bestätigt. Die erfolgreichen Anwender wissen, wie sehr es darauf ankommt, die Mitarbeiter an vorderster Front direkt einzubinden und sicherzustellen, dass sie konsequent mit der Scorecard arbeiten. Nur so kann dieses Tool seine enorme Kraft entfalten. Die Kaskadierung der Scorecard ist also der Schlüssel zum Erfolg. Mit ihr lässt sich jeder Mitarbeiter erreichen, sodass jeder einzelne in der Lage ist, für sich die zentrale Frage zu klären: Wie kann ich produktiv mitarbeiten und sinnvoll zum Gesamterfolg beitragen? Die Antwort hierauf spiegelt sich in den Zielen und Kennzahlen jeder einzelnen Scorecard – unternehmensweit.

Die Kaskadierung in der Praxis

Abbildung 8.1 zeigt das Kaskadierungsverfahren anhand eines typischen Beispiels. Die oberste Scorecard – in der Regel jene auf Unternehmensebene – ist der logische Ausgangspunkt. Deren Ziele und Kennzahlen werden anschließend auf die nächste Ebene heruntergebrochen. In größeren Organisationen handelt es sich hierbei meist um die einzelnen Geschäftsbereiche. Auf der dritten Ebene entwickeln dann die einzelnen Abteilungen und Gruppen ihre Scorecards, wiederum abgeleitet von der direkt »vorgelagerten« Scorecard (etwa jener des Geschäftsbereiches). Die unterste Ebene bilden in unserem Beispiel schließlich die Scorecards der Arbeitsteams und der einzelnen Mitarbeiter. Nur wer das Projekt nach diesem Muster stringent nach unten durchstrukturiert, wird vom Balanced-Scorecard-Ansatz optimal profitieren. Denn nur so lässt sich sicherstellen, dass alle Mitarbeiter, unabhängig von ihrer Funktion oder hierarchischen Position, über Ziele und Kennzahlen verfügen, die mit den Gesamtzielen der Organisation voll übereinstimmen.

Das in Abbildung 8.1 dargestellte Schema besitzt freilich *deskriptiven*, keinen präskriptiven Charakter. Flexibilität ist also garantiert. Zum Beispiel können Sie Ihr Balanced-Scorecard-System bei Bedarf auch nur für einen

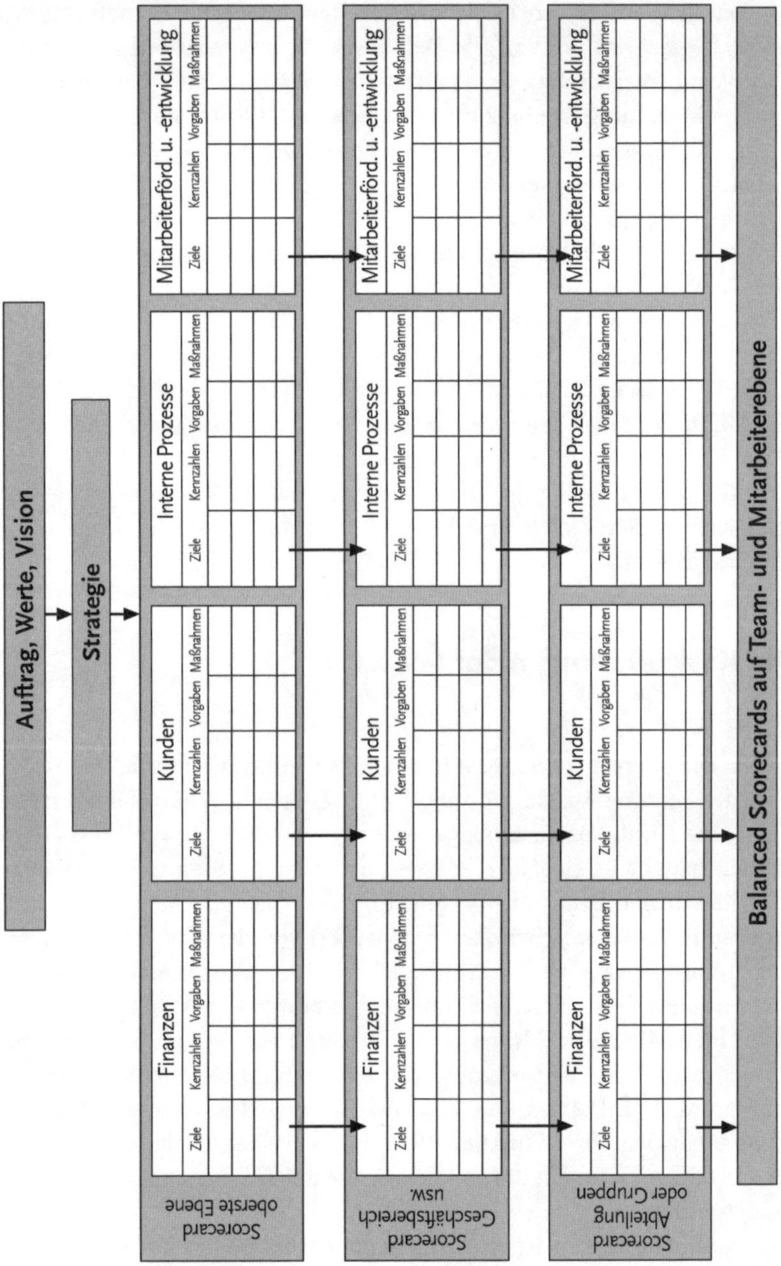

Abb. 8.1 Das Kaskadierungsverfahren

bestimmten Geschäftsbereich entwickeln, und auch die hierarchischen Ebenen und deren Bezeichnungen hängen vollständig von den spezifischen Gegebenheiten ab. Wichtig ist immer nur die Kaskadierung. Und die funktioniert in einem Großunternehmen genauso gut wie in einer gemeinnützigen Organisation oder in einer Behörde. In den folgenden Abschnitten wollen wir uns nun genauer ansehen, was es mit der Kaskadierung auf sich hat.

Die Leit-Scorecard: Auf ein gutes Verständnis kommt es an

Der Kaskadierungsprozess beginnt bei der obersten Scorecard. Wie bei der Erstellung dieses Dokuments vorzugehen ist, war ja Thema der bisherigen sieben Kapitel dieses Buches. Mit den diesbezüglichen Einzelheiten brauchen wir uns hier also nicht mehr zu beschäftigen. Hier geht es vielmehr darum, sicherzustellen, dass die Inhalte der Top-Scorecard auch auf Mitarbeiterebene voll verstanden werden.

Die oberste Scorecard gibt Auskunft über die zentralen Performancekennzahlen, die auf Basis definierter Ursache-Wirkungs-Beziehungen so zusammenspielen, dass die Strategie erfolgreich umgesetzt werden kann. Es ist absolut wichtig, dass alle Beschäftigten die strategische Bedeutung dieser Kriterien genau verstanden haben, bevor mit der Erstellung der jeweils eigenen Scorecard begonnen wird. Dies gilt in besonderem Maße für all jene, die für die Entwicklung der Scorecards auf den unteren Ebenen verantwortlich sind. Solange es hier Verständnisprobleme gibt, kann die Abstimmung auf den unteren Ebenen nicht klappen.

Leider gehen die Unternehmen bei der Implementierung des Scorecard-Projekts allzu häufig von falschen Annahmen aus und konterkarieren damit die eigenen Bemühungen. Mitunter hält man die Mitarbeiter schlicht für zu dumm, traut ihnen ein echtes Verständnis der entscheidenden Wertschöpfungsaktivitäten und -prozesse also gar nicht zu. Wer so denkt, handelt natürlich nur folgerichtig, wenn er strategische Themen wie Wertschöpfung, Kundensegmentierung oder Supply-Chain-Optimierung ausschließlich in der Chefetage ansiedelt und die Mitarbeiter als reine Erfüllungsgehilfen betrachtet. Dass dies ein großer Fehler ist, ist längst bewiesen. Erfolgreiche Organisationen verfahren ganz anders. Sie haben begriffen, dass es darauf ankommt, zunächst einmal Zeit und Geld in die Mitarbeiter zu investieren, um sie hinreichend zu informieren und aufzuklären. Ein Beispiel ist das innovative brasilianische Unternehmen Semco. Nicht umsonst werden die Mitarbeiter dieses Unternehmens in einschlägigen Untersuchungen immer wieder für ihre Kreativität und Innovationen gerühmt, denn sie sind praktisch an allen wichtigen Unternehmensdingen beteiligt, Entscheidungen eingeschlossen – von der Standortwahl über die Gestaltung der Fabriken bis zur Festlegung des eigenen Gehalts. Der Chef des Unternehmens, Ricardo Semler, ist felsenfest davon überzeugt, dass der entscheidende Produktivitätstreiber in motivierten und an ihrem Job Freude empfindenden Mitarbeitern zu sehen ist. Dies setzt natürlich voraus, dass man den Mitarbeitern Vertrauen entgegenbringt und bereit ist, ihnen ein hohes Maß an Eigenverantwortung zu übertragen.[3]

Um sicherzustellen, dass Ihre Mitarbeiter die Inhalte (Ziele, Kennzahlen) der Leit-Scorecard voll verstehen, ist ein gezieltes Kommunikations- und Aufklärungsprogramm unverzichtbar. In Kapitel 6 haben wir gesehen, dass es im Prinzip drei Möglichkeiten gibt, um von den Mitarbeitern das nötige Feedback einzuholen. Nun, diese Methoden lassen sich genauso gut auch für die strategiebezogene Kommunikation nutzen. Fassen wir die drei Optionen noch einmal kurz zusammen:

1. *Offenes Diskussionsforum:* Dies ist der »Tag der offenen Tür«-Ansatz des County of San Diego, einer Bezirksbehörde in Kalifornien. Hierbei wird das Programm auf breiter Bühne vorgestellt und diskutiert. Alle Beteiligten sind eingeladen, Kritik zu üben und Vorschläge zu machen.
2. *Nutzung des Intranets:* Stellen Sie Ihre neue Scorecard ins Intranet, verbunden mit geeigneten Hintergrundinformationen. Erläutern Sie die strategische und operative Bedeutung der Kennzahlen; unterstreichen Sie den Nutzen der Scorecard durch Zitate und persönliche Stellungnahmen von Führungskräften oder Anwendern; erklären Sie die künftigen Pläne einer unternehmensweiten Verbreitung und Ausfächerung des Projekts.
3. *Managementsitzungen im großen Rahmen:* Falls bei Ihnen regelmäßige Konferenzen der Führungskräfte im großen Stil stattfinden, sollten Sie diese Gelegenheiten nutzen, um Ihre gesamte Mannschaft über die neu erstellte Scorecard zu informieren. Derlei Veranstaltungen sind überdies auch gut geeignet, um eine große Belegschaft über die Entwicklungen zu informieren.

Es gibt zweifellos noch viele weitere kreative Möglichkeiten, um die Mitarbeiter über die Scorecard zu informieren und über deren Entwicklung auf dem Laufenden zu halten. Genannt seien nur Broschüren, Videos oder Infobeilagen zu den Lohnabrechnungen.

Kaskadieren heißt mitwirken und Einfluss nehmen

Nachdem die Mitarbeiter ein gutes Verständnis der Top-Scorecard besitzen, kann mit der Entwicklung abgeleiteter, spezifischer Scorecards begonnen werden. Im Zentrum steht dabei das Konzept des »Einflusses« (beziehungsweise der Ergebnisrelevanz). Es geht also darum, die individuellen Beiträge systematisch am Gesamterfolg auszurichten.

Einfluss bezeichnet nach landläufigem Verständnis die Fähigkeit, etwas mitzugestalten, das heißt einen bestimmten Ergebnisbeitrag zu leisten. Genau hierauf kommt es bei der Kaskadierung an. Jeder Mitarbeiter sollte die Chance besitzen, das Betriebsergebnis durch seinen eigenen Beitrag konkret – und positiv – zu beeinflussen. Das Forum dafür ist die Balanced Scorecard. Für die Entwicklung der Scorecards der ersten Kaskadierungsebene sollte daher folgende Leitfrage gelten: Wie können wir auf unserer Hierarchieebene am besten zur Erreichung der Unternehmensziele beitragen? Die Abstimmung der hier entwickelten Scorecards orientiert sich also primär am Inhalt (den Zielen), nicht notwendigerweise an den Kennzahlen der Top-Scorecard. Dieser Punkt ist wichtig! »Kaskadieren« bedeutet keinesfalls, die übergeordneten Zielvorgaben oder Topziele »kleinzuhacken« und portioniert nach unten zu verteilen. Dies mag im Finanzbereich – bei Parametern wie »Umsatzerlös« oder »Kosten« – ja noch funktionieren, nicht aber bei Zielen wie »Kundentreue« oder »Produktentwicklung«. Eine gut kaskadierte Scorecard ist eben kein Sammelsurium von Bruchstücken der übergeordneten Scorecard. Auf der Topebene relevante Kennzahlen können auf unterer Ebene mithin vollkommen irrelevant sein. Es kommt folglich darauf an, die zentrale (beziehungsweise vorgelagerte) Scorecard genau unter die Lupe zu nehmen und sich dann zu fragen, welche der ausgewiesenen Zielvorgaben und Erfolgskennzahlen durch die eigenen Aktivitäten positiv *beeinflusst* werden können.

Nova Scotia Power Inc., das kanadische Versorgungsunternehmen, auf das schon mehrfach Bezug genommen wurde, ging bei der Entwicklung seines Scorecard-Programms wie folgt vor: Zunächst entwickelte man in Umsetzung der durch die Deregulierungspolitik notwendig gewordenen neuen Strategie eine Corporate Scorecard. Um alle Mitarbeiter einzubinden, ihnen also die Möglichkeit zu geben, ihren eigenen Beitrag zu formulieren, wurde die Leit-Scorecard anschließend systematisch kaskadiert, wie es sich gehört. Dabei entstanden organisationsweit über 100 Scorecards, vom Topmanagement in der Zentrale bis zur untersten Betriebsebene in den verschiedenen Kraftwerken. Der gesamte Prozess ist in Abbildung 8.2 schematisch dargestellt. Das Beispiel zeigt plastisch, wie einer der Geschäftsbereiche seine spezifischen Kennzahlen und Messkriterien von der Top-Scorecard ableitete. Die angegebenen Zielvorgaben haben hier allerdings nur illustrativen Charakter.

Top-Scorecard (Unternehmensebene)

Perspektive	Ziel	Messkriterium	Zielvorgabe
Kunde	Steigerung der Kundentreue: Nicht nur »zufriedene«, sondern »treue« (überzeugte) Kunden	Kundentreue-Rating: Gesamtindex aktiv erzielter Kundentreue	75%

Scorecard »Kundenservice/Marketing«

Perspektive	Ziel	Messkriterium	Zielvorgabe
Interne Prozesse	Steigerung der Kundentreue: Nicht nur »zufriedene«, sondern »treue« (überzeugte) Kunden	Neugestaltete Kundenprozesse: Anzahl der optimierten Kundenprozesse und -dienste	5

Scorecard »IT-Gruppe des Bereichs Kundenservice/Marketing«

Perspektive	Ziel	Messkriterium	Zielvorgabe
Interne Prozesse	Wirkungsvolle Desktop-Unterstützung: Effektiver Desktop-Support für die Mitarbeiter des Bereichs Kundenservice/ Marketing	Serviceanfragen: Anzahl erledigter Desktop-Serviceanfragen	500

Abb. 8.2 Kaskadierung der Balanced Scorecard bei Nova Scotia Power Inc.

Schauen wir uns die mittlere Karte von Abbildung 8.2 einmal genauer an, also jene des Bereichs Kundenservice und Marketing. Es handelt sich hier um die erste Kaskadierungsebene. Um zu einer optimalen eigenen Scorecard zu gelangen, nahm man sich also die oberste Scorecard vor und fragte sich, welche von deren Zielen und Kennzahlen der eigene Bereich am besten zu unterstützen vermochte. Wie das Beispiel zeigt, wurde man beim Kriterium »Kundentreue-Rating« fündig – diesen zentralen Performance-indikator glaubte man also aus dem Bereich Kundenservice/Marketing heraus positiv beeinflussen zu können. In einem zweiten Schritt entwickelte man für die eigene Balanced Scorecard eine geeignete Leistungskennzahl, mit der man konkret zu einem positiven Ergebnis bei dem ausgewählten Indikator beitragen wollte. Doch schauen wir uns das Ganze genauer an. Erstens stellen wir fest, dass auf Unternehmensebene Ziel und Kennzahl im Scorecard-Bereich »Kunde« angesiedelt sind. Im Bereich Kundenservice und Marketing passt die ausgewählte Kennzahl aber offenkundig besser zur Perspektive »Interner Prozess«. Ergo: Das gewählte *Ziel* deckt sich vollkommen mit dem Unternehmensziel. Die *Kennzahl* aber ist neu, abgestimmt auf die spezifischen Möglichkeiten des Bereichs Kundenservice und Marketing, der im Prozessbereich eben die beste Chance sieht, den Top-Indikator »Kundentreue-Rating« positiv zu *beeinflussen*. Man wusste in diesem Geschäftsbereich nämlich aus Erfahrung, dass es bei einer Reihe wichtiger Kundenprozesse immer wieder Engpässe und Probleme gab, die dem Ziel der Kundenzufriedenheit deutlich im Wege standen. Insofern lag es nahe, hier durch eine Restrukturierung zu versuchen, die Probleme sukzessive zu beseitigen und damit direkt zum Erreichen des Unternehmensziels »Kundentreue« beizutragen. Indem der Bereich Kundenservice und Marketing sich also die zentrale Frage stellte, welche Unternehmensziele und -kennzahlen er am besten zu unterstützen vermag, gelangte er zu einer vorbildlichen eigenen Scorecard, die den Beitrag des Bereichs zum Gesamterfolg des Unternehmens schlüssig dokumentiert.

Bei der Scorecard-Entwicklung sollten Sie – egal auf welcher Ebene – also nicht erwarten, dass jede Gruppe zu jedem Ziel und jeder Kennzahl der obersten (oder vorgelagerten) Scorecard direkt beizutragen vermag. Der Wertschöpfungsprozess ist ja gerade dadurch geprägt, dass in den einzelnen Funktionen unterschiedlichste Fähigkeiten produktiv zusammenspielen, weshalb sich die einzelnen Gruppen und Mitarbeiter natürlich auf jene Ziele und Kennzahlen konzentrieren sollten, zu deren Erfüllung sie direkt beizutragen vermögen. Im Übrigen liegt genau hier auch die ganz erstaunliche kreative Kraft (und damit einer der großen Nutzenaspekte der Kaskadierung) – wenn nämlich die verschiedenen Gruppen beginnen, die einzelnen Unternehmensziele intensiv auf ihre »Relevanz« abzuklopfen und dabei feststellen, dass Ziele, die sie zunächst als irrelevant abhaken würden, bei näherer Betrachtung eben doch von Belang sind. Ein Unternehmen, das diese überraschende Entdeckung machte, ist McCord Travel Management, das wir in Kapitel 6 kennen lernten. Als die einzelnen Reiseagenturen vor der Aufgabe standen, von den Zielen und Erfolgsparametern des Konzerns eigene Performance-Messgrößen abzuleiten, fühlten sich viele zunächst schlicht überfordert. Allzu abstrakt und unbeeinflussbar erschienen die Topziele des Unternehmens. Doch mit der nötigen Unterstützung fand man alsbald heraus, dass viele der zentralen Indikatoren der McCord-Scorecard tatsächlich doch praxisrelevant waren. Beispielsweise sahen die meisten Agenturen zunächst kaum eine Möglichkeit, das Finanzziel »Steigerung des Nettowerts je Transaktion« zu beeinflussen. Bei näherer Betrachtung aber ergab sich ein anderes Bild. Zum Beispiel bestand die Möglichkeit, die Kunden an Anbieter zu vermitteln, bei denen sie (die Kunden) bereits Sonderkonditionen genossen. Dies würde nicht nur McCord, sondern auch dem Kunden zusätzliche Provisionen bringen – und das Ticket wäre aufgrund des Sonderrabatts auch noch billiger. Ein echtes Win-win-Szenario also. Logische Schlussfolgerung: Der Prozentsatz der Transaktionen mit Vorzugsanbietern wurde zur Schlüsselkennzahl der Scorecards der Agenturen.

Das Prinzip »Einflussnahme« ist auch für die unteren Scorecard-Ebenen von zentraler Bedeutung

Je nach Organisationsstruktur kann es sich bei der nächsten Kaskadierungsstufe um die Abteilungs-, Gruppen- oder Arbeitsteamebene handeln. Wie schon erwähnt, kommt es nicht darauf an, wie diese Ebene konkret heißt – wichtig ist allein die Beachtung des Einfluss- respektive Relevanzprinzips. Zentraler Orientierungspunkt ist dabei immer die direkt »vorgesetzte« Scorecard (analog zu den Berichtsstrukturen). Die Marketingabteilung beispielsweise wird ihre Indikatoren nicht von der obersten Scorecard ableiten, sondern von jener des Vertriebsbereichs. Nehmen wir zur Illustration die Abbildung 8.2. Dort hat der Geschäftsbereich Kundenservice/Marketing von Nova Scotia Power seine Scorecard direkt von der Top-Scorecard des Unternehmens abgeleitet. Der Geschäftsbereich besteht seinerseits wiederum aus einer Reihe von kleineren Gruppen, und eine davon ist die IT-Abteilung. Die IT-Mitarbeiter orientierten sich bei der Entwicklung ihrer Scorecard also an jener des Geschäftsbereichs und prüften, bei welchen Zielen und Kennzahlen sie unterstützend beizutragen vermögen. Dabei stellten sie fest, dass ihr Bereich seinen Erfolg an der Anzahl neu gestalteter Kundenprozesse festmacht. Zwar ist die IT-Gruppe nicht direkt an dieser Reorganisation beteiligt, doch Möglichkeiten der positiven Beeinflussung des Ergebnisses ergaben sich trotzdem. Da das Bereichsteam nämlich mit neuen und innovativen technischen Konzepten experimentiert, benötigt es für die Restrukturierung dringend Unterstützung in puncto Arbeitsplatzgestaltung und -realisierung. Genau da setzt die IT-Abteilung also an und bemisst ihren Beitrag zum Erfolg des Geschäftsbereichs daran, wie schnell und gut den Kundenservice-Leuten bei Bedarf technische Hilfe zuteil wird.

Die Kennzahlen der drei in Abbildung 8.2 dargestellten Scorecard-Auszüge sind, wie erwähnt, nicht identisch, wohl aber aufeinander *abgestimmt*. Die IT-Beschäftigten können also davon ausgehen, dass sie durch gute technische Unterstützungsdienste nicht nur dem eigenen Geschäftsbereich helfen, seine Ziele zu erreichen, sondern auch einen wichtigen Beitrag zur Erreichung des übergeordneten Unternehmensziels – Steigerung der Kundentreue – leisten. Umgekehrt wiederum kann die Unternehmensführung von Nova Scotia Power sicher sein, dass bei den Mitarbeitern an vorderster Front aufgrund stimmiger Zielsetzung die Richtung stimmt.

Die Scorecards der unteren Ebenen zeichnen sich typischerweise aber nicht nur durch andere, sondern auch durch *eine größere Zahl* von Leistungskriterien aus. Dies ist leicht erklärt. Die Parameter auf oberster, strategischer Ebene sind zwangsläufig abstrakter Natur (z. B. Markenbewusstsein, Mitarbeiterzufriedenheit usw.) – die Details spielen hier keine Rolle. Je tiefer aber die hierarchische Ebene, desto konkreter wird die Sache und desto stärker finden die Details auch Eingang in die Scorecard. Eine Eins-zu-eins-Beziehung zur Top-Scorecard genügt hier also logischerweise nicht mehr. In unserem Beispiel benötigt die IT-Abteilung vielleicht zwei oder gar drei Leistungskennzahlen, um sicherzustellen, dass das übergeordnete Geschäftsbereichsziel (optimale Kundenprozesse) tatsächlich erreicht wird. Die Schwierigkeit liegt natürlich in der quantitativen und qualitativen Festlegung der Kennzahlen. Es mag Gruppen geben, die sehr viele Erfolgsparameter zu beeinflussen vermögen, was sich entsprechend auch in ihrer Scorecard niederschlagen muss. Um die Erfolgsparameter der kaskadierten Scorecards gut aufeinander abzustimmen, orientieren Sie sich am besten an jenen Kennzahlen, die wir in Kapitel 6 eingehend erörtert haben.

Eine erfolgreiche Abstimmung braucht Rahmenbedingungen

In allen Organisationen gibt es Mitarbeiter, bei denen Managementinstrumente wie die Scorecard recht gut ankommen, aber es gibt gewiss auch solche, die darin primär eine Schikane ihrer Vorgesetzten sehen. Wie immer sich die Akzeptanzfrage in Ihrem Fall darstellen mag – Unterstützung ist bei der Entwicklung der Scorecards so oder so vonnöten. Hier einige Tipps, die Sie bei der Kaskadierung unbedingt beachten sollten:

- *Klare Zuständigkeiten, klare Richtlinien und persönliche Unterstützung.* So einfach und logisch das Balanced-Scorecard-System im Grunde ist, gilt doch auch hier: Aller Anfang ist schwer. Deshalb empfiehlt es sich, den Managern wie auch den übrigen Beschäftigten den Einstieg so leicht wie möglich zu machen. Dazu gehört zum Beispiel, über den neuen Ansatz intensiv aufzuklären, etwa durch Verteilung geeigneter Unterlagen oder Hinweise auf einschlägige Referenzmaterialien (Artikel, Bücher). Noch wichtiger: Entwickeln Sie Beispiel-Scorecards, die konkret zeigen, worauf es ankommt. Auch klare Zuständigkeiten und Zeithorizonte sind ganz wichtig, damit alle Beteiligten genau wissen, bis wann was geschafft sein muss. Am allerwichtigsten aber ist die persönliche Unterstützung. Sorgen Sie dafür, dass sich die Kenntnisse, die Ihr BSC-Projektteam besitzt, in der gesamten Organisation verbreiten. Am besten geschieht dies über Einführungsschulungen und nachfolgendes Coaching. Die Mitglieder des Projektteams sollten also als Mentoren dafür sorgen, dass die Umsetzung gut funktioniert und den Mitarbeitern jederzeit Anlaufstellen zur Verfügung stehen. Ihr Projektteam verfügt ja nicht nur über exzellente Scorecard-Kenntnisse, sondern zudem auch über einschlägiges Fachbereichswissen – eine unschlagbare Kombination, die es unbedingt auf breiter Basis zu nutzen gilt.
- *Einsatz von Geschäftsplänen.* Die oberste Scorecard stellt, wie gesehen, eine Übersetzung der Unternehmensstrategie dar. Bei der weiteren Übersetzung nach unten – der so genannten Kaskadierung – kann man sich aber leider nicht an analogen (ebenenspezifischen) Strategien, Aufträgen und Visionen orientieren. Hier ist also Ersatz gefragt. Den gibt es auch, nämlich in Gestalt der vorhandenen Geschäftspläne (die meisten Unternehmen arbeiten ja mit Jahresplänen). Diese Pläne sind eine wahre Fundgrube an relevanten Informationen, die den Geschäftsbereichen, Abteilungen und Teams die Erstellung einer eige-

nen Scorecard sehr erleichtern. Zum Beispiel enthalten sie Informationen zu Kernprozessen, Zielen, Maßnahmen und Kosten. Sobald das Balanced-Scorecard-System richtig funktioniert, werden Geschäftspläne im Grunde unnötig – die Scorecard ersetzt sie.

Balanced Scorecards für interne Dienstleister

Die Scorecards, die wir in diesem Abschnitt behandeln wollen, betreffen den Mitarbeiterstab beziehungsweise die internen Dienstleistungsgruppen (engl. »shared service groups« oder »corporate staff«). Beispiele hierfür sind die Personalabteilung, die Buchhaltung und die IT-Abteilung. Diese Bereiche stellen den übrigen (operativen) Geschäftsbereichen wie auch dem Gesamtunternehmen Spezialdienstleistungen zur Verfügung, die im Prinzip sowohl preisgünstiger als auch besser sein sollten als die konkurrierenden Leistungen externer Anbieter. Doch genau da liegt der Hase bekanntlich oft im Pfeffer. Nun, das Balanced-Scorecard-System bietet eine ideale Möglichkeit, sich diese Abteilungen einmal ordentlich zur Brust zu nehmen und sicherzustellen, dass die jeweiligen Dienstleistungen den operativen Bereichen auch wirklich helfen, ihre strategischen Ziele zu erreichen.

Da die Stabsstellen oder Funktionsabteilungen in der Regel über keine eigene Strategie verfügen, sondern ihre Aufgabe darin sehen, die Bedürfnisse der internen Kunden zu erfüllen, fällt ihnen der Einstieg in die Balanced-Scorecard-Entwicklung mitunter schwer. Natürlich fragen sie sich zu Recht, woran sie mangels einer Strategie die Scorecard festmachen sollen. Häufig installiert man deshalb ersatzweise interne Dienstleistungsverträge (so genannte Service Level Agreements), die den Verkehr zwischen diesen Gruppen und den verschiedenen Geschäftsbereichen regeln. Darin findet sich nicht nur im Einzelnen festgelegt, welches Serviceniveau der jeweilige »Kundenbereich« hinsichtlich der von der Stabsorganisation bereitgestellten Produkte und Prozesse benötigt, sondern es werden in der Regel auch Kosten, Ziele und das Qualitätsniveau betreffende Schlüsselindikatoren vereinbart. Ein solcher Vertrag eignet sich daher ausgezeichnet für die Entwicklung einer Balanced Scorecard. Allerdings finden sich derlei formelle Vereinbarungen hauptsächlich in größeren Unternehmen. Stellt sich also die Frage, wie kleinere Unternehmen verfahren können. Ganz einfach! Wie zu Beginn dieses Kapitels bereits gesehen, empfiehlt sich in diesem Fall die Orientierung an den Scorecards der verschiedenen operativen Bereiche. Die Dienstleistungsgruppe sollte sich mithin fragen: Welche Ziele und Kennzahlen können wir jeweils am besten beeinflussen? Anhand der ausgewählten Indikatoren lassen sich dann sehr leicht eigene Leistungskennzahlen entwickeln. Auch die Top-Scorecard ist für diese Abteilungen interessant, denn auch sie kann Kriterien enthalten, die direkt angesteuert werden können. Angenommen, die oberste Scorecard enthält als Ziel »Verringerung der Mitarbeiterfluktuation«, so kann die Personalabteilung über die Entwicklung passender eigener (kaskadierter) Leistungskennzahlen natürlich sehr gut zur Realisierung dieses Ziels beitragen.

Angesichts des Outsourcing-Fiebers, das in vielen Großorganisationen grassiert, ist die Balanced Scorecard für interne Dienstleister ein geradezu ideales Mittel, um ihre Existenz zu rechtfertigen, indem sie für alle sichtbar dokumentieren, wie sehr sie zum Geschäftserfolg beitragen. Kein Argument ist überzeugender als positive Ergebnisse bei den Balanced-Scorecard-Zielen! Doch neben diesem sehr pragmatischen Grund für die Einbeziehung der internen Dienstleitungsstellen bei der Kaskadierung gibt es noch eine tiefergehende, zwingendere Begründung. Sie ist psychologischer Art. Oft nämlich fehlt den Mitarbeitern dieser Funktionen der nötige direkte Bezug zur Gesamtstrategie des Unternehmens und mithin das »Selbstwertgefühl«. Die Produktionsmitarbeiter sehen immerhin das erzeugte Produkt, und die im Marketing Beschäftigten haben ihr Erfolgserlebnis in der erzielten Absatzsteigerung. Die internen Dienstleister aber haben mit den Waren und Dienstleistungen, die am Markt die Umsätze bringen, direkt gar nichts zu tun. Auch bei diesem psychologischen Problem kann die Scorecard-Kaskadierung also helfen, denn sie vermittelt auch den internen Dienstleistern den roten Faden der Produktivität und lässt sie konkret am Unternehmenserfolg teilhaben.

›Persönliche‹ Scorecards auf Mitarbeiterebene

Es gibt nicht viele Unternehmen, die es wirklich verstehen, den Prozess der Zielsetzung bis ganz nach unten zu treiben und es auch dem einzelnen Mitarbeiter zu ermöglichen, sich sinnvolle Teil- und Gesamtziele vorzugeben. Natürlich existiert in vielen Fällen ein Performance Measurement mit regelmäßigen, beispielsweise jährlichen Bewertungen und Zielsetzungen. Das Problem ist nur, dass das löbliche Verfahren den Vorgesetzten und Mitarbeitern offenbar allzu viel abverlangt. Die Unternehmen geben sich zwar die größte Mühe und installieren derlei Systeme oft mit viel Aufwand. Man entwickelt Leitfäden, erklärt den Mitarbeitern genau, welche Fähigkeiten und Einstellungen (so genannte »competencies«) man von ihnen erwartet, und lässt es auch an Schulungen zur Erstellung von Entwicklungsplänen nicht fehlen. Woran aber krankt das System? Nun, zwei Faktoren sind hier zu nennen: fehlende Nachhaltigkeit und mangelnde Objektivität. Leider nämlich bleibt es oft bei dem anfänglichen Strohfeuer. Wenn ich bei neuen Klienten auf das Thema Leistungsbeurteilung zu sprechen komme, setzt oft ein allgemeines Kopfschütteln ein. Selbst in Organisationen, in denen immerhin die periodischen Leistungsüberpüfungen oder Performance-Ratings stattfinden, läuft alles nur schleppend. Diese wichtige Maßnahme, bei der es um die kostbarste aller Ressourcen geht, steht also tendenziell im Abseits. Bei genauerem Hinsehen wird aber schnell klar, wo der eigentliche Grund für diesen betrüblichen Zustand liegt – in der Subjektivität des Verfahrens. In vielen Fällen nämlich beruhen die Leistungsbeurteilungen auf der recht begrenzten Wahrnehmung der Mitarbeiterleistung durch den Vorgesetzten. Auf diese Weise kann sich bei den Beschäftigten natürlich kein Vertrauen bilden. Häufig fehlt innerhalb einer Performanceperiode zudem jedes Feedback – und wenn Rückmeldung erfolgt, geht es primär um Ergebnisse, nicht Verhaltensweisen. Doch damit nicht genug. Der gravierendste Fehler solcher Systeme liegt darin, dass die persönlichen Ziele kaum oder gar nicht auf die Unternehmensziele abgestimmt werden. Die Mitarbeiter besitzen so gut keine Vorstellung davon, wie die eigene Leistung und Entwicklung konkret zum Unternehmenserfolg beiträgt.

Die Kaskadierung der Scorecard bis hinab zur Mitarbeiterebene kann viele Probleme, die den Beurteilungssystemen zur Performance typischerweise anhaften, zumindest abmildern, wenn nicht gar völlig eliminieren. Zu den vielen Vorteilen einer ganz persönlichen Scorecard zählen:

- *Bewusstseinsbildung.* Die Entwicklung von Scorecards auf der Ebene des einzelnen Mitarbeiters bietet eine zusätzliche Möglichkeit, die Prinzipien und Methoden des Systems tief in der gesamten Organisation zu verankern.
- *Steigerung der Akzeptanz und des Mitarbeiterengagements.* Wie bekannt, zieht mehr Partizipation in der Regel ein verstärktes Engagement nach sich. Beim Balanced-Scorecard-System ist dies nicht anders. Durch die intensive Beschäftigung mit dem Ansatz nebst Entwicklung eigener Ziele und Leistungskriterien lassen sich auch skeptische Adressaten überzeugen und gewinnen.
- *Gutes Verständnis der Scorecard-Zusammenhänge.* Um die individuelle Scorecard entwickeln zu können, brauchen die Mitarbeiter zunächst

ein gutes Verständnis der Ziele und Kennzahlen der vorgelagerten, von der Unternehmensspitze über die Geschäftsbereiche bis zur Abteilung oder Gruppe kaskadierten Scorecards. Die Kaskadierung ist dahingehend ein exzellentes Übungsterrain.

- *Herstellung einer »Sichtverbindung« zwischen den Mitarbeiterzielen und der Unternehmensstrategie.* Die Entwicklung persönlicher, auf die Team- oder Abteilungsebene abgestimmter Scorecards ermöglicht es jedem einzelnen Mitarbeiter aufzuzeigen, wie seine Tätigkeit zum Gesamterfolg beiträgt und diesen steigert.
- *Besseres Verständnis für den Zielsetzungsprozess.* Das Scorecard-System vermag vorhandenen, doch tendenziell schlecht funktionierenden Zielvereinbarungsverfahren neuen Schwung zu geben.

Wie Sie die persönlichen Scorecards gestalten, bleibt Ihnen völlig selbst überlassen. Abbildung 8.3 zeigt, wie es gehen könnte. An dieser »Schablone« können sich Ihre Mitarbeiter zunächst einmal orientieren, falls erforderlich. Das Beispiel zeigt die Kaskadierung in einem Stromversorgungsunternehmen, wobei gleich drei wichtige Bereiche beziehungsweise Prozesse miteinander verkoppelt sind – kaskadierte Scorecards, Vergütungssystem und persönliche Entwicklungspläne. Aus Systematik- wie auch Praktikabilitätsgründen besteht das Formular aus zwei Teilen. Seite 1 skizziert zunächst die Topebene, also den Unternehmensauftrag (oder -zweck), die Vision und die Strategien, sodass der Mitarbeiter »Sichtverbindung« bekommt. Daran schließen sich die für den jeweiligen Mitarbeiter relevanten abgeleiteten Scorecards an – von der Unternehmensspitze bis hinunter zur Abteilung. Hier kann der Mitarbeiter also direkt sehen, wie die Kaskadierung konkret funktioniert, sodass es nun nicht mehr sonderlich schwierig ist, den Prozess mit der Erstellung der eigenen Scorecard (Seite 2) zu Ende zu führen.

Während Seite 1 also Aufklärungs- und Informationszwecken dient, verfolgt die zweite Seite einen konkreteren Zweck. Sie ermöglicht es dem Mitarbeiter, persönliche Ziele und Leistungskriterien zu definieren, mit denen er zum Erfolg der eigenen Abteilung beitragen kann, ferner die Erfolgsprämiengewichtung vorzunehmen und die konkreten Maßnahmen zu skizzieren, mit denen die Ziele realisiert werden sollen. Wie man die Scorecard mit Leistungszulagen verknüpft, wird Thema von Kapitel 10 sein. Hier nun die konkreten Schritte, die zur Erstellung der Seite 2 der Beispiel-Scorecard erforderlich sind:

1. Der Mitarbeiter entwickelt zunächst die konkreten Zielevorgaben und Kennzahlen seiner Scorecard. Angesichts der miteinander verknüpften Scorecards laut Seite 1 dürfte es mit etwas Unterstützung nicht allzu schwierig sein, persönliche Ziele abzuleiten.
2. Danach gilt es, die einzelnen Kennzahlen mit Blick auf die potenziellen Prämien zu gewichten. Diese Gewichtungen und zugehörigen Vorgaben müssen vom Vorgesetzten natürlich genehmigt werden. Dieser hat darauf zu achten, dass die Ziele erreichbar, doch anspruchsvoll sind. Auch die Scorecard-Perspektiven sind zu gewichten, orientiert daran, wo der Mitarbeiter den wertvollsten Beitrag zu leisten vermag. In unserem Beispiel allerdings sind die Gewichte gleich verteilt. Die konkreten Zielvorgaben werden in Kapitel 10 (im Zusammenhang mit der Rolle der Scorecard bei der Entlohnung) noch eingehend erörtert.
3. Abschließend folgt dann noch der persönliche Entwicklungsplan (PDP), ausgehend von den festgelegten Balanced-Scorecard-Zielen. Dies kann den formellen PDP, wie er im Rahmen des Beurteilungssystems der Performance meist praktiziert wird, unter Umständen ersetzen (muss dies aber nicht). Auf jeden Fall ist dieser Scorecard-gestützte Entwicklungsplan ein äußerst nützliches Hilfsmittel auch zur Erstellung des regulären Entwicklungsplans, da er ja genau über jene Aktivitätsbereiche Auskunft gibt, auf die sich der Mitarbeiter besonders konzentrieren sollte.

Die Erstellung individueller, abgestimmter (»balanced«) Scorecards ist das Schlussglied der Kette, welche die Chefetage mit der Pförtnerloge verbindet. Dabei ist es gewiss kein Fehler, wichtige Elemente wie Erfolgsprämien und Kompetenzentwicklung beziehungsweise Qualifizierung ebenfalls mit einzubeziehen.

In diesem Kapitelabschnitt geht es hauptsächlich um den Nutzen, den die Mitarbeiter aus der Entwicklung einer persönlichen Scorecard ziehen können. Dazu zählt nicht nur ein gutes Verständnis des Scorecard-Konzepts selbst, sondern auch eine gute, praxisrelevante Kenntnis der Ziele und Erfolgskriterien des Unternehmens nebst Abstimmung der eigenen Aktivitäten und Zielsetzungen auf die Topziele. Freilich profitieren nicht nur die Mitarbeiter von diesem Prozess, sondern auch die höheren Führungskräfte. Denn die »durchgreifende« Kaskadierung verschafft den Managern intensive Einblicke in die vielfältigen Prozesse und Aktivitäten, die zum Gesamterfolg ihres Unternehmens beitragen (oder möglicherweise ein besseres Ergebnis blockieren). Betrachten wir dazu noch einmal das Beispiel des Rei-

Name:		**Abteilung:**	**Zeitraum:**
Auftrag/Zweck: Bereitstellung preisgünstiger Energie als Beitrag zur wirtschaftlichen Entwicklung und Steigerung des allgemeinen Wohlstands der Region			*Vision:* Bis zum Jahr 2010 die Nr. 1 unter den Energieanbietern zu werden
Einsatz moderner Technologien und systematische Mitarbeiterentwicklung als Wachstums- und Renditetreiber			
Bezugsbereich (Perspektive)	***Scorecard Unternehmensebene***	***Scorecard Geschäftsbereichsebene***	***Scorecard Abteilungsebene***
Finanzen	F1. Eigenkapitalrendite	F1. Generelle Kostensenkung F2. Kostensenkung bei Dienstleistungsverträgen/Serviceabsprachen	F1. Senkung des Verwaltungsaufwands F2. Wirtschaftlichere Investitionen F3. Erlössteigerung
Kunden	K1. Kundentreue-Rating K2. Umsatzvolumen	K1. Kundentreue-Rating K2. Ausfallindex	K1. Kundentreue-Rating K2. Einhaltung der Leistungsverpflichtungen K3. Zählerablesung K4. Callcenter-Leistung K5. Zuverlässigkeitsindex
Interner Prozess	IP1. Umweltfreundlichkeit IP2. Anzahl neuer Produkte/Dienstleistungen	IP1. Umweltfreundlichkeit IP2. Servicequalitätsprogramme	IP1. Anlagenwartung IP2. Inspektionen IP3. Servicequalitätsprogramme
Mitarbeiterentwicklung	M1. Sicherheits-Rating M2. Engagement-Rating M3. Qualifizierung	M1. Zahl der Unfälle M2. Engagement-Rating M3. Qualifizierung	M1. Zahl der Unfälle mit Personenverletzung M2. Zahl der Fahrzeugunfälle M3. Engagement-Rating M4. Qualifizierung

Abb. 8.3 Beispiel für die persönliche Balanced Scorecard (Seite 1)

Persönliche Scorecard – Abteilungsleiter

Perspektive	*Ziel*	*Kennzahl*	*Gewichtung*	*Mindestziel (unt. Limit)*	*Mittelwert*	*Maximalziel*	*Verbundene Ziele d. persönl. Entwicklungsplans*
Kunde 25 %	Kundentreue	Präsentationen vor örtl. Fachgruppen	40 %	10	15	20	Entwicklung von 5 neuen Berufskontakten im lfd. Jahr Beitritt zu 2 Fachverbänden
	Ausfallsicherheit	Werksbesuche	60 %	20	30	50	
Mitarbeiterentwicklung 25 %	Sicherheit	Personenschäden in Abteilung	60 %	2	1	0	Schulungskurse zum Thema »Sicherheit«
	Qualifizierung	Prozentsatz d. Mitarbeiter m. Schulungsabschluss	15 %	80 %	90 %	100 %	Abschluss Schulung »Gesprächsmoderation«
	Qualifizierung	Umsetz. d. persönlichen Entwicklungsplans	10 %	--	--	--	Abschluss bis Jahresmitte
	Mitarbeiterengagement	Abteilungsinternes Bewertungssystem	15 %	75	80	85	Förderung freiwilliger Bemühungen d. Mitarbeiter
Interner Prozess 25 %	Zählerablesung u. -austausch	Prozentsatz pünktlicher Ablesungen	50 %	90 %	95 %	100 %	
	Systemwartung	Durchführung von Anlagen-Audits	50 %	25	40	45	
Finanzen 25 %	Minimierung der Verwaltungsausgaben	Lokale Kosten	55 %	Budget	Budget minus 1 %	Budget minus 2 %	Besuch von 2 finanzwirtschaftlichen Kursen
	Erlössteigerung	Steigerung d. Einnahmen der Abteilung	45 %	Steig. v. 5 %	Steig. v. 10 %	Steig. v. 25 %	Durchführung v. Brainstorming-Sitzungen zur Frage, wie die Einnahmensituation verbessert werden kann

Abb. 8.3 Beispiel für die persönliche Balanced Scorecard (Seite 2)

seunternehmens McCord Travel Management. Die dortige Unternehmensführung arbeitet unter anderem mit einem Produktivitätsindex, der sich an der Zahl der von den einzelnen Agenturen stündlich verkauften Tickets orientiert. Dieser Leistungsindikator erscheint logischerweise auf der Top-Scorecard und wird systematisch kaskadiert, bis hinunter zum einzelnen Reisebüro. Als die Ergebnisse einmal zu wünschen übrig ließen und Ursachenforschung angezeigt war, griffen die Chefs in der Zentrale flugs zu ihren kaskadierten Scorecards. Auf der ersten (regionalen) Ebene der Kaskadierung des Produktivitätsindexes konnte man nichts Auffälliges entdecken – die Ergebnisse der einzelnen Regionen waren recht vergleichbar. Anders jedoch auf der tieferen Ebene. Bei der Betrachtung spezifischer Gebiete fanden sich einige sehr interessante Abweichungen mit Einfluss auf das Gesamtergebnis. So stellte sich heraus, dass Agenturen, deren Kundschaft schwerpunktmäßig aus freiberuflichen Dienstleistern (Anwälten, Wirtschaftsprüfern, Unternehmensberatern) besteht, schlechter abschnitten als andere Gruppen. Der Grund war schnell ausfindig gemacht: Diese Kunden pflegen ihre Pläne sehr häufig zu ändern, legen also großen Wert auf Flexibilität, was die Ticketausgabe natürlich zu einem problematischen Indikator macht. Ohne die Balanced Scorecard wäre das Management möglicherweise zu der falschen und gefährlichen Annahme gelangt, bei diesen Agenturen handle es sich einfach um leistungsschwache Kandidaten. So aber war man nun in der Lage, die Vorgaben besser auf die Kundschaft der einzelnen Agenturen abzustimmen. Vice President Ed Berkman fasst die Vorteile des kaskadierten Scorecard-Systems so zusammen: *»Der Hauptnutzen der Kaskadierung besteht darin, dass alle Mitarbeiter sehen, wie wichtig sie für das Unternehmen sind. Dadurch können sie sich als aktiven und entscheidenden Teil des Ganzen erfahren – und zwar ganz konkret, nicht nur plakatorisch.«*[4]

Überprüfung und Auswertung der kaskadierten Balanced Scorecards

Je nach Größe Ihrer Organisation können sich über die verschiedenen Ebenen hinweg Dutzende von kaskadierten Scorecards ergeben. Der Nutzen aus einer systematischen Abstimmung und dem damit verknüpften Wissenszuwachs lässt sich gewiss kaum überbewerten. Allerdings gibt es auch Klippen. Ein Hauptfehler besteht darin, die erstellten Scorecards nicht hinreichend zu überprüfen. Ohne ein planmäßiges Evaluierungsverfahren, das für eine gute Abstimmung der Scorecards sorgt, kann es sehr leicht dazu kommen, dass Vorgaben unrealistisch sind, wichtige Performance-Indikatoren fehlen oder Abteilungen regelrecht gegeneinander arbeiten. Ich empfehle einen zweistufigen Ansatz, um sicherzustellen, dass die Balanced Scorecards unternehmensweit ein harmonisches Orchester bilden.

Auf der ersten Stufe sollte zunächst das BSC-Projektteam für die Überprüfung der in den einzelnen Geschäftsbereichen kaskadierten Scorecards zuständig ein. Aufgrund seiner Erfahrung ist dieses Team gewiss am besten in der Lage, die jeweiligen Ziele und Kennzahlen genau unter die Lupe zu nehmen, um inhaltlich wie formal für unternehmensweite Einheitlichkeit zu sorgen. Nachdem die Kaskadierung also über die Geschäftsbereiche und Abteilungen hinweg erfolgt ist, sollte das Projektteam diese Scorecards sorgfältig prüfen und bei Bedarf mit den betreffenden Abteilungen Kontakt aufnehmen, um gemeinsam über Verbesserungen und Verfeinerungen zu beraten.

Sobald alle Unternehmensgruppen Gelegenheit hatten, mit Unterstützung des Projektteams die nötigen Korrekturen und Anpassungen vorzunehmen, kann die zweite (und ganz wichtige) Überprüfungsrunde eingeläutet werden – die wechselseitige Begutachtung und Kritik auf Kollegenbasis. Gemeint ist ein breites Diskussionsforum, wie wir es in Kapitel 6 kennen gelernt haben (Ansatz des »offenen Hauses« bzw. »Tag der offenen Tür«, wie von der Bezirksbehörde San Diego praktiziert). Ziel ist, von möglichst vielen Mitarbeitern Feedback zu erhalten. Es geht also darum, dass die Beschäftigten die Scorecards ihrer Kollegen kritisch unter die Lupe nehmen und mit konstruktiven Vorschlägen für Klarheit und generelle Optimierung sorgen. Der Punkt »Klarheit« ist dabei ganz wichtig. Auch wenn sich die einzelnen Gruppen noch so sehr bemühen, ihre Scorecards auf den Punkt zu bringen, sind Schwammigkeiten erfahrungsgemäß nicht auszuschließen. Die Kollegen aus anderen Bereichen entdecken so etwas schnell, und in der Regel sind ihre Änderungsvorschläge sehr hilfreich, indem sie zu präzisen und allgemein verständlichen Balanced Scorecards beitragen. Einen zweiten wichtigen Aspekt solcher Gemeinschaftssitzungen sollte man ebenfalls nicht übersehen – den Lerneffekt. Moderne Unternehmen sind durch vielfältigste Interdependenzen geprägt, die letztlich ja den Motor der Entwicklung darstellen. Diese sind den Beteiligten aber keineswegs immer bewusst. Die gemeinsame Erörterung der Ziele und Kennzahlen der einzelnen Gruppen ermöglicht daher oft auch tiefere Einblicke in diese Wechselbeziehungen, was wiederum dazu motiviert, sich gegenseitig möglichst sinnvolle, das heißt der Arbeitsbeziehung dienliche Leistungskennzahlen abzufordern. Von besonderer Bedeutung ist dies etwa im Falle interner Kunden-Lieferanten-Beziehungen, die auf den Scorecards natürlich zu dokumentieren sind. Ein weiterer kreativer Aspekt der gemeinsamen Erörterung besteht darin, dass die Messkriterien der Kollegen wiederum genutzt werden können, um die eigene Scorecard zu optimieren.

Fassen wir kurz zusammen, worauf bei der Überprüfung der kaskadierten Scorecards besonders zu achten ist:

- *Gute vertikale Abstimmung.* Es geht bei der »Kaskadierung« bekanntlich um die schlüssige Ausfächerung der Scorecard nach unten. Dies verlangt, dass jede Scorecard der unteren Ebenen Ziele und Kriterien enthält, welche die unmittelbar vorgelagerte Scorecard direkt beeinflussen beziehungsweise unterstützen.
- *Anbindung an Strategie.* Die Balanced Scorecard ist ein Instrument zur Übersetzung der Strategie in die Praxis. Die auf den abgeleiteten Scorecards verwendeten Kennzahlen sollten eine klare Verbindung zur übergreifenden Unternehmensstrategie erkennen lassen.
- *Geeignete Vorgaben.* Die Erarbeitung konkreter Vorgaben kann ein ziemlich schwieriges Unterfangen sein, da viel Urteilsvermögen verlangt ist. Stellen Sie unbedingt sicher, dass die Vorgaben auf unterer Ebene effektiv zur Realisierung der Vorgaben auf höherer Ebene beitragen, und dies in der gesamten Scorecard-Kette.
- *Abdeckung der zentralen Unternehmensziele.* Das zentrale Konzept der Kaskadierung heißt »Einfluss« (oder Ergebnisbeitrag). Es gilt folglich zu fragen: Was können wir auf unserer Ebene tun, um das Ergebnis unseres Bereichs positiv mitzugestalten? Natürlich kann nicht jede Gruppe zu jedem Oberziel beitragen, doch insgesamt gesehen sollten alle Unternehmensziele angemessen abgedeckt beziehungsweise unterstützt werden.
- *Lag- und Lead-Indikatoren.* Die kaskadierten Scorecards sollten eine geeignete Mischung aus verlaufs- und ergebnisorientierten Performancekennzahlen aufweisen.

Einige Schlussbemerkungen zur Kaskadierung

Wie immer Sie das Balanced-Scorecard-System einsetzen, sein Nutzen ist enorm – als Messsystem, als strategisches Führungssystem und als Kommunikationswerkzeug. Den größten Nutzen aber beschert zweifellos die Kaskadierung, sofern sie richtig durchgeführt wird. Durch Umsetzung der Scorecard bis ganz nach unten wird jedem Mitarbeiter deutlich vermittelt, worin die zentralen Erfolgstreiber zu sehen sind. Gleichzeitig hat jeder einzelne Mitarbeiter die Chance, seine eigene Tätigkeit mit den obersten Zielen in Einklang zu bringen, um optimal zum gemeinsamen Erfolg beitragen zu können. Hinzu kommt, dass eine einheitliche Begrifflichkeit und mithin konzeptuelle Klarheit entsteht – ein »Lexikon der Erfolgsmessung«, an dem sich alle Beteiligten Orientierung verschaffen können und das sehr zu guten Ergebnissen beizutragen vermag. Dass der Nutzen der Kaskadierung in der Praxis zunehmend gesehen wird, zeigt eine kürzlich durchgeführte Untersuchung. Über 60 Prozent aller befragten Organisationen, die mit der Balanced Scorecard arbeiten, setzen das System auch auf den unteren Ebenen um.[5] Es zeigt sich in der Tat, dass die Mitmachbereitschaft der Beschäftigten deutlich steigt, wenn sie in den Ziel- und Umsetzungsprozess aktiv eingebunden werden, und dass diese Kooperation allen Beteiligten zu ganz erstaunlichen Ergebnissen verhelfen kann.

Zusammenfassung

In diesem Kapitel haben wir gesehen, wie die gesamte Belegschaft in den Scorecard-Prozess eingebunden werden kann, indem man die zentrale Scorecard als Vorlage benutzt und auf allen Ebenen der Organisation spezifische Scorecards ableitet. Dieser Abstimmungs- und Ausfächerungsgedanke kommt im Begriff der Kaskadierung sehr schön zum Ausdruck. Die Ankopplung der Scorecards der unteren Ebenen an die Corporate Scorecard auf dem höchsten Level erfolgt über die Ermittlung geeigneter strategischer Ziele und entsprechender Kennzahlen, die es den Abteilungen und den einzelnen Gruppen ermöglichen, mit ihrer Leistung optimal zur Realisierung der Unternehmensziele beizutragen und den diesbezüglichen Erfolg zu messen.

Die oberste Scorecard ist zweifellos in doppelter Hinsicht ein hervorragendes Instrument. Erstens ist sie ein Gradmesser des Erfolgs bei der Realisierung strategischer Ziele. Zweitens sorgt sie dafür, dass alle Mitarbeiter eine klare Vorstellung von der Strategie des Unternehmens besitzen. Freilich ist es mit der Strategiekenntnis allein nicht getan. Echte Veränderung verlangt eine wirkungsvolle Umsetzung der Top-Scorecard auf allen Ebenen der Organisation. Nur so kann das Konzept seine volle Wirkung entfalten. Jede einzelne Gruppe sollte daher die Möglichkeit besitzen, eine abgestimmte Scorecard zu entwickeln. Damit können die Mitarbeiter konkret aufzeigen, wie sie zur Erreichung der gemeinsamen Ziele beitragen.

Eine erfolgreiche Kaskadierung verlangt jedoch, dass alle Beschäftigten die operative und strategische Bedeutung der Ziele und Erfolgskennzahlen (Indikatoren) der zentralen Scorecard voll verstanden haben – und zwar vor Beginn der Umsetzung der Balanced Scorecard. Am besten arbeitet man hier sowohl mit geeigneten Informationsmaterialien als auch mit konkreten Schulungen. Das zentrale Prinzip bei der Kaskadierung der Scorecard – ihrer Replizierung nach unten – heißt »Einfluss«. Gemeint ist hiermit die Fähigkeit der positiven Beeinflussung der Ergebnisse bei den »vorgelagerten« Kennzahlen, also die Zielgenauigkeit und allgemeine Erfolgsrelevanz der eigenen Aktivitäten. Die verschiedenen strategischen Geschäftsbereiche sollten daher die Top-Scorecard stets aus folgendem Blickwinkel betrachten: Was können wir tun, um die Gesamtorganisation bei der Erreichung ihrer Ziele zu unterstützen? Welche Topziele und Performance-Indikatoren lassen sich aus unserer Sicht am besten und stärksten beeinflussen? Ähnliches gilt auch für die einzelnen Abteilungen und Gruppen beziehungsweise Teams. Ihre Schlüsselfragen lauten: Was können wir auf unserer Ebene tun, um dem Geschäftsbereich bei der Realisierung seiner Ziele zu helfen? Welche Ziele und Kennzahlen dieses Bereichs eignen sich für unseren Beitrag am besten? Wichtig für eine wirkungsvolle Umsetzung ist freilich, dass das BSC-Projektteam aktiv in den Kaskadierungsprozess einbezogen wird. Auf Schulung, Moderation und Coaching kann erfahrungsgemäß nicht verzichtet werden, wenn die Gruppen und Mitarbeiter zum ersten Mal mit der Entwicklung einer Scorecard konfrontiert sind.

Interne Dienstleister sollten ebenfalls in die Balanced-Scorecard-Entwicklung einbezogen werden. Dabei ist es sehr hilfreich, wenn die einzelnen Geschäftsbereiche mit diesen Dienstleistern »Liefervereinbarungen« oder Service Level Agreements treffen. Darin werden bestimmte Leistungen festgelegt, die der jeweilige Geschäftsbereich (als Kunde) von der Dienstleistungsabteilung erwartet, was wiederum als Basis für die Entwicklung der Scorecard dieser Abteilung dient. Falls es keine formalisierten Kunden-Lieferanten-Beziehungen gibt, müssen die internen Dienstleister eben im Einzelnen prüfen, wie sie an der Realisierung der verschiedenen Geschäftsbereichs- oder Unternehmensziele mitwirken können.

Die persönlichen Balanced Scorecards stellen die letzte Stufe der Kaskadierung dar. Die Übersetzung der obersten Scorecard bis hinunter auf Mitarbeiterebene stellt sicher, dass jeder Beschäftigte sich Ziele zu setzen vermag, mit denen er direkt zum Gesamterfolg beitragen kann. Von dieser

Systematisierung profitieren alle, das Unternehmen ebenso wie der einzelne Mitarbeiter. Der Mitarbeiter versteht besser, was es mit der Gesamtstrategie auf sich hat und welche Rolle er dabei spielen kann; dem Unternehmen wiederum fließen durch diesen Prozess vielfältigste Informationen zu, die den Verantwortlichen zu neuen Einsichten verhelfen.

Im Zuge der unternehmensweiten Kaskadierung können Dutzende von Scorecards entstehen. Deren Nutzen ist enorm, sofern sie gut auf die Gesamtziele abgestimmt sind und das ganze System konsistent gehandhabt wird. Um dies sicherzustellen, sollten Sie einen rigorosen Überprüfungs- und Evaluierungsprozess installieren. Auch hier fällt dem BSC-Projektteam eine zentrale Rolle zu, indem es die Scorecards auf Stimmigkeit überprüft und den einzelnen Gruppen hilft, ihre Entwürfe zu modifizieren und zu optimieren. In der Folge ist auch die systematische Einholung von Feedback aus der Belegschaft – etwa über Diskussionsforen – ein exzellentes Mittel, um die Kooperationsbereitschaft der Mitarbeiter zu stärken, den Informationsaustausch zu intensivieren und die Scorecard gut in der Organisation zu verankern.

Kapitel 9: Die Balanced Scorecard als Instrument der strategischen Ressourcenallokation

Wegweiser zum neunten Kapitel

Über Budgets und die zugehörigen Planungsverfahren hört man meist wenig Gutes. Der frühere US-Verteidigungsminister Frank C. Carlucci stellte in diesem Zusammenhang einmal trocken fest: »*Was einst als Führungsinstrument gedacht war, ist heute ein Führungshindernis.*« Von Jack Welch, dem ungekrönten König unter den Managern und früheren Chef von GE, stammt der Satz: »*Die Budgetplanung gleicht geradezu einer Minimalisierungsübung. Da alle nur Minimalvorgaben aushandeln wollen, kriegen Sie von den Mitarbeitern natürlich auch nur Minimalergebnisse.*« Es dürfte kaum zu bestreiten sein, dass das Planungs- und Budgetierungsverfahren – vor rund 80 Jahren entwickelt und praktisch nie reformiert – ins Greisenalter gekommen ist und dringend der Anpassung an moderne Verhältnisse bedarf. Diesen Fragen wollen wir in diesem Kapitel nachgehen und Lösungsansätze erarbeiten, um die älteste aller organisatorischen Traditionen wieder zukunftstauglich zu machen.

Das Kapitel beginnt mit einer Betrachtung der größten Schwachpunkte, die dem Finanzplanungs- beziehungsweise Budgetierungprozess derzeit anhaften. Einer der Hauptkritikpunkte bezieht sich – von unserem Thema aus betrachtet – darauf, dass in den meisten Fällen leider kein Versuch gemacht wird, die Budgetausgaben in irgendeiner Weise mit der Strategie zu verknüpfen. In der Vergangenheit mag es zugegebenermaßen schwierig gewesen sein, diese Verbindung herzustellen. Inzwischen aber gibt es die Balanced Scorecard – und mit ihr ist dieser Schwachpunkt relativ leicht zu beheben. Angesichts der vielen Probleme, die der Budgetierungspraxis anhaften, überrascht es nicht, dass viele Unternehmen der gesamten Prozedur inzwischen skeptisch gegenüberstehen oder überhaupt Abstand von ihr genommen haben. Wir werden uns daher auch einige der aktuellen Trends auf dem Gebiet der Finanzplanung genauer ansehen.

In der Hauptsache aber werden wir in diesem Kapitel natürlich der Frage nachgehen, wie sich die Balanced Scorecard für die Optimierung und effizientere Gestaltung des Planungsprozesses nutzen lässt. Unsere Analyse beginnt mit einem kurzen Überblick über die Rolle der Kaskadierung und der Initiativenplanung. Danach wenden wir uns einem fünfstufigen Verfahren zu, mit dem sich die Budgets mittels Scorecard an die Strategie koppeln lassen. Das Kapitel schließt mit einer Betrachtung der vielen Vorteile, die sich aus der Nutzung der Balanced Scorecard als Basis und Motor des Planungsprozesses ergeben.

Die Mängel der traditionellen Finanzplanung

Wir alle spüren das atemraubende Tempo der Veränderungen in unserer modernen Wirtschaftswelt. Dabei deutet alles darauf hin, dass dies erst der Anfang ist, dass die Dynamik (und in der Folge das Chaos und die Desorientierung) in den nächsten Jahren noch zunehmen wird – die Spirale dreht sich immer schneller. Doch jetzt, da ich dies schreibe, ist es Sommer und in dieser herrlichen Jahreszeit lassen es selbst Termingeplagte zwischendurch etwas gemächlicher angehen. Es gibt im hektischen Amerika sogar noch Unternehmen, die über die heißeste Zeit des Jahres in fast vormoderner, mediterraner Weise die 4-Tage-Woche praktizieren, damit die Mitarbeiter Muße finden, sich ein schattiges Plätzchen zu suchen und die langen Sommertage zu genießen (und sei es auch nur im Büro). Bekanntlich aber währt die Idylle solcher Tage nicht ewig. Gefahr droht in Gestalt des Jahresplans. Falls auch in Ihrem Unternehmen das Geschäftsjahr mit dem Kalenderjahr zusammenfällt, flattert Mitte August bestimmt mit schöner Regelmäßigkeit der Rahmenplan für das Budget des Folgejahres auf den Tisch. Danach schiebt man fleißig Papiere hin und her, Analyse folgt auf Analyse, und das Pokerspiel nimmt seinen Lauf. Jeder Bereichsleiter ist schon heilfroh, wenn er Monate später der Chefetage wenigstens etwas halbwegs Vernünftiges vorlegen kann, und wenn man Glück hat, bekommt man vom Finanzvorstand vielleicht gerade noch rechtzeitig das Okay, um zu Silvester auf ein gutes neues (Geschäfts-)Jahr anstoßen zu können. Sie denken vielleicht, ich übertreibe. Keineswegs. Denn wie eine im Jahr 1998 durchgeführte Hackett-Studie zeigt, stecken Großunternehmen im Durchschnitt pro Erlösmilliarde 25 000 Personentage in den Planungsprozess, und die Durchschnittszeit für die Entwicklung des Finanzplans liegt bei nicht weniger als viereinhalb Monaten.[1]

Der ungeliebte Budgetierungsprozess, dem die meisten Unternehmen noch immer Tribut zollen, unterscheidet sich kaum von dem ursprünglichen, mittlerweile 80 Jahre alten Verfahren, das Wirtschaftsriesen der industriellen Frühzeit (wie DuPont und General Motors) zu einer besseren Kostenkontrolle verhelfen sollte. Freilich operierten die Unternehmen damals in einem völlig anderen Umfeld. Kundenorientierung war ein regelrechtes Fremdwort, über das man sich allenfalls mokierte. Wie meinte doch Henry Ford zum Thema Modell T und Farbauswahl? *»Der Kunde kann von uns jede beliebige Farbe kriegen, solange es Schwarz ist.«* Beim Thema Globalisierung ist es nicht anders. Die Unternehmen beschränkten sich meist auf ihr direktes Einzugsgebiet, und auch das fiskalische Umfeld war relativ stabil. Das die Unternehmenspraxis jener Tage dominierende Konzept hieß bekanntlich »Kontrolle«. Die Unternehmensführung gab die Pläne vor, und die Beschäftigten (besser: Untergebenen) hatten sie strikt und mechanisch umzusetzen. Kontrollberichte sorgten dafür, dass Abweichungen von den präzise vorgegebenen Normen über die Befehlskette zurückgemeldet wurden, damit von oben neue Anweisungen ausgegeben werden konnten, um die Mängel abzustellen.

Die heutige Geschäftswelt ist von diesem Modell meilenweit entfernt. Die Globalisierung schafft intensiven Wettbewerb in allen Branchen. Der Kunde steht zunehmend im Zentrum allen Bemühens; er hat die Qual der Wahl nebst Zugang zu sämtlichen Informationen, die er sich wünscht. Das finanzwirtschaftliche Umfeld ist im Unterschied zu früher alles andere als stabil – rascher Wandel bestimmt das Bild. Auch das Kontrollkonzept wird allmählich zum Anachronismus. »Empowerment« heißt das neue Schlagwort – man delegiert, die Mitarbeiter werden in die Pflicht genommen. Unter diesen Bedingungen kann es nicht verwundern, dass das ehedem sakrosankte Budget heute bereits Makulatur ist, kaum dass die Tinte trocken ist. Trotzdem hält es sich hartnäckig, wie eine Ruine aus längst vergangenen Zeiten. Eigentlich jedoch ist allen Beteiligten klar, dass der gesamte Prozess von seinem Wesen her in völligem Gegensatz steht zu vielen der Kräfte, die das moderne Unternehmen bestimmen. Hinzu kommt, dass häufig auch die Praxis enorm schlecht funktioniert. Schauen wir uns die folgenden Punkte an:

- 66 Prozent aller befragten Leser des Magazins *CFO* sind der Ansicht, dass ihr Planungsprozess mehr von Taktiererei als von strategischem Denken geprägt ist.[2]

- In einer *CFO*-Umfrage von 1998 gaben 88 Prozent der Befragten an, sie seien mit dem Planungs- und Budgetierungsverfahren unzufrieden.[3]
- In vielen Unternehmen werden die Planungsprozesse noch zu wenig als Entscheidungsfunktion genutzt. Außerdem sind sie zu detaillastig, zu langwierig und zudem falsch ausgerichtet.[4]
- 60 Prozent aller Unternehmen lassen jede Verbindung zwischen Finanzplanung und Strategie vermissen.[5]

In vielen Unternehmen dürfte der Planungsprozess von Taktiererei und Interessenspielchen geprägt sein. Die Situation, die ich persönlich kennen lernte, ist vermutlich nicht untypisch. Alle in unserer Abteilung waren irgendwie stolz darauf, dass unser Chef unternehmensweit für seine Schlitzohrigkeit bekannt war. »Fordere viel und versprich wenig« lautete eine der Devisen des alten Fuchses, und er hatte ganz offenkundig Erfolg damit, denn wir bekamen stets ziemlich lockere Vorgaben. Im Rückblick freilich begreife ich, dass der Mann mit seinem Verhalten erhebliche Probleme verursachte. Die endlosen Taktierereien zogen ein ohnehin viel zu ineffizientes Verfahren zusätzlich in die Länge, sodass praktisch garantiert war, dass der Plan allerfrühestens zum Jahresbeginn fertig war. Bleibt die Frage: Tat er wenigstens uns, den Mitarbeitern, mit seinem Trickreichtum einen Gefallen? Nein, denn die lockeren Vorgaben forderten uns ja nicht – Kreativität war nicht gefragt, und auch an Durchbruchlösungen bestand kein Bedarf. Sicherlich kennen auch Sie Führungskräfte, die diese Klaviatur ähnlich gut beherrschen.

Der größte Schwachpunkt der gegenwärtigen Verhältnisse kommt aber wohl im letzten der oben genannten Punkte zum Ausdruck – in 60 Prozent aller Unternehmen sind die Budgets nicht an die Strategie gekoppelt. Was bedeutet dies? Nun, das Jahresbudget (als Aufwands- und Ertragsplan) versucht ja, die (erwarteten) Einnahmen und die geplanten Ausgaben der kommenden Monate auszuloten und möglichst genau festzuschreiben. Darin muss ganz zwangsläufig zum Ausdruck kommen, worum es dem Unternehmen primär geht. Was aber sollen Prioritäten, wenn die Strategieanbindung fehlt – wie um alles in der Welt soll das Budget unter solchen Umständen dazu beitragen, dass die strategischen Ziele erreicht werden? So beunruhigend der statistische Wert von 60 Prozent natürlich ist, überraschen kann er nicht. Denn in den meisten Unternehmen ist die Geschäftsplan- und Budgeterstellung von der strategischen Planung völlig getrennt. Während die strategischen Planer eifrig darüber nachdenken, wie das Unternehmen seine Konkurrenten in den Schatten stellen kann, erarbeitet eine zweite Planungsgruppe völlig autonom die operativen Rahmenpläne und die Investitionspläne für das Folgejahr. Das Problem hierbei ist vor allem, dass die Human- und Kapitalressourcen nur an die kurzfristigen Finanzziele (laut Budget), nicht aber an die strategischen Ziele gekoppelt werden. Im vorangegangenen Kapitel haben wir gesehen, wie wichtig eine gute Abstimmung der Ziele der Mitarbeiter ist. Nun, so problematisch eine unfokussierte Belegschaft ist, so problematisch sind offenkundig auch ziellose Investitionen nach dem Gießkannenprinzip. Glücklicherweise aber gibt es das Balanced-Scorecard-System mit seiner Kaskadierungsmöglichkeit, sodass sich viele jener Probleme, die den heutigen Planungsprozessen anhaften, relativ leicht in den Griff bekommen lassen. Weiter unten in diesem Kapitel werden wir noch im Einzelnen sehen, wie das Konzept der Balanced Scorecard zur effektiveren wie auch effizienteren Gestaltung des Planungsprozesses genutzt werden kann. Zuvor aber wollen wir uns noch kurz mit einigen alternativen Erneuerungsbestrebungen befassen.

Der Abschied von der traditionellen Budgetierung

Angesichts der vielen Beschränkungen, die mit den gegenwärtigen Planungs- und Budgetierungsverfahren einhergehen, erstaunt es nicht, dass das Thema schon ausgiebig untersucht und diskutiert wurde. Den vielleicht wichtigsten Beitrag leistet derzeit eine als Runder Tisch organisierte Gruppe namens *Beyond Budgeting Round Table (BBRT)*. Hervorgegangen aus der Zusammenarbeit mit dem Consortium for Advanced Manufacturing International (CAM-I), bemüht sich diese Gruppe um die Entwicklung von Managementmethoden für das moderne Unternehmen. Dass die derzeitige Budgetierung als Haupthindernis für einen effektiven Geschäftsbetrieb ausgemacht wurde und daher auf der Abschussliste steht, kann nach Lage der Dinge nicht überraschen. Seit seiner Gründung im Jahr 1998 haben sich dem BBRT bereits über 50 meist europäische Großunternehmen angeschlossen, doch auch die USA und Südafrika sind gut vertreten.

Der BBRT interessiert sich natürlich vor allem für die Frage, wie führende Unternehmen, die ihr zentralisiertes Planungs- und Budgetierungsverfahren entweder komplett abgeschafft, radikal verändert oder zumindest zurückgeschraubt haben, alternativ vorgehen. Welche Methoden setzen sie ein, um ihre zentralen, wohldefinierten Geschäftsziele zu erreichen, und wie erfolgreich sind sie dabei?[6] Die Untersuchungen haben ergeben, dass viele führende Unternehmen neue Performance- und Managementmethoden entwickelt haben, bei denen die traditionelle Budgetierung schlicht keine Rolle mehr spielt. Stattdessen liegt der Schwerpunkt auf der flexiblen, »adaptiven« Organisation, basierend auf Delegation und Verantwortung. Das Vorzeigeunternehmen des BBRT ist die schwedische Bank *Svenska Handelsbanken*. Das 1871 gegründete Unternehmen hat mit seinen rund 510 Filialen über Jahrzehnte hinweg exzellente Ergebnisse vorzuweisen, und zwar völlig unabhängig von den konjunkturellen Zyklen. Jeremy Hope und Robin Fraser, Autoren eines BBRT-Weißbuches, sind der Meinung, dass der dauerhafte Geschäftserfolg der Bank hauptsächlich ein Verdienst des ehemaligen Chefs, Dr. Jan Wallander, ist. *»(Dr. Wallander) ist ein echter Visionär, der rasch begriff, dass die in den Großunternehmen praktizierten Führungsmethoden gravierende Schwächen aufweisen.«*[7] Stellt sich die Frage, worin sein Erfolgsrezept bestand. Nach Dr. Wallanders eigener Darstellung lag der Schlüssel in einer radikalen Dezentralisierung, verbunden mit einer völligen Abkehr vom klassischen Budgetierungsansatz. Während seiner Amtszeit wurde das Unternehmen daher komplett restrukturiert. Die neue Kultur ist viel unbürokratischer, und die Kontrolle von oben spielt eine viel geringere Rolle. Stattdessen besitzen die Führungskräfte für ihren Bereich weitreichende Entscheidungsbefugnisse (gepaart mit Verantwortung). Die Triebfeder des kontinuierlichen Verbesserungsprozesses ist der Markt im Sinne des internen wie externen Wettbewerbs. Das Ziel lautet, besser zu sein als die anderen, gemessen an zentralen Leistungskriterien. Nach Jahresplänen und -budgets wird man in diesem Unternehmen lange suchen – es gibt sie nicht. Die Ergebnisse allerdings sprechen für sich. Nirgends in der Branche sind die Kosten niedriger; die Mitarbeiterfluktuation geht gegen Null; die durchschnittliche Gesamtrendite der Aktionäre lag in den vergangenen 18 Jahren bei rund 25 Prozent. Auch andere Organisationen, die sich der BBRT-Methode bedienen, können nur Positives berichten. Erste Ergebnisse aus über 200 Unternehmen zeigen, *»dass zwischen dem BBRT-Modell und dem Erfolg im Wettbewerb eine statistisch signifikante Korrelation besteht.«*[8]

Viele Unternehmen beschreiten indes einen Mittelweg, indem sie die Budgetierung also nicht radikal abschaffen, sondern sich etwa des Konzepts »rollender Prognosen« bedienen, um Planung und Flexibilität unter einen Hut zu bekommen. Rollende Prognosen erstrecken sich in der Regel auf sechs Quartale und ermöglichen damit eine stärkere Integration von Geschäfts- und Finanzplanung als das typische Kalenderjahr-Budget. Alle drei Monate wird der Plan überprüft und entsprechend angepasst, wenn die aktuellen Entwicklungen eine andere Ausrichtung oder Schwerpunktverlagerung verlangen. Bei den Führungskräften sind rollende Prognosen in der Regel sehr beliebt, da sie ihnen eine rasche und flexible Reaktion auf sich wandelnde Bedingungen erlauben. Hierin liegt gewiss einer der Hauptvorteile dieses Ansatzes. Es ist ja kein Ausnahmefall, dass sich Mitte des Jahres plötzlich eine Marktchance abzeichnet, diese aber nicht ergriffen werden kann, weil ein rigides Budget, bei dem jeder Cent verplant ist, keinen Handlungsspielraum lässt. Trotz seiner unbestreitbaren Vorteile hat das Konzept rollender Prognosen allerdings auch seine Kritiker. Sie stören sich zum einen am hohen Planungsaufwand. Außerdem bemängeln sie zu Recht, dass auch dieses Modell der altbekannten Taktiererei – dem egoistischen Spiel der Interessen – keineswegs an den Kragen geht.

Nicht wenige Unternehmen haben sich daher entschlossen, einen noch anderen Weg zu gehen und die Balanced Scorecard einzuführen, um die bestehenden Planungsverfahren entweder gründlich zu überholen oder gänzlich zu ersetzen. Ein Beispiel ist SKF, ein Rollenlagerhersteller mit 44 000 Beschäftigten. Aus Unzufriedenheit mit dem ineffizienten Budgetplanungsverfahren entschloss man sich 1995 zur Einführung der Balanced Scorecard, um *»das traditionelle Budget, in dem man viel Negatives sah, auszumustern, gleichzeitig aber die positiven Aspekte und Funktionen eines Budgets – speziell die Zielvorgaben und die zur Planerfüllung erforderliche Disziplin – beizubehalten.«*[9] Auch wer also mit der traditionellen Planung und Budgetierung nicht unbedingt brechen will, dürfte gut beraten sein, das bestehende Verfahren wenigstens gründlich zu reformieren und zu optimieren. Daher wollen wir nun im Einzelnen untersuchen, wie man vorgehen kann, um die Ressourcenzuteilung mit der Unternehmensstrategie in Einklang zu bringen.

Strategische Ressourcenallokation anhand der Balanced Scorecard

Abbildung 9.1 zeigt die einzelnen Schritte, die zur Verknüpfung des Balanced-Scorecard-Ansatzes mit dem Planungs- und Budgetierungsverfahren erforderlich sind. Vieles davon dürfte Ihnen bereits bekannt sein, da es in den bisherigen acht Kapiteln ja auch genau um diese Themen ging.

Die erste Aufgabe besteht darin, anhand der festgelegten Mission, der Vision, der Werte und der Strategie des Unternehmens die oberste Scorecard zu erstellen. Diese enthält eine Reihe miteinander verknüpfter Ziele und Kennzahlen, welche die Unternehmensstrategie in Ursache-Wirkungs-

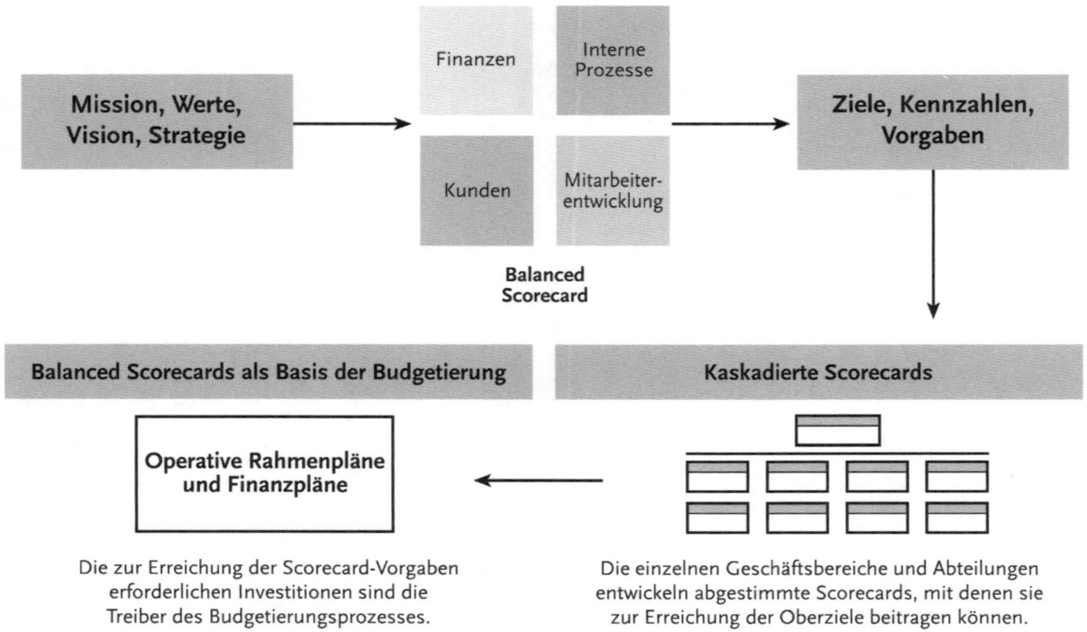

Abb. 9.1 Verknüpfung der Balanced Scorecard mit der Budgetierung

Beziehungen übersetzen. Anhand dieser Leit-Scorecard entwickeln dann die einzelnen operativen Geschäftsbereiche, Abteilungen, unternehmensinternen Dienstleister und wünschenswerterweise auch die einzelnen Mitarbeiter ihre eigene, abgestimmte Scorecard, womit sie dokumentieren, wie sie zur Erreichung der Unternehmensziele konkret beitragen wollen. Jede dieser »kaskadierten«, nach unten umgesetzten und entsprechend abgeglichenen Scorecards sollte nicht nur Ziele und Kennzahlen für jede der vier Scorecard-Perspektiven, sondern auch konkrete Maßnahmen enthalten, mit denen die Vorgaben realisiert werden können. Hierfür werden natürlich Mittel benötigt. Diese werden kalkuliert und bilden sodann die Basis der Budgetanträge. Im Prinzip also eine recht einfache Sache! Schauen wir uns die einzelnen Schritte nun aber genauer an, beginnend mit dem entscheidenden Aspekt der Kaskadierung.

Die Kaskadierung als Basis der strategischen Ressourcenallokation

Sie erinnern sich an das beunruhigende Umfrageergebnis, demzufolge 60 Prozent aller Organisationen ihre Finanzpläne nicht an ihre Strategie anbinden. Gehen wir für den Moment einmal kurz der Frage nach, warum dies so ist. Sehr wahrscheinlich fehlen in vielen Fällen einfach die Möglichkeiten, um diesen Konnex herzustellen. Im typischen »Top-down«-Unternehmen, bei dem die Befehlskette und das Prinzip der Kontrolle im Zentrum stehen, gehen die Planvorgaben bekanntlich von oben aus, und die einzelnen Bereiche haben auf dieser Grundlage dann ihre Jahrespläne und -budgets zu erstellen. Damit beginnt die übliche, von kurzsichtigem Vorteilsdenken geprägte Taktiererei. Ohne Scorecard verfügten die Geschäftsbereiche und Abteilungen bisher schlicht nicht über die nötige »Munition«, um aufzeigen zu können, wie sie zur Realisierung der Gesamtstrategie optimal beitragen können. Mit der Einführung des Balanced-Scorecard-Systems aber ändert sich dies entscheidend. Denn nun sind *alle* Gruppen des Unternehmens in der Lage, in direkter Übersetzung der vorgelagerten Scorecards sinnvolle Ziele und Leistungskennzahlen für sich zu entwickeln.

Was die Kaskadierung vor allem auszeichnet, ist ihre Systematik und damit Vollständigkeit. Scorecard heißt immer *Vernetzung* – eine isolierte Scorecard kann nicht funktionieren. Der gesamte Prozess entwickelt seine eigentliche Dynamik also erst dann, wenn alle, die in irgendeiner Weise zu den Ergebnissen beitragen, in das Scorecard-System einbezogen werden. Dieses Prinzip lässt sich genau so auch auf die Finanzplanung anwenden.

Mit einer Scorecard als Richtlinie haben es die Verantwortlichen leicht, bei der Planerstellung von jedem einzelnen Mitarbeiter Feedback einzuholen und die gesamte Mannschaft aktiv einzubinden. Ein Beispiel ist *Supertel Hospitality* in Norfolk (Nebraska, USA), eine Franchise-Hotelkette mit 63 Objekten. Hier nehmen in vorbildlicher Weise alle Beschäftigten an der jährlichen Finanzplanung teil. Selbst die Wirtschafterinnen sind gehalten, ihren Bedarf an Bettwäsche, Reinigern und anderen Materialien abzuschätzen und ein entsprechendes Budget zu erstellen. Der CFO des Unternehmens, Tony Beatty, betont, dass sich dieses Verfahren nicht nur positiv auf den Unternehmensgewinn auswirkt, sondern dass es auch die Fluktuationsquote senkt.[10] Bei TELUS, einem kanadischen Telekommunikationsunternehmen, hat man beispielsweise auch den Mitarbeitern der Telefonzentrale Budgetverantwortung übertragen, um die Kosten handvermittelter Gespräche zu senken – mit »durchschlagendem« Erfolg, wie die Verantwortlichen meinen, denn sie können auf eine Kosteneinsparung von über 10 Prozent verweisen. *»Allein schon die Beteiligung der Mitarbeiter am Entscheidungsprozess lohnt sich.«*[11]

Die kaskadierten, also sauber abgestimmten Scorecards, die in allen Unternehmensbereichen erstellt werden, ermöglichen den Mitarbeitern nicht nur ein besseres Verständnis der eingeschlagenen Richtung, sondern auch eine aktive Mitarbeit an der erfolgreichen Umsetzung der vorgegebenen Ziele. Der entscheidende Punkt liegt darin, dass jeder einzelne Mitarbeiter seine täglichen Aktivitäten in einen direkten Zusammenhang zum Gesamterfolg stellen kann. Der logische nächste Schritt besteht darin, auch die Maßnahmen festzulegen, mit denen sich die Ziele der Balanced Scorecard realisieren lassen. Denn natürlich sind es die konkreten Initiativen, die das entscheidende Bindeglied darstellen zwischen den Budgets, den Scorecards und – letztlich – der Strategie.

Balanced-Scorecard-Initiativen – Der ›Kitt‹ zwischen Finanzplanung und Strategie

In Kapitel 7 haben wir Initiativen als jene spezifischen Programme, Aktivitäten, Projekte oder Maßnahmen definiert, die man als nötig erachtet, um die Performanceziele erfüllen oder möglichst noch übertreffen zu können. Initiativen dienen also dazu, die Lücke zwischen dem aktuellen Leistungsniveau und den ehrgeizigen »Maximalvorgaben« zu schließen. Die Zielvorgabe ist das angestrebte Ergebnis je Kennzahl, und um diesen Punkt zu erreichen, sind eben geeignete Initiativen und entsprechende Investitionen erforderlich. Doch genau darum geht es ja bei der Budgetierung – um die Entscheidung darüber, in welcher Weise und in welchem Umfang Finanzmittel in die einzelnen Produktionsfaktoren (Mitarbeiter, Prozesse, Technologien) fließen sollen. Der entscheidende Punkt ist sicherzustellen, dass die finanzierten Initiativen strategischer Natur und mithin geeignet sind, das Unternehmen wirklich voranzubringen. Die Finanzierung nichtstrategischer Initiativen kann sich streng genommen niemand leisten. Denn damit würden Sie nicht nur wertvolle finanzielle Ressourcen, sondern zugleich auch noch eine andere kostbare Ressource verschwenden – nämlich die Zeit und Energie Ihrer ohnehin stark belasteten Führungskräfte.

Verknüpfung der Balanced Scorecard mit dem Budget – Schritt für Schritt

Der Rest dieses Kapitels beschäftigt sich nun mit den konkreten Schritten, mit denen Sie sicherstellen können, dass Ihr Budget Ihrer Unternehmensstrategie möglichst gut Rechnung trägt. Vorab aber noch ein Wort zum Timing. Auch wenn in Ihrem Unternehmen dringender Reformbedarf besteht und Sie daher beschlossen haben, das Scorecard-System einzuführen, sollten Sie bezüglich einer Verknüpfung der Balanced Scorecard mit der Budgetierung im ersten Jahr keine allzu großen Erwartungen hegen. Dies einfach deshalb, weil die Scorecard selber das gesamte Unternehmen zunächst vor erhebliche Herausforderungen stellt. Wie bereits erörtert, führt dieser Ansatz ja einen völlig neuen Führungsstil ein. Die gesamten Abläufe müssen sich ändern. Im Zentrum steht nun die Strategie, nicht mehr das Controlling. Es wird auf jeden Fall einige Zeit brauchen, um die gesamte Belegschaft auf das neue Konzept auszurichten. Würde man in dieser Situation noch versuchen, sofort den Bogen zur Finanzplanung zu schlagen, wäre das den Mitarbeitern möglicherweise zu viel abverlangt, sei der potenzielle Nutzen theoretisch auch noch so groß. Es empfiehlt sich daher, mit diesem Schritt zu warten, bis die Scorecard-Methode einigermaßen solide im Unternehmen verankert und als Teil der Managementstrategie akzeptiert ist. Natürlich hängt dies alles sehr von den unternehmensspezifischen Bedingungen ab. Um das neue System aber sinnvoll für die Budgetierung nutzen zu können, benötigen Sie als Minimum auf jeden Fall eine zentrale Scorecard und eine Reihe abgeleiteter Scorecards, weshalb es erfahrungsgemäß erst im zweiten Jahr möglich ist, den Bogen zu schlagen. Dennoch sollten Sie sich natürlich nicht abschrecken lassen, falls Sie bereits im ersten Jahr unternehmensweit Scorecards entwickelt haben und der Meinung sind, dass die Sache funktioniert und Ihr Unternehmen für weitergehende Veränderungen reif ist. Nutzen Sie in diesem Fall also ruhig die entstandene Dynamik und sichern Sie sich die enormen Vorteile, die mit der Balanced-Scorecard-gestützten Budgetierung letztlich einhergehen.

Schritt 1: Vorbereitung

Nehmen wir an, Sie arbeiten derzeit noch mit der klassischen Budgetierung, bei der alljährlich ein umfangreiches Papier an alle Budgetplaner verteilt wird. Nun, nutzen Sie einfach diese Gelegenheit – ebenso wie verschiedene andere Kommunikationsforen –, um die Belegschaft schon einmal auf das »neue« Planungsverfahren einzustimmen, in dessen Zentrum die Balanced Scorecard stehen wird. Es ist wichtig, alle Adressaten auf jene neuen Prozesse und Methoden vorzubereiten, mit denen die Budgetausgaben künftig an der Strategie ausgerichtet werden sollen. Wie bei allen übrigen Scorecard-Aspekten, die wir bislang erörtert haben, kommt es auch in diesem Punkt auf eine gute Unterstützung aller Planersteller an! Vor allem das BSC-Projektteam ist hier also wieder einmal gefordert, für die nötige Schulung und Hilfestellung zu sorgen.

Schritt 2: Entwicklung oder Optimierung der Leit-Scorecard

Die Top-Scorecard setzt die Prioritäten für das Unternehmen insgesamt fest. Sie beschreibt – für alle sichtbar und verständlich – die zentralen Ziele und Erfolgsmaßstäbe. Alle abgeleiteten, kaskadierten Scorecards müssen mit den hier ausgewiesenen Kennzahlen in Einklang stehen.

Schritt 3: Erstellung kaskadierter Scorecards

Die Geschäftsbereiche, Abteilungen, Teams und einzelnen Mitarbeiter entwickeln Scorecards, mit denen sich konkret zeigen lässt, wie die Ziele der höheren Ebenen positiv beeinflusst werden können. Gleichzeitig gilt es, konkrete Indikatoren festzulegen, an denen der Erfolg des eigenen Bemühens ablesbar sein soll. Außerdem sind ehrgeizige Zielvorgaben gefragt, ergänzt durch konkrete Initiativen, mit denen sich die gesetzten Ziele realisieren lassen. Idealerweise sollte das Budget groß genug sein, um die je Leistungskriterium entwickelten »Maximalziele« zu erreichen (Näheres zum Thema »Zielvorgaben« finden Sie in Kapitel 7).

Jede auf der Scorecard enthaltene Initiative sollte direkt auf die von ihr unterstützte Strategie Bezug nehmen. Dies gilt für alle Scorecard-Ebenen. Auch auf Abteilungs- und Teamebene sollten die Scorecards also immer den Bezug zu den Topzielen des Unternehmens herstellen. Ferner sollten die Initiativen den kompletten Ressourcenbedarf, also alle für eine volle Umsetzung erforderlichen Investitionen ausweisen. Dies wirft natürlich eine Frage auf: Sollte die Scorecard für eine bestimmte Geschäftseinheit oder Abteilung den kompletten betrieblichen Ressourcenbedarf beinhalten? Anders formuliert: Sollten Planposten wie Löhne und Gehälter, Sozialleistungen, Büro- und andere Hilfsmaterialien, Reisespesen und dergleichen auf die einzelnen Initiativen aufgeteilt werden? Nun, die Meinungen gehen hier auseinander. Kaplan und Norton empfehlen eine *dynamische Budgetierung* im Sinne einer Kombination aus betrieblicher und strategischer Budgetierung.[12] Das operative Budget finanziert bei diesem gesplitteten Ansatz also den laufenden Betrieb, während das strategische Budget die Ausgaben für jene Schlüsselinitiativen abdeckt, mit denen bei wichtigen strategischen Erfolgstreibern die Lücke zwischen dem aktuellen und dem angestrebten Leistungsniveau geschlossen werden soll. Dabei ist im Normalfall – bei gegebener breiter Waren- und Dienstleistungsbasis – davon auszugehen, dass der Großteil der Unternehmensausgaben in das betriebliche Budget wandert. Ein konkurrierender Ansatz verlangt demgegenüber ein einziges Budget, das den gesamten Mix betrieblicher und strategischer Elemente enthalten, mithin die Organisation insgesamt widerspiegeln sollte. Auf diese Weise ist das Unternehmen gezwungen, den laufenden Betrieb im Lichte der Budgetanträge kritisch zu betrachten und sich Gedanken darüber zu machen, wie die betrieblichen Aufwendungen zu den strategischen Anforderungen in Relation stehen. Dies ist sicherlich leichter gesagt als getan. Zum Glück aber gibt es inzwischen gute Hilfsmittel, um entsprechende Berechnungen anzustellen. Die Prozesskostenrechnung (ABC) zum Beispiel ist ein moderner Ansatz, mit dem sich die Betriebsabläufe detailliert unter die Lupe nehmen und die hauptsächlichen Kostentreiber ermitteln lassen. Dieser leistungsorientierte Kostenrechnungsansatz vermag die Zuordnung der betrieblichen Aktivitäten zu den strategischen Initiativen also bedeutend zu erleichtern.

Die Befürworter eines einzigen, integrierten Ansatzes machen ferner geltend, dass allein schon durch das Denkprinzip eines Zusammenhangs zwischen laufenden Ausgaben und Strategie der Kommunikationsprozess im Unternehmen in Gang kommt und die Verantwortlichen animiert werden, darüber nachzudenken, wie der Tagesbetrieb zu den strategischen Ergebnissen beiträgt. Welchen Budgetierungsansatz Sie benutzen werden, hängt sicherlich von verschiedenen Faktoren ab – etwa von der Fähigkeit, die laufenden Kosten hinreichend exakt strategischen Initiativen zuzuordnen, von bisherigen Versuchen der Optimierung des Verfahrens, ferner von der diesbezüglichen Einstellung der Unternehmensführung. Für unsere Thematik ist es jedoch relativ gleichgültig, welchen der beiden Ansätze Sie benutzen, denn das Verfahren, das ich beschreibe, funktioniert für beide – das getrennte strategische Budget und das integrale (operativ-strategische) Budget – gleich gut.

Mit dem gerade Erörterten eng verknüpft ist eine andere schwierige Frage: Wie lässt sich sicherstellen, dass die Unternehmensführung auch Initiativen finanziert, die sich positiv auf die vorauseilenden Performance-Indikatoren auswirken – speziell die oft »weicheren« Kennzahlen wie Mitarbeitertreue und Kundenzufriedenheit? Wie in Kapitel 7 erörtert, sollte jede Maßnahme unbedingt auf einem »Business Case« (Geschäftsplan) basieren, aus welchem klar hervorgeht, wie sich die Initiative auf die strategischen Ziele auswirkt und welche Kosten, Ressourcen, Zeithorizonte und Abhängigkeiten involviert sind. Die Anwendung dieser Kriterien auf einen nichtfinanziellen Performance-Indikator ist mitunter sicherlich nicht ganz einfach, aber gewiss nicht unmöglich. Betrachten wir das Beispiel Fidelity Investments. Colleen Catallo, als Vice President zuständig für den Bereich Practice Management, entwickelte zusammen mit ihrem Team eine Reihe innovativer Kriterien wie Managementtiefe, Mitarbeiterbindung und Arbeitsklima, die sämtlich darauf zielen, die Mitarbeiterleistung zu verbessern. Zur Fundierung seiner Finanzierungsanträge zeigt das Team systematisch auf, wo die Dinge im Argen liegen, wie das Problem durch die neuen Kriterien zu beseitigen ist, was dies kostet und welche Einsparungen damit einhergehen. Anders ausgedrückt: Man ermittelt die Investitionsrentabilität (ROI) der einzelnen Kriterien respektive Maßnahmen.[13] Ein solches Vorgehen empfiehlt sich sicherlich auch für Sie. Sorgen Sie also dafür, dass bei allen Initiativen, ob auf die harten oder weichen Kennzahlen bezogen, anhand von Begleitanalysen der Nutzen der Maßnahme nachgewiesen wird. Wichtig ist dabei allerdings ein einheitlicher Bewertungsmaßstab. Ob es sich also um die DCF-Analyse (Cashflow-Diskontierung), die Interne-Zinsfuß-Methode, die

Amortisationsrechnung, die Gesamtkosten oder irgendeinen anderen Ansatz handelt – der entscheidende Punkt ist die unternehmensweit einheitliche Anwendung! (Näheres zur Prioritätensetzung bei Initiativen finden Sie in Kapitel 7.)

Schritt 4: Zusammenführung der Ergebnisse

Im Rahmen des Planungsprozesses fällt bekanntlich eine Menge Papier an. Auch in unseren so genannten »papierlosen« Unternehmen wirkt sich die Budgeterstellung noch immer erheblich auf die Baumbestände aus. Zahllose Analysen und Budgetvorlagen halten die Drucker und Fotokopierer von August bis Dezember auf Trab. Angesichts dessen, dass wir es bisher in diesem Buch immer mit Problemen zu tun hatten, die von der Balanced Scorecard elegant gelöst werden konnten, stellt sich natürlich die Frage, ob dies wohl auch dieses Mal klappt. Nun, im Prinzip schon, aber mit einer kleinen Einschränkung. Zumindest im ersten Jahr nämlich wird der Einsatz der Scorecard bei der Budgeterstellung das Papier sicherlich nicht ganz entbehrlich machen können. Um die Bearbeitung und letztendliche Zusammenführung der diversen Bewilligungsanträge so weit wie möglich zu vereinfachen, sollten Sie den Budgetplanern unbedingt schablonierte Standardformulare zur Verfügung stellen, die sie nur noch auszufüllen brauchen. Natürlich empfiehlt es sich auch, das gesamte Verfahren gleich zu elektronisieren, doch sofern Sie nicht zu den sehr fortschrittlichen Unternehmen zählen, können Sie getrost davon ausgehen, dass Sie die meisten Anträge erst einmal im altbekannten Papierformat vorgelegt bekommen. Im zweiten Jahr sind dann die Abläufe schon etwas vertrauter, sodass sich Licht am Ende des Tunnels abzuzeichnen beginnt – die Sachbearbeiter erwärmen sich allmählich für die Vorteile der elektronisierten Balanced-Scorecard-Abläufe. Abbildung 9.2 zeigt anhand einer vereinfachten Mustervorlage, wie so ein Formular aussehen könnte.

In diesem Beispiel hat die Hypothekendarlehensabteilung einer Bank drei Initiativen aufgelistet, die sie für wichtig hält, um eine Kundenbindungsquote von 75 Prozent zu erreichen. Halten wir fest, dass dieses Beispiel lediglich eine einzige der auf der Scorecard der betreffenden Gruppe enthaltenen Leistungskennzahl zeigt. Daneben gibt es noch viele weitere – daher letztlich der Papierberg! Natürlich sollten, wie erwähnt, alle Angaben durch geeignete Hintergrundinformationen belegt werden (z. B. die detaillierte Scorecard der Abteilung; genauere Angaben zur Initiative selbst; invol-

Geschäftsbereich/Abteilung: Hypothekendarlehen

Kennzahl	*Vorgabe*	*Initiativen*	*Ressourcenbedarf* betrieblich	*investiv*
Kundentreue-Rating	75 %	Sachbearbeiter-Schulungsprogramm	250 000 $	175 000 $
		Affiliate Marketing (Partnerprogramme)	125 000 $	350 000 $
		Kundeninformations-system	150 000 $	750 000 $

Abb. 9.2 Vereinfachtes Budgetantragsformular

Unternehmensstrategie: Stärkere Kundenorientierung

Ziel	*Aktueller Scorecard-Status*	*Mittelanforderung Betriebsausgaben (Tsd. $)*	*Mittelanforderung Investitionsausgaben (Tsd. $)*
Steigerung der Kundentreue	grün	XXX $	XXX $
Steig. des Kundenvertrauens	gelb	XXX $	XXX $
Flexiblere Lösungen	rot	XXX $	XXX $
Prozentsatz der Gesamtausgaben		44 %	38 %

Abb. 9.3 Bedarfsanmeldungen nach Balanced-Scorecard-Strategie

vierte Kosten). Ohne solche Details wäre es den Verantwortlichen schlicht unmöglich, bei der Auswahl der Initiativen eine sachkundige Entscheidung zu treffen.

Nachdem alle Gruppen ihre Vorschläge eingereicht haben, lassen sich die Budgetanträge beliebig nach einzelnen Scorecard-Strategien oder -Zielen aggregieren. Abbildung 9.3 zeigt ein solches Dokument beziehungsweise Formular. Wie ersichtlich, hebt eine der Strategien unserer fiktiven Bank auf eine verbesserte Kundenorientierung ab. Hierfür wurden drei Ziele entwickelt und in der Scorecard ausgewiesen – Steigerung der Kundentreue, Steigerung des Kundenvertrauens und flexiblere Lösungen. In der nächsten Spalte ist die derzeitige Performance der Bank bei den einzelnen Zielen angegeben. Die Kundentreue ist im grünen Bereich, also akzeptabel. Das Verbrauchervertrauen steht auf Gelb – ein Warnsignal. In puncto flexible Lösungen wiederum ist Rot angezeigt – hier besteht also dringender Verbesserungsbedarf. Die letzten beiden Spalten fassen die unternehmensweiten Mittelbedarfe bezüglich der einzelnen Ziele aggregativ zusammen. Die Verantwortlichen können anhand dieses simplen Formulars leicht feststellen, in welche Richtung die angeforderten Gelder schwerpunktmäßig fließen würden, das heißt auf welche Ziele sie sich verteilen. Falls nötig, kann korrigiert werden, um eine optimale Ressourcenallokation sicherzustellen. In unserem Beispiel steht die Kundentreue auf Grün, stellt also kein Problem dar. Folglich gilt es zu entscheiden, wie viel investiert werden sollte, um dieses Leistungsniveau zu halten. In gleicher Weise ist zu prüfen, welches Kapitalvolumen auf den derzeit schwachen Parameter »flexible Lösungen« konzentriert werden sollte. Und wie steht es beim »gelben«, leicht problematischen Verbrauchervertrauen? Welchen Mitteleinsatz braucht es also, um hier auf Zielkurs zu kommen?

Schritt 5: Fertigstellung des Budgets

Nachdem die gesamten Mittelanforderungen geprüft und aufsummiert sind, werden Sie mit ziemlicher Sicherheit auf eine unerfreuliche Differenz stoßen. Damit meine ich den vielleicht sogar beträchtlichen Unterschied zwischen dem, was Sie sich im Licht der erforderlichen Eigenkapitalrendite leisten können, und dem, was die geldgierigen Geschäftsbereiche, Abteilungen und Gruppen anfordern. Hier ist also der Punkt, an dem es interessant wird – und hier erweist sich dann auch der eigentliche Wert der Balanced Scorecard bei der Finanzplanung.

Es empfiehlt sich im Zuge der Fertigstellung des Budgets sehr, dass die Chefs der einzelnen Geschäftsbereiche ihren Kollegen die Planvorlagen anhand einer kleinen Präsentation erläutern – was sie umfassen, worin ihre strategische Bedeutsamkeit zu sehen ist und wie sie zur Erreichung der Vorgaben der Balanced Scorecard beizutragen vermögen. Da alle Beteiligten sich der Diskrepanz zwischen Wunsch und Wirklichkeit (finanziell gesehen) bewusst sind, vermag diese gemeinsame Betrachtung entscheidend zu einer produktiven Erörterung der einzelnen Initiativen und im Ergebnis zu vernünftigen Entscheidungen und Prioritätensetzungen beizutragen. An diesem Punkt wird der Prozess sozusagen iterativ – Überprüfung und kritische Hinterfragung der Vorschläge aus den verschiedenen Bereichen, dann Entscheidung darüber, welche die Finanzierung verdienen und welche nicht. In der Regel ist es eine gute Idee, die vorgeschlagenen Initiativen übersichtshalber in eine Rangfolge zu bringen, bei Bedarf ergänzt durch ein einfaches Bewertungssystem, das Auskunft darüber gibt, wie sich eine etwaige Streichung der Maßnahme auf die Zielerreichung auswirken würde. Beispiel: Eine »1« könnte bedeuten, dass die Initiative eine relativ geringe

Zielrelevanz besitzt, weshalb sich eine Streichung kaum negativ auf die Zielerreichung auswirken würde. Eine »2« könnte bedeuten, dass eine Streichung die Zielrealisierungschancen deutlich mindern würde. Eine »3« wiederum würde besagen, dass die Initiative für die Erreichung der Scorecard-Vorgaben von zentraler Bedeutung ist. Derlei Einstufungen sind zwar zwangsläufig subjektiver Natur, dies schmälert ihre Nützlichkeit für eine produktive Erörterung der Ausgabenprioritäten aber keineswegs.

Der Nutzen der Scorecard als Basis des Budgetierungsprozesses

Die hier beschriebenen Methoden und Verfahren muten auf den ersten Blick geradezu simpel an. Nun, das ist volle Absicht. Die Probleme moderner Unternehmen liegen ja in der Regel genau im Gegenteil – in der Komplexität und Undurchschaubarkeit der Prozesse. Hier gilt es folglich anzusetzen und nach dem Kernzweck der jeweiligen Aktivität zu fragen. Worin also liegt der Grundzweck eines Budgets? Ganz einfach – in der möglichst optimalen Verteilung knapper Ressourcen angesichts einer Vielzahl möglicher Alternativen. Nennen Sie mir eine bessere Methode als die Balanced Scorecard! Nun, es gibt keine, denn die Scorecard ist ja, wenn richtig gehandhabt, ein unmittelbares und getreues Spiegelbild der eigenen Strategie. Dies sorgt dafür, dass tatsächlich nur jene Vorschläge grünes Licht bekommen, die nachweislich zur Erreichung der strategischen Ziele beizutragen vermögen. Immer mehr Unternehmen scheinen allmählich zu begreifen, dass es um Vereinfachung und Fokussierung gehen muss – dass man, anders formuliert, die Frage nach dem Kernzweck aller Bemühungen stellen muss. Nova Scotia Power ist, wie gesehen, ein Beispiel für ein Unternehmen, das neue Wege ging und seine jährliche Finanzplanung nun schon seit geraumer Zeit in einer Weise durchführt, die dem von mir beschriebenen Modell sehr ähnelt. Wie man sich vorstellen kann, weint keiner der Beteiligten den alten Verhältnissen auch nur eine Träne nach. Die Eleganz und Leichtigkeit, mit der sich die Balanced Scorecards mit den Finanzplänen verbinden lassen, will heute niemand mehr missen. Einer der Direktoren des Unternehmens beschreibt den Erfolg des Konzepts so: *»Dies ist das beste Planungsverfahren, das wir je hatten. Man entwickelt einfach seine Scorecard, prüft, welche Gelder für die Realisierung der Vorgaben erforderlich sind, und legt das Ganze dann zur Genehmigung vor.«* Fassen wir die Hauptvorteile einer auf der Balanced Scorecard basierenden Finanzplanung der Übersichtlichkeit halber noch einmal zusammen:

- *Unterstützung der zentralen Strategien.* Im Unterschied zur oft geübten Praxis, das Vorjahresbudget einfach um einen bestimmten Prozentsatz zu erhöhen, steht beim Balanced-Scorecard-Konzept die Strategie im Zentrum. Die Verkoppelung von Strategie und Finanzen (sprich: konkreten Budgetmitteln) ist eine exzellente Möglichkeit, den Mitarbeitern die Augen zu öffnen und Verantwortungsbewusstsein zu erzeugen. Die Organisation profitiert in doppelter Hinsicht. Erstens nämlich muss die Unternehmensstrategie grundsätzlich begriffen sein, bevor überhaupt eine sinnvolle Budgetplanung möglich ist, und zwar vom einzelnen Mitarbeiter ebenso wie von den unteren und mittleren Führungskräften. Der Aufklärungs- und Lernprozesss ist also »eingebaut«. Nicht minder wichtig ist zweitens das Aktivelement in Gestalt der Partizipation und des Engagements. Mit ihrem Budgetvorschlag zeigen die einzelnen Gruppen, dass sie die Topziele verstanden haben und wie sie konkret zu deren Erfüllung beitragen wollen.
- *Weniger Taktiererei.* Wenn Sie ein strategiezentriertes System wie die Balanced Scorecard institutionalisieren, beugt dies den aus der Budgetierungspraxis sattsam bekannten egoistischen Spielchen automatisch vor. Indem alle Beteiligten gezwungen sind, ihr persönliches Tun und die damit verbundenen Ausgabenpläne direkt zur Strategie in Relation zu setzen, sind sozusagen die Karten von Beginn an auf dem Tisch. Tricksereien – ein bisschen mehr verlangen, dafür ein bisschen weniger versprechen – funktionieren unter diesen Bedingungen nicht mehr. Gefragt sind Engagement, Offenheit und Ergebnisorientierung. Alles wird auf seinen echten strategischen Wert abgeklopft.
- *Verbesserte Kooperation.* Jede Optimierung der Budgetplanung verlangt zunächst eine Einstellungs- und Verhaltensänderung auf Seiten der Führungskräfte. Es kommt nicht mehr nur darauf an, die eigenen Ziele zu realisieren, sondern darauf, zur Erreichung der strategischen Ziele der gesamten Organisation beizutragen. Diese Umorientierung – hin zum vernetzten Denken – ist eines der Grundanliegen des Balanced-Scorecard-Konzepts. Es fördert einen offenen Dialog zwischen allen Beteiligten, wobei das Ziel des Prozesses darin besteht, den zur Realisierung der (strategischen) Hauptzielen optimalen Ausgabenmix zu ermitteln. Ein stärkerer Informationsaustausch und eine verbesserte Kooperation zwischen allen Beteiligten sind folglich Hauptnutzenaspekte, die sich fast automatisch einstellen. Früher bestand für die Manager ja wenig Anlass, sich bei ihren Ausgabenplanungen in die Karten schauen zu lassen, denn es regierte das Motto: Je mehr ich

preisgebe, desto größer ist die Gefahr, dass man mir Mittel streicht. Anders beim Balanced-Scorecard-Ansatz: Nun sind die Verantwortlichen gehalten, Synergien zu erkunden und auszuloten. Gleichzeitig lohnt es sich, auch die anderen bei deren eigenen Bemühungen zu unterstützen, denn auf der Aggregations-, das heißt Unternehmensebene gewinnen letztlich alle!

- *Hoher Lerneffekt.* Man tut gewiss gut daran, die mit den Budgetentscheidungen erzielten Ergebnisse genau zu verfolgen und unter die Lupe zu nehmen. Anders formuliert: Folge-Audits im Sinne von Soll-Ist-Vergleichen sind verlangt, um zu prüfen, ob die Ziele der Balanced Scorecard von den einzelnen Initiativen tatsächlich so positiv beeinflusst wurden, wie man sich dies erhoffte. Man darf nicht vergessen, dass die Initiativenfinanzierung auf Annahmen beruht – ähnlich wie die Balanced Scorecard selbst, die ja auf der Hypothese bestimmter Beziehungen zwischen den verschiedenen Kennzahlen basiert. Ebenso wie die Scorecard-Ziele und -Kennzahlen müssen folglich auch die durchgeführten Maßnahmen einer rigorosen Erfolgskontrolle unterworfen werden. Nur so lässt sich sicherstellen, dass die Theorie, auf denen die Initiativen basieren, letztlich in erfolgreiche Praxis mündet.

Zusammenfassung

Die Planungs- und Budgetierungsverfahren, die derzeit den Unternehmensalltag noch weitgehend prägen, sind im Grunde ein Relikt aus längst vergangener Zeit. Vor 80 Jahren waren die Märkte noch stabil, der Kunde war als reines Absatzobjekt eher Bettler denn König, und der Wettbewerb war lokal beschränkt. Unter diesen restriktiven Voraussetzungen vermochte das Budget in seiner Hauptfunktion als Steuer- und Kontrollinstrument zweifellos gute Dienste zu leisten.

Doch wie jeder weiß, haben sich die Zeiten gewaltig verändert. Nicht mehr Kontrollen, sondern Delegation und Mitarbeiterverantwortung, also Empowerment, stehen im Zentrum einer modernen Unternehmensführung. Von daher ist es nur logisch, dass man auch den deutlich angestaubten Planungsprozess in Frage zu stellen beginnt. Alle Beteiligten (von der Unternehmensleitung über die mittleren Manager bis hinunter zum einzelnen Mitarbeiter) spüren, dass mit den bestehenden Verfahren manches nicht stimmt – zu hoch ist der Zeitaufwand, zu groß der Detailwust, zu irrsinnig der Kampf um ein möglichst großes Stück des Finanzkuchens, zu groß auch die allgemeine Unzufriedenheit. Doch der problematischste Aspekt des existierenden Prozesses ist zweifellos die mangelhafte Abstimmung der Unternehmensausgaben (wie im Budget formalisiert) mit den via Strategie festgelegten Unternehmenszielen. Im Zuge der Entwicklung der Organisationen sind in den vergangenen Jahrzehnten leider Funktionen entstanden, die auf isolierte Steuerung und Kontrolle angelegt sind, während es sich faktisch um interdependente beziehungsweise vernetzte Prozesse handelt. So arbeitet man in der Praxis fröhlich neben- und gegeneinander: Die strategischen Planer konzentrieren sich auf die Entwicklung von Plänen, die das Unternehmen zukunftsfähig machen sollen, während die Geschäfts- und Finanzplaner unabhängig davon an der Entwicklung der operativen und Investitionspläne arbeiten.

Die klassische Budgetierung ist also gewiss nicht ohne Grund in die Kritik geraten. Viele Unternehmen haben zu radikalen Maßnahmen gegriffen, um ihre Planungsverfahren zukunftstauglich zu machen. Der oben erwähnte BBRT zum Beispiel empfiehlt vollkommen neue Performance- und Managementprozesse ganz ohne jede Budgetfixierung. Ziel ist stattdessen die flexible, anpassungsfähige Organisation. Ihre Grundlagen heißen Delegation von Verantwortung und Eigenverantwortung auf Mitarbeiterebene. Man arbeitet mit rollenden, meist sechs Quartale umfassenden Prognosen (»rolling forecasts«), die im Vergleich zur traditionellen Budgetierung oft als entscheidender Fortschritt gefeiert werden. Ein Stück weit stimmt dies ja auch, denn die damit einhergehende Flexibilisierung, die es den Verantwortlichen ermöglicht, sich ergebende Marktchancen rasch zu nutzen, ist unbestreitbar. Trotzdem muss man einwenden, dass die Grundübel der traditionellen Finanzplanung damit nicht beseitigt werden. Der Zeitaufwand bleibt leider hoch, und auch dem ärgerlichen Taktieren zur Sicherung partikulärer Interessen ist auf diese Weise kein Riegel vorzuschieben.

Nur die Balanced Scorecard schafft hier wirklich Abhilfe. Denn sie ist ein exzellentes Instrument, um die Unternehmensstrategie ins Zentrum aller Planungsprozesse zu stellen. Der Mitteleinsatz orientiert sich allein daran, inwieweit strategische Ziele positiv beeinflusst, also realisierbar werden. Dies ist etwas völlig anderes als die simple Modifikation des Budgetvorschlags vom Vorjahr. Wie gesehen, sind im Prinzip fünf Schritte erforderlich, um die Planungs- und Budgetierungsprozesse systematisch an der Scorecard auszurichten. In einem ersten Schritt gilt es, die Reformmaßnahme gut vorzubereiten und unternehmensweit deutlich zu machen, worum es gehen muss – nämlich darum, die Scorecard ins Zentrum der Finanzplanung zu stellen. Die hier erforderliche Aufklärung ist nicht zuletzt kommunikative Aufgabe des BSC-Projektteams. Auf der zweiten Stufe sollte dann die oberste Scorecard entwickelt (oder aktualisiert) werden. Damit beginnt der Einstieg in die konkrete Umsetzung. Die Top-Scorecard dient als Vorlage für alle kaskadierten Scorecards, deren unternehmensweite Erstellung den dritten Schritt markiert. Diese abgeglichenen Scorecards enthalten nicht nur Ziele und Kennzahlen allgemeiner Art, sondern auch ganz konkrete Vorgaben nebst Initiativen, die die Realisierung der Ziele und Vorgaben sicherstellen. Es versteht sich von selbst, dass hierfür auch Gelder benötigt werden, und genau diese Mittel sind Gegenstand der einzureichenden Budgetanträge, die nun – qua Prozess – direkte Strategierelevanz besitzen. Im vierten Schritt werden sämtliche Planungsergebnisse zusammengeführt, das heißt aggregiert. Anhand einfacher Methoden lässt sich auf Unternehmensebene sicherstellen, dass ein ausgewogen-strategieorientiertes, die zentralen Erfolgsfaktoren berücksichtigendes Gesamtbudget zustande kommt. Im fünften Schritt schließlich wird das Budget im Rahmen eines iterativen, alle Bereiche einbeziehenden Prozesses der Analyse und des Dialogs fertiggestellt. Dabei präsentieren die einzelnen Vorstandsmitglieder ihre Finanzbedarfspläne auf Topmanagement-Ebene und erörtern gemeinsam deren Strategierelevanz.

Wenn die Scorecard dergestalt ins Zentrum der Geschäfts- und Finanzplanung gestellt wird, hat dies viele bedeutende Vorteile. Zählen wir die wichtigsten noch einmal auf. Zunächst und vor allem werden die Schlüsselstrategien unterstützt, da deren Kenntnis Voraussetzung einer Budgetplanung ist, die systematisch auf den Zusammenhang zwischen Ausgaben und Unternehmenszielen achtet. Das ärgerliche Herumtaktieren wird erheblich erschwert, wenn nicht gar ganz eliminiert, da die Budgetersteller ihre Bedarfsanmeldungen grundsätzlich an der Strategie messen und rechtfertigen müssen. Doch in dem Maße, wie die egoistischen Interessensspiele der einzelnen Gruppen an Bedeutung verlieren, wird auch Kooperation angeregt und gestärkt. Die Geschäftsbereiche und Abteilungen suchen nun zwangsläufig nach Synergien, um ihre Bedarfsanmeldungen durchzubekommen. Schließlich ist auch der Lerneffekt nicht zu unterschätzen. Er verstärkt sich in dem Maße, wie die Organisation damit beginnt, anhand der konkreten Balanced-Scorecard-Ergebnisse die Annahmen, auf denen die Budgetinitiativen beruhen, kritisch zu hinterfragen.

Kapitel 10: Leistungsabhängige Entlohnung – Die Balanced Scorecard als Basis des Vergütungssystems

Wegweiser zum zehnten Kapitel

»Geld ist die Wurzel allen Übels«, lautet ein bekanntes Zitat, was George Bernard Shaw allerdings so kommentierte: *»Geldnot ist die Wurzel allen Übels.«* Vermutlich gibt es für beide Sichtweisen einschlägige Belege. Wie immer man zu diesem Thema stehen mag, eines ist klar: Geld ist ein wichtiger Faktor und wird auch in den Unternehmen und sonstigen Organisationen gern benutzt, um gute Leistungen anzuregen und zu belohnen. Dies war in der Vergangenheit so und wird gewiss auch so bleiben. In diesem Kapitel wollen wir uns daher speziell mit der Frage beschäftigen, wie sich die Scorecard nutzbringend mit einem Prämiensystem verknüpfen lässt.

Beginnen wollen wir mit der Betrachtung einer Frage, die so alt ist wie unser Wirtschaftssystem: Was motiviert den Menschen eigentlich zu Leistung? Ist es die aus guter Arbeit resultierende innere Zufriedenheit? Oder hält uns nur der Gedanke ans Gehaltskonto auf Trab? Wie wir sehen werden, können in der Tat auch materielle Anreize mithelfen, Ihr Balanced-Scorecard-Programm zu einem Erfolg werden zu lassen, indem sie das Bewusstsein und die Aufmerksamkeit der Mitarbeiter schärfen.

Mehr als jeder andere Aspekt der Balanced Scorecard lässt sich die Verbindung zum Entgelt- und Vergütungssystem ausgesprochen variabel gestalten und damit ganz auf die organisationsspezifischen Verhältnisse abstimmen. Es gibt zahllose Möglichkeiten respektive Programme leistungsgebundener Entlohnung. Deshalb kommt es mir in diesem Kapitel darauf an, Ihnen einen Überblick über die planerischen und gestalterischen Kernelemente zu vermitteln, die Sie auf jeden Fall beachten sollten, wenn Sie beabsichtigen, die Scorecard mit dem Entgeltsystem zu verknüpfen. Die konkrete Ausprägung bleibt letztlich Ihnen selbst überlassen, doch lohnt es sich bestimmt, erst einmal einen Blick auf einige der Alternativen zu werfen, mit denen führende Balanced-Scorecard-Anwender derzeit arbeiten.

Eine Frage der Motivation

Ich habe einen Bekannten, dessen bevorzugte Freizeitbeschäftigung darin besteht, an alten Autos herumzubasteln. Samstags in aller Frühe schwingt er sich aus dem Bett, füllt sich die Thermosflasche mit heißem Kaffee, und ab geht es in die Garage. Haube auf – und schon ist er in seiner technischen Zauberwelt versunken. So vergehen die Samstage für ihn wie im Flug. Niemand zahlt diesem Tüftler etwas dafür, sich mit alten Blechkisten abzumühen. Nein, es ist einfach nur sein Hobby, er tut es aus purem Spaß an der Sache. Psychologisch formuliert: Er ist vollkommen eigenmotiviert. Mich würde im Gegensatz dazu so schnell nichts bewegen können, meine Samstage im schmierigen Overall unter rostigen Kühlerhauben zu verbringen. Psychologisch formuliert: Ohne äußere, so genannte »extrinsische« Motivation ginge bei mir gar nichts.

Die Diskussion über »intrinsische« (autonome) im Unterschied zur »extrinsischen« Motivation ist freilich alles andere als neu. Innere Belohnung ist der Weg zu Erfüllung, Selbstachtung und Zufriedenheit. Äußere Belohnungen können höchstens helfen, die Konzentration auf das zu richten, was wichtig ist, um in einem definierten Sinn erfolgreich zu sein. Freilich weiß man in der Psychologie, dass äußere Belohnung der Eigenmotivation auch im Wege stehen kann. In klassischen Studien mit Studenten etwa wurde nachgewiesen, dass Probanden, die für ihre Teilnahme an einem Experiment bezahlt wurden, weniger Begeisterung (sprich: Identifikation) entwickelten als jene, die freiwillig teilnahmen. Dies äußerte sich zum Beispiel darin, dass die Freiwilligen auch nach Abschluss des Experiments noch an der Sache interessiert blieben. Ganz ähnliche Ergebnisse erbrachten die Untersuchungen mit Kindern. Leseratten lasen keineswegs mehr, wenn sie einen äußeren (materiellen) Anreiz verspürten, sondern eher weniger. Auf die Wirtschaft übertragen lässt sich zugespitzt formulieren: Warum arbeitet der Mensch eigentlich? Sind es die Belohnungen (also Geld und andere Formen der Leistungsvergütung), die uns tagtäglich unters Joch treiben? Oder erfüllen wir unsere Aufgaben aufgrund eines inneren Antriebs, etwa Streben nach Selbstverwirklichung oder Anerkennung? Nun, die meisten Experten dürften wohl der zweiten, intrinsischen Erklärung zuneigen. Sie argumentieren, dass extrinsische Motivatoren nur kurzfristig wirken. Ihre langfristige Tragkraft sei demgegenüber sehr gering, da sie nicht in der Lage seien, die Grundbedürfnisse des Menschen – den Wunsch nach Erfüllung und Sinn – zu befriedigen. Ich bin mir da weniger sicher. Einerseits zwar weiß ich aus eigener Erfahrung, wie befriedigend es zum Beispiel sein kann, mit engagierten Gleichgesinnten an einem interessanten Projekt zu arbeiten. Robert Louis Stevenson, der berühmte Romancier, hat es einmal höchst treffend so formuliert: »*Wenn der Mensch seine Arbeit so sehr liebt, dass es ihm auf Erfolg oder Ruhm nicht ankommt, hat er der Götter Gunst erfahren.*« Andererseits aber ist alle 30 Tage die Hypothekenrate fällig, und mit »Sinn«, »Erfüllung« oder »Selbstverwirklichung« braucht den Bankern keiner zu kommen. So klar entschieden scheint mir die motivatorische Grundfrage also nicht zu sein. Die Debatte darüber wird (vielleicht lange noch) weitergehen.

Wie immer man zu den extrinsischen Belohnungen stehen mag, sicher ist jedenfalls, dass interne Prämienlohnsysteme bei den Unternehmen im Zuge des härter werdenden Konkurrenzkampfes an Beliebtheit gewinnen. Bei einer 1999 von Towers Perrin, einer auf Entgeltfragen spezialisierten Beraterfirma, durchgeführten Erhebung kam heraus, dass bei 40 Prozent der befragten 770 US-amerikanischen Unternehmen durchweg Prämienelemente ins Gehaltsystem eingebaut sind – also bei allen Mitarbeitern, nicht nur etwa im Außendienst oder bei den Führungskräften. Zu ganz ähnlichen Ergebnissen gelangte man bei Hewitt Associates. Hier stellte man fest, dass inzwischen 78 Prozent der befragten Unternehmen über mindestens ein leistungsgebundenes Entgeltprogramm verfügen. 1999 lag diese Ziffer noch bei 70 Prozent, 1990 gar nur bei 47 Prozent.[1] Diese Zunahme bei den flexiblen Lohn- und Gehaltssystemen sollte sich durchaus positiv auf die Akzeptanz der Balanced Scorecard in Ihrer Organisation auswirken. In einer neueren Studie über führende Unternehmen mit Scorecard-Praxis stellte der Autor allerdings auch fest, dass »*die befragten Firmen ... zwar sehr erfolgreich waren, was die Sicherstellung eines hohen Bewusstseins- und Akzeptanzgrades auf Topmanagement-Ebene und tendenziell auch auf Bereichsleiterebene angeht. Größere Akzeptanzprobleme indes waren auf der Ebene des mittleren und unteren Managements, der Fachebene sowie der betrieblichen und Supportebene auszumachen.*«[2] Nun, die Kaskadierung der Scorecard kann ganz offenkundig helfen, diesen Mangel abzustellen und die Scorecard stärker und positiver im allgemeinen Bewusstsein zu verankern. Daneben aber bietet auch die Verknüpfung der Balanced Scorecard mit dem Entgeltsystem eine hervorragende Möglichkeit, die Scorecard-Kenntnisse der Belegschaft zu verbessern und unternehmensweite Unterstützung für dieses Konzept zu gewinnen.

Dreizehn der fünfzehn Unternehmen, die in der oben genannten Studie befragt wurden, haben ihr Gehaltssystem mit der Scorecard verknüpft. So unterschiedlich die benutzten Verfahren und Programme auch sein mögen – gemeinsam ist ihnen die Überzeugung, dass die Orientierung der Entlohnung an der Erreichung der Balanced-Scorecard-Ziele ein exzellentes Mittel ist, um die Mitarbeiter auf das aus Sicht der Organisation Wesentliche zu fokussieren. Dies gilt insbesondere für die unteren Hierarchieebenen, zumal hier die Mitarbeiter oft keinen oder bestenfalls nur einen vagen Zusammenhang zwischen ihrem Tagesgeschäft und den Gesamtzielen sehen. Die Verbindung der Scorecard mit dem Prämiensystem unterstreicht demgegenüber sehr klar, was als wichtig erachtet wird und welche Ergebnisse erforderlich sind, um sich Leistungszulagen zu sichern.

Manche mögen nun einwenden, dass eine solche Verknüpfung der individuellen Entlohnung mit den Balanced-Scorecard-Zielvorgaben ja lediglich für »extrinsische« Motivation sorge, was letztlich gar der Innovation, Kreativität und tieferen Zufriedenheit im Wege stehen könne. Dem lässt sich aus optimistischerer und pragmatischerer Sicht entgegenhalten, dass es bei der Verkoppelung der Scorecard mit der Entlohnung im Doppelsinn um einen »Zusatzbonus« geht, was das Konzept letztlich zu einer echten Win-win-Einrichtung macht. Anders formuliert: Bei der Balanced Scorecard kann es durchaus um beide Motivationsarten gehen. Die Entwicklung und unternehmensweite Verbreitung der Scorecard stellt gleichsam den ersten, für eine höhere, intrinsische Motivation sorgenden Schritt dar. Die Mitarbeiter haben hierdurch vielleicht zum ersten Mal in ihrem Leben die Chance, die Unternehmensstrategie gründlich kennen zu lernen und die eigene Rolle bei der Zielerreichung zu definieren. Die intensive Suche nach geeigneten Performancekriterien (etwa in Brainstorming-Sitzungen), die Entwicklung von Strategiekarten (so genannten »strategy maps«), die kritische Hinterfragung der Annahmen, auf denen die Scorecard beruht – all dies sind intellektuelle Aufgaben, die die kognitiven und organisatorischen Fähigkeiten jedes einzelnen Mitarbeiters, unabhängig von seiner hierarchischen Position, voll fordern. Es steht außer Zweifel, dass Information und Partizipation sehr wirkungsvolle Instrumente sind, um die Eigenmotivation der Mitarbeiter zu steigern. Die Scorecard bietet diese Chance. Wenn dann noch extrinsische Belohnungen hinzu kommen, muss dies keineswegs zu einer Unterminierung der intrinsischen, durch die Scorecard-Entwicklung bewirkten Motivation führen. Extrinsische Belohnungen wirken vielmehr wie ein Laser, indem sie helfen, die Aufmerksamkeit aller Mitarbeiter auf die kritischen Performancetreiber zu lenken. Beide Motivationsfaktoren wirken in diesem Szenario also harmonisch zusammen. Die Einbindung aller Mitarbeiter in die Entwicklung der Balanced Scorecard steigert jene intrinsische Motivation, ohne die echte Durchbrüche gewiss nicht möglich sind. Werden hohe

Ziele aber erfüllt oder gar übertroffen, übersetzt sich dies zudem in Leistungsprämien für alle, die zu diesem Erfolg beitrugen.

Worauf es bei der Umsetzung ankommt

Jede Implementierung des Balanced-Scorecard-Konzepts hat ihre Eigenheiten. In jedem Einzelfall muss das Scorecard-System der jeweiligen Unternehmenskultur, den vorhandenen Führungsstrukturen sowie dem Grad der Veränderungsbereitschaft der Organisation angepasst werden. Die Verknüpfung der Scorecard mit der Mitarbeiterentlohnung und Prämien wird die individuellen Unterschiede zweifellos noch vergrößern. Wie das Vergütungssystem letztlich aussieht, hängt von vielen Faktoren ab. Die Gehaltsstrukturen der Vergangenheit spielen hier genauso eine Rolle wie die Tarifverträge oder die Anzahl der vorhandenen Tätigkeits- beziehungsweise Gehaltsgruppen, um nur einige Punkte zu nennen. Um Sie bei der Gestaltung Ihres eigenen Systems trotzdem so weit wie möglich zu unterstützen, wollen wir im Folgenden eine Reihe wichtiger Aspekte näher untersuchen. Der Klarheit halber sei erwähnt, dass immer, wenn in diesem Kapitel von »Vergütung«, »Entgelt« oder »Entlohnung« die Rede ist (und dies gilt folglich auch für die obigen Ausführungen), bezieht sich dies auf den *variablen* respektive *Prämienanteil* des Gehalts, also die leistungsabhängigen Zulagen. Das Grundgehalt bleibt in der Regel von der Balanced Scorecard unberührt.

Wichtige Punkte bei der Planung eines Prämiensystems auf der Basis der Balanced Scorecard

- *Zweck.* Fragen Sie sich: Worin besteht der Hauptzweck der Verknüpfung des Entgelts mit der Balanced Scorecard anhand von Leistungszulagen? Welche spezifischen Verhaltensweisen will ich damit fördern oder ausmerzen? Wie wirkt sich das geplante Prämienprogramm auf die Unternehmenskultur aus? Diese Zweckorientierung hilft Ihnen, Ihre Bemühungen in eine optimale, nämlich bedürfnisgerechte Richtung zu lenken.
- *Kommunikation.* Steven Covey hat Gehaltsfragen einmal »Reisschüssel«-Angelegenheiten genannt. Gemeint ist natürlich, dass es dabei traditionell ums »Eingemachte« geht. Wer immer auf diesem Gebiet

einen Vorstoß wagt, sei es in positiver oder negativer Absicht, dem ist Aufmerksamkeit sicher. Da selbst die bestgemeinten Prämienprogramme in der Regel ihre Gegner finden, sind Sie gut beraten, Ihren Mitarbeitern die Einzelheiten des Programms so früh wie möglich nahezubringen. Am besten ist es, das Thema bereits im Vorfeld mit ausgewählten Mitarbeitergruppen zu besprechen. Es geht darum sicherzustellen, dass die Beschäftigten das Programm für fair und ausgewogen halten. Insofern empfiehlt es sich, die Mitarbeiter nicht nur über das geplante Entgeltsystem im engeren Sinn, sondern auch über den Nutzen aufzuklären, der mit der Scorecard als einer Schlüsselkomponente Ihres Führungssystems insgesamt einhergeht.

- *Entwicklung.* Wer soll an der Entwicklung des neuen Programms beteiligt sein? Wie auch sonst in Balanced-Scorecard-Dingen, sollten Sie bestrebt sein, unterschiedlichste Gruppen in die Entwicklung und Ausgestaltung des neuen Gehaltsprogramms einzubeziehen. Die Berücksichtigung der verschiedenen Funktionen und Perspektiven trägt entscheidend dazu bei, dass das neue Konzept unternehmensweit als fair angesehen wird und damit Akzeptanz findet. Nehmen Sie den Punkt Fairness nicht auf die leichte Schulter! Einschlägige Untersuchungen haben gezeigt, dass den Mitarbeitern dieser Aspekt wichtiger ist als der Umfang der finanziellen Zulagen.
- *Überprüfung.* Von Ihrem Prämienprogramm hängt eine Menge ab, und Sie können sicher sein, dass die Mitarbeiter die Sache genauestens verfolgen. Stellen Sie daher von Anfang an klar, dass das gesamte Programm nach einem Jahr erneut auf den Prüfstand kommt. Damit lassen Sie frühzeitig erkennen, dass Anpassungen vorgenommen werden, falls das Programm wider Erwarten nicht gut genug funktionieren sollte. Erforderliche Änderungen finden auf diese Weise viel besser Akzeptanz, da sie nicht als Willkürakt oder Manipulation von oben missverstanden werden können.

Konkrete Planung und Umsetzung des Prämiensystems

- *Timing.* Das Prämienthema brennt Ihnen vielleicht so sehr unter den Nägeln, dass Sie dazu tendieren, die Leistungsbindung bereits im ersten Balanced-Scorecard-Jahr einzuführen. Nun, es gibt eine Reihe von Aspekten, die Sie gründlich bedenken sollten, bevor Sie das Programm einführen. Der Hauptpunkt betrifft die Kennzahlen, die Sie für die ersten Scorecards ausgewählt haben. Wie bereits erörtert, beruhen diese auf mehr oder weniger zutreffenden Annahmen dahingehend, wie die Strategie am besten umgesetzt werden kann. In den meisten Fällen ist daher eine ständige Feinabstimmung erforderlich, um die Ziele und Kennzahlen immer besser auf die faktischen Ursache-Wirkungs-Zusammenhänge abzustimmen. Dies bedeutet natürlich, dass eine bedingungslose oder vorschnelle Anbindung der Prämien an Kriterien, die ihre Bewährungsprobe noch nicht bestanden haben, ein gefährliches Unterfangen wäre, zumal sich die Mitarbeiter vermutlich größte Mühe geben, um die Zielvorgaben zu erfüllen, und man einem bekannten Wort zufolge immer das bekommt, was man misst. Fragen Sie sich also, ob Sie es sich leisten können, für Ergebnisse zu zahlen, die möglicherweise nur schlecht oder gar nicht zur Erreichung Ihrer strategischen Ziele beitragen. Ein anderer kritischer Punkt ist die Datensituation. Die Balanced Scorecard verlangt häufig die Entwicklung brandneuer Kennzahlen, für die es aktuell oft keine verlässliche Datenquelle gibt. Auch hier sollte es nicht Ihr Bestreben sein, die Prämien an Kriterien zu binden, die sich schlecht messen beziehungsweise belegen lassen. Zum Problem ungenauer Daten kommt unter Umständen noch hinzu, dass das zur Umsetzung des Programms erforderliche Managementsystem fehlt. Die variablen, leistungsgebundenen Gehaltsanteile zählen in der Regel ja zu den am wenigsten automatisierten Posten der Ergebnisrechnungen. Angesichts der potenziell großen Schwankungen bei den Prämienauszahlungen benötigen Sie aber unbedingt verlässliche Methoden, die eine exakte Verfolgung und Dokumentation der Ansprüche ermöglichen.

- *Adressatenkreis.* Soll jeder Mitarbeiter an dem neuen Prämienprogramm teilhaben können, oder soll es auf bestimmte Mitarbeitergruppen beschränkt bleiben? In vielen Unternehmen pflegt man das BSC-Prämiensystem zunächst einmal bei den oberen Führungskräften zu testen. Für diesen Ansatz spricht natürlich, dass die Führungsmannschaft in der Regel stark an der Scorecard-Entwicklung beteiligt ist und demzufolge ein unmittelbares Interesse an positiven Ergebnissen bei den festgelegten Performancekennzahlen besitzt. Doch wie oben bereits angesprochen, ist die Situation gerade auf den unteren Ebenen der Organisation oft anders – hier besteht häufig ein Mangel an Kenntnissen über die Balanced Scorecard und damit am nötigen Bewusstsein. Die Ausdehnung des Prämienprogramms auf alle Mitarbeiter kann folglich sehr helfen, dieses Defizit zu beheben und das Scorecard-Konzept unternehmensweit solide zu verankern. Hiermit eng verknüpft ist die Frage, ob Einzelpersonen oder nur Gruppen in den Genuss von Leistungszulagen kommen sollen. Nun, Individualprämien belohnen natürlich gute Einzelleistungen und sind insofern gewiss ein guter Motivator. Dem steht freilich entgegen, dass moderne Unternehmen von Interdependenz und systematischem Informationsaustausch geprägt sind. Wenn unter diesen Bedingungen einzelne Mitarbeiter belohnt werden, kann sich dies kontraproduktiv auf den Wissensaustausch und die Zusammenarbeit auswirken und damit innovative Lösungen behindern. Die Praktiker sind in diesem Punkt gespalten. Manche Unternehmen arbeiten ausschließlich mit Gruppenprämien, um die Teamarbeit und die gemeinsame Verantwortlichkeit zu fördern; andere wiederum praktizieren einen Mix aus Individual- und Gruppenprämien.

- *Anzahl der Leistungskennzahlen.* Glaubt man den Psychologen, fällt es dem Menschen vom Kurzzeitgedächtnis her schwer, sich gleichzeitig auf mehr als sieben Dinge zu konzentrieren. Ist Ihnen auch schon aufgefallen, wie oft man der magischen Zahl sieben begegnet? Denken wir nur an die sieben Todsünden, die sieben Weltwunder oder die vielen Ratgeber mit »7-Schritte-Programmen«. Sollte man die Anzahl der Kennzahlen für das Prämiensystem also vielleicht ebenfalls auf maximal sieben begrenzen? Nun, manche würden dies zumindest in dem Sinne bejahen, dass es auf eine relativ kleine Zahl von Kriterien ankomme, denn dies fördere die Konzentration auf die entscheidenden Erfolgstreiber. Dem ist entgegenzuhalten, dass die Quantität eine sekundäre Rolle spielen sollte. Der entscheidende Punkt ist die Qualität der Scorecard. Ist sie gut strukturiert, sollte es auf die Anzahl der prämienrelevanten Kennzahlen nicht ankommen. Eine gute Scorecard übersetzt die Strategie bekanntlich in eine Reihe von Ursache-Wirkungs-Relationen, die alle vier Perspektiven durchziehen. Sofern Konsistenz herrscht und alles nahtlos zusammenspielt, sollten die Mitarbeiter durchaus in der Lage sein, sich auch auf eine größere Zahl von Erfolgskriterien zu konzentrieren, da sie dann ja verstanden haben, welche Zielrelevanz sich hinter den einzelnen Kriterien verbirgt und wie dies in der Messung zum Ausdruck kommt.
- *Bezugsbereiche der Kennzahlen.* Es kommt allerdings nicht nur darauf an, sich über die Anzahl der prämienrelevanten Kennzahlen Gedanken zu machen, sondern auch über deren Art. Sollen sich die Zulagen nur an den verifizierbarsten und objektivsten Indikatoren bemessen (was

normalerweise auf finanzielle Messgrößen hinausläuft)? Oder soll auch die Erreichung von Zielvorgaben in anderen Bereichen belohnt werden? In einer neueren Studie, die sich mit der Verknüpfung von Entgelt und Scorecard befasst, stellte man fest, dass die führenden Balanced-Scorecard-Anwender sich keineswegs auf den Finanzbereich beschränken, sondern die Prämien an Indikatoren aus allen vier Perspektiven binden. Allerdings werden die Indikatoren unterschiedlich gewichtet. Die meisten befragten Unternehmen messen den finanziellen Parametern ein größeres Gewicht zu als den anderen; im Durchschnitt wurden 40 Prozent der in Aussicht gestellten Zulagen an diese Kriterien geknüpft. Die übrigen Dimensionen – Kunde, interner Prozess und Mitarbeiterförderung – wurden jeweils etwa mit 20 Prozent gewichtet.[3] Klar ist, dass die Einbeziehung nichtfinanzieller Kennzahlen die Prämienberechnung erheblich erschweren kann. Ein Problem resultiert zum Beispiel daraus, dass man natürlich auch die nichtfinanziellen Indikatoren irgendwie messen, das heißt an Ergebnissen orientiert sehen möchte. Ein Hauptnutzen der Scorecard besteht aber gerade in der Artikulation vorauseilender Leistungsindikatoren, die nicht immer ergebnisorientiert sind. Beispielsweise könnte man den »Umfang der direkten Kundenkontakte« (in Stunden gerechnet) als verlaufsorientierten Indikator für »Folgekäufe« sehen. Koppelt man diesen allerdings mit dem Entgelt, könnte dies die Außendienstmitarbeiter allzu sehr verleiten, ihre Zeit in unproduktive, weil eigentlich gar nicht kaufwillige Kunden zu investieren, um auf diese Weise Prämien abzukassieren. Das Anreizsystem sollte deshalb so ausgewogen sein, dass Leading- wie Lagging-Indikatoren angemessen vertreten sind und dass unter dem Strich die gewünschten Ergebnisse herauskommen.

- *Häufigkeit der Messung.* Bezüglich der einzelnen Kennzahlen ist ferner zu überlegen, ob die Prämien an kurzfristige oder langfristige Performance geknüpft werden sollen. Manche Fachleute sehen die Balanced Scorecard in erster Linie als Instrument zur Sicherung des langfristigen Erfolgs (dass ich dem nicht widerspreche, ist klar), woraus folgt, dass echte Erfolgsindikatoren über die nachhaltige Performance Aufschluss geben müssen. Hinzu kommt ein weiterer Vorteil. Wer Prämien an den langfristigen Erfolg bindet, entgeht der Gefahr, dass kurzfristige Erfolge das langfristige Ziel vernebeln oder verhindern. Freilich gibt es auch Stimmen, die es aus motivatorischen Gründen für erforderlich halten, den Weg zum langfristigen Erfolg mit regelmäßigen kurzfristigeren Belohnungen zu pflastern, um die Mitarbeiter bei

Laune zu halten. Die Vertreter dieses Lagers halten einen jährlichen oder noch kürzeren Rahmen für die Zielsetzung, Erfolgsmessung und Prämienverteilung für notwendig, damit die Konzentration auf die strategischen Ziele nicht verloren geht.

- *Mindestanforderungen.* Manche halten es für problematisch, Individualprämien zu zahlen, solange die Gesamtziele verfehlt werden, da dies falsche Signale setze und verdränge, dass es entscheidend auf die Zielorientierung aller Mitarbeiter ankommt. Aus diesem Grund zahlen manche Unternehmen überhaupt erst Leistungszulagen, wenn eine vorgegebene Mindest-Performance als Standard erreicht ist. In der Regel wird diese Schwelle von einem hochrangigen Finanzziel (etwa einer bestimmten Eigenkapitalrendite) markiert. Dieser Ansatz stellt sicher, dass alle Mitarbeiter sehr genau wissen, worin der zentrale Erfolgstreiber für das Unternehmen besteht, sodass sie die Möglichkeit besitzen, sich hieran auszurichten und mit ihren eigenen Bemühungen zu einem möglichst guten Ergebnis beizutragen. Die Gefahr bei diesem Ansatz besteht allerdings darin, dass bei den Mitarbeitern Enttäuschung aufkommt, falls das zentrale finanzielle Ziel aus Gründen, die außerhalb ihrer Kontrolle liegen, verfehlt wird, andere Performanceziele aber erreicht werden.
- *Finanzierung.* Vergessen Sie nicht diesen sehr pragmatischen Aspekt eines jeden Prämienplans: Woher soll das Geld kommen? Sollen die bei Übertreffen der Balanced-Scorecard-Vorgaben fälligen Auszahlungen aus dem Gesamtbudget des Unternehmens finanziert werden – oder erwarten Sie, dass sich die Prämien anhand der Ersparnisse, die aus der Einführung der Scorecard resultieren, gewissermaßen selbst finanzieren? Außerdem: Wie hoch sollen die Prämien sein? Bei der Erarbeitung tragfähiger Lösungen tun Sie gut daran, sowohl auf den Sachverstand Ihrer Führungsmannschaft als auch auf Fachleute Ihrer Personalabteilung zurückzugreifen.

Methoden der Verknüpfung von Balanced Scorecard und Prämien

Wie oben bereits erwähnt, gibt es vielfältige Möglichkeiten, die Scorecard mit dem Vergütungssystem zu verkoppeln, denn Prämienschwellen, Kennzahlen und potenzielle Ergebnisse (d.h. Vorgaben) lassen sich auf variabelste Weise zueinander in Relation setzen. Insofern wird jedes Unternehmen bei der Umsetzung seinen eigenen Weg gehen.

In einem zentralen Punkt aber werden sich alle Anwender letztlich einig sein – nämlich dass die Korrelierung der Prämien mit den Ergebnissen der Balanced Scorecard entscheidend dazu beiträgt, die allgemeine Aufmerksamkeit auf die zentralen Erfolgstreiber zu richten. Im Folgenden wollen wir nun einige der in der Praxis benutzten Methoden exemplarisch untersuchen.

Modell 1: Bindung der Prämien an die Gesamtergebnisse

Die einfachste Methode zur Verknüpfung der Prämien mit den Balanced-Scorecard-Resultaten besteht darin, die Top-Scorecard über Erfolg und Erfolgsprämien entscheiden zu lassen. In diesem Szenario steht den Beschäftigten je nach Erreichung der einzelnen Unternehmensziele ein bestimmter Prozentsatz an Zulagen zu. Die auf der Top-Scorecard ausgewiesenen Erfolgskennzahlen werden individuell gewichtet, wobei die Gewichtungen in der Summe 100 Prozent ergeben müssen. Finanzielle Ziele werden oft relativ hoch eingestuft, was deutlich macht, dass am wirtschaftlichen Erfolg im engeren Sinn eben kein Weg vorbei führt. Im Rahmen der Leistungsverfolgung und Ergebnisbewertung werden dann die Prämien entsprechend anteilig berechnet und ausgeschüttet. Wie sich dies konkret darstellt, hängt ganz vom jeweiligen Programm und dessen Komplexität ab. Die Ausschüttung kann etwa monatlich, vierteljährlich, halbjährlich oder auch jährlich stattfinden. Nachfolgend finden Sie ein Beispiel, wie ein solches Programm aussehen könnte. Angenommen, ein Unternehmen beschließt, den Mitarbeitern in Abhängigkeit von der Erreichung der Balanced-Scorecard-Ziele einen Jahresbonus in Höhe von 10 Prozent des Grundgehalts zu zahlen. Nehmen wir ferner an, es gibt in den vier Perspektiven insgesamt acht Kennzahlen, das heißt Leistungsindikatoren, wie in Abbildung 10.1 dargestellt. Die Endergebnisse (»Ist«) werden jeweils am Jahresende ermittelt. Auf dieser Grundlage werden dann die Mitarbeiterprämien berechnet (vergleiche Abbildung 10.2).

In unserem Beispiel erreichte die Organisation ihr Ziel etwa bei der Eigenkapitalrendite, und da diese mit 30 Prozent ein recht hohes Gewicht besitzt, erhalten die Mitarbeiter allein schon wegen dieses positiven Ergebnisses eine Zulage in Höhe von drei Prozent. Doch auch in anderen Balanced-Scorecard-Bereichen wurden positive Ergebnisse erzielt, sodass sich

Perspektive	*Kennzahl*	*Vorgabe*	*Gewicht*
Finanzen	Eigenkapitalrendite	15 %	30 %
	Erlössteigerung	25 %	10 %
Kunden	Kundenzufriedenheit	75 %	15 %
	Folgekäufe (Prozentsatz)	80 %	5 %
Interne Prozesse	Lieferpünktlichkeit	90 %	10 %
	Produktionseffizienz	85 %	10 %
Mitarbeiterförderung und -entwicklung	Qualifizierung – Prozentsatz der Mitarbeiter, die drei neue Kompetenzen/Fähigkeiten (»competencies«) erwerben.	70 %	12 %
	Mitarbeiterfluktuation	5 %	8 %

Abb. 10.1 Beispielvorgaben

Perspektive	*Kennzahl*	*Vorgabe*	*Gewicht*	*Ist*	*Ausschüttung*
Finanzen	Eigenkapitalrendite	15 %	30 %	16,5 %	3,0 %
	Erlössteigerung	25 %	10 %	20 %	0
Kunden	Kundenzufriedenheit	75 %	15 %	77 %	1,5 %
	Folgekäufe (Prozentsatz)	80 %	5 %	75 %	0
Interne Prozesse	Lieferpünktlichkeit	90 %	10 %	85 %	0
	Produktionseffizienz	85 %	10 %	85 %	1,0 %
Mitarbeiterförderung und -entwicklung	Qualifizierung – Prozentsatz der Mitarbeiter, die drei neue Kompetenzen/Fähigkeiten (»competencies«) erwerben.	70 %	12 %	75 %	1,2 %
	Mitarbeiterfluktuation	5 %	8 %	4	0,8 %
	Prämienzahlung gesamt				**7,5 %**

Abb. 10.2 Beispielprämien (Auszahlungen)

die Gesamtprämie auf 7,5 Prozent des (jährlichen) Grundgehalts beläuft. In diesem Beispiel erfolgt die Auszahlung also jährlich. Aus psychologischen Gründen – um die Mitarbeiter bei der Stange zu halten – dürfte es sich allerdings empfehlen, den Fortschritt kontinuierlich zu verfolgen und den Beschäftigten zum Beispiel monatlich Feedback zukommen zu lassen.

Die skizzierte Methode eignet sich aufgrund ihrer Einfachheit und Transparenz sehr gut für die Umsetzung auf breiter Basis, etwa unter Einbeziehung der gesamten Belegschaft. Dabei bietet die fortlaufende Beobachtung der Ergebnisse eine gute Möglichkeit, mit den Mitarbeitern über strategische Belange im Dialog zu bleiben. An Problempunkten sind bei dieser Methode vor allem zwei zu nennen – zum einen das Anspruchsniveau der Zielvorgaben, zum anderen das Fehlen von »Schwellen« (Mindestanforderungen), die erreicht sein müssen, bevor überhaupt Zulagen gewährt werden. Bei Verwendung dieses Prämiensystems ist es folglich denkbar, dass die Mitarbeiter eine Zulage erhalten, obwohl das Unternehmen seine finanziellen Gesamtziele unterläuft. Dies könnte jedoch ein Signal setzen, das mit der Balanced-Scorecard-Philosophie in Konflikt steht. Denn das Scorecard-Konzept geht ja davon aus, dass positive Ergebnisse in den »unteren« (nichtfinanziellen) Bereichen letztlich auch das Finanzergebnis positiv beeinflussen.

Modell 2: Ein Balanced-Scorecard-Prämiensystem auf allen Ebenen der Organisation

Vielen Unternehmen ist es allerdings enorm wichtig, das Balanced-Scorecard-System bis ganz nach unten zu implementieren, um die alles entscheidende »Sichtverbindung« von den spezifischen Mitarbeiteraktivitäten zu den Gesamtzielen des Unternehmens herzustellen, dem Mitarbeiter also gleichsam den roten Faden in die Hand zu geben. Die hierbei verlangte Kaskadierung der Scorecard zeigt den Mitarbeitern nicht nur, wie sie die Ergebnisse selbst direkt beeinflussen können, sondern bietet gleichzeitig auch eine exzellente Möglichkeit, um die Scorecard als echtes strategisches Führungsinstrument zu nutzen. In Kapitel 9 haben wir gesehen, wie sich kaskadierte Scorecards zur strategischen Ressourcenallokation einsetzen lassen, um sicherzustellen, dass von unten strategiekonforme Budgetvorlagen eingereicht werden. In diesem Abschnitt werden wir nun erörtern, wie kaskadierte Scorecards als Basis des Prämiensystems dienen können. Im Unterschied zu Modell 1, bei dem die Prämien von den Gesamtergebnissen des Unternehmens abhängen, werden die Zulagen beim Kaskaden-Verfahren an Resultate gebunden, die für den Mitarbeiter viel greifbarer sind. Die Kaskadierung zeigt ja ganz konkret, wie die einzelnen Mitarbeiter in der Lage sind, »höherrangige« (vorgelagerte) Ziele positiv zu beeinflussen. Das damit verknüpfte Vergütungssystem zeigt schlüssig auf, welche Belohnungen mit welcher besonderen Performance auf Geschäftseinheits-, Abteilungs- oder Mitarbeiterebene zu erreichen sind.

Der Stromversorger Nova Scotia Power Inc. ist wiederum ein Beispiel für ein Unternehmen, das die Balanced Scorecard per Kaskadierung mit dem

Prämienprogramm verknüpft hat. Die Einführung der Scorecard war von Anfang an äußerst erfolgreich verlaufen, doch wurde den Vorgesetzten schon bald klar, dass das neue System erst dann wirklich in den Köpfen der Mitarbeiter verankert sein würde, wenn ein klarer Bezug zum Lohnzettel bestünde. Die Unternehmensführung nahm diesen Tipp ernst und installierte ein Prämiensystem, das die Zulagen an die Realisierung der spezifischen Balanced-Scorecard-Vorgaben koppelte.

Auf der ersten Ebene der Prämienkaskadierung entwickelten die Mitglieder des Führungsteams von Nova Scotia Power auf Basis der Top-Scorecard des Unternehmens für sich selber eine »persönliche« Scorecard. Die einzelnen Perspektiven (und die damit verbundenen Kennzahlen) wurden relativ ausgewogen gewichtet, unter besonderer Betonung allerdings der eigenen Spezialbereiche, in denen der einzelne Topmanager natürlich in besonderer Weise zum Gesamterfolg beizutragen vermag. Beispielsweise entwickelte der CFO eine Scorecard mit durchaus repräsentativen Kennzahlen in allen vier Perspektiven, gewichtete aber den Sektor »Finanzen« und die damit verbundenen Kriterien besonders hoch, denn natürlich hat er als operativ Verantwortlicher (Vice President) in diesem Bereich die besten Möglichkeiten, zu einem guten Gesamtergebnis beizutragen. In ähnlicher Weise verfuhr der Chef des Bereichs Vertrieb & Marketing. Bei ihm steht naheliegenderweise die Kundenperspektive im Zentrum der täglichen Arbeit und erhielt folglich das stärkste Gewicht. Insgesamt wiesen die Scorecards der Vorstandsmitglieder einen Mix von Kennzahlen auf, die teilweise direkt der Top-Scorecard entnommen, teilweise aber auch eigenständiger, also abgeleiteter Natur waren. Auch entwickelte man pro Kennzahl nicht nur eine einzige Vorgabe, sondern drei verschiedene (von wenig bis sehr anspruchsvoll). Jede dieser Vorgaben wurde mit einem bestimmten Prämienprozentsatz (bezogen auf das Grundgehalt) gekoppelt, abhängig vom Schwierigkeitsgrad ihrer Erreichung. Der untere Wert markiert als Schwellenwert jeweils die Mindestanforderung je Indikator. Anders formuliert: Bei Unterschreiten dieser Marke gibt es keine Prämie. Der Mittelwert stellt eine überdurchschnittliche Leistung dar; wer ihn erreicht, verdient sich folglich eine ordentliche Zulage. Der obere Wert markiert eine herausragende Performance und ist daher mit einer entsprechend hohen Prämie gekoppelt.

In der Folge wurden auch auf Geschäftsbereichs-, Abteilungs- und Individualebene Scorecards entwickelt. Wie bereits bei den Scorecards des Führungsteams, arbeitete man auch auf diesen Ebenen mit Gewichtung und Vorgabenstaffelung. Anschließend wurden alle Kriterien und Vorgaben von der Unternehmensführung überprüft, um sicherzustellen, dass die Unternehmensstrategie gut umgesetzt war und anspruchsvolle, doch erreichbare Vorgaben bestanden. Gleichzeitig ließ man bei Nova Scotia Power intern keinen Zweifel daran, dass die Eigenkapitalrendite als der für einen dauerhaften Unternehmenserfolg entscheidende Parameter anzusehen ist. Von daher war es nur logisch, jede Prämienzahlung auszuschließen für den Fall, dass die finanzielle Vorgabe (als zentrales Kriterium) unterlaufen wird. Dies alles trug sehr dazu bei, die Mitarbeiter auf die Erfüllung ihrer eigenen Balanced-Scorecard-Ziele einzuschwören. Dank der Kaskadierung hatten alle begriffen, dass jeder Einzelne am Gesamterfolg des Unternehmens mitwirken konnte und sollte.

Modell 3: Kompetenz und Qualifikation als Basis des Entgeltsystems

Die auf Entgeltfragen spezialisierte Unternehmensberatung Towers Perrin, von welcher der inzwischen nicht nur in den USA bekannte »Competency«-Ansatz stammt, stellte in einer Untersuchung fest, dass bis dato zwar lediglich acht Prozent aller befragten Unternehmen ein kompetenzbasiertes Gehaltssystem installiert hatten, dass jedoch nicht weniger als 78 Prozent beabsichtigten, in naher Zukunft ein solches System einzuführen.[4] Nun, der Ansatz hat gewiss seine Meriten, entwickelt sich doch die Arbeitswelt weg von den Maschinenbetrieben des industriellen Zeitalters hin zur Dienstleistungs- und Wissensgesellschaft. An der Schraube der Prozessverbesserung lässt sich gewiss nicht ewig drehen, und das »Reengineering« – die betriebliche Reorganisation – stößt gleichfalls an objektive Grenzen, sodass hier irgendwann keine oder nur noch geringe Produktivitätsgewinne mehr möglich sein werden. Doch es bleibt eine Quelle, welche die größten Möglichkeiten der Produktivitätssteigerung überhaupt eröffnet: das menschliche Wissen. Kompetenzgestützte Systeme – bei denen es ja hauptsächlich darum geht, jene Eigenschaften, Merkmale und Verhaltensweisen zu entwickeln, die zur Wettbewerbs- und damit Zukunftsfähigkeit der Mitarbeiter wie auch des Unternehmens insgesamt beitragen – sind in der Tat ein guter Motor für die Veränderungen, an denen kein zukunftsorientiertes Unternehmen vorbeikommt. Freilich stellt eine »kompetenzbasierte« Entlohnung eine radikale Abkehr vom immer noch weithin praktizierten Dienstalter- oder Beförderungsprinzip dar.

Wie wir in Kapitel 5 im Zusammenhang mit der Erörterung der Mitarbeiterentwicklung und -qualifizierung gesehen haben, lässt sich die Scorecard auch hervorragend zum Erwerb von Schlüsselqualifikationen (so genannten »key competencies«) nutzen. Von daher ist es nur logisch, auch mit den Prämienangeboten genau hier anzusetzen, sodass jede nachweisliche Weiterqualifizierung eine Zulage fällig werden lässt. Allerdings heißt es auch hier aufgepasst! Die Konzentration der Mitarbeiter sollte sich natürlich nicht allzu sehr auf den Kompetenzerwerb richten, weil sonst die aktuellen Ergebnisse leiden würden. Insbesondere kurzfristig sollte man daher dafür sorgen, dass qualifikationsorientierte Prämien in einem ausgewogenen Verhältnis zu den betrieblichen Ergebnissen stehen. Dies lässt sich sehr gut anhand der Balanced-Scorecard-Kennzahlen regeln. Unter dem Strich sollte, wie gesagt, sichergestellt sein, dass die erworbenen neuen Fähigkeiten und Qualifikationsmerkmale in einem vernünftigen wirtschaftlichen Zusammenhang zur erzielten Gesamtleistung des Mitarbeiters stehen, also nachweislich zu dieser beitragen.

Modell 4: Gewinnbeteiligung

Bei der Gewinnbeteiligung handelt es sich um einen Ansatz, der zur Verbesserung des Gesamtergebnisses ganz auf das Engagement und die Initiative der Mitarbeiter setzt. Dies geschieht über die Entwicklung zentraler Performancekennzahlen nebst konkreten, auf Verbesserungen respektive Kosteneinsparungen gerichteten Zielvorgaben. An den erzielten Einsparungen partizipieren die Mitarbeiter dann in Form von Prämien. Die Fachleute betonen allerdings, dass dieser Ansatz die Bereitschaft voraussetze, die Mitarbeiter »*stärker einzubinden, etwa durch eine offene Informationspolitik, die allgemeine Förderung des wirtschaftlichen Denkens und der Ergebnisorientierung sowie die Anregung von Verbesserungsvorschlägen. Wer jedoch Informationen, Wissen und Befugnisse weiterhin ›oben‹ monopolisiert, wird mit einem solchen Programm kaum Erfolg haben, weil die nötige Transparenz in Gestalt eines sichtbaren Zusammenhangs zwischen Mitarbeiteraktivität und Geschäftsergebnis fehlt.*«[5] Nun, dies kommt mir wie ein verzweifelter Ruf nach der Balanced Scorecard vor, damit das Gewinnbeteiligungsmodell überhaupt funktionieren kann. Die Scorecard erfüllt ja sämtliche der oben genannten Anforderungen – sie bindet die Mitarbeiter in die Entwicklung ein, bietet unbegrenzte Qualifizierungsmöglichkeiten, ermutigt zu Verbesserungsvorschlägen, da die Prämissen der Geschäftstätigkeit immer wieder in Frage gestellt werden müssen, und gibt dem Mitarbeiter genau jenen roten Faden in die Hand, den er aus motivatorischen Gründen benötigt.

Die für die Scorecard entwickelten Kennzahlen eignen sich demzufolge auch sehr gut als Leitkriterien für das Gewinnbeteiligungsprogramm. Es spricht überhaupt nichts dagegen, jeder der vier Balanced-Scorecard-Perspektiven auch einen wirtschaftlichen Indikator zuzuweisen, der unternehmensweit zur Kosteneinsparung genutzt werden kann. Im Zuge der Überwachung und Messung der Scorecard-Ergebnisse lassen sich die erzielten Einsparungen dann in Form von Prämien problemlos an die Beschäftigten weitergeben.

Modell 5: Punkteprogramm

Nicht selten gibt es Fälle, in denen ein gehaltsbezogenes Prämienprogramm zwar eine gute Lösung wäre, doch leider stehen dem Tarifverträge oder Ähnliches im Wege. Unter diesen Umständen haben manche Unternehmen eben andere Möglichkeiten ersonnen, um die Mitarbeiter für ihren Beitrag zu einem guten Gesamtergebnis zu belohnen. Kaplan und Norton beschreiben einen solchen Fall (Texaco Refinery and Marketing Inc.).[6] Da die Absprachen mit der Gewerkschaft finanzielle Zulagen nicht zuließen, entwickelte man kurzerhand ein Punkteprogramm. Diese Boni (jeder Punkt hat den Gegenwert von einem Dollar) gewährt man für überdurchschnittliche Leistungen auf Werks-, Arbeitsbereichs-, Team- und Individualebene. Die aufgelaufenen Punkte können dann von den Mitarbeitern gegen Sachleistungen (Waren, Reisen usw.) eingelöst werden. Die Maßnahme bewährte sich rasch. Bereits im ersten Jahr des Programms erzielten zwei Fabriken Rekordergebnisse in puncto Maschinenauslastung, Kosteneinsparung und Sicherheit.

Zusammenfassung

Zum Thema »Erfolg« bekannte der geniale Erfinder Thomas Edison einmal Folgendes: *»Man könnte meinen, der Geldwert einer Erfindung sei der Lohn schlechthin für den, der seine Arbeit liebt. Für mich persönlich aber gilt das überhaupt nicht ... Für mich liegt die größte Freude – und damit der höchste Lohn – in der Arbeit selbst, die dem, was alle Welt ›Erfolg‹ nennt, vorausgeht.«* Dies beschreibt sehr treffend, was wir heute als »intrinsische« oder Eigenmotivation bezeichnen. Sie setzt Freude an der Arbeit als solcher voraus, und dementsprechend liegen Sinn und Zufriedenheit im Tun selbst. Am anderen

Ende des Motivationsspektrums ist die »extrinsische« Motivation angesiedelt. Hier ist die versprochene Belohnung der Treiber der Aufgabenerfüllung. Trotz des gewiss vorbildhaften Edison-Zitats bleibt das Faktum bestehen, dass es ohne extrinsische Motivation offenbar nicht geht, weshalb immer mehr Unternehmen zum Mittel finanzieller Anreize greifen, um hervorragende Leistungen anzuregen und zu belohnen. Wenn diese Prämien auf alle Ebenen der Organisation ausgedehnt werden, kann dies sehr wohl helfen, das Balanced-Scorecard-System solide zu verankern, indem die Aufmerksamkeit der Mitarbeiter verstärkt auf die wichtigen Erfolgstreiber konzentriert wird. Darüber hinaus aber sorgt die Scorecard häufig auch für die wichtige intrinsische Motivation, da sie den Mitarbeitern deutlich vor Augen führt, wie sie zu den Gesamtergebnissen beitragen und mithelfen können, die Strategie erfolgreich umzusetzen. Extrinsische Belohnungen können insofern ergänzend hinzutreten, um für genügend Anreize zu sorgen, damit die anvisierten Ziele auch tatsächlich erreicht werden.

Gehaltsfragen zählen in den meisten Unternehmen zu den eher diffizilen Themen, an denen man sich leicht die Finger verbrennen kann. Egal, ob die Gehälter nun als eher karg oder (selten) besonders üppig eingeschätzt werden, auf die Lohnskala (die Tarife) haben alle Beschäftigten ein wachsames Auge. Deshalb sind die Unternehmen in der Regel gut beraten, ihre ganz eigene Verbindung zwischen Balanced Scorecard und Vergütungssystem zu entwickeln, um ihren speziellen Herausforderungen und Bedürfnissen Rechnung zu tragen und eine möglichst faire Lösung zu implementieren. Es gibt, wie gesehen, eine ganze Reihe von Planungs- und Gestaltungselementen, die man eingehend erörtern sollte, bevor die konkrete Ausgestaltung des Systems in Angriff genommen wird. Die Planung verlangt zum Beispiel die Klärung folgender Fragen: Welchen Zweck verfolgt die Ankoppelung des Vergütungssystems an die Scorecard? Welche Kommunikationsformen eignen sich zur Verankerung des Programms in der Belegschaft? Wer soll für die Planung und Gestaltung des Systems verantwortlich sein? Wie sollen die Ergebnisse überprüft und beurteilt werden? Bei der Ausgestaltung des Systems gilt es weitere wichtige Punkte zu bedenken. Zum Beispiel das Timing. Soll die Scorecard bereits im ersten Jahr mit dem Vergütungssystem gekoppelt werden? Oder wartet man besser, bis das Programm seinerseits Stabilität gewonnen hat? Da die Erfahrung zeigt, dass die Kennzahlen selten von Anfang an ganz stimmig sind (sodass meist nachjustiert werden muss), könnte es durchaus sinnvoll sein, mit der Anbindung des Vergütungssystems bis ins zweite Jahr zu warten. Bei den prämienrelevanten Kennzahlen wiederum kommt es darauf an, deren

Anzahl, Bezugsbereiche und Zeithorizonte in möglichst optimaler Weise festzulegen. Ein weiterer Punkt ist die etwaige Festlegung von Schwellenwerten im Sinne von Mindestleistungen, die zu erbringen sind, bevor überhaupt Prämien fällig werden. Schließlich gilt es zu entscheiden, wie das Prämienprogramm finanziert werden soll. Das normale Budget ist die eine Option, eine »Selbstfinanzierung« über die aufgrund der Scorecard erzielten Einsparungen die andere.

Die bequemste Methode der Verknüpfung besteht darin, die Ausschüttungen von den Ergebnissen der Top-Scorecard (oberste Ebene) abhängig zu machen. Dieser Ansatz ist sicherlich ideal, um das Balanced-Scorecard-Konzept im Unternehmen bekannt zu machen und den Mitarbeitern die Bedeutung der zentralen Leistungsindikatoren des Unternehmens ins Bewusstsein zu rücken. Freilich eröffnet dieser Ansatz keine Möglichkeiten, hervorragende Leistungen auf Geschäftsbereichs-, Abteilungs- oder Individualebene angemessen zu honorieren. Dieses Defizit lässt sich nur beheben, indem auch auf den unteren Ebenen der Organisation Scorecards entwickelt und als Prämienbasis benutzt werden. Diese »Kaskadierung« gibt allen Mitarbeitern die Möglichkeit aufzuzeigen, wie ihre eigenen Aktivitäten positiv ins Ganze spielen, und umgekehrt können sie für herausragende Individualleistungen belohnt werden. Die Scorecard lässt sich im Übrigen auch für Prämien im Zusammenhang mit Entgeltsystemen nutzen, die auf dem »Competency«- respektive Qualifizierungsansatz oder auf Gewinnbeteiligung beruhen, denn in beiden Fällen kann die Prämienzuteilung anhand der Kennzahlen (beziehungsweise deren Messung) erfolgen. Falls finanzielle Sonderzuwendungen aus tarifvertraglichen oder sonstigen Gründen nicht möglich sind, besteht auch die Option, auf Basis der Balanced-Scorecard-Ergebnisse Punkte an die Mitarbeiter zu vergeben. Diese Boni können dann am Jahresende gegen Sachleistungen (Waren, Reisen usw.) eingetauscht werden.

Teil IV
Den Erfolg der Balanced Scorecard dauerhaft sichern

Kapitel 11: Das Reporting der Balanced-Scorecard-Ergebnisse

Wegweiser zum elften Kapitel

Die Entwicklung und Institutionalisierung der Balanced Scorecard bietet für sich genommen natürlich noch keine Gewähr dafür, dass das neue System im Tagesgeschäft die ihm zugedachte produktive Rolle spielt. Häufige Performance- und Ergebnisberichte können hier aber dafür sorgen, dass die Scorecard auch operativ ins Zentrum der Aktivitäten rückt und alle Mitarbeiter gebührend Notiz von ihr nehmen. Freilich bleibt die Frage zu klären, wie dies technisch ablaufen soll. Empfiehlt sich ein papiergestütztes Berichtswesen, oder bietet sich unter den marktgängigen Performancemanagement-Programmen, deren Zahl ja ständig wächst, eine geeignete Softwarelösung? In diesem Kapitel wollen wir uns daher mit dem schwierigen, doch wichtigen Thema befassen, wie und in welchen Abständen die Ergebnisse der Balanced Scorecard ermittelt und nach oben weitergemeldet werden sollen.

Die allerersten Balanced-Scorecard-Anwender setzten zur Übermittlung der Scorecard-Ergebnisse noch auf den guten alten Papierbericht. Trotz dieser relativ primitiven Lösung erzielten sie unbestritten große Erfolge mit dem neuen System. Inzwischen ist die Balanced Scorecard wesentlich breiter in Verwendung und hat sich zudem von einem Messsystem zu einem strategischen Führungssystem und Kommunikationsinstrument entwickelt, weshalb viele Anwender auf Technologien zurückgreifen.

Arthur C. Clarke, der bekannte Science-Fiction-Autor, meinte einmal: *»Jede hoch entwickelte Technologie hat etwas Hexerisches.«* Wer sich die beeindruckende Palette von Balanced-Scorecard-Softwaretools, die heute am Markt angeboten werden, anschaut, bekommt sicherlich einen ganz ähnlichen Eindruck vermittelt. Die Hexerei hat freilich auch eine Kehrseite, denn die Fülle der Leistungsmerkmale, mit denen die Produkte heute ausgestattet sind, macht eine sachkundige Entscheidung schwierig. Um Sie in diesem Punkt zu unterstützen, wollen wir im Folgenden eine Reihe von Kriterien erörtern, die Ihnen bei der Sichtung des Angebots helfen sollten. Außerdem werden wir uns mit den aktuellen Entwicklungstrends bei den Balanced-Scorecard-Technologien beschäftigen sowie einige Probleme erörtern, die beim Einsatz einer Softwarelösung auftreten können.

Technologische Lösungen sind bekanntlich nicht jedermanns Sache. Dies kann daran liegen, dass man sich mit anderen (traditionelleren) Berichtsformen einfach wohler fühlt. Es kann aber auch sein, dass der mit einer Softwarelösung verbundene (finanzielle und personelle) Mittelaufwand abschreckt oder schlicht außerhalb der Möglichkeiten liegt. Daher werden wir auch einige andere Optionen betrachten und an konkreten Beispielen zeigen, wie man das Problem auch ganz ohne Technologie lösen kann.

Zum Abschluss des Kapitels gehen wir noch der Frage nach, wie sich mit dem BSC-Informationssystem überflüssige Berichte vermeiden lassen und wie Sie das System zu einem effizienten Eckpfeiler Ihrer Überprüfungssitzungen machen können.

Automatisierung der Balanced Scorecard

Als die Balanced Scorecard Anfang der 90er Jahre im Markt Fuß zu fassen begann, gab es noch nicht einmal eine Handvoll Softwareprodukte zur Automatisierung dieses revolutionären Führungsinstruments. Trotzdem fand die Scorecard dank ihrer ebenso einfachen wie eleganten Methodik im öffentlichen wie privatwirtschaftlichen Bereich regen Zulauf, und viele Organisationen erzielten ganz hervorragende Ergebnisse mit ihr. Diese Pioniere arbeiteten in der Regel mit nicht viel mehr als Papierberichten, die auf der Basis von Tabellenkalkulationen erstellt wurden und in die vielleicht hier und da einige Farbdiagramme eingestreut wurden, um der Sache mehr Pep zu geben. Immerhin bewiesen sie damit, dass es keineswegs komplexer Programme und eines großen Budgets bedarf, um die Balanced Scorecard nutzbringend einzusetzen. Freilich stand die Scorecard damals noch am Beginn ihrer Entwicklung, was zwangsläufig bedeutet, dass die Methode noch relativ unausgereift war. Die meisten Anwender sahen in ihr vor allem ein neues und verbessertes Messsystem; ihr riesiges Potenzial als strategisches Führungssystem und Kommunikationsinstrument wurde zu Beginn hingegen noch wenig erkannt.

Mitte bis Ende der 90er Jahre änderte sich das Bild dann gewaltig. Die Unternehmen begannen nun damit, die Balanced Scorecard systematisch zu kaskadieren, um alle Mitarbeiter auf die Gesamtziele auszurichten. Auch die Anbindung der Budgets und Vergütungssysteme an die Scorecard nahm immer mehr zu. Die papiergestützten Berichtssysteme, die mit den ersten Scorecards etabliert worden waren, konnten den mit diesen innovativen Erweiterungen verbundenen Anforderungen natürlich nicht mehr genügen. Dies war die Chance für kreative und flexible Unternehmen, die die Lücke erkannten und rasch mit neuen, komplexen, automatisierten Balanced-Scorecard-Programmen auf den Markt drängten. Die Anwender in den Unternehmen nahmen all die Optionen, Funktionen und Add-ons, mit denen sie von den Anbietern versorgt wurden, dankbar an, zumal die neue Software eine noch weit konsequentere Nutzung der vielen Vorteile des Balanced-Scorecard-Systems erlaubte. Heute sind die Performancemanagement-Technologien stärker im Kommen als je zuvor. In einer neueren Untersuchung gaben 51 Prozent der befragten Unternehmen an, in den nächsten 12 bis 18 Monaten sei bei ihnen mit technologischen Veränderungen zu rechnen.[1]

Die Automatisierung des Scorecard-Systems geht mit einer ganzen Reihe von Vorteilen einher, einschließlich einer Nutzenmaximierung als Messsystem, strategisches Führungsinstrument und Kommunikationswerkzeug. Die hervorragende Analyse- und Entscheidungsunterstützung, die selbst die einfachste Balanced-Scorecard-Software bietet, erlaubt eine sehr spezifische und detaillierte Leistungsbewertung nebst einer kritischen Durchleuchtung des kausalen Zusammenhangs zwischen den einzelnen Performancekennzahlen. Außerdem ermöglicht die Automatisierung einen echten unternehmensweiten Einsatz des Werkzeugs. Die systematische Kaskadierung beinhaltet ja nicht selten die Entwicklung Dutzender Scorecards. In dieser Größenordnung wäre die Handhabung und Steuerung des Prozesses ohne Automatisierung sicherlich sehr schwierig. Ein weiterer Vorteil liegt darin, dass eine Balanced-Scorecard-Software den Kommunikations- und Feedbackprozess stark unterstützt. Die Analyse und Kommentierung der Ergebnisse bei den einzelnen Performanceparametern schafft Transparenz und ermöglicht eine kollektive Diskussion, die ihrerseits neue Erkenntnisse zeitigt und zu kreativen Durchbrüchen führen kann, eben weil alle sich aktiv und intensiv an der Problemlösung beteiligen. Anders als durch eine systematische Vernetzung (das heißt breite Zugänglichmachung der Scorecard-Ergebnisse) ist dies gewiss nicht zu erreichen. Dem Informationsaustausch und Wissenszugewinn auf Seiten der Mitarbeiter dienen im Übrigen auch die eingebauten Links. Der Hyperlink einer Kennzahl etwa kann den Nutzer auf eine informative Reise führen, hin zu unterschiedlichsten Sites, die beispielsweise Aufschluss über den Unternehmensauftrag (das Statement zur Mission) geben, wichtige Kundenkommentare enthalten oder die Ergebnisse der mit Spannung erwarteten Benchmarking-Studie für alle zugänglich machen.

Welche Software wählen?

Wie bereits erwähnt, hat sich die Zahl der Anbieter von Software zur Balanced Scorecard in den letzten Jahren erheblich vergrößert. Der Markt ist mithin bereits von starkem Wettbewerb geprägt. Große ERP-Softwareanbieter (»enterprise resource planning«, das heißt unternehmensweite Informationssysteme) sind genauso vertreten wie mittelgroße Softwarehäuser und kleine Nischenanbieter. Jeder Anbieter ist natürlich bestrebt, auf diesem ständig wachsenden Markt seinen Anteil zu vergrößern. Die Auswahl ist nicht leicht, doch zweifellos hängt von der Softwareentscheidung viel ab. Es steht ja nicht nur die Funktionalität und Praxistauglichkeit des zu installierenden Analyse- und Informationssystems (nebst Berichtswesen) auf dem Spiel, sondern – genauso wichtig – die Akzeptanz des Instruments in der Belegschaft. Hinzu kommt, dass Softwareentscheidungen generell eine diffizile Angelegenheit sind – kaum ein Unternehmenschef kennt sich hier auch nur ansatzweise aus. Folglich sind die Verantwortlichen meist auf den Sachverstand ihrer IT-Abteilung (oder eines externen Beraters) angewiesen. In dieser Situation kann es nur nützen, wenn Sie in der Lage sind, sich wenigstens über die wichtigsten Kriterien ein eigenes Bild zu machen. Genau diesen Zweck verfolgt die nachfolgende Liste.

Konzeptionelle Fragen – Konfiguration der Software

In diesem Abschnitt wollen wir uns mit den wichtigsten Funktionalitäten und Einrichtungsfragen der Scorecard-Software befassen.

- *Implementierungsaufwand.* Die angebotenen Balanced-Scorecard-Programme decken ein sehr breites Realisationsspektrum ab, das vom einfachen Berichtssystem oder Reporting-Tool bis zum ausgewachsenen, unternehmensweiten Managementsystem reicht. Entsprechend groß sind die Unterschiede hinsichtlich des für die Einführung erforderlichen Zeit- und Mittelaufwands. Sie sollten sich daher genau überlegen, welchen zeitlichen und finanziellen Rahmen Sie sich für die Systemeinführung leisten können und wollen.

- *Konzeption der Scorecard.* Dieses Buch befasst sich natürlich nur mit der Balanced Scorecard und deren Methodik. Dies schließt in der Praxis aber nicht aus, dass Sie auch andere gängige Messverfahren – etwa die Baldridge-Kriterien oder TQM-Verfahren (Total Quality Management) – mit einbeziehen. Die Software sollte daher flexibel genug sein, um die Integration unterschiedlicher Performancemanagement-Systeme zu ermöglichen.
- *Anwenderschnittstelle/Display.* In der Regel herrscht bei Balanced-Scorecard-Software ein bestimmter Anzeige- und Darstellungsmodus vor. Manche Programme arbeiten mit Elementen, wie man sie sogar vom Armaturenbrett des Autos her kennt, bei anderen fühlt man sich eher an Organisationsdiagramme erinnert, bei wieder anderen sind es farbcodierte Anzeigeskalen. Dies mag trivial, ja irrelevant klingen, ist es aber nicht, weil letztlich alles davon abhängt, wie das System bei der Belegschaft ankommt. Sie sollte systematisch mit diesem Instrument arbeiten – alles andere wäre kontraproduktiv. Sorgen Sie daher dafür, dass das System »gefällt« und Handhabungsprobleme vermieden werden.
- *Anzahl der Kennzahlen.* Wie weiter oben bereits erörtert, besteht in der Praxis die Tendenz, bei der Leistungsmessung und -verfolgung eine Vielzahl von Kriterien zu verwenden. Dies hat natürlich vor allem mit den neuen Softwaretools zu tun, bei denen die Anzahl der verwaltbaren Kennzahlen praktisch unbegrenzt ist. Sie sollten allerdings darauf achten, dass das Ganze überschaubar bleibt. Ein Kennzahlendickicht wäre kontraproduktiv. Sorgen Sie dafür, dass immer klar ist, worauf es die Konzentration zu richten gilt (nämlich auf das wirklich Wichtige). Gleichzeitig muss die Software natürlich flexibel genug sein, um die Ergebnisse unternehmensweit verfolgen zu können – und dafür bedarf es nun einmal einer gewissen Anzahl von Kriterien.
- *Strategien, Ziele, Kennzahlen, Vorgaben und Initiativen.* Diese Elemente bilden sozusagen das Rückgrat – den »Backbone« – des Balanced-Scorecard-Systems. Folglich sollte sichergestellt sein, dass man diese Daten leicht ins System eingeben kann. Eine problemlose Quervernetzung sollte ebenfalls möglich sein – bezogen etwa auf Ziele/Perspektiven, Kennzahlen/Ziele, Vorgaben/Kennzahlen, Initiativen/Ziele usw.

- *Ursache-Wirkungs-Beziehungen.* Ihre Scorecard-Software sollte ferner die Möglichkeit bieten, die Wechselbeziehungen beziehungsweise Wirkungszusammenhänge, auf denen Ihre Strategie basiert, anschaulich darzustellen, etwa anhand leicht verständlicher Grafiken. Auch der didaktische Ansatz muss also stimmen – denn die Balanced Scorecard ist ja nicht zuletzt auf Informationsaustausch und kollektives Lernen angelegt.
- *Breiter Erfassungsrahmen.* Die Software sollte die Eingabe beziehungsweise Hinzufügung von Performancekriterien aus unterschiedlichsten Bereichen (physischer wie nichtphysischer Art) erlauben.
- *Beschreibungen und Definitionen.* Wenn der Kommunikations- und Analysezweck erfüllt sein soll, genügt es nicht, sich auf ein paar Begriffe und Zahlen zu beschränken. Folglich sollten die einzelnen Datenfelder auch die freie Eingabe von Kommentaren ermöglichen. Erfahrungsgemäß interessieren sich die Anwender bei der Beschäftigung mit den einzelnen Leistungsindikatoren vor allem für die jeweilige Beschreibung und Definition.
- *Zuständigkeiten/Rechteregelung.* Die Balanced Scorecard kann nur dann klare Verantwortlichkeiten schaffen, wenn die Software technisch die Möglichkeit bietet, über eine entsprechende Zugriffsregelung die einzelnen Performance-Indikatoren einem bestimmten »Eigentümer« (das heißt Hauptverantwortlichen) zuzuweisen. In der Praxis benötigen natürlich noch weitere Personen (Assistenten, Bearbeiter usw.) Zugriff auf die Daten, weshalb die Software auch über entsprechende Rechtefunktionen verfügen sollte.
- *Flexible Handhabung der Einheiten, Maße und Bezugsgrößen.* Die Leistungskennzahlen sind in der Regel sehr unterschiedlicher Art, folglich müssen auch die Maßeinheiten (Währungseinheiten, Prozentwerte, usf.) flexibel gehandhabt werden können. Achten Sie darauf, dass das Programm diesen Ansprüchen genügt.
- *Flexible Zeithorizonte und Bezugsperioden.* Auch die Verfolgung und Messung der einzelnen Leistungsindikatoren verlangt eine sehr flexible Handhabung. Beim Parameter »Umsatz« zum Beispiel kann dies jährlich, vierteljährlich, monatlich, wöchentlich oder gar täglich geschehen. Mitarbeiterbefragungen hingegen wird man höchstens ein- oder zweimal im Jahr durchführen. Bei der Analyse der Performance der Vergangenheit wiederum wird man sich sogar ein Höchstmaß an Flexibilität wünschen, und zwar ganz unabhängig von den ursprünglichen Berichtszeiträumen. Beispielsweise sollte das Programm in der

Lage sein, den Parameter »termingerechte Lieferung« (normalerweise monatliche Berichte) etwa auch als Jahresdurchschnitt der letzten zwei Jahre zu ermitteln.

- *Relative Gewichtung.* Sämtliche Kennzahlen der Balanced Scorecard sind im Prinzip wichtige Elemente der Umsetzung Ihrer Unternehmensstrategie. Allerdings pflegt man in der Praxis bestimmten Indikatoren ein höheres Gewicht zuzumessen. Die finanziellen Kennzahlen zum Beispiel sind oft zu Beginn der Scorecard-Einführung besonders wichtig. Eine gute Software sollte Ihnen stets die Möglichkeit bieten, die einzelnen Kennzahlen nach Wunsch zu gewichten.
- *Aggregierung disparater Elemente.* Dies hört sich sehr technisch an, bedeutet aber einfach, dass Ihr System in der Lage sein sollte, die verschiedenen Performancemerkmale trotz unterschiedlicher Maßeinheiten zusammenzufassen. Dies lässt sich am besten über eine adäquate Gewichtung erreichen (siehe oben). Dabei werden die einzelnen Kennzahlen einfach so gewichtet (also zueinander in Relation gesetzt), dass unabhängig von der jeweiligen Maßeinheit der Indikatoren eine aussagefähige Aggregierung der Ergebnisse möglich ist.
- *Flexibilität bei den Referenzwerten.* In der Praxis wird die Performance meist an einem vorgegebenen Referenzwert (Soll- oder Planwert, etwa dem Budget) gemessen. Auch hier jedoch ist Flexibilität gefragt. Beispielsweise kann es sinnvoll sein, die eigene Performance an jener der Konkurrenz oder an einem geeigneten Benchmark (»best in class«) zu messen.
- *Graphische Statusindikatoren.* Dem Anwender sollte es möglich sein, den aktuellen Leistungsstand je Kennzahl auf einen Blick zu erfassen. Dies verlangt ein leicht verständliches Anzeigesystem, beispielsweise in Ampelmanier – Rot (= Problemfall), Gelb (= Achtung!) und Grün (= alles okay).
- *Schwellenwerte.* Die farbliche Bewertung des aktuellen Leistungsstands setzt natürlich voraus, dass das System entscheiden kann, wie ein spezifischer Wert zu klassifizieren und zu gewichten ist. Die simpelste Methode besteht darin, einen bestimmten Grenzwert vorzugeben – darunter ist die Performance etwa als gut anzusehen, darüber besteht tendenziell Anlass zur Sorge. Beispielsweise mag es völlig im grünen Bereich liegen, wenn eine Callcenter-Mitarbeiterin stündlich 15 Anrufe entgegennimmt. Sind es hingegen 30 Gespräche, kann dies bedeuten, dass die Mitarbeiterin die Anrufer abwimmelt oder sich jedenfalls nicht die nötige Zeit nimmt, um den Kunden ordentlich zu bedienen.

Die Software sollte also ein solch »bipolares« Markierungssystem unterstützen.

- *Kaskadierung der Scorecards.* Der Anwender sollte unbedingt die Möglichkeit besitzen, alle Scorecards des Unternehmens anhand eines einzigen Programms zu verwalten. Stellen Sie also sicher, dass die Software in der Lage ist, die aus den verschiedenen Unternehmensbereichen gelieferten (abgestimmten) Scorecards problemlos darzustellen und zu verarbeiten.
- *Persönliche Einstellungen.* Der Anwender sollte das System ferner seinen spezifischen Bedürfnissen anpassen können, etwa dergestalt, dass beim Starten des Programms automatisch eine Seite mit den persönlich relevantesten Kennzahlen aufgerufen wird. (Man kennt diese Konfigurierungsmöglichkeiten ja vom Internet her.) Die rasche Verfügbarkeit wichtiger Informationen erleichtert die Akzeptanz und damit die Nutzung des Systems ganz erheblich.
- *Intuitiv verständliche Menüs.* Die Menüs sollten logisch aufgebaut, leicht verständlich und ebenso leicht zu navigieren sein.
- *Praxisnahe Hilfefunktion.* Die Hilfefunktionen sind leider allzu oft ein Problem, indem sie eher verwirren als nützen. Überprüfen Sie daher diese Funktionalität auf Praxistauglichkeit!
- *Detailebene.* Das Programm sollte den Anwendern einen jederzeitigen und problemlosen Wechsel der Darstellungs- respektive Detailebene erlauben – vom Gesamtergebnis bis hinunter zum einzelnen Indikator. Entsprechend bequem sollte der Anwender daher hin und her navigieren können (etwa von der Datentabelle zum Gesamtbericht). Je häufiger und systematischer die Mitarbeiter das Programm nutzen, das heißt Ergebnisbeobachtung und -analyse betreiben, desto wichtiger wird diese Funktionalität.

Bericht und Analyse

Es liegt auf der Hand, dass eine robuste und flexible Berichts- und Analysefunktion Bestandteil einer jeden Scorecard-Softwarelösung sein muss. In diesem Abschnitt wollen wir uns daher mit verschiedenen Faktoren befassen, die Sie bei der Programmauswahl unbedingt berücksichtigen sollten.

- *Aufschlüsselungs- und Detaillierungsfunktionalität.* Ein ganz wichtiger Punkt! Der Anwender muss die Detaillierungsebene möglichst frei wählen können. Diese »Drill-down«-Fähigkeit ist im Übrigen auch mit

Blick auf die Strategiekarten wichtig, welche per Mausklick navigierbar sein sollten.

- *Statistische Analyse.* Das Programm sollte dem Anwender zu allen Scorecard-Kennzahlen statistische Analysen ermöglichen (etwa um Trends zu ermitteln). Multidimensionalität ist wünschenswert, damit unterschiedlichste Elemente der Performance zu einem aktuellen Gesamtbild zusammengefasst werden können. Einfache Balkendiagramme genügen also nicht. Auf flexible und bedürfnisgerechte Datenanalyse kommt es an!
- *Automatische Performanceüberwachung mit Warnsignalfunktionalität.* Es ist äußerst wünschenswert, dass die Leistungsentwicklung automatisch überwacht wird. Das System sollte daher über eine Warneinrichtung verfügen, die den Anwender sofort informiert, wenn ein wichtiger Leistungsparameter eine bestimmte Marke unterschreitet.
- *Kommentare.* Der Anwender (speziell die Unternehmensführung) will natürlich wissen, wo die Ursachen einer guten oder schlechten Leistung liegen, damit die richtigen Stabilisierungs- oder Verbesserungsmaßnahmen ergriffen werden können. Kommentarfelder sind hierfür ganz wichtig (und in den meisten Balanced-Scorecard-Softwareprogrammen auch verfügbar).
- *Flexible Berichterstellung.* Die Art der Berichte, die das Programm ermöglicht, ist natürlich ein ganz entscheidender Punkt, denn Berichte sind ja ein prägendes Element der gesamten Geschäftsabläufe. Diesem Erfordernis tragen die meisten Programme denn auch weitgehend Rechnung. Allerdings gibt es erhebliche Leistungsunterschiede. Es empfiehlt sich daher, diese Funktionalität gründlich unter die Lupe zu nehmen. Ein besonders wichtiger Punkt sind die Druckoptionen. Natürlich kauft man Software nicht zuletzt deshalb, um Papier zu sparen und elektronisch zu kommunizieren. Doch wie bekannt, funktioniert dies leider nicht immer. Stellen Sie daher sicher, dass die Berichte auf jeden Fall auch sauber ausgedruckt werden können.
- *Automatische Aggregierung bzw. Konsolidierung.* Das Programm sollte eine flexible Konsolidierung ermöglichen – als Gesamtsumme, als Durchschnittswert, als stichtagbezogene Aufsummierung und so fort.
- *Fehldatenmarkierung.* Bei Einführung der Balanced Scorecard fehlen bei einer mehr oder weniger großen Zahl von Kennzahlen zunächst schlicht die für Messungen benötigten Daten. Dies ist deshalb unvermeidlich, weil die Scorecard ja auch völlig neue, zuvor nie benutzte Performanceparameter ins Blickfeld rückt. Das System sollte daher

grundsätzlich auf fehlende Daten aufmerksam machen (ob einzelne Zeiträume oder die Kennzahl insgesamt betreffend).

- *Prognose und Szenarioanalyse.* Leistungsfähige Programme erlauben auf Basis der aktuellen Ergebnisse auch den Blick in die Zukunft. Sehr nützlich ist ferner eine Planspielfunktion. Sie erlaubt zu testen, wie sich verschiedene Sollwerte einzelner Leistungskriterien auf verbundene Indikatoren auswirken. Diese Szenariofunktion bietet mithin eine hervorragende weitere Möglichkeit, um die Annahmen, auf denen die Unternehmensstrategie fußt, kritisch unter die Lupe zu nehmen.
- *Verknüpfungsfunktionalität.* Der Anwender sollte per Mausklick in der Lage sein, die Ergebnisse einzelner Kennzahlen durch Zugang zu wichtigen Dokumenten und geeignete Links in einen größeren Zusammenhang zu stellen. Hierzu zählen zum Beispiel Jahresberichte, Unternehmensvideos, Analystenberichte, Diskussionsforen sowie sonstige Links, die helfen können, spezifische Ergebnisse mit den allgemeineren Zielen der Organisation in Zusammenhang zu bringen.
- *Automatische E-Mail-Funktion.* Um die Leistungsfähigkeit der Balanced Scorecard als Kommunikationsinstrument voll nutzen zu können, ist eine integrierte E-Mail-Funktion unverzichtbar. Dies ermöglicht zum Beispiel die Entstehung von Diskussionsforen (so genannten »Threads«), über die interessierte Anwender ihre Meinung zu den Ergebnissen abgeben und Verbesserungsvorschläge unterbreiten können.

Technische Aspekte

Dieser Abschnitt untersucht die technischen Aspekte, die Sie bei der Wahl Ihrer Software beachten sollten.

- *Kompatibilität.* Die Software muss in die bestehende technische Umgebung passen. In der Regel wird eine Client-Server-Technologie benutzt, basierend auf Windows 95, 98, 2000, XP oder NT.
- *Integration mit den vorhandenen Systemen.* Im Normalfall sind die Daten für das Balanced-Scorecard-System an unterschiedlichen Orten gespeichert (verteiltes System). Die Finanzdaten stammen etwa aus dem Hauptbuch, die Kundeninformationen steuert das CRM-System bei, wieder andere Kriterien werden aus dem unternehmensweiten ERP-System bedient. Ihr Programm sollte in der Lage sein, automatisch auf alle diese Systeme und Datenspeicher zuzugreifen, damit Daten nur

einmal eingegeben werden müssen (Redundanzen also vermieden werden). Dies nimmt gleichzeitig auch den Gegnern der Balanced Scorecard den Wind aus den Segeln, denn sie pflegen allzu gern auf derlei Produktivitätsmängel zu verweisen. Eine automatische Datenextraktion aus bestehenden Systemen wäre somit ein großes Plus für die betreffende Software.

- *Flexibilität bei den Datenformaten.* Neben den internen Datenquellen werden Sie vermutlich auch auf Datenimport angewiesen sein. Das Programm sollte daher auf jeden Fall den Import von Daten aus Kalkulationstabellen und ASCII-Dateien unterstützen.
- *Datenexport.* Nicht minder wichtig ist der Datenexport. Zum Beispiel sollten Sie die Balanced-Scorecard-Daten für Unternehmensberichte unterschiedlicher Art (etwa für externe Gremien, Regulierungsbehörden, allgemeine Öffentlichkeit usw.) nutzen können. Eine robuste Exportfunktion ist folglich eine essenzielle Komponente einer jeden Balanced-Scorecard-Software.
- *Web-Publishing.* Die Anwender sollten die Möglichkeit besitzen, mit einem Standardbrowser auf die Scorecard-Informationen zuzugreifen und diese zu speichern. Als Publikationsplattform bietet sich sowohl ein Intranet als auch das Internet an.
- *Aufruf externer Anwendungen.* Äußerst hilfreich ist es, wenn der Anwender vom Scorecard-Programm aus seine Desktop-Programme aufrufen kann.
- *Kopierfunktion.* Mit der gerade genannten Funktion eng verknüpft ist die Möglichkeit, Inhalte der Balanced Scorecard (Text, Grafiken) in andere Anwendungen zu übernehmen. Viele Programme verfügen standardmäßig über eine solche »Cut-and-paste«-Funktion.
- *ASP-Option.* Ein Application-Software-Provider bietet anderen Unternehmen via Internet Zugang zu Anwendungen und damit verbundenen Dienstleistungen. Dies erspart dem Anwender nicht nur den Kauf der Software, sondern auch deren Installation, Betrieb und Wartung auf den eigenen Rechnern. Der allgemeine Trend zum Outsourcing im IT-Bereich hat logischerweise zur Folge, dass die Rolle der ASPs an Bedeutung gewinnt. Auch verschiedene Anbieter von Balanced-Scorecard-Software bieten inzwischen solche Abonnements an. Der Kunde kann das Scorecard-Programm zum Beispiel auf Monatsbasis mieten, wobei die Gebühr normalerweise von der Zahl der Arbeitsplätze pro Nutzerlizenz abhängt.

- *Skalierbarkeit.* Damit ist gemeint, dass sich die Anwendung funktional und umfangmäßig leicht den Nutzerbedürfnissen anpassen lassen sollte. Eine Reskalierung (Neudimensionierung oder Ausbau) kann mit einer Änderung am Produkt selbst (Speicherkapazität, RAM) verbunden sein, kann aber auch bedeuten, das Programm auf einem neuen Betriebssystem aufzusetzen. Sie sollten daher darauf achten, dass die Software erweiterbar und in dem Maße, wie der Anwenderkreis wächst und die Nutzerkompetenz zunimmt, an künftige Bedürfnisse anpassbar ist.

Wartung und Sicherheit

Die Festlegung geeigneter Zugangsrechte sowie die laufende Systempflege sind ebenfalls wichtige Kriterien, die es bei der Kaufentscheidung zu berücksichtigen gilt. Klären Sie insbesondere folgende Punkte:

- *Systemadministrator.* Ihr Programm sollte die Einrichtung von Systemadministratoren erlauben. Falls es die Sicherheitsbelange zulassen, empfiehlt es sich, mehreren Mitarbeitern einen unbeschränkten Systemzugang zu gewähren.
- *Leichte Modifizierbarkeit.* Der Anwender sollte ohne besondere technische Kenntnisse in der Lage sein, die Ansichten (das heißt Darstellungsmodi) seinen spezifischen Bedürfnissen anzupassen.
- *Systemzugangskontrolle.* Ich persönlich halte die Methode des »offenen Buches« für am besten, votiere also für uneingeschränkten Informationsaustausch im gesamten Unternehmen. Aus Organisationen, die diesen partizipativen, auf Transparenz angelegten Führungsstil pflegen, hört man nur Positives, insbesondere wegen der dadurch geförderten Innovativität und Kreativität. Beim Konzept der Balanced Scorecard wird der offene Informationsaustausch ja nicht nur durch die Entwicklung der Top-Scorecard gefördert, sondern gerade auch durch die Kaskadierung, die allen Mitarbeitern die Chance gibt, ihren individuellen Beitrag zu den Gesamtergebnissen zu formulieren. Freilich können sich nicht alle Unternehmen für eine solch offene Handhabung erwärmen, was mitunter Systemzugangsbeschränkungen erfordert. Ihr Programm sollte dem, durch die Option einer anwenderspezifischen Regelung des Zugriffs auf die Kennzahlen, Rechnung tragen. Außerdem sollte es die Festlegung von Anwendergruppen gestatten, um den kennzahlenbezogenen Publikationsprozess zu vereinfachen.

- *Kontrolle über Änderungen, Dateneingabe und Kommentareinträge.* Mit dem eben erörterten Punkt eng verbunden ist die Frage, wer Änderungen vornehmen, Daten eingeben oder Ergebnisse kommentieren darf. Es dürfte kaum sinnvoll sein, dies generell zuzulassen. Nur die Systemadministratoren sollten befugt sein, Kennzahlen zu ändern, und auch die Daten- und Kommentareingabe sollte auf einen bestimmten Nutzerkreis beschränkt sein.

Anbieterevaluierung

Wer sich den Softwaremarkt zur Balanced Scorecard ansieht, wird von der Vielzahl der angebotenen Produkte ziemlich überrascht sein. Bekannte Namen sind unter den Anbietern ebenso vertreten wie Start-ups, von denen man noch nie etwas gehört hat. Umso mehr empfiehlt sich ein sorgfältiges Vorgehen. Auf die folgenden Punkte sollten Sie besonders achten.

- *Kosten.* Bei Investitionsentscheidungen dieser Größenordnung spielt immer auch der Preis eine gewichtige Rolle. Eine solide Entscheidung verlangt daher die Berücksichtigung aller Kostenaspekte, Erwerb und Einführung wie Systempflege betreffend. Konkret impliziert dies zum Beispiel die Lizenzgebühren pro Nutzer/Arbeitsplatz, etwaige Wartungshonorare, Kosten von Folgeversionen, Schulungskosten sowie die Lohnkosten der Systemadministratoren.
- *Bonität des Anbieters.* Prüfen Sie, ob der betreffende Anbieter wirtschaftlich stark genug ist, um im Wettbewerb zu bestehen. Während ich dieses Buch schreibe, steht es mit der Konjunktur wieder einmal nicht zum Besten. Dies wirft direkt die Frage auf, wer in ein paar Monaten oder Jahren noch im Markt vertreten sein wird. Natürlich gleichen Finanzinformationen über Unternehmen immer einem Blick in den Rückspiegel. Trotzdem sollten Sie es nicht versäumen, sich die geprüften Abschlüsse des Anbieters, mit dem Sie ins Geschäft kommen wollen, genau anzusehen, um Aufschluss über die aktuelle Finanzlage und das Wachstumspotenzial zu erhalten. Da diese Firmen ja Balanced-Scorecard-Software verkaufen, ist es nur vernünftig, davon auszugehen, dass das Unternehmen die Balanced Scorecard auch selber in Verwendung hat. Lassen Sie sich die Ergebnisse daher doch einfach einmal vorführen. Geheimhaltungserfordernisse sollten dem nicht im Wege stehen, denn die tatsächlichen Zahlen lassen sich im Einzelfall leicht anonymisieren. Dies ist mit Sicherheit eine gute Mög-

lichkeit, um sich über die Bonität des betreffenden Anbieters ein Bild zu machen.

- *Referenzen und Erfahrung.* Das Kundenprofil des jeweiligen Anbieters ist ein guter Ansatzpunkt, um sich Aufschluss über dessen Erfahrungshintergrund zu verschaffen. Zwar hat jede Implementierung ihre eigenen Anforderungen, doch ist es beruhigend zu wissen, dass das betreffende Softwareunternehmen die Scorecard schon einmal in ähnlicher Form erfolgreich installiert hat (sei es in derselben Branche oder in einem Unternehmen ähnlicher Größe). Gehen Sie den Referenzen aber auf jeden Fall nach. Erkundigen Sie sich bei den betreffenden Unternehmen ruhig nach der Kompetenz des Anbieters und den Erfahrungen, die sie mit ihm gemacht haben. Wichtige Aspekte sind zum Beispiel die technischen Fähigkeiten, die Beratungs- und Schulungskompetenz sowie die Frage, wie pünktlich und kostentreu die Installation durchgeführt wurde.
- *Kundenservice und Support.* Bis eine neue Software problemlos läuft, sind in der Regel einige Nüsse zu knacken. Bei einem neuen Informationssystem ist dies mit Sicherheit nicht anders. Mit Programmierfehlern etwa ist immer zu rechnen. Dies verlangt Nachbesserung (es muss mit so genannten »patches«, wie es in der Fachsprache heißt, geflickt werden), weshalb ein guter Draht zum Anbieter von großer Bedeutung ist. Klären Sie also, wie es mit dem Support aussieht (Qualität und Kosten). Ist ein spezieller Mitarbeiter für Sie zuständig – oder hängen Sie von der Gnade des Callcenters ab? Vergessen Sie auch nicht, dass Softwareunternehmen uns, den Anwendern, viel verdanken. Neue Funktionen und Features sind häufig dem Drängen unzufriedener Anwender zuzuschreiben, die das Produkt mitunter besser kennen als der Anbieter selbst. Seien Sie in Ihren Ansprüchen daher nur nicht zu bescheiden!

In Abbildung 11.1 finden Sie eine einfache Tabelle, die Ihnen helfen sollte, sich von den verschiedenen Softwareangeboten ein zuverlässiges Bild zu machen. Sie bezieht sich zwar lediglich auf die Konfigurations- und Funktionselemente, doch lässt sie sich problemlos um alle übrigen entscheidungsrelevanten Aspekte erweitern. Wie zu sehen, wurde diesen konzeptionellen Elementen insgesamt ein Gewicht von 50 Prozent an der Gesamtentscheidung zugewiesen. In der ersten Spalte sind die einzelnen Entscheidungskriterien erfasst; die Wettbewerber belegen die Spalten 3, 4 und 5. Jeder Anbieter wird pro Entscheidungskriterium auf einer Skala von

1 bis 10 bewertet. Beispiel: Die Anbieter 1 und 3 implementieren sehr rasch und bekommen dafür 10 Punkte. Anbieter 2 schafft hingegen nur 9 Punkte (er braucht eben etwas länger). Nachdem alle Kriterien anbieterspezifisch bewertet wurden, zählt man die Punkte einfach zusammen. In unserem Beispiel schneidet der Anbieter 3 bei allen Kriterien mit der Höchstpunktzahl ab, was ihm in der Summe 200 Punkte oder – gemessen am Gewichtungsanteil – volle 50 Punkte einbringt.

Entscheidungskriterien/ Funktionen	*Gewichtung*	*Anbieter 1*	*Anbieter 2*	*Anbieter 3*
Konfiguration und Design	50 %			
Implementierungsaufwand		10	9	10
Anwenderschnittstelle/Display		9	7	10
Flexible BSC-Gestaltung		8	8	10
Anzahl der Kennzahlen		8	7	10
Strategien, Ziele, Kennzahlen, Vorgaben, Initiativen		9	9	10
Ursache-Wirkungs-Beziehungen		5	6	10
Anwendungsrahmen		9	7	10
BSC-Kaskadierung		9	5	10
Beschreibungen und Definitionen		8	5	10
Flexible Vergabe von Zugriffsrechten		7	6	10
Flexibilität bei Maßeinheiten		10	8	10
Flexible Handhabung der Perioden		10	8	10
Relative Gewichtung		10	5	10
Aggregierung heterogener Kriterien		9	5	10
Flexible Handhabung der Referenzwerte		8	5	10
Performance-Indikatoren		10	5	10
Einstellung persönlicher Präferenzen		6	5	10
Verständliche Menüs		5	5	10
Praxistaugliche Hilfefunktionen		8	5	10
Flexible Detaillierungsmöglichkeiten		9	5	10
Gesamt:		167	125	200
Punktzahl:		41,75	31,25	50,00

Abb. 11.1 Beispieltabelle für Softwarebewertung

Entwicklungstrends bei den Balanced-Scorecard-Anwendungen

Wagen wir einen Blick in die Zukunft. Wohin wird die Reise für die Balanced Scorecard gehen? Welche Entwicklungen sind zu erwarten? Es ist noch nicht lange her, als bei den Anwendern der Wunsch laut wurde, die Balanced-Scorecard-Software mit personalwirtschaftlichen Modulen zu verknüpfen. Und siehe da, schon ist es Wirklichkeit! Die Softwarelösungen zur Balanced Scorecard der neuesten Generation bieten beispielsweise die Möglichkeit, Personalinvestitionen an strategischen Unternehmenszielen auszurichten, erlauben ferner eine intensivere Zusammenarbeit zwischen Mitarbeitern und Vorgesetzten bei der Überwachung der Ziele und unterstützen in diesem Zusammenhang sogar persönliche Entwicklungspläne.

Auf der technischen Seite haben sich verschiedene Unternehmen zusammengeschlossen, um für die Balanced-Scorecard-Anwendungen gemeinsame, praxistaugliche XML-Standards zu entwickeln. Beim XML-Format (»extensible markup language«) handelt es sich um ein flexibles, robustes Datenaustauschformat, das plattformunabhängig funktioniert und sowohl im Internet als auch im Intranet oder andernorts benutzt werden kann. Die Anwendung von XML-Standards auf Balanced-Scorecard-Programme sollte mithin für eine nahtlose Integration ehedem heterogener Tools sorgen, was den Informationsaustausch und die übergreifende Analyse gewaltig erleichtern wird.

Eine andere technische Innovation von großer Tragweite ist das Aufkommen drahtloser Kommunikationsmittel, durch welche sich der zeitknappe Topmanager stets über die aktuellen Ergebnisse auf dem Laufenden halten kann. Dank der drahtlosen Internet-Technologien werden inzwischen Tools angeboten, die die aktuellen betriebswirtschaftlichen Daten (Eigenkapitalrendite, Kundenzufriedenheitswerte usf.) blitzschnell und an jedem Ort aufs Handy, den Pager oder den »persönlichen digitalen Assistenten« (z. B. Palm Pilot) holen. Für alle, die glauben, es sich nicht leisten zu können, auch nur kurzfristig vom Informationskreislauf ausgeschlossen zu sein, ist dergestalt also die Lösung gefunden.

Neben all den technologischen Durchbrüchen, die uns fast täglich ins Haus zu stehen scheinen, sollte man aber eine andere Innovation, zu der die Entwicklung der Balanced Scorecard und die damit verbundenen Softwarelösungen entscheidend beitragen können, nicht übersehen – die kreativen Partnerschaften. Im Oktober 2000 zum Beispiel kündigten der Softwareanbieter CorVu und die Hilton-Kette eine Allianz zur Entwicklung und Vermarktung eines globalen, webbasierten Performance-Measurement-Programms für die Hotelbranche an. Ich bin mir sicher, dass dies nur der Anfang einer äußerst begrüßenswerten Entwicklung ist. Derlei Gemeinschaftsunternehmen dürften in dem Maße zunehmen, wie die Softwareanwender zu begreifen beginnen, dass sie erstens ihre Programme fast genauso gut kennen wie der Anbieter selbst und zweitens weit mehr von der eigenen Branche verstehen! Man braucht ja nur zwei und zwei zusammenzuzählen, um zu begreifen, dass es einen erklecklichen Markt für branchenspezifische Anwendungen gibt – und niemand könnte sie besser entwickeln als der Insider und Praktiker.

Technologie ja – aber mit Verstand

Einer neueren Studie lässt sich entnehmen, dass fünf Prozent aller Balanced-Scorecard-Anwender sich zunächst für eine Technologielösung entscheiden und dann erst mit der Planung der Balanced Scorecard beginnen. Bei ungefähr 29 Prozent fallen Scorecard-Entwicklung und Technologieauswahl zeitlich zusammen.[2] Nun, vor beiden Ansätzen kann man nur warnen. Denn in beiden Fällen besteht die Gefahr, dass in den Köpfen der Anwender die Scorecard nur noch eine sekundäre Rolle spielt. Formal besteht das Konzept zwar weiter, wird aber im Wesentlichen als Softwarefrage begriffen. Natürlich wird genau umgekehrt herum ein Schuh daraus – die Software ist nicht der Herr, sondern vielmehr der Knecht, der dem Anwender zu einer optimalen Scorecard-Nutzung verhelfen soll. Ein weiterer potenzieller Nachteil ist ebenfalls zu bedenken: Wer sich zuerst für die Software entscheidet und dann die Scorecard installiert, läuft Gefahr, dass die Schulungsbemühungen in die falsche Richtung laufen und dadurch wertvolle Ressourcen vergeudet werden – weil etwa der Erwerb von Softwarefähigkeiten statt der Balanced-Scorecard-Schulung im Zentrum steht. Es ist leider kein seltener Fall, dass das Scorecard-Konzept nur sehr rudimentär behandelt wird, indem man vielleicht kurz auf die Grundstruktur (etwa die vier Perspektiven) und die Hauptunterschiede zu den traditionellen, finanzwirtschaftlich orientierten Messsystemen eingeht. Die relativ schwierige, doch sehr wichtige Frage der Auswahl geeigneter strategischer Kennzahlen und der Entwicklung von Strategiekarten spielt indes häufig nur eine marginale Rolle. Stattdessen pflegt man sich, wie gesagt, auf den versierten Umgang mit der neuen Software zu konzentrieren. In aller Regel zahlen Unternehmen, die so verfahren, jedoch einen hohen Preis, sobald sie versuchen, die Scorecard in ihre Managementprozesse zu integrieren. Da viel zu wenig Zeit und Mühe darauf verwendet wurde, das Scorecard-Konzept in seinen Grundlagen zu verstehen und solide im Unternehmen zu verankern, stellt man leider oft enttäuscht fest, dass die Mitarbeiter mit dem neuen System überhaupt nicht klarkommen. Nun, man hätte sie eben bei der Entwicklung ihrer Scorecards intensiv unterstützen und in der effektiven Nutzung dieses Instruments schulen müssen!

In vielen Softwarepaketen sind inzwischen Inventare von Kennzahlen enthalten, die dem Anwender die Arbeit mit der Balanced Scorecard erleichtern sollen. Doch Vorsicht! Schnelligkeit sollte nicht zu Lasten der Sorgfalt gehen. Der Hauptnutzen der Scorecard liegt ja gerade in der zugegebenermaßen schwierigen, doch allemal lohnenden präzisen Umsetzung der Strategie in die zu ihrer Realisierung erforderlichen Ziele und Kennzahlen. Intensives eigenes Nachdenken ist also gefragt! Außerdem muss Strategie immer Differenzierung bedeuten. Es geht darum, die Dinge anders zu machen als andere und die verschiedenen Aktivitäten in einem ganz spezifischen Wertemix zu bündeln. Anders formuliert: Die Kennzahlen, die Sie auswählen, müssen die Individualität Ihres Unternehmens verkörpern. Nicht alles freilich ist individuell. Es gibt natürlich auch Kriterien, die Sie mit anderen Unternehmen ruhig teilen dürfen. Was Sie aber wirklich von der Konkurrenz abhebt, sind jene neuen Kennzahlen, die Sie für die Zukunft als erfolgskritisch ansehen. In standardisierten Inventaren dürften sich derlei Kennzahlen begreiflicherweise kaum finden lassen.

Der Einsatz von Technologie ist zweifellos sehr hilfreich, um in einem Unternehmen klare Verantwortlichkeiten zu schaffen und Aufgaben zu delegieren. Die Kehrseite der Medaille ist freilich, dass dies auch Missbrauch und Fehlern die Tür öffnet. Viele Unternehmen scheuen vor einer automatisierten Balanced-Scorecard-Lösung zurück, weil sie befürchten, infolge allzu schwacher Performance vor lauter roten Blinkern den Bildschirm nicht mehr zu sehen. Dies macht ihnen vor allem deshalb Angst, weil sie (nicht ganz zu Unrecht) annehmen, dass die Manager und Vorgesetzten schon beim kleinsten Anzeichen von Rot die Keule zu schwingen beginnen. Doch wenn die Balanced Scorecard bei Ihrer Belegschaft Akzeptanz finden und in der täglichen Arbeit die ihr gebührende Rolle spielen soll, müssen Ihre Führungskräfte lernen, Abweichungen vom Soll nicht als Bestrafungsanlass zu sehen, sondern als Lernchance und Entwicklungspotenzial. Wir pflegen leider allzu schnell zu vergessen, dass sich die besonders erfolgreichen und zu Recht bewunderten Unternehmen gerade dadurch auszeichnen (wie oft beschrieben), dass sie Leistungsschwäche nicht abstrafen, sondern den Spieß umdrehen und versuchen, aus den Fehlern zu lernen und künftig bessere Ergebnisse zu erzielen. Dies sollten sich Ihre Führungskräfte zum Vorbild nehmen, statt beim ersten Anzeichen von Problemen habituell in Drohhaltung zu gehen. Betrachten Sie die Scorecard-Ergebnisse als permanente Chance zur Hinterfragung und Optimierung Ihrer Strategie, nicht als Anlass dafür, die Narrenkappe herumzureichen und die Leute an den Pranger zu stellen.

Eigenbau statt Kauf – Entwicklung eines eigenen Reporting-Systems

Automatisierte Scorecard-Lösungen bieten zweifellos viele Vorteile und werden zudem ständig leistungsfähiger. Freilich – billig sind sie nicht. Ein unternehmensweites System kann sich leicht in die Hunderttausende belaufen, und wenn man die ganz unvermeidlichen Beratungs-, Schulungs-, Wartungs- und Update-Kosten noch hinzunimmt, landet man schnell im siebenstelligen Bereich. Für kleinere Unternehmen sind derlei Projekte schlicht zu teuer, und Gleiches gilt für größere Unternehmen, denen ein Sparkurs verordnet ist. In diesen Fällen bleibt nur die Möglichkeit, nach Alternativen zu suchen. Nun, zum Verzweifeln ist die Situation trotzdem nicht, denn auch die ersten Balanced-Scorecard-Anwender mussten sich auf manuelle, papiergestützte Systeme verlassen (die später mitunter durch Intranet-Anwendungen ersetzt wurden) und erzielten dennoch große Erfolge. Die vielen kleineren Unternehmen werden es also gerne hören: Software ist keineswegs eine Erfolgsbedingung für die Balanced Scorecard.

Mit den heutigen Desktop-Publishing-Programmen ist es praktisch ein Kinderspiel, selbst dem einfachsten Balanced-Scorecard-Bericht ein professionelles Aussehen zu geben. Der Textformatierung sind keine Grenzen gesetzt, und auch Grafiken lassen sich problemlos einbinden. Information und Imagepflege gehen auf diese Weise Hand in Hand. Abbildung 11.2 zeigt ein Beispiel, nämlich die bei Nova Scotia Power Inc. vom Bereich Wasserkraftwerke entwickelte konventionelle (papiergestützte) Scorecard – ein einfaches, doch sehr aussagefähiges und intelligentes Formular, das unternehmensweit als Informations- und Kommunikationsinstrument benutzt wurde. Insbesondere gefällt mir daran die kreative Variation des Themas Wasser – der Staudamm, die Wasserhähne, die Wassertropfen. Die konventionelle Papierversion der Balanced Scorecard eignet sich vor allem für das Topmanagement, denn viele höhere Führungskräfte hängen noch immer an Kugelschreiber und Papier, da sie mit dem Computer nach wie vor auf Kriegsfuß stehen. Unterhalb der Chefetage freilich dürfte man mit Papierformularen rasch an Grenzen stoßen, denn unter Umständen gibt es Hunderte von Kennzahlen, die sich über Dutzende von Scorecards verteilen. Um diese Rohinformationen zusammenzuführen und unternehmensweit zugänglich zu machen, wird ein virtuellerer Ansatz benötigt. Die Lösung des Problems ist meist nicht schwer – sie bietet sich in Form des eigenen Intranets fast von selbst an. Die Einbindung der Scorecard ist zu relativ geringen Kosten möglich, sodass nicht unbedingt eine spezifische Scorecard-Software erforderlich ist, um die Vorteile der Kooperation unter den Mitarbeitern und der kollektiven, sprich gruppenbezogenen Problemlösung zu nutzen. In Kapitel 3 haben wir Scripps Health of San Diego (Kalifornien, USA) kennen gelernt. Dieser Verbund aus fünf Krankenhäusern beschloss bereits zu einem sehr frühen Zeitpunkt der Einführung, das eigene Intranet für diese Zwecke zu nutzen und eine spezielle Balanced-Scorecard-Site einzurichten. Auf der Hauptseite sind alle Kennzahlen farbcodiert aufgelistet, sodass der Besucher das Kriterium seiner Wahl nur anzuklicken braucht, um zu einer speziellen Seite mit Hintergrundinformationen zu gelangen. Dort findet der Mitarbeiter zum Beispiel erläutert, warum der betreffende Parameter erfolgsrelevant ist, wozu er dient und welches Ziel vorgegeben ist. Die Einbeziehung einer Datenquelle stellt sicher, dass das Management jederzeit in der Lage ist, die Genauigkeit und Pünktlichkeit des Performance-Reports zu kontrollieren. Der größte praktische Wert aber kommt vielleicht der jeweiligen Leistungsgrafik zu. Sie zeigt die Leistungsentwicklung im Zeitverlauf und enthält zudem einen interpretatorischen Kommentar, der die aktuellen Ergebnisse bewertet und einen Zukunftsausblick wagt. Die informative Intranet-Site erfreut sich einer großen Resonanz – mehrere tausend Besuche pro Quartal sind die Regel. Auch dieses Beispiel zeigt also, dass ein funktionierender Informationsaustausch durchaus ohne teure Spezialsoftware möglich ist.

Bevor Sie sich allerdings definitiv von jedem Gedanken an eine Investition in spezielle Balanced-Scorecard-Software verabschieden, sollten Sie sich die Vor- und Nachteile der jeweiligen Lösung noch einmal klar vor Augen führen. Die Entwicklung einer eigenen Lösung ist sicherlich nicht ganz einfach. Der vielleicht größte Schwachpunkt ist die manuelle Dateneingabe. Fast alle automatisierten Programme hingegen lassen sich mit ein wenig Programmieraufwand in die bestehenden Systeme einbinden, was bedeutet, dass die jeweiligen Basisdaten für die Leistungsberechnungen automatisch beschafft (das heißt aus den vorhandenen Datenspeichern extrahiert) werden können. »Selbstgebastelte« Systeme hingegen haben leider den Nachteil, dass die Daten für die Berechnungen erst manuell eingegeben werden müssen. Im Falle der unternehmensweiten Kaskadierung der Scorecard kann dies eine erhebliche Belastung darstellen (Hunderte von Arbeitsstunden). Hinzu kommt, dass Sie noch ein spezielles System brauchen, um die Grunddaten überhaupt zu beschaffen. Dies bringt überdies psychologische Probleme ins Spiel, denn nicht jeder Mitarbeiter wird so ganz freiwillig bereit sein, alle erforderlichen Daten zum Performance Measurement herauszurücken. Schließlich ist zu berücksichtigen, dass eine manuelle Daten-

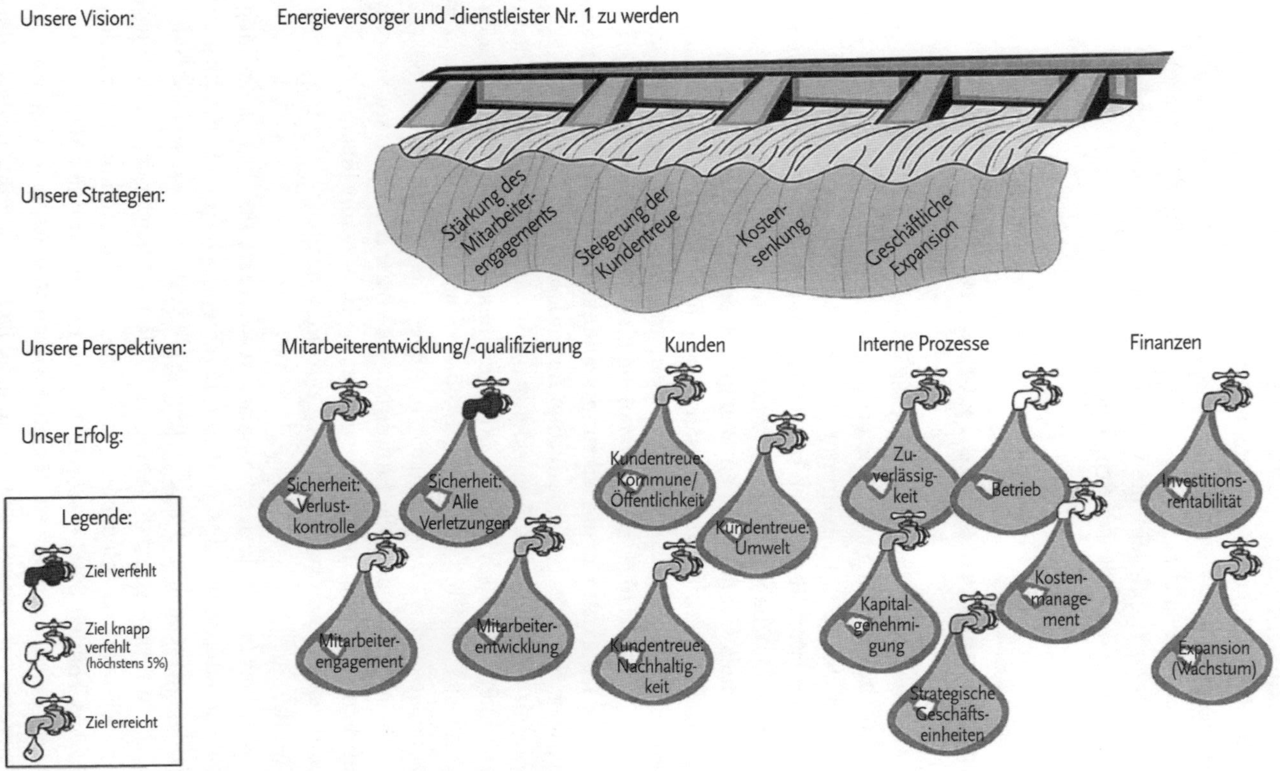

Abb. 11.2 Die Balanced Scorecard des Unternehmensbereichs »Wasserkraftwerke« von Nova Scotia Power Inc.

eingabe immer auch mit einer gewissen Fehlerquote behaftet ist. Folglich würde die erforderliche Qualitätskontrolle weitere Ressourcen verschlingen.

Letztendlich hängt die Automatisierungsentscheidung also von einer ganzen Reihe von Faktoren ab. Dazu zählen etwa die Bereitschaft Ihrer Organisation, ein solches System zu implementieren und zu nutzen (also auch vernünftig zu pflegen), die verfügbaren Ressourcen, der Umfang und die Komplexität des Balanced-Scorecard-Systems und – natürlich – die Kosten.

Managementkonferenzen ganz neuer Art

In den meisten Unternehmen ist die Zahl der Berichte so groß, dass auch dem eifrigsten Manager eine gründliche Lektüre unmöglich ist. Freilich verbirgt sich dahinter nicht nur ein Zeit-, sondern auch ein Inhaltsproblem. Die Szenarien ähneln sich ja – Berichte, die ihre Existenzberechtigung einmal erworben haben, laufen »ewig« weiter, wie immer sich die Welt inzwischen auch verändert haben mag (Stichworte dazu sind: Wettbewerbsbedingungen, Strategien, Leistungsangebote). Ich erinnere mich nur zu gut an meine Tage als Finanzanalyst bei einem großen Industrieunternehmen. Rund vier Tage monatlich pflegte ich in die Erstellung zweier großer Berichte zu stecken, die dann an die Führungskräfte verteilt wurden. Mein Begleitbrief schloss stets mit der freundlichen Aufforderung, bei Fragen bitte Kontakt mit mir aufzunehmen. Gemeldet hat sich nie jemand. Wie in anderen Unternehmen wohl auch üblich, warf man einen kurzen Blick in die Berichte und gab sich im Übrigen zufrieden – über Sinn oder Unsinn des Ganzen sollten andere sich Gedanken machen. Angesichts solcher Zustände ist es nicht verwunderlich, dass die Einführung des Balanced-Scorecard-Systems oft mit dem Argument bekämpft wird, dass ein ohnehin unsinniges, weil überbordendes Berichtswesen ja doch nur um eine zusätzliche Lage bereichert werde.

In Wahrheit freilich bietet die Balanced Scorecard eine exzellente Möglichkeit, das aktuelle Berichts- und Informationswesen einmal gründlich auf den Prüfstand zu stellen. Als Grundregel sollte gelten: Alles, was die Scorecard nicht sinnvoll ergänzt (indem es die Unternehmensstrategie aus einem anderen Blickwinkel beleuchtet), sollte ganz einfach eliminiert werden. Gleichzeitig können Sie die Scorecard auch nutzen, um den Managementsitzungen einen gründlichen Neuanstrich zu verpassen – weg von der Fokussierung auf Finanzergebnisse und Budgetabweichungen. Anders formuliert: Die Balanced Scorecard sollte einen »Paradigmenwechsel« einläuten, indem statt der rein finanziellen Parameter künftig das Thema Strategie die Tagesordnung bestimmt. Ein sehr willkommener Zusatznutzen aus dieser radikalen, sprich strategischen Umorientierung besteht darin, dass die Sitzungen nun in erheblich größeren Abständen stattfinden können, denn eine funktionierende Balanced Scorecard sorgt ja für ein ständiges Feedback strategisch relevanter Informationen (vor allem, wenn eine automatisierte Software verwendet wird). Da alle Mitarbeiter ihre spezifischen Aktivitäten und Entscheidungen an den Topzielen ausrichten können und sollten, genügt es, die gesamten Führungskräfte einmal im Quartal (statt monatlich) zusammenzurufen, um die aktuellen Scorecard-Ergebnisse aus strategischer Sicht zu diskutieren. Damit verschiebt sich der Fokus von einer »Schwarze-Peter-Kultur« – der Suche nach Schuldigen für etwaige Umsatz- oder Gewinneinbußen – zu einer Kultur der Kooperation, die den Blick auf eine durchaus kritische, aber gemeinsame Erörterung der Wechselbeziehungen zwischen den verschiedenen Performance- respektive Erfolgskennzahlen eröffnet, was wiederum einen kollektiven Lernerfolg beschert.

An Managementsitzungen dieses neuen Typs sollten alle teilnehmen, die hinsichtlich einer Kennzahl Ergebnisverantwortung tragen. Auf oberster Ebene sollte grundsätzlich für jeden einzelnen Indikator ein bestimmter Topmanager zuständig sein. Freilich wird es auch auf den unteren Ebenen Personen geben, die starken Einfluss auf die Leistungsergebnisse besitzen. Gemäß dem Geist des Lernens, der Zusammenarbeit und der kollektiven Problemlösung, wie er dem Balanced-Scorecard-Konzept bekanntlich immanent ist, empfiehlt es sich, auch diese Mitarbeiter an den Sitzungen teilnehmen zu lassen. Im Zentrum der Agenda stehen nun die Ergebnisse der einzelnen Kennzahlen, verbunden mit einer Erörterung der Frage, wie die Resultate aus strategischer Sicht zu bewerten sind und wie sie sich auf die der Strategie zugrunde liegenden Annahmen auswirken. Ursache-Wirkungs-Beziehungen lassen sich am besten aufdecken, indem man »topdown« verfährt (also bei den finanziellen Parametern beginnt). Die Teilnehmer sollten gemeinsam diskutieren, ob die Ergebnisse die Strategie unterstützen und bestätigen, ob unter Umständen Korrekturen erforderlich sind und wie sich die strategischen Initiativen auf die Ergebnisse auswirken. Sitzungen dieser Art sollten freilich nicht auf die Chefetage beschränkt sein. Jeder Geschäftsbereich, jede Abteilung und jede Arbeitsgruppe sollte eine eigene Scorecard besitzen und die diesbezüglichen Ergebnisse immer wieder gemeinsam auf den Prüfstand stellen. Die systematische Handhabung solcher Sitzungen auf den unteren Ebenen bietet somit eine weitere Möglichkeit, um die große Bedeutung der Scorecard für die Realisierung der strategischen Ziele zu unterstreichen und den Mitarbeitern zu verdeutlichen, wie dieses Instrument von allen Gruppen genutzt werden kann, um ihren ganz individuellen Beitrag zu definieren.

Zusammenfassung

Angesichts dessen, dass sich die Scorecard vom reinen Messsystem zu einem strategischen Führungssystem und Kommunikationsinstrument gemausert hat, steigt bei vielen Organisationen zwangsläufig auch das Interesse an technologischen Lösungen, die eine volle Nutzung dieses fortschrittlichen Managementkonzepts erlauben. Daher bietet der Markt inzwischen eine ganze Reihe von Softwarepaketen, die sehr leistungsfähige Funktionen zur Analyse- und Entscheidungsunterstützung beinhalten, eine weite Verbreitung strategischer Informationen ermöglichen und die Innovativität und teamorientierte Problemlösung unterstützen. Freilich zählt die Auswahl der richtigen Software zu den schwierigsten Entscheidungen der gesamten Balanced-Scorecard-Implementierung. Zu berücksichtigen gibt es nicht nur Design- und Konfigurationsbelange, sondern auch die Frage der erforderlichen Berichts- und Analyseinstrumente, technische Aspekte sowie Wartungs- und Sicherheitsfragen. All dies sollte in eine sachkundige und systematische Anbieterevaluierung eingelagert sein. Besonders fortschrittliche Balanced-Scorecard-Programme bieten heute überdies integrierte Personalmodule sowie die Möglichkeit der drahtlosen Übertragung der Scorecard-Ergebnisse (also des Datenabrufs per Handy oder ähnlichen Kommunikationsmitteln).

Ungeachtet der vielen Vorteile, die eine Technologielösung zweifellos bietet, darf sie dennoch nie als Ersatz für die gemeinsame, strategieorientierte Entwicklung einer Balanced Scorecard gesehen werden. Technologie hat immer nur dienende Funktion, sollte mithin helfen, das Scorecard-Konzept optimal zu nutzen, etwa durch unternehmensweite Verbreitung sowie Nutzung der nahezu unbegrenzten Möglichkeiten der Kooperation und des Informationsaustausches, was wiederum strategischen Durchbrüchen den Weg ebnet.

Eine Softwarelösung ist jedoch, wie gesehen, keineswegs eine unverzichtbare Erfolgsbedingung. Auch moderne Desktop-Publishing-Programme erlauben die Erstellung professioneller, intelligent aufbereiteter Berichte, mit denen die gesamte Organisation über die Scorecard-Ergebnisse auf dem Laufenden gehalten werden kann. Kommt dann noch ein Intranet hinzu, durch das die Ergebnisse auf breiter Basis kommuniziert und zugänglich gemacht werden können, ist für produktiven, auf Lerneffekte zielenden Informationsaustausch durchaus hinreichend gesorgt.

Die Balanced Scorecard darf allerdings nicht zur weiteren Ausuferung eines ohnehin schon überbordenden (und damit unproduktiven) Berichtswesens beitragen. Vielmehr bietet sie gerade die Chance, diesen Bereich einmal gründlich zu durchforsten und alles auszumerzen, was die Scorecard-Prozesse nicht aktiv unterstützt. Alle vorhandenen Berichte sollten im Lichte der Strategie auf ihre Existenzberechtigung geprüft werden. Die neuen Balanced-Scorecard-Berichte wiederum bilden die Basis für innovative Managementsitzungen, bei denen es bei der Auswertung der Scorecard-Resultate um strategische Erkenntnisse und Lerneffekte geht. Dieser Prozess sollte indes nicht auf die Topebene beschränkt bleiben. Vielmehr sollten die Verantwortlichen die Scorecard auf breiter Basis als Organisationsplattform für Sitzungen nutzen, auf denen die Ergebnisse intensiv diskutiert und im Lichte ihres Beitrags zu einer erfolgreichen Umsetzung der Unternehmensstrategie bewertet werden.

Kapitel 12: Wartung und Pflege der Balanced Scorecard

Wegweiser zum zwölften Kapitel

Jeder Garten, jeder Rasen braucht Pflege. Hobbygärtner wissen, welche Arbeit damit verbunden ist. Man stelle sich vor, es ist Sommer und man würde weder gießen, noch jäten oder mähen. Schnell wäre die Pracht dahin! Nun, genauso erginge es Ihrem frisch installierten Balanced-Scorecard-System, wenn Sie es an der nötigen Pflege fehlen ließen. Seinen vollen Wert als integriertes strategisches Führungssystem vermag die Balanced Scorecard nur zu erfüllen, wenn sie sorgfältig in Schuss gehalten wird. Was hierzu grundsätzlich erforderlich ist, untersuchen wir in diesem Kapitel.

Ohne geeignete Regeln, Vorschriften, Prozesse und Verfahren geht es nicht, wenn sich die Scorecard von einem Messsystem zu einem Führungsinstrument mausern soll. Dabei gibt es eine Vielzahl von Aspekten zu berücksichtigen. Von absolut zentraler Bedeutung sind auf jeden Fall folgende Fragen: Wie passt die Balanced Scorecard in die langfristige strategische Planung? Wie und wann sollen neue Scorecards entwickelt werden? Unter welchen Umständen sind an den Kennzahlen Änderungen vorzunehmen? Wie soll die Scorecard letztlich mit Managementprozessen wie Budgetplanung und Leistungsvergütung verbunden werden? Auch die Datenbeschaffung und -verbreitung im Rahmen des Berichtswesens ist ein elementar wichtiges Balanced-Scorecard-Thema. Es kommt hier natürlich auf Effektivität an, damit Akzeptanz entsteht und der Aufwand nicht nur als Bürde gesehen wird. Nachdem geklärt ist, wie die Scorecard in den laufenden Betrieb integriert werden soll, geht es an die konkrete Verteilung der Aufgaben und Zuständigkeiten. Dabei ist auch die Frage zu klären, wo die Scorecard-Funktion letztlich angesiedelt werden soll. Dieses Kapitel skizziert daher die wichtigsten Rollen der Balanced Scorecard und gibt Ihnen einige Richtlinien an die Hand, die Ihnen bei der Festlegung der Zuständigkeiten helfen werden.

›Fertig‹ ist die Balanced Scorecard nie!

Der bekannte Managementexperte John Kotter hat sich in seinen Publikationen viel mit dem Thema des Wandels befasst, unter anderem auch mit der Frage, worauf es für eine langfristig erfolgreiche Veränderungsinitiative ankommt. In seinem Buch *Leading Change* schreibt er: »*Große Veränderungen brauchen oft lange, vor allem in Großorganisationen. Es gibt viele Faktoren, die den Prozess schnell zum Stillstand bringen können, etwa ein Wechsel beim Schlüsselpersonal, nachlassender Elan auf Seiten der Führungskräfte oder einfach unglückliche Umstände.*«[1] Dies gilt exakt auch für die Balanced Scorecard. Denn bei ihr geht es primär bekanntlich weder um ein Messprojekt noch um ein Technologieprojekt, noch um ein Programm zur Personalentwicklung, sondern um eine große Veränderungsinitiative. Folglich besteht in der Tat die Gefahr, dass sie den von Kotter angesprochenen Kräften zum Opfer fällt. Jede Initiative benötigt starke Treiber des Wandels – so genannte »Champions«, die sich einzeln oder im Team mit hohem Engagement für deren Erfolg einsetzen –, doch bei der Institutionalisierung der Balanced-Scorecard-Methoden ist dies besonders wichtig. Der Hang, bei fehlendem Druck wieder in die alten Praktiken zurückzufallen, ist in allen Organisationen groß. Bei der Scorecard kommt hinzu, dass es darum gehen muss, das System kontinuierlich weiterzuentwickeln und zu verfeinern. Das Thema »Leitfiguren« oder »change agents« werden wir im Abschnitt »Schlüsselfunktionen für ein erfolgreiches Balanced-Scorecard-System« noch eingehend erörtern. Man muss einfach sehen, dass das Topmanagement ohnehin mit vielen wichtigen Initiativen befasst ist, und wenn dann noch ein Veränderungsprojekt dieser Dimension hinzu kommt, ist Überlastung vorprogrammiert. Gerade dem Balanced-Scorecard-Projekt kann es aber leicht zum Verhängnis werden, wenn die Aufmerksamkeit nachlässt, weil von oben nicht genug Engagement an den Tag gelegt wird. Und wie schon erwähnt – auch unglückliche Umstände können dem Projekt zusetzen, etwa wenn die Software Probleme macht oder unerfahrene Berater mehr versprechen, als sie zu halten vermögen. Wenn diese und ähnliche Faktoren zusammenspielen, kann dies auch ein gut geplantes Projekt zu Fall bringen. Den größten Feind einer erfolgreichen Implementierung aber habe ich noch gar nicht erwähnt. Er heißt »Schleifenlassen« – also mangelnde Konzentration und Pflege. Wie jede größere Veränderungsinitiative, muss auch die Balanced Scorecard über einen erheblichen Zeitraum wie ein zartes Pflänzchen gehegt und gepflegt werden. Nur so kann sie in der Managementpraxis und in der Unternehmenskultur Wurzeln schlagen.

Jenseits der positiven Dynamik, um deren Aufrechterhaltung es gehen muss, ist die Scorecard freilich niemals endgültig »fertig«. Dies ganz einfach deshalb, weil das Markt- und Wirtschaftsgeschehen ein offener Prozess ist. Es wäre geradezu Dummheit zu glauben, irgendwann sei alles erreicht, gehe es nicht mehr weiter, gebe es nichts mehr zu erobern, sei alles nur noch müheloses Dahingleiten auf samtglattem Wasser. In Wahrheit ist alles in ständiger Bewegung. Aus allen Richtungen drängen neue Wettbewerber auf den Plan. Die breite und rasche Zugänglichkeit von Wissen sorgt dafür, dass die Kunden immer anspruchsvoller werden. Die Mitarbeiter andererseits geben sich mit einem einfachen »Job«, den sie vorgesetzt bekommen, nicht mehr zufrieden. Sie erwarten eine befriedigende, das heißt sinn- und anspruchsvolle Tätigkeit, die es ihnen erlaubt, einen echten Beitrag zum Gesamterfolg zu leisten und Arbeit als Lebensqualität zu erfahren. All dies wirkt sich in starkem Maße auch auf Ihre Scorecard aus, doch glücklicherweise ist dieses moderne Instrument extrem flexibel. Im unerbittlichen Wandel der Verhältnisse müssen Ihre Strategien Farbe bekennen, und häufiger als erwünscht wird Umorientierung erforderlich sein. Dies heißt auch, dass die Kennzahlen nicht ein für alle Mal festgelegt werden können, und genauso vorsichtig sollte man auch bei den Annahmen zu Werke gehen, die zwischen den einzelnen Indikatoren vermutet werden und die Strategie entsprechend prägen. Die Balanced Scorecard ist, wie gesagt, flexibel genug, um allen Veränderungen Rechnung zu tragen. Sie bietet Ihnen daher den Kompass, den Sie benötigen, um Ihr Schiff sicher durch schwierige Gewässer zu navigieren. Die zentrale Frage lautet also: Wie lässt sich sicherstellen, dass die Scorecard intakt bleibt und im Tagesgeschäft auch tatsächlich die ihr zugedachte Leitrolle spielt? Nun, durch Pflege und ständige Weiterentwicklung. Pflege bedeutet, dass geeignete Richtlinien und Prozesse verlangt sind, um die gesamten Abläufe an der Scorecard auszurichten. Dies kann nur gelingen, wenn die richtigen Leute am richtigen Platz sind. Gleichzeitig gilt es, der Balanced Scorecard ein institutionelles Zuhause zu geben. Mit all diesen Punkten werden wir uns in diesem Kapitel noch eingehend befassen. Wie wichtig dieser Umsetzungsaspekt ist, verdeutlicht Kotter, wenn er mahnt: *»Lassen Sie nicht zu früh nach, denn sonst geht die Dynamik verloren – und das bedeutet Rückschritt.«*[2]

Wartung und Pflege der Balanced Scorecard

Entwicklung von Richtlinien, Verfahren und Prozessen

Der Titel dieses Abschnitts erinnert durchaus an die Befehls- und Kontrollstrukturen früherer Tage, die ja bekanntlich von Vorschriften und Durchführungskontrollen lebten. Da man einmal festgelegte Verfahren als das Nonplusultra anzusehen pflegte, lag es nahe, das Heil in strikter Einhaltung zu suchen. Die Balanced Scorecard verkörpert natürlich den genauen Gegenpol – das neue, durch offenen Informationsaustausch, Zusammenarbeit, Delegation von Verantwortung und teamorientierte Problemlösung gekennzeichnete Paradigma. Allerdings genügt es nicht, eine Scorecard in die Welt zu setzen und zu glauben, der Rest ergebe sich von selbst. Um das neue System in den alltäglichen Geschäftsabläufen zu verankern, braucht es eben auch geeignete Richtlinien, Prozesse und Verfahren, vor allem zu Beginn. Speziell folgende Punkte gilt es zu klären, nachdem das Balanced-Scorecard-System im Prinzip »steht«:

- *Langfristige strategische Planung.* Welche Rolle sollte die Balanced Scorecard in den langfristigen strategischen Überlegungen spielen? Nun, sie sollte natürlich im Zentrum aller Planungen stehen. Folglich muss vermieden werden, dass die Organisation nach dem initialen Schritt wieder in alte Verhaltensmuster zurückfällt. Legen Sie daher gemeinsam mit Ihren Strategieplanern die Rolle der Scorecard in diesem Entwicklungsprozess fest und sorgen Sie dafür, dass ihr die Schlüsselfunktion bei der Strategieumsetzung zukommt.
- *Jährliche Weiterentwicklung der Balanced Scorecard.* Wie immer wieder betont, ist die Scorecard ein dynamisches Instrument, das sich flexibel an die geschäftlichen Veränderungen anpassen lässt. Wenigstens einmal jährlich sollte das Scorecard-System daher auf strategische Stimmigkeit untersucht und bei Bedarf angepasst werden. Warten Sie damit nicht bis zur letzten Minute, denn sonst überfordern Sie Ihre ohnehin unter Druck stehenden Führungskräfte. Seien Sie also klug und stellen Sie Ihren Fahrplan schon früh auf, damit alle Beteiligten genug Zeit haben, um sich über ihre Scorecard und deren Abstimmung auf die Gesamtziele Gedanken zu machen.
- *Termine für Berichte.* Die systematische und rechtzeitige Festlegung der Berichtstermine ist ein entscheidender Punkt. In der Regel ist davon auszugehen, dass zumindest ein gewisser Teil Ihrer Balanced-Score-

card-Daten nicht direkt aus den Basissystemen beziehbar ist. Diese Daten müssen also erst noch manuell beschafft und in das Informationssystem (ob automatisiert oder nicht) eingegeben werden. Alle Datenlieferanten sollten sich also darüber im Klaren sein, dass sie pünktlich und in der Sache zuverlässig liefern müssen. Sorgfalt ist also gefragt. Weisen Sie nachdrücklich darauf hin, dass das System nur richtig funktionieren kann, wenn alle Beteiligten ihre Aufgabe ernst nehmen.

- *Einheitliche Sprachregelung.* Sorgen Sie unbedingt für eine einheitliche Begrifflichkeit und ein einheitliches Verständnis. Wird etwa das Wort »Ziel« (im Sinne eines abstrakten Oberziels, engl. »objective«) von allen Beteiligten (Vorgesetzten wie Untergebenen) in gleicher Weise verstanden, etwa in Abgrenzung von den konkreten, periodenbezogenen Vorgaben (Zielvorgaben, engl. »targets«)? Wenn Sie es für angebracht halten, zusammen mit der Scorecard auch eine neue oder präzisere Begrifflichkeit einzuführen, tun Sie es! Allerdings sollte dies gleich zu Beginn der Einführung der Balanced Scorecard geschehen, denn der Mensch ist ein Gewohnheitstier und fällt bekanntlich gerne in alte Praktiken zurück.
- *Rollen, Funktionen und Verantwortlichkeiten.* Legen Sie klar fest, wer in Ihrer Organisation für das Scorecard-System zuständig ist und welche Verantwortlichkeiten damit einhergehen. Wir werden diesen Punkt weiter unten im Abschnitt »Schlüsselrollen« noch eingehend erörtern.
- *Mindest-Leistungsstandards.* »Messen« heißt bei der Balanced Scorecard, die Ist-Leistung mit einer Vorgabe (Benchmark) zu vergleichen. Dieser Vergleichs- oder Referenzwert kann eine Budgetziffer, die Vorjahresziffer, ein »Best-in-class«-Wert oder ein anspruchsvoller eigener Vorgabewert sein. Ganz unabhängig vom gewählten Referenzwert sollte es immer darum gehen, relative Performancebereiche festzulegen, etwa orientiert an den Markern »Grün«, »Gelb« und »Rot«. Die aktuelle Leistung mag etwa im grünen Bereich liegen, wenn die Zielvorgabe erreicht oder gar übertroffen wird. »Gelb« mag ein Ist-Leistungsniveau markieren, das den Zielwert um maximal 10 Prozent unterschreitet. Alles, was jenseits dieser 10-Prozent-Marke liegt, bekommt die rote Karte. Es liegt in der Natur der Sache, dass die Festlegung solcher Leistungsschwellen mit einigen Kontroversen verbunden sein wird. Der eine Mitarbeiter hätte es gerne ein wenig lockerer, während der andere einfach den Druck braucht. Meine Empfehlung lautet, zumindest im ersten Jahr die Zügel nicht allzu sehr anzuziehen. Die Mitarbeiter soll-

ten sich zunächst einmal an das neue Führungssystem gewöhnen. Richtig auf Leistung trimmen sollte man es erst später.

- *Änderung von Zielvorgaben und Kennzahlen.* Legen Sie genau fest, unter welchen Bedingungen bei all diesen Performance-Indikatoren auch im Verlaufe des Jahres eine Änderung erfolgen kann. Die Vorgaben sind ein besonders wunder Punkt, da vielen Unternehmen hier sowohl die Kompetenz als auch die Erfahrung fehlt, weshalb Fehleinschätzungen anfänglich ganz unvermeidlich sind. Grundsätzlich aber sollte bei allen drei Arten von Indikatoren eine Änderung nur in klaren Fällen erlaubt sein – wenn etwa die Berechnung eines bestimmten Kriteriums dysfunktionale Entscheidungen nach sich zieht oder wenn die Vorgaben so hoch angesetzt sind, dass die Mitarbeiter demotiviert werden. In solchen Fällen kann es also gerechtfertigt sein, auch außerhalb der regelmäßigen Überprüfungen zu handeln. Mit diesem Thema werden wir uns im Abschnitt »Aktualisierung der Kernelemente der Scorecard« noch detailliert beschäftigen.
- *Zeitplan für die Verknüpfung der Scorecard mit den Managementprozessen.* Es bleibt letztlich Ihnen überlassen, wie schnell Sie die Balanced Scorecard kaskadieren und mit der Budgeterstellung und dem Vergütungssystem verknüpfen wollen. Wenn alles gut läuft, kann dies bereits im ersten Jahr geschehen. Es kann aber auch sein, dass es sinnvoller ist, dem neuen System erst einmal Zeit zu geben, in der Organisation richtig Fuß zu fassen. Auf jeden Fall sollten Sie diese Entwicklung gut planen. Gemeint ist ein Masterplan, der Aufschluss darüber gibt, wohin die Reise gehen soll und welche Erfordernisse damit verbunden sind. Auch wenn Sie im ersten Jahr also noch keine Verknüpfung vornehmen, sollten Sie das Thema Weiterentwicklung und Ausbau bereits früh angehen.

Beschaffung von Daten für die Balanced Scorecard

Die Beschaffung von Daten für das Balanced-Scorecard-Berichtssystem nebst Eingabe dieser Daten ist nicht selten mit enormen Schwierigkeiten verbunden. Das Problem beginnt bereits bei der Frage, ob Daten verfügbar sind oder nicht. Eine der großen Stärken der Scorecard liegt ja bekanntlich darin, dass sie über die »fehlenden« Kennzahlen Aufschluss gibt. Doch die Identifizierung dieser Indikatoren ist das eine; die Beschaffung einschlägiger Messdaten ist der andere, schwierigere Part. Es kann durchaus sein, dass die dafür erforderlichen Systeme oder Instrumente noch gar nicht vorhanden sind. Erfahrungsgemäß fehlen anfänglich 20 bis 30 Prozent der zur Messung und Berichterstattung erforderlichen Daten. Dies sollte aber kein Alibi dafür sein, die Balanced Scorecard zu verschieben. Beginnen Sie einfach mit dem, was Sie haben. Anders formuliert: Konzentrieren Sie sich zunächst auf jene Kennzahlen, die datenmäßig gedeckt sind, und bemühen Sie sich parallel dazu um geeignete Verfahren zur Beschaffung der noch fehlenden Daten.

Haben Sie in Ihrer Jugend auch einmal davon geträumt, Polizist zu werden? Die Frage wird Sie erstaunen, doch worauf ich anspiele, ist die Schwierigkeit der Beitreibung der Informationen von den einzelnen Besitzern. Es kann gut sein, dass Sie sich dabei wie die Balanced-Scorecard-Polizei vorkommen. Die Mitarbeiter sind selten um Ausreden verlegen, wenn sie erklären müssen, warum die fälligen Berichte noch immer nicht vorgelegt wurden (wobei im Einzelfall durchaus Prozessverbesserungsbedarf bestehen mag). Zureden, überzeugen, drohen – all dies hilft freilich nur bedingt. Im Grunde gibt es nur einen einzigen sinnvollen Ansatz, um eine funktionierende Informationskette sicherzustellen – nämlich dafür zu sorgen, dass das gesamte Verfahren für die Betroffenen so einfach und unaufwändig wie möglich ist. Selbst wenn Sie ein relativ einfaches, wenig technisiertes Berichtswesen installiert haben, lassen sich Automatisierungen in den Prozess einbauen, die den Beteiligten die Bereitstellung der dringend benötigten Daten erleichtern. Auf jeden Fall empfehlen sich Schablonen im Sinne von Standardformularen, die von den zuständigen Mitarbeitern nur noch ausgefüllt zu werden brauchen. Abbildung 12.1 zeigt ein Beispielformular, das sich problemlos für beliebige Kennzahlen nutzen lässt.

Entwickeln Sie also einfach für alle Mitarbeiter, die für Kennzahlen verantwortlich sind, jeweils ein solches Formular. Die Verteilung erfolgt sinnvollerweise elektronisch (unter Einschluss aller, die an der Datenbereitstellung beteiligt sind). Sollten Sie über kein E-Mail-System verfügen, können Sie die Formulare natürlich auch in gedruckter Form verteilen (sei es über die Hauspost oder per Fax). In unserem Beispiel sind Angaben für den Monat September verlangt. Gleichzeitig sind – zu Referenzzwecken – aber auch die Werte für die beiden zurückliegenden Monate angegeben. Dies vermittelt den notwendigen Hintergrund und erleichtert damit den Performancekommentar. Das ausgefüllte Formular geht dann (am besten per E-Mail) an den BSC-Systemadministrator zurück. Dieser muss die Daten anschließend in das System importieren, damit sie der Berichtsfunktion zur Verfügung stehen. Eine automatisierte Balanced-Scorecard-Lösung kann in

Verantwortlicher: XX
Datenlieferant: YY

Definition der Kennzahl	*Perspektive*	*Beschreibung*	*Tatsächliche Ergebnisse*			*Kommentar*
			Juli	*Aug.*	*Sept.*	
Anzahl der eingegangenen Anrufe	Kunden	Gesamtzahl der Anrufe, die im Laufe des Monats im Callcenter eingingen	3 000	3 500	3 750	Wie erwartet, nehmen die Anrufe ständig zu. Durch qualifizierte Schulung und eine zusätzliche Kraft sollten wir bis Jahresende in der Lage sein, monatlich bis zu 5 000 Anrufen zu bewältigen.
Anzahl der unmittelbaren Problemlösungen	Kunden	Anzahl der Kunden, deren Probleme in einem einzigen Telefonat gelöst werden konnten	50	60	45	Das aktuelle Ergebnis täuscht etwas. Die Zahl der »Sofortlösungen« liegt im September zwar etwas niedriger als zuvor, doch hat dies damit zu tun, dass insgesamt weniger Reklamationen eingingen.

Abb. 12.1 Ein Balanced-Scorecard-Datenerfassungsformular

diesem Punkt natürlich gewaltig entlasten, da das Programm normalerweise in der Lage ist, die gelieferten Daten direkt aus dem Formular einzulesen, also automatisch zu importieren (was bei komfortablen Programmen auch das Einlesen der Kommentarspalte einschließt). Fazit: Mit einem einfachen Standardformular und durch Nutzung der E-Mail-Funktion können Sie die Mitarbeiter sehr entlasten und damit viele Probleme und Hindernisse umgehen. Idealerweise öffnet der Mitarbeiter einfach den E-Mail-Anhang, trägt seine Performancedaten ein und klickt auf den Rücksendebutton. Vorteile hat dieses Verfahren natürlich nicht nur für die Datenlieferanten, sondern auch für die Systemadministratoren, denn ein einheitliches, standardisiertes Formular ist die effizienteste aller Lösungen. Man mag sich die Alternative ja gar nicht ausmalen – wenn etwa kaum leserliche Faxe enträtselt oder heterogene Daten zusammengetragen und strukturiert werden müssen.

Aktualisierung der Kernelemente der Scorecard – Kennzahlen, Ziele und Vorgaben

Gehen Sie ruhig davon aus, dass sich im Laufe der Zeit bei Ihren Zielen, Kennzahlen und Vereinbarungen einiges ändern wird. Im Extremfall kann es sogar sein, dass Sie aufgrund der eingehenden Balanced-Scorecard-Ergebnisse beschließen, eine bestimmte Strategie überhaupt aufzugeben, weil sich die zugrunde liegenden Annahmen als falsch erwiesen. In einem solchen Fall werden Sie vermutlich eine neue Strategie entwickeln, verbunden mit möglichst gut abgestimmten neuen Kennzahlen, Zielen und Vorgaben. Zwar sind die Lebenszyklen von Strategien heute kürzer denn je; gleichwohl ist nicht davon auszugehen, dass die installierten Kennzahlen nach einem Jahr bereits Makulatur sind. Trotzdem empfiehlt es sich sehr, die Balanced Scorecard mindestens einmal jährlich auf den Prüfstand zu stellen, um deren Kernelemente bei Bedarf nachzujustieren und mit den strategischen Zielen in Einklang zu bringen. Die meisten Scorecard-Anwender folgen dieser Praxis auch, wie eine Benchmarking-Studie belegt. 62 Prozent der teilnehmenden Unternehmen gaben an, ihre Scorecards jährlich zu überprüfen beziehungsweise auf den neuesten Stand zu bringen. 15 Prozent nehmen diese Revision halbjährlich vor, 23 Prozent sogar vierteljährlich.[3] Machen Sie die jährliche Scorecard-Überprüfung also sinnvollerweise zu einem integralen Teil der normalen Planungsabläufe. In der Regel finden die strategischen, Finanz- und Geschäftsplanungen ja auf jährlicher Basis statt. Es bietet sich also geradezu an, die Scorecard mit einzubinden und ihr somit den gebührenden Platz als wichtiges Managementinstrument zuzuweisen.

Es ist unvermeidlich, dass mit zunehmender Erfahrung mit dem Balanced-Scorecard-System Nachjustierungen fällig werden. Dies kann zum Beispiel bedeuten, Ziele besser, das heißt eindeutiger zu formulieren oder Begrifflichkeiten zu klären, um das allgemeine Verständnis zu verbessern. Bei den Kennzahlen ist es ähnlich. Hier mögen etwa bei den Berechnungsmethoden Änderungen angezeigt sein, um zu präziseren Aussagen zu gelangen, oder es hapert vielleicht bei der Beschreibung der Inhalte, sodass den Mitarbeitern die betriebliche oder strategische Relevanz nicht hinreichend klar ist. Auch die Abstände der Datenerhebung mögen sich als optimierungsfähig erweisen. Angenommen, Sie messen die Mitarbeiterzufriedenheit zunächst monatlich, stellen dann aber fest, dass die Datenbeschaffung unerwartet aufwändig ist. In einem solchen Fall wird man natürlich nicht diese wichtige Kennzahl komplett über Bord werfen, sondern die Berichtsperiode entsprechend anpassen. Denken Sie jedoch daran, dass sich jede Änderung an einer Kennzahl potenziell auch auf die zugehörige Vorgabe auswirkt. Dies vor allem dann, wenn Sie Formeln und Berechnungsverfahren modifizieren. Daneben kann es natürlich je nach Situation auch sinnvoll sein, die Vorgaben selbst zu korrigieren, sei es nach oben oder nach unten.

Die Aktualisierung der Performanceziele, -kennzahlen und -vorgaben bietet eine weitere gute Möglichkeit, um das kollektive Wissen, das in Ihrer Organisation schlummert, anzuzapfen. Beziehen Sie daher so viele Mitarbeiter wie möglich ein, um sicherzustellen, dass etwaige Änderungen auf breiter Interessenbasis beruhen. Mitarbeiterumfragen sind eine hervorragende Möglichkeit, um Aufschluss darüber zu erhalten, wie die Balanced Scorecard in der Belegschaft ankommt, wie die Mitarbeiter mit ihr klarkommen und wo die Verbesserungsmöglichkeiten liegen. Abbildung 12.2 enthält ein Beispiel für einen solchen Fragebogen (mit zehn Fragen), mit dem mindestens einmal jährlich auf das kritische Feedback und das Wissen der Mitarbeiter zugegriffen werden kann. Die Fragen sollten jeweils ganz mit Blick auf die eigene Gruppe oder Abteilung bearbeitet werden. Die Überprüfung der obersten Scorecard wiederum ist Aufgabe des engeren Führungszirkels. Der Fragebogen enthält im Übrigen auch eine Spalte für Kommentare und Verbesserungsvorschläge. In unserem Beispiel gibt der Mitarbeiter der Scorecard seiner Gruppe 38 von 50 möglichen Punkten. Ein Wert von über 35 Punkten dürfte auf jeden Fall als positiv gelten können. Allerdings ist die Verteilung der Punkte genauso aufschlussreich wie das Gesamtergebnis. In unserem Beispiel scheint die Scorecard als Aufklärungs- und Kommunikationsinstrument, das den Mitarbeitern den Zusammenhang zwischen eigenem Tun und Unternehmensstrategie erklärt, sehr gut zu funktionieren. Auch scheint die Gruppe ihre Ergebnisse regelmäßig zu diskutieren und davon ausgehend nach Verbesserungsmöglichkeiten zu suchen. Genauso deutlich ist aber, dass der Mitarbeiter mit der benutzten Berichtsmethode nicht gut klarkommt, dass ihm die Ursache-Wirkungs-Zusammenhänge relativ unklar sind und dass – wie der Kommentar zeigt – die Ergebnisse der Balanced Scorecard offenbar doch nicht ganz so breit diskutiert werden, wie dies zu wünschen wäre. Derlei Informationen sind für die Weiterentwicklung der Scorecard von enormem Wert. Im Übrigen besitzen auch die Kunden und Lieferanten ein direktes Interesse an der Leistungsfähigkeit Ihres Unternehmens, weshalb es bestimmt gut ankäme, wenn Sie auch diesen Kreis in den Verbesserungsprozess einbeziehen würden.

Frage/Bewertungskriterium	***Beurteilung (Skala: 1–5)***
Hat Ihnen der Einsatz der Balanced Scorecard in Ihrer Gruppe geholfen, die Unternehmensstrategie besser zu verstehen?	5
Geht aus Ihren Kennzahlen klar hervor, wie Sie mit Ihrer Gruppe zur Erreichung der Gesamtziele beitragen können?	5
Sind Ihre Kennzahlen gleichmäßig auf die vier Balanced-Scorecard-Perspektiven verteilt?	4
Sind Ihre Kennzahlen anhand von Ursache-Wirkungs-Beziehungen gut miteinander verknüpft?	3
Konnten Sie an der Erstellung der Scorecard Ihres Bereichs aktiv mitwirken?	4
Findet bei Ihnen eine regelmäßige Überprüfung der Performanceergebnisse statt?	4
Wie gut funktioniert die Berichtsmethode?	3
Sind bei Ihnen Vorgesetzte und Untergebene gleichermaßen für die Erreichung der Balanced-Scorecard-Ziele verantwortlich?	4
Ermöglicht die gruppeninterne Analyse der Scorecard-Ergebnisse die Entwicklung von Verbesserungsinitiativen?	4
Haben Sie durch die Besprechung der Scorecard-Ergebnisse mit Kollegen deren Aufgabe(n) und Funktion(en) besser kennen gelernt?	2
Gesamtergebnis	**38**

Zusätzliche Bemerkungen:
Ich wüsste gerne mehr über den Einsatz der Balanced Scorecard in anderen Gruppen des Unternehmens. Wie sieht es mit der diesbezüglichen Ergebnisberichterstattung aus? Kann man zu diesen Ergebnissen Zugang bekommen?

Abb. 12.2 Mitarbeiterfragebogen zur Balanced Scorecard

Wie in Kapitel 6 bereits ausgeführt, gibt es nur einen einzigen Grund, der eine Änderung verbietet: Ändern Sie Leistungskennzahlen nicht einfach nur deswegen, weil Ihnen das Ergebnis nicht passt! Die Balanced Scorecard ist zum Lernen da – in strategischer Hinsicht, bezüglich der Annahmen, die dem aktuellen Handeln zugrunde liegen, hinsichtlich der Güte des kundenbezogenen Leistungsangebots und so weiter. Lasten Sie also nicht dem Boten die Nachricht an! Nicht immer werden Sie mögen, was Ihnen die Indikatoren signalisieren. Die Herausforderung besteht ja gerade darin, die Planabweichung als Lernchance zu begreifen, nicht als »Systemfehler«, den es »eigentlich« nicht geben dürfte.

Schlüsselfunktionen für ein erfolgreiches Balanced-Scorecard-System

In Kapitel 3 haben wir uns mit einigen Schlüsselrollen beschäftigt, ohne die es schwierig sein dürfte, die Balanced-Scorecard-Einführung erfolgreich zu gestalten. Wir wollen hier nun verschiedene dieser Funktionen erneut aufgreifen, um sie in neuem Kontext – gleichsam auf der zweiten Stufe – zu betrachten. Denn nun geht es darum, die eingeführte Scorecard zu einem dauerhaften Erfolg werden zu lassen – Ergebnisstabilisierung und -verbesserung lautet das Ziel.

Das Thema, das dieses Kapitel durchzieht, lässt sich auf einen einfachen Nenner bringen: Von alleine läuft gar nichts – auch nicht die Balanced Scorecard! Wenn positive Ergebnisse erzielt werden sollen, ist ständiges Bemühen verlangt. Ganz entscheidend hängt die erfolgreiche Entwicklung der Scorecard von einem kompetenten und engagierten *Champion* oder *Teamleiter* ab. Es muss jemand da sein, der sich voll für die Balanced Scorecard einsetzt und unternehmensweit als Botschafter, Moderator und Förderer begriffen wird. Bei allen Fragen, die wir bislang in diesem Kapitel erörtert haben, ist Führung im besten Sinn des Wortes verlangt – etwa im Zusammenhang mit den Richtlinien und Verfahren, die es zu erstellen gilt, bei der Evaluierung möglicher Änderungen bei den Kennzahlen oder hinsichtlich der Datenbeschaffungsstrategien. Der Balanced-Scorecard-Manager muss diese lenkende und helfende Hand sein. Kommunikationsfähigkeiten sind hierbei so wichtig wie Führungsfähigkeiten, und daneben sollte dieser Champion auch der unbestrittene Balanced-Scorecard-Fachmann sein, der in der Lage ist, die Führungskräfte aller Ebenen zu coachen, ihnen den Zweck des Konzepts zu erläutern sowie deutlich zu machen, um welch erstklassiges, Durchbrüche ermöglichendes Instrument es sich handelt. Freilich ist es mit kluger Gesprächsmoderation und der Erarbeitung geeigneter Strukturen noch lange nicht getan. Viele Begleitaktivitäten sind gefragt, um das Bild abzurunden – etwa das 5-Minuten-Gespräch auf dem Flur, in dem man sich kurz über die aktuellen Scorecard-Ergebnisse austauscht; die Verteilung eines Artikels über die neuesten Scorecard-Methoden; die Scorecard-Präsentation vor einer Gruppe von Verwaltungsassistenten, die sich bisher ziemlich ausgeschlossen fühlten. All dies sind Beispiele für Aktivitäten, die den Unterschied ausmachen und letztlich über Erfolg oder Misserfolg entscheiden. Auf den Punkt gebracht: Es kommt auf Kommunikation an, das heißt auf Vermittlung und Überzeugung. Der Champion muss den Karren ziehen, muss verdeutlichen, was die Balanced Scorecard derzeit bereits so stark macht und warum sie – als innovativ genutztes strategisches Führungssystem – dem Unternehmen künftig zu entscheidenden Durchbrüchen zu verhelfen vermag. Unilever zum Beispiel hat begriffen, wie wichtig diese »Leithammelfunktion« ist. Colin Sharp, für die Strategieumsetzung (Strategy into Action) zuständiger Projektleiter, formuliert es so: *»Wir schufen eine Position mit Zuständigkeit sowohl für die Implementierung der Scorecard als auch für die in den ersten Jahren erforderliche Stabilisierung des Prozesses. Eine ganz wichtige Funktion!«*[4] Der logischste Kandidat für diese Rolle ist gewiss jene Person, die bereits für die Ersteinführung zuständig war – denn sie gilt bereits als »Meister Scorecard« und ist entsprechend glaubwürdig. In der Regel ist es nicht sonderlich schwierig, die betreffende Führungskraft für diese Aufgabe zu gewinnen, auch wenn damit eine Niederlegung (oder zumindest weitgehende Zurückstellung) der bisherigen Verantwortlichkeiten verbunden ist. Aus meiner Praxiserfahrung heraus kann ich nur bestätigen, dass viele dieser Balanced-Scorecard-Manager schließlich so sehr an ihrer Tätigkeit hingen, dass sie überhaupt nicht mehr in ihre ursprüngliche Funktion zurück wollten. Ich bin absolut überzeugt davon, dass die Einrichtung einer solchen Vollzeitposition ein entscheidender Erfolgsfaktor ist. Die mit dieser Funktion verbundene Kompetenz, Kontinuität und Kommunikation sind einzigartige Vorteile und daher unverzichtbar.

Eine andere Funktion – der *Executive Sponsor,* also der »Pate« aus dem Topmanagement – ist ebenfalls von zentraler Bedeutung. Alles, was in Kapitel 3 zu dieser Rolle gesagt wurde, gilt uneingeschränkt auch für den weiteren Fortgang. Dieser Topmanager hat mehrere Aufgaben. Er informiert über Strategien und Pläne, fungiert als »Verbindungsmann« und Brückenkopf zur Unternehmensspitze und wirbt mit Überzeugung für das Balanced-

Scorecard-Projekt. Das Vorhaben kann letztlich nur erfolgreich sein, wenn es vom Topmanagement geschlossen und vorbehaltlos unterstützt wird. Genau hierfür muss der Sponsor sorgen, indem er seinen Vorstandskollegen den Nutzen und die Zukunftsorientierung des Balanced-Scorecard-Konzepts nachhaltig erläutert. In dem Maße, wie das Programm sich entwickelt, ausdehnt und reift, schließt diese kommunikative Aufgabe auch ein, die Kollegen des engeren und weiteren Kreises auf dem Laufenden zu halten und für die neuen Führungskonzepte zu werben. Es gibt zwar mehrere Möglichkeiten, die Verantwortung für die Balanced Scorecard organisatorisch zu verankern (siehe nachfolgendes Unterkapitel), doch ist es im Prinzip sicherlich sinnvoll, den Scorecard-Manager direkt dem Sponsor zu unterstellen. Dies schafft eine klare Kommunikationslinie und stellt sicher, dass alle einschlägigen Informationen direkt in die Chefetage durchdringen, sodass bei Bedarf rasch gehandelt werden kann – sei es, um Chancen zu ergreifen, sei es, um Hindernisse aus dem Weg zu räumen.

Die *Mitglieder des BSC-Projektteams* sind, wie gesehen, zunächst für die Entwicklung der Balanced Scorecard zuständig. Danach aber ändert sich ihre Rolle. Nun geht es logischerweise nicht mehr so sehr um konkrete Gestaltungsfragen, sondern um Erfahrungsaustausch und die Vermittlung von Best Practices. Die Teammitglieder sollten sich regelmäßig treffen, um miteinander zu diskutieren, wie sich die Praxis in ihren Bereichen und Gruppen konkret darstellt. Auf diese Weise ergeben sich viele Tipps, sei es zur Problemlösung oder Optimierung. Auch empfiehlt es sich, Neuerungsideen zunächst einmal in dieser Runde zu besprechen. Dies gilt auch für eine etwaige Nutzung der Scorecard für die Budgetplanung und die Prämienregelung, da die Teammitglieder in einer hervorragenden Position sind, um zu beurteilen, was in ihrem Bereich funktionieren kann und was nicht. Mitunter allerdings gehen die Unternehmen vom Projektteam zu einem Lenkungsausschuss über, der etwa aus dem Balanced-Scorecard-Manager, dem »Paten« aus dem Topmanagement, weiteren höheren Führungskräften sowie bestimmten Mitgliedern des ursprünglichen Teams besteht. Mit dieser Formalisierung gewinnt die Gruppe natürlich an Gewicht und besitzt gleichsam einen »offizielleren« Auftrag für die Zukunftsgestaltung und die Institutionalisierung tragfähiger Balanced-Scorecard-Strukturen.

Eine Funktion, die bei der Entwicklung der Scorecard aus nahe liegenden Gründen noch keine Rolle spielte, für den langfristigen Erfolg aber von enormer Bedeutung sein kann, ist der *Systemadministrator*. Normalerweise kennt man den Begriff ja aus dem Software- und EDV-Bereich, doch dass dies auch in unserem Kontext relevant ist, wird spätestens klar, wenn es an die Entwicklung und Installierung des Berichtswesens geht – ganz egal, welche Lösung Sie wählen. Im Fall der Eigenentwicklung ist es je nach Komplexität des Systems noch denkbar, dass der Balanced-Scorecard-Manager die Administratorfunktion mit übernimmt. Falls Sie sich aber für eine automatisierte Softwarelösung entscheiden, dürfte an der Einsetzung eines speziellen Systemverwalters kein Weg vorbeiführen. Dem Systemadministrator obliegt nicht nur der Zeitplan für die Performanceberichte, sondern er hat auch sicherzustellen, dass alle Daten rechtzeitig eingehen und korrekt in das Programm eingegeben werden. Außerdem nimmt er die erforderlichen Änderungen an den Scorecard-Elementen vor, unterstützt die Anwender in technischen Belangen, pflegt die Software (etwa über Upgrades) und führt Schulungen durch. Durch enge Zusammenarbeit mit dem Balanced-Scorecard-Manager einerseits und dem Executive Sponsor andererseits trägt er zudem entscheidend dazu bei, dass die Balanced Scorecard in Managementsitzungen ein positives Bild abgibt. Ob Folien für den Overhead-Projektor oder Dokumentation der neuesten Scorecard-Software – die Technologie, die bei den Evaluationen eingesetzt wird, sollte einwandfrei funktionieren, damit das Vertrauen in den neuen Prozess wächst. Die technischen Aufgaben des Systemadministrators sind in den marktgängigen Softwarepaketen in der Regel eingehend beschrieben.

Die Stellung der Balanced-Scorecard-Funktionsträger im hierarchischen Gefüge

Nachdem wir uns mit den Rollen und Funktionen beschäftigt haben, die erforderlich sind, um die Balanced Scorecard in den Führungssystemen zu verankern, gilt es nun natürlich noch, den Scorecard-Funktionsträgern einen Platz im Organigramm zuzuweisen, speziell dem Scorecard-Manager und dem Systemadministrator. Die Teammitglieder bleiben selbstverständlich nach wie vor ihrem Geschäftsbereichsleiter unterstellt, und auch beim Sponsor im Topmanagement ändert sich am üblichen Aufgabenfeld nichts. Bleibt also nur noch die Frage, wem der Scorecard-Verantwortliche und der Systemadministrator unterstellt werden sollten. Dies ist ein enorm wichtiger Punkt, den man daher gut bedenken sollte. Der Grund liegt darin, dass die Balanced Scorecard an diesem Punkt der Entwicklung oft noch als »Projekt« gesehen wird, also als etwas, das noch keinen festen, dauerhaften Platz in den Geschäftsabläufen besitzt und damit noch nicht ganz für voll genommen wird. Daher ist es wichtig, nun ein tragfähigeres Fundament zu schaffen, indem klare Zuständigkeiten vergeben werden – andernfalls nämlich verfestigt sich der Eindruck des Temporären und irgendwann Abgeschlossenen, wie er mit dem Terminus »Projekt« nun einmal einhergeht, und ist schließlich nicht mehr aus den Köpfen zu bekommen. Doch wie gesehen, ist die Scorecard nie »fertig«, sondern muss ständig den sich wandelnden Bedingungen angepasst werden. Genau hierin – in ihrer Funktion als Navigationsinstrument in Zeiten des Wandels – liegt ja ihre Stärke. Wenn aber das Gefühl entsteht, die Sache sei »erledigt«, ist dies offenkundig kontraproduktiv, da es den Anreiz, die Performanceergebnisse zu berichten und diese Informationen in die Entscheidungsprozesse einfließen zu lassen, schwächt. Dies kann rasch dazu führen, dass im Performance Measurement der Schlendrian einkehrt. All diesen Problemen lässt sich vorbeugen, indem man der Scorecard ein »funktionales Zuhause« gibt. So kann das neue Paradigma Platz greifen; die Scorecard wird Teil des legitimen Geschäftsbetriebs und kann sich dauerhaft im Geschäftsalltag verankern.

Der erste Kandidat für die Balanced-Scorecard-Oberaufsicht ist der Bereich Finanzen, wie eine neuere Untersuchung zeigt. Auf die Frage, welcher Funktionsbereich in der betreffenden Organisation für das Performance Measurement zuständig ist, lautete die Antwort in 67 Prozent der Fälle »das Finanzwesen«.[5] Meine eigenen Erfahrungen weisen genau in die gleiche Richtung. Da der Finanzbereich im Zentrum des Informationswesens steht, ist es grundsätzlich naheliegend, die Balanced Scorecard dort anzusiedeln. Die neueren Entwicklungen in diesem Bereich haben diesen Anspruch eher noch erhärtet, wie das folgende Zitat belegt. *»Das Informationszeitalter verlangt dem Finanzbereich eine neue Rolle ab – die des Unternehmensarchitekten ... Traditionell lag der Schwerpunkt auf dem Controlling. Nun rückt die strategische, ökonomische, taktische und Performance-Measurement-spezifische Führungsfunktion ins Zentrum ... Warum der Finanzbereich? Nun, die Finanzierungsfunktion hat den obersten Zugang zu Informationen, Strategie, wirtschaftlichen Zielsetzungen und internen Prozessaktivitäten.«*[6] In den Finanzabteilungen hat man diese Chance erkannt und ist eifrig im Begriff, sich in den neuen Rollen zu installieren. Niemand weint der aufwändigen und häufig genug unproduktiven, das heißt wenig wertschöpferischen »Polizistenrolle« eine Träne nach angesichts der dynamischen, einflussreichen, von Strategie und Geschäftspartnerschaft geprägten neuen Funktion, die sich da geradezu aufdrängt. Die Balanced Scorecard mit ihrem holistischen, kooperativen Charakter passt in dieses neue finanzwirtschaftliche Paradigma wie der Handschuh zur Hand.

Trotzdem sollten Sie sich die Sache gut überlegen, bevor Sie definitiv beschließen, dem Finanzchef die Scorecard-Epauletten anzuheften, denn jede Implementierung einer Balanced Scorecard hat ihren eigenen Charakter. Grundsätzlich ist der Finanzbereich, wie gesehen, eine exzellente Option, doch setzt dies zweifellos Modernität voraus. Falls in Ihrer Finanzabteilung noch immer das »Polizistendenken« vorherrscht, Partnerschaft mithin als Fremdwort gilt, mag sich der Fall anders darstellen. Prüfen Sie also, ob die auf Kommunikation, Wissensaustausch und Kooperativität angelegte Scorecard in Ihre Finanzfunktion passt. Als Alternativen kommen etwa die Strategiefunktion oder die Personalabteilung in Frage. Unter dem Strich (Pardon, auch das eine Finanzmetapher!) kommt es jedenfalls darauf an, die Balanced Scorecard bei einem Bereichschef unterzubringen, der dieses neue Managementkonzept glaubwürdig und offensiv zu vertreten und ihm den nötigen Schub zu verleihen vermag. Wo die betreffende Person formell zu Hause ist – ob im Personal-, Marketing-, Produktions-, Strategieplanungs- oder Finanzbereich – ist dann nicht mehr so wichtig. Wie immer, kommt es auch hier weniger auf den Titel, sondern vor allem auf Persönlichkeit und Statur an.

Zusammenfassung

Wer die Balanced Scorecard als ein »abzuhakendes« Mess- oder Systemprojekt begreift, begeht einen großen Fehler, weil er den eigentlichen Nutzen dieses Instruments – die vielen Vorteile als strategisches Führungssystem – überhaupt nicht begriffen hat. Bei guter Kommunikation, Unterstützung und Pflege kann die Scorecard demgegenüber zum Eckpfeiler einer neuen Führungskultur werden. Dies ist freilich nur zu erreichen, wenn die Aufgabenverteilung stimmt. Somit gilt es zu klären, wie folgende Balanced-Scorecard-Aufgaben in den Kontext der aktuellen und geplanten Managementstrukturen passen:

- Rolle der Scorecard bei der langfristigen strategischen Planung
- Jährliche Weiterentwicklung der Scorecard
- Berichtsstrukturen (Terminplanung)
- Einheitliche Sprachregelung zwecks effektiver und effizienter Kommunikation
- Rollen und Verantwortlichkeiten für die Balanced-Scorecard-Entwicklung

- Performance-Mindeststandards
- Korrektur und Anpassung der Scorecard-Elemente
- Verknüpfung der Balanced Scorecard mit anderen Managementprozessen

Um eine breite Akzeptanz und praktische Nutzung der Balanced Scorecard zu erreichen, müssen Strategien für ein so effektives wie effizientes Performance Measurement entwickelt werden. Auch wenn keine automatisierte Lösung installiert wird, empfiehlt sich zur Dateneinholung die Verwendung von Standardformularen.

Die Mehrzahl der Unternehmen, die mit der Balanced Scorecard arbeiten, überprüfen und aktualisieren ihr System auf jährlicher Basis. Angesichts des ständigen Wandels und der zunehmenden Kompetenz im Umgang mit der Scorecard ist Anpassungsbedarf bezüglich der Kennzahlen, Vorgaben und Ziele ganz unvermeidlich. Dies kann kleinere Korrekturen im Sinne etwa der Präzisierung unklarer Formulierungen ebenso beinhalten wie größere, strategisch motivierte Anpassungen.

Sämtlichen Schlüsselpersonen, die an der anfänglichen Konzipierung, Entwicklung und Einführung der Scorecard beteiligt waren, kommt auch im Fortgang des Geschehens eine wichtige Funktion zu. Der Balanced-Scorecard-Manager als der operativ Hauptverantwortliche gewinnt sogar noch an Gewicht, denn er muss langfristig dafür sorgen, dass die Scorecard stabil in der Unternehmenskultur verankert wird, etwa durch Coaching, Schulungen (auf allen Ebenen der Organisation) und generelle Aufklärung über den langfristig kaum zu überschätzenden Nutzen dieses Instruments. Hierfür braucht es Sachkompetenz so sehr wie erstklassige Kommunikationsfähigkeiten – Statur eben. Hinzu kommt in dem Maße, wie die Balanced Scorecard Breitenwirkung entfaltet, eine neue Funktion – der Systemadministrator. Diesem Mitarbeiter obliegt die sehr wichtige Aufgabe, für ein funktionierendes Informationssystem zu sorgen, also dafür, dass die erforderlichen Messdaten pünktlich und vollständig eingehen.

In der Praxis wird die Scorecard formell und diagrammtechnisch meist dem Finanzbereich zugeordnet. Dies ist im Prinzip sehr sinnvoll, da viele Unternehmensinformationen im Finanzwesen angesiedelt sind und dieser Bereich auf oberster Ebene einen einzigartigen Überblick über Strategien, Prozesse und alle wirtschaftlichen Ereignisse besitzt. In letzter Konsequenz jedoch ist die Persönlichkeit des Balanced-Scorecard-Managers der ausschlaggebende Punkt. Denn es kommt darauf an, einen Verantwortlichen zu installieren, der aus Überzeugung bereit ist, sich für die Scorecard einzusetzen und sie unternehmensweit zu einem zentralen Instrument zur Strategieumsetzung zu machen.

Teil V
Die Balanced Scorecard im öffentlichen und Non-Profit-Sektor – sowie abschließende Gedanken zum Erfolg der Balanced Scorecard

Kapitel 13: Leistung, nicht Gewinne zählen – der öffentliche Sektor und Non-Profit-Bereich

Wegweiser zum 13. Kapitel

Wer in einer staatlichen oder gemeinnützigen Organisation arbeitet, wird sich möglicherweise daran stören, dass sich nur ein einziges Kapitel dieses Buches speziell mit deren Problematik befasst. Der Grund liegt jedoch auf der Hand – alles, was bisher gesagt wurde, gilt mit geringen Modifikationen auch für Behörden und gemeinnützige Organisationen. Mit diesen wenigen Besonderheiten wollen wir uns daher nun in diesem Kapitel beschäftigen und die spezifischen Herausforderungen skizzieren, denen sich die Balanced-Scorecard-Entwickler in einem solchen Umfeld gegenüber sehen.

Was halten Sie von der Politik im Allgemeinen und der öffentlichen Verwaltung im Besonderen – den Beamten und sonstigen Bediensteten auf allen Ebenen der Bürokratie? Ihre erste Reaktion wird vielleicht wenig positiv ausfallen, wenn auch hoffentlich nicht ganz so vernichtend wie bei H. L. Mencken, dem bekannten amerikanischen Schriftsteller und Verleger, der einmal meinte: »*Meiner Meinung nach ist aller Staat von Übel und jeder Versuch, hier etwas zu verbessern, reine Zeitverschwendung.*« Nun, Mencken übertreibt. Natürlich lassen sich die Verhältnisse auch in der Staatsbürokratie verbessern – nicht zuletzt dank der Balanced Scorecard. Wir beginnen dieses Kapitel deshalb mit einer kurzen Betrachtung einiger Performance-Measurement-Initiativen im öffentlichen Bereich, in deren Folge sich die Balanced Scorecard als zukunftsorientiertes Verbesserungsinstrument zu etablieren vermochte.

Im staatlichen und gemeinnützigen Sektor ist – anders als in der Privatwirtschaft – der finanzielle »Gewinn« nicht das alles entscheidende Kriterium. Vielmehr geht es um hohe moralische, am Gemeinwohl orientierte Ziele. Diese Auftragsorientierung hat natürlich Auswirkungen auf die Architektur der Balanced Scorecard. Der »Kunde« steht hier (zusammen mit dem Auftrag) an oberster Stelle; die finanziellen Kennzahlen verlieren demgegenüber an Bedeutung. Wir werden uns mit diesen Unterschieden im Folgenden eingehend beschäftigen.

Die Scorecard hat inzwischen in vielen Behörden und gemeinnützigen Organisationen ein Zuhause gefunden. Die Aufgabe war freilich nicht immer leicht, was angesichts der vielen Herausforderungen, die es bei der Implementierung einer Balanced Scorecard zu meistern gilt, allerdings nicht verwundert. Mit einigen dieser Probleme wollen wir uns in diesem Kapitel im Detail beschäftigen und zeigen, wie man diese Klippen umschifft. Immer mehr staatliche Stellen und gemeinnützige Einrichtungen tun dies übrigens mit Erfolg und benutzen die Balanced Scorecard, um ihre Beschäftigten am zentralen Auftrag der Organisation auszurichten. Die Untersuchung der Entwicklungsgeschichte eines solchen Balanced-Scorecard-Pioniers wird zeigen, welche Erfolgsgeheimnisse sich konkret dahinter verbergen.

Einsatz der Balanced Scorecard im öffentlichen Bereich

Performance Measurement im öffentlichen Dienst

Im Folgenden stelle ich Ihnen ein Beispiel für Performance Measurement im öffentlichen Sektor der USA vor. Als Bill Clinton im Jahr 1993 US-Präsident wurde, ging er rasch daran, dem staatlichen Verwaltungsapparat in den Vereinigten Staaten Beine zu machen. Bereits am 3. August jenes Jahres unterzeichnete er den *Government Performance and Results Act* (GPRA), mit dem alle bundesstaatlichen Stellen per Gesetz verpflichtet wurden, mehr Leistungsdenken und Verantwortlichkeit einzuführen und die Beschäftigten per Performance Measurement stärker in die Pflicht zu nehmen. Anders formuliert: Zielsetzung war nun verlangt, und Leistungskontrollen sollten sicherstellen, dass die Ziele auch erreicht wurden. Noch entscheidender ist aber, dass hiermit eine grundlegende Abkehr von traditionellen Einstellungen vollzogen wurde – nicht mehr die Frage, wie viel man ausgeben will, stand im Zentrum, sondern die Frage, was erreicht werden soll. Doch so radikal dieser Schritt anmutet, gab es ähnliche Ansätze doch auch schon früher. Bereits in den sechziger Jahren wurde in Erweiterung einer erfolgreichen Initiative des Verteidigungsministeriums das *Program Planning and Budgeting System* (PPBS) eingeführt. In den Siebzigern hießen die neuen Losungen dann »Zero-Base-Budgeting« (Budgetierung auf Nullbasis; Etatisierung vom Ausgangspunkt) und »management by objectives« (Führung durch Zielvereinbarung). In den achtziger Jahren schließlich hießen die Schlagworte »Produktivitätssteigerung« und »Qualitätsmanagement«. 1988 wurde zur Förderung der Qualitätsorientierung gar ein »President's Quality Award« eingerichtet. Das neue Programm war im Übrigen eng mit dem »Malcolm Baldrige National Quality Award« abgestimmt und konzentrierte sich unter anderem auf kundenorientierte Qualität, kontinuierliche Verbesserung, ständiges Lernen sowie Mitarbeiterpartizipation und -entwicklung. Clinton kam all dies gerade recht. Rasch nutzte er die Chance und verband die neue Qualitätsorientierung mit dem Ansatz zur Performanceverbesserung, den er bereits in den Achtzigern als Gouverneur von Arkansas systematisch gefördert hatte. Im März 1993 setzte er Vizepräsident Al Gore an die Spitze einer Kommission, die binnen sechs Monaten erkunden sollte, wie die Leistungsfähigkeit der öffentlichen Verwaltung verbessert werden könne. Der resultierende Bericht trug denn auch den vielversprechenden Titel »Creating a Government That Works Better and Costs Less« (auf Deutsch etwa: Staatliche Verwaltung – effektiver und kostengünstiger), was letztlich zum Zustandekommen der »National Partnership for Reinventing Government« führte, die sich eine gründliche Reorganisation der Staatsbürokratie auf die Fahnen schrieb. All dies führt uns wieder zurück zur Unterzeichnung des GPRA im August 1993. Nach diesem neuen Gesetz sind alle US-Bundesbehörden verpflichtet, Missionserklärungen zu entwickeln, ergebnisbezogene Gesamtziele festzulegen, interne Leistungsziele (Teil- und Gesamtziele) vorzugeben sowie Kriterien für eine zuverlässige Fortschrittskontrolle zu erarbeiten.[1]

Die Ziele und Ideale, die der US-amerikanische GPRA verkörpert, verdienen ohne Zweifel Anerkennung, doch ähnliche Bemühungen gab es in den Vereinigten Staaten – wie oben erwähnt – auch in der Vergangenheit, und sie alle verliefen letztlich im Sande. Stellt sich also die Frage: Wird auch dem US-amerikanischem GPRA (dem Gesetz zur Förderung der Leistungs- und Ergebnisorientierung im staatlichen Bereich) irgendwann das gleiche Schicksal blühen? Nun, es gibt einige Gründe dafür, dass es dieses Mal besser klappt. Ein entscheidender Unterschied zwischen dem GPRA und seinen Vorläufern besteht darin, dass es sich nun um ein *Gesetz* handelt, nicht nur um eine präsidiale Richtlinie. Gesetze basieren in den USA auf breiter Basis (Exekutive und Legislative) und sind auf Dauer angelegt; exekutive Richtlinien hingegen sind tendenziell Makulatur, sobald der Präsident aus dem Amt scheidet. So wundert es nicht, dass der neue Präsident, George W. Bush, bereits signalisiert hat, dass auch seine Administration auf »Ergebnisorientierung« setzen wird. Im April 2001 kündigte die Bush-Administration an, dass bei ausgewählten Programmen bereits für das Finanzjahr 2003 leistungsbasierte Etats vorzulegen seien. Zum ersten Mal also werden die staatlichen Ausgaben an Leistungsziele gekoppelt. Für den GPRA und das Performance Measurement spricht im Übrigen auch, dass im öffentlichen Finanzwesen ein neuer Wind bläst. Jahrzehntelang waren die Etats stabil oder gar steigend. Heute indes schrumpfen sie, und jedes Programm muss über seine Effektivität und seinen Wertschöpfungsbeitrag Rechenschaft ablegen. Dank der Massenkommunikationsmittel sind die Bürger heute besser informiert als je zuvor. Dieses Wissen an der Basis (beim Kunden) übersetzt sich in eine Forderung nach verantwortlichem, rechenschaftspflichtigem Handeln auf Staatsseite. Mehr denn je zuvor wollen die Menschen wissen, wofür ihr sauer verdientes Geld verwendet wird und ob mit der Investition ein angemessener sozialer Nutzen verbunden ist. Der Hauptunterschied zwischen früheren Versuchen der Performancemessung im öffentlichen Sektor und den heutigen Programmen aber dürfte, denke ich, im Erfolg und Vorbildcharakter des Performancemanagements in der Privatwirtschaft zu suchen sein. Seit der ersten Balanced Scorecard, von Kaplan und Norton entwickelt und 1992 im *Harvard Business Review* publiziert, hat dieses Instrument der Erfolgsmessung und -steuerung inzwischen in Tausenden von Organisationen weltweit Fuß gefasst. Hinzu kommt, dass das Internet für eine rasche und effiziente Verbreitung einschlägiger Informationen sorgt. Die Verantwortlichen des öffentlichen Dienstes können mittlerweile also aus einem nahezu unerschöpflichen Fundus an Modellen und Beispielen, das heißt Best Practices, schöpfen, um in ihrer Organisation ein maßgeschneidertes Performancemanagement einzuführen. Seit Mitte der neunziger Jahre haben (in Amerika zumindest) die Publikationen, Materialien und Konferenzen zum Thema »Performancemessung in Behörden« denn auch rasant zugenommen.

Ergebnisorientiertes Management ist im öffentlichen Bereich indes längst nicht mehr auf die oberste Ebene (die Bundesebene) beschränkt, sondern durchzieht die Hierarchien bis hinunter zur Kommunalebene. Neueren US-Studien zufolge haben 34 Prozent der Bezirke mit einer Bevölkerung von über 50 000 sowie 38 Prozent der Städte mit über 25 000 Einwohnern ein Performance Measurement installiert.[2] Diese staatlichen Einrichtungen sind – derzeit noch auf freiwilliger Basis – der allgemeinen Entwicklung aber vermutlich nur leicht voraus. Viele Experten sind der Auffassung, dass der Government Accounting Standards Board (GASB) als zuständiges Gremium schon bald die Zügel anziehen und dem gesamten

Bereich der öffentlichen Verwaltung eine »Dienstleistungs- und Ergebnisorientierung« verordnen wird.

Dieser neue Führungsstil im öffentlichen Sektor befindet sich derzeit am Rande der »kritischen Masse« – die Dynamik wird also in den kommenden Jahren vermutlich stark zunehmen. Die Verantwortlichen sind daher gut beraten, sich dieser neuen Kultur nicht in den Weg zu stellen, indem sie Performance Measurement als Teufelswerk verfluchen, sondern sich der vielen Vorteile dieses Ansatzes bewusst zu werden. Nicht zuletzt eröffnet der Einsatz von Performance-Messmethoden den Leitern der verschiedenen Behörden die Möglichkeit, den legislativen Auftraggebern wie auch den Bürgern gegenüber nachzuweisen, welchen Wert ihre Programme tatsächlich besitzen. Dies verlangt natürlich aussagefähige, ergebnisorientierte Indikatoren, mit denen sich der Erfolg zuverlässig messen lässt. Gerade in Zeiten knapper Staatshaushalte ist es ein erheblicher Vorteil, durch eine gute Leistungs- und Erfolgsmessung belegen zu können, dass die jeweilige Dienstleistung dem Bürger tatsächlich etwas bringt. Doch nicht nur die Adressaten profitieren, sondern auch die Staatsdiener selbst. Wie in der Privatwirtschaft, sind auch die Beschäftigten des öffentlichen Dienstes nun in der Lage, sich aus der Beliebigkeit zu befreien und auf jene Aktivitäten zu konzentrieren, die nachweislich zum Gesamterfolg des Programms beitragen. Ermöglicht wird dies insbesondere durch den Wissens- und Informationsaustausch, auf dem die Balanced Scorecard beruht. Aus diesen und vielen anderen Gründen hört man daher von den Scorecard-Vorreitern im öffentlichen Sektor nur Lobendes über diesen Ansatz. Allerdings verschweigen sie in ihren Berichten auch nicht, dass viel Engagement und Durchsetzungsvermögen verlangt ist, um die Implementierung zu einem Erfolg werden zu lassen. Im nächsten Abschnitt wollen wir uns nun mit der Frage beschäftigen, welche besonderen Konfigurationsmerkmale die Balanced Scorecard im öffentlichen Dienst auszeichnen.

Entwicklung einer Balanced Scorecard für die öffentliche Verwaltung

Die Balanced Scorecard gewinnt auch im öffentlichen Dienst zunehmend an Boden (und damit an Akzeptanz). Verwundern kann dies nicht, denn der aus der Privatwirtschaft seit den frühen neunziger Jahren belegte Nutzen dieses Instruments lässt sich relativ problemlos auch im öffentlichen Bereich realisieren. Da die Scorecard ursprünglich allerdings für gewinnorientierte Organisationen gedacht war, bedarf ihre Grundstruktur einer gewissen Modifikation, um dieses Führungsinstrument optimal auf den öffentlichen Sektor anzupassen. Abbildung 13.1 zeigt dies am Modell. Es eignet sich ausgezeichnet, um den Unterschied zwischen Privatwirtschaft und öffentlichem Sektor herauszuarbeiten.

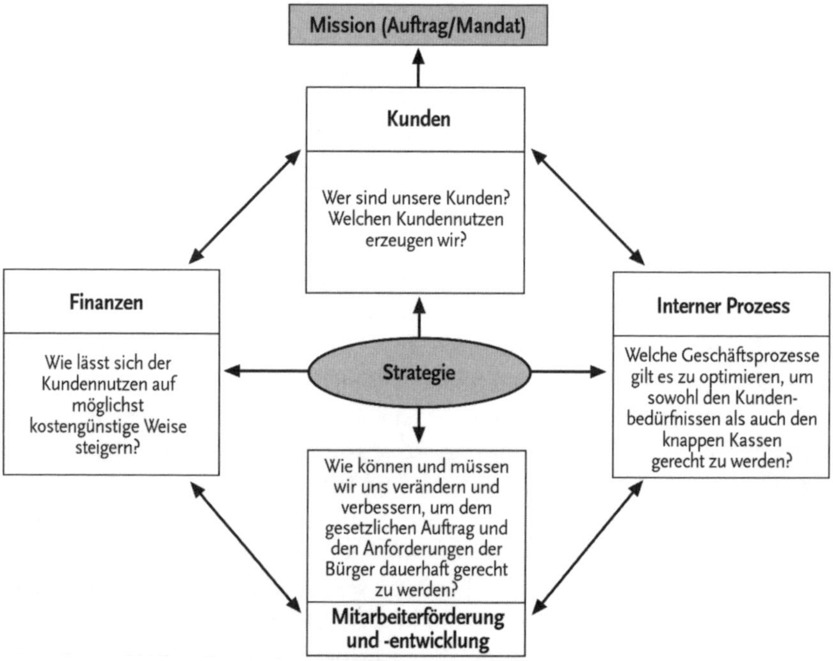

Abb. 13.1 Modell der Balanced Scorecard im öffentlichen Bereich

Immer natürlich steht die Strategie im Zentrum des gesamten Systems, unabhängig davon, ob die Scorecard nun in einer Behörde, in einem Weltunternehmen oder im Laden an der Ecke eingesetzt wird. Allerdings haben staatliche Organisationen mit dem Konzept der Strategie so ihre Schwierigkeiten. Nur allzu oft beschränkt sich Selbige auf eine Liste von Programmen und Initiativen, mit der hauptsächlich versucht wird, von den legislativen Bewilligungsstellen Gelder zu ergattern. Eben deshalb ging es bei den anfänglichen Balanced-Scorecard-Ansätzen im öffentlichen Dienst vor allem um interne Effizienz- und Qualitätsbelange – der Bürger als Kunde und Adressat der Dienstleistung spielte eine sekundäre Rolle. Ein Blick in die

Geschichte belegt dies. Wie oben bereits erwähnt, war in den achtziger und frühen neunziger Jahren das Schlagwort »Qualität« auch im öffentlichen Dienst in aller Munde, was sich in den Performance-Measurement-Ansätzen deutlich niederschlug. Es ist ganz offenkundig, wo das Manko derzeit liegt – in der fehlenden Verknüpfung strategischer Ziele mit höherrangigen Zielen. Denn Letztere sind es, die der Strategie überhaupt ihre Existenzberechtigung verleihen und Auskunft darüber geben, worum es eigentlich gehen muss. Anders formuliert: Jede staatliche Einrichtung benötigt ein Missionsstatement im Sinne einer Formulierung des übergeordneten Zwecks – des Auftrags/Mandats –, an dem sich ihr Handeln grundsätzlich orientiert. Nennen wir einige Beispiele, wie solche Zweckformulierungen in unterschiedlichen Bereichen aussehen könnten: »Abbau des Bildungsnotstands«; »Senkung der HIV-Infektionsquote« oder »Verbesserung der öffentlichen Sicherheit«. Dies sind, wie ersichtlich, *übergeordnete Ziele*, keine Strategien! Sie verkörpern die Mission – mit anderen Worten: die Triebkraft, die allem Handeln zugrunde liegt. Woraus folgt, dass diese übergreifenden Ziele an die oberste Stelle der Scorecard gehören. Von ihnen müssen die Performancekennzahlen abgeleitet werden, deren Aufgabe es ja ist, die Zielerreichung sicherzustellen. Indem die Zweckformulierung ganz bewusst an die erste Stelle gesetzt wird, ist für größtmögliche Sichtbarkeit gesorgt. Kein Beschäftigter kommt nun daran vorbei, sich Gedanken darüber zu machen, wozu seine Organisation eigentlich existiert und worum es bei der täglichen Arbeit letztlich gehen muss.

Ein klarer Unterschied zwischen privatwirtschaftlicher und »öffentlich-rechtlicher« Balanced Scorecard besteht also darin, dass bei Letzterer der Auftrag oder externe Zweck an oberster Stelle rangiert. Hieraus ergibt sich direkt der Blick auf die »Kunden« des staatlichen Dienstleisters (statt auf finanzielle Kennzahlen und Stakeholder). Zweckerfüllung lässt sich nicht mit fiskalischer Verantwortung im Sinne reiner Verwaltung von Geldmitteln gleichsetzen. Vielmehr kommt es darauf an, ein klares Bild davon zu besitzen, wer die Adressaten der Dienstleistung sind und wie deren Bedürfnisse am besten befriedigt werden können. In der von Gewinnstreben geprägten Privatwirtschaft sind die Unternehmen bekanntlich in erster Linie ihren Geldgebern (den Aktionären) verpflichtet. Dies hat seine logische Entsprechung darin, dass die finanziellen Kennzahlen die erste Geige spielen müssen. Im staatlichen Sektor ist dies zwangsläufig anders. Hier dreht sich alles um den Kunden beziehungsweise Bürger und seine Belange. Nur so kann die Organisation ihren Auftrag – und damit ihren Existenzzweck – erfüllen. Gleichzeitig freilich liegt in der Definition des »Kunden« auch die allergrößte Schwierigkeit. Im Bereich des Gemeinwesens stricken bekanntlich viele verschiedene Gruppen an der jeweiligen Dienstleistung, und ebenso viele Gruppen sind bei den »Zahlern« und Adressaten zu berücksichtigen. Dieses Beziehungsnetz macht die Definition des »Kunden« in vielen Fällen zu einer schwierigen Angelegenheit. Im Prinzip hängt alles von der Perspektive des Betrachters ab. Die die Mittel bereitstellende gesetzgebende Körperschaft ist hier sicherlich genauso relevant wie der Leistungsempfänger oder die Zielgruppe. Bleiben wir kurz bei den Adressaten der Dienstleistung. Soll etwa die Polizeidienststelle die Kriminellen, die sie einsperrt, als »Kunden« betrachten? Nun, ganz von der Hand zu weisen wäre diese Betrachtungsweise sicherlich nicht. Genauso gut lässt sich aber auch argumentieren, dass der Bürger (als Mandatgeber und Souverän) der eigentliche Nutznießer der Politik und somit der eigentliche Kunde sein sollte. Glücklicherweise zwingt die Balanced Scorecard nicht dazu, diese schwierige Frage so oder so zu entscheiden. Sie ist offen und lässt Spielraum. Die Einbeziehung *aller* potenziellen Kunden ist nicht nur zulässig und möglich, sondern sogar höchst wünschenswert! Dies deshalb, weil die Auftragserfüllung sehr wahrscheinlich nur möglich sein wird, wenn es gelingt, heterogene Kundengruppen zufrieden zu stellen, was wiederum bedeutet, dass alle diese Gruppen erfolgsrelevant sind. Konkret: Jede ermittelte Kundengruppe wird sich in den übrigen drei Perspektiven der Balanced Scorecard in spezifischen Kennzahlen niederschlagen müssen. Sobald dieses »kundenseitige« Beziehungsnetz einigermaßen durchleuchtet und verstanden ist, ist jedoch auch die Festlegung von geeigneten Kennzahlen in den verschiedenen Bereichen kein allzu großes Problem mehr.

Die finanziellen Kriterien lassen sich im »öffentlich-rechtlichen« Balanced-Scorecard-Modell am besten als Katalysatoren des Kundenerfolgs begreifen (mal besser funktionierend, mal schlechter – etwa bei knappen Kassen). Das Hauptziel besteht, wie gesehen, immer in der Erfüllung des Zwecks (des gesetzlichen Auftrags) und der Kundenbedürfnisse, nicht im finanziellen Erfolg im Sinne eines Gewinns. Trotzdem ist der Finanzaspekt nicht irrelevant. Finanziellen Kennzahlen kommt vielmehr auch im öffentlichen Bereich eine wichtige Funktion zu. Effizienz, das heißt Wertschöpfung zu geringstmöglichen Kosten, muss ja für jede Organisation von zentraler Bedeutung sein. Die Ermittlung der Dienstleistungskosten kann wichtige Erkenntnisse zu Tage fördern und Finanzierungsentscheidungen sehr beeinflussen. Dies erklärt, weshalb auch im öffentlichen Dienst Methoden des »activity-based managements« (tätigkeitsorientiertes Management zur kontinuierlichen Verbesserung der Wertschöpfung in den beteiligten

Prozessen) immer stärker Zulauf bekommen – helfen diese Methoden doch, die wahren Kostentreiber zu ermitteln und in den Griff zu bekommen. Eine systematische Kostenkontrolle und Verfolgung detaillierter finanzieller Kennzahlen kann im öffentlichen Dienst freilich eine schwierige Angelegenheit sein. Nehmen wir beispielsweise den Sozialamtsbereich (etwa das Adoptionswesen oder andere familienorientierte Aufgabenbereiche). Man mag es vordergründig für Unsinn halten, den Prozess der Unterbringung eines Kindes in einer liebevollen Familie oder die Resozialisierung zerrütteter Familien (etwa über Beratungsprogramme, die Eltern helfen, ihrer Fürsorgepflicht besser gerecht zu werden) mit einer bestimmten Kostenziffer belegen zu wollen. Umso mehr ist es Aufgabe versierter Balanced-Scorecard-Praktiker, skeptische Behördenleiter davon zu überzeugen, dass finanzielle Kriterien nicht zwangsläufig zu den nichtfinanziellen Zielen im Widerspruch stehen müssen. Im Gegenteil. Sie sollen vielmehr die Balance herstellen, indem das primäre Ziel der kundenorientierten Leistungserbringung mit finanzieller Rechenschaftspflichtigkeit und Verantwortlichkeit gekoppelt wird.

Die Kennzahlen für die internen Prozesse sollten sich im öffentlichen Sektor stets von der »value proposition« (dem Leistungsangebot) der Kundenperspektive ableiten. Welche Schlüsselprozesse müssen also problemlos funktionieren, damit die Wahrscheinlichkeit des Kundenerfolgs steigt? Die Vorstellung eines Leistungsangebots ist im staatlichen Bereich sicherlich vielfach etwas völlig Neues, war man bislang doch hauptsächlich an Etats gewöhnt und hatte auf deren Einhaltung zu achten, um möglichst keine Kontrollprobleme zu bekommen. Wie oben bereits erwähnt, besteht ein Erbe der staatlichen Qualitätsprogramme der Vergangenheit darin, dass man sich allzu sehr auf die interne Effizienz und Qualität zu konzentrieren pflegt, ohne weiter nachzufragen, wie sich diese Performance-Measurement-Ansätze denn auf das eigentliche Ziel – die Erfüllung der Kundenerwartungen und damit des Kernauftrags der Organisation – auswirken. Staatliche Stellen brauchen sich jedoch keineswegs ausschließlich auf diese »innerbetriebliche« Performanceebene zu beschränken. Mit einer starken Vision und einer überzeugenden Führung lässt sich vielmehr auch im öffentlichen Bereich Kundennähe, ja sogar ein erstklassiges Produktimage realisieren, wenn man es nur wagt, entsprechende Ziele anzugehen. Interne-Prozess-Kennzahlen ergeben sich im Übrigen auch aus dem zunehmenden Trend, dass staatliche Organisationen Leistungen outsourcen, also mit Marktanbietern kooperieren, um die Bedürfnisse ihrer Kunden zu befriedigen. Hier gilt es, geeignete Performancekriterien zu etablieren, um diese wichtige Entwicklung unter Kontrolle zu halten.

Um die in den Bereichen »Interner Prozess«, »Finanzen« und »Kunden« vorgegebenen Ziele zu erreichen, kommt es vor allem darauf an, auch im Bereich »Mitarbeiterförderung und -entwicklung« die nötigen Voraussetzungen zu schaffen und geeignete Kennzahlen zu entwickeln. Motivierte Beschäftigte mit der richtigen Mischung von eigenen Fähigkeiten und produktiven Hilfsmitteln, eingebettet in ein Arbeitsklima, das zu kontinuierlicher Verbesserung ermutigt, sind ein entscheidend wichtiger Faktor im Hinblick auf die nötigen Prozessverbesserungen, eine erfolgreiche Arbeit in engem Finanzrahmen sowie den letztendlichen Kundenerfolg (und damit die Auftragserfüllung). Staatliche Organisationen haben in der Regel wenig Schwierigkeiten, die Perspektive »Mitarbeiterentwicklung« inhaltlich zu füllen. Man pflegt hier oft alles Mögliche unterzubringen, von Schulungsprogrammen über Initiativen zur (soziokulturellen) Diversität bis zu Telearbeit-Pilotprojekten. Dies alles mag zwar durchaus wichtig sein, doch eignet sich diese Scorecard-Perspektive keinesfalls als Tummelplatz für jedwede Personalinitiative, die zufällig auf dem Plan steht. Vielmehr gilt es, neue Kennzahlen zu entwickeln, um etwa die Wirksamkeit von Schulungsprogrammen zu verfolgen, vorhandene Qualifikationslücken zu ermitteln und zu schließen, funktionierende Informationsflüsse sicherzustellen und das Arbeitsklima in der Organisation zu überwachen.

Kaskadierung ist wichtig!

In den bisherigen Kapiteln haben wir immer wieder gesehen, wie wichtig es ist, die Balanced Scorecard zu kaskadieren, das heißt, sie nach unten umzusetzen und somit jedem Beschäftigten die Chance zu geben, seinen eigenen Beitrag zum Gesamterfolg zu definieren. Nun, im öffentlichen Dienst ist eine gelungene Kaskadierung eher noch wichtiger als in der Privatwirtschaft!

Die Kaskadierung hat, wie gesehen, viele Ziele und Nutzeffekte, doch zuvorderst zu nennen ist sicherlich die Ausrichtung der gesamten Organisation im Sinne einer stringenten Abstimmung von der Spitze bis nach ganz unten. Angesichts des weit verzweigten Netzes wechselseitiger Abhängigkeiten, die die meisten staatlichen Organisationen prägen, ist eine gute Abstimmung freilich mehr als nur ein Zusatznutzen – sie ist eine geradezu unabdingbare Voraussetzung des Erfolgs der Balanced Scorecard. Es versteht sich von selbst, dass ein hochrangiges Ziel wie etwa die Verringerung der Kinderarmut nicht von einer einzigen Gruppe erreicht und folglich auch nicht anhand der Ziele und Kennzahlen einer einzigen Scorecard erfasst werden kann. Bei Nutzung der vielfältigen staatlichen Dienstleistungen wird der »Kunde« selten das Glück haben, an einer zentralen Anlaufstelle aus einer Hand versorgt zu werden. Im Regelfall wird er vielmehr zu verschiedensten Ämtern laufen müssen, die jeweils eigene, wiewohl untereinander eng verknüpfte Programme anbieten. Betrachten wir das Beispiel einer amerikanischen Familie, die ihre Kinder krankenversichern will. Nun, sie hat es vermutlich gleichzeitig mit dem staatlichen Krankenversicherungsfachmann, der Impfstelle und dem Familienberater zu tun. Alle diese Beteiligten spielen eine wichtige Rolle, indem sie der Familie helfen, ihr Krankenversicherungsziel zu erreichen. Folglich ist jeder Beteiligte gehalten, seinen Beitrag in Form von Leistungskriterien beziehungsweise Kennzahlen auf der Scorecard zu dokumentieren. Insgesamt gesehen sollten die Aktivitäten der einzelnen Programmanbieter so zusammenspielen, dass die Organisation immer besser in der Lage ist, ihren Gesamtauftrag zu erfüllen. Wie in der Privatwirtschaft, so ermöglicht die Kaskadierung auch im öffentlichen Sektor die übergreifende Kooperation, um Probleme gemeinsam zu lösen und den (gesetzlichen) Auftrag möglichst gut zu erfüllen.

Spezifische Probleme der Entwicklung einer Balanced Scorecard im öffentlichen Sektor nebst Lösungsansätzen

Ein altes Sprichwort lautet: Ohne Schweiß kein Preis. So ist es exakt auch bei der Scorecard-Entwicklung in staatlichen Organisationen. Einer der großen Vorzüge der Balanced Scorecard liegt bekanntlich zwar in ihrer Einfachheit. Allerdings ist »einfach« (im Sinne der Klarheit und Logik) beileibe nicht mit »primitiv« zu verwechseln. Die Anwendung dieses fortschrittlichen Instruments verlangt generell ein hohes Maß an Konsequenz und Disziplin. Im öffentlichen Sektor freilich kommen noch einige besondere Herausforderungen hinzu. Mit diesen spezifischen Problemen wollen wir uns in diesem Abschnitt nun eingehend befassen, verbunden mit einigen Lösungsansätzen, die zu einer erfolgreichen Implementierung beitragen sollten.

- *Die Tätigkeiten gelten oft als unmessbar.* Diesen Einwand hört man gerade im öffentlichen Sektor auf allen Hierarchieebenen sehr häufig.

Unter den Lamentierern besonders stark vertreten ist dabei der Gesundheits- und Sozialbereich. Auf den ersten Blick ist dies ja auch durchaus verständlich, wenn man bedenkt, dass hier die angestrebten Ergebnisse oft von komplexen Faktoren abhängen. Betrachten wir einige Beispiele für Aufgaben, um die es in diesem Bereich geht: Drogenabhängige wieder auf die Beine bekommen; Versorgung der Armen (etwa mit Gesundheitsleistungen); Senkung der Infektions- und Erkrankungsquoten; Familientherapie und Bekämpfung sozialer Zerrüttung. Doch der Schlüsselbegriff heißt »angestrebte Ergebnisse«! Bei all den genannten Beispielen geht es (in der Regel) um langfristige staatliche Ziele, und die typischen Einwände gegen eine Messung lauten, dass es bis zum Erfolg Jahre dauere, dass die Zahl der Involvierten allzu groß sei und allzu groß sei auch die Zahl jener Faktoren, die außerhalb des Einflussbereichs der jeweiligen Behörde liegen. Das Hauptproblem besteht also zunächst darin, die zuständigen Verantwortlichen (das heißt die Behördenleiter) davon zu überzeugen, dass es tatsächlich trotzdem möglich ist, die jeweilige Sozialtätigkeit mit der Balanced Scorecard zu erfassen. Dazu ist es zunächst erforderlich, systematisch zwischen *langfristigen* Zielen (den »angestrebten Ergebnissen« bzw. Endzielen, engl. »outcomes«) und *kurz- bis mittelfristigen* Zielen (den Zwischenzielen/-ergebnissen, engl. »outputs«) zu unterscheiden. Letztere markieren sozusagen den Weg zum Ziel. Beispiel: Die Messung etwa der Senkung der HIV-Infektionsquoten innerhalb einer Population mag schwierig sein, da vielfältigste Einflussfaktoren beteiligt sind. Als eine konkrete Maßnahmen- beziehungsweise Zwischenziel-Kennzahl ist aber zum Beispiel denkbar, die Zahl der Risikogruppenmitglieder zu verfolgen, die durch AIDS-Aufklärungskampagnen erreicht wurden oder an entsprechenden Programmen teilnahmen. Dies ist zweifellos ein indirektes Verfahren, und kein »Ersatzkriterium« wird das eigentliche Zielkriterium kaum je voll ersetzen können. Als »Zwischenstation« auf dem Weg zum Ziel sind solche Kennzahlen aber trotzdem nützlich. Denn durch diese Annährungsmethode entstehen unverzichtbare Referenzpunkte, was wiederum bei allen, die an der Messung und Verfolgung des Bezugskriteriums beteiligt sind, die Kommunikation, den Informationsaustausch und das gemeinsame Lernen fördert. Es ist eigentlich doch klar: Ohne Erfolgsmessung kann es auch im sozialen Bereich nicht gehen, weil sonst ja überhaupt keine Aussage über den Fortschritt möglich wäre. Folglich kann die Devise nur lauten: Auf in den Kampf! Es geht darum, nach möglichen Ursache-Wirkungs-Beziehungen zu suchen und auf dieser zugegebenermaßen hypothetischen Basis Daten zu sammeln, deren Auswertung dann zumindest zu verbesserten Fragestellungen führt, idealerweise aber sogar Antworten liefert. Im Zuge der kontinuierlichen Verfeinerung dieser Performance-Measurement-Ansätze werden die Verantwortlichen schon bald und mit Erstaunen merken, dass vieles von dem, was einst als »unmessbar« galt, eben doch fassbar ist. Dass und wie dies funktioniert, zeigt etwa das kalifornische Sunnyvale, eine Stadt, die als Vorreiter auf dem Gebiet des behördlichen Performance Measurements gelten kann. Eine neuere Initiative rückt hier sogar dem klassischen »Unmessbaren« – der Lebensqualität – zu Leibe. Im Zentrum der 8-Punkte-Initiative stehen folgende Kennzahlen beziehungsweise Indikatoren: öffentliche Sicherheit; Bildungswesen; Umweltqualität; Verkehrssysteme (Effizienz und Sicherheit); Wohnverhältnisse (Qualität, Vielfalt und Erschwinglichkeit des Wohnraums); Gemeinschaftsleben (Bürgerbeteiligung und Identifikation mit der Stadt); Wirtschaftsstandort (Vielfalt und Modernität); kulturelle Vielfalt und Integration.

- *Die Ergebnismessung wird oft nur als Druckmittel gesehen.* Bei den meisten Menschen, die mit ihrem Job nicht recht zufrieden sind, dürfte ein Frustrationsfaktor ganz besonders dominant sein – die Tatsache nämlich, dass gute Leistungen selten belobigt, schlechte aber immer getadelt werden. Diese »negative Konditionierung« scheint mir gerade in den Behörden extrem verbreitet zu sein und steht daher einer erfolgreichen Implementierung der Balanced Scorecard offenkundig sehr im Wege. Zweierlei muss geschehen, um hier Besserung zu erreichen: Erstens müssen die Verantwortlichen in diesem Punkt aufgeklärt, beraten und geschult werden. Die Scorecard geht mit der Einführung neuer Praktiken, neuer Leistungskriterien und neuer Denkweisen einher. Abstraktes, hypothesenorientiertes Denken ist verlangt. Es geht um die zunehmend verfeinerte Einschätzung dessen, wie sich heutiges Handeln auf künftige Resultate auswirken wird. Es liegt in der Natur der Dinge, dass nicht immer alles planmäßig verläuft. Lernen und Umdenken ist also gefragt – wie überall im Leben. Von daher verbietet es sich, schlechte Ergebnisse nur als »Defekte« in einem ansonsten prima funktionierenden System zu betrachten. Vielmehr müssen sie als Diskussionsforum und Lernchance begriffen werden. Der Chef, der die Mitarbeiterversammlung mit folgenden Worten eröffnet – »Liebe Leute, wir haben im letzten Quartal leider alle unsere Ziele verfehlt.

Was sagt uns das über unser Leistungsangebot und unsere Strategie?« –, hat mit Sicherheit noch einen weiten Weg vor sich, bis die Balanced Scorecard zu einem allseits akzeptierten Instrument geworden ist. Doch nicht nur bei den Chefs ist Verhaltensänderung gefragt. Auch der betroffene Mitarbeiter – und hiermit sind wir beim zweiten Punkt – muss lernen, mitzudenken und bei Bedarf eben den Spieß umzudrehen, indem nach den wirklichen Ursachen der Zielverfehlung geforscht wird (etwa fehlende Mittel oder fehlende Initiativen). Zielverfehlung darf nicht als Versagen begriffen werden, für das man sich schämt und dessentwegen man wegläuft, sich versteckt und darauf wartet, dass das Fallbeil endlich niedergeht. Die heutigen Softwaretools tragen dem Rechnung, indem die Mitarbeiter die Gelegenheit haben, die sie betreffenden Messergebnisse zu kommentieren und somit zu relativieren. Letztlich geht es hier wie auch bei vielen anderen Punkten, die wir noch erörtern werden, natürlich um eine kulturelle Dimension – und derlei Dinge lassen sich bekanntlich nicht über Nacht ändern. Vielmehr bedarf es eines dauerhaften und entschlossenen Bemühens von Seiten eines engagierten, alle Hierarchieebenen übergreifenden Personenkreises. Nur so besteht Aussicht, die Kultur der Organisation positiv zu beeinflussen und letztlich entscheidend zu ändern.

- *Unklarheit über den Auftrag.* In seinem Buch *Measuring Up* spricht Jonathan Walters vom Dilemma der US-Forstverwaltung, von der sowohl eine »effiziente Holzwirtschaft« als auch ein »engagierter Naturschutz« erwartet werde.[3] In diesem Szenario stellt sich in der Tat die Frage, worin denn nun der zentrale Auftrag dieser Behörde besteht und wie sie zu vernünftigen Leistungskriterien gelangen kann. Viele staatliche Stellen dürften sich in ähnlicher Weise in verschiedene Richtungen gezerrt fühlen, was eine klare und konzise Scorecard praktisch unmöglich macht. In solchen Fällen sind die Verantwortlichen daher gehalten, die Widersprüche aufzulösen und zu entscheiden, was an erster Stelle stehen, mithin die Leitfunktion übernehmen soll. Erst dann lassen sich adäquate Kennzahlen entwickeln.
- *Angst, dass die Öffentlichkeit mit schlechten Ergebnissen nicht umgehen kann.* Die US-Gesetzgebung zur Informationsfreiheit und Zugänglichkeit der Dokumente des öffentlichen Bereichs gibt jedem Bürger auch das Recht des Zugangs zu fast allen Daten im Zusammenhang mit behördlichen Performancemanagement-Systemen. Die Absicht hinter diesen Gesetzen ist gewiss edel, erlauben sie doch der Öffentlichkeit

jederzeit die Kontrolle über das Tun der Staatsdiener. Man kann freilich auch verstehen, dass sie der Balanced-Scorecard-Entwicklung ein wenig im Wege stehen. Nicht nur wird befürchtet, dass Ergebnisse aus dem Zusammenhang gerissen werden könnten, sondern auch, dass schwache Resultate allzu schnell für Schlagzeilen missbraucht würden. Die Konsequenz ist, dass man in den Amtsstuben wenig Sinn für anspruchsvolle Vorgaben besitzt, eben weil man weiß, dass die Medien nur darauf warten, der öffentlichen Verwaltung Inkompetenz unter die Nase zu reiben. Das Problem ist nicht gerade leicht zu lösen. Öffentliche Aufklärung wäre sicherlich eine Möglichkeit (etwa über Präsentationen zu der Balanced Scorecard), doch stellt sich hier leider die Praktikabilitätsfrage, zumal man zunächst vermutlich mit großer Skepsis zu rechnen hätte. Trotz dieser potenziellen Schwierigkeiten infolge des freien Informationszugangs der Bürger haben jene staatlichen Einrichtungen, die den Scorecard-Versuch gewagt haben, unter dem Strich aber sehr positive Erfahrungen gemacht, da die Leistungsverbesserungen, die mit diesem Instrument erzielbar sind, die Negativpunkte in Form etwaiger Querschüsse aus den Medien und der Öffentlichkeit deutlich überwiegen.

- *Hemmung, in etwas zu investieren, das beim nächsten Regierungswechsel schon wieder Makulatur sein kann.* Wie allbekannt, ist es in demokratischen Systemen gern geübte Praxis, dass eine Partei, die den Regierungswechsel schafft, zunächst alles anders machen will. Für Amerika gilt dies aufgrund des dortigen Parteiensystems in besonderem Maße. So ist es im Prinzip jedenfalls denkbar, dass ein Performance-Measurement-Programm, das die eine Administration einrichtet, von der nächsten wieder abgeblasen wird. Solche Aussichten lassen begreiflicherweise manchen, der vom Nutzen des jeweiligen Programms durchaus überzeugt ist, letztlich doch zögern, allzu viele Energien in das Vorhaben zu stecken. Nun, was für viele Programme sicherlich gilt, trifft auf die Performancemessung gerade nicht zu! Sie wird bleiben, denn dafür sorgt der oben bereits erwähnte »Government Performance Results Act« – ein Gesetz also, und Gesetze sind auf Dauer angelegt! Hinzu kommt, dass auch auf den unteren staatlichen Ebenen der Druck auf die gewählten Vertreter und sonstigen Verantwortlichen zunimmt – das Volk schaut ihnen mehr auf die Finger als je zuvor und erwartet Ergebnisverantwortung. Performance-Measurement-Systeme kommen in dieser Situation also wie gerufen, um Resultate nachweisen zu können. Es kommt nur darauf an, die Unterstützung der gewählten Repräsentanten zu gewinnen (ähnlich wie in Wirtschaftsunternehmen, wo es ja auch darum gehen muss, auf Topmanagement-Ebene einen Förderer zu gewinnen). Leicht ist dies auch im öffentlichen Sektor nicht. Eine Methode besteht darin, diese Mandatsträger in die Entwicklung der Leistungskennzahlen einzubeziehen, da erfahrungsgemäß die Unterstützungsbereitschaft im Zuge der aktiven Beteiligung wächst.[4] Aufklärung und Schulung sind weitere gute Möglichkeiten, zumal dieser Personenkreis in puncto Performancemessung oft nicht einmal über Grundbegriffe verfügt, ganz zu schweigen von Balanced-Scorecard-Kenntnissen.

- *Misstrauen und Abneigung gegen alles Privatwirtschaftliche.* In Behörden steht man all den neuen Managementansätzen und -methoden, die in der Privatwirtschaft regelmäßig für Furore sorgen, eher skeptisch gegenüber. Man hält die eigene, am Gemeinwohl orientierte Tätigkeit für etwas grundsätzlich anderes – und daher mit Wirtschaftsmodellen unvereinbar. Dahinter verbirgt sich aber wohl auch ein Element der Angst vor dem Fremden und Neuen – vor der Herausforderung also, denn bislang dürften sich die wenigsten Staatsdiener mit diesen Entwicklungen befasst haben. Allerdings sind hier positive Veränderungen zu beobachten; die Barriere zwischen öffentlichem und privatwirtschaftlichem Bereich scheint gerade mit Blick auf die Führungsansätze zunehmend zu fallen. Die Behörden sind in der Tat also gut beraten, ergebnisorientiert zu denken und alles für ihre Arbeit zu nutzen, das ihnen hilft, ihren Auftrag optimal zu erfüllen, komme es nun aus dem eigenen Laden oder aus der Privatwirtschaft. Die Balanced Scorecard sollte es im öffentlichen Sektor übrigens deutlich leichter haben als andere Ansätze aus der Wirtschaft, da ja bereits positive Erfahrungen vorliegen und die Zahl der behördlichen Anwender ständig steigt.
- *Fehlender existenzieller Druck.* In der Privatwirtschaft ist der Existenzdruck bekanntlich groß. Mitunter ist daher die Balanced Scorecard der letzte Strohhalm, nachdem begriffen ist, dass etwas geschehen muss, wenn man überleben will. Die Entwicklung eines Kernbestands an Performancekennzahlen ermöglicht exakt jene Fokussierung und Zielorientierung aller Mitarbeiter, die benötigt wird, um aus harten Zeiten gestärkt hervorzugehen. Staatliche Organisationen befinden sich demgegenüber in einer beträchtlich komfortableren Situation. Für sie gibt es (im Normalfall jeweils) keine existenzielle Not. Auch dies erklärt, weshalb die Dringlichkeit der Einführung des Effizienzinstruments der Balanced Scorecard oft nicht so recht eingesehen wird. Doch die

Zeiten ändern sich allmählich. Immer häufiger kommt es auch im Staatssektor zu Outsourcing (das heißt hier Kooperation mit der Privatwirtschaft), zumal die Steuerzahler den Staatsdienern in Zeiten knapperer Kassen stärker auf die Finger schauen und für ihr Geld Leistung erwarten. Angesichts dieses steigenden Drucks bietet die Scorecard auch öffentlichen Einrichtungen eine hervorragende Möglichkeit, die eigene Existenzberechtigung nach außen zu dokumentieren.

- *Technische Zwänge.* Die Welt liegt zwar im Wandel, und die Kluft zwischen Privat- und Staatssektor beginnt sich allmählich zu verringern. Dennoch muss man feststellen, dass die meisten staatlichen Einrichtungen in technologischer Hinsicht nicht auf dem neuesten Stand sind. Dies kann mit Blick auf die Scorecard ein Problem darstellen, speziell im Bereich der Automatisierung. Es gibt Behörden, die ein hervorragendes Balanced-Scorecard-System entwickelten, doch als es dann in die Praxis ging, stellte man fest, dass einige der Führungskräfte gar keinen Computer besaßen. Dies machte sowohl die Datenbeschaffung als auch deren Verbreitung und nachfolgende Erörterung begreiflicherweise ziemlich schwierig. Allein die mit der Einführung eines solchen Projekts verbundenen Infrastrukturkosten können also für manche Behörden eine erhebliche Hürde darstellen. Hardware, Software, Schulung, Beratung – all dies kann sich auf eine beträchtliche Summe belaufen.
- *Fehlende Mitarbeiterqualifikation.* In den Amtsstuben kann man gewiss gut mit Taschenrechner und Tabellenkalkulationsprogramm umgehen, doch bezüglich der modernen Analyseinstrumente, die in der Wirtschaft inzwischen gang und gäbe sind, herrscht oft noch Fehlanzeige. Zweifellos verfügen die Angehörigen des öffentlichen Dienstes häufig über Spezialfähigkeiten, die es ihnen erlauben, in ihrem Bereich auf sehr hohem Kompetenzniveau zu agieren. Was freilich dem Vollzugsbeamten, der Krankenschwester oder dem Notfalldienstleiter in der Regel wohl fehlt, ist die Fähigkeit zu komplexer Datenanalyse. Genau dies ist für die Arbeit mit der Balanced Scorecard allerdings erforderlich, wenn es gelingen soll, ihr Potenzial voll auszuschöpfen und die nötigen kollektiven Lerngewinne zu erzielen. Allerdings geht es bei der Scorecard nicht um Astrophysik – so kompliziert ist die Sache nicht. Jeder normal Gebildete vermag sich mit der nötigen Schulung und einem guten Schuss Lernwillen dieser Methoden zu bemächtigen. Leider ist zu beobachten, dass es bei Implementierungen im öffentlichen Dienst gerade mit der Schulung und Unter-

stützung der Beschäftigten häufig hapert. Dies ist jedoch am falschen Ende gespart. Die Neigung, rasch in die Praxis einzusteigen, ist gewiss verständlich, doch genügt es einfach nicht, die Leute zusammenzurufen, ihnen kurz zu erläutern, worum es bei der Balanced Scorecard geht, und sie dann freundlich aufzufordern, eine gut abgestimmte eigene Scorecard zu entwickeln. Stellen Sie sich vor, man würde in der medizinischen Ausbildung so verfahren. Der angehende Chirurg bekommt gesagt: Sie schneiden ganz einfach auf, nehmen dieses oder jenes heraus und nähen anschließend wieder zu. Dies macht deutlich, dass auch bei der Scorecard viel Zeit und Energie auf eine intensive Einführung verwendet werden sollte. Nur so lässt sich sicherstellen, dass alle Beteiligten das nötige Wissen und die erforderlichen Fähigkeiten besitzen, um einen effektiven Beitrag zu leisten und aus den erzielten Ergebnissen Nutzen zu ziehen.

- *Entwicklung innovativer Kennzahlen.* Da die Idee der Leistungsmessung für viele Behörden sicherlich etwas gänzlich Neues ist, ist die Gefahr groß, dass man sich bei der Entwicklung von Kennzahlen allzu sehr am Altvertrauten orientiert. Vielfach ist es in Behörden ja bereits Brauch, dass den finanzierenden Stellen jährlich oder quartalsmäßig Bericht zu erstatten ist. Da liegt es nahe, diese Anforderungen einfach in die Scorecard zu übernehmen und nötigenfalls so hinzubiegen, dass alle Lücken geschlossen werden können. Natürlich mögen die vorhandenen Kriterien und Indikatoren unter Umständen brauchbar sein, doch in den meisten Fällen sind sie es erfahrungsgemäß eben nicht! Wie aber sollte es mit untauglichen Kennzahlen gelingen, die Leistung zu verbessern? Die Balanced-Scorecard-Entwickler sollten sich stets vor Augen halten, dass es gerade die neuen, innovativen Kennzahlen sind, die den größten Nutzen bringen. Es gilt also zu klären, wer die Kunden sind, bei welchen Prozessen angesetzt werden muss, wo die finanziellen Grenzen liegen und welche Mitarbeiterqualifikationen gebraucht werden. Nur so lässt sich ein neuer Horizont an kreativen, strategisch orientierten Performancekennzahlen eröffnen.
- *Kein Geld für Leistungszulagen.* Von den Balanced-Scorecard-Architekten Kaplan und Norton bis zu den Anwendern in den Unternehmen weltweit herrscht Einigkeit darüber, dass der kulturelle Wandel letztlich nur dann definitiv greifen kann, wenn man die Scorecard irgendwann und in irgendeiner Form mit der Entlohnung, das heißt Prämien verbindet. Im öffentlichen Sektor ist dieser wichtige Hebel, mit dem eine breite Akzeptanz der Scorecard erheblich befördert werden kann,

zum Großteil leider nicht verfügbar. Dafür sind eine ganze Reihe von Gründen verantwortlich, angefangen von den knappen Budgets bis zu dem so komplizierten wie starren Tarifsystem. Schwierig ist das Prämienthema im öffentlichen Dienst also gewiss – doch muss es deswegen aussichtslos sein? In den USA jedenfalls hat eine Kommune, die Stadt Charlotte in North Carolina, immerhin einen Anfang gemacht und ein Programm installiert, bei dem die Beschäftigten in Abhängigkeit von ihren Scorecard-Ergebnissen mit einer Prämie belohnt werden. Doch auch wenn diese monetäre Komponente nicht genutzt werden kann, ist die Balanced Scorecard aufgrund ihrer immanenten Belohnungen ein Projekt wert. Wissenszuwachs, Lerngewinn, Zufriedenheit, vielleicht auch höhere Mittelzuweisungen – dies sind nur einige der Gründe, derentwegen sich die Scorecard allemal lohnt.

Die obigen Ausführungen beleuchten nur einige der vielfältigen Probleme, die Ihnen bei Einführung der Scorecard in einer staatlichen Einrichtung begegnen können. Doch lassen Sie sich davon nicht abschrecken – es ist nicht alles verloren! Dies belegen die vielen tapferen Pioniere, die bereits erfolgreich eine Balanced Scorecard implementiert haben. Im nächsten Abschnitt werden wir uns mit einem solchen gewiss ermutigenden Beispiel eingehend befassen.

Der Rechnungshof des US-Bundesstaates Texas

Die Hauptaufgabe des Rechnungshofs des Bundesstaates Texas (Texas State Auditor's Office) besteht darin, das texanische Parlament zu unterstützen, indem er das Finanzgebaren der exekutiven staatlichen Stellen – denen ja die Haushaltsmittel zur Finanzierung der Dienstleistungen für 20 Millionen Bürger anvertraut sind – kontrolliert. Der Rechnungshof prüft also, wie effektiv und wirtschaftlich die Behörden bei der Verfolgung ihrer Ziele mit ihren Geldern umgehen. Die Behörde ist in Austin ansässig, besitzt 237 Mitarbeiter und verfügt über ein Budget von 14 Millionen Dollar. Nachfolgend werden wir uns damit beschäftigen, warum der Rechnungshof beschloss, die Balanced Scorecard einzuführen, auf welche Weise dies geschah, welche Rolle die Technologie spielte, welcher Nutzen aus dem Projekt entsprang, mit welchen Schwierigkeiten man zu kämpfen hatte und worin die entscheidenden Erfolgsfaktoren zu sehen sind.

Alles begann so, wie solche Projekte häufig beginnen. Eine Direktorin, Deborah Kerr, las im *Harvard Business Review* über die Balanced Scorecard, war ganz begeistert von dem Konzept und beschloss, es mit ihren Abteilungsleitern zu besprechen. Nach einigen gemeinsamen Arbeitsessen war das Projekt Ende des Jahres 1998 dann tatsächlich geboren. Im Wesentlichen war die Behörde damals mit ihrer Erfolgsbilanz zwar zufrieden, aber eben nicht ganz, denn immer wieder kam es zu unkontrollierbaren Leistungsschwankungen. Die Frage war also, wo die Gründe lagen. Man wollte den Erfolg »einfach nicht mehr dem Zufall überlassen«, wie einer der Verantwortlichen, Frank Vito, es formulierte. Klar war, dass es darum gehen musste, das Richtige vom Falschen zu trennen – nur so war ein stabiles Leistungsniveau zu erzielen. Die Balanced Scorecard mit ihrer Auftrags-, Strategie- und Lernorientierung schien hier genau das richtige Instrument zu sein.

Mit Zukunftsfragen hatte man sich allerdings bereits vor der Beschäftigung mit der Scorecard befasst. Man wollte einfach wissen, auf welche Rolle der Rechnungshof sich angesichts der modernen Entwicklungen einzustellen hat. Die Analyse der Rahmenbedingungen und Einflussfaktoren ergab ganz deutlich, dass an einer grundsätzlichen Neuorientierung und der Entwicklung geeigneter Strategien kein Weg vorbei führt, wenn die Behörde den künftigen Anforderungen gewachsen sein will. Der neue Auftrag, den man hiervon ableitete, lautete schlicht, doch überzeugend so: »Aktive Unterstützung der politischen Führung mit den für verantwortliches Handeln nötigen Informationen.« Dieses Oberziel wurde anschließend in drei Kernstrategien übersetzt:

1. *Durchführung von Evaluierungen und Risikoanalysen (»assurance services«).* Diese Dienstleistungen sollen vor allem zu einem verantwortlicheren, risikobewussteren politischen Handeln beitragen. Neben der Durchführung traditioneller Finanz- und Performanceprüfungen wird die Behörde ihre Bemühungen daher künftig auch auf den für tiefergreifende Audits erforderlichen Kompetenzaufbau richten. Zu diesen neuen Aufgaben zählt etwa die Evaluierung der Zuverlässigkeit und Sicherheit der vorhandenen Daten und Systeme, ferner die Durchführung von Zertifizierungen in puncto Internetsicherheit.
2. *Managementberatungsdienste.* Dies heißt in erster Linie Unterstützung. Das hierfür neu gebildete Team bietet seinen Kunden in den Regierungsbehörden beraterische und informationelle Unterstützung, um Politik-Schwachpunkte zu analysieren und Verbesserungsstrategien zu

entwickeln. Ziel ist ein Beitrag zur Senkung des generellen Risikopotenzials.
3. *Information und Aufklärung.* Das Umfeld wird komplexer und damit schwieriger. Mit seinem Informations- und Aufklärungsziel will der Rechnungshof das Risikobewusstsein der Verantwortlichen stärken und ihnen helfen, adäquate Handlungsstrategien zu entwickeln.

Nachdem der eigene Auftrag (das heißt die neue, erweiterte Mission) definiert und geeignete Umsetzungsstrategien entwickelt waren, griff man zur Balanced Scorecard, um mit ihr den Fortschritt auf dem Weg zum Ziel zu messen und zu überwachen. Zunächst einmal kam es darauf an, die Scorecard strukturell an die spezifischen Bedingungen des öffentlichen Dienstes anzupassen. Angelpunkt sind, wie bereits erwähnt, die Bedürfnisse der Bürger (nicht die Erwirtschaftung von Gewinn). Folglich musste dieser Aspekt in Gestalt des Auftrages an die Spitze der Scorecard gestellt werden. Alle übrigen Leistungskennzahlen leiteten sich direkt aus dieser zentralen Anforderung ab, wie Abbildung 13.2 zeigt.

Wir erfüllen unseren Auftrag durch Aufbau und Pflege bedürfnisgerechter Kundenbeziehungen.

Zur Realisierung bedürfnisgerechter Kundenbeziehungen benötigen wir effiziente und qualitätsorientierte interne Prozesse.

Effiziente und qualitätsorientierte interne Prozesse erreichen wir durch Rekrutierung und Entwicklung qualifizierter Mitarbeiter.

Qualifizierte Mitarbeiter beschaffen wir uns durch einen wirtschaftlichen und zweckorientierten Einsatz der uns zugeteilten Mittel.

Abb. 13.2 Der Einsatz der Balanced Scorecard zur Operationalisierung des Behördenauftrags

Anschließend kaskadierte man die Top-Scorecard anhand eines vierstufigen Verfahrens, Zeitrahmen 18 Monate. Dieser Prozess ist in Abbildung 13.3 skizziert. Für jedes der drei oben genannten Strategiefelder wurde zunächst eine spezifische, direkt aus der Top-Scorecard abgeleitete Scorecard entwickelt. Dann folgte die Kaskadierung, indem die einzelnen Support- respektive Stabsstellen der Organisation ihre je eigene, abgestimmte Scorecard entwickelten, mit der sie aufzeigten, wie sie den Bedürfnissen ihrer internen Kunden gerecht zu werden gedachten. In einem vierten und letzten Schritt schließlich entwickelten auch die einzelnen Projektleiter und Teammitglieder ihre persönlichen, direkt aus den Strategien folgenden Scorecards. Bei diesen Projekten handelt es sich um die konkreten Prüfungen, die der Rechnungshof durchführt. Sie sind damit ein innovatives Beispiel für den Einsatz der Scorecard im Rechnungsprüfungswesen. Frank Vito, einer der leitenden Beamten, formuliert es so: »*Jedes Projekt hat seine eigenen Ziele. Wenn man diese als Auftrag begreift, ist es gar nicht schwer, sie anhand der Balanced Scorecard [in Maßnahmen] zu übersetzen. Die Scorecard ermöglichte den Teams einen völlig neuen Blick. Im Zentrum stehen nun die Kunden, die Schlüsselprozesse sowie die Fähigkeiten und Qualifikationen der Mitarbeiter. Mit anderen Worten: Die Balanced Scorecard dient als Führungsinstrument.*«[5]

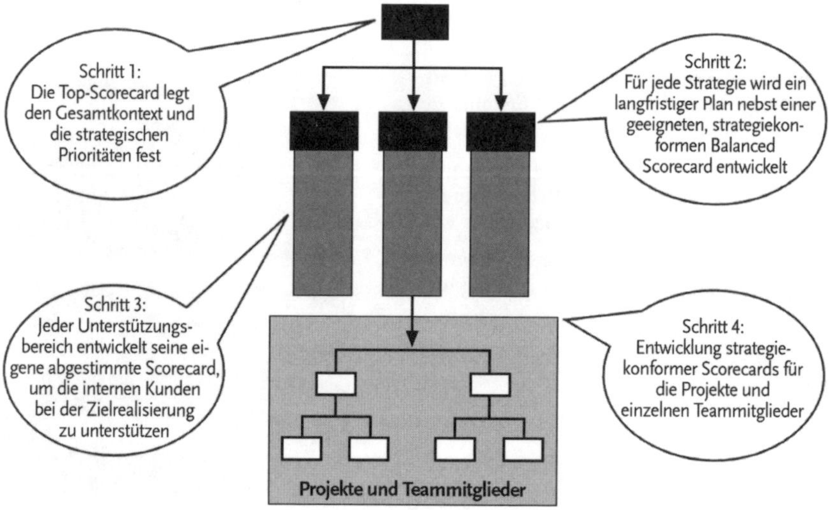

Abb. 13.3 Entwicklung und Kaskadierung der Balanced Scorecard

Kaum waren alle Scorecards installiert, begann sich das Projekt auch schon auszuzahlen. Die Kaskadierung verhalf den Beschäftigten zu einem viel besseren Verständnis davon, wie sie zur Realisierung des zentralen Auftrags der Organisation beitragen können und welche Qualifikationen hierfür erforderlich sind. Vorbildlich war der Rechnungshof auch darin, dass man die Scorecard rasch als strategisches Führungssystem nutzte, indem man sie bei den Leitungskonferenzen schlicht und einfach an die Stelle der traditionellen Agenda setzte. »*In der Vergangenheit ging es in unseren Sitzungen darum, wie die Dinge liefen, welche Probleme es gab und wo man Feuerwehr spielen musste. Inzwischen dreht sich alles um die Scorecard und somit um strategische Fragen.*«[6]

Die Technologie spielte bei der Implementierung von Beginn an eine starke Rolle. Man entschied sich für eine Performancemanagement-Software namens *pb views* – eine automatisierte Lösung. Frank Vito hält die Technologie in diesem Zusammenhang für einen sehr wichtigen Erfolgsfaktor, da sie detailliertes Echtzeit-Feedback erlaubt, den Lerneffekt verstärkt, den kulturellen Wandel befördert und es ermöglicht, alle Ebenen der Organisation in die Leistungsmessung einzubeziehen.

Natürlich geht es bei einer Veränderungsinitiative dieser Größenordnung nicht ohne Schwierigkeiten ab. Auch hiervon kann der Rechnungshof ein Lied singen. Wie zu erwarten, war die allgemeine Begeisterung für das neue Konzept bei den Verantwortlichen zunächst groß. Als es dann aber an die konkrete Umsetzung, also die Entwicklung eigener Scorecards ging, kam rasch Sand ins Getriebe. Während der eine Mitarbeiter mit dem Softwareprogramm seine Schwierigkeiten hatte, fand der andere angeblich einfach keine Zeit. Auch war es nicht leicht, den Beteiligten klar zu machen, dass »rot« (Unterlaufen der vereinbarten Ziele) nicht mit »schlecht« gleichzusetzen ist, sondern als Verbesserungs- und Lernchance gesehen werden muss. Um dies auf symbolische Weise in die Köpfe zu bekommen und die Farbe Rot von ihren negativen Assoziationen zu befreien, benutzte man sie ganz bewusst in den verschiedensten Zusammenhängen des täglichen Betriebs – rote Schrift, rote Infomappen für die Balanced-Scorecard-Materialien und dergleichen mehr. Durch Schulung, Coaching und Einbindung der obersten Leitungsebene gelang es schließlich, der Farbe Rot nach und nach ihr Stigma zu nehmen.

Wie viel die Implementierung der Balanced Scorecard im öffentlichen Dienst mit jener in der Privatwirtschaft gemein hat, belegt auch die Tatsache, dass der texanische Rechnungshof folgende Punkte als Schlüsselfaktoren des Erfolgs anführt: Unterstützung von oben; aktive Einbindung der Mitarbeiter und Delegation von Verantwortung; kontinuierliche Verbesserung; Kommunikation; Schulung und Unterstützung. Und die Organisation weiß, wovon sie redet, wenn sie von Erfolg spricht! Im Juli 2000 bekam sie von der Association of Government Accountants für ihr vorbildliches Balanced-Scorecard-Projekt einen Best-Practices-Preis, und ähnliches Lob kam auch von der Society of Human Resource Management, die das Projekt zu den vier erfolgreichsten Balanced-Scorecard-Einführungen des Landes zählte. Zudem sollte man auf einer ganz praktischen Ebene nicht vergessen, dass die Scorecard der Organisation half, ihr Hauptproblem zu lösen und ein ehedem gemischtes Leistungsbild deutlich zu optimieren – durch Betonung der vorhandenen Stärken und Eliminierung der existierenden Schwächen. Auf Zufälle oder gar Wunder ist man inzwischen nicht mehr angewiesen!

Die Entwicklung von Balanced Scorecards in Non-Profit-Organisationen

Einer der Punkte, die wir oben als mögliche Hindernisse für eine erfolgreiche Balanced-Scorecard-Implementierung im öffentlichen Bereich ausgemacht haben, ist fehlender existenzieller Druck. Für gemeinnützige Organisationen gilt dies allerdings nicht. Dieser Sektor ist so sehr dem Wandel unterworfen, dass die Organisationen auf der Hut sein müssen, wichtige Entwicklungen nicht zu verschlafen. Die Bedrohung resultiert vor allem aus dem zunehmenden Wettbewerb – eine wachsende Zahl von Empfängern konkurriert um die knappen Spenden. Hinzu kommt, dass die Geldgeber wachsamer und misstrauischer geworden sind und nachgewiesen haben wollen, dass die Gelder auch bestimmungsgemäß verwendet werden und nicht größtenteils in der Verwaltungsmaschinerie hängen bleiben. Unter diesen Vorzeichen sind auch gemeinnützige Organisationen der anständigen Art gut beraten, ihr Geschäftsgebaren kritisch unter die Lupe zu nehmen, um den Erwartungen der Geldgeber dauerhaft gerecht zu werden. Die Botschaft scheint indes zunehmend verstanden zu werden, denn immer mehr »Gemeinnützige« greifen zu Methoden des Performance Measurements (und speziell zu Balanced Scorecard), um den Herausforderungen der Zukunft besser gewachsen zu sein.

In vieler Hinsicht sind sich die Balanced Scorecards des öffentlichen und des gemeinnützigen Sektors sehr ähnlich. In beiden Fällen spielen finanzielle Kennzahlen nur eine untergeordnete Rolle. Vielmehr geht es darum, den Bedürfnissen der Adressaten auf humane, gleichwohl effiziente Weise gerecht zu werden. Eben deshalb markiert der Auftrag – nicht die Finanzparameter – das Topziel, an dem sich die Messungen orientieren. Unmittelbar danach kommen die Kundenziele, gefolgt von den internen Prozessen, den

Finanzzielen und der Mitarbeiterentwicklung (mitunter rangieren die Finanzziele auch ganz am Schluss). Beiden Organisationstypen gemein sind ferner auch viele der Hindernisse, die einer erfolgreichen Implementierung im Wege stehen, etwa die relativ schwierige Ergebnismessung, die mangelnde Kontrollierbarkeit der beteiligten Variablen oder technische Beschränkungen.

Neben vielen Gemeinsamkeiten gibt es freilich auch spezifische Schwierigkeiten, mit denen Non-Profit-Organisationen bei der Einführung der Balanced Scorecard zu kämpfen haben. Ein solches Problem hat mit dem Hintergrund, den Erfahrungen und der Motivationslage der meisten Beschäftigten dieses Sektors zu tun. Viele Mitarbeiter schlossen sich diesen Organisationen aus weltanschaulichen Gründen an und nehmen dabei in Kauf, dass sie weniger verdienen als in der Privatwirtschaft. Häufig sind sie auch aufgrund ihrer Ausbildung und ihrer beruflichen Erfahrungen für eine solche Tätigkeit geradezu prädestiniert. So positiv all dies im Grunde ist, so negativ kann es freilich zu Buche schlagen, wenn es an das Performance Measurement geht. Nicht nur findet sich das Misstrauen, mit dem der öffentliche Dienst privatwirtschaftlichen Ansätzen oft begegnet, auch in gemeinnützigen Organisationen. Darüber hinaus fehlt den Beschäftigten dieses Bereichs oft auch jede Erfahrung mit derlei Ansätzen. Fehlendes Wissen gepaart mit Skepsis ergibt jedoch eine fatale Mischung, die Fehlvorstellungen und Fehleinstellungen Tür und Tor öffnet. Dies kann sich in vielfältigen Widerständen äußern, etwa in der klassischen Haltung, dass Performance Measurement reine Zeitvergeudung sei, unnötig Ressourcen verschlinge und damit die eigentliche Aufgabe nur behindere. Die Verantwortlichen sollten sich daher von Anfang an darüber im Klaren sein, dass besondere Anstrengungen erforderlich sind, um die Betroffenen über die Projektziele, -methoden und -vorteile aufzuklären. Nur durch intensive Kommunikation (was freilich bei jeder Implementierung ein zentrales Erfordernis ist) lässt sich im gemeinnützigen Sektor jenes Maß an Verständnis und Engagement erzeugen, ohne das der Projekterfolg in Frage steht.

Ein Charakteristikum, das gemeinnützige Unternehmen von den meisten anderen Organisationstypen unterscheidet, ist die hohe Bedeutung der Mitarbeiterbeteiligung und der kollektiven Entscheidungsfindung. Leider hat dieser positive Aspekt auch seine Schattenseiten. Gewiss ist der Akzeptanz und Unterstützung nichts zuträglicher, als wenn man möglichst viele Mitarbeiter in den Entwicklungsprozess der Balanced Scorecard einbezieht. Außerdem kann dies ein Maß an Kreativität und Innovation (speziell bei den Kennzahlen) freisetzen, wie man es oft kaum für möglich halten würde.

Die Kehrseite ist jedoch, dass bei gemeinnützigen Einrichtungen die Tendenz besteht, die Einvernehmlichkeit ein wenig zu übertreiben. So sinnvoll die Einbindung möglichst vieler Mitarbeiter bei der Entwicklung der Kennzahlen also einerseits ist, sollte man andererseits doch nicht den Fehler begehen, es allen recht machen zu wollen und nur Konsens zuzulassen. Andernfalls nämlich verschwimmen die Verantwortlichkeiten, Konfusion macht sich breit, und der gesamte Prozess blockiert sich letztlich selbst. Dies klingt hart, kommt aber in der Praxis leider vor. Manches Unternehmen, das mit edlen Absichten die Wünsche aller zu berücksichtigen suchte, landete schließlich bei einer wachsweichen Scorecard, die niemanden mitzureißen vermochte. Diese Gefahr lässt sich nur durch eine starke Führung bannen. Die aktive Beteiligung der Mitarbeiter ist das eine, die Verantwortung für die Leit-Scorecard das andere! Das Topmanagement muss deutlich machen, dass die Entscheidung über die zentralen Kriterien, mit denen der definierte Auftrag erfüllt werden soll, in seiner Hand liegt und nirgends sonst. Dadurch ist die allgemeine Richtung klar vorgegeben. Gleichzeitig schließt dies die Partizipation der Mitarbeiter und den Dialog zwischen unten und oben keineswegs aus.

Die Einführung der Balanced Scorecard bietet einer Non-Profit-Organisation trotz der Hürden, die es zweifellos zu überwinden gilt, viele Chancen. Verstärkte Konzentration auf den Auftrag, Ergebnisverantwortung sowie Ausrichtung der personellen und finanziellen Ressourcen auf die Gesamtziele – all dies und mehr kann die Balanced Scorecard an Gutem bewirken, speziell im Management staatlicher und gemeinnütziger Organisationen, wie Kaplan und Norton betonen.[7] Wenn dem so ist und wenn man zudem bedenkt, wie groß die Zahl der gemeinnützigen Unternehmen ist (allein in den USA eine halbe Million), ergeben sich wahrlich glänzende Zukunftsaussichten. Für die jeweilige Organisation sowieso, doch in der Konsequenz auch für die Gesellschaft im Ganzen.

Zusammenfassung

Die Verabschiedung des »Government Performance and Results Act« (GPRA) war der Startschuss, der deutlich ankündigte, dass den amerikanischen Amtsstuben eine kleine Revolution bevorstand. Es kommt nun in erster Linie auf die Ergebnisse an, nicht auf die Höhe der Ausgaben. Alle (bundes)staatlich finanzierten Einrichtungen sind heute gehalten, anhand geeigneter Kennzahlen Ergebnisverantwortung zu dokumentieren. Im

Unterschied zu verschiedenen ähnlichen Ansätzen der Vergangenheit handelt es sich nun um ein Gesetz, sodass Dauerhaftigkeit garantiert ist. Für diese Stabilität sorgt zudem auch der Druck einer immer kritischeren, Ergebnisse einfordernden Öffentlichkeit, ferner die zunehmende Verbreitung und wachsende Leistungsfähigkeit der Instrumente zum Performancemanagement. Die Ergebnisorientierung des öffentlichen Dienstes beschränkt sich im Übrigen keineswegs mehr auf die Bundesebene, sondern durchzieht inzwischen alle staatlichen Ebenen, bis hinunter in den Kommunalbereich. Der Nutzen des Performance Measurements anhand der Balanced Scorecard bleibt also erfreulicherweise auch den Verantwortlichen des öffentlichen Dienstes nicht verborgen. Dafür sorgt gewiss nicht zuletzt die Möglichkeit, der Legislative wie dem Souverän (dem Bürger) gegenüber anhand konkreter Leistungsnachweise den Wert der eigenen Arbeit zu dokumentieren. Auch die Zielorientierung, die als konstitutives Scorecard-Element die Chance eröffnet, alle Mitarbeiter am gemeinsamen Auftrag auszurichten, ist ein unübersehbares Argument. Dies sind freilich nur zwei der vielen Vorteile, die dieses System auszeichnen.

Bei den anfänglichen Performance-Measurement-Initiativen ging es fast nur um Qualitätsverbesserung und Prozesseffizienz. Dies hatte leider zur Folge, dass die Verbesserungen Stückwerk blieben. Es fehlte sowohl der systematische Durchgriff als auch die konsequente Abstimmung und Zielorientierung. Daher erlaubten diese Systeme auch keine Aussage darüber, inwieweit die betreffende Stelle ihren Sozialauftrag erfüllte. Genau diese Lücke füllt die Balanced Scorecard. Dabei wird im öffentlichen Dienst der Notwendigkeit zur auftragsorientierten Leistungsmessung dadurch Rechnung getragen, dass die Topziele, die aus dem (gesetzlichen) Auftrag abgeleitet werden, im Unterschied zur privatwirtschaftlichen Anwendung an die erste Stelle gesetzt werden. Da die Erfüllung des Auftrags wiederum von der Erfüllung der Kundenbedürfnisse und -erwartungen, nicht von der Erreichung finanzieller Ziele abhängt, rückt auch die Kundenperspektive nach oben. Gleichwohl bleiben auch die übrigen Parameter – interne Prozesse, Mitarbeiterentwicklung und Finanzen – nach wie vor wichtig, wenn auch mit anderem Stellenwert.

Die Herausforderungen unserer modernen Gesellschaft lassen sich gewiss nicht durch die heldenhafte Tat einer einzelnen Behörde meistern. Vielmehr kommt es entscheidend auf intensive Kooperation und Abstimmung an. Insofern ist die Kaskadierung im öffentlichen Sektor noch wichtiger als in der Privatwirtschaft. Denn sie ermöglicht es unterschiedlichsten staatlichen Stellen, über die Verbreitung und Diskussion der Balanced-

Scorecard-Ergebnisse miteinander zu kooperieren, Informationen auszutauschen und voneinander zu lernen.

Die Entwicklung der Balanced Scorecard geht im öffentlichen und gemeinnützigen Sektor freilich mit einigen ganz spezifischen, in der Privatwirtschaft eher unbekannten Herausforderungen einher. Zu diesen Hürden zählen etwa vorgeblich »unmessbare« Aktivitäten, Unklarheit über den eigentlichen Auftrag (etwa weil Widersprüche bestehen), Fehleinschätzungen der Öffentlichkeit in Bezug auf die Ergebnisse, fehlende Mitarbeiterqualifikation, weltanschaulicher Hintergrund sowie wankelmütige, oft schlecht informierte Mandatsträger. Trotz dieser und anderer Probleme aber setzt sich der Siegeszug der Balanced Scorecard ungebremst fort. Der Nutzen, der mit diesem neuen Führungsstil einhergeht, spricht eben für sich.

Kapitel 14: Einige abschließende Überlegungen zur erfolgreichen Balanced Scorecard

Wegweiser zum 14. Kapitel

Wir haben nun einige Balanced-Scorecard-Lektionen hinter uns, doch »gelaufen« ist die Sache damit keineswegs. Im Gegenteil. Einige wichtige Punkte gilt es noch zu erörtern, wenn die Scorecard ein wirklicher Erfolg werden soll.

In Kapitel 3 haben wir uns ansatzweise bereits mit dem Aspekt der Organisationsveränderung beziehungsweise dem Change Management befasst. Dieses Thema wollen wir hier nun erneut aufgreifen, um uns wesentlich eingehender mit der wichtigen, ja erfolgskritischen Rolle der in diesem Bereich Verantwortlichen auseinander zu setzen. Anschließend erörtern wir die zehn häufigsten Fehler, die einer erfolgreichen Einführung einer Balanced Scorecard im Wege stehen. Könnten Sie sich denken, welches Problem bei diesen »Top Ten« an der Spitze rangiert? In vielen Fällen werden die Verantwortlichen bei der Einschätzung der Problematik wohl zu dem Ergebnis gelangen, dass es besser ist, sich bei der Entwicklung der Scorecard von erfahrenen Unternehmensberatern helfen zu lassen. Auch mit den damit verbundenen Aspekten werden wir uns gegen Ende dieses Kapitels noch eingehend befassen und eine Kriterienliste erstellen, die Ihnen die Auswahl eines geeigneten Beraters erleichtern sollte.

Die Bedeutung von Veränderungskonzepten

Zwischen 50 und 80 Prozent aller Veränderungsinitiativen verfehlen leider die in sie gesetzten Erwartungen. Dieser statistische Erfahrungswert sollte zu denken geben, denn bei der Balanced Scorecard handelt es sich in erster Linie ja nicht um ein Messprojekt, sondern eben um eine Veränderungsinitiative. Es genügt folglich nicht, nur das Performance Measurement des betreffenden Unternehmens zu ändern. Vielmehr muss auch grundlegend in die Managementprozesse eingegriffen, also der gesamte Führungsstil geändert werden. Die Balanced Scorecard verlangt daher in den meisten

Fällen eine deutliche Abkehr von den bisherigen Praktiken des Performancemanagements. Nicht mehr die Finanzkontrolle, sondern die Strategie steht im Zentrum der Organisation und bestimmt deren Ausrichtung. Gleichzeitig fungiert die Scorecard auch begrifflich-konzeptuell als Katalysator der Entwicklung (das heißt Veränderung) der Mitarbeiter. Wie bei der Strategie, liegt auch bei Veränderungsinitiativen das Scheitern meist nicht im Projekt als solchem begründet, sondern in dessen schlechter Umsetzung.

Die Implementierung von Veränderungen ist freilich ein hartes Geschäft und keinesfalls leichter als die erfolgreiche Einführung einer neuen Strategie. Dies unterstreichen auch die vielen Bücher und Artikel, die es zum Thema Change Management gibt. Doch so komplex und schwierig die Aufgabe ist, so wichtig ist sie. Dem wollen wir hier in der gebotenen Kürze Rechnung tragen, denn mehr als eine knappe Erörterung der wichtigsten Veränderungsaspekte, die bei der Implementierung einer Balanced Scorecard bedacht und in die Planungen einbezogen werden sollten, lässt der Rahmen dieses Buches leider nicht zu. In Kapitel 3 haben wir ja bereits gesehen, dass dem Projektteam auch ein »Veränderungsexperte« oder Veränderungsbeauftragter angehören sollte. Betrachten wir nun einige der Kernaufgaben, bei denen die Unterstützung und Kompetenz dieses Teammitglieds im Zuge der Entwicklung des Balanced-Scorecard-Systems besonders gefragt sind.

- *Bewusstseinsbildung.* Häufig begeht man in der Praxis den Fehler, ein groß angelegtes Veränderungsprogramm anzukündigen, ohne die Beschäftigten über die Notwendigkeit der Maßnahme sowie die damit verbundenen Ziele hinreichend aufzuklären. Derlei Kommunikationsdefizite öffnen Gerüchten natürlich Tür und Tor – und selten erwächst daraus etwas Gutes. Meist nämlich baut sich auf diese Weise rasch eine Front gegen die Veränderungen auf, zumal der Hang groß ist, »denen da oben« schlechte Motive zu unterstellen. Wenn das Projekt also Akzeptanz finden soll, sind die Verantwortlichen gut beraten, von Beginn an für Klarheit zu sorgen und die Gründe für das Vorhaben wie auch die angestrebten Ziele gut zu erläutern. Das Engagement der Mitarbeiter ist nur zu gewinnen, wenn sowohl die Notwendigkeit der Maßnahme als auch deren letztendlicher Nutzen voll begriffen ist.
- *Klare Erwartungen.* Dies kann ein absolut erfolgsentscheidender Punkt sein. Fragen Sie sich also: Wie wird sich das Informationssystem Balanced Scorecard auf die Geschäftsprozesse der Mitarbeiter allgemein

und des Führungspersonals im Besonderen auswirken? Verändert es die Abläufe? Sprengt es persönliche Beziehungen? Diese und weitere Fragen werden sich aus der Betrachtung der Erwartungen an die Mitarbeiter zwangsläufig ergeben. Die Scorecard-Planer sollten sich daher schon frühzeitig Gedanken darüber machen, was das Balanced-Scorecard-System den Beschäftigen abverlangt und wie es sich auf ihren gewohnten Alltag auswirkt.

- *Vereinbarkeit mit Kultur und Werten.* Die Frage, ob das Konzept einer Balanced Scorecard überhaupt in die betreffende Organisation passt, ist ebenfalls sehr wichtig, da der Hintergrund von Fall zu Fall sehr unterschiedlich sein kann. Wichtige Frage: Gibt es bereits Erfahrung mit Messsystemen? Oder hat man sich bisher damit begnügt, einige Schlüsselparameter zu überwachen und ansonsten den Geschäften ihren Lauf zu lassen? Falls es um die Kenntnis moderner Messmethoden schlecht bestellt ist, haben Sie auf jeden Fall eine hohe Hürde vor sich.
- *Geeignete Supportsysteme.* Um die Scorecard-Entwicklung zu einem Erfolg werden zu lassen, sollten Sie unbedingt darauf achten, dass hinreichend Ressourcen und geeignete Unterstützungssysteme zur Verfügung stehen. Die Mitarbeiter haben in der Regel ein sehr wachsames Auge auf die Projektverhältnisse und bleiben oft auf Distanz, wenn sie merken, dass dem Vorhaben die nötige Unterstützung (und damit die Erfolgsaussicht) fehlt.
- *Positives Denken.* Organisationen haben ein langes Gedächtnis. Dies gilt vor allem für Misserfolge. Falls frühere Veränderungsbemühungen scheiterten und Frustration erzeugten, steht das Balanced-Scorecard-Projekt von vornherein unter einem ungünstigen Stern. Optimismus, Vertrauen in die Sache und der Glaube an den letztendlichen Erfolg sind wichtige Voraussetzungen, denn sie setzen Energien frei. Skepsis hingegen blockiert.

Dies sind einige der Faktoren, die für den Erfolg eines Veränderungsprogramms von großer Bedeutung sind. Wie sie im Einzelfall zu gewichten und zu behandeln sind, hängt in hohem Maße von den jeweiligen unternehmenskulturellen Bedingungen ab – Pauschallösungen gibt es also nicht. Der entscheidende Punkt ist sicherlich eine ehrliche Bestandsaufnahme. Probleme, die erkannt sind, lassen sich lösen. Dies gilt auch für die Balanced Scorecard. Daher empfiehlt es sich, vor Beginn eines solchen Projekts genau zu prüfen (oder von kompetenten Fachleuten prüfen zu lassen), wie es auf den verschiedenen Ebenen der Hierarchie – von ganz oben bis ganz unten – mit den Einstellungen in Bezug auf die erfolgskritischen Faktoren bestellt ist. Anhand dieser Ergebnisse kann das Projektteam (bei Bedarf unterstützt durch den Fachmann) dann geeignete Aktionspläne und Programme entwickeln, um potenziell negative Einflüsse aufzufangen und so die Erfolgsaussichten zu verbessern.

Fazit: Wer mit guten Karten in das »Veränderungsspiel« gehen will, sollte genau prüfen, welche Meinungen und Einstellungen auf den verschiedenen Ebenen der Organisation vorherrschen, um rechtzeitig geeignete Maßnahmen ergreifen zu können. Proaktives Handeln ist immer positiv, im Zusammenhang mit der Einführung einer Balanced Scorecard jedoch unerlässlich. Das Ignorieren von Problemen oder allzu langes Zögern kann für das Projekt fatale Folgen haben. Wie bereits erwähnt, pflegen Veränderungsinitiativen nicht an Methoden oder Technologien zu scheitern – sondern nahezu immer am Faktor Mensch.

Die zehn größten Probleme bei der Einführung der Balanced Scorecard

Dieses Buch ist als Leitfaden und Ratgeber für eine erfolgreiche Einführung einer Balanced Scorecard gedacht. Ich hoffe sehr, dass es Ihnen hilft, den inzwischen klassischen Fallgruben auszuweichen und sicher zum Ziel zu gelangen. Es kann daher keinesfalls schaden, sich die kritischsten Problembereiche noch einmal zusammenfassend vor Augen zu führen, bevor es an die praktische Arbeit geht. Hier also meine »Hitliste« der größten Erfolgshindernisse bei der Balanced-Scorecard-Implementierung – von Platz 10 bis zum Spitzenreiter. Ich wünsche Ihnen Glück bei Ihrem Vorhaben und hoffe, dass Ihnen zumindest in diesen zentralen Punkten ein Fauxpas erspart bleibt.

Platz 10: Zu frühe Verknüpfung mit den Managementprozessen

Der Übergang von einem reinen Messsystem zu einem strategischen Führungssystem erfolgt irgendwann zwangsläufig, wenn sich das Scorecard-Projekt positiv entwickelt. Denn erst die Verknüpfung der Scorecard etwa mit den Budgetierungsprozessen und dem Prämien- oder Vergütungssystem ermöglicht die volle Nutzung des Potenzials, das in diesem dynamischen Instrument steckt. Allerdings ist auch hier sorgfältige Planung vonnöten, da eine zu frühe Verknüpfung kontraproduktiv sein kann. Dies gilt vor allem für die Anbindung an das Vergütungssystem. Zweifellos lässt sich mit diesem Hebel in puncto Mitarbeiterengagement viel bewegen, doch kann dies bei allzu frühem Einsatz mit Nebenwirkungen sehr negativer Art verbunden sein. Zum Beispiel besteht die Gefahr, dass die Kennzahlen, von denen die Prämien abhängen, noch suboptimal sind, was auf Managementseite zu dysfunktionalen Entscheidungen führen kann. Die Zielvorgaben können ebenfalls problematisch sein, insbesondere im Zusammenhang mit neuen Kennzahlen. Sind die Vorgaben allzu anspruchsvoll oder gar unrealistisch, geht dies zu Lasten der Motivation der Mitarbeiter. Umgekehrt funktioniert es natürlich genauso wenig, denn eine allzu lockere Vorgabe ist geradezu ein Leistungsverhinderer. Falls jedoch das Prämiensystem schlecht funktioniert, wird die Schuld garantiert bei der Balanced Scorecard gesucht (auf Seiten der Führungskräfte nicht weniger als bei den Mitarbeitern). So ist der Mensch. Nach eigenen Fehlern sucht er ganz zuletzt.

Platz 9: Fehlende Kaskadierung

Eigentlich müsste man diesen Punkt ja höher gewichten. Ich belasse ihn hier lediglich deshalb auf Platz 9, weil er nicht auf alle Organisationen zutrifft. Kleinunternehmen zum Beispiel benötigen in der Regel keine Kaskadierung, und Gleiches gilt, wenn etwa einzelne Abteilungen für sich allein eine zentrale Scorecard entwickeln, an der sich alle Mitarbeiter des Bereichs auszurichten vermögen. Sobald es sich jedoch um größere Organisationen handelt, ist eine Kaskadierung von oben nach unten unerlässlich, wenn der neue Ansatz wirklich Früchte tragen soll. Der einfache Mitarbeiter ist meist so weit von allen Strategiefragen entfernt, dass die Top-Scorecard wohl interessante Einblicke und auch Motivation zu vermitteln vermag, als Leitfaden für den konkreten Geschäftsalltag aber nicht taugt. Hierzu bedarf es der Kaskadierung über alle Ebenen der Organisation hinweg. Sie erst stellt die erforderliche systematische Abstimmung sicher, indem jeder einzelne Beschäftigte die Chance bekommt, seinen Beitrag zum Gesamterfolg zu bestimmen und festzuschreiben.

Platz 8: Keine einheitliche Begrifflichkeit

»Name ist Schall und Rauch«, heißt es bei Goethe. Manche Unternehmen scheinen dies als Alibi zu nehmen, wenn sie mal von »Indikatoren«, mal von »Zielen« reden, doch möglicherweise immer dasselbe meinen. Wenn die Kommunikation klappen soll, ist man gut beraten, die zentrale Begrifflichkeit klar zu definieren und die Begriffsinhalte sauber gegeneinander abzugrenzen. Andernfalls kehrt Chaos ein – wie bei einem Chor, bei dem jeder eine andere Melodie trällert. Tragen Sie also Sorge, dass die zentralen Scorecard-Begriffe und -Konzepte gut verstanden sind und einheitlich benutzt werden, denn nur so kann das neue System den Erwartungen gerecht werden und den positiven Wandel befördern. Lassen Sie sich die häufig feststellbaren Praxisprobleme eine Warnung sein. Mitunter wird nach Monaten erst klar, dass man ja noch nicht einmal die gleiche Sprache spricht. Die Übersetzung der Strategie in Kennzahlen ist schon schwer genug. Wenn anschließend auch noch Verständnisprobleme hinzukommen, kehrt Entmutigung ein.

Platz 7: Keine neuen Kennzahlen

Es genügt nicht, einfach die vorhandenen, »altgedienten« Messkriterien zu nehmen und auf die diversen Scorecard-Bereiche zu verteilen. Doch die Versuchung, es genau so zu machen, ist groß – zu groß offenbar. Da die Chefs offenbar wieder einmal glauben, in Aktionismus verfallen zu müssen, tut man eben das Nötigste und greift sich, was man schon hat, um die Balanced Scorecard zu erstellen. Die Ernüchterung folgt prompt, wenn man nach einigen Monaten feststellt, dass sich an den Ergebnissen trotz Scorecard leider nicht viel geändert hat. Also gibt man kurzerhand dem neuen System die Schuld. Doch wie wir bei unserer Erörterung der Kennzahlen (vergleiche etwa Kapitel 5 und 6) gesehen haben, liegt der eigentliche Nutzen der Balanced Scorecard gerade in den neuen, das heißt neu zu entwickelnden Kennzahlen sowie deren Zusammenspiel mit den übrigen Indikatoren. Dies spricht nicht zwangsläufig gegen die bereits vorhandenen Kennzahlen und deren (jedenfalls partielle) Weiterverwendung. Der entscheidende Punkt ist vielmehr, dass sie in den allermeisten Fällen durch neue, innovative Parameter ergänzt werden müssen, damit die Strategie optimal umgesetzt werden kann.

Platz 6: Inkonsistente Managementpraxis

Die Balanced Scorecard repräsentiert, wie der Name schon sagt, ein neues Paradigma, bei dem die »Balance«, also die Ausgewogenheit der Organisation im Zentrum des Bemühens steht. Es gilt, ein Gleichgewicht herzustellen zwischen den Bedürfnissen der internen und externen Stakeholder, zwischen kurzfristigen Chancen und langfristiger Wertschöpfung, zwischen ergebnis- und verlaufsorientierten Kennzahlen und natürlich auch zwischen finanziellen und nichtfinanziellen Indikatoren. Eine todsichere Methode, der Scorecard früh das Grab zu schaufeln, besteht darin, Widersprüche zwischen Wort und Tat zu pflegen – etwa indem man einerseits Ausgewogenheit proklamiert und andererseits Verhalten belohnt, das sich an deutlich unausgewogenen, einseitigen Idealen orientiert. Beispiel: Man erklärt die Balanced Scorecard zum zentralen Führungsinstrument, fährt gleichzeitig aber fort, die höheren Führungskräfte ausschließlich auf Basis kurzfristiger Finanzergebnisse zu entlohnen. Die Botschaft, die hier unter der Hand verkündet wird, ist klar: »Offiziell« sind auch nichtfinanzielle Parameter wichtig, doch im Grunde wissen wir ja alle, dass es vor allem aufs Geld ankommt. Ganz ähnlich liegt der Fall, wenn »offiziell« Teamwork und Kooperation zu den entscheidenden Faktoren erklärt werden, während gleichzeitig aber ganz offen der Einzelkämpfer belohnt (zum Beispiel befördert) wird. Solch widersprüchliches Verhalten durchkreuzt die Bemühungen. Stattdessen sind Führungsmethoden verlangt, die nicht mit der Balanced Scorecard konfligieren, sondern ein echtes Engagement für deren ganzheitliche Ziele erkennen lassen.

Platz 5: Schlechtes Timing

Beide Enden des Zeitspektrums können Probleme verursachen – kurz wie lang. Beginnen wir mit dem langen Ende. Manche Organisationen tendieren dazu, die Implementierung hinauszuschieben, bis auch die letzte Kennzahl gefunden, alle Datenquellen gesichert und die Ergebnisse komplett abrufbar sind. Da erfahrungsgemäß jedoch bis zu 30 Prozent der Performancekriterien im Entwicklungsstadium zunächst fehlen, kann das Warten lange dauern! Außerdem ist zu bedenken, dass Nutzenaspekte der Balanced Scorecard wie Zusammenarbeit, Informationsaustausch und kollektives Lernen keineswegs davon abhängen, dass alle Messdaten komplett verfügbar sind. Ergo sollte die Scorecard bereits in die Praxis überführt werden, sobald eine kritische Masse von Kennzahlen vorhanden ist. Der kreative Dialog, der aus der Überprüfung der Ergebnisse resultiert, entschädigt bei weitem dafür, dass die Scorecard noch nicht komplett ist. Am anderen Ende des Spektrums befinden sich jene Organisationen, die sich für die Entwicklung viel zu wenig Zeit nehmen. Die Eile hat ihren Grund oft darin, dass Unternehmensberater hinzugezogen werden und die Verantwortlichen deshalb glauben, die Sache aus dem Boden stampfen zu können (oder es aus finanziellen Gründen zu müssen). Natürlich ist unbestreitbar, dass die mittlerweile vorhandenen Balanced-Scorecard-Technologien (nebst breiter Literatur) gewaltig helfen. Trotzdem sollte man sich über den nötigen Zeitrahmen keine Illusionen machen. Eine durchdachte und strategiekonforme Balanced Scorecard, bei der die verschiedenen Kennzahlen auf Basis stimmiger Ursache-Wirkungs-Beziehungen gut miteinander vernetzt sind, braucht einfach ihre Zeit. Festlegung der Strategie, Übersetzung der Strategie, Entwicklung der Ziele und Kennzahlen – all dies sind wichtige Aufgaben, die viel Einsatz verlangen und nicht über Nacht erledigt werden können. Ideen müssen reifen, der Dialog braucht Zeit. Gehen Sie also mit Bedacht vom Konzept zur Praxis über. Die innovativen neuen Kriterien und Lösungen, auf die es ankommt, finden sich dann fast von selbst.

Platz 4: Fehlen von Leitzielen für das Balanced-Scorecard-Programm

Dieses Thema haben wir bereits zu Beginn dieses Kapitels erörtert, doch verdient es, hier noch einmal aufgegriffen zu werden. Angesichts dessen, dass viele Unternehmen weltweit mit der Balanced Scorecard sehr gute Erfahrungen machen, hat sich der Nutzen dieses Führungsinstruments inzwischen herumgesprochen – die Akzeptanz steigt. Dies verleitet allerdings auch zur Nachahmerei, weil man vielleicht aus Konkurrenzgründen glaubt, nicht zurückstehen zu können. Daran ist im Prinzip sicherlich nichts Verkehrtes – nur muss auf den ersten Schritt der zweite folgen. Die Scorecard darf kein Alibi sein. Es kommt entscheidend darauf an, sie mit ganz spezifischen Zwecken und Zielen zu verbinden. Grundfrage: Welchen Missstand soll die Balanced Scorecard beseitigen helfen? Wenn Sie hierauf keine Antwort wissen oder sich die Frage vielleicht noch gar nie gestellt haben, wird die Scorecard schwerlich etwas bewirken können. Das Fehlen von Leitzielen deutet oft darauf hin, dass der Scorecard nur Rand- oder Ergänzungsstatus zukommt, indem man sie einfach an ein anderes großes

Veränderungsprojekt anhängt, etwa an eine laufende ERP-Initiative oder ein CRM-Programm. Vielleicht ist ja auch der Berater der fälschlichen Meinung, die Scorecard sei eine logische Ergänzung zu diesen anderweitigen Bemühungen und müsse deshalb schnellstens eingeführt werden. Doch bedenken Sie immer: Ohne klar artikulierte Ziele für das Programm sind Missverständnissen Tür und Tor geöffnet. Die Balanced Scorecard kann so keine Akzeptanz finden und fällt zwangsläufig irgendwann der Vergessenheit anheim.

Platz 3: Keine Strategie

Es dürfte schwierig sein, ein strategisches Führungssystem zu implementieren, wenn die Strategie fehlt. Dies gilt auch für das Balanced-Scorecard-Konzept, dessen Herzstück bekanntlich die jeweilige Unternehmensstrategie ist. Sie ist Maßstab allen Handelns und Entscheidens; sie allein erlaubt die zielorientierte Ausrichtung des Unternehmens von oben bis unten. Zur Not geht es zwar auch ohne Strategie, doch degradiert man die Scorecard damit zu einem reinen Performance-Measurement- oder »Stakeholder«-System, bei dem divergente Interessen im Spiel bleiben, also keine Bündelung und Kanalisierung erfolgt. Dadurch bleiben viele der Vorzüge, die ein echtes Balanced-Scorecard-System bietet, zunächst jedenfalls ungenutzt. Allerdings lässt sich die Sache in der Folge noch ins Positive wenden. Denn wenn die Entwicklung der Scorecard ergebnisorientiert und mit dem nötigen Engagement betrieben wird, kann dies der Organisation letztlich auch den Weg zur Strategie ebnen.

Platz 2: Zu wenig Schulung im Vorfeld

Allzu viele Unternehmen begehen leider den Fehler, es an der nötigen Schulung und Aufklärung mangeln zu lassen, bevor man beginnt, die Balanced Scorecard in die Praxis umzusetzen. Oft beschränkt man sich auf einige Einführungssitzungen, in denen das neue »Messsystem« in groben Zügen erläutert wird. Man kehrt vielleicht heraus, dass hier finanzielle wie nichtfinanzielle Kennzahlen eine Rolle spielen, doch für die Feinheiten und Komplexitäten bleibt in solch knappem Rahmen leider wenig Platz. Auch die vordergründige Einfachheit der Scorecard mag oft zu der Fehlannahme verleiten, intensive Schulung sei nicht nötig. Also belässt man es bei einer relativ allgemeinen Einführung und vertraut im Übrigen darauf, dass die Mitarbeiter intuitiv in der Lage sein werden, das Gelernte auf ihre spezifischen Bedingungen anzuwenden. Die Rechnung folgt auf dem Fuß, nämlich in Form schlecht entwickelter und miserabel abgestimmter Scorecards, die am Ende niemand benutzt. Daher ist nur zu raten: Nehmen Sie sich am Beginn des Projekts die nötige Zeit, um einen umfänglichen Fahrplan zu entwickeln! Dies schließt konzeptuelle Hintergrundinformationen ebenso ein wie die Klarlegung der Ziele, die Sensibilisierung für potenzielle Probleme, die Vorstellung erfolgreicher Beispiele und die Erläuterung der Projektdetails.

Platz 1: Mangelnde Unterstützung durch die oberste Managementebene

Überrascht es Sie, diesen Punkt auf Platz 1 zu finden? Nun, auch ich war mir eine Zeitlang unschlüssig, ob nicht vielleicht doch der Punkt »Schulung« auf Platz 1 gehört. Letztlich aber gelangte ich zu dem Ergebnis, dass ein nachhaltiges Engagement und Commitment der Unternehmensführung den entscheidenden Faktor darstellt. Anders formuliert: Mit genügend Unterstützung aus der Chefetage kann ein Balanced-Scorecard-Projekt auch dann noch erfolgreich verlaufen, wenn es im Vorfeld an Aufklärung mangelt. Lassen es die Chefs hingegen an Unterstützung fehlen, steht das Vorhaben grundsätzlich unter einem schlechten Stern. Wir haben es hier also ganz klar mit dem Erfolgsfaktor Nummer eins zu tun. Wie dieses Engagement konkret aussehen muss und wie man es herbeiführen kann, haben wir in Kapitel 3 ausführlich erörtert. Falls Ihr Projekt in diesem Punkt an Mangelerscheinungen leidet, sollten Sie sich das genannte Kapitel unbedingt noch einmal vornehmen. Ein Balanced-Scorecard-Projekt besteht in der Regel ja aus einer logischen Abfolge von Schritten. Man beginnt mit der Entwicklung der Strategie, dann folgt deren Umsetzung. Anschließend geht es an die Entwicklung der Zielsetzung, der Kennzahlen, der konkreten Zielvorgaben und konkreter Prozesse, gefolgt von der unternehmensweiten Kaskadierung der Scorecard. Den Endpunkt einer erfolgreichen Implementierung bildet schließlich die Integration der Scorecard in die gesamten Führungsprozesse der Organisation. Die aktive Unterstützung aus der Chefetage ist der rote Faden, der diesen gesamten Prozess durchzieht und zusammenhält. Starke Führung ist folglich auf jeder einzelnen Stufe gefragt. Fehlt sie, kann das Projekt sehr schnell versanden. Auf den Punkt gebracht: Ein engagierter, kenntnisreicher Topmanager ist für eine erfolgreiche Einführung der Balanced Scorecard völlig unverzichtbar.

Die Entwicklung der Balanced Scorecard mit externer Unterstützung

Nachdem Sie dieses Buch gelesen und vielleicht auch noch einige ergänzende Untersuchungen studiert haben, werden Sie mir sicherlich zustimmen, dass die Balanced Scorecard ein hervorragendes Nutzenpotenzial besitzt. Klar ist aber auch, dass die Implementierung hohe Anforderungen stellt. Angesichts der Komplexität des Entwicklungsprozesses wird sich manche Organisation genötigt fühlen, auf externe Unterstützung zurückzugreifen. Hier dürften auch kleine Unternehmen relativ problemlos fündig werden, denn der Markt an unabhängigen Unternehmensberatungen und -beratern ist groß. Die Einbeziehung eines Beraters kann in der Tat eine kluge Entscheidung sein, denn eine gute Beratungsgesellschaft besitzt die nötige Erfahrung, verfügt über bewährte Methoden, die eine zeitgerechte Umsetzung garantieren, und bietet Objektivität. Ein weiterer Vorteil von Beratern ist ebenfalls nicht zu unterschätzen – die Glaubwürdigkeit. Den Chefs pflegt ein Vorhaben einfach mehr zu gelten, wenn externe »Experten« an der Entwicklung beteiligt sind. Freilich ist Beratung nicht billig zu haben. Je nach Projektumfang und Dienstleister kann sich allein die Entwicklung der Top-Scorecard in die Hunderttausende belaufen. Ein anderes Problem kommt hinzu: So positiv die Wirkung auf die Chefetage ist, so negativ kann die Mitwirkung von Unternehmensberatern bei der Belegschaft ankommen. Dort nämlich pflegt man Berater nicht nur für Absahner zu halten, sondern kritisiert auch deren mangelnde Kenntnis der firmenspezifischen Bedingungen und Abläufe, verbunden mit der Gefahr, dass am Ende ein untaugliches Produkt herauskommt. Die Entscheidung pro oder contra Berater kann also sehr diffizil sein. Falls Sie sich letztlich aber doch für externe Unterstützung entscheiden, sollte Ihnen die folgende Liste helfen, die richtige Auswahl zu treffen.

- *Erfahrung mit der Balanced Scorecard.* Angesichts der Popularität der Scorecard werden Sie kaum eine Unternehmensberatung finden, die kein entsprechendes Angebot führt, und mit »umfangreichen Erfahrungen« brüsten sich sowieso alle. Doch wie im Zusammenhang mit einer klaren, stringenten Begrifflichkeit bereits gesehen, können die

Vorstellungen von dem, was die Scorecard konkret bedeutet, gewaltig differieren. Sie tun daher gut daran, anhand von Präsentationen und Gesprächen zu klären, wie die Dinge hier liegen. Es kann gut sein, dass der Anbieter in der Scorecard nur ein »Messsystem« oder ein Informationssystem sieht, das den oberen Führungskräften lediglich einige wichtige Kennzahlen liefern soll, verlaufsorientierte Indikatoren aber so wenig kennt wie Wechselbeziehungen zwischen den verschiedenen Kennzahlen. Stellen Sie also sicher, dass Sie das bekommen, was Ihnen vorschwebt. Dies bringt uns noch einmal zum Thema Erfahrungs- und Kompetenznachweis. Praktisch jede Beratungsfirma wirbt mit renommierten Klienten, die mit der erbrachten Dienstleistung angeblich höchst zufrieden sind. Seien Sie vorsichtig und prüfen Sie nach. Ein Anruf lohnt sich!

- *Breite Palette von Fähigkeiten und Qualifikationen.* Wie in Kapitel 3 bei der Erörterung des BSC-Projektteams gesehen, verlangt die Entwicklung einer Scorecard eine breite Palette von Fähigkeiten. Sie sollten also darauf achten, dass das von den Beratern zusammengestellte Team diese durch Komplementarität geprägte Kompetenzvielfalt aufweist. Alle Teammitglieder sollten überdies über eine ausgeprägte Kommunikationsfähigkeit verfügen, das heißt in der Lage sein, auf allen Hierarchieebenen Kontakte zu knüpfen und zu unterhalten. Gute Präsentatoren braucht das Team ebenfalls, und auch Didaktiker, die wissen, wie man den Leuten die Konzepte erklärt, sollten nicht fehlen. Auch Moderationsfähigkeit ist gefragt, wenn es gelingen soll, die zwangsläufig konfliktreichen Sitzungen zu einem guten Ende zu führen und aus Meinungsverschiedenheit Konsens zu erzeugen. Analytische Fähigkeiten sind ohnehin ein Muss für jeden, der Daten strukturieren und Kennzahlen herausfiltern und bewerten will. Zu guter Letzt sollten dem Team auch technisch bewanderte Mitglieder angehören, die in der Lage sind, mit dem IT-Bereich effizient zusammenzuarbeiten.
- *Kulturelle Kompatibilität.* Dies ist ein wichtiger, doch bei der Beraterauswahl leider oft vernachlässigter Punkt. Jede Organisation hat nun einmal ihre spezifische Kultur (Werte, Ausrichtung, Stil, Einstellungen, Arbeitsweisen, etc.). Dies gilt folglich für Ihr Unternehmen so sehr wie für die Beratungsgesellschaft. Die Wirtschaftsnachrichten zeigen ja, wie wichtig es beispielsweise ist, dass zwei Fusionspartner gut zusammenpassen – nicht selten ist die kulturelle Verschiedenartigkeit der Partner ja *der* Fusionsverhinderer oder ursächlich für späteres

Scheitern. Natürlich sind Berater nur Partner auf Zeit, doch immerhin! Denn während des Projekts ist eine äußerst enge Zusammenarbeit erforderlich – und die muss erst einmal funktionieren. Lassen Sie sich also von Präsentationen und Referenzen nicht blenden, sondern schauen Sie sich die Leute, mit denen Sie künftig arbeiten und klarkommen müssen, genau an! Passen Sie in Ihr Umfeld? Finden sie Anklang bei Ihren Mitarbeitern, und zwar oben wie unten? Nur Sie können diese wichtige Frage beantworten!

- *Wissenstransfer.* Kernelement eines jeden von einer Beratungsfirma erstellten Arbeitsplans ist ein ausreichender und zeitgerechter Wissenstransfer. Wie der Name schon sagt, geht es dabei um die Weitergabe von einschlägigem Sachwissen und damit von Kompetenz (bezogen auf die Schlüsselkonzepte und Methoden) von den Beratern an den Klienten beziehungsweise dessen Mitarbeiter. Im Bemühen, das Projekt zeit- und kostengerecht abzuschließen, kann es aber durchaus vorkommen, dass die Berater es – letztlich doch – am nötigen Wissenstransfer fehlen lassen, weil eben andere, dringendere Arbeiten im Vordergrund stehen. Dies kann sich unter dem Strich allerdings sehr negativ auswirken, sobald die Berater die Tür hinter sich zugemacht haben. Um anschließend nicht dumm dazustehen, sollten Sie also unbedingt darauf achten, dass das für einen funktionierenden Scorecard-Betrieb erforderliche Wissen in vollem Umfang weitergegeben wird.

Abschließende Betrachtungen

Seit die Balanced Scorecard vor zehn Jahren auf den Markt kam, hat sie in den Managementzirkeln und Chefetagen weltweit gewaltig Furore gemacht. Ein neues Berichts- und Führungsinstrument war in Anbetracht des wirtschaftlichen Wandels – des Übergangs vom industriellen zum Informationszeitalter – allerdings auch überfällig. Diesem Ruf nach neuen und innovativen Systemen trug die Balanced Scorecard Rechnung und fand daher rasch Beachtung. Dass hier manches erst noch reifen musste, liegt auf der Hand. Inzwischen aber ist die Methodik so verfeinert und bewährt, dass die Scorecard als ein sehr leistungs- und anpassungsfähiges Führungssystem bezeichnet werden kann. Die breite Akzeptanz dieser Methode belegen neuere Schätzungen, in denen davon ausgegangen wird, dass gut die Hälfte aller *Fortune-1000*-Unternehmen über ein Balanced-Scorecard-System verfügen. Man kann es natürlich auch anders herum betrachten. Dies heißt nichts anderes, als dass die Balanced Scorecard nach wie vor ein gewaltiges Expansionspotenzial besitzt und insofern eine große Zukunft vor sich haben sollte. Denn neben der anderen Hälfte der *»Fortune 1000«* warten ja noch Tausende kleiner und mittlerer Unternehmen, ganz zu schweigen von den vielen Behörden und gemeinnützigen Organisationen weltweit. An Arbeit mangelt es demnach gewiss nicht – also packen wir es an! Auch die Entwicklung wird naturgemäß weitergehen, sodass wir trotz aller bisheriger Leistungen die größten Durchbrüche noch vor uns haben dürften. Unternehmen wie Ihres – bereit, sich auf das Abenteuer Balanced Scorecard einzulassen – werden es sein, die die Erfolgsgeschichte fortschreiben und hoffentlich neue Maßstäbe setzen. Ich wünsche Ihnen jedenfalls viel Glück dabei!

Zusammenfassung

Die einzige Konstante scheint heute der Wandel zu sein. Unter den Konkurrenzverhältnissen des 21. Jahrhunderts wird letztlich nur überleben können, wer sich ständig wechselnden Bedingungen flexibel anzupassen versteht. Leider hapert es in den meisten Unternehmen genau in diesem Punkt. Zunächst und vor allem gilt es also sicherzustellen, dass der Balanced Scorecard nicht das Schicksal der vielen gescheiterten Vorgängerinitiativen widerfährt. Dazu braucht es eine ganze Reihe von Veränderungsaktivitäten, wobei den Mitarbeitern deutlich vor Augen geführt werden muss, warum Veränderung die einzig vernünftige Option darstellt. Gleichzeitig gilt es, die Erwartungen klar zu artikulieren, sodass jeder Mitarbeiter versteht, was im Rahmen des Balanced-Scorecard-Systems von ihm persönlich verlangt ist. Auch ist zu prüfen, wie gut die Scorecard in die Unternehmenskultur passt und inwieweit den Mitarbeitern die erfolgreiche Implementierung eines Systems dieser Größenordnung zuzutrauen ist. Hier können externe Change-Management-Experten unter Umständen helfen, die Situation zu analysieren, Einstellungen zu identifizieren und gemeinsam mit dem BSC-Projektteam geeignete Strategien zu entwickeln, um bestehende Hindernisse zu überwinden.

Wie die Erfahrung zeigt, gibt es eine ganze Reihe von klassischen Hürden, an denen die Unternehmen bei der Scorecard-Einführung häufig zu straucheln pflegen. Hier heißt es also aufgepasst! Zu diesen »Top Ten« unter den Implementierungsfehlern gehören: Allzu frühe Integration in die

Managementprozesse; fehlende Kaskadierung; Fehlen einer einheitlichen und verständlichen Begrifflichkeit; Versäumnis der Entwicklung neuer Kennzahlen; inkonsistente Managementpraxis; schlechtes Timing; fehlende Scorecard-Ziele; fehlende Strategie; zu wenig Schulung; fehlende Unterstützung aus der Chefetage.

Dem Aufstieg der Balanced Scorecard trugen auch die Beratungsfirmen mit der Entwicklung entsprechender Angebote rasch Rechnung. Derlei Dienstleistungen sind zwar zweifellos kostspielig und werden zudem von den eigenen Mitarbeitern oft skeptisch betrachtet, sind aber je nach Situation dennoch bedenkenswert. Zu den Vorteilen zählen eine bewährte Methodik, Implementierungserfahrung und relativ kurze BSC-Entwicklungszeiten, um nur einige Punkte zu nennen. Allerdings ist Vorsicht geboten. Prüfen Sie den Erfahrungshintergrund des Anbieters, seine Kompetenz, seine Eignung aus unternehmenskultureller Sicht sowie seine Bereitschaft zum Wissenstransfer, bevor Sie sich definitiv für eine Zusammenarbeit entscheiden.

Danksagung

Ein Freund, der zugleich mein Mitarbeiter war, sagte mir einst, die beste Methode, um als Erwachsener dazu zu lernen, sei der Gedankenaustausch mit anderen Erwachsenen. Dieses Buch ist das Ergebnis solcher Gespräche, die ich in den letzten Jahren mit Kollegen und Kunden, Familienmitgliedern, Freunden und zahlreichen Bekannten geführt habe. Und es stimmt: Ich habe dabei viel lernen und von jeder so gewonnenen Einsicht persönlich profitieren können.

Dieses Buch wäre mit Sicherheit nicht erschienen, hätte mein Lektor bei John Wiley & Sons, Tim Burgard, mich nicht erst auf die Idee zu seiner Herausgabe gebracht und mich dann weiterhin durch den ganzen Prozess des Schreibens begleitet. Ich muss mich aber auch bei all meinen Kunden bedanken, mit denen ich jahrelang zusammenarbeiten durfte, und auch jenen, die mich an ihren Erfahrungen mit der Balanced Scorecard teilhaben ließen. Hier seien vor allem Chuck Wehrwein und Valerie Mercer von der Stiftung National Equity genannt, wie auch Andreas Schroeter von der Westdeutschen Landesbank, Steve Mann bei der Regionalverwaltung des San Diego County, Ed Berkman vom McCord Travel Management, Frank Vito vom Rechnungshof des Staates Texas und Henry Johnson von Scripps Health in San Diego.

Eine ganze Reihe ehemaliger und gegenwärtiger Mitarbeiter hat ebenfalls zur Entstehung dieses Buches beigetragen. So habe ich Faisal Yousuf, Chris Kingsley und Beckie Voss von der Beraterfirma KPMG Consulting zu danken, aber auch Mike Contino, Sue Gafner und Chris Reichner von CSC Consulting, vor allem jedoch Bill Chandon, mit dem ich viele anregende Diskussionen führen durfte. Ein großer Dank gilt auch meinen ehemaligen Kollegen Jason Griffith und Wes Schaffer. Meine erste Begegnung mit der Balanced Scorecard fand bei Nova Scotia Power statt. Ich hatte das große Glück, dort mit solch beeindruckenden und hochbegabten Menschen wie Tina Whynot, Todd Bethune, Wanda Boutilier und Bob Cyr zu tun zu haben. Doch in erster Linie muss ich mich bei dem damaligen CFO von Nova Scotia Power bedanken, Jay Forbes – meinem Mentor, vor allem aber meinem guten Freund.

Schließlich – und das mit höchstem Nachdruck – Dank an meine Frau Lois. Während ich das Buch schrieb, war sie zugleich die erste kritische Leserin meines Manuskriptes, eine wesentliche Hilfe, selbstlose Verbindung zur Außenwelt – und damit meine nie versiegende Quelle der Ermutigung und liebevollen Begleitung.

Paul R. Niven
San Diego, Kalifornien
September 2001

Anmerkungen

Vorwort

1 Der Begriff »balanced scorecard« wird hier – wie ähnliche Fachtermini – nicht übersetzt, sondern als bekannt vorausgesetzt.
2 Robert S. Kaplan und David P. Norton, »The Balanced Scorecard: Measure That Drive Performance«, in: *Harvard Business Review,* Januar–Februar 1992, S. 71–79.
3 Robert S. Kaplan und David P. Norton, *Balanced Scorecard. Strategien erfolgreich umsetzen,* Schäffer-Poeschel, Stuttgart 1997; und: Robert S. Kaplan und David P. Norton, *Die strategiefokussierte Organisation. Führen mit der Balanced Scorecard,* Schäffer-Poeschel, Stuttgart 2001.

Einführung

1 American Institute of Certified Public Accountants und Lawrence S. Maisel, *Performance Measurement Survey,* 2001.

Kapitel 1

1 Robert S. Kaplan und David P. Norton, »On Balance«, in: *CFO,* Februar 2001, S. 73–77.
2 Robert A. Howell, James D. Brown, Stephen R. Soucy und Allen H. Seed, *Management Accounting in the New Manufacturing Environment,* National Association of Accountants, Montvale (NJ) 1987.
3 Bill Jenson, *Einfachheit. Besser, schneller und effektiver arbeiten,* ECON, München 2000.
4 Henry Mintzberg, Bruce Ahlstrand und Joseph Lampel, *Strategy Safari. Eine Reise durch die Wildnis des strategischen Managements,* Carl Überreuter Verlag, Wien 2002.
5 Michael E. Porter, »Strategy and the Internet«, in: *Harvard Business Review,* März 2001, S. 62–78.
6 R. Charan und G. Colvin, »Why CEO's Fail«, in: *Fortune,* 21. Juni 1999.
7 S.I. Hayakawa und Alan R. Hayakawa, *Language in Thought and Action,* Harcourt Bruce and Company, New York 1990, S. 171.
8 Robert S. Kaplan und David P. Norton, »The Balanced Scorecard – Measures that Drive Performance«, in: *Harvard Business Review,* Januar-Februar 1992, S. 71–79.
9 Robert S. Kaplan und David P. Norton, *Balanced Scorecard. Strategien erfolgreich umsetzen.*
10 Peter Senge, *Die fünfte Disziplin,* Klett-Cotta, Stuttgart 1999.
11 Timothy J. Galpin, *Making Strategy Work,* Jossey-Bass, San Francisco 1997.
12 Kaplan und Norton, »The Balanced Scorecard: Measures that Drive Performance«.
13 Michael Treacy und Fred Wiersema, *Marktführerschaft. Wege zur Spitze,* Campus Verlag, Frankfurt a. M. 1995.
14 Robert S. Kaplan und David P. Norton, »Using the Balanced Scorecard as a Strategic Management System«, in: *Harvard Business Review,* Januar-Februar 1996, S. 75–85.
15 Peter F. Drucker, *Management im 21. Jahrhundert,* ECON, München 1999.

Kapitel 2

1 Malcolm P. McNair, »What Price Human Relations?«, in: »What Goes Around.«, *Harvard Business Review,* Februar 2001, S. 160.
2 Ernst & Young Center for Business Innovation, *Measures that Matter,* 1999.
3 Ebenda, S. 13.

4 Thomas O. Davenport, *Human Capital*, Jossey-Bass, San Francisco 1999, S. 7.
5 Interview in der Sendung *Morning Edition* des National Public Radio, 27. Oktober 2000.
6 Anhörung von David M. Walker (Comptroller General of the United States) vor dem »Subcommittee on Oversight of Government, Management, Restructuring« und dem »District of Columbia Committee on Governmental Affairs« im US-Senat, Februar 2001.
7 Siehe »A Fact Factory for the New Economy«, in: *Business Week*, 7. Februar 2000, S. 6.
8 Basierend auf einer von David P. Norton präsentierten Untersuchung auf dem »Balanced Scorecard North American Summit«, New Orleans (LA), 27. September 2000.
9 Robert S. Kaplan, »Strategic Performance Measurement in Nonprofit Organizations«, in: *Nonprofit Management & Leadership*, Frühling 2001.
10 Robert S. Kaplan und David P. Norton, *Balanced Scorecard. Strategien erfolgreich umsetzen.*
11 Pamela A. Syfert und Lisa B. Schumacher, »Putting Strategy First in Performance Management«, in: *Journal of Cost Management*, November–Dezember 2000, S. 32–38.
12 Laura Downing, »Progress Report on the Balanced Scorecard: A Global Users Survey«, in: *Balanced Scorecard Report*, November–Dezember 2000, S. 7–9.
13 Robert S. Kaplan und David P. Norton, *Die strategiefokussierte Organisation.*
14 Mark Frigo, »2001 CMG Survey on Performance Measurement, Trends and Challenges in Performance Measurement«, in: *Cost Management Update*, März 2001, S. 1–4.

Kapitel 3

1 Stephen R. Covey, A. Roger Merrill und Rebecca R. Merrill, *Der Weg zum Wesentlichen*, Campus Verlag, Frankfurt a.M. 2003.
2 Michael R. Vitale und Sarah C. Mavrinac, »How Effective Is Your Performance Measurement System?«, in: *Management Accounting*, August 1995, S. 43.
3 Janice A. Klein, »Why Supervisors Resist Employee Involvement?«, in: *Harvard Business Review*, September–Oktober 1984.
4 Robert S. Kaplan und David P. Norton, *Die strategiefokussierte Organisation.*
5 Robert Simons und Antonia Davila, »How High Is Your Return on Management?«, in: *Harvard Business Review*, Januar–Februar 1998, S. 70.
6 Rebecca Macfie, »Six of Our Top Chief Executive Officers Tell the Independent How They Stay at the Top«, in: *Independent Business Weekly*, April 2001, S. 8.
7 Best Practices Benchmarking Report, *Developing the Balanced Scorecard*, Best Practices, LLC, Chapel Hill (NC) 1999.
8 Laura Downing, »Progress Report on the Balanced Scorecard: A Global Users Survey«, in: *Balanced Scorecard Report*, November–Dezember 2000, S. 7–9.
9 Rosabeth Moss Kanter, »The Enduring Skills of Change Leaders«, in: *Leader to Leader*, Sommer 1999, S. 15–22.
10 Jon R. Katzenbach und Douglas K. Smith, *Teams. Der Schlüssel zur Hochleistungsorganisation*, Carl Ueberreuter Verlag 1993.
11 Best Practices Benchmarking Report, *Developing the Balanced Scorecard.*
12 Jim Billington, »The Three Essentials of an Effective Team«, in: *Harvard Management Update*, 1997.
13 John P. Kotter, *Chaos, Wandel, Führung. Leading Change*, ECON, München 1998.
14 Susan Annunzio, »The Average Joe in the Know: How to Put the Grapevine to Work for You«, in: *Journal of Employee Communication Management*, Januar–Februar 2001.

Kapitel 4

1 Scott Adams, *Das Dilbert Prinzip*, Verlag Moderne Industrie, März 2003.
2 James C. Collins und Jerry I. Porras, »Building Your Company's Vision«, in:

Harvard Business Review, September–Oktober 1996, S. 65–77.

3 Julia Kirby und Diane L. Coutu, »The Beauty of Buzzwords«, in: *Harvard Business Review*, Mai 2001, S. 30.

4 Collins und Porras, »Building Your Company's Vision«, S. 65–77.

5 Collins und Porras, *Built to Last*, Harper Business, New York 1997.

6 Henri F. Amiel, *Amiel's Journey*, 1852, Mrs. Humphry Ward (Übersetz.), Macmillan & Co 1889.

7 Richard Barrett, *Liberating the Corporate Soul*, Butterworth Heinemann, Boston 1998.

8 J.W. Marriott und Kathi Ann Brown, *The Spirit to Serve: Marriott's Way*, Harper Business, New York 1997.

9 Tom Chappell, *The Soul of a Business*, Bantam Books, New York 1993.

10 Richard Barrett, *Liberating the Corporate Soul*, Butterworth Heinemann, Boston 1998.

11 Jim Collins, *Der Weg zu den Besten*, dtv Verlag, München 2003.

12 Tom Morris, *Aristoteles auf dem Chefsessel. Was Manager von Philosophen lernen können*, Verlag Moderne Industrie 1997.

13 Collins und Porras, »Building Your Company's Vision«, S. 65–77.

14 Gary Hamel und C.K. Prahalad, *Wettlauf um die Zukunft*, Carl Ueberreuter Verlag 1995.

15 John P. Kotter, *Chaos, Wandel, Führung. Leading Change.*

16 Rebecca Macfie, »Six of Our Top Chief Executive Officers Tell the Independent How They Stay at the Top«, in: *Independent Business Weekly*, April 2001, S. 8.

17 Carly Foster, »Business Communications: Envision Your Business, Realize Your Goals«, *Canadaone.com e-zine*, Oktober 1999.

18 Interview in der Sendung *Morning Edition* des National Public Radio, 26. März 2001.

19 Henry Mintzberg, »The Fall and Rise of Strategic Planning«, in: *Harvard Business Review*, Januar–Februar 1994, S. 107–114.

20 Michael E. Porter, »What is Strategy?«, in: *Harvard Business Review*, November–Dezember 1996, S. 61–78.

21 Ebenda.

22 Ebenda.

23 Keith H. Hammonds, »Michael Porter's Big Ideas«, in: *Fast Company*, März 2001, S. 150.

24 E.E. Chaffee, »Three Models of Strategy«, in: *Academy of Management Review*, Oktober 1985.

25 Henry Mintzberg, Bruce Ahlstrand und Joseph Lampel, *Strategy Safari*.

26 Lawrence B. MacGregor Serven, »Can Your Company Actually Execute Its Strategy?«, in: *Harvard Management Update*, Mai 1999, S. 3.

27 Robert S. Kaplan und David P. Norton, *Die strategiefokussierte Organisation*.

Kapitel 5

1 Robert S. Kaplan und David P. Norton, *Balanced Scorecard. Strategien erfolgreich umsetzen*.

2 Robert S. Kaplan und David P. Norton, »Transforming the Balanced Scorecard from Performance Measurement to Strategic Management«, in: *Accounting Horizons*, März 2001.

3 Bryan Mattimore, 99 *Percent Inspiration: Tips, Tales, and Techniques for Liberating Your Business Creativity*, AMACOM, New York (NY) 1993.

4 Arthur B. VanGundy, *Idea Power: Techniques and Resources to Unleash the Creativity in Your Organization*, AMACOM, New York (NY) 1992.

5 Performance Measurement Survey des American Institute of Certified Public Accountants und Lawrence S. Maisel, 2001.

6 Ebenda, S. 15.

7 Robert S. Kaplan und David P. Norton, »On Balance«, in: CFO, Februar 2001, S. 73–77.

8 Robert E. Quinn, Regina M. O'Neill und Lynda St. Clair, *Pressing Problems in Modern Organizations (That Keep Us Up at Night)*, AMACOM, New York (NY) 2000.

9 Dawne Shand, »Economic Value Added«, in: *Computerworld,* Oktober 2000.
10 Michael Treacy und Fred Wiersema, *Marktführerschaft.* Wege zur Spitze, Campus Verlag, Frankfurt a.M. 1995.
11 Ebenda.
12 Performance Measurement Survey des American Institute of Certified Public Accountants und Lawrence S. Maisel, 2001.
13 Mark Hochmann, »Customer Satisfaction Measurements: »An Answer to Yesterday's Problems?«, in: *Harvard Management Update,* August 1999, S. 10.
14 Dourado, »Ten Steps to World Class«, in: *Management Services,* März 2001, S. 14–16.
15 See Jan Carlzon, *Moments of Truth,* Ballinger, Cambridge (Ma) 1987.
16 Terrence L. Foran und Arvin Jawa, »Golden Opportunity«, in: *Catalog Age,* März 2001, S. 54.
17 B. Joseph Pine und James H. Gilmore, *Erlebniskauf. Konsum als Erlebnis, Business als Bühne, Arbeit als Theater,* ECON, München 2000.
18 Deborah Bach, »Most CRM Is a Leap of Faith«, in: *American Banker,* Mai 2001, S. 9a.
19 Dennis Sparacino und Cindy O'Reilly, »Leveraging Customer Metrics for Strategic Decision Making«, in: *Telemarketing and Call Center Solutions,* Oktober 2000, S. 49–54.
20 Naomi R. Kooker, »Boeing Takes the Initiative«, in: *Purchasing,* Februar 2001, S. 45.
21 J.T. Mentzer, W. DeWitt, J.S. Keebler, S. Min, N.W. Nix, C.D. Smith und Z.G. Zacharia, »A Unified Definition of Supply Chain Management«, Arbeitspapier, University of Tennessee, 1999.
22 G.A. Merker, »Don't Just Optimize – Unbundle«, in: *McKinsey Quaterly,* Nr. 3, 1994.
23 James S. Keebler, Karl B. Manrodt, David A. Durtsche und D. Michael Ledyard, *Keeping Score: Measuring the Business Value of Logistics in the Supply Chain,* Council of Logistics Management, Oakbrook (IL) 1999.
24 Anath Raman, Nicole DeHoratius und Zeynep Ton, »The Achilles' Heel of Supply Chain Management«, in: *Harvard Business Review,* Mai 2001, S. 25.
25 Keebler et al., *Keeping Score.*
26 Entnommen aus der Website von IDEO, *www.ideo.com.*
27 Eric von Hippel, Stephan Thomke und Mary Sonnack, »Creating Breakthroughs at 3M«, in: *Harvard Business Review,* September–Oktober 1999, S. 47–56.
28 Bob Nelson, *1001 Ways to Energize Employees,* The Free Press, New York 2001.
29 David Maister, *Practice What You Preach: What Managers Must Do to Create a High Achievement Culture,* The Free Press, New York 2001.
30 Gary Hamel und C.K. Prahalad, *Wettlauf um die Zukunft.*
31 Marie Gendron, »Competencies and What They Mean to You«, in: *Harvard Management Update,* September 1996.
32 Dr. Angela M. Downey, »Promoting Health on the Job«, in: *CMA Management,* Mai 2001, S. 24.

Kapitel 6

1 Robert S. Kaplan und David P. Norton, »Having Touble with Your Strategy? Than Map it«, in: *Harvard Business Review,* September–Oktober 2000, S. 167–176.
2 Margaret J. Wheatley, *Leadership and the New Science,* Berrett-Koehler, San Francisco 1999.
3 Ebenda.
4 Ebenda.
5 William Calvin, »The Emergence of Intelligence«, in: *Scientific American,* Oktober 1994.
6 Gordon Shaw, Robert Brown und Philip Bromiley, »Strategic Stories: How 3M is Rewriting Business Planning«, in: *Harvard Business Review,* Mai–Juni 1998, S. 41–50.
7 Bill Jensen, *Einfachheit, Besser, schneller und effektiver arbeiten.*
8 Interview mit Ed Berkman, 3. Juli 2001.

9 Entnommen aus der Website von McCord Travel Management, *www.mccord.com*. Original aus *Business Travel News*.
10 Interview mit Ed Berkman, 3. Juli 2001.
11 Rick Levine, Christopher Locke, Doc Searls und David Weinberger, *Das Cluetrain Manifest*, ECON, München 2000.

Kapitel 7

1 Best Practices Benchmarking Report, *Developing the Balanced Scorecard*.
2 Daniel J. Boorstin, *The Americans: The Democratic Experience*, Vintage Books, New York 1974.
3 James C. Collins und Jerry I. Porras, *Built to Last*.
4 Robert Slater, *The New GE*, Richard D. Irwin, Homewood (IL) 1993.
5 Martin Puris, *Comeback*, Times Business, New York 1999.
6 Jim Collins, »Turning Goals into Results: The Power of Catalytic Mechanisms«, in: *Harvard Business Review*, Juli–August 1999, S. 71–82.
7 Robert S. Kaplan und David P. Norton, *Balanced Scorecard. Strategien erfolgreich umsetzen*.
8 Robert S. Kaplan und David P. Norton, *Die strategiefokussierte Organisation*.
9 Steve Klinkerman, »Testing the Waters«, in: *Banking Strategies*, Mai–Juni 2001.

Kapitel 8

1 Bill Jensen, *Einfachheit. Besser, schneller und effektiver arbeiten*.
2 Ebenda.
3 Ricardo Semler, *Maverick*, Warner Books, New York 1993.
4 Interview mit Ed Berkman, 20. Juli 2001.
5 Best Practices Benchmarking Report, *Developing the Balanced Scorecard*.

Kapitel 9

1 Hackett Benchmarking Solutions, *www.thgi.com*, 2001.
2 Cathy Lazare, »All Together Now«, in: *CFO*, Februar 1998.
3 Russ Banham, »Revolution in Planning«, in: *CFO*, August 1999.
4 Hackett Benchmarking Solutions, *www.thgi.com*, 14. Juni 2001.
5 Robert S. Kaplan und David P. Norton, *Die strategiefokussierte Organisation*.
6 Jeremy Hope und Robin Fraser, »Beyond Budgeting White Paper«, in: CAM-I Beyond Budgeting Round Table, Mai 2001.
7 Ebenda.
8 Ebenda.
9 Nils-Goran Olve, Jan Roy und Magnus Wetter, *Performance Drivers*, John Wiley & Sons, New York 1999.
10 »High Performance Budgeting«, in: *Harvard Management Update*, Januar 1999, S. 1.
11 Ebenda, S. 3.
12 Robert S. Kaplan und David P. Norton, *Die strategiefokussierte Organisation*.
13 Tad Leahy, »Budgeting on the Softer Side«, *Business Finance*, April 2001.

Kapitel 10

1 Jennifer Kaplan, »Sun Uses Incentive Compensation to Boost Supply-Chain Performance«, in: *CFO.com*, 26. März 2001.
2 Todd Manas, »Making the Balanced Scorecard Approach Pay Off«, in: *ACA Journal*, 2. Quartal 1999.
3 Ebenda.
4 Marie Gendron, »Competencies and What They Mean To You«, in: *Harvard Management Update*, September 1996.
5 Edward E. Lawler III, *Rewarding Excellence*, Jossey-Bass, San Francisco 2000.
6 Robert S. Kaplan und David P. Norton, *Die strategiefokussierte Organisation*.

Kapitel 11

1 Aus dem Performance Measurement Survey des American Institute of Certified

Public Accountants und Lawrence S. Maisel, 2001.

2 Laura M. Downing, »The Global BSC Community: A Special Report on Implementation Experiences from Scorecard Users Worldwide«, vorgestellt auf dem Balanced Scorecard North American Summit, New Orleans, September 2000.

Kapitel 12

1 John Kotter, *Chaos, Wandel, Führung. Leading Change.*
2 Ebenda, S. 133.
3 Best Practices Benchmarking Report, *Developing the Balanced Scorecard.*
4 Charles Birch, »Balancing Act«, in: *Australian Accountant,* März 2001, S. 50.
5 Aus dem Performance Measurement Survey des American Institute of Certified Public Accountants und Lawrence S. Maisel, 2001.
6 Mark J. Morgan, »A New Role For Finance, Architect of the Enterprise in the Information Age«, in: *Strategic Finance,* August 2001.

Kapitel 13

1 Carl G. Thor, »The Evolution of Performance Measurement in Government«, in: *Journal of Cost Management,* Mai–Juni 2000, S. 18–26.
2 Evan Berman und Xiao Hu Wang, »Performance Measurement in U.S. Counties: Capacity for Reform«, in: *Public Administration Review,* September–Oktober 2000.
3 Jonathan Walters, *Measuring Up,* Governing Books, Washington (DC) 1998.
4 Ebenda, S.10.
5 Interview mit Frank Vito, 24. August 2001.
6 Ebenda.
7 Robert S. Kaplan und David P. Norton, *Balanced Scorecard. Strategien erfolgreich umsetzen.*

Register

d

e

f

l

m